Bilingualer Erstspracherwerb

Reihe

Mehrsprachigkeit

herausgegeben von
Wilhelm Grießhaber und Jochen Rehbein

Band 19

Waxmann 2008
Münster / New York / München / Berlin

Edgardis Garlin

Bilingualer Erstspracherwerb

Sprachlich handeln – Sprachprobieren – Sprachreflexion

Eine Langzeitstudie eines deutsch-spanisch aufwachsenden Geschwisterpaares

Waxmann 2008
Münster / New York / München / Berlin

Bibliografische Informationen der Deutschen Nationalbibliothek
Die Deutsche Nationalbibliothek verzeichnet diese Publikation in der Deutschen Nationalbibliografie; detaillierte bibliografische Daten sind im Internet über http://dnb.d-nb.de abrufbar.

2. erweiterte Auflage
1. Auflage 2000 erschienen bei Verlag für Sprache und Sprachen

Mehrsprachigkeit, Bd. 19

ISSN 1433-0792
ISBN 978-3-8309-1730-3

http://www.waxmann.com
E-Mail: info@waxmann.com

Umschlaggestaltung: Pleßmann Kommunikationsdesign, Ascheberg
Idee Umschlag und Logo: Ivika Rehbein-Ots
Druck: Zeitdruck GmbH, Münster
Gedruckt auf alterungsbeständigem Papier, DIN 6738

Zur Neuedition dieses Buches

Edgardis Garlin promovierte mit der hier publizierten Studie über „Bilingualen Erstspracherwerb“ bei Angelika Redder an der Universität München; die im nicht mehr existenten *Verlag für Sprache und Sprachen* vor acht Jahren gedruckte erste Auflage war nach kurzer Zeit vergriffen und ist seitdem auch in Bibliotheken nicht mehr erhältlich. Wäre diese Arbeit eine der vielen pflichtgemäß gedruckten Dissertationen, die heutzutage eine immer kürzere Halbwertszeit haben – sei's drum. Die Herausgeber der *Reihe Mehrsprachigkeit* entschlossen sich aber aus zwei Gründen zu dem Angebot einer Neuauflage.

So ist der Bedarf nach Erforschung unserer immer stärker mehrsprachig werdenden Gesellschaft(en) erheblich gewachsen und damit auch der Bedarf nach empirischen, auf Sprachaufnahmen und Diskurstranskriptionen fundierten longitudinalen Untersuchungen mehrsprachigen Spracherwerbs. Die Leser können mit der beigelegten DVD von Audio- und Videoaufnahmen und deren Transkriptionen die Datentreue der Analysen nicht nur überprüfen, sondern selbst – etwa in einschlägigen Seminarveranstaltungen – weitere analytische Entdeckungen über Entwicklung und Ausbildung multilingualer Kommunikation im Kindesalter machen.

Der andere Grund ist theoretischer Natur. Diese Arbeit hat einen handlungstheoretisch-pragmatischen Ansatz der Kindersprachforschung realisiert; eine der wichtigsten Erkenntnisse dieses Ansatzes ist der frühe Erwerb der Illokution, der sich hier an Daten nachvollziehen läßt. Dabei basiert Edgardis Garlin ihr Sprachentwicklungskonzept auf die bahnbrechenden sprachpsychologischen Arbeiten von Lev S. Vygotskij, wodurch sich eine gute wissenschaftliche Brücke zu dem ersten Band der *Reihe Mehrsprachigkeit* herstellt, in dem erstmals eine unbekannte Arbeit Vygotskijs zur Mehrsprachigkeit in russisch-deutscher Fassung publiziert wurde.

Jochen Rehbein, Ankara im Februar 2008

Biographical note

Edgardis Garlin, born 1964 in Bremen, Germany, studied German as a Foreign Language, Spanish Philology and Ethnology at the Ludwig-Maximilians-University, Munich, and wrote her doctorate thesis in 1997 in German as a Foreign Language. Since then, she has devoted her energy to language promotion for children and thereby developed the KIKUS-Method.

English Summary

The following work is a longitudinal study: During their first six years, the siblings Luna and Adrian were observed in their bilingual (German-Spanish) language acquisition. This was possible with the help of 256 video and audio recordings in familiar daily situations in Germany and in Peru.

One goal of this study was to show the language development of the children chronologically and in their interaction framework. Included are 45 selected transcripts (ca. 4 hours of recordings). The complete transcripts are available with the extended publication as audio and video recordings (DVD), which greatly extends the possibilities for further studies in this field.

Another goal of this study was to examine three specific aspects of early language acquisition: *linguistic action (sprachliches Handeln), language experimentation (Sprachprobieren),* and *reflecting on language (Sprachreflexion)* – in German and in Spanish. The following questions guided the analysis:

- When and what motivates the children to take action orally? How can this be distinguished from the pre-oral action characteristics?
- Which linguistic patterns are learned first, which come later? Which ones are influenced by their societal environment in Germany and in Peru, respectively?
- What patterns of language experimentation are recognizable? What significance do they have for the language learning process?
- When and in what form are children able to reflect on language(s)? What does this mean for the learning of further languages?
- What is the relationship between the three aspects of linguistic action, language experimentation and language reflection? What conclusions can be drawn from these results?

The research was carried out in line with the principles of Functional Pragmatic theory, according to which concrete linguistic material is used to formulate theoretical conclusions which, themselves, draw on further material research. On the basis of 37 exemplary analyses as well as 19 documented examples, such as linguistic action patterns, it was possible to discern which patterns where conveyed by the adult and which were adopted by the child on its own.

It was confirmed that the learning of languages occurs through communication patterns, whereas children acquire systematically first the pattern position of the hearer and then that of the speaker. Thereby it was shown that the communication patterns differ from culture to culture. The child does not learn just to speak, but rather how to act/respond linguistically. It was possible to define a list of communication patterns which are typically learned by pre-school children. At the top of the list are the simple patterns of *requesting, asserting, question and answer* as well as their teach-learn variations. At the same time, these patters are extended in building more complex patterns.

The basis of these interactions is learned during the child's first year, even before the child actually starts to speak. A prerequisite for this lies in how the adults interact with the child: They treat the child, for all intents and purposes, as a fully developed communicative partner. It is through playful interaction forms that the basis for *turn-taking* rules is developed together and the first communication patterns are conveyed. It turned out that the adult interaction partner also shows the child the techniques of *exact observation* and *imitation* (early teach-learn strategies). What Rehbein's (1977) introduced as the "progression diagram of cooperative internalizing of actions" could be confirmed on a basic level. Furthermore, it could be proven that what Garlin described as a *teach-learn request 1+2* (i.e. the request to repeat) pattern is absorbed by the child and becomes automatic; thereafter, it is then available for the *imitation* and *repair* of language.

Language experimentation and the reflection on language have important functions leading to linguistic actions. The variations of language experimentation from Garlin's research , i.e.

a) experimenting with utterances
b) experimenting on the linguistic level
c) experimenting with linguistic actions themselves

can only be realized through playful action situations as a whole. Language experimentation and the reflection on language depend on and mutually influence each other.

Also, different patterns with regard to children's language reflections could be recognized. This includes the verbalizing of language observations, the egocentric, and the child-child-interactive reflection (in the area of phonology, lexis, morphology, and semantics), the reflection on the linguistic learning process itself, as well as the reflection on complex linguistic patterns in role plays. Language reflection thus provides clues to the nature of the relationship between speaking and thinking. Due to specific examples, the progress from the "outer language" to "outer language apart" to "inner language" can be confirmed, as is often the central theme in Soviet psychology (e.g. Vygotskij 1934, Galperin 1957, Leontjew 1973).

Finally, the findings prompted the question as to how the knowledge gained from the study could be put to use for early second or foreign language acquisition. The author formulates eight recommendations which are also the basis for her KIKUS-Method for language acquisition for children aged 3 and up.

Für
LUNA
und
ADRIAN

und
alle
anderen
Kinder,
die
mehrsprachig
leben

Vorwort

Diese Arbeit wurde 1997 unter dem Titel „SPRACHLICH HANDELN, SPRACHPROBIEREN, SPRACHREFLEXION – eine Langzeitstudie zum bilingualen Erstspracherwerb zweier Geschwister“ als Dissertation in Deutsch als Fremdsprache an der Ludwig-Maximilians-Universität München eingereicht und angenommen. Für die Publikation wurden lediglich formale Veränderungen und kleine Präzisierungen bzgl. der Erwerbsliteratur durchgeführt.

All diejenigen, denen ich an dieser Stelle danken will, waren auf ihre Weise an dem nun vorliegenden Buch beteiligt – keine/r hätte fehlen dürfen!
Ich danke meinen Kindern LUNA und ADRIAN – ohne die diese Arbeit wirklich nicht hätte entstehen können – für ihre nunmehr zehnjährige Kooperation in jeder Hinsicht. Ich hoffe und wünsche mir, daß sie mir nie vorwerfen werden (müssen), „Gegenstand der Analyse“ gewesen zu sein.
Ich danke von ganzem Herzen meinen Eltern HELGARD und HENNING GARLIN, die das gesamte Videomaterial aufgezeichnet haben, die mir die Hälfte der Kinderkrankheiten abgenommen haben und die uns finanziell unterstützt haben.
Ich danke meiner Doktormutter, Prof. Dr. ANGELIKA REDDER, für die Betreuung und Begleitung bei der wissenschaftlichen Arbeit, für das stetige Vertrauen und für die Unterstützung in allen organisatorischen Angelegenheiten. Ich danke ebenfalls Prof. Dr. KONRAD EHLICH für sein Interesse und die aktive Unterstützung meines Projekts. Für den fruchtbaren Gedankenaustausch danke ich darüber hinaus der Gruppe des Promovend/innenkolloquiums von Frau REDDER, im besonderen ANGELA GUADATIELLO für ihre beständige Hilfsbereitschaft. Ein entsprechender Dank gebührt auch MICHAEL STENGER.
Ich danke den Gremienmitgliedern der Ludwig-Maximilians-Universität bzw. dem FREISTAAT BAYERN für die großzügige Gewährung eines zweieinhalbjährigen Promotionsstipendiums im Rahmen der „Förderung des wissenschaftlichen und künstlerischen Nachwuchses“, ohne das die vorliegende Arbeit nicht geschrieben worden wäre.

München, Juli 2000

Inhalt

	Einführung	11
1	**Erstspracherwerb und Bilingualismus in Praxis und Theorie**	14
1.1	Kindliche Zweisprachigkeit im Alltag	14
1.2	Erstspracherwerb und Bilingualismus im wissenschaftlichen Kontext	20
1.2.1	Zur Bilingualismusforschung	20
1.2.2	Zur Erstspracherwerbsforschung	24
1.3	Handlungstheorie der Sprache: die Verfahren der funktional-pragmatischen Kommunikationsanalyse	35
2	**Empirische Grundlagen: LA-Projekt**	45
2.1	Die Kinder und die Sprachen	45
2.2	Das Aufnahmekorpus	47
2.3	Materialauswahl	54
2.4	Verschriftungsverfahren	55
2.5	Segmentierungsverfahren	60
2.6	Anmerkungen zur Korpusarbeit	61
3	**Sprachlich handeln, Sprachprobieren, Sprachreflexion - exemplarische Analysen**	64
3.1	**Das erste Lebensjahr: Aneignung erster Handlungsmuster**	65
3.1.1	Die ersten sechs Lebensmonate: Kommunikationserwerb	65
3.1.2	Die zweiten sechs Lebensmonate: vor-sprachliche Aspekte	82
3.1.3	Ergebnisse und Auswertung für das erste Lebensjahr	107
3.2	**Vom zweiten zum vierten Lebensjahr**	117
3.2.1	Sprachprobieren	117
3.2.2	Sprachreflexion	144
3.2.3	Rollen-Spiel	165
3.2.4	Ergebnisse und Auswertung bis zum vierten Lebensjahr	174
3.2.5	Sprachlich handeln im Spanischen	182
3.3	**Im fünften und sechsten Lebensjahr: Spanisch in Peru**	189
3.4	Ergebnisse und Auswertung	215
	Zusammenfassung und Ausblick	218
	Literatur	223

ANHANG

Auswahlkorpus LA-Projekt 9/89 - 5/95

Zum Lesen der Protokolle und Transkripte

Anmerkungen zum Spanischen

Handlungsprotokolle / Transkripte #1 - #45

Zeichenübersicht Transkripte / Handlungsprotokolle / Segmentierungen

Einführung

Bei der vorliegenden Arbeit handelt es sich um eine longitudinale Fallstudie. Im Rahmen des sogenannten „Luna-Adrian-Projekts" (kurz: *LA-Projekt*) wurde der simultane bilinguale (deutsch-spanische) Erstsprachenerwerb der Geschwister Luna (weibl.) und Adrian (männl.) über einen Zeitraum von insgesamt fast sieben Jahren (ab Geburt) in Deutschland und zwischenzeitlich auch in Peru beobachtet. Dies geschah mit Hilfe von 256 Video- und Audioaufzeichnungen. Die Aufnahmen wurden ausschließlich in *familiären Alltagssituationen* erstellt. Das bedeutet, die Daten spiegeln einen zentralen Teil der vorsprachlichen und sprachlichen Wirklichkeit der Kinder sowie ihrer handlungspraktischen Umgebung.
Ein primäres Ziel dieser Studie ist es, die sprachliche Entwicklung der Kinder in ihrem chronologischen Verlauf und in ihrem Interaktionszusammenhang *darzustellen*. Zu diesem Zweck liegt im Anhang ein umfangreiches Datenmaterial vor, das 17 Handlungsprotokolle (P) von Videoaufzeichnungen und 28 Transkripte (T) von Audioaufnahmen umfaßt. Dieses Material bildet die empirische Grundlage der vorliegenden Arbeit.
Die Bearbeitung des Aufnahmematerials (Analyse) verläuft von der konkreten sprachlichen Wirklichkeit zum Abstrakten der Ausbildung sprachlicher Fähigkeiten, d.h. von den Daten zu theoretischen Aussagen, und nicht umgekehrt, wie es häufig der Fall ist. Damit folge ich einem Grundsatz von Konrad EHLICH:

> Die allgemeine Methodologie findet ihre hauptsächliche Bestimmung in der zentralen Aufgabe von Wissenschaft. Diese ist die *Rekonstruktion des Konkreten im Begriff*. (EHLICH 1996a, 199; kursive Hervorhebungen E.G.)

Die Datenerhebung und -analyse erfolgte gemäß der linguistischen Theorie der *Funktionalen Pragmatik*.

> Die funktional-pragmatische Kommunikationsanalyse wurde im Verlauf der linguistischen Rezeption der Sprachphilosophie Austins (1962) und der Sprechakttheorie Searles (1969) entwickelt. Die Erkenntnis, daß mit der Äußerung „performativer Ausdrücke" soziale Handlungen in Gang gesetzt werden, wurde weiterentwickelt zu einer Handlungstheorie der Sprache (Rehbein 1977), die die traditionell zeichen- bzw. satzzentrierte Perspektive linguistischer Sprachanalysen in mehrfacher Hinsicht durchbricht. (FLADER 1991, 1)

Die Handlungstheorie der Sprache begreift Sprache als eine Form des sozialen Handelns, als eine Sprecher-Hörer-Interaktion. Man geht davon aus, daß sich der Erstspracherwerb über die Aneignung sprachlicher Handlungsmuster im gesamtgesellschaftlichen Zusammenhang vollzieht. Dem muß eine Analyse kindlichen Spracherwerbs gerecht werden. An die Stelle der Untersuchung isolierter kindlicher Äußerungen oder Exchanges muß die Kategorie des

Diskurses treten. Nur so ist gewährleistet, daß auch komplexe Aspekte des kindlichen Spracherwerbs aufgedeckt werden können.
Genau hierin liegt das Ziel dieser Arbeit. Drei Aspekte des Erstsprach(en)-erwerbs schienen mir für eine Untersuchung besonders interessant: das *sprachliche Handeln*, das *Sprachprobieren* und die *Sprachreflexion* der Kinder in der deutschen und in der spanischen Sprache. Folgende Fragen leiteten die Analyse:

- Wann und aus welcher Motivation heraus fangen Luna und Adrian an, sprachlich zu handeln? Wie kann dem gegenüber das vorsprachliche Handeln charakterisiert werden?
- Welche Handlungsmuster werden früh erworben, welche später? Welche werden unter den unterschiedlichen gesellschaftlichen Bedingungen (Deutschland vs. Peru) auf deutsch bzw. auf spanisch realisiert? Welche Handlungsmuster werden in Peru aus dem Deutschen übernommen, welche neu erworben?
- Welche Formen des Sprachprobierens sind erkennbar? Wann und wie werden sie realisiert? Welche Bedeutung hat dies für den Spracherwerbs–prozeß?
- Wann und in welcher Form setzt bei den Kindern die Reflexion über Sprache bzw. die Sprachen ein und in welchen Handlungszusammenhängen? Welche Bedeutung hat dies für den weiteren Spracherwerbsprozeß?
- In welchem Verhältnis stehen die drei Handlungsmodi (sprachlich Handeln, Sprachprobieren, Sprachreflexion) zueinander? Welche Rückschlüsse lassen sich daraus ziehen?

Im ersten Kapitel werden zunächst einige Aspekte kindlicher Zweisprachigkeit im Alltag angesprochen (1.1). Dem folgt ein kurzer Überblick über die Bilingualismus- und Erstspracherwerbsforschung (1.2 und 1.3). Ich beschränke mich dabei auf die Eingliederung der vorliegenden Fallstudie in den wissenschaftlichen Kontext. Abschließend wird der funktional-pragmatische Ansatz als theoretische Grundlage für die Analysen erläutert (1.4).
In Kapitel 2 werden die sprachliche Situation der untersuchten Kinder (2.1) und das Gesamtaufnahmekorpus des LA-Projekts (2.2) beschrieben sowie das vorliegende Auswahlkorpus (2.3) und seine Bearbeitung (2.4 - 2.6) erklärt.
Den Schwerpunkt dieser Arbeit bilden 37 exemplarische Analysen zum sprachlichen Handeln, zum Sprachprobieren und zur Sprachreflexion der Kinder in Kapitel 3. Der Aufbau dieses Kapitels orientiert sich an der Chronologie des Erstspracherwerbs.
Im „Ausblick“ wird die Frage diskutiert, inwieweit die Untersuchungsergebnisse auch für die Praxis der zweit- bzw. fremdsprachlichen Frühförderung fruchtbar gemacht werden können.

Es ist mir ein Anliegen, gerade den konkreten Praxisbezug an dieser Stelle noch kurz zu erläutern: Schätzungsweise mehr als ein Drittel der in München – stellvertretend für die deutschen Großstädte – lebenden Kinder wachsen mit zwei oder mehr Sprachen auf. Dazu gehören: Kinder mit Migrationsgeschichte, Kinder von Spätaussiedlern, Kinder von Flüchtlingen sowie Kinder aus Mischpartnerschaften.[1] Für viele dieser Kinder erhält die deutsche Sprache erst im Alter von drei bis sechs Jahren eine wirkliche Handlungsfunktion, die zuvor eine andere Sprache innehatte. Vergleichbares widerfuhr Luna und Adrian mit der spanischen Sprache, als sie im Alter von vier und fünf Jahren zum ersten Mal nach Peru reisten.
Gespräche mit verschiedenen Fachkräften aus dem Vor- und Grundschulbereich in München ergaben einstimmig, daß ein hoher Anteil der oben genannten Kinder mehr oder minder große Schwierigkeiten mit der deutschen Sprache habe und daß nicht wenigen von ihnen erfahrungsgemäß folgende „Frühkarriere" bevorstehe: Zurückstellung von der Einschulung, Wiederholung einer der ersten Grundschulklassen und danach der Übergang in eine Förderschule, die auch von lernbehinderten und verhaltensauffälligen Kindern besucht wird. Diese frühe „Negativ-Laufbahn" absolviert die Mehrzahl dieser Kinder *nur* aufgrund sprachlicher „Defizite". Weiterhin ergaben die Gespräche, daß weder das Erziehungspersonal in den Kinderkrippen und -gärten noch die Grundschullehrkräfte während ihrer Ausbildung oder in Fortbildungen intensiver mit dieser Problematik vertraut gemacht werden. Das bedeutet, sie stehen dieser sprachlichen Situation zwar meistens engagiert, aber relativ hilflos gegenüber. (s. dazu auch GOGOLIN/NEUMANN 1997, 29ff.; ULICH 1999)
Der simultane Erwerb zweier Sprachen in der Kindheit geschieht nicht ganz „so nebenbei", wie gemeinhin angenommen wird. Dies bestätigen auch die Ergebnisse der vorliegenden Studie. Er bedarf einer Bewußtheit aller erzieherischen Instanzen – auch der Familie – sowie einer (spielerischen) Förderung bereits im Vorschulalter, damit das Kind eine angemessene Kompetenz in beiden Sprachen ausbilden kann. Und es bedarf einer Öffnung des monolingual ausgerichteten Bildungssystems gegenüber der multilingualen Gesellschaftsrealität, damit eine geforderte Chancengleichheit auch realisierbar wird. Die Thematik der Zwei- bzw. Mehrsprachigkeit muß ein zentraler Gegenstand der europäischen Vor- und Grundschulerziehung werden und darf nicht auf „elitäre" Schulkonzeptionen (z.B. Internationale Privatschulen für Diplomatenkinder) beschränkt bleiben.
Ich hoffe, mit dieser Arbeit einen kleinen Beitrag zu einer wirklichkeitsangemessenen zweisprachigen Erziehung leisten zu können.

---

[1]Diese Angaben basieren auf Informationen, die von der Stelle für interkulturelle Zusammenarbeit der Stadt München zur Verfügung gestellt wurden.

1 Erstspracherwerb und Bilingualismus in Praxis und Theorie

1.1 Kindliche Zweisprachigkeit im Alltag

Ergebnisse aus Untersuchungen zum Erstspracherwerb waren und sind von großer gesellschaftlicher Relevanz und sind dem entsprechend auch immer von der Gesellschaft bzw. ihren Institutionen rezipiert worden. So fungiert beispiels-weise im pädagogischen Bereich die sprachliche Kompetenz als „Meßlatte" für den Entwicklungsstand eines Kindes – mit, wie bereits angesprochen wurde, zum Teil schwerwiegenden Konsequenzen.
Viele Menschen in der Bevölkerung haben – teils über populärwissenschaftliche Publikationen wie Zeitschriften, Fernsehen etc., teils über Erfahrungen mit eigenen oder ihnen nahestehenden Kindern – eine „persönliche" Vorstellung darüber, wie Kinder sprechen lernen. Es werden Meinungen ausgetauscht über „genetische Anlagen", „Sprachbegabung", „Sprachzentren im Gehirn", „sprachliche Reifungsprozesse", die Rolle der „Imitation" beim Erstspracherwerb usw. Fundiertere Kenntnisse wissenschaftlicher Forschungsarbeiten, denen solche Begriffe entstammen, kommen dabei weitgehend nicht zum Tragen.
Insbesondere die kindliche Zweisprachigkeit regt zu lebhaften Diskussionen an. Dies ist in gewisser Weise verwunderlich, denn:

> Große Teile der Weltbevölkerung wachsen zwei- oder mehrsprachig auf, und es gibt kaum einen Staat, in dem nicht – offiziell oder inoffiziell – mehrere Sprachen gesprochen werden; Zweisprachigkeit (und Mehrsprachigkeit) ist eher die Regel, Einsprachigkeit die Ausnahme (ein u. W. von Weinreich 1968 formuliertes dictum). (ÖKTEM/REHBEIN 1987, 3)

> There are, however, no really precise figures on the number and distribution of speakers of two or more languages. [...] Nevertheless, it would appear that there are about thirty times as many languages as there are countries. (ROMAINE 1989, 8)

Bernd KIELHÖFER und Sylvie JONEKEIT (1983/ 1995[9], 9f.) haben Listen gängiger positiver und negativer (Vor-)Urteile über zweisprachige Kinder zusammengestellt, die hier in einer Gegenüberstellung präsentiert werden sollen, um ihre Tragweite zu veranschaulichen.[2] Nach Angaben der Autoren sind die positiven (Vor-)Urteile in der Mehrzahl in der kanadischen, amerikanischen und belgischen Fachliteratur nach 1960 anzutreffen[3], während

[2]Siehe dazu auch MAIER (1988, 35ff.); SKUTNABB-KANGAS (1984, 66ff.).

[3]Eine frühe wichtige und einflußreiche Studie zu positiven Auswirkungen von Bilingualismus auf die Intelligenz des Kindes wurde von PEAL/LAMBERT (1962) vorgelegt.

die negativen (Vor-)Urteile größtenteils aus älterer deutscher Fachliteratur (vor 1950) stammen, sich aber bis heute als Vorurteile gehalten haben[4]. Aber nicht nur in Deutschland, wo bestimmte Auffassungen wohl im Zusammenhang mit den Nachwirkungen der völkisch-nationalistischen Ideologie zu sehen sind[5], sondern „auch in den USA der zwanziger und dreißiger Jahre wurde – ohne empirische Untersuchungen – Bilingualismus oft mit mentalen ‚handicaps' in Zusammenhang gebracht" (ÖKTEM/REHBEIN 1987, 14).[6]

Übersicht: Urteile bzw. Vorurteile über bilinguale Kinder (nach KIELHÖFER/JONEKEIT 1995)

positive (Vor-)Urteile	negative (Vor-)Urteile
Zweisprachige Kinder	Zweisprachige Kinder
• lernen spielend leicht eine zweite Sprache, die andere Kinder später in der Schule nur mit Mühe erlernen; • erlernen diese zweite Sprache besser und vollkommener, als das später möglich ist; • sind sprachinteressierter und sprachgewandter als einsprachige; • sind toleranter und offener als einsprachige; • sind flexibler und anpassungsfähiger als einsprachige; • sind intelligenter als einsprachige	• sind durch das gleichzeitige Erlernen von zwei Sprachen überfordert; • lernen weder die eine noch die andere Sprache richtig. Sie sind halbsprachig – semilingual; • sind sprachlich verspätet; • haben keine Muttersprache; • können sprachlich nicht kreativ sein; • sind intelligenzmäßig zurück; • sind phantasielos und gefühlsarm; • sind doppelzüngig, berechnend und verlogen; • sind entwurzelt und heimatlos, ohne Identität; • stottern oft, sind linkshändig und ungeschickt; • sind orientierungslos, labil, passiv im Verhalten; • sind oberflächlich; • haben Minderwertigkeitskomplexe; • haben eine gespaltene Persönlichkeit, sie neigen zur Schizophrenie.

[4]KIELHÖFER/JONEKEIT (1995) geben als Bezugsquellen WIECZERKOWSKI (1965) und WEINREICH (1977) an.

[5]Eine völkisch-nationalistische Auffassung läßt sich z.B. bei SCHMIDT-ROHR (1933), WEISGERBER (1933, 1935) und EMRICH (1938) aufweisen.

[6]Siehe dazu z.B. MANUEL/WRIGHT (1929), MITCHELL (1937), SMITH (1939).

Es ist deutlich zu erkennen, daß die negativen Vorurteile die positiven überwiegen, und zwar insbesondere in bezug auf die gesamte Persönlichkeit des zweisprachigen Kindes, was zweifelsohne zu einer emotionalen Unsicherheit betroffener Familien führen kann. Tauchen tatsächlich Schwierigkeiten wie z.B. Sprachenmischung, Verzögerungen gegenüber der „normalen" Sprachentwicklung, Abneigung des Kindes gegenüber einer der Sprachen oder auch einfach nur Fragen bei der bilingualen Erziehung auf, wenden sich die Eltern häufig hilfesuchend an eine „kompetente Instanz" – dies wird in den meisten Fällen eine pädagogische Fachkraft (z.B. Erzieher/in, Lehrer/in), ein/e Schulpsychologe/ -psychologin, ein/e Kinderarzt/ -ärztin oder ein/e Sprachtherapeut/in sein (s. auch TAESCHNER 1983, 22).

Der wohl bis heute gängigste erteilte Ratschlag – der über RONJAT (1913) auf den Phonetiker Maurice GRAMMONT zurückgeht – ist der, ein Kind konsequent nach dem Prinzip *eine Person – eine Sprache* zu erziehen. Diese, wie sich in vielen Studien[7] herausgestellt hat, langfristig durchaus effektive Methode ist allerdings in ihrer alltäglichen Realisierung nicht immer unproblematisch:

> Es ist in der Entwicklungsphase zwischen dem 6. und 12. Lebensjahr immer wieder zu beobachten, daß die schwache Sprache [zumeist die Sprache, die nicht „Umgebungs"- oder Landessprache ist; E.G.] einen sehr schweren Stand hat. Es sind uns eine Reihe von Fällen bekannt, bei denen in dieser Phase die schwache Sprache aufgegeben wurde. Es beginnt damit, daß das Kind die schwache Sprache verweigert [...], die Eltern geben diesem Druck und dem Druck der starken Umgebungssprache langsam nach und halten die konsequente Sprachenverteilung der ersten fünf Jahre nicht durch. Die Hauptlast liegt in dieser Situation auf dem Partner, der die schwache Sprache vertritt. (KIELHÖFER/JONEKEIT 1995, 65f.)

Besucht das Kind vor dem Schuleintritt bereits – im Normalfall einsprachige – erzieherische Institutionen (Tagesmutter, Kinderkrippe, Kindergarten), so kann eine Abwendung von der ‚schwachen Sprache'[8] bereits wesentlich früher einsetzen (s. z.B. MEIRELLES-SCHUPFNER 1996).

---

[7]Als Fallstudien zu dieser Methode s. u.a. RONJAT (1913), LEOPOLD (1939-49), ELWERT (1959), SAUNDERS (1982), TAESCHNER (1983), KIELHÖFER/JONEKEIT (1983), HARDING/ RILEY (1986), ARNBERG (1987), DÖPKE (1986, 1992), MEIRELLES-SCHUPFNER (1996)

[8]KIELHÖFER/JONEKEIT weisen darauf hin, daß verschiedene Faktoren wie Art und Zeitpunkt der jeweiligen Spracherlernung, Intensität des Sprachgebrauchs, emotionale und soziale Faktoren, Aufenthalte im Land der jeweiligen Sprache etc. das Verhältnis zwischen ‚starker' und ‚schwacher Sprache' beeinflussen: „Kurz, wir haben es mit einem sehr vielschichtigen dynamischen Kontinuum zu tun, in dem sich beide Sprachen ständig zwischen den Polen ‚stark' und ‚schwach' verschieben." (1995, 12)

Ein zweiter, häufig erteilter Rat ist der, die zweisprachige Erziehung nicht simultan (gleichzeitig), sondern sukzessiv (nachfolgend) anzulegen, d.h. das Kind sollte *zuerst die eine Sprache – dann die andere Sprache* lernen. Als Schnittstelle wird dabei normalerweise das Alter von drei Jahren angegeben. Hierbei liegt der Gedanke zugrunde, daß der simultane Bilingualismus[9] u.U. einen negativen Einfluß auf die kognitive und sprachliche Entwicklung des Kindes allgemein hat und zu einem Semilingualismus (doppelseitige Halbsprachigkeit) führt, d.h. daß letztendlich keine der beiden Sprachen richtig gelernt wird.[10] Ohne an dieser Stelle auf theoretische Konzeptionen einzugehen, denen dieser Grundgedanke entstammt, muß auch eine solche Methode in bezug auf ihre Realisierbarkeit im Alltag überprüft werden. Ist z.B. die Konstellation gegeben, daß eine wichtige Bezugsperson des Kindes die als erste zu erwerbende Sprache gar nicht oder sehr schlecht spricht, so wird dies kaum positiv auf die frühe sprachliche Entwicklung des Kindes einwirken.
Darüber hinaus kommt der sukzessive Bilingualismus im Alltag hinreichend häufig vor, z.B. bei Kindern mit Migrationsgeschichte. Diese wachsen in Deutschland in vielen Fällen bis zum dritten Lebensjahr weitestgehend unter dem Einfluß ihrer Elternsprache auf und fangen erst im Kindergarten an, deutsch zu lernen (s. MAIER 1988, 12ff.; REHBEIN/GRIEßHABER 1996, 70). Obwohl sie im Verlauf der folgenden drei bis vier Jahre zwischen vier und bis zu zehn Stunden täglich unter pädagogischer Betreuung im Einflußbereich des Deutschen verbringen, ist nicht gewährleistet, daß sie dabei die für den Schuleintritt notwendige sprachliche Kompetenz in dieser Sprache erwerben:

> Nach Einschätzung von Erzieherinnen, die bekanntlich über die Schulreife ihrer Kinder relativ zuverlässige Prognosen machen können, konnte der Kindergarten als Bildungseinrichtung diese Kinder (immerhin 28%) nicht mit Deutschkenntnissen ausstatten, die sie auf Anforderungen im regulären Schulsystem vorbereiten. (ULICH 1999, 84)[11]

> Der sequentielle Erwerb einer zweiten Sprache (Zweitspracherwerb) erfordert die Bewältigung von Strategien und Prozeduren, für die die altersmäßigen Voraussetzungen bei Schulbeginn vielfach ungünstig sind. Ein verhältnismäßig hoher Prozentsatz türkischer Schüler z.B. schafft diesen von der normalen deutschen Schule geforderten Sprung [...] nur schwer. (REHBEIN/GRIEßHABER 1996, 70f.)

---

[9]Zum Begriffspaar ‚simultaner Bilingualismus' (gleichzeitiger Erwerb zweier Sprachen vor dem dritten Lebensjahr) vs. ‚sukzessiver Bilingualismus' (Erwerb einer zweiten Sprache nach dem dritten Lebensjahr) s. MCLAUGHLIN (1978, 1984).

[10]Zum Semilingualismus s. z.B. HANSEGARD (1968), der den Terminus ‚Halbsprachigkeit' einführte, SKUTNABB-KANGAS (1976, 1978, 1984), SKUTNABB-KANGAS/TOUKOMAA (1979), STÖLTING (1980), FRITSCHE (1982, 1985).

[11]Die von ULICH u.a. am Staatsinstitut für Frühpädagogik durchgeführte Studie umfaßte Einzelinterviews mit insgesamt 38 Fachkräften in zehn Kindergärten, drei Kinderhorten und einer Kinderkrippe im Raum München.

So scheint denn auch die bewußt oder unbewußt angelegte funktionale Sprachtrennung i.S.v. *eine Sprache in der Familie – eine Sprache in der Bildungsinstitution*, die heute sehr oft empfohlen wird, nicht so zu fruchten, wie es im vorgegebenen Bildungsrahmen notwendig wäre.
Es müssen offensichtlich differente Faktoren zum Tragen kommen, damit ein bilingualer Spracherwerb gelingen kann. Dazu gehören nach KLEIN (1985): *Sprachvermögen* (Fähigkeiten der Artikulation und des Gedächtnisses, sprachliches Wissen, Kontextwissen), *Zugang* (physische und mentale Fähigkeiten zur Rezeption von Sprache, Möglichkeit zum Sprachkontakt) und *Antrieb* (Bedürfnis nach Kommunikation und sozialer Integration, Einstellung zur Sprache und ihren Sprechern). In diesen drei Komplexen sind Aspekte wie die ausreichende emotionale und sprachliche Zuwendung in beiden Sprachen, die positive Einstellung zur Zweisprachigkeit an sich, das positive Sozialprestige beider Sprachen (KIELHÖFER/JONEKEIT 1995, 91; MAIER 1988) sowie die Motivation, beide Sprachen sprechen zu wollen, eingeschlossen.

In der Realität des Alltags findet sich eine Vielzahl an Formen von kindlichem Bilingualismus (s. 1.2) in unzählbaren individuellen Ausprägungen, die jeweils – wenn überhaupt – nur im konkreten Fall zwischen „gelungen" und „nicht gelungen" eingestuft werden können.[12] Dabei wird meistens, wie es auch im vorliegenden Material der Fall ist, eine *Sprachenmischung* unterschiedlicher Grade bestehen. Eine Sprachenmischung kann vorliegen im intonatorischen, phonologischen, morphologischen, lexikalischen und syntaktischen Bereich innerhalb einer Äußerung – dies ist in der Literatur zum bilingualen Erstspracherwerb zumeist untersucht worden –, aber auch darüber hinaus auf der Diskursebene. Wenn beispielsweise innerhalb eines Diskurses verschiedene Sprachen gesprochen werden, wie dies z.B. häufig in Familien der Fall ist, die das Prinzip ‚eine Person – eine Sprache' befolgen, so findet auch hier eine Form von Sprachenmischung innerhalb einer Gesamthandlung statt.
Suzanne ROMAINE, die wie viele andere[13] der Auffassung ist, daß das Mischen von Sprachen innerhalb der Gemeinschaften, in denen es praktiziert wird, wichtige Funktionen erfüllt (1989, 5), weist auf die Problematik bei der Bewertung von (kindlichem) Bilingualismus, insbesondere im westeuropäischen Kontext, hin:

> Ideas about bilingualism have been adversely influenced by the use of terms such as ‚the ideal bilingual', ‚full bilingualism', ‚balanced bilingualism', etc., because they imply that there are other kinds of bilingualism which are not ideal, full or balanced. Given the emphasis on describing the linguistic

[12]Da es sich, wie bereits erwähnt, beim kindlichen Bilingualismus um ein dynamisches Kontinuum handelt, kann eine Bewertung m.E. prinzipiell erst im Erwachsenenalter erfolgen.

[13]Siehe OKSAAR (1976), GARCIA (1980), MCCLURE (1981), GUMPERZ (1982), HARDING/RILEY (1986), DÖPKE (1992), GOGOLIN/NEUMANN (1997).

competence of the ideal monolingual, it is perhaps inevitable that bilingualism has been regarded as inherently problematic and that it represents an undesirable mode of organization for a speech community and the individual. It is, however, no accident that linguistic theory has its origins in the cultural ideology of western Europe and the major Anglophone countries, which attach some special significance to monolingualism and ethos of ‚one state – one language'. (ROMAINE 1989, 6)

Diesen Standpunkt bekommen bilinguale Kinder, wenn das Deutsche ihre schwache Sprache ist, spätestens ab dem Zeitpunkt des Schuleintritts in Deutschland – mehr oder weniger deutlich – zu spüren. Das deutsche Schulsystem ist zum einen monolingual ausgerichtet und zum zweiten bereits in der Grundstufe so stark leistungsorientiert angelegt, daß für kindliche Bilingualität sehr wenig flexibler Spielraum besteht, geschweige denn, daß sie systematisch gefördert würde, wie es im Rahmen eines „vereinigten Europas" anstrebenswert wäre.
Kritik an dem monolingual ausgerichteten deutschen Bildungskonzept wurde schon des öfteren geübt (z.B. BAGIV 1985) – sie ist weiterhin aktuell:

Die Hauptadressaten von Beratung müßten die deutschen Einrichtungen Kindergarten und Schule sein, die ihre Aufgabe der Deutschvermittlung und der Förderung der Zweisprachigkeit der Kinder als Ganze wahrnehmen müßten, ohne den Maßstab der Einsprachigkeit anzulegen. Sie könnten nach dem Grundsatz handeln, daß jeder spielerische Umgang mit Sprache, jeder Vergleich, jede Bewußtmachung und jeder „Fehler" den Lernprozeß fördert, und zwar auch der jeweils anderen Sprache, wenn diese nicht ausgeblendet und zu unterdrücken versucht wird. Den Kindern die Freude an der Sprache in ihren vielfältigen Varianten nicht zu nehmen, sondern daran teilzuhaben, den Eltern Sicherheit zu geben, daß nicht Einsprachigkeit normal, leichter oder besser ist, sondern gute und vielfältige Sprachkenntnisse für die Kinder schulischen und beruflichen Erfolg sichern (können), sollte ein Anliegen der öffentlichen Bildungsinstitutionen sein. (GOGOLIN/NEUMANN 1997, 35)

1.2 Erstspracherwerb und Bilingualismus im wissenschaftlichen Kontext

Kindlicher Spracherwerb ist ein beliebter Forschungsgegenstand. Die Anzahl der wissenschaftlichen Publikationen weltweit geht in die Tausende – allein *The Handbook of Child Language* (Hgg. FLETCHER/MACWHINNEY 1995) umfaßt ein Literaturverzeichnis von ca. 2000 Eintragungen. Trotzdem gibt es auch heute noch keine allgemein anerkannte „Erstspracherwerbstheorie", und zwar weder im monolingualen noch im bi-/multilingualen Bereich.
In der Linguistik werden Untersuchungsergebnisse zum Erstspracherwerb weitergehend herangezogen, um Aussagen auch über den Zweit- und Fremdsprachenerwerb zu gewinnen. Des weiteren basieren häufig Interpretationen von – frühen, aber auch späteren – Sprachstörungen auf entsprechenden Beobachtungen im Erstspracherwerb. Damit ist eine Brücke geschlagen zu stärker pädagogisch-didaktischen und therapeutisch orientierten Disziplinen. Ebenso hat es im Verlauf des 20. Jahrhunderts, mit dessen Beginn die moderne Erstsprach(en)erwerbsforschung anzusetzen ist, immer ein Wechselspiel gegeben zwischen Erstspracherwerbstheorien und Psychologie, Biologie und den medizinischen Disziplinen, aber auch mit den Kulturwissenschaften Anthropologie, Ethnologie, Soziologie etc. Dies macht deutlich, daß der Erstsprachenerwerb ein Forschungsgegenstand ist, der *interdisziplinärer Kooperation* bedarf.[14] Durch den Aspekt des Bilingualismus wird das Forschungsspektrum noch um einiges erweitert. Als wichtigster Bezugspunkt sei die sich in jüngster Zeit etablierende Disziplin der Interkulturellen Kommunikation genannt, die heute von tragender Bedeutung für das gesellschaftliche Leben und – aufgrund der sich im Alltag augenscheinlich nicht lösbaren Problematik – auch für die Wissenschaft ist.

1.2.1 Zur Bilingualismusforschung

Bilingualismus bezeichnet als Begriff die Zweisprachigkeit eines Individuums, während *Diglossie* als eine systematische, funktionsgebundene gesellschaftliche Zweisprachigkeit zu verstehen ist. Diese Unterscheidung wurde von dem Soziolinguisten Joshua A. FISHMAN (1966, 1967, 1975) eingeführt, hat sich jedoch in der Literatur nicht einheitlich etabliert.[15] So finden sich für die Zweisprachigkeit als gesellschaftlichem Phänomen auch ‚societal bilingualism' (z.B. ROMAINE 1989) oder entsprechend ‚gesellschaftliche Mehrsprachigkeit' (z.B. REHBEIN/GRIEßHABER 1996, 69; GOGOLIN/NEUMANN 1997,3). Für die

---

[14]Zu den Schwierigkeiten bei der „wirklichen" interdisziplinären Kooperation s. EHLICH (1996, 9f.).

[15]Vgl. z.B. ‚Diglossie' in GLÜCK, H. (Hg.) (1993) *Metzler Lexikon Sprache*. Stuttgart: Metzler

vorliegende Fallstudie ist ausschließlich der individuelle Bilingualismus von Interesse.
Es wurde bereits auf die Formenvielfalt von Bilingualismus hingewiesen. So ist es nicht verwunderlich, daß wissenschaftliche Bestrebungen u.a. dahingehen, ‚Bilingualismus' als Begriff zu bestimmen und in seiner Vielfalt – allerdings nach jeweils recht unterschiedlichen Kriterien, wie Grad der Beherrschung, Interferenz, funktionale Verwendung, Verhältnis der beiden Sprachen zueinander, Erwerbssituation, Alter etc. – zu kategorisieren. Ich möchte hier darauf verzichten, die verschiedenen Bestimmungs- und Kategorisierungsansätze im einzelnen zu diskutieren (s. dazu u.a. TAESCHNER 1983, 3ff.; ÖKTEM/REHBEIN 1987, 3ff.; 3ff.; ROMAINE 1989, 10ff.), da „man bislang kaum auf eine allgemein akzeptierte Definition von Bilingualismus, geschweige denn von Mehrsprachigkeit, zurückgreifen" kann (ÖKTEM/REHBEIN 1987, 3). Es zeichnet sich ab, daß Bilingualismus in seiner Formenvielfalt nicht in den bisher aufgestellten Kategorien erfaßbar ist.[16]

Für die hiesige Fallstudie scheint mir die Bestimmung nach Erwerbsalter als *simultaner Erwerb zweier Sprachen* (vor dem dritten Lebensjahr) angemessen zu sein, die auf MCLAUGHLIN (1978, 1984) zurückgeht. Jochen REHBEIN und Wilhelm GRIEßHABER (1996, 68f.) gliedern diese Form des bilingualen Spracherwerbs – sie nennen sie „frühe Zweisprachigkeit" – in eine *offene* Liste von ‚Spracherwerbstypen' ein, die jeweils nach dem Verhältnis der Faktoren

- *L* (numerische Zählung von Sprachen, „languages"; L1, L2 etc.),
- *F* (Familiensprachen; F1, F2 etc.) und
- *I* (Sprachen in nicht-familiären Institutionen, kurz: institutionelle Sprachen, die häufig der Sprachenverteilung in einer Gesellschaft in einem Land entsprechen)

zueinander bestimmt werden. „In dieser Einteilung bleibt der Grad der Beherrschung der Sprache(n) offen, lediglich die Kombinationsmöglichkeiten werden angegeben." (ebd., 68). Sie formulieren:

> *Frühe Zweisprachigkeit* (oder simultaner Erwerb zweier (oder mehrerer) Sprachen): L1 und L2 fungieren als zwei Muttersprachen, genau genommen als $L1_1$ und $L1_2$; dabei werden beide von den *Familiensprachen F* her erworben (die I-Sprachen bleiben hier [...] außer Betracht). (REHBEIN/GRIEßHABER 1996, 69)

Für die vorliegende Studie ist jedoch die I-Sprache unbedingt in Betracht zu ziehen, da sie entscheidend die Ausbildung der beiden Sprachen Deutsch (L1) und Spanisch (L2) bei Luna und Adrian mitträgt, und zwar in unterschiedlich kombinierter Weise, da die Aufnahmedaten sowohl in Deutschland als auch in Peru erstellt wurden. So ergibt sich folgende Kombination:

---

[16]Zur Problematik von Kategorisierungsverfahren, insbes. in den Sozialwissenschaften, s. EHLICH 1982a

1. Phase:	*Familie in Deutschland*	(Adrian: 0;0 - 5;6[17] / Luna: 0;0 - 4;4)
	I: Deutsch	
	F1: Mutter: Deutsch/	Vater: Spanisch
	F2: Mutter: Spanisch/	Vater: Deutsch
2. Phase:	*Familie in Peru* (Adrian: 5;7 - 5;8 / Luna: 4;4 - 4;5)	
	I: Spanisch	
	F1: Mutter: Deutsch/	Vater: Spanisch
	F2: Mutter: Spanisch/	Vater: Deutsch
3. Phase:	*Familie in Deutschland*	(Adrian: 5;8 - 6;11 / Luna: 4;5 - 5;8)
	I: Deutsch	
	F1: Mutter: Deutsch/	Vater: Spanisch
	F2: Mutter: Spanisch/	Vater: Deutsch
Kommunikation zwischen Mutter und Vater in allen drei Phasen: Spanisch		

Das Hinzufügen der I-Sprachen auch für diese frühe Phase des Spracherwerbs ist insofern wichtig, weil beide Kinder ab dem Alter von einem Jahr in Deutschland auch in erzieherische Institutionen eingebunden waren. In Peru hingegen war ihr Spracherwerb in entscheidendem Maße in die Institution der Großfamilie eingebunden.

ROMAINE (1989, 166ff.) nimmt – in Anlehnung an HARDING/RILEY (1986) – auf der Basis von Fallstudien[18] eine differenzierte Typologisierung des kindlichen simultanen Bilingualismuserwerbs vor, wobei sie neben der Sprache der Eltern (bzw. Bezugspersonen) und der der Gesellschaft („society“) auch die Strategie der Eltern, mit dem Kind zu sprechen, als Kriterium ansetzt. Folgende Typen werden unterschieden:

Typ 1: *„One person – one language“* (Eine Person – eine Sprache)[19],
d.h. die Eltern haben verschiedene Muttersprachen und jeweils auch eine gewisse Kompetenz in der Sprache des anderen; die Sprache eines Elternteils ist die Sprache der Gesellschaft, in der das Kind aufwächst; die Eltern sprechen mit dem Kind von Geburt an in der jeweils eigenen Muttersprache (z.B. RONJAT 1913, LEOPOLD 1939-49, TAESCHNER 1983)

Typ 2: *„Non-dominant home language“*,
d.h. die Eltern haben verschiedene Muttersprachen und die Sprache der umgebenden Gesellschaft ist die Muttersprache eines Elternteils; die Eltern sprechen beide mit dem Kind in der in der Gesellschaft „nicht-dominanten“ Sprache (z.B. FANTINI 1985)

---

[17]Seit STERN/STERN (1907) übliche Schreibweise der Altersangabe (Jahre;Monate;Tage). „5;6“ beispielsweise bedeutet, das Kind ist 5 Jahre und 6 Monate alt.

[18]Zusammenfassende Beschreibungen der einzelnen in der Typologisierung erwähnten Fallstudien sowie Übersichten finden sich u.a. in TAESCHNER (1983), ÖKTEM/REHBEIN (1987) und DÖPKE (1992).

[19]DÖPKE (1992, 12f.) differenziert diesen Typ in weitere zwölf Untertypen.

Typ 3: *„Non-dominant home language without community support"*,
d.h. beide Elternteile haben dieselbe Muttersprache, die Sprache der Gesellschaft ist eine von dieser Sprache differente; die Eltern sprechen in ihrer Muttersprache mit dem Kind (z.B. HAUGEN 1953, OKSAAR 1970, RUKE-DRAVINA 1967, PAVLOVITCH 1920)

Typ 4: *„Double non-dominant home language without communitiy support"*,
d.h. die Eltern haben verschiedene Muttersprachen, die Sprache der Gesellschaft ist eine dritte; die Eltern sprechen jeweils in ihrer eigenen Muttersprache mit dem Kind (z.B. ELWERT 1959)

Typ 5: *„Non-native parents"*,
d.h. die Eltern haben dieselbe Muttersprache und die Sprache der Gesellschaft entspricht dieser Sprache; ein Elternteil spricht mit dem Kind in einer Sprache, die nicht ihre/seine Muttersprache ist (z.B. SAUNDERS 1982)

Typ 6: *„Mixed languages"* (Sprachenmischung),
d.h. beide Elternteile sind bilingual; ebenso können auch bestimmte Bereiche der umgebenden Gesellschaft bilingual sein; die Eltern mischen beide Sprachen, wenn sie mit dem Kind sprechen
(z.B. TABOURET-KELLER 1962, ELLUL 1978, bedingt auch SMITH 1935 und BURLING 1959)

Die hiesige Fallstudie wäre nach einer solchen Kategorisierung am ehesten, wenn auch nicht eindeutig, dem Typ 6 zuzuordnen, mit einer Tendenz zu Typ 1. Eine genaue Beschreibung der Situation der Kinder Luna und Adrian findet sich in Kapitel 2.1. ROMAINE konstatiert, daß dieser letzte Typ des ‚Sprachenmischens' wesentlich häufiger vorkäme, als es aus der einschlägigen Literatur hervorginge, vielleicht sogar in der Praxis am häufigsten von allen Typen vertreten sei:

> In other words, multilingual communities are in the majority [...], so many children grow up in cases where individual and societal multilingualism coincide. There are several reasons why this kind of acquisition is not proportionately reflected in the literature of childhood bilingualism. Primarily a great many of the studies have been done by parents educated as linguists, i.e. middle class professionals, investigating their own children's development. Thus, the majority of detailed longitudinal studies deal with elitist or additive bilingualism. (ROMAINE 1989, 168f.)

Somit würde sich die in Kapitel 1.1 formulierte Annahme bestätigen, daß die meisten in der Realität des Alltags vorfindbaren Formen von kindlichem Bilingualismus durch Sprachenmischungen auf verschiedenen Ebenen geprägt sind. Vetreter des Prinzips ‚eine Person – eine Sprache' haben sich bisher zu einem Sprachenmischen in der Größenordnung von Diskursen kaum geäußert. Es wird hierbei vielmehr von einer – m.E. schwer nachvollziehbaren – „funktionalen Trennung" nach Muttersprache vs. Vatersprache gesprochen, analog zur funktionalen Trennung „Familiensprache – Schulsprache" etc.

Lediglich SAUNDERS (1982, 49) stellt fest, daß bilinguale Exchanges zwischen allen Familienmitgliedern häufig vorkommen.

Ich möchte mich auf diese kurze Skizzierung der Bilingualismusforschungslage beschränken, da es lediglich darum geht, die vorliegende Fallstudie grob in den wissenschaftlichen Kontext einzugliedern. Ebenso möchte ich nun mit den Untersuchungen zum monolingualen Erstspracherwerb verfahren: Es werden im folgenden zunächst nur die wichtigsten Eckdaten im historischen Verlauf der Theoriebildung seit der Jahrhundertwende dargestellt. Die für die hiesige Studie relevanten Untersuchungsergebnisse werden in Kapitel 3 diskutiert.

1.2.2 Zur Erstspracherwerbsforschung

„Die Kindersprachenforschung hat sich [...] immer an den jeweils herrschenden linguistischen, psychologischen und philosophischen Theorien orientiert" (OKSAAR 1977, 36). Zweifelsohne haben die allermeisten der zahlreichen Studien zum Erstspracherwerb, von welcher theoretischen Richtung auch immer sie geprägt waren, wichtige Beiträge zu einem besseren Verständnis des Erwerbsprozesses geleistet. Es ist jedoch stets zu bedenken, daß der für jeden Wissenschaftler notwendige theoretische Hintergrund sich auch hemmend auf seine Arbeit auswirkt, „weil er eine Art Rahmen darstellt, in den das eigene Denken eingefügt ist und über den man nicht hinauskommen kann" (EHLICH 1982b, 7).
Versteht man, wie ich es tue, Sprache als eine – und zwar die wichtigste – Form des sozialen Handelns, die im Verlauf des Erstsprach(en)erwerbsprozesses interaktiv vermittelt und angeeignet werden muß, so liegt dieser Auffassung eine *interaktions-* bzw. *handlungstheoretische Konzeption* zugrunde, die methodologische Konsequenzen für die empirische Analyse des Erstspracherwerbs – wie von Sprache allgemein – impliziert (s. u.a. REHBEIN 1977; EHLICH 1996a). Einige Aspekte wurden bereits in der Einführung angesprochen und werden in Kapitel 1.3 näher ausgeführt. Geht man demgegenüber davon aus, daß es einen im menschlichen Gehirn verankerten angeborenen Spracherwerbsmechanismus („language acquisition device", kurz: LAD) gibt, der lediglich durch den sprachlichen „Input" beim Kind aktiviert wird, und daß das Kind auf diese Weise „automatisch" sprechen lernt, so liegt hierbei eine der ersten entgegenlaufende *nativistisch-rationalistische Konzeption* zugrunde, die es, wie es scheint, lediglich anhand ausgewählter Einzelbeispiele in Form von „Sätzen" zu untermauern gilt (s. u.a. CHOMSKY 1965/ dt.1969, 1975/ dt.1977, 1986; CLAHSEN 1982, 1988; in gemäßigter Form TRACY 1991).
Beide Auffassungen haben innerhalb der modernen Erstspracherwerbsforschung, die etwa mit der Jahrhundertwende einsetzt, eine lange Tradition und stehen sich bis heute kontrovers gegenüber:

> In der Kindersprachforschung begegnen uns die gleichen Kontroversen wie in anderen Bereichen der Sprachwissenschaft, Psycholinguistik und Psychologie: „harte", strukturell orientierte Linguisten bzw. dem Experiment verpflichtete Psychologen und Psycholinguisten stehen „weichen", funktional orientierten Dialoganalytikern bzw. der teilnehmenden Beobachtung verpflichteten Psychologen gegenüber. Ein zentraler Punkt der Debatten sind Wesen und Determinanten des Spracherwerbs. [...] Die Kontroverse hat zu spezifischen, systematisch bearbeiteten Fragestellungen [...] geführt, ist aber nicht abgeschlossen. Immerhin wurde jedoch erreicht, daß die Ausgangspositionen heute differenzierter gesehen werden: rein nativistische oder rein sozialdeterministische Erklärungen des Spracherwerbs werden kaum noch vertreten. Es ist zum Gemeinplatz geworden, daß dem Spracherwerb sowohl Eigenschaften der Gattung Mensch zugrundeliegen wie auch charakteristische Interaktions- und Kommunikationsbedingungen, die auf die Lernmöglichkeiten des Kleinkindes zugeschnitten sind. Allgemein anerkannt ist auch, daß die kognitive und sensomotorische sowie die soziale Entwicklung des Kindes wenigstens bis zu einem bestimmten Grade und Zeitpunkt Schrittmacher der Sprachentwicklung ist. (MENG 1994, 381f.)

Mit diesen treffenden Worten von Katharina MENG sei die aktuelle Forschungslage in aller Kürze allgemein charakterisiert. Betrachten wir nun die Forschungsgeschichte, die innerhalb der Kindersprachforschung zur interaktions- und handlungsorientierten Theoriebildung geführt hat.

Mit der vorliegenden Fallstudie begebe ich mich in die Tradition der frühen Wissenschaftler, die den Erstspracherwerb ihrer eigenen Kinder aufzeichneten, um diese Daten für die wissenschaftliche Erkenntnisförderung zu nutzen. Ein solches Verfahren der Datenerhebung ist nur logisch, will man empirisch und longitudinal arbeiten. Die ersten Kindersprachforscher legten in akribischer Detailarbeit Korpora in Form von Tagebüchern und Protokollen an – wer sonst hätte so etwas tun können, wenn nicht die Eltern des Kindes selbst?
So beobachtete beispielsweise der vom Darwinismus geprägte Mediziner und Physiologe William Thierry PREYER (1882/ 1923⁹/ ND 1989), der als Initiator des kinderpsychologischen Forschungszweiges gilt (s. ECKARDT 1989, 21), seinen Sohn regelmäßig bis zu dreimal täglich bis zum Alter von drei Jahren. Er konzentrierte sich hauptsächlich auf die psycho-physiologischen Aspekte der frühen Sprachentwicklung und kam auf diese Weise zu bis heute relevanten Ergebnissen, wie,

> dass die erste feste Verknüpfung einer Vorstellung mit einer Sylbe oder einem wortartigen Sylbencomplex ausschliesslich durch Nachahmung zu Stande kommt. Ist aber nur einmal eine derartige Verbindung hergestellt, dann erfindet das Kind frei neue Verbindungen, obzwar in viel eingeschränkterem Maasse, als gemeiniglich angenommen wird. Ein solches Genie bringt niemand mit auf die Welt, das im Stande wäre, das articulierte Sprechen zu erfinden. (PREYER 1989, 375)

Der gesunde Säugling versteht Gesprochenes viel früher, als er selbst die gehörten Laute, Sylben und Wörter nachahmend hervorbringen kann;
Das gesunde Kind bildet aber aus freien Stücken, ehe es anfängt zu sprechen oder correct die Sprachlaute zu imitiren, alle oder fast alle in seiner künftigen Sprache vorkommenden Laute, und ausser diesen noch sehr viele andere, und ergötzt sich daran;
Die Reihenfolge, in welcher die Sprachlaute vom Säugling hervorgebracht werden, ist individuell verschieden, somit nicht durch das Princip der geringsten Anstrengung bestimmt. (376)

PREYER wurde richtungsweisend für die Methode der Datenerhebung in der frühen Phase der Kindersprachforschung. Obwohl er selbst bereits nichteigene Daten in die Untersuchung einbezogen hatte, stellte er die Forderung auf, daß „neue umfangreiche Tagebücher über das Verhalten der Kinder in den ersten Lebensjahren" angelegt werden sollten (1989, 359), die heute mit Blick auf die audio- und videotechnische Progression neue Gültigkeit erlangt hat.
Die Psychologen Clara und Wiliam STERN kamen – neben einigen anderen – dieser Forderung nach. STERN/STERN (1907/ 1928[4] überarb./ ND 1987) protokollierten die Sprachentwicklung zweier ihrer Kinder über einen Zeitraum von sechs Jahren in Form von Monographien und versuchten darüber, „eine Linguistik der Kindersprache", insbesondere auf dem Gebiet der Wortbildung, zu erstellen (1987, 8). Die frühen Kindersprachforscher hatten ihren Untersuchungsgegenstand gegenüber der zeitgenössischen strukturalistischen Sprachwissenschaft zu verteidigen:

> Es ist nun kennzeichnend für die eigentliche Sprachwissenschaft, daß für sie das objektive System durchaus primär ist [...]. Im Gegensatz hierzu muß die Erforschung der Kindersprache vom „Sprechen" ausgehen [...]. Aber auch das „Sprechen" selbst darf noch nicht letzter Ausgangspunkt sein. Denn es ist keine für sich bestehende Aktivitätssphäre, sondern ein unselbständiger Bestandteil persönlichen Lebens überhaupt [...] (STERN/STERN 1987, 122)

Trotz dieses prinzipiell „ganzheitlichen" Ansatzes konnte – wie bereits ein Blick ins Inhaltsverzeichnis ihres Werkes zeigt – die traditionelle Auffassung, daß Sprache aus Wörtern und Sätzen bestehe, nicht überwunden werden (s. auch EHLICH 1996, 6f.):

> Wir verstehen somit unter „Kindersprache" diejenige Sprachepoche, die vom ersten sinnvoll gesprochenen Wort bis zur Bewältigung der Hauptarten des Satzgefüges reicht. (STERN/STERN 1987, 3)

Während sich der Physiologe PREYER bemüht hatte, die Kindersprachforschung als Gegenstand der sich seinerzeit gerade entwickelnden Disziplin der Psychologie zu etablieren, versuchten die Psychologen STERN/STERN deren Bedeutung für die Linguistik aufzuzeigen (1987, 6), d.h. es zeichnete sich im Prinzip hier bereits ein Übergang von der *Kinderpsychologie* hin zur

Psycholinguistik[20] ab. Dies war nur deshalb möglich, weil die junge Fachpsychologie die Kindersprachforschung in der Zwischenzeit in ihren Aufgabenbereich integriert hatte (u.a. AMENT 1899, 1902; WUNDT 1900; MEUMANN 1902, 1903). Darüber hinaus entstanden auch weitere Materialsammlungen zum mono- und bilingualen Spracherwerb (u.a. SCUPIN/SCUPIN 1907, 1910; RONJAT 1913; PAVLOVITCH 1920; KATZ/KATZ 1928) (s. auch STERN/STERN 1987, 5f. sowie die umfangreiche Bibliographie bis 1928). Eine fruchtbare Integration von Kinderpsychologie und einem erstmals tendenziell handlungsorientierten (sprachwissenschaftlichen) Ansatz findet sich in den verschiedenen Arbeiten der Psychologen Charlotte und Karl BÜHLER (1918, 1928). Vor allem auch K. BÜHLERS *Sprachtheorie* (1934/ ND 1982) sollte ein wichtiger Wegweiser für die handlungstheoretische Linguistik werden.
Insgesamt war diese frühe Phase der Kindersprachforschung also primär durch verschiedene *psychologische* Studien geprägt, deren Schwerpunkt im weiteren Verlauf insbesondere auf der Erforschung des Verhältnisses von *Sprechen und Denken* lag. Als wichtigste Arbeiten, die auch heute noch großen Einfluß auf die Forschungsdiskussion haben, sind die von Jean PIAGET (1923/ 1947^3 überarb./ dt.1972) und Lew S. WYGOTSKI (1934/ engl.1962/ dt.1964/ ND 1986) zu nennen.
Der Schweizer Kinderpsychologe PIAGET untersuchte zunächst mit Hilfe empirischer Beobachtungen in einer Vorschule des Institus J. J. Rousseau (1972, 18) und in häuslicher Umgebung (1972, 55ff.) sowie mittels experimentell provozierter „natürlicher" Situationen (1972, 119ff.) die „spontane Rede" von Kindern im Alter zwischen drei und elf Jahren, um auf diese Weise Rückschlüsse auf die Entwicklung des kindlichen logischen Denkens zu ziehen. Obwohl er durchaus auch den Handlungscharakter im kindlichen Sprechen sah („sozialisierte Sprache" mit den Unterkategorien „angepaßte Information", „Kritik", „Befehle, Bitten und Drohungen", „Fragen" und „Antworten"), vertrat er die These, daß die kindliche Sprache bis zum Alter von sieben Jahren überwiegend *egozentrisch* sei[21] („Wiederholung", „Monolog" und „kollektiver Monolog"; s. 1972, 21ff.). Die Entwicklung verläuft seiner Auffassung nach von der autistischen über die egozentrische zur sozialisierten Sprache und entsprechend vom autistischen über das egozentrische zum logischen Denken. Die Analogie zur FREUDschen psychoanalytischen Entwick-

[20]Der Terminus ‚Psycholinguistik' mit Bezug auf einen bestimmten Forschungszweig etablierte sich allerdings erst in den 70er Jahren, analog zu anderen „Bindestrich-Disziplinen" wie ‚Ethnosoziologie', ‚Pragmalinguistik' etc.

[21]„Die egozentrische Sprache bleibt nach einem Anfangsstadium, in dem sie wahrscheinlich mehr als drei Viertel [also mehr als 75%; E.G.] der Gesamtsprache ausmacht [...], zwischen dem 3. und 6. Lebensjahr halbwegs konstant. Im Laufe dieser Zeit verringert sich ihr Anteil allmählich und schwankt dabei zwischen der Hälfte und einem Drittel [also 50-33%; E.G.] der gesamten Sprache. Nach sieben Jahren schließlich beginnt der Prozentsatz der egozentrischen Sprache langsam bis unter ein Viertel [also weniger als 25%; E.G.] zu sinken." (PIAGET 1972, 71)

lungskonzeption vom „Es“ über das „Ich“ zum „Über-Ich“ tritt dabei deutlich zutage.
Einer der frühesten Kritiker PIAGETs war der sowjetische Psychologe WYGOTSKI (1934), der auf experimenteller Basis eine entgegengesetzte Entwicklung von Sprechen und Denken, nämlich vom Sozialen zum Individuellen, feststellte, wobei er der egozentrischen Sprache in Mittelposition auch eine andere Funktion als PIAGET zuschreibt. Er selbst formuliert:

> Die Entwicklung des kindlichen Denkens verläuft nach der Theorie Piagets im allgemeinen [...] vom Autismus zur sozialisierten Sprache, von der »quasi-halluzinatorischen« Phantasie zur Logik der Beziehungen. Nach einer Formulierung von Piaget will er verfolgen, wie die sozialen Einflüsse der Sprache und des Denkens der umgebenden Erwachsenen durch die psychologische Substanz des Kindes assimiliert, d.h. deformiert werden [...], sogar die soziale Sprache gehe der egozentrischen in der Entwicklungsgeschichte nicht voraus, sondern folge ihr.
> Nach unserer Hypothese verläuft die Entwicklung des kindlichen Denkens in anderer Richtung [...]. Die ursprüngliche Funktion der Sprache ist die der Mitteilung, der Einwirkung auf die Menschen der Umgebung, sowohl von seiten der Erwachsenen als auch des Kindes. Demzufolge ist die ursprüngliche Sprache des Kindes eine rein soziale [...]. Erst später entwickelt sich eine mehrere Funktionen ausübende soziale Sprache des Kindes nach dem Prinzip der Differenzierung der einzelnen Funktionen und teilt sich auf einer bestimmten Altersstufe ziemlich scharf in eine egozentrische und eine kommunikative Sprache. [...] Danach entsteht also die egozentrische Sprache auf der Grundlage der sozialen dadurch, daß das Kind soziale Verhaltensformen und Formen der kollektiven Zusammenarbeit in den persönlichen Bereich überträgt. [...] Auf der Basis der egozentrischen Sprache [...], die sich von der sozialen gelöst hat, entsteht dann die innere Sprache des Kindes, die die Grundlage sowohl seines autistischen als auch seines logischen Denkens bildet. Wir nehmen also an, daß die von Piaget beschriebene Egozentrizität der Sprache des Kindes genetisch den Übergang von der äußeren zur inneren Sprache darstellt. (WYGOTSKI 1986, 42f.)

Obgleich neben WYGOTSKI und seinen Mitarbeitern (LURIJA, LEONTJEW, LEVINA) auch andere ihrer Zeitgenossen PIAGETs Auffassung kritisierten und auch widerlegten (s. KATZ/KATZ 1928, Ch. BÜHLER 1928, DELACROIX 1924/ 1930², MCCARTHY 1930), wird sein Ansatz bis in die heutige Zeit hinein diskutiert, wobei die verschiedenen Arbeiten, insbesondere die kognitionspsychologischen Ansätze, seine These entweder stützen[22] oder sich weiterhin kritisch mit ihr auseinandersetzen[23]. Els OKSAAR gibt zu bedenken,

---

[22]Siehe z.B. die Folgearbeiten von PIAGET selbst, FURTH (1969/ dt.1972), SINCLAIR (-de ZWART) (1967, 1973), PIAGET/INHELDER (1968/ dt.1974, 1972), BRONCKART/SINCLAIR (1973), BEILIN (1975), BRONCKART (1976), MOORE/HARRIS (1978)

[23]Siehe u.a. SLAMA-CAZACU (1961/ engl. 1977), GARVEY/HOGAN (1973), OKSAAR (1977/ 1987²), OCHS-KEENAN (1979)

daß die sowjetrussische Forschung schon seit langem die Sprachentwicklung im Zusammenhang mit der Gesamtdynamik des Kindes gesehen hat, d.h. mit der aktiven Kommunikation des Kindes mit seiner Umgebung, mit seiner kognitiven Entwicklung und [seinen; E.G.] Handlungsbeziehungen. [...] Auf die systematische Untersuchung dieser Aspekte hat in der Nachkriegszeit zweifelsohne die Piagetsche These vom egozentrischen Denken und Sprechen des Kindes hemmend eingewirkt. (OKSAAR 1977, 33)

Zusammenfassend für die frühe Epoche der Kindersprachforschung kann gesagt werden, daß kommunikative Aspekte kindlichen Sprechens durchaus erkannt und auch thematisiert wurden, daß jedoch die traditionelle Auffassung der strukturalistischen Sprachwissenschaft bei der Erhebung und Auswertung der Daten kaum überwunden werden konnte. Selbst PIAGET (1923), der – wie auch KATZ/KATZ (1928) – nicht nur isolierte Äußerungen, sondern erstmals wirklich Diskurse aufzeichnete, hatte wenig Interesse daran, die sprachliche Kommunikation an sich als Gegenstand wissenschaftlicher Forschung zu etablieren, sondern sah hierin den Zugang zur Erforschung der individuellen Denkentwicklung (s. auch MENG 1994). WYGOTSKIs (1934) weitertragende Auffassung von Sprache und deren Aneignung durch das Kind im Sozialisierungsprozeß blieben zunächst außerhalb des sowjetischen Forschungszusammenhangs unbeachtet. Über Sprache sagt er:

Die Kommunikation, die auf rationaler Erkenntnis und der bewußten Wiedergabe eines Gedankens oder von Erlebnissen beruht, erfordert immer ein *System von Mitteln*, dessen Prototyp die menschliche Sprache ist, die aus dem Bedürfnis heraus entstand, sich im Arbeitsprozeß zu verständigen. (WYGOTSKI 1993, 12)

Der Erwerb der Sprache ist für ihn Bestandteil des gesamten Sozialisierungsprozesses, der sich im praktischen Handeln des Kindes in seiner sozialen und gegenständlichen Umwelt vollzieht. Die Bedeutung sprachlicher Mittel ist im Rückbezug auf dieses praktische Handeln zu erfassen.
WYGOTSKIs Arbeit wurde aufgrund sowjet-politischer Zensur erst Anfang der 60er Jahre einem internationalen Rezipientenkreis zugängig (engl.1962/ dt. 1964) und findet heute auch in der Funktionalen Pragmatik ihren Niederschlag.

In der nächsten Epoche der Kindersprachforschung, die in den USA mit den 30er Jahren, in Europa etwa mit den 50er Jahren einsetzte, waren in bezug auf eine „ganzheitlichere“ Betrachtung des Spracherwerbs zunächst jedoch keine Fortschritte zu verzeichnen. Im Gegenteil: Die theoretischen und methodologischen Reduktionsverfahren des Behaviorismus (SKINNER 1957) sowie des diesem entgegenstehenden Nativismus (CHOMSKY 1959/ dt.1974, 1965/ dt.1969) wirkten zunächst ausgesprochen hinderlich:

Zu einem intensiv bearbeiteten Forschungsgebiet konnten Dialog und Dialogfähigkeit [...] erst werden, nachdem zwei Paradigmen ihre Dominanz verloren hatten:
(a) das behavioristisch-positivistisch-sozialwissenschaftliche Paradigma: die Nötigung zur vorrangig quantitativen Auswertung großer Korpora stand einer neuen differenzierteren Konzeptualisierung des Spracherwerbs im Wege [...],
(b) das Paradigma der Generativen Transformationsgrammatik mit dem zentralen Konzept der sprachlichen Kompetenz als der abstrakten Fähigkeit zur Bildung grammatisch wohlgeformter Sätze [...]. (MENG 1994, 380; Paragraphierung E.G.)

Diese beiden lerntheoretischen Ansätze stehen in der Tradition der Kontroverse zwischen *Empirismus* und *Rationalismus* bzw. Intellektualismus und Voluntarismus der Jahrhundertwende (PREYER 1882, OLTUSCEWSKI 1897, LINDNER 1882, AMENT 1899 vs. WUND 1900/ 1911[3], MEUMANN 1902, IDELBERGER 1903).
Die Grenzen der auf PAVLOV, THORNDIKE (1914) und WATSON (1924) zurückgehenden *behavioristischen* Theorie, die den Spracherwerb als eine Konditionierung des Kindes durch die Außenwelt nach dem „Stimulus-Response-Reinforcement“[24]-Schema zu deuten versucht, bei der dem Kind lediglich eine passive Rolle zuteil wird (s. z.B. OSGOOD 1957, MOWRER 1960, CORREL 1974), wurden relativ schnell erkannt.[25] Hans HÖRMANN (1981/ 1991[3]) führt aus:

Es ist sehr wahrscheinlich, daß solche Vorgänge beim Spracherwerb tatsächlich ablaufen, aber es ist extrem unwahrscheinlich, daß sie sozusagen das Rückgrat, die Leitlinie dieses Vorgangs darstellen. Drei Gründe sprechen dagegen:
a) das Kind wird nur selten und unsystematisch in dieser Weise für die Äußerung der „richtigen“ Bezeichnung für einen Gegenstand oder ein Ereignis belohnt;
b) gelernte sprachliche Bezeichnungen werden durch Nichtverstärkung (Nichtbelohnung) nicht wieder gelöscht, was nach dieser Lerntheorie der Fall sein müßte;
c) das Kind versteht zunächst weit mehr von der Sprache des Erwachsenen, als es selbst produzieren kann; Reinforcement bezieht sich aber auf selbstproduzierte Reaktionen. (HÖRMANN 1991, 38)

Demgegenüber erfreut sich CHOMSKYs Theorie eines angeborenen Spracherwerbsmechanismus (LAD) in Form einer im Gehirn verankerten Universalgrammatik trotz ihrer deutlich zutage tretenden Schwächen bis heute großer

---

[24]i.S.v. ‚Reiz-Reaktion-Belohnung‘

[25]Siehe u.a. CHOMSKY 1959, CHURCH 1961/ dt. 1971, PEIZER/OLMSTEDT 1969, BERGIUS 1971, GÜNTHER 1976, OKSAAR 1977.

Anerkennung[26]. Der amerikanische Linguist Noam CHOMSKY selbst beschreibt seinen frühen Grundgedanken folgendermaßen:

> Die Spracherlernung beruht offenbar darauf, daß das Kind das erwirbt, was unter formalem Gesichtspunkt eine tiefe und abstrakte Theorie ist – eine generative Grammatik seiner Sprache – deren Begriffe und Prinzipien zum großen Teil nur entfernt und über lange und komplizierte Ketten unbewußter, quasi schlußfolgender Schritte mit der Erfahrung verbunden sind. Betrachtet man den Charakter der zu erlernenden Grammatik, den geringen Umfang und die schlechte Beschaffenheit der zugänglichen Erfahrungsdaten, die überraschende Gleichförmigkeit der resultierenden Grammatiken und ihre Unabhängigkeit von Intelligenz, Motivation und emotionaler Verfassung in einem sehr breiten Variationsbereich, so bleibt wenig Hoffnung, daß von der Struktur der Sprache viel erlernt werden könnte durch einen Organismus, der keine Anfangsinformation über ihren allgemeinen Charakter besitzt. (CHOMSKY 1969, 81)

Diese Auffassung basiert auf seiner linguistischen Theorie, die bekanntlich ausschließlich eine Syntax-Theorie ist:

> Der Gegenstand einer linguistischen Theorie ist in erster Linie ein idealer Sprecher-Hörer, der in einer völlig homogenen Sprachgemeinschaft lebt, seine Sprache ausgezeichnet kennt und bei der Anwendung seiner Sprachkenntnis in der aktuellen Rede von solchen grammatisch irrelevanten Bedingungen wie
> - begrenztes Gedächtnis
> - Zerstreutheit und Verwirrung
> - Verschiebung in der Aufmerksamkeit und im Interesse
> - Fehler (zufällige oder typische)
>
> nicht affiziert wird. Dies scheint mir auch die Position der [...] modernen Allgemeinen Sprachwissenschaft zu sein, und es hat sich bisher kein zwingender Grund gefunden, diesen Standpunkt zu modifizieren.
> Wir machen [...] eine grundlegende Unterscheidung zwischen *Sprachkompetenz* ([...] die Kenntnis des Sprecher-Hörers von seiner Sprache) und *Sprachverwendung* (*performance*; der aktuelle Gebrauch der Sprache in konkreten Situationen). Nur in der [...] Idealisierung kann die Sprachverwendung als direkte Widerspiegelung der Sprach-Kompetenz aufgefaßt werden, in Wirklichkeit besteht ein so direktes Verhältnis offensichtlich nicht. (1969, 13f.)

---

[26] Steven PINKER erwähnt in seinem populärwissenschaftlichen Werk *Der Sprachinstinkt* (1996), daß CHOMSKY neben CICERO, MARX u.a. zu den zehn meistzitierten Autoren der Geisteswissenschaften weltweit gehöre (27). Dies ist wohl allerdings in erster Linie zum einen seiner gesellschaftskritischen politischen Arbeit und zum anderen seiner medienwirksamen Öffentlichkeitsarbeit zuzuschreiben (s. auch die Video-Dokumentation *Chomsky und die Medien*, Kanada 1992; gesendet im deutschen Fernsehen am 5. und 12. Sept.1997) und weniger in unmittelbarem Verhältnis zu seiner Spracherwerbstheorie zu sehen.

CHOMSKY und seine „Anhänger“[27] haben mit Hilfe der *Generativen Transformationsgrammatik* und ihren weiteren Entwicklungs- bzw. Ablösungsformen beeindruckende Beschreibungen formaler Satzstrukturen geliefert.[28] Im Bereich der Kindersprachforschung scheint dieser Ansatz allerdings relativ unfruchtbar zu sein: Um die Diskrepanz zwischen idealistischer Theorie und sprachlicher Wirklichkeit zu überwinden, wird, statt die Mühen der empirischen Datenerhebung und deren Auswertung in Betracht zu ziehen, dem Kind ein genetisches Grammatikwissen „eingepflanzt“. Das „Grammatik-Gen“ ist allerdings innerhalb der letzten vierzig Jahre weiterer intensiver Forschungsarbeit noch nicht gefunden worden (PINKER 1996, 374).[29]

Damit sei nicht prinzipiell in Frage gestellt, daß auch biologische Anlagen und Reifungsprozesse beim Kind im Verlauf des Erstspracherwerbs wirksam werden. Ich meine jedoch, daß eine Überinterpretation von „sprachlichen Reifungsprozessen“, wie sie sich z.B. auch bei LENNEBERG (1967/ dt.1972) findet, in einem Zusammenhang mit einem angeborenen LAD große Gefahren in sich birgt, und zwar insbesondere im Hinblick auf sprachpädagogische Maßnahmen bzw. deren Unterlassungen. Aussagen, wie sie z.B. in der CHOMSKY-basierten populärwissenschaftlichen Arbeit von Steven PINKER (1994/ dt.1996) gemacht werden, entbinden pädagogische Institutionen weitgehend von einer spracherzieherischen Verantwortung:

> [Sprache; E.G.] ist nichts, was Eltern ihren Kindern beibringen und was man in der Schule lernen müßte. (PINKER 1996, Klappentext)

> Insgesamt gesehen ist ein normaler [i.S.v. instinktiver; E.G.] Spracherwerb für Kinder bis zu sechs Jahren sichergestellt, wird von da an bis kurz nach der Pubertät immer schwieriger und ist nach diesem Zeitpunkt kaum noch möglich. Ursachen hierfür sind wahrscheinlich Reifungsprozesse im Gehirn [...]. (PINKER 1996, 339)

Die Begrenztheit sowohl der behavioristischen als auch der nativistischen Ansätze in bezug auf pädagogische Maßnahmen wurden in der sowjetischen Psychologie bereits früh erkannt und formuliert:

> Diese Konzeptionen lähmen die Erziehungswissenschaft, die grundlegend mit den prägenden Einflüssen in der geistigen Entwicklung des Kindes befaßt ist.

---

[27]Siehe z.B. CHOMSKY u.a. 1975/ dt.1977, 1986; MCNEILL 1966; 1970/ dt.1974; MENYUK 1963, 1964, 1969, 1971; CLAHSEN 1982, 1988; stark beeinflußt auch WODE 1988/ 1993^2, TRACY 1991 u.v.a.m.)

[28]Zur Problematik des Satzbegriffs s. EHLICH 1992.

[29]Zur Kritik dieses Ansatzes s. u.a. CHURCH 1961/ dt.1971, GLEITMANN/GLEITMANN/ SHIPLEY 1972; DERWING 1973; de VILLIERS/de VILLIERS 1973, 1974; PRILLWITZ 1975; SLAMA-CAZACU 1976; OKSAAR 1970, 1975, 1977/ 1987^2

Die erste dieser Theorien, die komplexe Entwicklungsprozesse für eine Kombination simpler Gewohnheiten hält, reduziert Lehren und Erziehen auf bloßes Training. Die zweite, die die „Reifung der geistigen Fähigkeiten" als spontanen und kontinuierlichen Vorgang auffaßt, zuckt nicht nur beim Problem der Erklärung der Mechanismen der geistigen Entwicklung die Achseln, sondern verweist auch die erzieherischen Einflüsse auf einen recht untergeordneten Platz, indem sie sie allenfalls als Mittel der Beschleunigung oder Verlangsamung einer „natürlichen Reifung" versteht, deren Richtung vorbestimmt ist. (LURJA 1982, 38)

Gehen wir nun über zur jüngsten Epoche, die einer handlungstheoretischen Auffassung und Analyse von Sprache und Spracherwerb den Weg ebnete. Der Anstoß kam diesmal weder aus psychologischer noch aus linguistischer Richtung, sondern von der Seite der „Philosophie der normalen Sprache" her, von der *Sprechakttheorie*. Der ursprüngliche Rechtsphilosoph John L. AUSTIN (1961/ dt.1975, 1962/ dt.1972) und dessen Schüler John R. SEARLE (1969/ dt.1971) machten auf große Unterschiede in der Bedeutung bzw. Funktion von Sätzen aufmerksam, die mit Hilfe einer Satzstrukturanalyse, wie sie die traditionelle und die generative Linguistik anwandte, in keiner Weise kenntlich gemacht werden konnten[30]. Sie fügten den Komponenten „Form" *(Äußerungsakt)* und „Aussage" *(Proposition)* einer Äußerung die funktionale Dimension *(Illokution)* hinzu und versuchten anhand von Beispielanalysen herauszufinden, inwieweit man mit Einzeläußerungen etwas „tun", d.h. *sprachlich handeln*, kann. Dabei erstellten sie zum einen Klassen und Listen „illokutionärer Rollen" (s. AUSTIN 1972, 164ff.) und leisteten damit eine einfache Analyse von verschiedenen sprachlichen Handlungen (für den Bereich der Kindersprachforschung s. z.B. WAGNER 1974, 1975 und WAGNER/ STEINSTRÄTER 1987). Zum anderen postulierten sie die systematische Einbeziehung von *Sprecher* und *Hörer* in eine Sprachanalyse. Wenn auch diese Forderung bei AUSTIN und SEARLE selbst eher programmatischer Art war und weniger praktische Anwendung erfuhr[31], wurde sie in der Kindersprachforschung schnell umgesetzt.

---

[30]Siehe hierzu das überzeugende Beispiel bei EHLICH (1982b, 2f.) und die übersichtliche Darstellung von REHBEIN (1988).

[31]„Zwar haben Austin und Searle gesehen, daß es wenig Sinn hat, sich für eine Sprachtheorie auf Beispiel<u>sätze</u> zu beschränken. Aber aufgrund ihres eigenen theoretischen Hintergrundes haben sie lediglich den Sprecher (und zum Teil den Hörer) mit in die Analyse einbezogen. Die Beschränkung auf das einzelne <u>Beispiel</u> blieb, nur daß es jetzt nicht mehr der völlig isolierte Satz war, sondern der durch einen Sprecher geäußerte Satz. Doch ist das eine Einschränkung, die der Erkenntnis von der vollen, komplexen sprachlichen Wirklichkeit ähnlich hindernd im Weg steht, wie die Beschränkung auf den isolierten Satz der Erkenntnis Austins im Weg stand. Eine Handlungstheorie von Sprache hat die Aufgabe, diese Begrenzungen zu überwinden und die Handlungsqualität von Sprache so umfassend wie möglich zu analysieren." (EHLICH 1982b, 7)
Zu weiteren Kritikpunkten an der Sprechakttheorie s. auch EHLICH (1972/ 1975^2 und 1986/ 1996^3).

Auf diese Weise – sowie über die direkte Rezeption CHOMSKYs provokativer These vom „defizitären Input" – etablierte sich der Gegenstand der *Interaktion* zwischen Kind und seinem sozialen Umfeld und damit die weitertragende Kategorie des *Diskurses* als Analyseeinheit in der Sprach(erwerbs)forschung. Als überaus wichtige empirisch angelegte Studien zur Interaktion zwischen Kind und Mutter bzw. Bezugsperson sind die des Psychologen Jerome S. BRUNER und seiner Mitarbeiter (1974/ dt.1979 bis 1983/ dt.1987; s. Literaturliste) zu nennen. BRUNER (1983) stellt CHOMSKYs LAD ein „gewichtiges" LASS *(language acquisition support system)* der erwachsenen Interaktanten an die Seite. Catherine SNOW (1977, 1986, 1995) beschäftigte sich – neben und mit anderen – speziell mit der Sprache der Interaktanten des Kindes. In diesem Forschungszusammenhang konnten wichtige Charakteristika, Funktionen und Tragweite der CDS *(child directed speech)* herausgearbeitet werden. Insgesamt veränderte sich die Konzeptualisierung des Spracherwerbs also grundlegend.

> Für die Formulierung und Bearbeitung der neuen Fragen wurden Entwicklungen in der Linguistik (Kasus-Theorie von Fillmore, Hallidays Funktionalismus), der Philosophie der normalen Sprache (Grice, Austin, Searle), der qualitativen Soziologie (Goffman, Cicourel), der ethnomethodologischen Konversationsanalyse (Sacks, Schegloff, Jefferson), der Ethnographie des Sprechens (Hymes, Gumperz) oder der Psychologie (Tätigkeitstheorie von A. N. Leont'ev) aufgegriffen.
> Teils konkurrierend, teils komplementär zum Begriff der ‚sprachlichen Kompetenz' wurden Begriffe wie ‚Kommunikationsfähigkeit, ‚pragmatische', ‚konversationelle' oder ‚kommunikative Kompetenz' gebildet.
> Qualitative Verfahren wie teilnehmende Beobachtung, Interpretation, Fallstudien und Tagebuchmethode wurden rehabilitiert und teils erheblich verfeinert (vgl. Ochs/Schieffelin 1979).
> Mitte der 70er Jahre setzte eine bis heute anhaltende Flut von Veröffentlichungen ein. Kurz: Die Hinwendung zum kindlichen Dialog war Bestandteil und teilweise auch Motor der ‚pragmatischen Wende' in der Sprachwissenschaft und einer generellen Neuorientierung in den Sozial- und Geisteswissenschaften auf komplexe Zusammenhänge und ihre Bedeutsamkeit für die Subjekte. (MENG 1994, 380; Paragraphierung E.G.)

Es kann an dieser Stelle sicher nicht jene „Flut von Veröffentlichungen" näher erörtert werden. Dies ist bereits anderorts ausgiebig geschehen (s. u.a. KÄSERMANN 1980, MILLER 1976, 1980, OKSAAR 1977/ 1987², HÖRMANN 1981/ 1991², DEUTSCH 1981, WALLAT 1984, MCTEAR 1985, ÖKTEM/ REHBEIN 1987, KRAFT 1991; in kritischer Position mit nativistischem Einschlag WODE 1988/ 1993²). Vielmehr sollen im folgenden Abschnitt die Handlungstheorie der Sprache und damit verbunden die Verfahren der funktional-pragmatischen Kommunikationsanalyse als theoretische und methodologische Grundlagen der exemplarischen Analysen in Kapitel 3 erläutert werden.

1.3 Handlungstheorie der Sprache: die Verfahren der funktional-pragmatischen Kommunikationsanalyse

Die Funktionale Pragmatik[32] ist in der ersten Generation in Deutschland eng mit Namen wie Utz MAAS, Dieter WUNDERLICH (z.B. 1970, 1972/ 1975[2]), Konrad EHLICH und Jochen REHBEIN (s. Literaturliste) verknüpft. In kritisch hinterfragter Anknüpfung insbesondere an die Sprechakttheorie AUSTINs und SEARLEs, die Sprachtheorie BÜHLERs, die Tätigkeitstheorie LEONTJEWs und GALPERINs sowie an die Traditionen der Verhaltenstheorie, der Psycholinguistik und der Handlungslogik (s. REHBEIN 1977, 9) konnte eine „ganzheitliche“ oder *komplexe Sprachauffassung* etwickelt werden, die sich – im krassen Gegensatz zur strukturalistischen Auffassung – an der sprachlichen Wirklichkeit orientiert. Viele Aspekte gingen und gehen aufgrund von konkreten Diskursanalysen[33], insbesondere in verschiedenen Institutionen des gesellschaftlichen Lebens (Familie, Schule, Betrieb, Medizin etc.)[34], in die Theoriebildung ein. Ein für Diskursanalysen gut geeignetes Verschriftlichungsverfahren gesprochener Sprache, das der „halbinterpretativen Arbeitstranskriptionen“ (HIAT), wurde von EHLICH/ REHBEIN (1976) eingeführt (s. Kapitel 2.4). Mit REHBEINs Werk *Komplexes Handeln* (1977) wurde ein theoretisches, terminologisches und methodologisches Instrumentarium vorgelegt, das im Verlauf der letzten zwanzig Jahre weiter ausgebaut werden konnte. In EHLICH (1996a) werden die Ziele und Verfahren der Funktionalen Pragmatik erfaßt und komprimiert dargestellt. Ich beziehe mich bei der folgenden Darstellung vor allem auf die beiden letztgenannten Arbeiten.

Die Handlungstheorie der Sprache ist in ihrem Prinzip eine – auch für „Nicht-Linguisten“ – gut nachvollziehbare Auffassung von Sprache, und zwar deshalb, weil unser aller sprachliches Alltagswissen (oder Aktantenwissen[35]) hierbei für den Erkenntnisprozeß fruchtbar gemacht wird. Versuchen wir uns an einem fiktiven Beispiel zu verdeutlichen, was damit gemeint ist.

Zwei Personen (A und B), die miteinander bekannt sind, befinden sich im Haus von B. A hat Hunger.

A: ‚Gib mir bitte etwas zu essen.‘ <zu B>
B: ‚Aber natürlich.‘ (gibt S etwas zu essen)
A: ‚Danke.‘
(ißt)

---

[32]Von griech. pragma (pragma) ‚Handlung‘

[33]Den ‚Text‘-Begriff möchte ich an dieser Stelle von der Erläuterung ausklammern, da er für den Erstspracherwerb zunächst unerheblich ist.

[34]Siehe dazu z.B. REDDER (1983).

[35]‚Aktant‘ i.S.v. sprachlich handelnde Person

An diesem Diskurs sind zwei Personen beteiligt, die in einer bestimmten Beziehung zueinander stehen. Würde sich die Person A in ihrem eigenen Haus befinden, bräuchte sie B nicht um etwas zu essen zu bitten, sondern sie könnte sich einfach etwas zu essen nehmen, d.h. sie könnte eine (nonverbale) Handlung ausführen, um ihr aktuelles Bedürfnis zu befriedigen, um also einen Zustand der *Defizienz* (Hunger) in einen Zustand der *Suffizienz* (Sättigung) zu überführen. Da sie sich jedoch in einer Handlungssituation befindet, in der ihr dies nicht möglich ist *(Handlungslücke)*, muß sie sich zu diesem Zweck des Mittels der Sprache bedienen, also eine sprachliche Handlung *(Sprechhandlung)* vollziehen. Sie muß B bitten (oder höflich ›auffordern‹), ihre Handlungslücke zu schließen. Vorab wird sie sich jedoch überlegt haben, wie sie dies tut (mentale *Planbildung*). Im vorliegenden Beispiel spricht A „klar und deutlich", d.h. sie vereinigt einige sprachliche *Prozeduren* (realisiert durch die Ausdrücke ‚gib', ‚mir', ‚bitte', ‚etwas' und ‚zu essen') in der betreffenden Äußerung, die B (mental) eindeutig verstehen lassen, daß A sie zu einer konkreten *Handlungsausführung* bewegen möchte:

(a) ‚Gib mir bitte etwas zu essen.'

Denkbar wären jedoch auch eine gewisse Anzahl anderer Äußerungen, die A alternativ verwenden könnte, beispielsweise:

(b) ‚Hast du was zu essen?'
(c) ‚Oh, ich hab den ganzen Tag noch nichts gegessen.'
(d) ‚Mensch, ich hab tierischen Hunger!'
(e) ‚Hm, das riecht ja so gut hier!'
(f) ...

All diese oberflächlich sehr unterschiedlichen *Realisierungsformen* können in der vorliegenden Handlungssituation zum gleichen Ziel führen, den gleichen *Zweck* erfüllen. Das wissen als kompetente Sprecher ihrer gemeinsamen Sprache sowohl A als auch B. Dies ist nur deshalb möglich, weil sie das Tiefenschema oder *Muster* der ›Aufforderung‹ kennen, das solchen (oberflächen-)sprachlichen Äußerungen in der konkreten Handlungssituation zugrunde liegt. Die meisten der Äußerungen (b)-(f) im einzelnen und isoliert betrachtet, hätten dabei verhältnismäßig wenig Informationswert. Der Person B kommt nun die – unbewußte – Aufgabe zu, die Äußerung der Person A unter Einbeziehung der *gesamten Handlungssituation* (alle wichtigen Komponenten der außersprachlichen Wirklichkeit) und ihres eigenen *Handlungswissens* zu analysieren, um herauszufinden, was A mit ihrer Äußerung erreichen will. Drei Aspekte muß sie dabei in Betracht ziehen:

- das „Wie" die Lautfolge i.w.S.[36] mit ihrer morpho-syntaktischen Struktur, d.h. den *Äußerungsakt*,
- das „Was" den Informationsgehalt der Äußerung, d.h. den *propositionalen Akt,* und
- das „Warum" die Funktion der Äußerung bzw. ihren kommunikativ relevanten Zweck, d.h. den *illokutiven Akt.*

Eine solche Äußerungsanalyse kann gelingen oder auch mißlingen – letzteres würde A dann wahrscheinlich dazu veranlassen, eine alternative Äußerung zu realisieren. Ist dieser mentale Vorgang bei der Person B beendet, steht sie vor der nächsten Aufgabe, nämlich zu entscheiden, ob sie der Aufforderung nachkommen kann und will *(Planübernahme).* Im vorliegenden Beispiel fällt die Entscheidung positiv aus, und es kommt zur entsprechenden *Handlungsausführung* durch B (sie gibt A etwas zu essen). A hat nun wiederum die Aufgabe, die Handlungsausführung mental zu *bewerten* und verbal zu *bestätigen,* was sie an dieser Stelle durch den Dank realisiert. A hat damit ihr aktuelles Ziel erreicht, d.h. sie hat sprachlich handelnd die außersprachliche Wirklichkeit verändert. Erst damit ist die sprachliche Handlung beendet.

Derartige Diskurse gilt es in der funktional-pragmatischen Kommunikationsanalyse mit Hilfe hermeneutischer Verfahren in ihrer Komplexität zu untersuchen:

> Die wissenschaftliche Analyse soll das *Alltagskonzept* von ‚Handlung', mit dem die Aktanten des Alltags naiv verfahren und erfolgreich operieren, einerseits zum Ausgangspunkt der Analyse machen und andererseits durch die Analyse systematisch explizieren. Daher ist das abstrakte Alltagskonzept ‚Handlung' *vor* der Analyse und das konkrete Alltagskonzept HANDLUNG *nach* der Analyse zu unterscheiden. „Abstrakt" heißt: im Status des „gesunden Menschenverstands", ungeordnet, vorstellungsmäßig isoliert, beliebig; „konkret" heißt: der dem Alltagskonzept zugrunde liegende Mechanismus ist rekonstruiert, so daß konkretes Handeln daraus erklärbar ist. (REHBEIN 1977, 3f.)

> Die Interaktion zwischen *Sprecher* und *Hörer* als eine tatsächliche gemeinsame *Handlung* und Handlungsfolge zwischen zwei oder mehr Interaktanten kulminiert in der Kategorie des *Zweckes* der sprachlichen Handlung (bzw. [...] der sprachlichen Handlungsfolge). [...] Die zentrale Bedeutung des Zweckes für die sprachliche Handlung erfordert, [...] daß ihm ein zentraler Stellenwert bei der Rekonstruktion des sprachlichen Handelns eingeräumt wird. [...] Dies geschieht in der Kategorie des ›*Musters*‹. ›Muster‹ sind Organisationsformen des spachlichen Handelns. Als solche sind sie gesellschaftliche Strukturen, die der Bearbeitung von gesellschaftlich rekurrenten Konstellationen dienen. Insofern sind Muster Abbildungen gesellschaftlicher Verhältnisse in sprachlichen Formen. Das einzelne menschliche Handeln realisiert allgemeine Handlungsstrukturen. [...] Muster sind Tiefenkategorien. Die konkreten

[36]Dazu gehören z.B. auch intonatorische und expressive Faktoren.

sprachlichen Oberflächen werden erzeugt, indem Musterstrukturen realisiert werden. Zwischen *Tiefe* und *Oberfläche* bestehen komplexe Vermittlungsverhältnisse, was die linguistische Analyse überhaupt erst erforderlich macht. (EHLICH 1996a, 187f.; kursive Hervorhebungen E.G.)

An dem oben beschriebenen kleinen Diskursbeispiel konnte gezeigt werden, daß funktional-pragmatisch arbeitende Linguisten im Prinzip die gleichen Interpretationsstrategien verwenden wie die Interaktanten selbst in einer konkreten Interaktion. Allerdings muß der Sprachwissenschaftler bei der Analyse beide Positionen (systematisch: *Sprecher* und *Hörer*) in ihrer *mentalen* (Planungsprozesse, Entscheidungen, Bewertungen, Motivation etc.) wie in der *(inter-)aktionalen* (sprachliche und nonverbale Kommunikation) Dimension systematisch berücksichtigen. Er muß darüber hinaus – wie die Interaktanten – auch die *außersprachliche Wirklichkeit* (Handlungssituation, Sprecher-Hörer-Beziehung etc.) in die Analyse integrieren.

> Die einzelne sprachliche Handlung ist nicht in ihrer Isolation zu erfassen, und zwar weder gegenüber den sie begleitenden Handlungen noch gegenüber den komplexen mentalen Tätigkeiten, die ihr vorausliegen, in sie eingehen und ihr folgen, und zwar bei Sprecher *und* Hörer. (EHLICH 1996a, 199)

Auf diese Weise besteht die Möglichkeit, die Tiefenstrukturen der (komplexen) sprachlichen Handlungsmuster zu rekonstruieren. REHBEIN (1977, 315ff.) hat solche Rekonstruktionen für verschiedene Muster von Aufforderungshandlungen[37] vorgelegt, von denen ich das der ›Aufforderung i.e.S.‹ hier mit Bezug auf das oben dargestellte Beispiel in seiner Kurzform darstellen möchte („S"=Sprecher, „H"=Hörer, „F"=Handlung):

Schema von AUFFORDERUNGEN i.e.S.:

(Vorgeschichte)	(1)	(a)	S hat *Plan* für F (-> S will *Ziel* erreichen)
		(b)	S kann F nicht ausführen (*Handlungslücke* [...]);
		(c)	H kann F tun [...]
		(d)	S/H-Beziehung [...]
(Geschichte)	(2)	(a)	Äußerungsakt: *Planübertragung* S/H
		(b)	H übernimmt Plan
		(c)	Bedingung für (2)(b): (c)(a): Motivation von H zu F; und/oder (c)(b): S institutionell höher als H;

---

[37] REHBEIN (1977, 316) differenziert zwischen *untertützenden Aufforderungen* (>Vorschlagen<, >Ratgeben<, >Anbieten<, >Empfehlen< usw.), *regulativen Aufforderungen* (>Warnen<, >Drohen<, >Ermuntern<, >Ermahnen< usw.) und *handlungsinitiierenden Aufforderungen* (>Bitten<, >Befehlen<, >Auffordern i.e.S.<)

(Nachgeschichte)(3) (a) *Planausführung* durch H;
(b) *Resultat* (entspricht/ entspricht nicht Ziel);
(c) *Anerkennung*/ Nichtanerkennung durch S

(REHBEIN 1977, 339; kursive Hervorhebungen E.G.)

Mit Hilfe solcher Schemata ist es möglich, die Systematik von Handlungsmustern zu erfassen (vgl. Erläuterungen zum obigen Beispiel). Das Muster läßt sich auch in Form eines *Ablaufdiagramms* darstellen, in dem „die spezifische Relation zwischen mentalen und aktionalen bzw. interaktionalen Aspekten des Handelns" ihren systematischen Stellenwert findet (EHLICH 1996a, 190):

Ablaufdiagramm: ›AUFFORDERUNG (allg. Typus)‹[38]

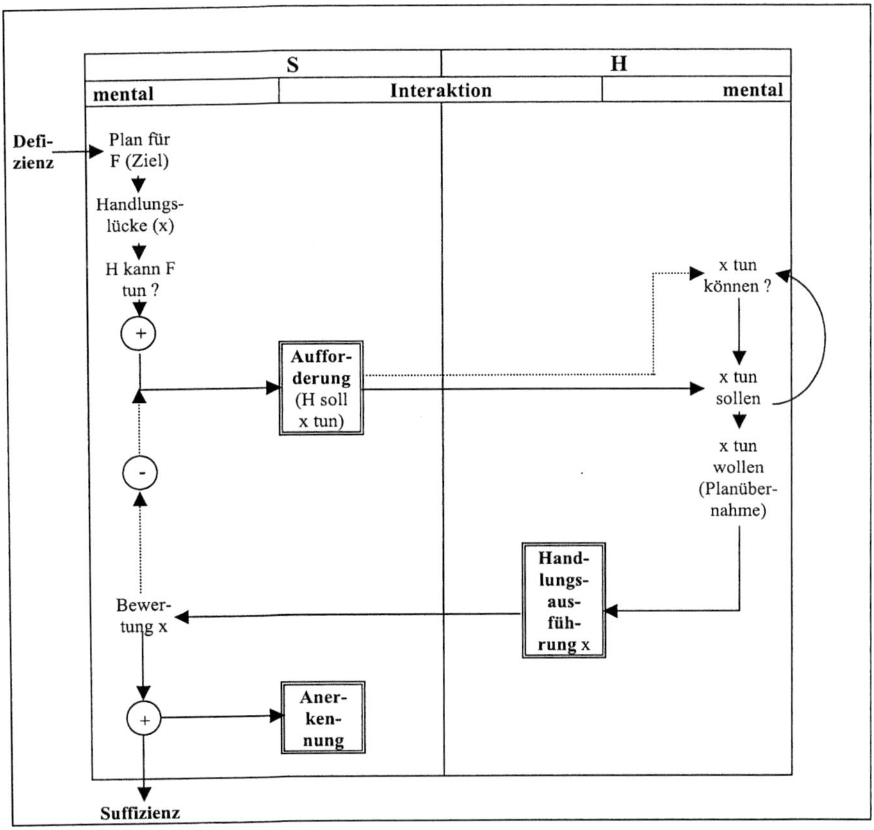

_______ = regulär .... = fakultativ

[38]in Anlehnung an REHBEIN (1977) und REDDER (1995)

Solche Ablaufdiagramme verleiten dazu, daß ihnen ein Modellcharakter unterstellt wird, und Modelle wiederum verleiten dazu, daß ihnen eine Art Endgültigkeit zugeschrieben wird. Hier sollte zur Vorsicht gemahnt werden: Ablaufdiagramme sind als Arbeitshilfen zu verstehen, die durchaus korrigierbar sind. Überhaupt sind Revision und Kritik in allen Bereichen der Funktionalen Pragmatik – angefangen bei den Transkriptionsverfahren gesprochener Sprache bis hin zur Kategorien- und Theoriebildung – ausdrücklich erwünscht, denn nur über die Diskussion ist es möglich, das Wissen über Sprache wirklich weiter auszubauen.

Das sprachliche Muster der ›Aufforderung‹ wurde als einführendes Beispiel nicht zufällig ausgewählt – das ›Frage-Antwort‹-Muster beispielsweise hätte sich in diesem Falle ebensogut geeignet –, sondern deshalb, weil dieses Muster zu den ersten gehört, die das Kind im Sozialisationsprozeß erwirbt. Dabei stellt sich natürlich die für die vorliegende Arbeit zentrale Frage, *wie* Handlungskonzepte vermittelt und erworben werden. REHBEIN unterscheidet drei Typen von Situationen, in denen dies geschieht:

> (1) Der Aktant lernt ohne fremde Hilfe, indem er die Handlungen selbst PROBIERT, sie anderen ABSIEHT, sie IMITIERT, [...]
> (2) Der Aktant befindet sich zusammen mit einem anderen Aktanten in einer [...] Lehrsituation.
> (3) Ein aus (1) und (2) gemischter Fall ist der alltägliche, in dem dem Aktanten einerseits eine Unterstützung, Hilfe usw. zukommt, er andererseits aber vieles aufgrund selbstätigen Erwerbs sich erarbeiten muß. Ein großer Teil des Erwerbs *sprachlicher* Handlungsmuster ist diesem Teil zuzurechnen.
> (REHBEIN 1977, 132)

REHBEIN erarbeitet auch ein Verlaufsschema solcher „kooperativen Interiorisierungen von Handlungen" („H"=Aneignender; „S"=Vermittelnder; „F"= Handlung):

(i) (a) H will F tun, kann F aber nicht tun;
(b) S will, daß H F tun kann;
(ii) H hat Vorwissen von F
(iii) a) S führt durch eine präsentierende Prozedur Ketten von Teilhandlungen f_1 ... f_n auf dem Handlungsfeld vor;
(b) H macht Ketten von Teilhandlungen in Anwesenheit von S
auf
dem Handlungsfeld nach;
(c) (1) S bestätigt/korrigiert [formal veränderte Darstellung; E.G.] handlungsfeldabhängiges Können (F) seitens H;
(2) repariert Teilhandlungen bis hin zum Können (F)
(iv) H überzeugt sich, daß er F ohne Hilfe von S tun kann;
(v) Parametrische Abstraktion der konkreten Handlung F zu ihrem Konzept j (F) seitens H;

(vi) H hat die *Fähigkeit*, F zu tun

> Die Schritte, die grob vereinfachend den Übernahme- und Verinnerlichungsprozeß einer Handlung auf kooperativer Grundlage gezeigt haben, gelten [...] auch für die Übernahme von Sprechhandlungen. Das einer Sprechhandlung zugrunde liegende Alltagskonzept wird jedoch nicht bewußt [gelernt; E.G.], sondern sehr früh in der Kommunikation übertragen und automatisiert. (REHBEIN 1977, 134)

Anhand der hier durchzuführenden exemplarischen Analysen (Kapitel 3) kann dieses Verlaufsschema überprüft und ggf. für den Erstspracherwerbsprozeß korrigiert werden. Punkt (ii) muß dabei auf jeden Fall modifiziert werden, da es sich hierbei um ein Vorwissen handelt, das vom Kind zunächst im Verlauf des Erstspracherwerbs ebenfalls angeeignet werden muß (s. dazu die Strukturtypen des Wissens bei EHLICH/REHBEIN 1977).

Fassen wir abschließend die Vermittlungskategorien der sprachlichen Analyse zusammen, auf deren Grundlage die exemplarischen Analysen durchgeführt werden:
Die übergreifende Kategorie der Analyse gesprochener Sprache ist die des *Diskurses*. Für die vorliegende Studie sind insbesondere die Diskurstypen ‚Alltagsdiskurs', ‚Lehr-Lern-Diskurs' und ‚Spieldiskurs' relevant.

> Diskurse verstehe ich als über den Zusammenhang von Zwecken konstituierte *Musterfolgen*, die sich an der sprachlichen Oberfläche als *Abfolge sprachlicher Handlungen* darstellen. (EHLICH 1996a, 192; kursive Hervorhebungen E.G.)

Die zentrale Kategorie der Analyse ist die der *Sprechhandlung* bzw. der Sprechhandlungssequenz (Sprechhandlungsfolge mit systematischem Turn-Wechsel) oder der Sprechhandlungsverkettung (Sprechhandlungsfolge ohne systematischen Turn-Wechsel)[39].
Als abstrakte Einheiten gehen der *Äußerungsakt* (Lautfolge mit morphosyntaktischer Struktur), der *propositionale Akt* (Informationsgehalt) und der *illokutive Akt* (kommunikativ relevanter Zweck) in die Sprechhandlung ein.

> Akte unterscheiden sich von Handlungen. Sprechhandlungen kommen z.B. als solche isoliert vor, Akte nicht. Sie sind von vornherein abstrakte Größen, und erst das raumzeitlich zusammenfallende Realisieren des illokutiven, des propositionalen und des Äußerungsakts ist die Realisierung dessen, was eine Sprechhandlung ausmacht und was sie als solche in der Kommunikation erkennbar werden läßt. (EHLICH 1996a, 196)

---

[39]Der Terminus *‚turn-taking'* ist im Zusammenhang mit sprachlichen Kooperationsformen in der (amerikanischen) Konversationsanalyse entwickelt worden und bezieht sich auf die Verteilung von Sprecher- und Hörerschaft in der Kommunikation. „Systematischer Turn-Wechsel" bedeutet in diesem Sinne ‚systematischer Sprecherwechsel'. Beispiele für *Sprechhandlungssequenzen* sind die >Aufforderung< und das >Frage-Antwort<-Muster. Beispiele für *Sprechhandlungsverkettungen* sind die Handlungsmuster >Erzählen< oder >Vortragen<.

Eine weitere, systematisch gesehen, unterhalb der Sprechhandlung liegende Kategorie ist die der *Prozedur*. EHLICH (1996a, 196ff.) unterscheidet zwischen deiktischen, nennenden, expeditiven, operativen und expressiven Prozeduren, die – in Anknüpfung an die „Bestimmungen zur Feldcharakteristik sprachlicher Ausdrücke" von BÜHLER (1934) – bestimmten sprachlichen Feldern zugeordnet werden können. Prozeduren bedeuten „jeweils spezifische mentale Tätigkeiten der involvierten Interaktanten" (EHLICH ebd.). Zum Verhältnis von Prozeduren und Sprechhandlungen sagt er:

> Prozeduren, die im sprachlichen Handeln für sich allein einen vollständigen kommunikativen Zweck realisieren können, sollen „selbstsuffiziente" Prozeduren heißen [z.B. Imperativ, Vokativ als Formen der expeditiven Prozedur; E.G.]. Sie sind also unabhängig von anderen Prozeduren geeignet, Handlungszwecke vollständig zu realisieren. Die anderen hingegen werden zu größeren Einheiten vereinigt oder integriert. Erst eine solche Integration verschiedener Prozeduren bildet die Einheiten, die zu Sprechhandlungen zusammentreten, Einheiten also von illokutiven, propositionalen und Äußerungsakten. (EHLICH 1992, 394)

Die folgende Übersicht soll das Verhältnis zwischen Prozeduren, sprachlichen Feldern und Ausdrucksmitteln mit Bezug auf die jeweiligen Funktionen verdeutlichen:

deiktische Prozeduren	***nennende*** Prozeduren	***operative*** Prozeduren	***expeditive*** Prozeduren	***expressive*** Prozeduren
dienen der *(Neu-) Fokussierung* des Hörers (sprachliches Zeigen)	dienen der *mentalen Repräsentation* eines Elements der Wirklichkeit	dienen der *Wissensorganisation und -verarbeitung* (Prozessierung) des sprachl. Geschehens an sich mit Blick auf die Proposition	dienen dem unmittelbaren Eingreifen in die Handlungen des Hörers *(direkte Hörersteuerung/ -lenkung)*	dienen der kommunikativen *Vermittlung von Stimmungen* wie z.B. Spannung
Zeigfeld	***Symbolfeld***	***Operationsfeld***	***Lenkfeld***	***Malfeld***
Einheiten/ Einzelwörter (z.B. ‚ich', ‚hier', ‚jetzt'); Morpheme; nonverb. Kommunikation	Einheiten/ Einzelwörter (v.a. Nomina, Verben)	Einheiten/ Einzelwörter, Morpheme, Satzform (z.B. Partikeln; phorische Ausdrücke wie ‚er', ‚sie', ‚es'; Negation; Konjunktion)	Einheiten/Einzelwörter (z.B. Interjektionen wie ‚hm'; Imperativ), Morpheme, nonverb. Aktionen	Intonation i.w.S.

Es zeichnet sich ab, daß die Kategorie der Prozedur ausgesprochen fruchtbar für Erstspracherwerbsanalysen genutzt werden kann. Die traditionellen, in sich bereits wiedersprüchlichen Kategorien „Einwort-Satz" und „Zweiwort-Satz" können dadurch in sinnvoller Weise abgelöst werden.

Folgendes Schaubild zeigt zusammenfassend die Kategorien der sprachlichen Analyse in ihrem (hierarchischen) Verhältnis zueinander:

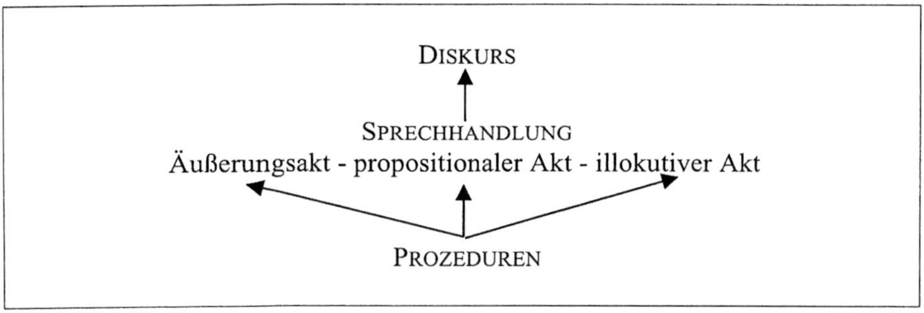

Ich hoffe, ich habe mit den bisherigen Ausführungen deutlich machen können, daß die Funktionale Pragmatik sich in ihrer Auffassung und Analyse von Sprache grundlegend von den traditionellen reduktionistischen Ansätzen unterscheidet, was nicht bedeutet, daß hier eine neue Sprachwissenschaft „erfunden" worden wäre. Vielmehr baut die Funktionale Pragmatik auf – insbesondere sozial orientierten – wissenschaftlichen Erkenntnissen auf und strebt an, dem Phänomen Sprache in seiner Komplexität und seiner gesellschaftlichen Verankerung gerecht zu werden. Ihr Ausgangspunkt dabei ist die reale sprachliche Wirklichkeit. Somit ist das methodologische Vorgehen notwendigerweise ein *empirisches*.

> Selbstverständlich ist ein solches Verständnis der linguistischen Aufgabe nicht gerade dazu angetan, die analytische Tätigkeit als eine einfache zu kennzeichnen oder auch nur erscheinen zu lassen. Ich meine aber, daß es kaum eine angemessene Antwort auf Schwierigkeiten ist, durch Deklarationen zur Methode und Manipulationen am Objekt so zu tun, als lägen die Dinge wesentlich einfacher, als sie sind. (Ehlich 1996a, 199)

Aufgrund dieses Verständnisses von Sprache und des damit verbundenen Qualitätsanspruchs an die Korpusarbeit (s. z.B. Ehlich 1996c, 12ff.) ist es selbstverständlich, daß die Funktionale Pragmatik auch im Bereich der Kindersprachforschung weit davon entfernt ist, eine – wie Stern/Stern (1928^4, 8) so mutig formulierten – „Linguistik der Kindersprache" anbieten zu können. Die Untersuchungen, die in diesem Zusammenhang im Verlauf der vergangenen zwanzig Jahre für das Vorschulalter (0 bis 6 Jahre) durchgeführt worden sind, beziehen sich fast durchweg auf sehr unterschiedliche Einzelaspekte des sprachlichen Handelns (s. u.a. die verschiedenen Aufsätze in Ochs/Schieffelin 1979 und Martens 1979; Reski 1982; z.T. Lindner 1983; Redder/Martens 1983 und Redder 1987; Meng/Kraft/Nitsche 1991 und Meng/Schrabback 1991 und Meng/Schrabback 1994; Reimann 1996; Eisenmann 1997; nicht publiziert ABEL 1994 und MEIRELLES-SCHUPFNER 1996). Auch mit der vorliegenden Studie kann nur ein weiteres „Mosaiksteinchen“ dem im Entstehen begriffenen Bild hinzugefügt werden.

2 Empirische Grundlagen: LA-Projekt

Das dieser Arbeit zugrunde liegende Sprachdatenmaterial wurde im Rahmen der von mir durchgeführten siebenjährigen Longitudinalstudie

L(una)-A(drian)-Projekt: Beobachtung der Sprachentwicklung zweier bilingual (deutsch-spanisch) erzogener Geschwister über mehrere Jahre

erstellt. Die Datenaufzeichnung begann im September 1989, kurz nach der Geburt des älteren Kindes Adrian, und das Korpus wurde im Juli 1996 geschlossen, als Adrian 6 Jahre und 11 Monate (6;11) alt war – noch vor seiner Einschulung. Luna wurde im November 1990 geboren und war bei Korpusschluß 5 Jahre und 8 Monate (5;8) alt. Meines Wissens gibt es kein vergleichbares Korpus zum Erstsprach(en)erwerb, bei dem konkret Daten über einen so langen Zeitraum aufgezeichnet worden sind.

2.1 Die Kinder und die Sprachen

Bei den untersuchten Kindern Luna und Adrian handelt es sich um die eigenen Kinder der Verfasserin.[40] Mit einer *deutschen Mutter* und einem *peruanischen Vater* wuchsen sie von Geburt an im Einflußbereich des Deutschen und des Spanischen auf. Sie lebten während der gesamten Beobachtungszeit in Deutschland (München) bei ihrer Mutter (Studentin) und hatten in ihren ersten

[40] Die Problematik, daß ein Elternteil Bezugsperson für ein Kind und gleichzeitig der/die Beobachter/in seines Spracherwerbs ist, wird immer wieder thematisiert. Ich persönlich meine, daß die Vorteile, die sich für die Analyse daraus ergeben, wesentlich gewichtiger sind als die angeblichen Nachteile. WAGNER, der seine eigene Tochter beobachtete, schreibt dazu: „Der Verf. ist als Vl. [Versuchsleiter; E.G.] mit der Vp. [Versuchsperson; E.G.] gut vertraut. Dies hat auf der einen Seite methodisch den Nachteil, daß eine Äußerung der Vp. u.U. deswegen mißverstanden wird, weil der Vl. durch seine intime Kenntnis der Vp. voreingenommen ist. [...] Familienangehörige als Vll. haben aber auf der anderen Seite den Vorteil, daß sie gerade wegen ihrer intimen Kenntnis die Vp. viel besser verstehen als ein Außenstehender. Dies ist für die Bearbeitung von Kindersprache generell von fundamentaler Bedeutung. Darüber hinaus wird die Vertrautheit mit der kindlichen Vp. zu einer notwendigen Bedingung, wenn es um die Analyse des illokutiven Bereichs geht. Ist es oft schon schwer genug zu verstehen, was das Kind sagt [...], so ist es häufig noch schwerer zu erkennen, was das Kind mit dem Gesagten beabsichtigt." (WAGNER/STEINSTRÄTER 1987, 69)
GIPPER (1987), der den Spracherwerb fremder Kinder beobachtete, stellt fest: „Folgendes wurde uns bald klar: Ohne die Mitarbeit der Eltern ging es nicht. Niemand außer den Eltern ist wirklich in der Lage, Kleinkinder kontinuierlich zu beobachten und festzuhalten, was sie lautlich äußern und was sie damit vermutlich zum Ausdruck bringen wollen. Bedenken dagegen liegen auf der Hand: [...] sie sind als Beobachter befangen und neigen dazu, mehr in das Wahrgenommene hineinzulegen als tatsächlich gegeben ist. Aber die Vorteile der Elternbeobachtung heben alle Bedenken auf." (12ff.)

zwei bis drei Lebensjahren mehrmals wöchentlich, später täglich Kontakt zu ihrem Vater (Musiker), wobei sie nicht mit ihm zusammen wohnten.
Der elterliche Diskurs fand im Normalfall auf spanisch statt, beide Elternteile waren jedoch in der Lage, problemlos in beiden Sprachen zu kommunizieren. Da sie ihre jeweilige L2 erst im Erwachsenenalter erworben haben, befanden sie sich in einem kontinuierlichen Lernprozeß – gegenseitige Korrekturen gehörten zum sprachlichen Alltag.
Eltern-Kind-Diskurs: Die Mutter wie der Vater sprachen mit den Kindern sowohl auf deutsch als auch auf spanisch, d.h. das Prinzip ‚eine Person – eine Sprache' wurde bei der sprachlichen Erziehung nicht befolgt. Die Verwendung einer bestimmten Sprache war vielmehr *situationsabhängig*, nämlich davon, ob die anderen Interaktanten spanisch sprachen oder nicht, ob die Situation mit den Kindern entspannt oder angespannt war etc.[41] Beide Elternteile legten Wert darauf, keine „unnatürlichen Sprachsituationen" zu erzeugen.[42] Man kann sagen, daß von den Eltern tendenziell einfachere sprachliche Inhalte auf spanisch und komplexere auf deutsch verbalisiert wurden; lediglich Zurechtweisungen wurden auch von der Mutter überwiegend auf spanisch verbalisiert. Das Deutsche wurde so für die Kinder sehr schnell zur dominanten oder starken Sprache. Trotzdem lernten sie die beiden Sprachen nicht im Sinne von Erst- und Zweitsprache, sondern *simultan* in ihrem alltäglichen Handlungszusammenhang.[43]
Beide Kinder besuchten jeweils ab dem Alter von einem Jahr in Folge halbtags eine studentische „Krabbelstube" (Alter: 1-3 Jahre), den städtischen Kindergarten (Alter: 3-5 Jahre) und den städtischen Schulkindergarten (Alter: 5-6 Jahre), in denen die institutionelle Sprache das Deutsche war. In der „Krabbelstube" standen sie in einem sehr nahen Kontakt zu zwei aus Lateinamerika stammenden Erzieherinnen, die mit allen Kindern der Gruppe – also auch mit Luna und Adrian – auf deutsch, untereinander jedoch auf spanisch sprachen. Somit fielen die gelegentlich von den Kindern eingebrachten spanischsprachigen Elemente auf fruchtbaren Boden.
Das relativ große soziale Umfeld der Familie war etwa zur Hälfte ebenfalls zweisprachig (spanisch – deutsch oder andere Sprachen – deutsch), d.h. Bilingualität war für die Kinder niemals etwas Außergewöhnliches, sondern gehörte eher zum Alltag.

---

[41]Dies ist ein durchaus gängiges Verfahren auch in Migrationsfamilien (GOGOLIN/NEUMANN 1997, 27).

[42]MEIRELLES-SCHUPFNER (1996) z.B. weist in ihrer Arbeit über die frühe brasilianisch-deutsche Zweisprachigkeit ihrer Tochter Elena immer wieder darauf hin, daß das Kind bereits im Alter von zwei Jahren sehr sensibel für ‚natürliche' und ‚unnatürliche' Sprachsituationen war und sich dementsprechend kooperativ bzw. trotzig/widerstrebend verhielt (s. dazu insbes. 62ff.).

[43]Einen Eindruck vom Sprachenmischen im familiären Diskurs erhält man insbesondere in den Transkripten #25, #27, #28, #29 und #39 im Anhang

Zu erwähnen ist weiterhin der Kontakt der Kinder zu ihren deutschen Großeltern ("Amo" und "Opa"), der trotz der großen räumlichen Distanz (München – Bremen) als sehr intensiv bezeichnet werden kann. Mehrere mehrwöchige Aufenthalte im Jahr im Einflußbereich der Großeltern, während derer auch die meisten Videoaufzeichnungen entstanden, waren die Regel.
Einen wichtigen Einschnitt im – vor allem auch sprachlichen – Leben der Kinder stellte ein erster zweimonatiger Aufenthalt in Begleitung beider Elternteile bei der Familie des Vaters in Peru dar. Die Kinder waren zum Zeitpunkt der Reise vier und fünf Jahre alt und wurden dort erstmals mit monolingualen Sprechern des Spanischen konfrontiert. Sie wurden von der ihnen bis dahin unbekannten Großfamilie verständnis- und respektvoll integriert und hatten beständig Kontakt zu vielen Kindern und erwachsenen Personen. Für einige Tage besuchten beide Kinder „zum Spaß" ohne elterliche Begleitung eine private peruanische Vorschule. Dies war möglich, weil der Goßvater Besitzer dieser Schule war. Einige andere Kinder der Großfamilie befanden sich ebenfalls in der Gruppe.

Zusammenfassend läßt sich formulieren: Beide Kinder waren über die gesamte Laufzeit des Projekts hinweg ständig mit der Vatersprache konfrontiert, waren jedoch abgesehen vom Peru-Aufenthalt nie handlungspraktisch gezwungen, auf spanisch sprachlich zu handeln.

2.2 Das Aufnahmekorpus

Das gesamte Datenmaterial, das im Rahmen des LA-Projekts erstellt wurde, umfaßt 176 Video- und 80 Audioaufnahmen, also insgesamt 256 Aufzeichnungen, mit einer Gesamtlänge von ca. 65 Stunden. Die Aufnahmen wurden in differenten Alltagssituationen im familiären Umfeld der Kinder erstellt. Diese reichen vom morgendlichen Aufstehen über gemeinsames Essen, Besuch haben, freien und gelenkten Spielen u.v.a.m. bis hin zum abendlichen Ins-Bett-Gehen in unterschiedlichen sozialen Umgebungen (zu Hause, mit den Großeltern, im Urlaub, in Peru). Somit konnte ein relativ großer Ausschnitt aus der sprachlichen und durch die Videoaufzeichnungen auch vorsprachlichen und außersprachlichen Realität der Kinder festgehalten werden.[44]
Die Aufnahmen wurden in ihrem Originalzustand belassen. Das bedeutet, die sprachlichen Aktivitäten der Kinder finden sich immer eingebettet in den Gesamtdiskurs und -handlungszusammenhang erfaßt, was den Anforderungen der funktional-pragmatischen Analyse entspricht.

Die 176 Videoaufzeichnungnen mit eine Gesamtdauer von ca. 25 Stunden sind im Durchschnitt 8,5 Minuten, konkret zwischen 0,5 und 47 Minuten lang. Die

[44]Was die Aufzeichnungen nicht enthalten, sind die verschiedenen Formen des Schreiens. Das System der Schreie bleibt demzufolge von der Untersuchung ausgeschlossen.

ersten 148 Aufnahmen wurden mit einem VHS-Camcorder Sharp VL-C73EA, die restlichen 28 mit einem Hi8-Camcorder Sony CCD-TR808E aufgezeichnet. Die 80 Audioaufzeichnungen, erstellt mit einem Sony Walkman-D3 und externem Mikrophon Sony ECM 909, umfassen eine Bandlänge von ca. 40 Stunden und zwei zeitliche Phasen:

- Phase I — 53 Aufnahmen; erstreckt sich über 2 Jahre, von 12/1991 bis 12/1993 (Adrian 2;3-4;3, Luna 1;1-3;1),
- Phase II — 27 Aufnahmen; umfaßt den Aufenthalt der Kinder in Peru sowie das zeitliche Vor- und Nachfeld der Reise, von 2/1995 bis 6/1995 (Adrian 5;6-5;10, Luna 4;3-4;7).

Die Audioaufzeichnungen sind im Durchschnitt 30 Minuten, konkret zwischen 1 und 90 Minuten lang. Sie wurden durchweg mit der Methode der beobachtenden Teilnahme erstellt und direkt im Anschluß an die Aufzeichnung bezüglich des Gesamthandlungsrahmens kurzprotokolliert.
Die sich ergänzenden Funktionen der zwei Aufnahmearten liegen auf der Hand: Während durch die relativ große Menge der Videoaufzeichnungen ein guter Überblick über den gesamten Entwicklungsverlauf der beiden Kinder vermittelt werden kann, bilden die Audioaufzeichnungen durch ihre jeweils meist längere Aufnahmedauer ein Material von Sprachdaten, das fast immer mehrere aufeinanderfolgende Diskursabschnitte umfaßt, was häufig zu einer tiefergehenden sprachlichen Analyse beiträgt.

Die folgende Übersicht „Gesamtkorpus LA-Projekt" gibt einen Überblick über das bestehende Aufnahmekorpus. Die in das im Anhang vorliegende Auswahlkorpus aufgenommenen Aufzeichnungen sind durch Fettdruck markiert.

Übersicht: Gesamtkorpus LA-Projekt
Video- und Audioaufzeichnungen 9/89-7/96

Spalte **1**:	lfd. **Nummer** der Aufnahme im **Gesamtkorpus**
Spalte **2**:	lfd. **Nummer** der Aufnahme im **Videokorpus (V)** bzw. **Audiokorpus (A)**
Spalte **3**:	**Datum** der Aufnahme
Spalte **4**:	**Dauer** der Aufnahme in Minuten
Spalte **5**:	**Titel** der Aufnahme - (L) Luna, (A) Adrian, (M) Mutter, (V) Vater
Spalte **6**:	**Ort** der Aufnahme
Spalte **7**:	**Alter Adrian** (Jahre;Monate;Tage)
Spalte **8**:	**Alter Luna** (Jahre;Monate;Tage)
Spalte **9**:	lfd. **Nummer** im vorliegenden **Auswahlkorpus** (Anhang)
Spalte **10**:	**Verschriftlichungsform**: **(P)** Handlungsprotokoll, **(T)** Transkription

1	2	3	4	5	6	7 A	8 L	9	10
		120889		ADRIANS GEBURT					
1	V 1	070989	17	*A auf Amos Arm: Terrasse*	Bremen	0;0;26			
2	V 2	100989	**10**	***A auf Amos Arm: Küche***	Bremen	0;0;29		**#1**	**P**
3	V 3	170989	3	*A auf dem Wickeltisch*	Bremen	0;1			
4	V 4	190989	1,5	*A an Ms Brust*	Bremen	0;1			
5	V 5	101189	4	*A auf Amos Arm: Sessel*	Bremen	0;2			
6	V 6	111189	3	*Stehübungen (A)*	Bremen	0;2			
7	V 7	111189	7	*Badewanne (A-M)*	Bremen	0;2			
8	V 8	111189	1	*Massage (A)*	Bremen	0;2			
9	V 9	111189	4	***A und M spielen auf dem Sofa***	Bremen	0;2		**#2**	**P**
10	V 10	111189	0,5	*Auf Hanjos Arm: Sofa (A)*	Bremen	0;2			
11	V 11	121189	3	***A alleine auf dem Sofa***	Bremen	0;3		**#3**	**P**
12	V 12	241289	11	***Heilig Abend 89 (A)***	Bremen	0;4		**#4**	**P**
13	V 13	291289	4	***A in der Badewanne***	Bremen	0;4		**#5**	**P**
14	V 14	301289	10	*A mit Quietschhund*	Bremen	0;4			
15	V 15	010190	5	***Neujahr 90 (A)***	Bremen	0;4		**#6**	**P**
16	V 16	230290	7	*A zu Hause I*	München	0;6			
17	V 17	230290	3	*A in der Duschwannee*	München	0;6			
18	V 18	240290	18	***A zu Hause II***	München	0;6		**#7**	**P**
19	V 19	240290	6	***A mit Freundin Lucy***	München	0;6		**#8**	**P**
20	V 20	250290	22	***A zu Hause III***	München	0;6		**#9**	**P**
21	V 21	170490	7	*As erstes Mittagessen*	Bremen	0;8			
22	V 22	180490	4	*Trinken mit Strohhalm (A)*	Bremen	0;8			
23	V 23	190490	1	*A im Kellerzimmer*	Bremen	0;8			
24	V 24	190490	12	***Spielen + Abendessen (A)***	Bremen	0;8		**#10**	**P**
25	V 25	200490	5	*A mit Spielzeugkiste*	Bremen	0;8			
26	V 26	200490	2	*A lernt laufen*	Bremen	0;8			
27	V 27	110690	14	*A mit dem Lauflernauto*	Bremen	0;10			
28	V 28	050890	7	*Garten in rosa und pink (A)*	München	0;11			
29	V 29	050890	0,5	***Mamita ist da - A läuft***	München	0;11		**#11**	**P**
30	V 30	080890	14	*Im Garten (A-M)*	München	0;11			
31	V 31	080890	2	*Spaziergang*	München	0;11			
32	V 32	090890	1	*A ißt Brot im Kinderstuhl*	München	0;11			
33	V 33	090890	7	*A in der Planschwanne im Garten*	München	0;11			
34	V 34	100890	17	*A auf dem Spielplatz*	München	0;11			
35	V 35	110890	4	*A im Hausgang*	München	0;11			
36	V 36	060990	5	*A und Petes VW-Bus*	Bremen	1;0			
37	V 37	070990	4	***A ißt Nudeln auf dem Sofa***	Bremen	1;0		**#12**	**P**
38	V 38	150990	6	*Hol mir mal den Besen! (A)*	Bremen	1;1			
39	V 39	160990	2	*Ritt auf dem Rasenmäher (A)*	Bremen	1;1			
40	V 40	160990	5	*Ringe auf Stab (A)*	Bremen	1;1			
41	V 41	160990	13	*A macht Schumschei*	Bremen	1;1			
42	V 42	031190	6	*Schaukelpferd + Steckkasten (A)*	München	1;2			
43	V 43	041190	2	*M in Wehen (A)*	München	1;2			
		041190		LUNAS GEBURT					
44	V 44	051190	7	***L ist geboren***	München	1;2	0;0;1	**#13**	**P**
45	V 45	061190	9	*Bruderliebe*	München	1;2	0;0;2		
46	V 46	091190	1	*V und A machen Musik: Cafetal*	München	1;2			
47	V 47	091190	8	*Kukuk!*	München	1;2	0;0;5		
48	V 48	101190	4	*Mit Bananendame*	München	1;2	0;0;6		
49	V 49	151190	15	*In der Krabbelecke*	München	1;3	0;0;11		
50	V 50	161190	4	*Aerobic*	München	1;3			
51	V 51	161190	6	*Ein Baby-Tag*	München	1;3	0;0;12		
52	V 52	231290	7	*Vorweihnachten*	Bremen	1;4	0;1		
53	V 53	241290	10	*Heilig Abend 90*	Bremen	1;4	0;1		
54	V 54	251290	8	*1. Weihnachtstag 90*	Bremen	1;4	0;1		
55	V 55	261290	7	*Tierfreunde*	Bremen	1;4			

56	V 56	311290	3	*Sylvester 90*	Bremen	1;4	0;1	
57	V 57	010191	9	*Neujahr 91*	Bremen	1;4	0;1	
58	V 58	030191	4	*Klavier spielen*	Bremen	1;4	0;1	
59	V 59	060191	11	*Badefreuden+Orangenpresse*	Bremen	1;4	0;2	
60	V 60	070191	3	*Klappkorb im Schlafzimmer*	Bremen	1;4		
61	V 61	280291	9	*Gran Canaria 91 (1)*	Gr.Can.	1;6	0;3	
62	V 62	030391	6	*Gran Canaria 91 (2)*	Gr.Can.	1;6	0;3	
63	V 63	040391	8	*Gran Canaria 91 (3)*	Gr.Can.	1;6	0;4	
64	V 64	050391	7	*Gran Canaria 91 (4)*	Gr.Can.	1;6	0;4	
65	V 65	050391	28	*Gran Canaria 91 (5)*	Gr.Can.	1;6	0;4	
66	V 66	310391	8	*Taufe*	Bremen	1;7	0;4	
67	V 67	310391	3	*Ostereiersuchen 91*	Bremen	1;7	0;4	
68	V 68	040491	2	*L mit sich*	Bremen		0;5	
69	V 69	040491	5	*Badewanne (L-A-M)*	Bremen	1;7	0;5	
70	V 70	050491	1	*L wird gewickelt*	Bremen	1;7	0;5	
71	V 71	050491	6	*Frühstücken*	Bremen	1;7	0;5	
72	V 72	050491	0,5	*A hopst vom Kamin*	Bremen	1;7		
73	V 73	050491	19	*L in action*	Bremen	1;7	0;5	
74	V 74	110591	16	*Erste gemeinsame L-A-Spiele*	München	1;8	0;6	
75	V 75	120591	5	*Foto!*	München	1;9	0;6	
76	V 76	120591	10	*Bücher anschauen+Singen*	München	1;9		
77	V 77	270691	6	*"Meine Hoppe-Reiter!"*	München	1;10	0;7	
78	V 78	290691	13	*Ein ganz normaler Tag*	München	1;10	0;7	
79	V 79	100791	0,5	*Hoppe-Reiter nackidei*	München	1;10	0;8	
80	V 80	240791	22	*Alleine im Garten (L)*	München		0;8	
81	V 81	250791	7	*Schuhe / Opa ruft an*	München	1;11	0;8	
82	V 82	260791	3	*L macht Aa?*	München		0;8	
83	V 83	260791	5	*Badewanne*	München	1;11	0;8	
84	V 84	260791	6	*Duplosteine (A-L)*	München	1;11	0;8	
85	V 85	270791	6	*A "geht Eis kaufen"*	München	1;11	0;8	
86	V 86	280791	10	*Das alltägliche Leben*	München	1;11	0;8	
87	V 87	250891	12	*VW-Bus hämmern*	Bremen	2;0	0;9	
88	V 88	270891	5	***Spielen auf der Terrasse (L)***	Bremen		0;9	**#14 P**
89	V 89	270891	10	***Tischgespräch (L-Omama)***	Bremen	2;0	0;9	**#15 P**
90	V 90	270891	3	*VW-Bus schrauben*	Bremen	2;0		
91	V 91	280891	8	***Reiten (A) + Terasse***	Bremen	2;0	0;9	**#16 P**
92	V 92	290891	4	*Abreise aus Bremen*	Bremen	2;0	0;9	
93	V 93	201191	7	*Ls erste Schritte*	Bremen	2;3	1;0	
94	V 94	221191	7	*A singt in der Küche*	Bremen	2;3		
95	V 95	221191	7	*L läuft*	Bremen	2;3	1;0	
96	A 1	101291	20	***Rund um's Anziehen***	München	2;3	1;1	**#17 T**
97	A 2	121291	40	***Besuch von Bianca***	München	2;4	1;1	**#18 T**
98	V 96	221291	0,5	*Am Radio (A)*	Bremen .	2;4		
99	V 97	231291	3	*Opa kommt nach Hause*	Bremen	2;4	1;1	
100	V 98	241291	28	*Heilig Abend 91*	Bremen	2;4	1;1	
101	V 99	251291	6	*Erste Fahrradfahrversuche (A)*	Bremen	2;4		
102	V 100	271291	7	*Bücher anschauen*	Bremen	2;4	1;1	
103	V 101	281291	2	*Geschirr spülen (A)*	Bremen	2;4		
104	V 102	301291	0,5	*Heimkommen mit Kiki (L)*	Bremen		1;1	
105	V 103	311291	0,5	*Kugelbahn*	Bremen	2;4	1;1	
106	V 104	311291	12	*Sylvesteressen 91*	Bremen	2;4	1;1	
107	V 105	030192	24	*Trittleiter + Yoga*	Bremen	2;4	1;1	
108	A 3	060192	14	***Kindernachmittag***	München	2;4	1;2	**#19 T**
109	A 4	110192	6	*Morgentoilette*	München	2;4	1;2	
110	A 5	110192	25	***Stützräderanbau***	München	2;4	1;2	**#20 T**
111	A 6	110192	45	***Hühnersuppe-Essen***	München	2;4	1;2	**#21 T**
112	A 7	190192	45	***Entenpuzzle + Steckblumen***	München	2;5	1;2	**#22 T**
113	V 106	270192	4	*Ein guter Morgen*	München	2;5	1;2	
114	A 8	270192	27	***Rund um's Ins-Bett-Gehen***	München	2;5	1;2	**#23 T**

115	A 9	280192	18	***Nudeln mit Ketchup***	München	2;5	1;2	**#24 T**
116	A 10	290192	45	***Omelett-Essen***	München	2;5	1;2	**#25 T**
117	A 11	070292	23	*Schreiben auf Keksen*	München	2;5	1;3	
118	A 12	090292	22	*A am Schreibtisch*	München	2;5	1;3	
119	A 13	160292	45	*Warten auf Moritz (Faschingsparty)*	München	2;6	1;3	
120	V 107	220292	29	*Kuchen backen*	München	2;6	1;3	
121	V 108	010392	3	*Teneriffa 92: Appartement*	Teneriffa	2;6	1;3	
122	V 109	010392	10	*Teneriffa 92: Strand*	Teneriffa	2;6	1;3	
123	V 110	030392	1	*Teneriffa 92: Warten auf Mama*	Teneriffa	2;6		
124	V 111	030392	3	*Teneriffa 92: Burg bauen*	Teneriffa	2;6	1;3	
125	V 112	040392	2	*Teneriffa 92: Pool*	Teneriffa	2;6	1;4	
126	V 113	060392	1	*Teneriffa 92: Ausflug*	Teneriffa	2;6	1;4	
127	A 14	150392	45	***Puzzlen + Fotos***	München	2;7	1;4	**#26 T**
128	V 114	230392	31	*Noppersteine+Kopfhörer+Handpuppen*	München	2;7	1;4	
129	A 15	300392	90	***Abendessen mit Steffi***	München	2;7	1;4	**#27 T**
130	A 16	100492	5	*Anziehen zum Rausgehen*	München	2;7	1;5	
131	A 17	130492	22	*Fertigmachen zum Einkaufen-Gehen*	München	2;8	1;5	
132	V 115	190492	28	*Ostereiersuchen 92*	Bremen	2;8	1;5	
133	A 18	200492	18	*Morgenstund hat Gold im Mund*	Bremen	2;8	1;5	
134	V 116	250492	11	*Wie macht der Vogel?*	Bremen	2;8	1;5	
135	A 19	290492	45	*Abend mit V - I*	München	2;8	1;5	
136	A 20	140592	45	*Aufstehen*	München	2;9	1;6	
137	A 21	180592	10	***Kurzer Nachmittag mit V***	München	2;9	1;6	**#28 T**
138	A 22	030692	35	*Besuch von Moritz (Bisonjagd)*	München	2;9	1;6	
139	A 23	080692	33	*Pfingstmontagmorgen*	München	2;9	1;7	
140	A 24	090692	33	*Aufstehen-Ausgehen*	München	2;9	1;7	
141	A 25	140692	24	*Abend mit V - II*	München	2;10	1;7	
142	A 26	200692	1	*Telefonat A-Amo*	München	2;10	1;7	
143	A 27	270692	10	*Telefonat A/L-Großeltern*	München	2;10	1;7	
144	A 28	020792	34	*Schlapper Nachmittag (L-A-M)*	München	2;10	1;8	
145	A 29	040792	13	***A ist krank***	München	2;10	1;8	**#29 T**
146	A 30	220792	32	*Abreise nach Bremen*	München	2;11	1;8	
147	A 31	030892	11	***Singstunde***	Bremen	2;11	1;8	**#30 T**
148	V 117	080892	10	*Familienbesuch: Claudia*	Bremen	2;11	1;9	
149	V 118	090892	20	*Wasserfarben+Planschbecken*	Bremen	2;11	1;9	
150	A 32	170892	34	*Verzerrter Morgen*	Bremen	3;0	1;9	
151	V 119	170892	10	*Ein Geschenk: Roller*	Bremen	3;0	1;9	
152	V 120	230892	5	*Wenn-wir-im-Sommer-mal-nach-...*	Bremen		1;9	
153	V 121	240892	4	*Ringelreihe (L-Kiki)*	Bremen	3;0	1;9	
154	A 33	250892	36	*Aufräumen*	Bremen	3;0	1;9	
155	V 122	300892	5	*Luftballons+Schläger+Jackenknöpfe*	Bremen		1;9	
156	A 34	060992	9	***Oh-Baby-Baby-Balla-Balla***	München	3;0	1;10	**#31 T**
157	A 35	250992	45	***Feiertag-Morgen***	München	3;1	1;10	**#32 T**
158	A 36	260992	2	***Live aus dem Schweinestall***	München	3;1	1;10	**#33 T**
159	A 37	071092	3	***Besuch von Kiki und Elton***	München		1;11	**#34 T**
160	A 38	071092	15	***Vor dem Zahnarztbesuch***	München	3;1	1;11	**#35 T**
161	V 123	101092	3	*Hula-Hoop*	Bremen	3;1	1;11	
162	V 124	141092	1	*Fang mich doch!*	Bremen	3;2	1;11	
163	V 125	151092	11	*Spielen+Essen*	Bremen	3;2	1;11	
164	A 39	201092	25	***Guten Morgen!***	München	3;2	1;11	**#36 T**
165	A 40	041192	45	*Ls 2. Geburtstag*	München	3;2	2;0	
166	V 126	201292	4	*Schaukeln*	Bremen	3;4	2;1	
167	V 127	241292	25	*Heilig Abend 92*	Bremen	3;4	2;1	
168	V 128	251292	1	*Weihnachtsbesuch*	Bremen	3;4	2;1	
169	A 41	271292	14	***Kneten***	Bremen	3;4	2;1	**#37 T**
170	V 129	271292	0,5	*Toben im Schlafzimmer*	Bremen	3;4	2;1	
171	V 130	311292	1	*A bei den Pferden (L-Amo)*	Bremen		2;1	
172	V 131	311292	1	*Salzteig formen*	Bremen	3;4	2;1	
173	V 132	030193	5	*Ri-ra-rutsch-wir-fahren-...*	Bremen	3;4	2;1	

174	V 133	050193	1	*Geschirr spülen (L-A)*	Bremen	3;4	2;2	
175	V 134	060193	14	*L ißt*	Bremen	3;4	2;2	
176	A 42	070193	31	*Frühstücken*	Bremen	3;4	2;2	
177	A 43	190193	28	*Ich bin das kleine Pony*	München	3;5	2;2	
178	A 44	030293	17	*Zeitungsbahn*	München	3;5	2;2	
179	A 45	210293	45	*Essen mit Hector*	München	3;6	2;3	
180	V 135	030393	6	***A und L "gehn in die Disco"***	Bremen	3;6	2;3	**#38 P**
181	V 136	040393	3	*Spaziergang (Jan-Rainers-Weg)*	Bremen	3;6	2;4	
182	V 137	060393	2	*Spielen (Kikis Zimmer)*	Bremen	3;6	2;4	
183	A 46	100393	45	*Morgendliches Spielen*	Bremen	3;6	2;4	
184	A 47	230393	45	*Steffis Birthday*	München	3;7	2;4	
185	A 48	050493	30	***Essen vor Bremen-Reise***	München	3;7	2;5	**#39 T**
186	V 138	110493	10	*Ostereiersuchen 93*	Bremen	3;7	2;5	
187	V 139	120493	10	*Mamas Birthday*	Bremen	3;8	2;5	
188	V 140	140493	0,5	*Netz über's Gemüsebeet (L,A)*	Bremen	3;8	2;5	
189	V 141	150493	4	*Baumklettern*	Bremen	3;8	2;5	
190	V 142	160493	4	*Abreisestimmung*	Bremen	3;8	2;5	
191	A 49	290593	30	*Besuch von Bianca*	München	3;9	2;6	
192	V 143	100693	3	*Auf der Schaukel*	Bremen	3;9	2;7	
193	V 144	120693	3	*Familienbesuch: Thomas*	Bremen	3;10	2;7	
194	V 145	140693	2	*Seile an der Schaukel*	Bremen	3;10	2;7	
195	V 146	170693	0,5	*Seilklettern (A)*	Bremen	3;10		
196	V 147	200693	3	*Am-Bahndamm-stand-ein-Sauerampfer*	Bremen	3;10	2;7	
197	V 148	270693	4	*A und L sehen sich im TV*	Bremen	3;10	2;7	
198	A 50	050793	30	*Memory-Karten*	Bremen	3;10	2;8	
199	A 51	150793	30	*Frühstücken*	Bremen	3;11	2;8	
200	A 52	070893	45	*V ist krank*	München	3;11	2;9	
201	A 53	061293	36	*Nikolaus*	München	4;3	3;1	
202	V 149	231293	15	*3 Pianisten: Weihnachtslieder*	Bremen	4;4	3;1	
203	V 150	241293	42	*Heilig Abend 93*	Bremen	4;4	3;1	
204	V 151	010194	1	*Neujahrsspaziergang 94*	Bremen	4;4	3;1	
205	V 152	030194	11	*Batman+Ritter*	Bremen	4;4	3;1	
206	V 153	080194	8	*Toben im Schlafzimmer*	Bremen	4;4	3;2	
207	V 154	090194	3	*Knolle (Katze) und Wenja (Pferd)*	Bremen	4;4	3;2	
208	V 155	030494	31	*Ostereiersuchen 94*	Bremen	4;7	3;4	
209	V 156	070494	18	*Gartenarbeit*	Bremen	4;7	3;5	
210	V 157	240594	7	*Familienbesuch: Detta*	Bremen	4;8	3;5	
211	V 158	270894	9	*Omamas 80ster*	Leipzig	5;0	3;9	
212	A 54	190295	20	*Spanischwortschatz+Geschichten (L)*	München		4;3	
213	A 55	190295	40	*Gemütlicher Abend (L-M-V)*	München		4;3	
214	A 56	200295	45	*Ruhiger Familienabend*	München	5;6	4;3	
215	A 57	010395	20	*Heikes Geburtstag*	München	5;6	4;3	
216	A 58	020395	7	*V, A und L allein zu Haus*	München	5;6	4;3	
217	A 59	020395	23	*Ein ganz normaler Abend*	München	5;6	4;3	
218	A 60	070395	10	*Brezen-Essen*	München	5;6	4;4	
219	A 61	080395	20	*Shake-Morgen*	München	5;6	4;4	
		100395		PERU-REISE				
220	A 62	140395	10	***Erstes Frühstück in Peru***	Lima	5;7	4;4	**#40 T**
221	A 63	140395	23	***Freies Spielen***	Lima	5;7	4;4	**#41 T**
222	A 64	220395	30	***Ein Tag in Chancay***	Chancay	5;7	4;4	**#42 T**
223	A 65	230395	5	***Roselyns Geburtstag***	Lima	5;7	4;4	**#43 T**
224	A 66	270395	40	*Morgenstund in Familienrund*	Lima	5;7	4;4	
225	A 67	280395	8	*Kinderrunde*	Lima	5;7	4;4	
226	A 68	300395	23	*Spiegeleier-Frühstück*	Lima	5;7	4;4	
227	A 69	030495	15	*Der erste Schultag*	Lima	5;7	4;4	
228	A 70	050495	45	*In der Schule*	Lima	5;7	4;5	
229	A 71	090495	23	*Almuerzo*	Lima	5;7	4;5	
230	A 72	130495	17	*Lonche*	Lima	5;8	4;5	
231	A 73	160495	18	***Figuren ausschneiden***	Lima	5;8	4;5	**#44 T**

232	A	74	190495	45	*Memory*	Lima	5;8	4;5	
233	A	75	200495	14	*Flaschendrehen*	Lima	5;8		
234	A	76	210495	15	*Wash-Hour*	Lima	5;8	4;5	
235	A	77	270495	55	*Spieleabend*	Lima	5;8	4;5	
			030595		ENDE PERU-REISE				
236	A	78	110595	35	***Zurück in Alemania***	München	5;8	4;5	**#45** T
237	A	79	140595	90	*Besuch von Amo und Opa*	München	5;9	4;6	
238	V	159	250595	47	*Schreiben + Mittagessen*	Bremen	5;9	4;6	
239	V	160	260595	20	*Grillen bei Amo*	Bremen	5;9	4;6	
240	V	161	280595	5	*Schlauchboot (Graben)*	Bremen	5;9	4;6	
241	V	162	290595	18	*Hits aus Peru*	Bremen	5;9	4;6	
242	A	80	160695	60	*Ls "Cumpleanos-felíz"-Torte*	München	5;10	4;7	
243	V	163	270795	2	*Amos Birthday*	Bremen	5;11	4;8	
244	V	164	120895	8	*As 6. Geburtstag*	Bremen	6;0	4;9	
245	V	165	260895	3	*Zu Besuch in Frankfurt*	Frankfurt	6;0	4;9	
246	V	166	270895	3	*Bei Omama*	Leipzig	6;0	4;9	
247	V	167	241295	33	*Heilig Abend 95*	Bremen	6;4	5;1	
248	V	168	020196	20	*Gran Canaria 96 (I)*	Gr.Can.	6;4	5;1	
249	V	169	060196	12	*Gran Canaria 96 (II)*	Gr.Can.	6;4	5;1	
250	V	170	160396	24	*Osterhäschen-Figuren (L)*	Bremen		5;4	
251	V	171	040596	6	*Auto waschen*	Bremen	6;8	5;6	
252	V	172	040596	5	*Auf der Schaukel*	Bremen	6;8	5;6	
253	V	173	110596	7	*In Ms Auto (L-A)*	Bremen	6;8	5;6	
254	V	174	150796	3	*Der "verrückteClown" (L)*	Bremen		5;8	
255	V	175	170796	24	*TV-Nachrichtensprecher*	Bremen	6;11	5;8	
256	V	176	270796	4	*Amos Geburtstag 96*	Bremen	6;11	5;8	

Eine Durchsicht der Titelspalte macht die Vielfalt der Alltagssituationen transparent, in denen die Kinder aufgenommen wurden.[45] Nicht alle der Videoaufzeichnungen enthalten Sprachdaten der Kinder im engen Sinne, wie beispielsweise die frühen Aufnahmen von Adrian; sie geben jedoch Aufschluß über die sprachlichen Aktivitäten der Interaktanten des Kindes ihm gegenüber und über die lautlichen und nonverbalen Aktivitäten als vorsprachliche Aktivitäten des Kindes und deren Entwicklung. Sie zeigen ebenfalls gut das Verhältnis zwischen körperlicher und sprachlicher Entwicklung in seinen verschiedenen Phasen.

Bei den einzelnen Aufnahmen waren zwischen zwei und bis zu 15 Personen (z.B. bei Festen), in der Regel jedoch drei bis fünf Diskursteilnehmer anwesend. Bis auf wenige Ausnahmen waren immer beide Kinder zugegen.

In den insgesamt 65 Aufnahmestunden interagierten die beiden Kinder mit über 70 Personen, von denen etwa die Hälfte als enge Kontakte bezeichnet werden können, die auch – einige zumindest phasenweise – Einfluß auf die sprachliche Entwicklung der Kinder genommen haben.

---

[45]Die Video- und Audioaufzeichnungen des LA-Projekts sollen zwar als solche nicht publiziert werden, sie können jedoch von der Verfasserin für weitere Untersuchungen zur Verfügung gestellt werden.

2.3 Materialauswahl

Die Auswahl aus der Fülle des Materials erfolgte zum einen über die hier zu behandelnden Untersuchungsgegenstände: früher Erwerb sprachlicher Handlungsmuster im Deutschen und im Spanischen, Sprachprobieren in beiden Sprachen und Reflexion über Sprache bzw. die Sprachen seitens der Kinder selbst.
Zum zweiten war und ist es ein wichtiges Ziel dieser Studie, die sprachliche Entwicklung der beiden Kinder in ihrem *chronologischen Verlauf* zu *dokumentieren*. Die 45 Protokolle bzw. Transkriptionen im Anhang sollen dem gerecht werden. Das Material wurde also so ausgewählt, daß ein möglichst breites zeitliches Spektrum erfaßt wird. Dies war nur machbar, indem einige Altersphasen primär durch Aufnahmen von Adrian, andere primär durch Aufnahmen von Luna abgedeckt wurden. Meines Erachtens ist dies im vorliegenden Fall problemlos möglich: Beide Kinder wuchsen unter identischen Umgebungsbedingungen auf, ihr Altersunterschied beträgt lediglich ein Jahr und drei Monate und keines der beiden Kinder ist jemals sprachauffällig gewesen, d.h. beide können in ihrer sprachlichen Entwicklung als „normal" bezeichnet werden. Zweifelsohne bestehen Unterschiede zwischen ihnen, indem sie verschiedengeschlechtlich, erst- und zweitgeboren und Individuen sind. Diese sind jedoch an dieser Stelle für die Untersuchung insgesamt relativ unerheblich bzw. können ggf. in einzelnen Fällen thematisiert werden.
Die folgende Übersicht stellt die Auswahl des vorliegenden Datenmaterials dem jeweiligen Alter zugeordnet dar.

Übersicht: Auswahlkorpus Alter 0;0 - 5;8

Alter	0;0	0;1	0;2	0;3	0;4	0;5	0;6	0;7	0;8	0;9	0;10	0;11
A	#1	-	#2	#3	#4,5,6	-	#7,8,9	-	#10	-	-	#11
L	#13		-	-	-	-	-	-	-	#15,16	-	-

Alter	1;0	1;1	1;2	1;3	1;4	1;5	1;6	1;7	1;8	1;9	1;10	1;11
A	#12	-	#13	-	-	-	-	-	-	-	-	-
L	-	#17,18	#19-25	-	#26,27	-	#28	-	#29,30	-	#30-33	#34-36

Alter	2;0	2;1	2;2	2;3	2;4	2;5	2;6	2;7	2;8	2;9	2;10	2;11
A	#16	-	-	#17	#18-21	#22-25	-	#26,27	-	#28	#29	#30
L	-	#37	-	#38	-	-	-	-	-	-	-	-

Alter	3;0	3;1	3;2	3;3	3;4	3;5	3;6	3;7	3;8	3;9	3;10	3;11
A	#31	#32-35	#36	-	#37	-	#38	#39	-	-	-	-
L	-	-	-	-	-	-	-	-	-	-	-	-

Alter	4;0	4;1	4;2	4;3	4;4	4;5	4;6	4;7	4;8	4;9	4;10	4;11
A	-	-	-	-	-	-	-	-	-	-	-	-
L	-	-	-	-	#40-43	#44,45	-	-	-	-	-	-

Alter	5;0	5;1	5;2	5;3	5;4	5;5	5;6	5;7	5;8			
A	-	-	-	-	-	-	-	#40-43	#44,45			
L	-	-	-	-	-	-	-	-	-			

Somit liegen im Auswahlkorpus Daten vor von beiden Kindern für das Alter 0;0 bis 3;7 (Deutschland). Vom Peru-Aufenthalt liegen Daten vor für das Alter 4;4 bis 4;5 von Luna und für das Alter 5;7 bis 5;8 von Adrian.
Das Auswahlkorpus umfaßt vollständig verschriftete, transkribierte Daten von insgesamt ca. 4 Aufnahmestunden[46]: Es enthält 17 Protokolle von Videoaufzeichnungen mit einer Gesamtdauer von ca. 30 Minuten und 28 Transkriptionen von Audioaufzeichnungen mit einer Gesamtdauer von ca. 3,5 Stunden. Von einigen Aufnahmen wurden kürzere, aber in sich abgeschlossene Diskurseinheiten (Ausschnitte) transkribiert, andere Aufnahmen wurden als Langausschnitt oder komplett verschriftlicht und umfassen damit zumeist mehrere aufeinanderfolgende Diskurseinheiten.
Das Zentrum der Materialbasis bilden die Audioaufzeichnungen. Das Videomaterial wurde, vor allem für das erste Lebensjahr, ergänzend hinzugezogen.

2.4 Verschriftungsverfahren

„Für die wissenschaftliche Analyse ist das Erfordernis, gesprochene Sprache dauerhaft zu machen, unumstritten.“ (EHLICH 1993, 49) Die heute einzig mögliche Form dafür bildet die Verschriftlichung. Im Verlauf der wissenschaftlichen Beschäftigung mit der gesprochenen Sprache haben sich unterschiedliche Verschriftlichungssysteme herausgebildet (s. EHLICH/SWITALLA 1976, EDWARDS/LAMPERT 1993).
Zur Verschriftlichung der Aufnahmen des LA-Projekts wurden zwei verschiedene Verfahren gewählt: Die Videoaufzeichnungen liegen in Form von Handlungsprotokollen[47] vor, die Audioaufzeichnung wurden nach dem Verfahren der „halbinterpretativen Arbeitstranskription“ (HIAT) transkribiert. Beiden Verschriftlichungsverfahren ist gemeinsam, daß

- zur Darstellung eines relativ realitätsnahen und dennoch leicht lesbaren lautlichen Abbilds der gesprochenen Sprache die *literarische Umschrift* verwendet wird (z.B. "Möchs du das ham?" statt "Möchtest du das haben?");
- weitere Charakteristika der gesprochenen Sprache (Pausen, Äußerungs–abbrüche, Intonation etc.) mit Hilfe leicht verständlicher *Zeichen* notiert werden;
- *Simultaneität* von (oder innerhalb von) Äußerungen markiert wird.

---

[46]Damit ist es nach meiner Kenntnis das breiteste Korpus, das einem eingehenden Mitwollzug – und damit zugleich einer Kontrolle – der Analyse zugänglich gemacht wird – über weitere Analyseanregungen hinaus. Die nahezu gleichzeitig mit meiner Promotion an der Ludwig-Maximilians-Universität München verteidigte Habilitationsschrift in Germanistischer Linguistik von Hilke ELSEN (1999) hat beispielsweise nicht entfernt eine vergleichbare empirische Basierung aufzuweisen, wie leider auch schon an ihrer Dissertation (1991) zu bemängeln ist.

[47]Die Handlungsprotokolle haben eine ähnliche Struktur wie das „gesprächsanalytische Transkriptionssystem“ (GAT) (SELTING u.a. 1998).

Zu allen verschriftlichten Aufnahmen gibt es einen Info-Kopf sowie Kopf- und Fußzeilen, die die wichtigsten Informationen zur Aufnahme enthalten. Die Seite eines Protokolls bzw. Transkriptes gestaltet sich folgendermaßen:

LA-Projekt: „Titel der Aufnahme"; Luna (Alter) / Adrian (Alter) spracherwerb-bi Aufn.-Datum - #0 P/T

L	**Luna (Alter)**	***#0 P/T - Titel der Aufnahme***
A	**Adrian (Alter)**	Aufn.: 00 (A/V00) - 000000 - 00 Min.
	Andere Kinder (Alter)	Ort der Aufnahme; Tageszeit
M	**Mutter**	Handlungsrahmen der Aufnahme
V	**Vater**	A(ufnahme)-Geräte: xxxxxx
	Andere Erwachsene (weitere Infos)	P(rotokollierungs-)/ T(ranskriptions)-Geräte: xxxxxx

Protokoll / Transkription

VERSCHRIFTLICHUNGSFORM (Umfang) Protokollierung: Name(n) / Copyright: Garlin

---

Der Info-Kopf enthält im linken Block eine Liste der am Diskurs beteiligten Aktanten. Der rechte Block gibt folgende Informationen: In der ersten Zeile (fett, kursiv, unterstrichen) finden sich die Nummer der Aufnahme im Auswahlkorpus (#0), die Verschriftlichungsform (P/T) sowie der Titel der Aufnahme. Die zweite Zeile gibt Auskunft über die laufende Nummer der Aufnahme im Gesamtkorpus (Aufn.: 00) und im Audio- bzw. Videokorpus (A/V00) sowie über Datum (000000) und Gesamtdauer (00 Min.) der Aufnahme. In der dritten und vierten Zeile finden sich Informationen zu Ort, Zeit und Inhalt der Aufnahme. In den Zeilen fünf und sechs werden Angaben zu den verwendeten Aufnahme- und Transkriptionsgeräten gemacht. Genaue Daten zum Transkriptionsverhältnis (Aufnahmezeit:Transkriptionszeit) können hier leider nicht gegeben werden; man kann jedoch davon ausgehen, daß ein Verhältnis von 1:100 für diese Art von Transkriptionen noch knapp bemessen ist.

Ein Teil der soeben genannten Informationen findet sich auch in der Kopfzeile wieder. Von links nach rechts gelesen: Projektbezeichnung / Titel der Aufnahme / beteiligte Kinder (Alter) / Untersuchungsgegenstand: spracherwerb-bi(lingual) / Aufnahmedatum / Nummer und Verschriftlichungsform im Auswahlkorpus.

Die Fußzeile enthält auf der linken Seite Angaben zum Verschriftlichungsstand (Handlungsprotokoll, Basis- oder Volltranskript) und zum Bearbeitungsumfang (Kurzausschnitt/e, Ausschnitt/e, Langausschnitt, komplett). Auf der rechten Seite finden sich die Namen der Transkribentinnen sowie das Copyright.

Die Handlungsprotokolle der Videoaufzeichnungen haben folgende Systematik:

Sprecher 1: Äußerung
Übersetzung
Sprecher 2: Äußerung
Übersetzung
Sprecher 1: Äußerung
Übersetzung
usw.

Diese Darstellungsform von Dialogen ist aus schriftlichen Texten hinreichend bekannt und bedarf deshalb keiner weiteren Erläuterung. Die in den Protokollen verwendeten Zeichen sind in der „Zeichenübersicht" auf der letzten Seite des Anhangs erfaßt.

Die aus dem Audiokorpus ausgewählten Aufnahmen und Aufnahmeausschnitte wurden nach dem Verfahren der halbinterpretativen Arbeitstranskriptionen (HIAT) (EHLICH/REHBEIN 1976, 1979, 1981) transkribiert. Das HIAT-Verfahren

> dient einer möglichst informationsreichen, gleichwohl relativ leicht herstellbaren und lesbaren Wiedergabe mündlicher Kommunikation in der Vielfältigkeit ihrer unterschiedlichen Dimensionen. (EHLICH/REHBEIN 1981, 302)

Zu diesem Zwecke basiert das Verfahren auf der *Partiturschreibweise*. HIAT-Transkripte sind – entsprechend einer Musikpartitur für mehrere Instrumente – nicht zeilen-, sondern flächenweise zu lesen, was gegenüber den Handlungsprotokollen ein Umdenken bei der Rezeption erforderlich macht. Die Flächen (Fl.) sind am linken Rand der (Partitur-)Klammer fortlaufend numeriert.

Jeder Transkribent entwickelt mit der Zeit einen persönlichen Transkriptionsstil[48], der einer kurzen Erläuterung bedarf: Innerhalb der Flächen erhalten alle am Diskurs beteiligten Sprecher (z.B. Luna, Adrian, Mutter und Vater) einen eigenen Sprecherblock. Die Sprecherblöcke werden durch Sprechersiglen (L, A, M, V) markiert. Ein Sprecherblock besteht aus der Sprecherzeile, in der die verbalen bzw. lautlichen Äußerungen notiert werden, der Intonationszeile (oberhalb der Sprecherzeile; Kleindruck), der Übersetzungszeile (unterhalb der Sprecherzeile; Kursivdruck) und der Zeile für nonverbale Kommunikation (NVK; unterhalb der Sprecher- bzw. Übersetzungszeile). Unterhalb aller Sprecherblöcke befindet sich eine Situationszeile, in der wichtige Aspekte der Gesamthandlungssituation notiert werden; aus der Klammer ausgegliedert

[48]Siehe dazu z.B. die verschiedenen Arbeiten in REDDER (1994).

findet sich unterhalb der gesamten Fläche eine Anmerkungszeile für technische oder inhaltliche Kommentierungen. Das Schema der vorliegenden Transkriptionen stellt sich folgendermaßen dar:

Fl.-Nr.	L>	Intonation der Äußerung i.w.S.
	L	**Äußerung (A)**
	L-Übers.	*dt. Übersetzung der Äußerung*
	L-NVK	o-nonverbale Aktivitäten-o
	A>	
	A	**Äußerung (B)**
	A-Übers.	
	A-NVK	
	M>	
	M	Äußerung (C)
	M-Übers.	
	M-NVK	
	V>	
	V	Äußerung (D)
	V-Übers.	
	V-NVK	
	Sit.	*Angaben zur Situation*
	Anm.	Anmerkungen (z.B. Aufnahmeschnitte)

Die zentralen Informationen finden sich in den Sprecherzeilen, die von (A) nach (B) nach (C)/(D) gelesen werden. Die Äußerungen (A) und (B) werden nacheinander, die Äußerungen (C) und (D) gleichzeitig verbalisiert. Die anderen Zeilen dienen dazu, dem Leser die Äußerung an sich und im Gesamthandlungszusammenhang verständlicher werden zu lassen.
Die Sprecherblöcke sind systematisch folgendermaßen belegt: Luna und Adrian stehen an erster und zweiter Stelle, gefolgt von möglichen anderen kindlichen Interaktanten. Dann folgen die Sprecherblöcke der Eltern – zuerst Mutter, dann Vater – und im Anschluß wiederum die der weiteren möglichen erwachsenen Interaktanten. Die Systematik bei der Blockbelegung ist von großer Relevanz für das Lesen von Transkripten. Da das flächenweise Rezipieren einen höheren Konzentrationsanspruch an den Leser stellt als das gängige zeilenweise Lesen, sollte man darauf achten, daß die Anordnung der Sprecher in einer für den Leser verläßlichen Weise erfolgt.

Die Transkriptionen wurden mit Hilfe des HIAT-basierten Computerprogramms *syncWriter* (für Apple/ Macintosh) erstellt. Das Programm bietet dem Transkribenten einen relativ großen Bearbeitungsspielraum; er hat die Möglichkeit, wichtige Aspekte seines Untersuchungsgegenstands in der Transkription herauszuarbeiten. So wurden beispielsweise in den vorliegenden Transkripten – wie auch in den Handlungsprotokollen – die Sprecherzeilen der Kinder durch Fettdruck markiert, um einen schnelleren Zugriff zu ermöglichen. Der entscheidende Vorteil bei der Erstellung von Transkriptionen mit Hilfe eines Computerprogramms liegt jedoch in der relativ unaufwendigen *Revisionsmöglichkeit* (nachträglicher Vollzug von Korrekturen)[49].

Das oben dargestellte Transkriptionsschema zeigt bereits die Komplexität von Transkriptionen im Bereich des Erstspracherwerbs. Aspekte der Intonation, Lautstärke, Färbung von (vor)sprachlichen Elementen sowie der nonverbalen Kommunikation i.w.S. müssen besonders im frühen Stadium der kindlichen Sprachentwicklung systematisch mit berücksichtigt werden.
Die vorliegenden Transkriptionen sind nicht phonetisch, sondern *interpretativ* angelegt. Dies hat Konsequenzen, insbesondere für die Verwendung der Satzzeichen und der Groß- und Kleinschreibung in der Sprecherzeile sowie für die Intonationszeile. Da Kinder in den frühen Stadien des Spracherwerbs nicht in Sätzen sprechen, wäre die Verwendung der schriftsprachlichen Satzzeichen im eigentlichen Sinne unangemessen. Trotzdem haben die von Kindern produzierten Äußerungen häufig einen erkennbaren Anfang und auch ein entsprechendes Ende sowie in ihrem Verlauf zumeist eine (satzähnliche) Äußerungsstruktur, die es zu markieren gilt. In diesem Sinne sind die Großschreibungen zu Äußerungsbeginn und die Satzzeichen insgesamt zu verstehen, also als *Äußerungszeichen.*
Darüber hinaus kennzeichnet die Großschreibung im Deutschen die Substantive. Auch diesbezüglich wurden die kindlichen Äußerungen interpretiert: Wenn ein Kind z.B. die Lautfolge /WAU-WAU/ für die Bezeichnung ‚Hund' verwendete, wurde sie als „Wau-Wau" notiert, während die Imitation des Bellens als „wau-wau" notiert wurde.

---

[49] „Das Verfahren HIAT erzeugt halbinterpretative Arbeitstranskriptionen. Diese Bezeichnung bezieht sich auf ein wichtiges Kennzeichen des Transkribierens. Jeder, der selbst praktische Transkriptionserfahrung hat, weiß, daß die Herstellung eines qualitativ guten Transkripts [...] nicht in einem Arbeitsschritt erfolgen kann. Vielmehr ist das Transkribieren ein kontinuierlicher – ja, manchmal auch ein diskontinuierlicher – Prozeß, in dem sich die aufgenommenen Daten nur mählich dem Verstehen des Transkribierens erschließen. Dies macht das immer erneute Hören der Daten erforderlich, um sich auf dieses mähliche Erschließen des Gesagten einzulassen. Vor allem aber bedeutet der Umstand, daß auch das Transkribieren eine hermeneutische Tätigkeit ist, daß das Umsetzen des Akustischen in Schrift selbst ein interpretatorischer Vorgang ist. [...] In einer spiralförmigen Bewegung wird das bereits Gehörte zum ‚Vor-Urteil' für das neu zu Hörende – und zugleich wird es durch das neu Gehörte und neu Verstandene wiederum revidiert, verändert, besser verstanden und so auch besser gehört. [...] Dieser hermeneutische Charakter der Transkriptionstätigkeit hat die praktische Folge, daß das erstellte Transkript bis zum Zeitpunkt der relativen ‚Absättigung' des Hörvorgangs für weitere Revisionen offen sein muß, um nicht weitere Verbesserungen der Hörung von der Übernahme in den schriftlichen Text auszuschließen. Revisionsfähigkeit ist also eine wichtige Voraussetzung für ein sachangemessenes Transkriptionsverfahren." (EHLICH 1993,52)

Eine phonetische Transkription der Intonation gesprochener Sprache ist prinzipiell eine hochkomplexe Angelegenheit (s. z.B. WOLLERT 1994). Dies gilt in mindestens gleichem Maße für die Intonation kindlicher Äußerungen. Um die Lesbarkeit der Transkriptionen für unsere Zwecke zu wahren, wurden die Äußerungen in der Intonationszeile interpretativ und allgemeinverständlich kommentiert (z.B. „nörgelnd", „freudig" etc.).
Daß ein solches Verfahren insgesamt zu Meinungsverschiedenheiten bzgl. der Interpretation führen kann, versteht sich von selbst. Diese Problematik beinhalten alle Verschriftlichungsverfahren.

Bei einer Untersuchung zum zweisprachigen Erwerb kommt die Frage nach der Notation einer für den Leser in der Regel fremden Sprache sowie deren Übersetzung hinzu. Um einen Zustand der Unlesbarkeit zu vermeiden, wurde bei der Verschriftlichung der spanischsprachigen Äußerungen auf die literarische Umschrift verzichtet und statt dessen – von einigen Ausnahmen abgesehen – die *spanische Standardorthographie* (inkl. Akzentschreibung) verwendet.[50] Ausgelassene Laute bei der Aussprache[51] wurden in Klammern gesetzt. Die Zeichensetzung wurde hier jedoch dem deutschen Standard angeglichen, um wiederum die Klarheit und Lesbarkeit der Transkripte zu wahren.[52]
Bei der Übersetzung spanischsprachiger Äußerungen wurde überwiegend die *interlineare* Form gewählt. Äußerungen oder Diskursabschnitte, die für die vorliegende Untersuchung nicht relevant sind, wurden nicht übersetzt.

2.5 Segmentierungsverfahren

Aufgrund der Komplexität der Transkripte ist es sinnvoll, die angeführten Beispiele in segmentierter Form vorzulegen. Segmentierungsarbeit ist – ähnlich wie die Transkriptionsarbeit – eine hermeneutische Tätigkeit, d.h. immer auch ein Stück weit Interpretation. Für die hiesigen Analysen ist es notwendig, eine Klarheit in das "diskursive Chaos" zu bringen, das bei vielen Aufzeichnungen vorliegt. Aus diesem Grunde wurde eine Form der Segmentierung erarbeitet, die an dieser Stelle kurz vorgestellt werden soll.

[50]Zur spanischen Aussprache (Graphem-Phonem-Umsetzung, Akzentschreibung) s. Anhang

[51]In erster Linie aspiriertes /S/ in Finalposition

[52]Das spanische Zeichensystem verwendet beispielsweise umgedrehte Frage- und Ausrufezeichen <¿, ¡> am Satzanfang sowie die auch im Deutschen üblichen Frage- und Ausrufezeichen am Satzende. Auf diese Doppelung wurde aufgrund der großen Zeichenfülle in den Transkriptionen verzichtet. Des weiteren wird die wörtliche Rede nicht durch Anführungs-, sondern durch Spiegelstriche <-> markiert. Usw.

(B Muster): **TITEL** des Beispiels	**#40 T** - Luna (4;4)

Peru: Haus der Großmutter: Wohnraum (Sala) // Luna, Mutter, Vater und Mamita (Mutter von Vater) sitzen am Eßtisch und frühstücken.

Luna:	(s1)	Kann nich mehr.
Vater:	(s2)	Ya se llenó ya. <zu Mamita> *Schon sie ist satt schon.*
Mamita:		((räuspert sich))
		(4 Sek.)
Vater:		Ha? . .
		Ya, tiraremos una moneda al aire, pe.
Mamita:		No, pue.
		( )
Vater:		Ah, pero el barrio/
Luna:	(s3)	(schiebt ihren Teller von sich weg und steht auf)
	(s4)	Gracias. *Danke.*
Mamita:	(s5$^{?}$)	(Mamacita) *(Mamilein)*
Vater:	(s6)	De nada, hijita. *Bitte, Töchterchen.*

In diesem Beispiel laufen zwei Diskursstränge parallel: zum einen der zwischen Luna und ihrem Vater, zum anderen der zwischen dem Vater und der Großmutter. Da es hier gilt, nur den erstgenannten zu untersuchen, wird der zweite nicht in die Segmentierung einbezogen und darüber hinaus in kleinerer Schriftgröße abgedruckt. Er tritt sozusagen in den Hintergrund und wird von der Analyse ausgeschlossen. Außersprachliche Aktivitäten und ggf. auch Pausen werden, wenn sie in einem Folgeverhältnis zu sprachlichen Aktivitäten stehen, als eigene Segmente betrachtet (z.B. s3), wenn sie mit der sprachlichen/lautlichen Aktivität einhergehen, jedoch nicht als Einzelelement segmentiert. Äußerungen, bei denen unklar ist, ob sie zum untersuchten Diskurs gehören, werden mit einem Fragezeichen markiert (z.B. s5$^{?}$) und u.U. in die Analyse integriert. Die Übersetzungen spanischsprachiger Äußerungen finden sich – wie im Transkript – kursiv gedruckt direkt unter den Originaläußerungen. Auch Segmentierungszeichen werden hier weitestgehend analog zu denen der Transkriptionen verwendet. Die Zeichen werden in der „Zeichenübersicht“ im Anhang (letzte Seite) erläutert.

2.6 Anmerkungen zur Korpusarbeit

Es hat sich bereits gezeigt, daß letztlich nur ein Bruchteil des vorhandenen Aufnahmematerials, das im Rahmen des LA-Projekts erstellt wurde, Eingang in das Auswahlkorpus und in die detaillierte und explizite Diskursanalyse der vorliegenden Arbeit gefunden hat, was natürlich nicht impliziert, daß die

restlichen Daten wertlos wären. Vielmehr ist die – allein schon im Wege der Korpusrichtung reflektierte – Kenntnis des Gesamtmaterials stets als Hintergrundwissen und insofern kontrollierend in die Detailbetrachtung eingegangen. Eine Auswahl für die analytische Behandlung und schließlich für die Präsentation hat nur auf einer breiten Materialbasis stattfinden können. Zusammenhänge, Entwicklungsphasen etc., auch wenn an dieser Stelle nicht in ihrer Vielfalt herausgearbeitet, können nur aufgrund der zeitlich beständig fortlaufenden Daten erkannt werden. Es liegt hier ein *7-Jahres-Korpus* zum *frühen simultanen Bilingualismus zweier Kinder unterschiedlichen Geschlechts* in ihrem *realen familiären Alltag* vor. Es ist ein Korpus, das ohne konkrete Fragestellung entstand und dem entsprechend breit gefächert, d.h. in allen Dimensionen der Sprache, bearbeitet und ausgewertet werden kann.
Vergleichbare Korpora sind rar. Die Übersichten von REHBEIN/GRIEßHABER (1996, 76f.), WAGNER (1992) und de HOUWER (1995, 237) zur internationalen Datenlage zeigen, daß zum deutsch-spanischen simultanen Primärspracherwerb keinerlei Langzeit- oder Querschnittsdaten vorliegen. Als Quelle für monolinguale deutsche Daten ist das von Klaus R. WAGNER herausgegebene *Dortmunder Korpus der spontanen Kindersprache (DOKO)* hervorzuheben, das Transkriptionen von Tagesaufnahmen dreizehn verschiedener Kinder im Alter zwischen 1;5 und 14;10 umfaßt. Dieses Korpus ist auch enthalten im internationalen *Child Language Data Exchange System (CHILDES)*, das von Brian MACWHINNEY und Catherine E.SNOW u.a. (s. 1985, 1990) ins Leben gerufen wurde.[53]
Zweifelsohne sind auch die klassischen (z.B. STERN/STERN 1928[4]/ 1987; ebenfalls enthalten in CHILDES) wie auch einige spätere Arbeiten zum Erstspracherwerb als Quellen in Betracht zu ziehen. Problematisch in bezug auf die Komparabilität ist jedoch, daß die Daten zumeist in schriftlicher Form aufgezeichnet wurden, weil Audio- und Videotechnik noch nicht zur Verfügung standen[54]. Als die technischen Hilfsmittel verfügbar wurden, hat man sie zwar genutzt, dann aber häufig die kindlichen Äußerungen in isolierter (z.B. CLAHSEN 1982, 1988 u.a.) oder reduzierter Form als kurze Belegbeispiele vorgelegt (z.B. TAESCHNER 1983, DÖPKE 1992 u.a.). In beiden Fällen ist eine Revisionsmöglichkeit nicht gegeben. Einige vielversprechende Korpora (z.B. OKSAAR 1970, KIELHÖFER/JONEKEIT 1983/ 1995[9] u.a.) sind schlecht bzw. gar nicht zugängig. Um eine produktive Weiterforschung – auch im Sinne der Komparabilität der verschieden Studien – zu begünstigen, wäre es anzustreben, die Transkriptionsvefahren zu überprüfen und zu standardisieren (s. auch DE HOUWER 1995). Das HIAT-Verfahren bietet hierfür eine sehr gute

[53]CHILDES war 1990 gespeichert in der Carnegie-Mellon-Universität (Pittsburg, USA) und der Harvard-Universität (Boston, USA), im Max-Planck-Institut (Nijmegen, Niederlande) und in der Aarhus-Universität (Dänemark).
Zur aktuellen Arbeit mit CHILDES s. SOKOLOV/SNOW (1994).

[54]Zur Problematik bei diesem Verfahren der Datenfixierung s. EHLICH (1996, 12).

Möglichkeit, wie die bereits zahlreichen Nutzungen im Rahmen des Spracherwerbs dokumentieren (s. MARTENS 1979, RESKI 1982, LINDNER 1983, GARLIN 1994, ABEL 1994, KLANN-DELIUS 1996, MEIRELLES-SCHUPFNER 1996, EISENMANN 1997, AFSHAR 1998, um nur einige Arbeiten zum Erstsprach(en)erwerb zu nennen).[55]

Ich habe mich in jeder Phase der Korpusarbeit bemüht, einen hohen, wissenschaftlich nutzbaren Qualitätsstandard zu erreichen, der eine „saubere" Weiterbearbeitung der Daten gewährleistet. Sehr häufig stellte sich, insbesondere bei den frühkindlichen Äußerungen, die Frage nach der Notation: Groß- oder Kleinschreibung? Punkt, Komma, Ausrufe- oder Fragezeichen? Quäkend, quakend oder quängelnd? Zusammen- oder Getrenntschreibung? Ich habe versucht, bei jeder Frage eine begründbare Entscheidung zu treffen, mich systematisch an diese zu halten, immer die gute Lesbarkeit als vordergründige Prämisse zu wahren und so genau wie möglich zu arbeiten. Es ist wichtig sich folgendes vor Augen zu halten:

> Korpusarbeit ist alles andere als trivial. Sie ist auch nicht ein der eigentlichen Analyse vorausliegendes positivistisches Sammelverfahren. Vielmehr gehört sie integral zur Analyse dazu. Dies hat nicht unerhebliche Folgen für die wissenschaftliche Arbeit und ihren publikatorischen Niederschlag. Um anderen die Daten für ihre eigenen Verstehensprozesse zugänglich zu halten, ist die Veröffentlichung der Daten selbst ein unumgängliches Erfordernis. [...] Denn gerade für den kindlichen Spracherwerb, in dem die Verschriftlichungsverfahren nur mit besonderer methodischer Mühe anwendbar sind, liegt die Gefahr einer zirkulären Eintragung der Hypothesen in die Datengewinnung besonders nahe. [...] Alle Fragen der Transkription sind so von fundamentaler Bedeutung für die Erforschung des kindlichen Spracherwerbs. [...] Transkriptionsarbeit ist wissenschaftliche Facharbeit, die die Tätigkeit von Fachmännern und -frauen erfordert. (EHLICH 1996, 14)

---

[55]Die Vereinheitlichung der gängigen Transkriptionsverfahren wird auch von SELTING u.a. (1998) gefordert. Sie schlagen zu diesem Zwecke das „gesprächsanalytische Transkriptionssystem" (GAT) vor, das gegenüber dem HIAT-Verfahren den Vorteil der einfacheren Datenübermittlung bieten soll: „GAT ist [...] mit jedem Textverarbeitungsprogramm verwendbar und soll es auch bleiben" (92) - ein hoher Anspruch, dem in der Realität leider nicht immer Rechnung getragen wird. Darüber hinaus führt das GAT m.E. bei komplexeren Transkriptionen (mehrere Sprecher, häufiges Simultansprechen, viele notwendige Anmerkungen etc.) zu größeren Schwierigkeiten sowohl bei der Notation als auch beim Lesen der Transkripte.

3 Sprachlich Handeln, Sprachprobieren, Sprachreflexion – exemplarische Analysen

Ein Ziel dieser Untersuchung ist es herauszufinden, welche sprachlichen Handlungsmuster im Verlauf des Erstspracherwerbs früh erworben werden – und welche später –, um dann einen Vergleich anzustellen, ob dieser Verlauf gleichermaßen für das sprachliche Handeln im spanischsprachigen Handlungsraum (Peru) gilt.
Um die Kategorie des Handlungsmusters bestimmen zu können, ist es sinnvoll, sich erneut vor Augen zu führen, was eine *Sprechhandlung* ausmacht: Sie besteht im gleichzeitigen Vollzug von Äußerungsakt, Proposition und Illokution. Erst wenn alle drei Akte bzw. Dimensionen in einer Äußerung realisiert werden, kann die Äußerung als eine Sprechhandlung bezeichnet werden.
Die Realisierung erster Sprechhandlungen in rudimentären bzw. *prozeduralen* Formen erfolgt beim Erstspracherwerb in einzelnen Fällen mehr oder weniger ab dem Alter von einem Jahr – im Volksmund: „Das Kind fängt an zu sprechen". Bedeutet dies entsprechend, daß der Erstspracherwerb erst mit dem zweiten Lebensjahr beginnt? Die klare Antwort auf diese Frage lautet: nein. Spracherwerb beginnt meiner Auffassung nach mit der Geburt. Wenn man Sprache als Sprecher-Hörer-Interaktion begreift, so gibt es keinen Grund, ein Kind nur als Sprecher zu betrachten und seine Position als *Hörer* zu vernachlässigen. Hörer ist das Kind (spätestens) von Geburt an und, wie sich zeigen wird, ebenfalls *Interaktant*. Dieses soll im nächsten Kapitel näher ausgeführt und mit Beispielen belegt werden.

Der Institution Familie kommt beim Erstspracherwerb eine äußerst schwierige Aufgabe zu: Sie muß das Kind im Rahmen seiner Sozialisation zum sprachlichen Handeln befähigen, d.h. dem Kind die elementaren sprachlichen Handlungsmuster, die es in seinem Alltag benötigt, und deren Realisierungsformen vermitteln. MENG (1991) formuliert das „Ziel der Förderung von kommunikativer Kompetenz", das den „sprachpädagogischen Bemühungen der meisten Erwachsenen" – also nicht nur der Familie – zugrunde liegt, wie folgt:

> Das Ziel der Förderung von kommunikativer Kompetenz besteht darin, den Heranwachsenden zu helfen, sich an der Kommunikation ihrer Lebensgemeinschaften zunehmend als gleichberechtigte und gleichbefähigte Partner zu beteiligen und d.h., sich in ihrem Handeln an den kommunikativen Normen und Werten dieser Gemeinschaften zu orientieren. (MENG/KRAFT/NITSCHE 1991, 22)

Das Kind bringt dazu außer einigen grundlegenden physischen und kognitiven Fähigkeiten, Sprache überhaupt zu erwerben[56], keinerlei Vorwissen mit. Das bedeutet, die Familie muß das Kind lehren, zu interagieren, indem es mit ihm interagiert. Sie muß es lehren, sprachlich zu handeln, indem es mit ihm sprachlich handelt. Sie muß ihm sprachliche Ausdrucksmittel vermitteln, indem sie die selben Ausdrucksmittel dabei verwendet. Kurz gesagt: Die Lehrmittel sind identisch mit dem Lernziel. Es gibt keine Möglichkeit, dem Kind Sprache zu erklären; somit findet sich hier die erste und reinste Form des *learning by doing*. Um eine solch diffizile Aufgabe zu bewältigen, benutzen die erwachsenen Interaktanten des Kindes – weitgehend unbewußt – sehr effektive Lehrstrategien, die u.a. im weiteren Verlauf dieses Kapitels anhand exemplarischer Analysen erkenntlich gemacht werden sollen.

3.1 Das erste Lebensjahr: Aneignung frühester Handlungsmuster

3.1.1 Die ersten sechs Lebensmonate: Kommunikationserwerb

Die Sichtung des Videomaterials hat ergeben, daß das Neugeborene von Anfang an als *Interaktant* innerhalb der familiären Kommunikation gesehen und von den anderen Interaktanten in das kommunikative Geschehen einbezogen wird. Betrachten wir dazu folgendes Beispiel von Luna im Alter von einem Tag:

(B1): **GUTEN MORGEN 1**	**#13 P** - Luna (0;0;1) / Adrian (1;2)

München: Wohnung I: Mutters Bett // Luna liegt rücklings auf Mutters Bett. Mutter kniet vor ihr. Adrian sitzt neben ihr auf dem Bett. Arno führt die Kamera.

Luna:	(s1)	(öffnet die Augen)
Adrian:	(s2)	((lacht))
Mutter:	(s3)	Gutn Morgen, mein kleines Bebi. <sanft> (nähert sich Lunas Gesicht)
Adrian:	(s4)	Behbi!
Mutter:	(s5)	Bebi. <zu Adrian> (wendet sich Adrian zu)
	(s6)	Guten Morgen. <sanft> (wendet sich wieder Luna zu)
...		
Adrian:	(s7)	Äh, äh! (bringt einen Schnuller, reicht ihn Mutter)

[56]BRUNER (1987) differenziert vier kognitive „Anlagen" (17ff.) oder „ursprüngliche geistige Fähigkeiten" (101), die es dem Kind ermöglichen, Sprache zu erwerben:
1. die *Mittel-Zweck-Bereitschaft*, d.h.: „Das Menschenkind ist von Anfang an auf die Koordinationsaufgaben des Handelns ausgerichtet. Es scheint gewissermaßen fähig, die Struktur von Handlungen zu erkennen und in Rechnung zu stellen, und zwar insbesondere die Art und Weise, wie Mittel und Zweck kombiniert werden müssen, um befriedigende Ergebnisse zu erhalten." (19),
2. die *Sensibilität für transaktionale Prozesse*,
3. die *systematische Organisation der Erfahrung* und
4. die *Fähigkeit zur Abstraktion bei der Regelbildung*.

Mutter:	(s8)	Joa, chupón. (nimmt den Schnuller entgegen) *Joa, Schnuller.*
Adrian:	(s9)	Äh.
Mutter:	(s10)	Tú no quieres? <zu Adrian> (streckt Adrian den Schnuller entgegen) *Du nicht willst?*
Adrian:	(s11)	Äh. <ablehnend>
Mutter:	(s12)	(leckt den Schnuller an, hält ihn Luna vor den Mund) Tú quieres? <zu Luna> *Du willst?*
	(s13)	(nimmt den Schnuller wieder fort)

In diesem ersten Beispiel gibt es außer dem Öffnen der Augen (s1) von dem Neugeborenen keinerlei Aktivität, die die Mutter dazu bewegen müßte, sprachlich auf das Kind einzugehen. Trotzdem behandelt sie Luna wie jeden anderen Interaktionspartner in einer adäquaten Situation des Aufwachens, indem sie sich ihr zuwendet und sie ›begrüßt‹[57] (s3; s6). Adrian imitiert ihre Ansprache dem Baby gegenüber (s4), d.h. er imitiert m.E. nicht nur die von der Mutter verwendete Lautfolge, sondern die Ansprache als Teil oder eigene Form der Sprechhandlung des ›Begrüßens‹.
In (s7) zeigt Adrian, daß sein Wissen über den Umgang mit Babys auch noch weiter reicht, indem er der Mutter einen Schnuller bringt und, nachdem er selbst den Schnuller ablehnt (s10/ s11), sie damit implizit »auffordert«, dem Baby den Schnuller zu geben. Die Mutter ›bietet‹ daraufhin Luna den Schnuller an, begleitet von einer sprachlichen Äußerung in Form einer Frage (S12). Da Luna keinerlei Anstalten zeigt, den Schnuller anzunehmen, nimmt die Mutter den Schnuller wieder fort (s13).
Es zeigt sich also, daß sowohl die Mutter als auch der einjährige Bruder das Neugeborene in das kommunikative Geschehen einbeziehen. Darüber hinaus ist Adrian anscheinend der Meinung, daß das Baby *Bedürfnisse* hat, die es – in diesem Falle durch das Anbieten eines Schnullers – zu befriedigen gilt.

Daß letzteres einer allgemeingültigen Auffassung entspricht, wird im folgenden Beispiel mit Adrian im Alter von 29 Tagen deutlich. Das Beispiel unterscheidet sich von dem oberen mit Luna, da Adrian hier lautlich aktiv ist. Es zeigt sich, daß die von dem Kind artikulierten Laute (Schreien, Quäken etc.) von den Interaktanten in die Kommunikation einbezogen werden, indem man dem Kind Bedürfnisse und somit *Handlungsabsichten unterstellt* und seinen lautlichen Aktivitäten damit eine illokutive Qualität zuweist.

---

[57]Die Bezeichnungen sprachlicher Handlungsmuster werden durch einfache spitze Klammern (›grüßen‹, ›auffordern‹ etc.) markiert. Vorsprachliche Formen und interpretative Unterstellungen werden durch doppelte spitze Klammern markiert (»grüßen«, »auffordern« etc.).

(B2): GUTEN MORGEN 2 — #1 P - Adrian (0;0;29)

Bremen: Haus der Großeltern: Küche // Frühstücken. Amo (Großmutter mütterlicherseits) sitzt, Adrian im Arm, auf dem Küchensofa. Omama (Urgroßmutter) sitzt neben ihr. Kiki (Tante mütterlicherseits) sitzt ihnen gegenüber auf einem Stuhl. Opa führt die Kamera.

Kiki:	(s1)	Mäuschen! <p; zu Adrian>
Adrian:	(s2)	((gibt einen sanften Ton von sich))
Kiki:	(s3)	Hallo, Mäuschen! <p>
Adrian:	(s4)	((quäkt kurz und energisch))
Amo:	(s5)	Ja‘. <energisch>
Kiki:	(s6)	Antwortest du mir schon?
	(s7)	Ja?
	(s8)	Sags du mir schon „Gutn Morgn“?
Amo:	(s9)	(hebt Adrian in eine aufrechte Position)
	(s10)	Ja?
...		
Adrian:	(s11)	((quäkelt))
Amo:	(s12)	Ja. <beruhigend> (legt sich Adrian rücklings, aufrecht auf die Brust)
Adrian:	(s13)	((quäkt))
Amo:	(s14)	Hm ja, is ja gut. <beruhigend>
Adrian:	(s15)	((quäkelt))
Amo:	(s16)	Is ja gut, is ja gut. <beruhigend> (schaukelt Adrian) So is ja gut. Ach, wie is das schön. <p>
Opa:	(s17)	(verrutscht einen Stuhl)
Amo:	(s18)	A::h. <p; mit dem Stuhlgeräusch mitgehend>
Adrian:	(s19)	((quäkt))
Amo:	(s20)	Nein? Nein? Nein?
	(s21)	Ja:. <beruhigend> (hebt Adrian und hält sein Gesicht ihr zugewandt an ihr Gesicht) (schaukelt vor und zurück und spricht beruhigend auf ihn ein)
	(s22)	(küßt Adrians Mund)
Adrian:	(s23)	(bewegt seinen Mund suchend in Amos Gesicht)
Amo:	(s24)	((lacht)) (schaut zu Kiki) Gottchen, Gottchen, Gottchen. ((lacht))
	(s25)	Da is nichts, mein Engelchen. (bringt ihn in eine neue Position) Da is nichts, mein Schätzchen.
Adrian:	(s26)	((quäkt))
Amo:	(s27)	Da is nichts, aber das is doch schön. (wippt auf dem Sofa auf und ab) ((spricht leise weiter auf ihn ein)) ((kommentiert etwas)) <zu Kiki>
	(s28)	So:, siehst du, jetzt schläfst du schön. (hört auf zu wippen; fängt an, Adrian in seine Decke einzuhüllen)
Adrian:	(s29)	(öffnet die Augen)
Amo:	(s30)	Denkste - nich.
Adrian:	(s31)	((schreit quäkend))
Kiki:	(s32)	((lacht))
Amo:	(s33)	Ja, nu is ja gu::t, nu is ja gu:t, nu is ja gu:t. <beruhigend> Wir schaukeln ja gleich. (wickelt Adrian in die Decke und bringt ihn in Liegeposition)
Adrian:	(s34)	((quäkt))

Amo:	(s35)	Ja, wir schaukeln ja gleich. Ja, ja, ja, ja, wir schaukln ja gleich.
	(s36)	Ja, nun is ja gu:t, nu is ja gu:t. (wippt auf dem Sofa)
Adrian:	(s37)	((quäkt))
Amo:	(s38)	Nein? (hört auf zu wippen)
	(s39)	Füßchen? (fängt an, Adrians Füße zu massieren) Komm, Füßchen massiern. Ko:mm, mein süßer Schatz.
Adrian:	(s40)	((quäkelt weiter))
Amo:	(s41)	Nein, auch nich?
	(s42)	Joa. (hält Adrian wieder aufrecht an ihr Gesicht und wippt wieder)
Adrian:	(s43)	((quäkelt weiter)) (und bewegt seinen Mund suchend in Amos Gesicht)

Der Diskursverlauf gliedert sich in zwei Abschnitte: Im ersten Abschnitt liegt eine Interaktion zwischen Kiki und Adrian[58] vor (s1-s10), im zweiten eine Interaktion zwischen Amo und Adrian (s11-s45).

Bei der Interaktion Kiki-Adrian spricht Kiki Adrian an (s1), und er gibt danach einen sanften Ton von sich (s2). Auf Kikis erweiterte Repetition ihrer Ansprache (s3) folgt ein kurzes und energisches Quäken seitens des Kindes (s4). Ob diese beiden lautlichen Aktivitäten von Adrian an dieser Stelle als Reaktionen[59] auf Kikis Ansprachen oder zufällig produziert wurden, kann nicht bestimmt werden.
Auf das kurze und energische Quäken des Kindes reagiert Amo mit einem kurzen und energischen „Ja'." (s5). Diese Art von Reaktion ist deshalb erwähnenswert, weil sie charakteristisch für die gesamte Zeit des frühkindlichen Spracherwerbs ist. Es handelt sich dabei um eine *Imitation des vom Kind produzierten Lautes*, insbesondere in bezug auf seine Färbung (Expressivität, Intonation, Lautstärke, Tempo). Häufig wird bei diesen imitativen Aktivitäten seitens der Erwachsenen eine sprachliche oder sprachähnliche Form über den vom Kind produzierten Laut gelegt, wie es auch im vorliegenden Beispiel der Fall ist.
Kiki interpretiert Adrians Quäken in (s4) als eine Reaktion auf ihre Ansprache und »versichert« sich fragend ihrer Annahme (s6-s8). Auch wenn sie sich des spielerischen Charakters ihrer Interpretation, vor allem der des »Grüßens« (s8), mit Sicherheit bewußt ist, so versteckt sich in ihr auch eine reale Frage, nämlich die, ob das Kind vielleicht doch mit seinen äußerst begrenzten Mitteln mit ihr interagiert. Auch Amo stellt sich diese Frage: Sie zeigt es an, indem sie Adrian in eine aufrechte Position bringt, damit ein möglicher Kontakt

[58]Der Terminus ‚Interaktion' ist in diesem Falle zwar nicht ganz korrekt gewählt, weil nicht klar ist, ob Adrian hier in irgendeiner Weise mit Kiki interagiert. Ich verwende den Terminus prinzipiell im weiteren Sinne, um derartige Handlungssituationen überhaupt bezeichnen zu können.

[59]Der Terminus ‚Reaktion' fungiert als eine Erfassungskategorie mit allgemeinem Status und wird im ursprünglichen Sinne des Wortes als eine Re-Aktion, als eine rückbezogene Handlung i.w.S. auf die vorausgehende Handlung des Interaktanten, begriffen.

seinerseits zu Kiki gewährleistet ist (s9). Auch sie fragt nach (s10), obwohl sie weiß, daß sie keine Antwort i.e.S. erwarten kann.
Diese Strategien auf seiten der Erwachsenen dienen dem Erkennen des Moments einer möglichen wirklichen Interaktion. Es handelt sich dabei quasi um „Testläufe", ob das Kind bzgl. seiner Entwicklung zu einem wechselseitigen Handeln in der Lage ist.

In dem sich anschließenden Abschnitt Interaktion Amo-Adrian interpretiert Amo Adrians Quäkeln (Ausdruck mit überwiegend Ä-Tönung und meckeriger Qualität) und Quäken (Ausdruck mit überwiegend Ä-Tönung ohne meckerige Qualität, dafür energischer)[60] (s11, s13, s15) als Ausdruck der Unzufriedenheit über seine aktuelle Situation und damit als »Aufforderung« an sie, etwas an dieser Situation zu verändern. Sie kommt dieser »Aufforderung« nach, indem sie ihm verbal (beruhigend) ihre Handlungsbereitschaft signalisiert und ihm verschiedene Alternativen zur Veränderung seiner Situation wie Änderung seiner Position oder Schaukeln ›anbietet‹ (s12, s14, s16). Amos oberstes Ziel ist dabei, Adrian zufriedenzustellen, ggf. zum Schlafen zu bewegen (s28). Adrians Quäken in (s19) interpretiert sie als »Ablehnung« ihrer Angebote (s20) und sie probiert es daraufhin mit einer weiteren Veränderung seiner Position (s21/s22). In dieser neuen Position hat Adrian die Möglichkeit zu signalisieren, daß er nach der Brust der Mutter sucht (Hunger, Nuckeln zum Einschlafen etc.). Amo erkennt dieses Bedürfnis (s24), hat jedoch nicht die Möglichkeit, diesem nachzukommen (s25) und ›bietet‹ Adrian im weiteren Verlauf wiederum Alternativen ›an‹: Schaukeln, Füße massieren, Positionsänderung (s27-s42). In (s43) gibt Adrian erneut klar und eindeutig zu verstehen, welches sein aktuelles Bedürfnis ist.
Anhand dieses Beispiels läßt sich nachvollziehen, daß die Interaktanten nicht davon ausgehen, daß das Baby solche Art von Lauten um ihrer selbst willen produziert, sondern daß es sie *zielgerichtet* einsetzt, d.h. daß ihnen eine Handlungsabsicht seitens des Kindes zugrunde liegt.

Im Alter von zwei bis drei Monaten kommt beim Kind eine überaus wichtige Komponente für die Interaktion mit seinen Mitmenschen hinzu: das *Lächeln.* Es ist möglicherweise sein erstes Kommunikationsmittel i.e.S., d.h. der erste Ausdruck, den es *bewußt* kommunikativ einsetzen kann. Betrachten wir dazu ein Beispiel von Adrian im Alter von knapp drei Monaten beim „Hoppe-

---

[60]Es ist vorab darauf hinzuweisen, daß ich bei den exemplarischen Analysen der vorsprachlichen Phase keine differenzierte Beschreibung des vorsprachlichen Lautsystems (Schreie und Lautentwicklung) leisten werde, sondern daß ich mich hierbei lediglich auf die für die Interaktion wesentlichen Aspekte beschränke. Dies schlägt sich auch in einem relativ undifferenzierten Beschreibungssystem der vom Kind produzierten Laute nieder (Schreien, Quäken, Quäkeln, Tönen, Quietschen etc.). Soweit es möglich war, habe ich die literarische Umschrift gewählt. Zum Zwecke der Lautkategorisierung wähle ich die Darstellung durch Majuskeln. Auf phonetische Umschrift (IPA) wurde vollkommen verzichtet. Letzteres gilt für alle Analysen.
Zur Entwicklung des vorsprachlichen Lautsystems s. z.B. JAKOBSON (1941/ 1969, 1959/ ND 1996), kontrovers SENDLMEIER/SENDLMEIER (1991, 1999); auch GIPPER (1985, 87ff.).

Reiter"-Bewegungsspiel. Derartige Bewegungsspiele sind sehr gut geeignet, um früh eine gemeinsame Tätigkeit mit dem Kind zu etablieren. Durch die Markierung von sprachlichen Einheiten (Versen) in Form von Pausen im Sprachfluß hat das Kind hier die Möglichkeit, eigene Aktivitäten einzubringen.

(B3): **HOPPE-REITER 1** **#2 P** - Adrian (0;2;29)

Bremen: Haus der Großeltern: Wohnzimmer: Sofa // Mutter liegt rücklings auf dem Sofa und hält Adrian, durch ihre angewinkelten Beine gestützt, sitzend, ihr zugewandt auf ihrem Bauch. Amo führt die Kamera. Mutter fängt an, mit Adrian „Hoppe-Reiter" (singend im Rock&Roll-Rhythmus) zu spielen.

Amo:	(s1)	Jetz lacht er überhaupt nich.
Mutter:	(s2)	Hopp-hopp-hopp-hopp Raheiter,
Adrian:	(s3)	(blickt Mutter an)
Mutter:	(s4)	wenn er fällt, dann schraheit er.
Adrian:	(s5)	(lächelt Mutter an)
Mutter:	(s6)	Fällt er in den Grahaben,
Adrian:	(s7)	(lächelt Mutter weiter an, öffnet den Mund)
Mutter:	(s8)	fressen ihn die Rahaben.
Adrian:	(s9)	(lächelt Mutter weiter an)
Mutter:	(s10)	Fällt er in den Sumpf, dann macht der Reiter
Adrian:	(s11)	(blickt wieder ernster)
Mutter:	(s12)	plums. (läßt Adrian in Sitzposition zwischen ihre Beine sacken)
Adrian:	(s13)	(blickt weg in Richtung Musikanlage)
Amo:	(s14)	Nix.
Mutter:	(s15)	Hopp-hopp-hopp-hopp Raheiter,
Adrian:	(s16)	Hea'! <lachend> (blickt und lächelt Mutter an)
Mutter:	(s17)	Hea'! <Adrian imitierend; lachend>
	(s18)	wenn er fällt, dann schraheit er.
Adrian:	(s19)	(wendet seinen Blick von Mutter ab in Richtung Musikanlage)
Mutter:	(s20)	Fällt er in den Grahaben,
Adrian:	(s21)	(blickt Mutter kurz, aber ohne zu lächeln an)
Mutter:	(s22)	fressen ihn die Rahaben.
Adrian:	(s23)	(blickt wieder von Mutter weg in Richtung Musikanlage)
Mutter:	(s24)	Fällt er in den Sumpf, dann macht der Reiter
Adrian:	(s25)	(blickt Mutter kurz an, ohne zu lächeln)
Mutter:	(s26)	plums. (läßt Adrian tiefer sinken)

Die Äußerung von Amo in (s1) drückt eine konkrete Erwartungshaltung aus, nämlich die, daß Adrian beim Spiel mit der Mutter lachen würde. Dies gibt einen Hinweis darauf, daß er dies in vergleichbaren Handlungssituationen bereits häufiger getan hat (entsprechend auch s14).

Nach dem ersten Vers des Spiels (s2) wird durch den Blickkontakt (s3) eine gemeinsame Handlungsebene zwischen Mutter und Kind hergestellt. Nach dem zweiten Vers (s4) lächelt Adrian die Mutter an (s5). Möglicherweise signalisiert er dadurch ein Wiedererkennen des Spiels. Nach dem dritten Vers (s6) läßt Adrian durch sein Lächeln und Öffnen des Mundes – so, als wollte er einen Laut produzieren – eine gesteigerte Form von Beteiligung erkennen (s7), die in (s8) und (s9) aufrecht erhalten wird. Nach dem vierten Vers (s10), der das Ende des Spiels signalisiert – wahrscheinlich vor allem bedingt durch die musikalische Komponente –, blickt Adrian wieder ernst (s11), und nach Beendigung des Spiels (s12) wendet er seinen Blick von der Mutter ab. Er schaut in Richtung der Musikanlage, wo offensichtlich etwas anderes sein Interesse geweckt hat, was sich auch beim zweiten Durchlauf des Spiels (s15-s26) zeigt, weshalb dieser nicht im einzelnen besprochen werden soll. Lediglich der Anfang des zweiten Durchlaufs ist interessant, da Adrian hier bereits nach dem ersten Vers (s15) die Mutter anschaut, sie anlächelt und zudem einen freudigen Laut von sich gibt (s16). Die Mutter greift, ähnlich wie Arno in (B2), diesen Laut sofort auf und imitiert ihn (s17).

Es macht den Anschein, daß mit Hilfe solcher Spiele über das frühe Etablieren einer gemeinsamen Handlungsebene ein grundlegendes Prinzip des sprachlichen Turn-Apparates, nämlich *erst spricht der eine – dann der andere*, vermittelt und eingeübt wird. Die Mittel, die das Kind dabei für seine Turns verwendet – im eben beschriebenen Beispiel waren es das Lächeln und der Blickkontakt zur Interaktantin – sind abhängig von seinem Entwicklungsstand. Um diese These zu stützen, möchte ich im chronologischen Verlauf der Sprachentwicklung ein wenig vorgreifen und ein Beispiel aus demselben Handlungsrahmen darstellen, in dem Adrian knapp fünf Monate alt ist.

(B4): **HOPPE-REITER 2** **#6 P** - Adrian (0;4;20)

Bremen: Haus der Großeltern: Wohnzimmer: Sessel // Mutter liegt rücklings auf dem Sessel, hält Adrian sitzend, ihr zugewandt auf ihrem Bauch und spielt mit ihm „Hoppe-Reiter" (singend im Rock&Roll-Rhythmus). Arno führt die Kamera.

Mutter:	(s1)	Hopp-hopp-hopp <s>Raheiter,
Adrian:	(s2)	<s>A`::h! <f> (blickt von Mutter weg über die Sessellehne)
Arno:	(s3)	((lacht))
Mutter:	(s4)	wenn er fällt, dann schraheit er.
Adrian:	(s5)	A::h! <f; quietschend> (blickt weiterhin über die Sessellehne)
Mutter:	(s6)	Fällt er in den Grahaben,
Adrian:	(s7)	(wendet sich Mutter zu)
Mutter:	(s8)	fressen ihn die Rahaben.
Adrian:	(s9)	(blickt Mutter an) ((quietscht))
Mutter:	(s10)	Fällt er in <s>den Sumpf, dann macht <s>der Rei:ta::::: <s>(schüttelt Adrian an beiden Armen)
Adrian:	(s11)	<s>((quietscht))
Mutter:	(s12)	plums. (drückt Adrian nach hinten in Liegeposition; kein Blickkontakt)
	(s13)	Django!
	(s14)	Django! <höher als die erste Ansprache> (zieht Adrian wieder hoch)

Adrian:	(s15)	A`:h![61] <ähnlich wie Mutter (s15) oder auch „jà:“> (beim Hochkommen)
Mutter:	(s16)	A`:h! <Adrian imitierend>
Adrian:	(s17)	((quietscht))
Mutter:	(s18)	((stöhnt)) (bringt Adrian wieder in eine bequeme Sitzposition)
Arno:	(s19)	((lacht))
Adrian:	(s20)	(blickt zu Arno)

Durch dieses Beispiel ist gut zu erkennen, inwieweit sich die Interaktionsverhältnisse im Vergleich zu (B3) verändert bzw. weiterentwickelt haben. Adrian hat hier im Alter von fast fünf Monaten ein größeres Repertoir an kommunikativen Mitteln, die er bewußt einsetzen kann. Dazu gehört das *Quietschen* (quietschähnlicher, freudiger Laut mit A-Tönung) und vor allem ein breiteres Spektrum an expressiven Mitteln (Intonation, Lautstärke).
Noch vor dem Ende des erste Verses (s1) signalisiert er der Mutter, daß er das Spiel erkannt hat und zu einer Beteiligung am Spiel bereit ist (s2). Dazu ist durch die Möglichkeit des Einsatzes gezielter *lautlich-intonatorischer Elemente* nicht einmal mehr der Blickkontakt notwendig, der zur Aufrechterhaltung der Kommunikation in (B3) noch unerläßlich war. Insgesamt können wir ein mehr oder weniger gut organisiertes Wechselspiel von Vers und Quietschen beobachten, das sich bis zum Ende des Spiels durchzieht (s4-s12).
An das „Hoppe-Reiter“-Spiel schließt sich ein (erweiterter) Exchange zwischen Mutter und Adrian an, der möglicherweise fast nur aus imitativen Komponenten besteht und trotzdem einen diskursiven Charakter birgt. Adrian liegt rücklings zwischen den Beinen der Mutter, die Möglichkeit des Blickkontakts ist nicht gegeben. Die Mutter ruft – als würde sie ihn nicht mehr sehen – nach Adrian (s13) (‚Django‘ ist Adrians von allen Interaktanten verwendeter Spitzname). Da eine Reaktion seinerseits ausbleibt, wiederholt sie ihren „suchenden“ Ruf und verleiht ihm durch eine höhere Stimmlage mehr Dringlichkeit (s14). Während sie Adrian wieder zu sich hochzieht und damit den Blickkontakt wieder herstellt, »antwortet« Adrian ihr mit einem A-Laut, der bzgl. seiner Intonationsstruktur mit dem zweiten Ruf der Mutter fast identisch ist (s15). Derartige *›Ruf-Antwort‹*-Muster sind auch in der Erwachsenenkommunikation gängig, und so könnte man sich an dieser Stelle dazu verleiten lassen, diesen Mutter-Kind-Exchange als die Realisierung eines solchen Musters zu interpretieren. Ich denke allerdings, es handelt sich hier eher um einen imitativen Akt, der jedoch zweifelsohne zur Internalisierung dieses Musters beiträgt. Im Anschluß an Adrians »Antwort« begegnen wir wiederum dem Aufgreifen des vom Kind produzierten Lautes in der Imitation desselben durch die Mutter (s16) und ggf. nochmals einer abschließenden Reaktion darauf auf seiten Adrians (s17).

[61]Die steigende und fallende Intonation (<´>, <`>) wird gewöhnlich direkt über dem Graphem notiert. Leider ist dies mit dem hier verwendeten Textverarbeitungsprogramm nicht immer möglich. Die Notation erscheint somit auch vor bzw. hinter einem Graphem.

Das Lachen von Amo in (s19), das wahrscheinlich als Freude über den stattgefundenen Exchange zu werten ist, wird offensichtlich von Adrian registriert (s20). Ich erwähne es deswegen, weil das Lachen – zunächst der Interaktanten des Kindes, später auch des Kindes selbst – m.E. ebenfalls einen wichtigen Bestandteil des Erstspracherwerbs bildet und langfristig zu einer positiven Einstellung zum Umgang mit Sprache beiträgt – sofern es sich nicht um eine weniger integrative Sonderform des Lachens, nämlich das Auslachen handelt. Diese Aussage wird anhand der weiteren Analysen noch spezifiziert werden.

Zur frühen Entwicklung bzgl. des Erwerbs des Turn-Apparates soll noch ein weiteres Beispiel von Adrian im Alter von sechs Monaten besprochen werden. Es handelt sich dabei um einen spielerischen „Diskurs in einer Quatsch-Sprache“ zwischen der Mutter und Adrian: Die Mutter produziert erfundene Lautfolgen mit sprachlichen Strukturen (Frage-/Aussageintonation, angemessene Äußerungslänge, Variation der Lautstärke und des Tempos etc.) und Adrian reagiert darauf. Er hat offensichtlich große Freude an dem Spiel.[62]

(B5): **QUATSCH-DISKURS**	**#8 P** - Adrian (0;6;12)

München: Wohnung I: Eßbereich: Eßtisch, Fußboden // Mutter sitzt am Eßtisch, Adrian liegt neben dem Eßtisch bauchlings auf dem Fußboden. Amo filmt aus der Küche heraus.

Mutter:	(s1)	((tönt)) <energisch; mit Frageintonation>
Amo:	(s2)	((lacht))
Adrian:	(s3)	(blickt zu Mutter hoch) Hahaha. <meckrig>
Mutter:	(s4)	((tönt)) <energisch; mit Frageintonation>
Amo:	(s5)	((lacht))
Adrian:	(s6)	(blickt zu Amo; lächelt) Ha. Hm.
	(s7)	(blickt zu Mutter) Ha. Aha.
Mutter:	(s8)	((tönt)) <mit Aussageintonation>
Adrian:	(s9)	(robbt ein Stück näher an Mutter heran)
		(blickt Mutter an) Ha'. A`:h. A`:h. <leicht lachend>
Amo:	(s10)	((lacht))
Mutter:	(s11)	((tönt)) <mit Aussageintonation>
Amo:	(s12)	((lacht))
Adrian:	(s13)	(robbt ein Stück näher an Mutter heran)
		E`:h. Ä`:h! (blickt Mutter an; lächelt freudig)
Amo:	(s14)	((lacht))
Mutter:	(s15)	((tönt)) <mit Aussageintonation>
Adrian:	(s16)	(robbt näher an Mutter heran) ((tönt dabei kurz))
		(blickt Mutter an; lächelt) Ä`:h!
Mutter:	(s17)	((tönt)) <leiser; mit Aussageintonation>
		((tönt)) <noch leiser; mit Aussageintonation>
		((tönt)) <noch leiser; mit Aussageintonation>

[62]Das Beispiel zeigt nur einen (repräsentativen) Ausschnitt aus dem Handlungsverlauf, der in der Videoaufnahme in seiner Ganzheit erfaßt ist.

Adrian:	(s18)	(blickt Mutter verwundert/abwartend an)
Mutter:	(s19)	((tönt)) <wieder energischer>
Adrian:	(s20)	(blickt Mutter abwartend an)
Amo:	(s21)	((lacht))
Adrian:	(s22)	Ä`:h. <freudig>

Der für dieses Beispiel interessante Gegenstand ist weniger die Qualität der von Adrian verbalisierten Laute – wobei sein erweitertes Repertoir durchaus erwähnt werden sollte –, sondern vielmehr die *Organisiertheit im Handlungsablauf*, sprich nochmals die Befolgung des grundlegenden Prinzips des turn-takings. Ohne auf die einzelnen Segmente genauer einzugehen, kann man sagen, es handelt sich hier um ein lautliches Wechselspiel in perfektionierter Form. Adrian läßt seine Mutter immer „ausreden" (s1, s4, s8, s11, s15, s17, s19) und reagiert regelmäßig auf ihre Äußerungen: Er blickt sie an, lächelt, nähert sich ihr und/oder erwidert etwas auf ihre Äußerungen in lautlicher Form (s3, s6/s7, s9, s13, s16, s18, s20, s22). Amo gibt ihm durch ihr Lachen in (s5) und (s21) eine gewisse Sicherheit in dieser trotz allen Spaßes eher befremdenden Handlungssituation mit der Mutter. Insbesondere in (s17) weicht die Mutter durch ihr Leiserwerden von der bis dahin in diesem Spiel üblichen, eher energischen „Sprechweise" ab und scheint dadurch Adrian ein wenig zu verunsichern. Adrian reagiert mit einer verwundert-abwartenden Haltung (s18), die er auch noch weiter aufrechterhält (s20), nachdem die Mutter wieder den energischeren Ton anschlägt (s19). Erst Amos Lachen in (s21) scheint Adrian wieder Sicherheit zu geben, und er steigt erneut freudig ins Spiel ein (s22).

Es konnte anhand dieser drei spielerischen Beispiele in Folge (B3, B4, B5) gezeigt werden, daß Adrian im Alter von sechs Monaten bereits Grundprinzipien des turn-takings befolgt, was nicht automatisch bedeutet, daß er dieses von nun an in jeder Situation tut – wie es die meisten erwachsenen Sprecher ebensowenig tun. Es wird sich weiter unten (in B10) zeigen, daß Adrian dieses Verfahren im Alter von sechs Monaten auch in nichtspielerischen Kontexten einhält. Die elementare Beherrschung des Turn-Apparates ist eine wesentliche Voraussetzung für die folgende Entwicklungsphase, die mit dem Sitz- und Krabbelalter, also etwa im Alter von sechs bis sieben Monaten einsetzt. Bevor jedoch auf diese Phase näher eingegangen wird, sollen zunächst noch einige andere Aspekte der Sprachentwicklung im ersten halben Lebensjahr beleuchtet werden.

Im Alter zwischen ein und drei Monaten fangen Adrian und Luna an, insbesondere wenn sie auf dem Rücken liegen und sich wohl fühlen, „vor-sich-hin-zu-tönen", was gemeinhin als *Lallen* bezeichnet wird. Ohne dabei näher auf die Lautstrukturen dieses „Tönens" im einzelnen einzugehen – die phonetischen Aspekte dieser Phase sind nicht Untersuchungsgegenstand – kann man schon früh auch imitative Elemente bzgl. der *Intonation* und *Pausierung* erkennen. Das Kind fängt ebenfalls früh an, seinen Kopf in die Richtung einer Geräuschquelle zu wenden. Gesellt sich eine erwachsene Person in einer solchen Situation zu dem Baby, geschieht nicht selten folgendes:

(B6): **ERZÄHLE MAL!**	**#3 P** - Adrian (0;3;0)

Bremen: Haus der Großeltern: Wohnzimmer: Sofa // Adrian liegt rücklings auf dem Sofa. Amo führt die Kamera und spricht gleichzeitig mit ihm.

Adrian:	(s1)	(bewegt energisch Arme und Beine) ((tönt dabei gelegentlich entspannt))->
Amo:	(s2)	Erzählst du mir was?
	(s3)	Ja, erzähle mal!
Adrian:	(s4)	((tönt))
Amo:	(s5)	Ja, natürlich!
Adrian:	(s6)	((hüstelt))
Amo:	(s7)	Och!
Adrian:	(s8)	((tönt))
Amo:	(s9)	Owowo. <Adrian imitierend>
	(s10)	((lacht)) Oh, Gottchen, Gottchen! Ujujujujuj. ((lacht))
Adrian:	(s11)	((tönt leise und erschöpft)) (reibt sich die Augen)
Amo:	(s12)	Joa. . . . ((lacht))
	(s13)	Na, Schnuppi! Na, Schnuppi! Erzähle mal was!
Adrian:	(s14)	((tönt leise))
Amo:	(s15)	Erzähle mal was!
Adrian:	(s16)	(fängt wieder an, Arme und Beine zu bewegen) ((tönt dabei))->
Amo:	(s17)	Ja, natürlich. Joa.
	(s18)	Erzähle mal! Erzähle mal!

Bei diesem Beispiel handelt es sich wie bei (B5) nur um einen Ausschnitt aus einem längeren Verlauf. In Adrians entspanntes, gelegentliches Tönen (s1) hinein fragt Amo ihn, ob er ihr etwas „erzählt" (s2). Ähnlich wie in (B2) weiß sie selbstverständlich, daß sie darauf keine Antwort erwarten kann, sondern sie bringt damit zum Ausdruck, daß sie seine Aktivität bemerkt hat. Sowohl in (s2) als auch in (s3) ist zu erkennen, daß sie Adrians lautlichen Aktivitäten eine Handlungsabsicht, nämlich die, ihr etwas »erzählen« zu wollen, unterstellt, und sie ›fordert‹ ihn ›auf‹, in seinen Aktivitäten fortzufahren. (s4) unterstellt sie die Qualität einer »Assertion«, in der sie ihn bestätigt (s5). Dieser Ablauf wiederholt sich mit kleinen Variationen in (s13-s18). In (s9) findet sich erneut der bereits häufiger erwähnte Imitationsmechanismus der Erwachsenen realisiert.

Es geht hier insgesamt darum, Adrian durch »Aufforderungen« zu einer Handlungsausführung, nämlich Laute zu produzieren, zu bewegen. Dabei greift Amo jedoch in eine Aktivität ein, der sich Adrian zum aktuellen Zeitpunkt sowieso zuwendet. Zu dieser Strategie der Erwachsenen, die Kinder zu der Tätigkeit ›aufzufordern‹, mit der sie sich ohnehin gerade beschäftigen, soll noch ein zweites Beispiel vorgelegt werden, das derselben Aufnahme entstammt (ebenfalls nur ein Ausschnitt aus einem längeren Verlauf).

(B7): **KOMM DOCH!**	**#3 P** - Adrian (0;3;0)

Bremen: Haus der Großeltern: Wohnzimmer: Sofa // Adrian liegt bauchlings auf dem Sofa. Amo führt die Kamera und spricht gleichzeitig mit ihm.

Adrian:	(s1)	(liegt auf dem Bauch, stützt sich mit den Händen ab, versucht vorwärtszukommen) ((tönt dabei angestrengt))->
Amo:	(s2)	Hallo!
Adrian:	(s3)	((hört auf zu tönen))
	(s4)	((fängt wieder an, angestrengt zu tönen))->
Amo:	(s5)	Schatzi! Schatzi!
	(s6)	Ja, nun komm doch her! Ja, komm doch!
Adrian:	(s7)	((hört auf zu tönen))
Amo:	(s8)	Na, komm doch, mein Schatzi!
Adrian:	(s9)	Ail <quäkend>
Amo:	(s10)	Allo!
Adrian:	(s11)	((quäkt weiter))
Amo:	(s12)	Hallo!
Adrian:	(s13)	(legt seinen Kopf ab) ((tönt erschöpft))
Amo:	(s14)	Jetz bist du müde.
Adrian:	(s15)	((tönt erschöpft)) < fallende Intonation>
Amo:	(s16)	Jòa.

Auch in diesem Beispiel greift also Amo sprachlich in eine gerade stattfindende Aktivität Adrians (s1) ein. Sie spricht ihn immer wieder an (s2, s5, s10, s12) und »fordert« ihn mehrfach »auf«, zu „kommen“, sprich, sich in ihre Richtung vorwärtszubewegen (s6, s8), was er ohnehin gerade versucht. Es hat durchaus den Anschein, daß Adrian Amos Äußerungen registriert. Er zeigt dies an, indem er in (s3) und in (s7) seine lautlichen Aktivitäten unterbricht und somit auf Amos Äußerungen reagiert. Als er körperlich und lautlich seiner Erschöpfung Ausdruck verleiht (s13, s15), ändert auch Amo ihren Tonfall und paßt ihn dem Adrians an (s14, s16).[63]

Es ist anzunehmen, daß sich auf diese Weise tätigkeitsbezogene und sprachliche Komponenten im mentalen Bereich des Kindes miteinander verbinden. Dazu reicht selbstverständlich das einmalige Erfahren einer solchen Verbindung nicht aus, sondern das Wissen wird über das beständige interaktive Wiederholen solcher *Tätigkeit-Sprache-Verbindungen*, also über eine Art „Training“, allmählich erarbeitet und gefestigt. Die ›Aufforderung‹ seitens der erwachsenen Interaktanten ist dabei ein sehr häufig verwendetes sprachliches Muster, mit dem das Kind auf diesem Wege früh vertraut gemacht wird.

[63] Als weiteres Belegbeispiel siehe #5 P.

Ich möchte versuchen, diese frühe Lehr-Lern-Variante der ›Aufforderung‹ in Form eines Ablaufdiagramms zu veranschaulichen:

Ablaufdiagramm: ›Lehr-Lern-Aufforderung 1‹

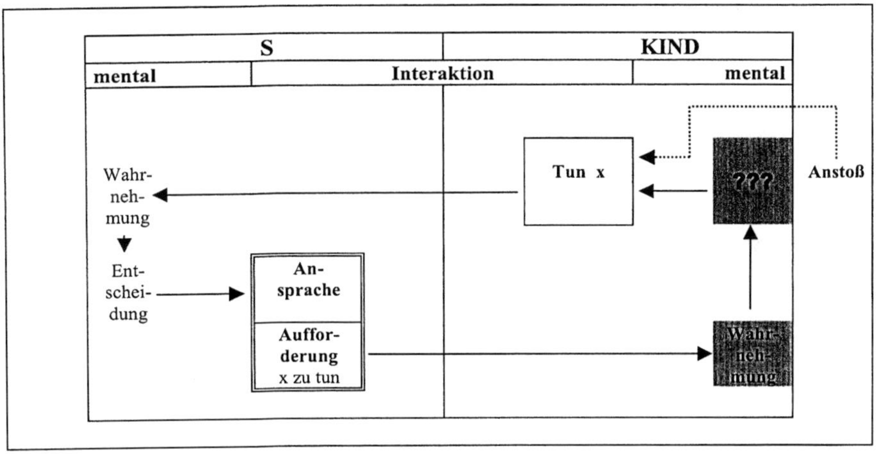

_______ = regulär .... = fakultativ

Der Ausgangspunkt für den Handlungsverlauf ist eine Tätigkeit des Kindes (Tun x). In diesem Entwicklungsstadium ist nicht zu klären, ob es einen Anstoß von außen und/oder innen (mental) für seine Tätigkeit gibt oder ob es sich ggf. um ein triebgesteuertes Verhalten handelt. Die Tätigkeit wird vom Interaktanten des Kindes wahrgenommen, und dieser entscheidet sich dafür, z.B. mittels einer expeditiven Prozedur (Ansprache) und der ›Aufforderung, x zu tun‹ in die Tätigkeit des Kindes einzugreifen. Der zentrale Punkt des Verlaufschemas liegt im mentalen (Grau-)Bereich des Kindes: Die Wahrnehmung der sprachlichen Tätigkeit seines Interaktanten (s. das Unterbrechen seines Tuns seitens Adrian in B7) in Verbindung mit seinem eigenen Tun x, bewirkt das Ingangsetzen mentaler Prozesse in ihm. Es ist anzunehmen, daß sich über die Repetition dieses Ablaufschemas zunächst vage *Tätigkeit-Sprache-Verbindungen* beim Kind herstellen, die sich zunehmend konkretisieren. So wird mit der Zeit eine Vertauschung der Musterpositionen in dem Sinne möglich, daß die Tätigkeit (Tun x) durch die ›Aufforderung‹ ausgelöst werden kann und somit zur musteradäquaten Position der Handlungsausführung wird. Diese zweite Variante wird in Anschluß an (B9) ausführlich beschrieben.
Daß ein solches Training – nicht zu verwechseln mit dem tendenziell autoritären Drill – bereits im Alter von vier bis fünf Monaten zu einem *routinierten Handlungsablauf* führen kann, der vom sonstigen situativen Kontext losgelöst ist, zeigt das folgende Beispiel von Adrian.

(B8): UNA SONRISITA! #4 P - Adrian (0;4;12)

Bremen: Haus der Großeltern: Wohnzimmer // Mimi (Großtante) sitzt auf dem Sofa und hält Adrian den anderen zugewandt auf ihrem Schoß. Kiki (Tante) und Amo bewegen sich um die beiden herum und beobachten Adrian. Opa führt die Kamera. Die Mutter befindet sich zunächst außerhalb des Raumes. Heitere Stimmung.

Adrian:	(s1)	Äh! <unzufrieden; energisch> (verzieht dabei den Mund)
alle:	(s2)	((imitieren Adrians Laut))
Mimi:	(s3)	Was schimpfst du?
	(s4)	Komm mal her. (dreht Adrian sich zu)
	(s5)	Warum schimpfst du so?
Adrian:	(s6)	((niest))
Mimi:	(s7)	Äh! (lächelt; hält Adrian etwas von sich weg)
Kiki:	(s8)	Abischu!
Adrian:	(s9)	((niest))
Kiki:	(s10)	Abischu!
Mimi:	(s11)	Kuck mal, wenn er so lacht, das is so schön. (dreht Adrian wieder den anderen entgegen)
Kiki:	(s12)	Abischu! (hilft Mimi beim Drehen von Adrian; putzt ihm die Nase o.ä.)
Mimi:	(s13)	Das is so schön ( )
Mutter:	(s14)	(kommt ins Zimmer) Django! <f>
	(s15)	Djanguito! <f>
Adrian:	(s16)	(blickt Mutter an)
Mutter:	(s17)	Chulito! <f>
Adrian:	(s18)	(blickt Mutter an)
Mutter:	(s19)	Oye! *Hör mal!*
Adrian:	(s20)	((tönt gepreßt)) (strampelt, blickt nach unten)
Mutter:	(s21)	Una sonrisita! *Ein Lächel(che)n!*
	(s22)	Chulito!
	(s23)	Chulito!
Adrian:	(s24)	(blickt Mutter an)
Mutter:	(s25)	(Dame) una sonrisita! *(Gib mir) ein Lächel(che)n!*
Adrian:	(s26)	(lächelt; blickt dabei wieder nach unten in Richtung Tisch)
Mutter:	(s27)	O:h, gracia:s! *O:h, danke!*
alle:	(s28)	((lachen))
Mutter:	(s29)	Gracias, señor! *Danke, (mein) Herr!*

Der Verlauf gliedert sich in zwei Einheiten: Interaktion alle-Adrian (s1-s13) und Interaktion Mutter-Adrian (s14-s29). Auch wenn die zweite Einheit der zentrale Beobachtungsgegenstand im hiesigen Beispiel ist, möchte ich kurz auf die erste eingehen, da zum einen dadurch klar wird, daß die Interaktion Mutter-Adrian nicht auf den vorhergehenden Ablauf aufbaut; zum anderen können hier erneut die bisher erarbeiteten Handlungsstrategien der Interaktanten des Kindes belegt werden.

Adrian gibt in (s1) einen energischen Laut der Unzufriedenheit von sich, der in (s2) von allen anderen anwesenden Interaktanten aufgegriffen und imitiert wird und direkt im Anschluß von Mimi, die nur gelegentlich mit dem Kind zusammen ist, als ›»Schimpfen« interpretiert wird (s3). Ähnlich wie wir es bereits in (B2) bei Amo gesehen haben, bringt Mimi Adrian umgehend in eine Position, die ihr einen besseren Blickkontakt zum Kind ermöglicht (s4), und »fragt« ihn nach dem Grund seiner Äußerung, d.h. auch sie behandelt ihn prinzipiell als einen sprachlichen Interaktanten.
Im weiteren Verlauf (s6-s13) zeigt sich, daß selbst das Niesen des Kindes bei seinen Interaktanten sprachliche, imitative Reaktionen bewirkt („Äh!" in s7 und „Abischu!" in s8, s10, s12) – ähnlich wie das Hüsteln in (B6; s6 und s7). Darüber hinaus wird deutlich, daß das Kind genau beobachtet wird und daß seine Aktivitäten gegenüber den anderen Interaktanten ›kommentiert‹ werden (s11, s13).
In dieser Situation kommt die Mutter dazu und spricht Adrian laut und unvermittelt an (s14). Sie repetiert ihre Ansprache zweimal, wobei sie die Form variiert (s15, s17) (‚Chulito' ist neben ‚Django' ein häufig verwendeter Kosename für Adrian). Zweck der Ansprache ist die Aufmerksamkeitsfokussierung von Adrian auf ihre Person. Daß sie in ihrer Absicht Erfolg hat, zeigen (s16) und (s18). (s19) dient der Aufmerksamkeitssicherung, die eine körperlich-lautliche Reaktion beim Kind bewirkt (s20). Erst dann – also nach einer Phase der Vorbereitung – bringt die Mutter ihr Anliegen vor: Sie ›fordert‹ Adrian ›auf‹, zu lächeln (s21).[64] Da dieser erste Durchlauf augenscheinlich keine Reaktion beim Kind bewirkt, repetiert sie sowohl die Ansprache (s22, s23) – woraufhin Adrian sie wiederum anschaut (s24) – als auch ihre ›Aufforderung‹ (s25), die nun zur gewünschten Handlungsausführung durch das Kind führt (s26). Die Interaktion wird durch den ›Dank‹ der Mutter (s27, s29) geschlossen. Das Lachen der anderen Diskursteilnehmer (s28) kann hier durchaus als eine Form oder zumindest einen Teilaspekt des ›Lobens‹ der Handlungsausführung Adrians gewertet werden, da es sich als eindeutig positive Reaktion an den Gesamtdurchlauf anschließt.

Könnte man aufgrund fehlenden konkreten Vergleichsmaterials durchaus annehmen, daß es sich bei Adrians Lächeln im vorliegenden Beispiel nicht um eine Handlungsausführung, sondern um ein „Zufallslächeln" – z.B. auf die Ansprache durch die Mutter – handelt, so geht aus einer an die Interaktion

---

[64]Auch BRUNER (1987) weist im Zusammenhang mit der Steuerung der gemeinsamen Aufmerksamkeit auf diese Art der Mutter-Kind-Interaktion für das Alter von fünf Monaten hin: „Sobald die Kinder auf die so präsentierten Gegenstände [z.B. dem Kind eine Puppe vorhalten; E.G.] zuverlässig mit Orientierungsreaktionen zu reagieren begonnen hatten, entwickelten die beiden Mütter je ein eigenes ‚Standardverfahren', die Präsentation eines Gegenstandes anzukündigen, wenn das Kind *nicht* im Blickkontakt mit ihr stand. Dies geschah in Form eines individuell gestalteten Anrufes mit dem Namen des Kindes. [...] Im Alter von fünf Monaten wandten die Kinder auf einen solchen Anruf hin zuverlässig ihren Blick der Mutter zu oder suchten nach einem Gegenstand der Aufmerksamkeit. Die ‚namentlichen' Aufrufe wurden bald um Zugaben folgender Art erweitert: Oh, schau / Schau was ich habe." (59f.)

direkt anschließenden Äußerung Amos hervor, daß sie diesen Handlungsablauf schon des öfteren beobachtet hatte. Auch kenne ich – ich greife dabei auf mein persönliches Wissen als Mutter des Kindes zurück – das „Training“, das zu diesem routinierten Handlungsablauf geführt hat, und kann deshalb mit Sicherheit sagen, daß das Lächeln des Kindes kein Zufallsprodukt ist, sondern tatsächlich als *Handlungsausführung* zu werten ist. Daß es sich dabei gerade um das Lächeln handelt, könnte die weiter oben formulierte These stützen: Möglicherweise ist das Lächeln das erste kommunikative Mittel, welches das Kind bewußt einsetzen kann.

Daß es sich hierbei zudem um eine Variante des generellen Typus des Handlungsmusters ›Auffordern‹ handelt, ist daran zu erkennen, daß jenem der Zweck zugrunde liegt, eine Handlungslücke beim Sprecher zu schließen (s. Kapitel 1.3: ›Aufforderung (allg. Typus)‹). Dies ist im vorliegenden Beispiel mit der Handlungsausführung des Lächelns eindeutig nicht gegeben. Die hier realisierte Mustervariante gehört wie (B6) und (B7) der Kategorie des *Lehr-Lern-Diskurses* (s. EHLICH 1981, 338ff.)[65] an. Ziel dabei ist zunächst die *Verinnerlichung des Musters selbst* durch Repetition/Üben und Präsentation des Gelernten vor anderen. Über die Verinnerlichung des Musters erwirbt das Kind die Fähigkeit, Handlungsausführungen auf ›Aufforderungen‹ hin allmählich auch losgelöst vom situativen Kontext leisten zu können. Daß diese Fähigkeit – ebenso wie das Beherrschen der grundlegenden Prinzipien des turn-takings – eine wichtige Voraussetzung für die weitere Sprachentwicklung ist, wird im folgenden anhand weiterer exemplarischer Analysen gezeigt werden können. Bevor ich jedoch dazu übergehe, möchte ich die bisher erarbeiteten Ergebnisse für die ersten sechs Lebensmonate in einem Zwischenschritt zusammenfassen.

---

[65]Der Terminus *Lehr-Lern-Diskurs* wurde im Zusammenhang mit der Untersuchung von Unterrichtsdiskursen in der Schule geprägt. EHLICH differenziert den Lehr-Lern-Diskurs vom Unterrichtsdiskurs: „Denn der Lehr-Lern-Diskurs ist ein Diskurstyp eigener Art. Er kommt nicht nur in der Schule vor [...], er findet sich in vielen anderen Situationen auch, etwa, wenn ein Instrukteur eine neue Maschine vorführt [...] oder wenn die Mutter dem Kind Fertigkeiten beibringt [...] oder wenn ein Kind, das mit einem Spielzeug umgehen kann, diese Fähigkeit einem anderen Kind vermittelt. [...] Der Lehr-Lern-Diskurs konkretisiert sich in einer Reihe sprachlicher Handlungsmuster, denen eine *ungleiche Verteilung von Wissen* zugrunde liegt. Diese Ungleichheit in der Verteilung von Wissen ist nicht zufällig, sondern sie ist systematisch bedingt. [...] Der Lehr-Lern-Diskurs setzt *zwei unterschiedliche Gruppen* voraus, solche, die über ein Wissen verfügen, und solche, die darüber nicht verfügen, die aber darüber verfügen *wollen*. Damit sich der Lehr-Lern-Diskurs erfolgreich entwickeln kann, erfordert er von beiden Gruppen die wechselseitige *Anerkennung* dieser Gruppencharakteristiken und damit die wechselseitige Anerkennung der Aktanten, aus denen die Gruppen bestehen. [...] Auf seiten des *Lehrenden* bedeutet das, daß er prinzipiell bereit sein muß, sein Wissen weiterzugeben [...]. Für den *Lernenden* dagegen bedeutet es (a) ein Eingeständnis seines eigenen Mangels an Wissen, (b) eine Anerkennung des Lehrenden, sofern er über mehr Wissen verfügt und (c) eine Absicht, die Differenz im Wissen tendenziell aufzuheben, indem er sich selbst in den Lehr-Lern-Prozeß hineinbegibt. Im Lehr-Lern-Diskurs finden die daran beteiligten Aktanten also zugleich ihre Anerkennung.“ (EHLICH 1981, 338f.) Der Diskurstyp Lehr-Lern-Diskurs ist somit von elementarer Bedeutung im Verlauf des frühkindlichen Spracherwerbs.

Zwischenbilanz

1. Das Kind wird von Geburt an von seinen Interaktanten *als Interaktionspartner* gesehen und *in das kommunikative Geschehen einbezogen.* Dies geschieht, indem die Interaktanten mit ihrem Wissen darüber, daß ein Baby verschiedene Bedürfnisse hat, abhängig von der Situation den unterschiedlichen Lautproduktionen des Kindes *illokutive Qualitäten zuordnen* und somit dem Kind verschiedene *Handlungsabsichten unterstellen.*

2. Die Interaktanten greifen von Geburt an die vom Baby produzierten Laute systematisch auf und imitieren sie (insbes. Intonation und Expressivität), wobei sie bei der Wiedergabe der lautlichen Struktur häufig eine sprach(ähn)liche Form überstülpen. Dies legt die Vermutung nahe, daß auch *das Imitieren vom Kind zunächst als Aneignungsverfahren von Sprache gelernt werden muß* – oder zumindest gefördert werden kann.

3. Das Kind *erweitert beständig sein Repertoir an lautlichen und anderen kommunikativen Ausdrucksmitteln* und verwendet es zunehmend differenzierter. Als wichtige Mittel sind der Blickkontakt und das Lächeln (ab 2-3 Monaten) sowie das Quietschen und die Verwendung dinstinktiver Intonationsstrukturen (ab 4 Monaten) zu nennen. Der Erwerb dieser Ausdrucksmittel erfolgt *im Rahmen der Interaktion* (z.B. wechselseitige Imitation).

4. Im Verlauf des ersten halben Lebensjahres erwirbt das Kind (z.B. über interaktive Sprach- und Bewegungsspiele) *grundlegende Prinzipien des sprachlichen Turn-Apparates.*

5. Die untersuchten Kinder wurden über den Zeitraum der ersten sechs Lebensmonate als Interaktanten *in Hörerposition* mit mindestens folgenden sprachlichen Handlungsmustern konfrontiert: ›Begrüßen‹, ›Anbieten‹, ›Beruhigen‹, ›Frage‹, ›Ruf-Antwort‹-Sequenz und ›Aufforderung‹.
In *Sprecherposition* wurden ihnen mindestens unterstellt: »Begrüßung«, »Aufforderung«, »Ablehnung«, »(Ruf-)Antwort«, »Assertion«, »Erzählen«, »Schimpfen«.

All diese Aussagen gelten auch weiterhin für die zweite vorsprachliche Phase, die im Alter von etwa sechs bis sieben Monaten mit dem Sitz- und Krabbelalter einsetzt, und größtenteils auch darüber hinaus. Da die Ergebnisse hier bereits formuliert wurden, wird im folgenden nicht mehr ausführlich auf diese Aspekte eingegangen.

3.1.2 Die zweiten sechs Lebensmonate: vorsprachliche Aspekte

Mit dem Übergang vom Liege- zum Sitz- und Krabbelalter verändert sich im elementarsten Sinne des Wortes die Weltsicht des Kindes. Es kann z.B. genauso wie alle anderen am Tisch sitzen und trifft somit die Blicke seiner Interaktanten horizontal auf gleicher Ebene. Die Fähigkeit zu krabbeln, gibt dem Kind eine bisher ungekannte Unabhängigkeit und Bewegungsfreiheit, die ihm den Zugang zu Dingen verschafft, der ihm zuvor aufgrund seiner extremen Abhängigkeit von Bezugspersonen verwehrt gewesen war. Es beginnt, eigene Entscheidungen zu treffen, kann sich eigenständig hin- und abwenden und kann vermehrt selbst bestimmen, womit es sich beschäftigt. Normalerweise wird spätestens zu diesem Zeitpunkt der häusliche Lebensbereich umstrukturiert, damit das Kind relativ ungefährdet seine neue Welt erkunden kann: Wasch- und Putzmittel werden von unten nach oben geräumt, Steckdosen werden mit Kindersicherungen versehen usw. Adrian und Luna hatten darüber hinaus die Möglichkeit, auch ihren Schlafplatz jederzeit zu verlassen (Matratzen auf dem Fußboden). Das bedeutet, das Kind kann in jeder Hinsicht *aktiver* werden. Das findet auch in der Interaktion mit seinen Mitmenschen seinen Niederschlag: Es kann *initiieren*, auf andere „zugehen" und nicht nurmehr reagieren.[66] Erst ab diesem Alter zeigten sowohl Adrian als auch Luna ein erkennbares Interesse an anderen kleinen Kindern. Insgesamt entstehen neue, *differenziertere Bedürfnisse*, die befriedigt sein wollen, und *(vor-)sprachliche Handlungsmittel* gewinnen dabei zunehmend an Bedeutung.
Auf der anderen Seite ist diese Zeit aber auch durch ausgedehnte *Stille-Phasen* gekennzeichnet, da sich die ganze Aufmerksamkeit des Kindes auf die Beschaffenheit neu zu entdeckender Objekte konzentriert, was mit der fortschreitenden *manuellen Entwicklung* einhergeht, die ebenfalls für die präverbale Phase von grundlegender Bedeutung ist.
Nach dieser groben Darstellung der Situation von Kindern in der zweiten Hälfte des ersten Lebensjahres möchte ich nun mit den exemplarischen Analysen an die vorhergehende Phase anschließen.

Es wurde bereits angekündigt, daß vor allem das Handlungsmuster der *›Aufforderung‹* von elementarer Bedeutung für den weiteren Verlauf des Spracherwerbs ist. Durch das folgende Beispiel wird klar, warum dies so ist.

---

[66]BRUNER (1987) sieht ebenfalls einen deutlichen Phasenwechsel in diesem Alter: „Ab dem sechsten oder siebten Monat wird die Aufmerksameit des Kindes vor allem durch seine Anstrengungen in Aspruch genommen, Gegenstände zu erlangen und an sich zu nehmen, sie auszutauschen, usw. [...] Die wichtigste Neuerung in dieser aktiven Phase ist, daß das Kind jetzt zum *Sender* von Signalen bezüglich begehrter Gegenstände wird und nicht mehr bloß die Anstrengungen anderer, seine Aufmerksamkeit zu steuern, entziffert." (62)

(B9): **PAPA**	**#7 P** - Adrian (0;6;12)

München: Wohnung I: Wohnbereich: Fußboden, vor einem großen Wandspiegel // Mutter sitzt mit gespreizten Beinen auf dem Fußboden, dem großen Spiegel zugewandt, und hält Adrian, ebenfalls dem Spiegel zugewandt, zwischen ihren Beinen. Sie läßt Adrian, der sich im Spiegel sieht, „hopsen". Amo filmt das Spiegelbild.

Mutter:	(s1)	A ver „Papa"! *Mal sehen „Papa"! <im Sinne von ‚Sag mal „Papa"'!>*
	(s2)	Babababababa.
Adrian:	(s3)	((gibt einen Ton von sich)) (fängt an, Mutters Lippenbewegung zu imitieren)
Mutter:	(s4)	Babababababababa.
	(s5)	„Papa".
	(s6)	((lacht)) .
	(s7)	Hmpapa.
Adrian:	(s8)	Uababa.
Mutter:	(s9)	Así! <lachend> „Papa". *So!* „Papa".

In (s1) ›fordert‹ die Mutter Adrian ›auf‹, „Papa" zu sagen, d.h. die Lautfolge /PAPA/ zu produzieren. Es handelt sich hierbei wieder einmal um eine Art Übergangs- oder Versuchssituation (s. B2, B6 und B7), hier in dem Sinne, daß die Mutter nicht wirklich einschätzen kann, inwieweit Adrian bzgl. seiner Entwicklung in der Lage ist, ihrer ›Aufforderung‹ nachzukommen. Dies zeigt sich vor allem daran, daß sie sich in (s2) auf Adrians „Brabbel-Ebene" begibt und ihm so vormacht, was sie von ihm erwartet. Adrian scheint die Absicht der Mutter verstanden zu haben, da er in (s3) einen Ton von sich gibt, insbesondere aber, weil er anfängt, die Lippenbewegungen der Mutter lautlos zu imitieren.[67] Daraufhin repetiert die Mutter die /BA/-Lautkette (s4), verbalisiert jedoch auch nochmals ihre Zielvorstellung (s5). In (s6) wartet sie ab, ob Adrian reagiert, und in (s7) wiederholt sie erneut ihre Zielvorstellung. Die Handlungsausführung durch Adrian erfolgt in (s8), indem er eine /PAPA/-ähnliche Lautfolge produziert, die die Mutter in (s9) als gelungene Handlungsausführung bewertet, wobei sie die Zielvorstellung im Nachfeld nochmals zum Ausdruck bringt.

Die Abarbeitung des Aufforderungsmusters hier ist durchaus vergleichbar mit der in (B8), vor allem dann, wenn man dem Akt des Lächelns – wie beispielsweise auch einem verbalen Ausdruck in Form eines Wortes – den Status eines Kommunikationsmittels zuschreibt. Bei dieser zweiten Lehr-Lern-Variante der ›Aufforderung‹ geht es wie beim generellen Typus übergreifend gesehen ebenfalls darum, Handlungslücken zu schließen, allerdings in der

[67]Aus dem Videomaterial geht hervor, daß das Imitieren von Lippen- und Zungenbewegungen bereits ab dem Alter von ca. zwei Monaten beobachtet werden kann.

Form, daß *sprachliche* Lücken, die das Kind zum sprachlichen Handeln befähigen, langfristig gefüllt werden. Die Handlungslücke besteht also in diesem Fall, systematisch gesehen, nicht beim Sprecher, sondern beim *Hörer*. Es liegt somit bei der Realisierung dieser Variante keine aktuelle Handlungslücke beim Sprecher zugrunde.
Da dieses Muster für den Erstspracherwerb von zentraler Bedeutung ist, soll auch dessen Systematik in Form eines Ablaufdiagramms dargestellt werden.

Ablaufdiagramm: ›Lehr-Lern-Aufforderung 2‹

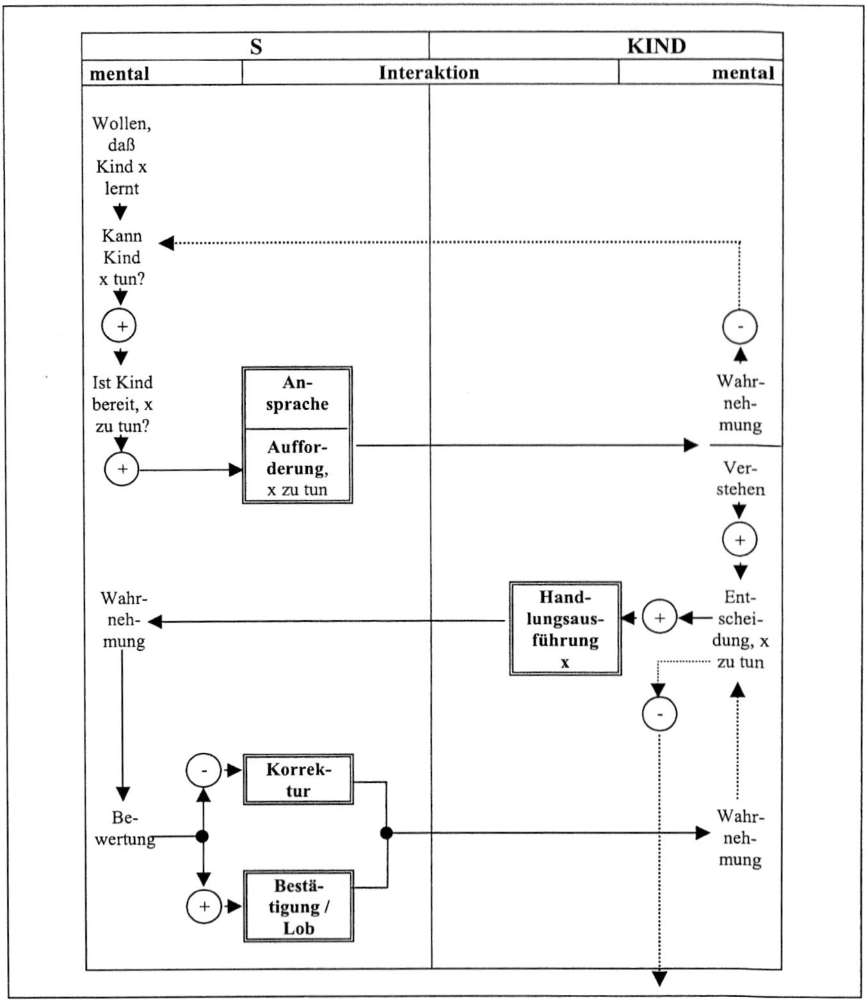

______ = regulär .... = fakultativ

Ausgangspunkt für den systematischen Handlungsablauf ist der Wille oder Wunsch beim Interaktanten des Kindes (S), daß das Kind x lernt. Er muß daraufhin zunächst in seinem eigenen Wissen überprüfen oder einschätzen, ob das Kind bzgl. seiner Entwicklung in der Lage ist, x zu tun. Fällt diese Entscheidung positiv aus, so muß der Interaktant darüber hinaus einschätzen, ob das Kind in der aktuellen Situation bereit ist, x zu tun. Dies geschieht insbesondere in der frühen Phase durch den Vollzug der expeditiven Prozedur des Ansprechens (s. B8), die die Fokussierung der Aufmerksamkeit des Kindes auf die Person des Interaktanten bewirkt. Erst wenn eine gemeinsame Handlungsebene mit dem Kind hergestellt worden ist, d.h. die Aufmerksamkeit sichergestellt ist, kann die Musterposition der ›Aufforderung‹ realisiert werden[68]. Ansprache und ›Aufforderung‹ müssen vom Kind wahrgenommen und verstanden werden, bevor es sich positiv oder negativ zu einer Handlungsausführung entscheiden kann. Ist eine Handlungsausführung erfolgt, wird sie vom Interaktanten bewertet. Für dieses Muster ist es unerläßlich, daß diese Bewertung dem Kind gegenüber zum Ausdruck gebracht wird, und zwar im positiven Falle als ›Bestätigung‹ – die in differenten Formen realisiert werden kann: Lob, Dank, Applaudieren, bestätigendes Repetieren etc. – und im negativen Falle als ›Korrektur‹, die fakultativ zu einem erneuten Durchlaufen des Musters oder unmittelbar über die Wahrnehmung auf seiten des Kindes zu einem erneuten Versuch der Handlungsausführung führt.

Man begegnet dieser ›Lehr-Lern-Aufforderung 2‹ im Verlauf des frühen Erstspracherwerbs unendlich viele Male, häufig realisiert durch reduzierte Formen in der Dimension des Äußerungsakts. Relativ schnell verinnerlicht das Kind diesen Mechanismus, es tritt quasi eine *Automatisierung* ein, und das Kind imitiert – neben nonverbalen Tätigkeiten – Lautfolgen, Wörter und auch längere Äußerungen von sich aus, ohne daß es dazu einer expliziten ›Aufforderung‹ bedarf.
Was damit gemeint ist, läßt sich am nächsten Beispiel von Adrian im Ansatz erkennen (s18-s28). Darüber hinaus können hier neue Aspekte im Bereich des turn-takings beobachtet werden.

(B10): **GUTEN MORGEN 3**	**#9 P** - Adrian (0;6;13)

München: Wohnung I: Wohnbereich: Mutters Bett, Gartentür // Adrian liegt bauchlings auf Mutters Bett und blickt in Richtung Gartentür. Die Sonne scheint auf ihn. Mutter steht an der weit geöffneten Gartentür. Die Nachbarin kommt durch den Garten hinzu und blickt ins Zimmer. Amo filmt vom Zimmer aus, nur Adrian wird fokussiert.

[68]Dieser Umstand spräche dafür, für die frühe Phase der kindlichen Sprachentwicklung dem Ansprechen eine eigene Musterposition zuzuweisen, die eine positive Reaktion auf seiten des Kindes erforderlich macht, da die Aufmerksamkeitsfokussierung zunächst mit dem Kind in einem eigenen Schritt gelernt werden muß.

Nachbarin:	(s1)	Guten Morgen! <zu Adrian>
Adrian:	(s2)	(blickt zur Nachbarin) A`:h! <lächelnd; freudig>
Nachbarin:	(s3)	A`:h. <Adrian imitierend>
Arno:	(s4)	((lacht))->
Adrian:	(s5)	Ah! <freudig> (drückt sich mit den Armen hoch) ((tönt mehrfach)) <freudig> (schlägt mit der Hand aufs Bett; blickt weiterhin zu Mutter und Nachbarin)
Nachbarin und Mutter:		((sprechen unverständlich miteinander))
Nachbarin:	(s6)	Huhu! <zu Adrian>
	(s7)	Das is sein Gruß oder so ((grunzt)) <zu Mutter> ((lacht))
Nachbarin und Mutter:		((sprechen unverständlich miteinander))
Adrian:	(s8)	A`h! <f> (blickt zu Nachbarin und Mutter)
Nachbarin und Mutter:		((sprechen unverständlich)) <lachend>
. . .		
Mutter:	(s9)	(tritt ins Zimmer, um ein „Sonnenhäubchen“ zu holen)
Adrian:	(s10)	Ähöm:! <blickt zu Mutter> Ähöähö! <zu Mutter> (bewegt sich ein Stückchen vorwärts)
Mutter:	(s11)	(geht an Adrian vorbei)
Adrian:	(s12)	(Krabbelposition; blickt zur Nachbarin)
Nachbarin:	(s13)	He? . Und? Is das auch dein Geschmack, <s>das Wetter?<zuAdrian>
Adrian:	(s14)	<s>Ah! <freudig; lachend> (schlägt mit der Hand aufs Bett)
Arno:	(s15)	((lacht))
. . .		
Nachbarin und Mutter:		((unterhalten sich untereinander; lachen))
Adrian:	(s16)	(blickt zu Mutter und Nachbarin) Ähöm‘! (schlägt mit der Hand aufs Bett)
Arno:	(s17)	Schatzilein! <zu Adrian>
Mutter:	(s18)	Ven, ven, ven, ven! <schnell; zu Adrian> *Komm, komm, komm, komm!*
Adrian:	(s19)	Ä::h! <freudig; zu Mutter>
Mutter:	(s20)	Ven, ven! *Komm, komm!*
Nachbarin:	(s21)	Ä::h. <Adrian imitierend>
Mutter:	(s22)	Ven, ven! *Komm, komm!*
Adrian:	(s23)	Hm. (blickt aufs Bett) Ve. <blickt zur Mutter>
Nachbarin:	(s24)	Äh? <zu Adrian>
Mutter:	(s25)	Ven, ven! Ven pa acá! Ven, ven! *Komm, komm! Komm hierher! Komm, komm!*
Adrian:	(s26)	((gähnt))
Nachbarin:	(s27)	((lacht)) <Adrian beobachtend>
Adrian:	(s28)	Vem.

Auf die ›Begrüßung‹ der – ihm nicht besonders nahestehenden – Nachbarin (s1) reagiert Adrian freudig und lächelnd mit einem gedehnten A-Laut mit fallender Intonation (s2), den diese wiederum – obwohl sie weder Mutter ist noch sonst mit Kindern zu tun hat – sofort aufgreift und imitiert (s3), worauf Adrian nochmals mit einem A-Laut, allerdings mit veränderter Intonation, reagiert, dann noch mehrere weitere Freudenlaute produziert und mit der Hand aufs Bett schlägt (s5). Nach einem kurzen Diskurs mit der Mutter, spricht die Nachbarin Adrian erneut an (s6), wobei sie diesmal eine andere Lautfolge verwendet. Direkt im Anschluß daran fragt sie die Mutter – so als würde Adrian eine Fremdsprache sprechen, die sie selbst nicht versteht –, ob es sich bei den von Adrian produzierten Lauten um seinen »Gruß« handelt (s7). Beide sprechen weiter miteinander. Während dieses Gespräches produziert Adrian einen weiteren, diesmal lauteren A-Laut mit fallender Intonation und mit Blick zur Mutter und Nachbarin (s8). Es ist sehr gut möglich, daß Adrian damit beabsichtigt, die Aufmerksamkeit der beiden anderen wieder auf sich zu lenken, was ihm jedoch an dieser Stelle nicht gelingt. Die beiden anderen gehen nicht auf ihn ein, sondern sprechen weiter miteinander. Kurze Zeit später tritt die Mutter ins Zimmer, um für Adrian ein „Sonnenhäubchen" zu holen, und Adrian produziert, ihr zugewandt, zwei ausdrucksstarke Laute mit Ä-Ö-M-Komponenten und bewegt sich ein kleines Stück vorwärts (s11), was die Mutter jedoch ignoriert (s11). Daraufhin begibt er sich in die Krabbelposition und blickt die Nachbarin an (s12). Diese reagiert auf ihn, indem sie ihn erneut anspricht und – als wäre er ein sprachlich vollwertiger Interaktionspartner – ihm eine Frage stellt (s13). Adrian reagiert darauf wiederum mit einem freudigen A-Laut und dem Schlagen mit der Hand auf das Bett (s14), was Amos Lachen zur Folge hat (s15). Kurz darauf – die Mutter hat ihm zwischenzeitlich sein „Sonnenhäubchen" aufgesetzt und unterhält sich wieder an der Gartentür mit der Nachbarin – blickt Adrian erneut zu den beiden hoch, gibt eine ÄÖM-Lautfolge von sich und schlägt erneut mit der Hand auf das Bett (s17). Amo spricht ihn daraufhin an (s17) und versucht, damit seine Aufmerksamkeit umzufokussieren. Aber auch die Mutter reagiert an dieser Stelle auf ihn und ›fordert‹ ihn mittels viermaliger Imperativ-Repetition ›auf‹, zu ihr zu kommen (s18). Adrian erwiedert darauf einen freudigen und gedehnten Ä-Laut (21). In (s20, s22) wiederholt die Mutter ihre ›Aufforderung‹ in verkürzter Form, während die Nachbarin erneut den von Adrian produzierten Laut imitiert (s21). In (s23) blickt Adrian zunächst auf das Bett, auf dem er liegt, begleitet von einem M-Laut, und blickt dann die Mutter an, wobei er einen Laut produziert, der der von der Mutter zuvor verwendeten Lautfolge VEN sehr nahe kommt (s23). Die Nachbarin wendet sich nun wieder fragend-auffordernd an das Kind (s24) und die Mutter repetiert nochmals ihre ›Aufforderung‹, diesmal in erweiterter Form, wobei sie sprachlich auch den lokalen Zielpunkt angibt (s25). Adrian gähnt (s26) und produziert aus dem Gähnen heraus wiederum eine VEN-ähnliche Lautfolge.

Neben der interessanten Tatsache, daß die Nachbarin, die weder zur Familie gehört noch besonders viel mit diesem oder anderen Kindern zu tun hat,

dieselben Strategien dem Kind gegenüber anwendet wie die dem Kind nahestehenden Personen (Behandlung des Kindes als sprachlichen Interaktanten in s1, s6, s13, s24; Imitation in s3, s21; Interpretation der von ihm produzierten Laute in s7; intensives Beobachten in s27), können anhand dieses Beispiels noch einige andere wichtige Aspekte herausgearbeitet werden: Für das turn-taking kann man auch bei diesem nicht-spielerischen Beispiel von einem relativ geregelten Ablauf sprechen. Was dieses Beispiel von den zuvor behandelten unterscheidet, ist, daß Adrian hier nicht nur reagiert, sondern auch agiert, sprich, *initiierend* auf den Ablauf einwirkt (s8, s10, s16).
Für den Bereich der Lautbildung ist anzumerken, daß das Kind die von ihm produzierten Laute jetzt *differenzierter* bildet (insbes. Intonation, Expressivität) und einsetzt sowie mittels *Doppelung* (s10) und Imitation (s23, s28) zu *Lautfolgen* erweitert. Es ist nicht auszuschließen, daß Adrian die mehrfach repetierte ›Aufforderung‹ der Mutter zu „kommen“ (s18, s20, s22, s25) als ›Aufforderung‹ zum Nachsprechen der Lautfolge interpretiert (s23, s28). Insgesamt kann man von einer aktiven Teilnahme des Kindes am diskursiven Geschehen sprechen.

Im Alter von acht Monaten fangen beide Kinder an, *„ruckartige“ Laute* mit starkem Luftausstoß beim Initiallaut zu produzieren, was sowohl für die deutsche als auch für die spanische Sprache (z.B. /W/, /H/, /F/, /P/, /K/ in Initialposition) von großer Wichtigkeit ist. Im Zusammenhang mit Aufforderungshandlungen werden sie zunehmend auch als Auffordernde aktiv. Und in bezug auf die Abarbeitung von bestimmten Handlungsabläufen haben sie bereits in diesem Alter ziemlich konkrete Vorstellungen:

(B11): **TRINKEN MIT STROHHALM** **#10 P** - Adrian (0;8;7)

Bremen: Haus der Großeltern: Wohnzimmer: Eßtisch // Abendessen. Adrian sitzt am Kopf des Tisches im Hochstuhl. Mutter sitzt neben ihm und schmiert ein Brot. Adrian gegenüber sitzen Opa, Anja (Großtante) und Omama (Urgroßmutter). Arno führt die Kamera. Vor Adrian, außerhalb seiner Reichweite, steht ein Glas Saft mit Strohhalm.

Mutter:	(s1)	Wer-der! <ruckartig; beide Silben betonend>
Adrian:	(s2)	Äh! <ruckartig>
Anja:	(s3)	Hm-hm! <ruckartig; beide Silben betonend>
Adrian:	(s4)	(wendet sich Mutter zu; verfolgt mit dem Blick ihre Zubereitungsaktivitäten) Äh‘! Ähä^häh! <ruckartig>
Mutter:	(s5)	Eso! Wer-der! <ruckartig> *So ist es! Wer-der!*
Adrian:	(s6)	Hm, hm! <ruhiger> (schlägt mit der Hand auf den Tisch)
Opa:	(s7)	Django, Django.
Adrian:	(s8)	(streckt die Hand nach dem Saftglas aus)
Mutter:	(s9)	Hier, hier. Hier, ich geb dir zu trinkn. (nimmt das Glas in die Hand)
Adrian:	(s10)	Ä`h!

Mutter:	(s11)	Ja, ja, kommt schon. (hält Adrian den Strohhalm an den Mund)
Adrian:	(s12)	(trinkt ausgiebig mit dem Strohhalm; blickt dabei zu Anja)
Anja:	(s13)	H`m:! <p> (beobachtet Adrian)
Mutter:	(s14)	H^m:!
Anja:	(s15)	<s>H^m:.
Mutter:	(s16)	<s>(stellt das Glas wieder auf den Tisch)
		<s>Das is doch endlich hier mal wieder was nach deim Geschmack.
	(s17)	(fängt wieder an, das Brot zu machen)
Adrian:	(s18)	H^m! <dem Brot zugewandt> (schlägt mit den Armen)
Mutter:	(s19)	Noch mehr? Oah! <erstaunt>
	(s20)	(reicht Adrian erneut das Glas zum Trinken)
Adrian:	(s21)	(trinkt ausgiebig mit dem Strohhalm; blickt dabei in die Runde)
Mutter:	(s22)	Kuckn auch alle?
	(s23)	(stellt das Glas wieder auf den Tisch; schmiert weiter das Brot)
Anja:	(s24)	Ah. <erleichtert>
Mutter:	(s25)	So. <p>
Adrian:	(s26)	(wendet sich dem Brot zu) He!
Mutter:	(s27)	Nee, jetz kommt gleich no mehr.
Adrian:	(s28)	Äh. (rudert mit den Armen/schlägt auf den Tisch)->
Mutter:	(s29)	Jetz nehm wa ma n Pilz.
Arno:	(s30)	N:a, Pilz is n bißchen hart.
Mutter:	(s31)	Hart.
Adrian:	(s32)	Hm. <ruckartig>
Mutter:	(s33)	Du kiegst n Stückchen Bro:t. (schneidet die Scheibe durch)
Adrian:	(s34)	((tönt))-> <drängender> (dem Brot zugewandt)
Mutter:	(s35)	So:.
	(s36)	So, ma abbeißn. (hält Adrian das Brot an den Mund)
Adrian:	(s37)	((beißt ab))
Mutter:	(s38)	Hm:.
Adrian:	(s39)	(streckt die Hand nach dem Saftglas aus) H^m!
Mutter:	(s40)	Was möchtes du denn?
	(s41)	Den? (zeigt mit dem Finger auf den Strohhalm)
	(s42)	Immer noch?
Adrian:	(s43)	(streckt die Hand nach dem Strohhalm aus)
Mutter:	(s44)	(hält Adrian das Glas zum Trinken vor)
Adrian:	(s45)	(trinkt mit Strohhalm) Hmhm. <trinkend>
Mutter:	(s46)	Gut, ne?
	(s47)	Warte mal. (nimmt das Glas weg)
Anja:	(s48)	H^m:!
Adrian:	(s49)	(blickt zu Anja; führt die Hände zusammen)
Mutter:	(s50)	Bravo! <f>
Adrian:	(s51)	(‚klatscht')
Mutter:	(s52)	Bravo! Eso!<f> ((lacht)) *Bravo! So ist es!*

Anja:	(s53)	(klatscht)
Arno:	(s54)	((lacht))
Mutter:	(s55)	(reicht Adrian erneut das Glas, um zu Trinken)
Adrian:	(s56)	(trinkt fertig)
	(s57)	(führt die Hände zusammen; blickt in die Runde)
Anja:	(s58)	(klatscht)-> Fein, fein!
Mutter:	(s59)	Bravo! Bravo! <f>
alle:	(s60)	((lachen))
Anja:	(s61)	(klatscht) Fein.

Der Diskursverlauf gliedert sich in zwei Einheiten: (s1-s61) und darin (s1-s7). Bei der Einheit (s1-s7) handelt es sich um die Realisierung des Musters der *›Lehr-Lern-Aufforderung 2‹* mit Bezug auf einen sprachlichen Äußerungsakt. Hier liegt nun eine der oben angesprochenen reduzierten Formen vor, in dem Sinne, daß es außer der expressiven Sprechweise in (s1) keine weiteren Indikatoren dafür gibt, daß es sich um eine ›Aufforderung‹ handelt. Dies scheint jedoch für Adrian bedeutungslos zu sein, da er sich sofort im Anschluß an einer Handlungsausführung versucht (s2). In diesem Falle übernimmt nicht die Mutter, sondern Anja das Vormachen oder „verbale Zeigen", indem sie sich auf eine Adrians Möglichkeiten entsprechende vorsprachliche Stufe begibt (s3). Der zweite Versuch der Handlungsausführung (s4) wird von der Mutter als gelungen bewertet (s5). Es schien hier also nicht um die Reproduktion der vorgegebenen Lautfolge[69], sondern um die ruckartige Verbalisierung mindestens zweier aufeinanderfolgender (Laut-)Einheiten zu gehen, was die Grundlage für eine zukünftige sprachliche *Silbenbildung* ist. Indem Adrian zwei Versuche bei seiner Handlungsausführung durchführt, kann man an dieser Stelle von einer elementaren Variante des (vor-)sprachlichen Ausprobierens sprechen, nämlich dem ‚Ausprobieren im Äußerungsakt', auf das in Abschnitt 3.2 eingegangen wird.

Diese eben beschriebene Interaktion ist allerdings lediglich ein Nebendiskurs im zentralen Handlungsablauf, dem gemeinsamen Essen der Familie, dem Adrian augenscheinlich einen größeren Stellenwert einräumt: Er hat offensichtlich großen Hunger und Durst, was daran erkennbar ist, daß er mit dem Blick intensiv die Tätigkeiten der Mutter verfolgt (s4) und zum Ausdruck bringt, daß er es kaum erwarten kann, etwas zu essen zu bekommen (s6). In (s8) zeigt er mittels einer zielstrebigen nonverbalen Handlung, daß er etwas trinken möchte. Die Mutter reagiert verbal auf seine Aktivität und hilft ihm bei seinem Anliegen (s9). In (s10) unterstreicht Adrian lautlich die Dringlichkeit seines Bedürfnisses, worauf die Mutter ihn beruhigt und ihm zur Bedürfnisbefriedigung verhilft (s11). Während des Trinkens von Adrian geben

---

69 „Werder" ist der Name eines Bremer-Fußballvereins. Es ist anzunehmen, daß es ein vorausgehendes Ereignis gegeben hat, bei dem Adrian mit Anfeuerungsrufen für den Fußballverein in Kontakt gekommen war (evtl. durch das Fernsehen oder in Stadion-Nähe bei einem Spiel), worauf nun von den Interaktanten Bezug genommen wird.

Anja und die Mutter „Genuß-Laute“ von sich (s13-s15) und versuchen wahrscheinlich, dem Kind auf diese substituierende Weise zu vermitteln, welche sprachlichen Aktivitäten begleitend zu seiner Tätigkeit angemessen sind. Entsprechend ist auch die Äußerung der Mutter in (s16) zu bewerten. Adrian greift Laut- und Intonationsstruktur der von Anja und der Mutter verbalisierten Laute auf und verwendet sie in Verbindung mit einer Gestik der Unruhe und dem Brot zugewandt zum Zwecke einer »Aufforderung« an die Mutter, ihm etwas zu essen zu geben (s18). Die Mutter, die aufgrund ihrer Tätigkeit Adrians lautliche Äußerung nicht im nonverbalen Handlungskontext, sondern isoliert wahrnimmt, interpretiert sie als »Aufforderung« an sie, ihm nochmals zu trinken zu geben, bringt ihr Erstaunen darüber zum Ausdruck (s19) und kommt dieser »Aufforderung« nach (s20). Adrian akzeptiert ihre Handlungsausführung, trinkt ausgiebig und blickt dabei die anderen Interaktanten an (s21), was die Mutter direkt aufgreift und in Form einer Frage ironisierend ›kommentiert‹ (s22). (s21) und (s22) geben einen Hinweis darauf, daß Kind und Mutter ein bestimmtes gemeinsames Erfahrungswissen bzgl. eines routinierten Handlungsablaufes haben, das später im Diskursverlauf explizit zum Ausdruck gebracht wird. Nach Beendigung des Trinkens (s23) bringt Anja anstelle von Adrian *(Substitutionsmechanismus)* die Erleichterung durch die Bedürfnisbefriedigung zum Ausdruck (s23), und die Mutter beschließt die Gesamthandlung mit einem prozeduralen „so“ (s24).

In (s26-s38) wird mit kleinen „Schleifen“, d.h. in mehrmaligen Durchläufen, nochmals das Muster der »Aufforderung« seitens Adrian an die Mutter, ihm etwas zu essen zu geben, erfolgreich abgearbeitet. Ich möchte hier auf eine genauere Analyse verzichten und lediglich darauf hinweisen, daß Adrian unterschiedliche lautliche Mittel zum Zwecke der Aufforderung einsetzt (s26, s28, s32, s34).

Mit (s39) initiiert Adrian mit Hilfe nonverbaler und (prä-)verbaler Mittel erneut eine »Aufforderung« gegenüber der Mutter, ihm Saft zu geben. Die Mutter erfaßt die illokutive Absicht des Kindes, ist sich aber unsicher in bezug auf das Gemeinte. Fragend und zeigend versichert sie sich ihrer Annahme (s40-s42). Durch eine gestische Aktivität bestätigt das Kind ihre Annahme (s43) und bewegt sie damit zur Handlungsausführung (s44). In (s45) zeigt er, daß er im vorhergehenden Durchlauf (s8-s16) gelernt hat, seine Befriedigung verbal zum Ausdruck zu bringen. Auch wenn es sich hier sicherlich um einen imitativen Akt (s13-s15) handelt, so realisiert er damit im Prinzip die Musterposition der positiven Bewertung der Handlungsausführung im Handlungsmuster, was die Mutter in Form einer Nachfrage verbal unterlegt (s46) und Anja im Nachfeld bestätigt (s48).

Nach dieser kompletten Abarbeitung des Musters der ›Aufforderung‹ folgt das, was sich in (s21, s22) bereits angekündigt hatte, an jener Stelle jedoch aufgrund eines vordergründigen Bedürfnisses (Hunger) abgebrochen wurde. Adrian hat nämlich in (s45) wie zuvor in (s12, s21) etwas getan, was – insbesondere aufgrund der Seltenheit dieser Tätigkeit bei Kindern in seinem

Alter – in anderen Handlungssituationen zuvor regelmäßig eine starke positive Reaktion bei seinen Interaktanten bewirkt hatte: das Trinken mit dem Strohhalm. Da die gewohnte Reaktion an dieser Stelle ausbleibt, initiiert Adrian sie von sich aus, indem er den Blickkontakt zu einer Interaktantin herstellt und die Hände zusammenführt (s49). Da die Mutter sein Erfahrungswissen teilt, ist sie sofort in der Lage, seine Handlung zu interpretieren und sprachlich zu unterlegen (s50), was Adrian wiederum dazu veranlaßt, im Applaudieren fortzufahren (s51). In (s52) bestätigt die Mutter ihn in seiner Tätigkeit und Anja unterstützt sie dabei (s53). Hat dieser erste Durchlauf des Musters des *›Lobens‹* noch eine Komponente der Unsicherheit, so wird das Muster im zweiten Durchlauf (s55-s61) sauber und ohne Umschweife realisiert.

Es zeigt sich also, daß Adrian augenscheinlich eine konkrete Vorstellung davon hat, wie der Handlungsverlauf bei der vorliegenden routinisierten Handlung (Trinken mit Strohhalm) auszusehen hat. Um eine solche Vorstellung zu haben, müssen wesentliche kognitive Voraussetzungen erfüllt sein:
1. Er muß wissen, daß es sich nicht um eine einzelne Tätigkeit handelt, sondern daß sich verschiedene Tätigkeiten zu einem *Ablauf* verbinden. Dafür ist wiederum Voraussetzung, daß er die einzelnen Tätigkeiten oder Schritte voneinander differenziert wahrnehmen, d.h. größere Einheiten in kleinere zerlegen kann.
2. Er muß ein Schema oder *Muster im Ablauf* erkennen, das immer wiederkehrt (Routine). Dazu muß er auf ein Erfahrungswissen zurückgreifen, das er nur haben kann, indem er zeitlich rückwirkend Bezüge zu entsprechenden Situationen herstellt, d.h. Erinnerungen mit Bezug auf die Jetzt-Situation verarbeitet.
Man kann im vorliegenden Fall von einer *Vorstufe von Musterwissen* bei Adrian über das Handlungsmuster ›Loben‹ sprechen. Da sich sein Wissen vorerst noch auf konkrete sich wiederholende Situationen bezieht und er es von sich aus noch nicht auf andere Situationen übertragen kann, kann es noch nicht als (vollständiges) Musterwissen bezeichnet werden. Grundlegende Fähigkeiten wie die eigenständige Einschätzung und Bewertung von Tätigkeiten fehlen hier noch vollkommen. Es ist jedoch anzunehmen, daß sich das Musterwissen im weiteren Entwicklungsverlauf zunächst additiv aus solchen *Interaktionsroutinen* bildet.

Dem gegenüber scheint Adrians Musterwissen in bezug auf ›Aufforderungen‹ bereits wesentlich ausgeprägter zu sein, was sich vor allem daran zeigt, daß er zum einen das Muster *initiativ* (präverbal) in *unterschiedlichen Situationskontexten* realisiert und zum zweiten in der Position als Auffordernder *verschiedene Mittel* (unterschiedliche Lautkombinationen, nonverbale lokaldeiktische Mittel) zum Erreichen der differenten Ziele ausprobierend einsetzt. Dies ist wahrscheinlich darauf zurückzuführen, daß ›Aufforderungen‹ zur

unmittelbaren Bedürfnisbefriedigung beitragen und somit – wie wir bereits gesehen haben – dem Kind auch sehr früh vermittelt werden.
Daß er über ein solches Musterwissen auch für seine Position als Handlungsausführender in der ›Lehr-Lern-Aufforderung 2‹ verfügt, die eben nicht mit einer aktuellen Bedürfnisbefriedigung in Verhältnis steht, ist allerdings unwahrscheinlich.
Darüber hinaus ist am obigen Beispiel erkennbar, daß Adrian an den „Feinheiten" der ›Aufforderung‹ arbeitet. Gemeint ist die sich systematisch an die Handlungsausführung anschließende Musterposition der *Bewertung* der Handlungsausführung im mentalen Bereich bzw. deren Ausdruck im interaktionalen Bereich. Wir haben gesehen, daß Adrians Verbalisierung in (s45) in dieser Position als imitativer Äußerungsakt zu werten ist. Trotzdem zeigt dies – wie auch seine Vorstellung von der Abarbeitung des Musters ›Loben‹ in einem konkreten Handlungszusammenhang –, daß er anfängt, den Akt des Bewertens in sein Handlungswissen zu integrieren.
Ich möchte an dieser Stelle nochmals explizit darauf hinweisen, daß ich mich mit der gesamten Terminologie in der hier zu beschreibenden vorsprachlichen Phase auf Vorformen bzw. frühe (zumeist unvollständige) Formen des sprachlichen Handelns beziehe, die allerdings in einem unmittelbaren Entwicklungszusammenhang mit dem sprachlichen Handeln stehen und somit eigentlich keiner eigenen Terminologie bedürfen. Durch Diskursanalysen, wie sie hier durchgeführt werden, und die Bezugnahme auf die Kategorien der Handlungstheorie kann Schritt für Schritt die Aneignung der einzelnen, insbesondere auch der mentalen, Musterpositionen dargestellt und nachvollzogen werden. Dies vermag weder die Sprechakttheorie noch die Generative Transformationsgrammatik zu leisten.

Mit etwa neun Monaten fangen die Kinder an, Lautfolgen in Form von *Wörtern* imitativ zu produzieren. Betrachten wir dazu ein Beispiel von Luna:

(B12): **ENTE** **#14 P** - Luna (0;9;23)

Bremen: Haus der Großeltern: Terrasse // Luna sitzt auf einer großen Decke. Vor ihr liegt ein Sandförmchen in Form einer Ente. Opa führt die Kamera und spricht gleichzeitig mit Luna.

Luna:	(s1)	(blickt Opa an)
Opa:	(s2)	Luna^:! Ajajajajajai.
Luna:	(s3)	(versucht nach der Entenform zu greifen, die vor ihr liegt; nimmt die Form in die Hand und hält sie hoch)
	(s4)	Eh!
	(s5)	(blickt zu Opa)
Opa:	(s6)	Ente.
Luna:	(s7)	Te.
Opa:	(s8)	Ente.
Luna:	(s9)	Ta.
	(s10)	Ente. <p>

	(s11)	(blickt auf die Form)
Opa:	(s12)	Ente.

In diesem Beispiel begegnen wir erneut der ›Lehr-Lern-Aufforderung 2‹ (Aufforderung zum Nachsprechen). Durch den Blickkontakt auf seiten Lunas (s1) und die Ansprache auf seiten Opas (s2) wird von den Interaktanten ein gemeinsamer Handlungsraum etabliert. Auch wenn Luna sich in (s3) intensiv dem Greifen eines Enten-Sandförmchens widmet, stellt sie in (s4, s5) den Bezug zu ihrem Interaktanten wieder her, wobei sie auch lautliche Mittel einsetzt. Das klare, deutliche Vorsprechen eines Wortes – an dieser Stelle eines Ausdrucks des sprachlichen Symbolfeldes – indiziert, daß es sich um eine ›Aufforderung‹ an das Kind handelt, die Lautfolge nachzusprechen. Es ist anzunehmen, daß das Kind das Muster erkennt, denn es kommt der ›Aufforderung‹ in (s7) umgehend nach. Opa scheint die Handlungsausführung als nicht gelungen zu bewerten und repetiert daraufhin seine ›Aufforderung‹ (s8). Beim insgesamt dritten Probelauf (s7, s9, s10) gelingt es Luna, die Lautfolge ENTE zieladäquat zu verbalisieren (s10). Ob Opa in (s12) ihre Handlungsausführung als gelungen bewertet und repetierend bestätigt oder seine ›Aufforderung‹ nochmals wiederholt, kann hier nicht eindeutig bestimmt werden.

Es liegt also eine Abarbeitung der ›Lehr-Lern-Aufforderung 2‹ vor, realisiert durch einen minimalen Aufwand in der Dimension des Äußerungsakts. Die Realisierung des Musters findet sich in einen konkreten situativen Kontext eingebunden, so daß das Kind eine Verbindung herstellen kann zwischen seiner Aktivität und der sprachlichen Dimension: Es hantiert mit einer Entenform und kann eine erste Verbindung herstellen zur Bedeutung des Symbolfeldausdrucks ‚Ente'. Es ist an dieser Stelle nicht anzunehmen, daß Luna die nennende Qualität der von ihr produzierten Lautfolge kennt, sie wird den Ausdruck wahrscheinlich nicht einmal zuordnen können (zum Gegenstand, zu ihrer manuellen Tätigkeit oder zum Bereich der unmittelbaren Interaktion mit ihrem Opa), aber Stück für Stück – Situation für Situation, also in Form einer *additiven Lernerfahrung* – werden sich Lautform und nennende Bedeutung miteinander verbinden, semantische Relationen aufbauen.
In diesem Beispiel begegnet uns ebenfalls eine Form des sprachlichen Ausprobierens im Äußerungsakt, indem Luna sich dreimal an der vorgegebenen Lautfolge versucht, während ihre sprachliche Aktivität – denn als solche kann man sie ja mit der Produktion eines Wortes schon bezeichnen – einer propositionalen und illokutiven Dimension entbehrt. Die Produktion des Wortes ihrerseits ist also nicht als eine sprachliche Handlung zu bezeichnen, sondern lediglich als eine *Handlungsausführung*, die eine sprachliche Form hat. Die Verwendung des Wortes durch Opa hat dagegen den Status einer sprachlichen Handlung, indem er Luna verbal zu einer Handlungsausführung ›auffordert‹ bzw. ggf. ihre Handlungsausführung abschließend ›bestätigt‹.

Der erste Ausdruck des Bestätigens oder Zustimmens findet sich auch bei Luna in diesem Alter: das *Nicken*. Es findet sich eingebettet in einen „Diskurs" zwischen Luna und ihrer Urgroßmutter. Die Interaktion erinnert in seinen Grundzügen an das oben beschriebene (B6: ERZÄHLE MAL!) wie auch (B5: QUATSCH-DISKURS). Es ist offensichtlich, daß ein Kind nun, im Alter von fast zehn Monaten, in der Lage ist, ein „Gespräch" zu initiieren und zu führen, turn-taking-Regeln zu befolgen und nonverbale wie lautliche Mittel gezielter einzusetzen.

(B13): **TISCHGESPRÄCH** **#15 P** - Luna (0;9;23)

Bremen: Haus der Großeltern: Terrasse: Tisch // Omama und Opa sitzen am runden Terrassentisch. Luna sitzt auf einem Stuhl zwischen ihnen. Sie wendet sich Omama zu. Opa schlägt leicht von hinten mit zwei Luftballons gegen ihren Rücken. Sie stellt sich hin, indem sie sich an der Stuhllehne festhält. Omama beugt sich zu ihr vor.

Luna:	(s1)	((lacht Omama hörbar an))
Omama:	(s2)	(streichelt Luna am Kinn, lächelt sie an)
	(s3)	Paß auf! Falle nicht! <liebevoll>
Luna:	(s4)	(wirft den Kopf nickend vor und zurück)
Omama:	(s5)	Ja, j/ Paß auf, falle nicht, falle nicht!
Luna:	(s6)	(setzt sich wieder)
Opa:	(s7)	(schlägt von hinten wieder die Luftballons gegen Luna) Bumm-bumm!
Luna:	(s8)	(stellt sich wieder auf)
Omama:	(s9)	Falle nicht, falle nicht! Ná?
Luna:	(s10)	<s>(dreht sich zu Opa, schaut auf die Luftballons)
Opa:	(s11)	<s>(läßt die Luftballons auf den Tisch gleiten)
Luna:	(s12)	Da hm <zu Omama>
Omama:	(s13)	Já.
Luna:	(s14)	Ei! <f>
Omama:	(s15)	Wás? <betont verwundert>
Luna:	(s16)	Ei.
Omama:	(s17)	Wás? <betont verwundert>
Luna:	(s18)	A:h! <f; krächzend>
Omama:	(s19)	Wás? <betont verwundert>
Luna:	(s20)	A:h. <fast flüsternd>
Omama:	(s21)	Das gibt s doch gar nich! Das gibt s doch gar nich!
	(s22)	He? (nähert sich Luna, greift dabei auf die Stuhllehne)
	(s23)	Das gibt s doch/ (kippt den Stuhl leicht)
Opa:	(s24)	(greift erschrocken nach der anderen Stuhllehne)
Omama:	(s25)	Ich hab sie ja. Ich halt fest. <zu Opa>
	(s26)	Ja?! <nickend; zu Luna>
Luna:	(s27)	((lacht meckrig)) A::h! <ff>
Omama:	(s28)	Opa hat Angst um dich.
		<s>Opa hat Angst um/
Luna:	(s29)	<s> (blickt nach oben zur Terrassendecke) ((tönt dabei))
Omama:	(s30)	Wás? <betont erstaunt> He?
Luna:	(s31)	Aich'.
Omama:	(s32)	He?

Luna:	(s33)	<s>Eh. <p>
Omama:	(s34)	<s>Und was noch? Und was denn noch?
Luna:	(s35)	(bewegt den Kopf nickend)->
Omama:	(s36)	Já. (nickt dabei) Já. (nickt dabei) (nicht verständlich) <pp> Já. (nicht verständlich) <pp>
	(s37)	Und was n noch?
Luna:	(s38)	(streckt die Hand nach Omamas Haar aus)
Omama:	(s39)	(beugt den Kopf) ((lacht))

Mit (s1), dem Anlachen ihrer Interaktantin, initiiert Luna die Interaktion, auf die sich die Urgroßmutter sofort einläßt (s2). Da Lunas stehende Position einen Unsicherheitsfaktor birgt, spricht Omama eine ›Warnung‹ aus (s3), die zur Vorsicht gemahnt, woraufhin Luna mit einer rudimentären Form des Nickens reagiert (s4). Es ist nicht anzunehmen, daß sie damit einen Bezug zu den vorausgehenden Äußerungen von Omama herstellt, sondern es ist wahrscheinlicher, daß sie ein Mittel der Kommunikation *in der Interaktion ausprobiert*. Omama greift diese Aktivität Lunas umgehend auf und unterlegt ihr eine sprachliche Entsprechung, bricht jedoch ihre Tätigkeit ab, um Luna erneut vor einem möglichen Abstürzen zu warnen (s5), woraufhin Luna sich wieder setzt (s6). Die Tatsache, daß der ›Warnung‹ eine entsprechende Konsequenz auf Lunas Seite folgt, könnte ein Hinweis darauf sein, daß Lunas Nicken in (s4) durchaus auch bestätigende Qualität hat und somit der Situation angemessen eingesetzt wurde. Dem spricht jedoch entgegen, daß Luna in (s35) das Nicken ohne Situationsbezug vollzieht.
Es ist anzunehmen, daß Opa in (s7) beabsichtigt, Lunas Aufmerksamkeit auf die Luftballons umzufokussieren, was ihm durchaus gelingt (s10/s11). Luna benutzt die Luftballons als „Sprechanlaß" und stellt damit die gemeinsame Handlungsebene mit Omama wieder her (s12). Omama behandelt Lunas Lautproduktionen im weiteren Verlauf (s13-23 und s29-s37) so, als würde Luna ihr etwas »erzählen« (s12, s14, s16, s18, s20, s29, s31, s33, s35), und reagiert dementsprechend mit „angemessenen" *Höreraktivitäten*, die das Kind durch Überbetonung und in Form von Nachfragen zu einer Fortsetzung ihrer Tätigkeit motivieren sollen (s13, s15, s17, s19, s21, s22, s23, s30, s32, s34, s36, s37). Der Verlauf wird unterbrochen durch einen kippenden Stuhl (s23) – eindeutig verursacht durch Omama und nicht durch das Kind –, was Opa zu einem Verhinderungshandeln treibt (s24), worauf Omama mit einer ›Beruhigung‹ Opa gegenüber reagiert, um dann direkt wieder den Kontakt zu Luna aufzunehmen (s26). Luna scheint die Situation amüsiert zu haben und vielleicht bringt sie durch ihr lautstarkes „A::h!" tatsächlich die Gefahr zum Ausdruck, die bestanden hatte (s27). Omama jedenfalls interpretiert Lunas Lautproduktion in der Form, daß Luna ihr gegenüber einen »Kommentar« über Opas Schreck abgeben wollte, und ›begründet‹ daraufhin Opas Erschrecken (s28).

Dieser Interaktionsverlauf beinhaltet verschiedene Aspekte. Da Luna ihn ohne einen erkennbaren äußeren Anlaß initiiert, kann man davon ausgehen, daß

ihrem Handeln lediglich ein elementares *Kommunikationsbedürfnis* zugrunde liegt. Von diesem *nicht-zielgerichteten* Umgang mit vorsprachlichen Mitteln ist der Interaktionsverlauf in seiner Gesamtheit geprägt. Daneben finden sich jedoch Teile, in denen Sprache möglicherweise auch situationsbezogen eingesetzt wird: Warnung – Bestätigung – Konsequenzhandlung (s3-s6), lautliche Äußerungen von Luna in bezug auf die Luftballons (mindestens s10-s14), Kippen des Stuhls – Erschrecken – Kommentar – Begründung (s23-s28) und auch Frage – Zeigen – Anschlußhandlung (s37-s39). Lunas Aktivitäten in diesen Situationen können m.E. – bis auf in (s12) – noch nicht explizit einem zielgerichteten Handeln zugeschrieben werden; ein zielgrichtetes Handeln kann jedoch andererseits aufgrund der scheinbaren Angemessenheit in den jeweiligen Situationen auch nicht ausgeschlossen werden.
Solche Situationen, bei denen nicht festgestellt werden kann, ob die Kinder zielgerichtet vorsprachlich handeln oder ob sie sprachliche Handlungsaspekte – hier: Lachen, Nicken, Lautvariationen, Lokaldeixis – mit den ihnen zur Verfügung stehenden vorsprachlichen Mitteln *spielerisch ausprobieren* und üben, werden uns im weiteren Verlauf des frühen Erstspracherwerbs des öfteren begegnen.

Ab dem Alter von ca. elf Monaten verwenden die untersuchten Kinder Handlungsmittel, die – abgesehen von einer sprachlichen Intonationsstruktur, welche, wie wir gesehen haben, bereits relativ früh erworben wird – auch sprachliche oder sprachähnliche Lautstrukturen aufweisen. Betrachten wir dazu ein Beispiel von Adrian:

(B14): **BIBI!**	**#11 P** - Adrian (0;11;24)

München: Wohnung I: Eß-/Wohnbereich // Vater und Mamita (Großmutter väterlicherseits) sitzen am Eßtisch. Mutter sitzt ihnen schräg gegenüber auf dem Fußboden. Adrian sitzt vor ihr, ebenfalls den anderen zugewandt. Amo führt die Kamera.

Vater:	(s1)	((schnalzt mit der Zunge)) <zu Adrian>
Adrian:	(s2)	(krabbelt zu Vater, stellt sich hin)
	(s3)	((tönt))
Vater:	(s4)	Qué pasa? *Was ist los?*
Adrian:	(s5)	Bibi!
Vater:	(s6)	Bibi?
Adrian:	(s7)	Bibibi! (greift nach einem Messer auf dem Tisch)
Vater:	(s8)	Bibibi.
	(s9)	Ah'àh. (nimmt das Messer und legt es auf den Tisch)
	(s10)	Ya le has malogrado uno a tu mamá ya. *Schon ihr du hast kaputt gemacht eins deiner Mama schon.*
	(s11)	(gibt Adrian ein Glas mit Wasser zu trinken)
Adrian:	(s12)	((trinkt))

Nach dem Herstellen einer gemeinsamen Handlungsebene zwischen Vater und Sohn (s1/s2), gibt Adrian in (s3) einen Laut von sich. Da der Vater Adrians Äußerung nicht zu interpretieren weiß, fragt er ihn, was los sei (s4). Daraufhin verbalisiert Adrian die Lautfolge BIBI (s5), die der Vater jedoch ebensowenig versteht, was er dadurch anzeigt, daß er nachfragt, indem er die Lautfolge repetiert und mit Frageintonation versieht (s6). Adrian versucht, sein Anliegen erneut vorzubringen, indem er die vorhergehende Lautfolge um ein Element ihrer selbst erweitert (s7). Begleitend setzt er eine nonverbale Komponente ein: Er greift auf den Tisch und faßt dabei ein Messer, was einen Hinweis darauf gibt, daß es sich bei seinem Anliegen um eine ›Aufforderung‹ an den Vater handelt, ihm das Messer zu geben. Der Vater imitiert erneut die von Adrian produzierte Lautfolge (s8), wahrscheinlich in der Hoffnung, sich auf diese Weise den propositionalen Gehalt der Äußerung erschließen zu können. Adrians Anliegen, ein Messer haben zu wollen, ›lehnt‹ der Vater ›ab‹ (s9) und ›begründet‹ im Anschluß seine Handlung (s10). Daraufhin macht er Adrian ein Alternativangebot (s11), das Adrian sofort akzeptiert (s12). Es ist also durchaus auch möglich, daß es von Anfang an Adrians Ziel war, vom Vater etwas zu trinken zu bekommen, da die Wasserflasche auf dem Tisch wahrscheinlich aus seiner Position heraus der einzig sichtbare Gegenstand aller auf dem Tisch befindlichen Gegenstände war. Da sich die Flasche jedoch außerhalb seines unmittelbaren Greiffeldes befand, langte er stattdessen auf den Tisch und ergriff dabei – also eher versehentlich – das Messer.

Was kann nun dazu veranlassen, in Adrians Produktion der Lautfolge BIBI einen *sprachlichen* Charakter zu sehen? Zum einen handelt es sich um eine wortähnliche Lautfolge. Es gäbe durchaus die Möglichkeit, daß die Lautfolge ein bedeutungstragendes Element der deutschen oder spanischen Sprache wäre (s. z.B. die Ausdrücke PAPA, MAMA, PIPI, KAKA). Zum zweiten versucht Adrian an dieser Stelle zunächst ausschließlich durch die Verbalisierung *genau* dieser Lautfolge bei seinem Interaktanten etwas zu bewirken, was sich vor allem daran zeigt, daß er die Lautfolge bei seinem zweiten Versuch (s7) lediglich erweitert und nicht stattdessen eine andere Lautkombination wählt *(phonologische Konstanz)*. Es scheint ihm also bewußt zu sein, daß die Verbalisierung einer konkreten Lautfolge ein Mittel zum Erreichen von Zielen sein kann, also eine illokutive Kraft beinhaltet. Das einzige Problem besteht in diesem Fall zunächst in der zielgerechten Produktion des adäquaten Äußerungsakts, d.h. der Lautfolge, die für den anderen Interaktanten im gemeinten Sinne interpretierbar ist.
Es liegen in diesem Beispiel demzufolge zwei Varianten des sprachlichen Ausprobierens vor: zum einen das *Ausprobieren im Äußerungsakt*, indem er die von ihm produzierte Lautfolge in sich variiert. Zum zweiten aber auch, da seine Äußerung eine Illokution beinhaltet, ein *Ausprobieren im sprachlichen Handeln* selbst, d.h. er probiert zwei Varianten einer Äußerung aus, um an

sein Ziel zu gelangen. Die Varianten des Sprachprobierens werden in 3.2 ausführlich besprochen.

Ich nehme an, daß es sich bei der von Adrian geäußerten Lautfolge BIBI um eine Vorform des deutschen Ausdrucks ‚bitte' und bei der erweiterten Form BIBIBI eventuell um den Versuch der Produktion der gängigen Reduplikationsform ‚bitte-bitte' handelt. Um eine solche Einschätzung begründen zu können – BIBI könnt ja durchaus auch eine Vorform für ‚trinken' o.a. sein – müssen wir im chronologischen Verlauf einen Monat weiter gehen.

(B15): **BITTE**	**#12 P** - Adrian (1;0;26)

Bremen: Haus der Großeltern: Wohnzimmer // Adrian befindet sich auf dem Sofa. Amo und Omama stehen dabei. Opa führt die Kamera.

Adrian:	(s1)	(steigt vom Sofa herunter, bewegt sich auf die Kindergitarre, die auf dem Tisch liegt, zu)
	(s2)	De! Tara! (ergreift die Gitarre)
Amo:	(s3)	(Das is die) guitarra, ja. <liebevoll>
Adrian:	(s4)	(nimmt die Gitarre in die Hand)
	(s5)	((tönt)) <mit L-Laut>
Omama:	(s6)	Jawoll, . mit Gitarre.
Adrian:	(s7)	(geht mit der Gitarre auf Amo zu) Bitte. <zu Amo>
Amo:	(s8)	Musik, ja?
Adrian:	(s9)	(geht weiter zu Amo, zupft einmalig die Saiten, reicht Amo die Gitarre)
Amo:	(s10)	Fein, ja.
Adrian:	(s11)	(wendet sich einer anderen Sache zu)

Dieses Beispiel zeigt, insbesondere im Vergleich zum vorhergehenden, daß es aus ökonomischer Sicht durchaus sinnvoll ist, sprechen zu lernen, um die eigenen zunehmend *differenzierteren* Bedürfnisse zu befriedigen.

In (s1) stellt Adrian einen Bezug zu dem Objekt her, das Gegenstand seines aktuellen Interesses ist, indem er sich auf die Spielzeug-Gitarre zubewegt. Im Alter von einem Jahr ist er in der Lage, verbal mit Hilfe eines lokaldeiktischen Ausdrucks auf den entsprechenden Gegenstand im Raum zu verweisen („De!"), ihn darüber hinaus zu benennen („Tara") und ihn zu greifen (s2, s4). Interessant ist dabei, daß der Symbolfeldausdruck offensichtlich dem Spanischen entstammt (von ‚guitarra'), was einen Hinweis darauf geben könnte, daß Adrian das benannte Objekt einem spanischsprachigen Praxisbereich zuordnet (Vater ist Musiker). Amo greift seine Äußerung auf und ergänzt dabei die vermutlich fehlenden Elemente, die Adrians Äußerung zu einer vollständigen Sprechhandlung (›Assertion‹) machen würden *(Substitution)*, wobei sie ebenso wie er die spanische Bezeichnung für den Gegenstand wählt (s3), während Omama in (s6) die deutsche Bezeichnung verwendet. Sowohl Amos als auch Omamas Äußerung haben bestätigenden Charakter. (s7) und (s9) müssen in einen Zusammenhang gebracht werden, um Adrians „Bitte." in (s7) korrekt interpretieren zu können. Denn während (s7)

alleine den Eindruck erweckt, daß das ‚bitte' in gebendem Sinne gemeint ist, also als eine Aufforderung, die Gitarre zu nehmen (also eher ein ›Anbieten‹), zeigt Adrian Amo in (s9) durch das einmalige Zupfen der Saiten und dem anschließenden Überreichen des Instruments, daß es sich um eine ›Aufforderung‹ handelt, die Gitarre zu spielen. Amo hat dies bereits in (s8) korrekt interpretiert, als sie sich mit ihrer Frage nicht unmittelbar auf den Gegenstand bezieht, sondern auf das, was man mit dem Gegenstand macht, und dieses Tun in (s10) positiv bewertet. Allerdings kommt es an dieser Stelle nicht zu einer entsprechenden Handlungsausführung, weil Adrian sich umgehend einer neuen Sache zuwendet (s11).
Daß Adrian augenscheinlich nicht ernsthaft daran interessiert ist, daß Amo seiner ›Aufforderung‹ nachkommt, könnte ein Hinweis darauf sein, daß es sich nicht um eine ‚reale' ›Aufforderung‹, sondern um eine ‚spielerische' Variante derselben handelt, also um das *spielerische Ausprobieren eines Handlungsmusters* (s. 3.2) – ähnlich wie bei Luna in (B13).

Es zeigt sich, daß Adrian den Ausdruck ‚bitte' (bzw. die mögliche Vorform BIBI) regelmäßig zum Zwecke der ›Aufforderung‹ – also illokutiv – in differenten Situationen verwendet. Zur Differenzierung des Gemeinten stellt er ab dem Alter von einem Jahr Kontextbezüge mit Hilfe von *Symbolfeldausdrücken* (‚guitarra') und/oder verbalen und nonverbalen *lokaldeiktischen Hinweisen* (‚da' bzw. Zeigen mit dem Finger) sowie manuellen Tätigkeiten (Zupfen der Saiten) her. Somit ist er in der Lage, schrittweise komplexe Aufforderungshandlungen zu vollziehen, die jedoch noch nicht als sprachliche ›Aufforderungen‹ i.e.S. bezeichnet werden können, da er noch auf nichtsprachliche Hilfsmittel zurückgreifen muß.
Daß er in diesem Alter auch in der Lage ist, ›Aufforderungen‹ zu *verstehen*, die durch ‚bitte' realisiert werden, zeigt das folgende Beispiel, das derselben Aufnahme entstammt.

(B16): **BITTE-BITTE** **#12 P -** Adrian (1;0;27)

Bremen: Haus der Großeltern: Wohnzimmer: Sofa // Adrian sitzt auf dem Sofa und ißt mit den Fingern Nudeln aus einem Schälchen. Omama steht neben ihm. Opa führt die Kamera.

Omama:	(s1)	(nähert sich Adrian) Und i:ch?
	(s2)	Bitte-bitte (schlägt die Hände zusammen), auch eins für Omama.
Adrian:	(s3)	(hält Omama eine Nudel in der ausgestreckten Hand entgegen)
Omama:	(s4)	(schiebt ihre Hand unter die Adrians)
Adrian:	(s5)	(läßt die Nudel in Omamas Hand fallen)
Omama:	(s6)	Danke. H^m:, wunderbar. Hm, wunderbar, hm:! ((lacht))
	(s7)	(richtet sich wieder auf)
Adrian:	(s8)	(hebt eine weitere Nudel auf und streckt sie Omama entgegen) Da! <pp>
Omama:	(s9)	Iß schön.
Adrian:	(s10)	(ißt die Nudel)

In (s1) fokussiert Omama Adrians Aufmerksamkeit auf ihre Person, um ihn direkt im Anschluß darum zu ›bitten‹, ihr etwas von seinem Essen abzugeben (s2). Die ›Bitte‹ ist eine höflichere, respektvollere Variante der ›Aufforderung‹, die hier insbesondere in bezug auf ihren *erzieherischen Wert* zu sehen ist. Dies wird zum einen dadurch deutlich, daß Omama die einzelnen Elemente ihrer Äußerung – aus ihrer Sicht – „kindgerecht“ zum Ausdruck bringt:

1. Sie verwendet die *reduplizierte Form* von ‚bitte‘, was allgemein sehr häufig beim Sprechen mit Kindern gemacht wird (z.B. ‚alle-alle‘, ‚nein-nein‘, ‚Schuh-Schuh‘), und unterstreicht diesen verbalen Akt durch ein *gestisches* Mittel;
2. sie unterläßt die Verwendung eines Verbs, was Kinder im Verlauf des frühen Spracherwerbs selbst auch tun, d.h. sie begibt sich auf eine *reduzierte Ebene* sprachlicher Ausdrucksfähigkeit;
3. sie unterläßt die Verwendung des personaldeiktischen Ausdrucks ‚(für) mich‘ und realisiert statt dessen eine *nennende* Prozedur mit Bezug auf ihre eigene Person (‚Omama‘), was viele Erwachsene für die Kommunikation mit einem Kind – m.E. grundlos – als notwendig erachten.

Zum zweiten läßt sich der erzieherische Wert der Realisierung der ›Bitte‹ an dieser Stelle daraus ableiten, daß aus dem Kontext (s8, s9) sehr schnell deutlich wird, daß Omama nicht zum Zwecke der Befriedigung eines realen Bedürfnisses wie Hunger oder Appetit handelt, sondern daß sie lediglich das Kind dazu bewegen will, etwas von seinem Essen abzugeben, das seinige zu *teilen*. Omama kann Adrian durch ihre »Bitte« (s2) zu einer korrekten Handlungsausführung bewegen (s3-s5), woraufhin sie sich in (s6) ausgiebig »bedankt«. Es zeigt sich, daß ihre erzieherischen Maßnahmen erfolgreich sind, da Adrian ihr umgehend eine zweite Nudel ›anbietet‹, wobei er ihr die Nudel entgegenstreckt und mit Hilfe des lokaldeiktischen ‚da‘ ihre Aufmerksamkeit auf das angebotene Objekt lenkt (s8). Man könnte ebensogut sagen, Adrian ›fordert‹ Omama ›auf‹, die Nudel zu nehmen. Somit ist das ›Anbieten‹ – wie das ›Bitten‹ – eine Variante der Aufforderungshandlung, worauf gleich näher eingegangen wird. Zunächst ist festzustellen, daß Omama in (s9) Adrians ›Angebot‹ ablehnt und ihn damit gleichzeitig ›auffordert‹, die Nudel selbst zu essen, was er in (s10) tut.

Wie wir also gesehen haben, finden sich in diesem Beispiel die Realisierungen zweier Handlungsmuster, das der *›Bitte‹/›Aufforderung‹* und das des *›Anbietens‹*, als Varianten einer übergreifenden Kategorie Aufforderungshandlungen. Worin unterscheiden sich die Varianten grundlegend voneinander?

›Aufforderung‹ und ›Bitte‹ liegt der gleiche Ausgangspunkt zugrunde: Systematisch gesehen handelt es sich dabei um eine *Handlungslücke beim Sprecher*. Der Zweck, den der Sprecher (Auffordernder) mit seiner sprachlichen Handlung verfolgt, besteht im Schließen der Handlungslücke durch den Hörer (Handlungsausführenden). Ob man im sprachlichen Handeln in der Position des Sprechers das Muster der ›Bitte‹ oder das der ›Aufforderung‹ wählt, ist vor allem davon abhängig, in welcher *Beziehung* die Interaktanten zueinander stehen (hierarchisch vs. auf gleicher Ebene; respektvoll vs. respektlos; machtlos vs. mächtig etc.). Es ist nicht anzunehmen, daß ein Kind im Alter von einem Jahr auf der Basis seines geringen Erfahrungswissens eine solche Einschätzung vornehmen kann. Trotzdem haben wir in (B14) und (B15) gesehen, daß Adrian den Ausdruck ‚bitte' in seine Handlungspraxis bereits integriert hat. Dies ist nur deswegen möglich, weil die beiden Mustervarianten durchaus durch dieselben Mittel im Äußerungsakt realisiert werden können. Der Ausdruck ‚bitte' kann dabei ein erster Indikator dafür sein, daß es sich um eine ›Bitte‹ handelt, weit wichtiger sind jedoch andere Faktoren wie Intonation, Mimik und andere Formen der Körpersprache sowie die Handlungssituation insgesamt. Mit der entsprechenden Intonation und Expressivität versehen kann der Ausdruck ‚bitte' in anderen Kontexten zum Zwecke der ›Aufforderung‹ eingesetzt werden und bisweilen sogar den Charakter einer ›Warnung‹ oder sogar einer ›Drohung‹ beinhalten. In diesem Sinne ist das vom Kind verwendete ‚bitte' zunächst im Verlauf des Spracherwerbs zu sehen, d.h. es realisiert damit nicht eine ›Bitte‹, sondern eine *›Aufforderung‹*.

Betrachten wir demgegenüber das ›Anbieten‹ im Vergleich zur ›Aufforderung‹. Im Prinzip wird durch das ›Anbieten‹ des Sprechers der Hörer dazu aufgefordert, etwas zu nehmen bzw. anzunehmen. Der entscheidende Unterschied liegt hierbei darin, daß der Sprecher mit dem ›Anbieten‹ nicht beabsichtigt, eine eigene Handlungslücke, sondern eine mögliche *Handlungslücke beim Hörer* zu schließen. Voraussetzung dafür ist es, sich als Sprecher in die Situation des Hörers hineinzuversetzen und einzuschätzen, ob ein ›Angebot‹ sinnvoll und angemessen ist. Im vorliegenden Beispiel ›bietet‹ Adrian Omama eine Nudel ›an‹ (s8), d.h. er ist in der Lage,

1. sich in seine Interaktantin hineinzuversetzen;
2. eine bestehende Handlungslücke zu erkennen;
3. eine Entscheidung zu treffen, ob er die Handlungslücke schließen will und kann;
4. sein Angebot zum Ausdruck zu bringen.

Kann deshalb ein Musterwissen bzgl. des ›Anbietens‹ bei dem Kind vorausgesetzt werden? Die Frage wäre dann positiv zu beantworten, wenn man die der Handlung vorausgehende Interaktion außer Acht ließe. Da Omama ihm jedoch unmittelbar zuvor signalisiert hatte, daß sie ein entsprechendes Bedürfnis hat, kann man an dieser Stelle eher noch von einem *situationsgebundenen Musterwissen* sprechen, da nicht klar ist, inwieweit Adrian in der Lage ist, dies auch auf andere Situationen anzuwenden. Wie in (B1) von Adrian im Alter von 1;2 jedoch schon deutlich wurde, gehört das ›Anbieten‹ zu den Handlungsmustern, die relativ früh erworben werden.

Wie wir in jenem Beispiel (B1) ebenfalls gesehen hatten, gehört wohl auch das ›Begrüßen‹ zu den Mustern, die das Kind schon in frühem Alter lernt. Um zu zeigen, daß auch das *›Verabschieden‹* bereits im Alter von einem Jahr in gewisser Weise zum kindlichen Musterrepertoir gehört, lege ich ein letztes Beispiel von Adrian vor, das ebenfalls der Aufnahme entstammt, der die beiden letzten Beispiele entnommen wurden.

(B17): **TSCHÜSS**	**#12 P** - Adrian (1;0;27)

Bremen: Haus der Großeltern: Wohnzimmer: Sofa // Adrian sitzt auf dem Sofa und ißt mit den Fingern Nudeln aus einem Schälchen. Omama steht neben ihm, Amo und Opa ihm gegenüber. Opa führt die Kamera.

Opa:		Sin die Nudln denn jetz alle-alle?
Adrian:		(blickt zu Opa, dreht die geöffnete Hand)
Opa:		Alle-alle? Nix mehr da?
Adrian:		(blickt zu Omama)
Omama:		Alle-alle? Alle-alle?
Adrian:		(blickt auf seine Hände, dann zu Opa; steckt eine Nudel in den Mund)
Omama:		Alle-alle? Alle-alle?
Omama:		(Ja, mit) links. Links.
Adrian:		(greift ins Schälchen und holt eine neue Nudel heraus) Da.
Amo:		Ja? Da sind ja noch welche.
Adrian:		(ißt weiter)
...		
Adrian:		(schaut zu Opa) ((tönt)) <i.S.v.alle-alle> (dreht dabei die geöffnete Hand->)
Amo:		((lacht))
Omama:		Alle-alle. ((lacht)) Alle-alle. Alle-alle. Nich wahr?
Amo:		Ganz fein machen, ja?
Adrian:		(nimmt eine neue Nudel aus der Schale)
Opa:	(s1)	Tschüß, Django!
Adrian:	(s2)	(blickt zu Opa)
Opa:	(s3)	Tschüß!
Amo:	(s4)	Bye-bye!
Opa:	(s5)	Bye-bye!
Omama:	(s6)	Das is ja mit der r/ rechtn Hand, aber links alle-alle.
Adrian:	(s7)	(ißt weiter)
Omama:		Alle-alle.
Adrian:		(blickt zu Omama)
Omama:		Hm?
Amo:		(unverständlich)
Opa:	(s8)	Tschühüß! Django!
Adrian:	(s9)	(blickt zu Opa)
Opa:	(s10)	Tschü:ß!
Adrian:	(s11)	(blickt zu Amo)
	(s12)	(öffnet und schließt die rechte Hand, führt beide Hände an den Mund, bewegt die rechte Hand an sein Ohr, öffnet und schließt die rechte Hand erneut)
Omama:	(s13)	Tschü:ß.

Adrian:	(s14)	(setzt an, sich vom Sofa herunterzubewegen)
Amo:	(s15)	Er will jetz/ <aufgescheucht>
Omama:	(s16)	((lacht))
Opa:	(s17)	Nee, nee, nee, nee, nee.
Adrian:	(s18)	(nimmt wieder Sitzposition ein, zeigt mit dem ausgestreckten Finger in den Raum hinein) De!
Amo:	(s19)	Siehs du/ Ja, du mußt ihm nich „Tschüß" sagn. <zu Opa>
Omama:	(s20)	((lacht))
Amo:	(s21)	((lacht)) Du mußt ihm doch nich „Tschüß" sagn, gel, Djanguito.
Adrian:	(s22)	(ißt weiter)->
Amo:	(s23)	Fein aufessen.
Omama:	(s24)	Dann rückt er ab.

Der Vorspann in Kleinschrift wurde abgedruckt, um die Einbettung des Beispiels in das Gesamtgeschehen darzustellen. Diese Diskurseinheit bedürfte einer eigenen Analyse, die jedoch an dieser Stelle unterbleiben soll.
Stattdessen betrachten wir die zweite Einheit, die durch Opa eingeleitet wird. Er vollzieht in (s1), vollkommen zusammenhangslos und unangekündigt, die Sprechhandlung des ›Verabschiedens‹, die Adrian zwar registriert (s2), der er jedoch trotz der im Äußerungsakt varianten Repetitionen (s3-s5) zunächst keinerlei Bedeutung beizumessen scheint. Da Omama daraufhin zudem das vorangehende Thema („alle-alle") nochmals aufgreift (s6), wendet sich Adrian wieder seinem Essen zu (s7). Es ist tatsächlich nicht erkennbar, aus welchem Grund Opa das Muster des ›Verabschiedens‹ an dieser Stelle realisieren sollte. Zwei Möglichkeiten sind denkbar: Entweder er kündigt auf diese Art und Weise an, daß er in Kürze die Kamera ausschalten wird, oder er initiiert damit eine Art »Verabschieden«-Spiel mit der Zielsetzung, daß Adrian seine Handlungsfähigkeit vor der Kamera präsentiert. Nach einer kurzen Unterbrechung unternimmt der Großvater einen zweiten Versuch, das Muster zu initiieren (s8, s10), was Adrian wiederum registriert (s9). (s11) erweckt den Eindruck, daß er sich nach wie vor nicht sicher ist, ob Situation und Muster zusammenpassen, und versucht bei Amo Hilfestellung zu bekommen. Möglicherweise – das geht aus dem Video leider nicht hervor, da Amo nicht fokussiert wird – erhält er durch Amo einen Hinweis in Form von Winken o.ä., möglicherweise aber auch nicht. In (s12) realisiert er mit Hilfe verschiedener nonverbaler Mittel, die unweigerlich an eine Zeichensprache erinnern, die Musterposition des ›Verabschiedens‹ auf Hörer-Seite:

1. Er öffnet und schließt die rechte Hand, d.h. er winkt;
2. er führt beide Hände an den Mund, d.h. er gibt einen Handkuß;
3. er führt die rechte Hand an sein Ohr (was ich nicht interpretieren kann);
4. er öffnet und schließt die rechte Hand erneut, d.h. er winkt nochmals.

Da nun auch Omama sich »verabschiedet« (s13), niemand jedoch Anstalten macht, den Raum zu verlassen, bezieht Adrian den Abschied offenbar auf seine Person und will das Sofa verlassen (s14), was einer mustergerechten Anschlußhandlung entspricht. Nach dieser Reaktion Adrians wird deutlich, daß alle anderen Interaktanten die Interaktion als *Spiel* gesehen haben, da sie „aufgescheucht", überrascht und amüsiert reagieren und Adrian vom Aufstehen abhalten (s15-s17). Dies registriert Adrian und veranlaßt ihn zu einer entsprechenden Konsequenzhandlung, nämlich wieder die Sitzposition einzunehmen (s18). Gleichzeitig, quasi rechtfertigend, bringt er zum Ausdruck, wo er hingehen wollte, indem er mit dem Finger in den Raum hineinzeigt, und dies mit dem lokaldeiktischen Ausdruck ‚da' auch sprachlich unterlegt. Den anderen Interaktanten wird bewußt, daß Adrian über ein weiterreichendes Musterwissen über das ›Verabschieden‹ verfügt und nicht, wie sie anscheinend angenommen hatten, nur das formale Ablaufschema, wie es sich in (s12) darstellt, beherrscht (s19-s21, s24). Es zeigt sich andererseits, daß Adrian noch nicht in der Lage ist, eine Handlungssituation soweit einschätzen zu können, daß er entscheiden kann, ob es sich um eine ‚reale' oder um eine ‚spielerische' Situation handelt. Allerdings meine ich, daß Ansätze dessen bereits vorhanden sind, indem Adrian beim ersten Versuch seiner Interaktanten, das »Verabschieden« zu initiieren (s1-s5), eine Anschlußhandlung unterläßt und stattdessen weiterißt (s7). Erst das erneute Insistieren (s8, s11), das ja im realen sprachlichen Handeln normalerweise einem Anliegen einen höheren Grad an Dringlichkeit verleiht, veranlaßt ihn dazu, die weiteren Musterpositionen zu realisieren. Damit hat er durchaus angemessen gehandelt.

Wir sehen also, daß die erwachsenen Interaktanten des Kindes spielerische Varianten von Handlungsmustern in das sprachliche Handeln integrieren, um
1. auszuprobieren, inwieweit das Kind in der Lage ist, adäquat mit ihnen zu interagieren;
2. das Kind sprachliche Handlungsformen und -mittel zu lehren;
3. sprachliche Handlungsmuster mit dem Kind in der Interaktion zu üben.

Wir sehen auf der anderen Seite, daß das Kind über ein Musterwissen für verschiedene Handlungsmuster verfügt, dagegen jedoch noch keinen Unterschied erkennt zwischen ‚realen' und ‚spielerischen' Varianten bei den Realisierungen von Handlungsmustern. Wir werden im weiteren Verlauf des Spracherwerbs erkennen können, daß das Kind Situation für Situation sein Erfahrungswissen und damit seine Fähigkeit zur Einschätzung von Situationen dahingehend erweitern wird, daß es derartige ‚spielerische Handlungsmuster' (s. Kap. 3.2) auch von sich aus initiiert und mit entsprechender Funktion (Ausprobieren und Üben von sprachlichen Handlungsmitteln und -mustern) einsetzt, was etwa ab dem Alter von zwei Jahren in der deklarierten Trennung von ‚Wahrheit' und ‚(Rollen-)Spiel' kulminiert.

Verweilen wir jedoch zunächst noch in der zweiten Hälfte des ersten Lebensjahres, um uns einen letzten wichtigen Aspekt vor Augen zu führen: Die Fähigkeit einer aktiveren Teilnahme am Gesamtgeschehen bedingt nicht nur viele neue Situationen für das Kind, differenziertere Dinge haben oder tun zu wollen, sondern selbstverständlich auch Situationen, etwas *nicht zu wollen*. Eine Möglichkeit für das Kind, dies zum Ausdruck zu bringen, besteht darin, auf Ansprachen oder Aufforderungen gar nicht zu reagieren, sie zu ignorieren. Eine andere Form besteht im Abwenden vom Objekt des Bezugs (z.B. beim „Fremdeln"). Eine dritte Form, Ablehnung bzw. Nicht-Wollen zum Ausdruck zu bringen, ist das Schreien oder Weinen. Ab dem Alter von ca. acht Monaten benutzen Kinder dann schon wesentlich differenziertere Mittel, um ihre Ablehnung bzw. ihren Protest auszudrücken. Dazu ein Beispiel von Luna:

(B18): **PROTEST** **#16 P** - Luna (0;8;24) / Adrian (2;0)

Bremen: Haus der Großeltern: Terrasse // Opa hält Luna an der rechten Hand und will mit ihr zu Amo laufen. Adrian steht dabei. Amo führt die Kamera.

Opa:	(s1)	Eins/ O nimm du mal Luna an der andern Hand. <zu Adrian>
Adrian:	(s2)	(geht geht an Lunas rechte Seite und will ihre Hand nehmen)
Opa:	(s3)	So. Ja. Schön/ <s>Ja, ja. So.
Luna:	(s4)	(entzieht Adrian ihre Hand) <s>Ö:h! Öh! <s>Ö::::::h! <f> (schlägt mit der Hand nach Adrian)
Opa:	(s5)	<s>Ja, Lula, gib ihm die Hand!
Amo:	(s6)	<s>((lacht))
Opa:	(s7)	(kniet sich zu Luna herunter)
Luna:	(s8)	(blickt Opa an) Ah!
Opa:	(s9)	<s>Na, gib ihm die Hand, wir wolln doch zusamm laufn.
Luna:	(s10)	<s>Ah, ah, ah. <dim.> (läßt sich von Adrian an die Hand nehmen)
Opa:	(s11)	So, komm her. Eins, zwei. Eins/ Un dann zu Omama laufn. . Äh, zu Oma.
alle:	(s12)	(laufen los in Richtung Amo)->

Alle drei Interaktanten verfolgen offensichtlich das gleiche Ziel, nämlich gemeinsam zu Amo zu laufen. Opa leitet die Aktion in (s1) durch ein die Schritte begleitendes Zählen ein, bricht jedoch ab, weil er merkt, daß Luna noch nicht in der Lage ist, an einer Hand zu laufen, und ›fordert‹ Adrian ›auf‹, Luna an der anderen Hand zu nehmen. Adrian kommt dieser ›Aufforderung‹ in (s2) nach, und Opa bewertet seine Handlungsausführung als positiv (s3). Luna dagegen ist mit dieser neuen Situation überhaupt nicht einverstanden. Sie zeigt dies, indem sie 1. Adrian ihre Hand entzieht, 2. lautstark, ihm zugewandt zwei kürzere und einen gedehnten Ö-Laut von sich gibt und 3. währenddessen zielstrebig mit der Hand nach ihm schlägt (s4), womit sie eindeutig zu verstehen gibt, daß sie Adrians Hilfestellung ablehnt. Als Opa daraufhin den Blickkontakt zu ihr herstellt (s7), wendet sie sich hilfesuchend mit einem A-Laut an ihn (s8). Er ›fordert‹ nun sie ›auf‹, Adrian die Hand zu geben, was er auch ›begründet‹ (s9). Damit gelingt es ihm, Luna zu überzeugen (s10), und die gemeinsame Aktion kann fortgesetzt werden.

Wir sehen also, daß Luna differenziertere Mittel einsetzt, um eine Protesthandlung zu vollziehen, wobei insbesondere ihre zielgerichtet eingesetzten *manuellen Aktivitäten* hervorzuheben sind. Es ist offensichtlich, daß sie Opas ›Aufforderung‹ Adrian gegenüber (s1) nicht verstanden hat, ebensowenig seine ›Aufforderung‹ an sie in (s5). Erst als Opa den Blickkontakt zu ihr herstellt und seine ›Aufforderung‹ repetiert und ›begründet‹, akzeptiert sie die neue Situation. Es wäre interessant herauszufinden, welcher Aspekt in Opas Handeln sie zu einem Umschwenken motiviert hat.
Eine sprach(ähn)liche Form zum Zwecke der Ablehnung findet sich im Videokorpus erstmals im Alter von einem Jahr belegt: Luna verwendet die Lautfolge NANA imitativ zu ‚nein-nein' (Aufn.95).

Es hat sich durch die einzelnen Analysen herausgestellt, daß für das Kind sprachliches Handeln als eine Form des sozialen Handelns bereits im Verlauf der zweiten Hälfte des ersten Lebensjahres zunehmend an Bedeutung gewinnt, obwohl erst ab dem Alter von elf bis zwölf Monaten als sprachlich zu identifizierende Mittel i.e.S. (hörbare bedeutungstragende Elemente) vom Kind selbst verwendet werden. Ich möchte nun – in Anbindung an die Zwischenbilanz für die ersten sechs Lebensmonate (Ende Kapitel 3.1.1) – die ermittelten Ergebnisse für das erste Lebensjahr zusammenfassen und im Anschluß diskutieren.

3.1.3 Ergebnisse und Auswertung für das erste Lebensjahr

Als Zusammenfassung der Ergebnisse der exemplarischen Analysen können für das erste Lebensjahr folgende sechs Punkte festgehalten werden:

1. Das Kind wird von Geburt an von seinen Interaktanten als Interaktionspartner gesehen und in das kommunikative Geschehen einbezogen.[70] Dies geschieht, indem die Interaktanten mit ihrem Wissen darüber, daß ein Baby verschiedene Bedürfnisse hat, das Kind sehr genau beobachten und abhängig von der Situation den unterschiedlichen Lautproduktionen des Kindes illokutive Qualitäten zuordnen und somit dem Kind verschiedene Handlungsabsichten unterstellen.
Ab dem Sitz- und Krabbelalter (Alter: ca. sechs Monate) wird das Kind auffallend aktiver, und es bringt sich selbst zunehmend häufig in kommunikative Situationen ein, d.h. es handelt auch *initiierend*. Es tut dies in Form von immer differenzierteren lautlichen und nonverbalen Aktivitäten, die seine Interaktanten vor Verstehensprobleme stellen. Sie leisten die für ein Verstehen des Kindes notwendige Interpretation, indem sie den *situativen Kontext*, *nonverbale Aktivitäten* (Blickführung,

---

[70] S. BRUNER (1987, 34): „Wir [...] sehen, daß die Mütter sich durchaus so verhalten, als sei das Kind ein solcher Gesprächspartner im vollwertigen Sinne.“ Die Analysen haben gezeigt, daß dieses Verhalten sich keinesfalls nur auf die Rolle der Mutter beschränkt, sondern von allen Interaktanten des Kindes gezeigt wird, was dafür spricht, daß es sich dabei um eine gesamtgesellschaftliche Strategie im sprachlichen Umgang mit Kindern handelt.

Lächeln, manuelle Tätigkeiten) sowie alle möglichen *Merkmale des Lautes* (Intonation, Expressivität etc.) mit einbeziehen. Normalerweise bringen sie dabei ihr Interpretationsergebnis verbal zum Ausdruck, d.h. sie *unterlegen* das nicht- oder vorsprachliche Handeln des Kindes *mit sprachlichen Ausdrucksformen.*

2. Die Interaktanten greifen von Geburt an die vom Baby produzierten Laute systematisch auf und imitieren sie (insbes. Intonation und Expressivität), wobei sie bei der Widergabe der lautlichen Struktur häufig eine sprach(ähn)liche Form überstülpen. Dies legt die Vermutung nahe, daß auch das Imitieren – wenn auch als Fähigkeit angeboren – als sprachliche Lernstrategie vom Kind zunächst gelernt werden muß.[71]
Der *Imitationsmechanismus der Erwachsenen* wird mit zunehmend differenzierteren Ausdrucksmöglichkeiten des Kindes durch einen *Substitutionsmechanismus* (der sprachkompetentere Interaktant füllt situationsbezogen sprachliche Lücken des Kindes) ergänzt. Die beiden Mechanismen fungieren als *Vermittlungsstrategien* (‚zeigen, wie es geht‘) und bauen in dem Sinne aufeinander auf, daß der Imitationsmechanismus grundlegende Voraussetzung dafür ist, daß der Substitutionsmechanismus als Lernstrategie für das Kind (‚nachmachen, wie es geht‘) fruchtbar wird.

3. Das Kind erweitert beständig sein Repertoir an lautlichen und anderen kommunikativen Ausdrucksmitteln und verwendet es zunehmend differenzierter. Als wichtige Mittel sind der Blickkontakt und das Lächeln (ab dem Alter von zwei bis drei Monaten) sowie das Quietschen und die Verwendung dinstinktiver Intonationsstrukturen (ab dem Alter von vier Monaten) zu nennen.
Ab dem Sitz- und Krabbelalter vergrößert sich das Repertoir an *nonverbalen* Kommunikations- und Ausdrucksmöglichkeiten enorm schnell: Das Kind kann sich hin- oder wegbewegen, kann etwas greifen oder zeigen, kann annehmen oder ablehnen. Im Alter zwischen sechs und acht Monaten fangen die Kinder an, neben Einzellauten (unterschiedlicher Färbung) auch *Lautfolgen* zu produzieren. Wichtig ist dabei – insbesondere für die Silbenbildung – der Mechanismus der Reduplikation und der der Imitation (differente Lautkombinationen). Ab dem Alter von neun Monaten imitiert das Kind – auf Aufforderung – erste Lautkombinationen in Form von *Wörtern*, die jedoch vorerst weder propositionale noch illokutive Qualitäten aufweisen. Ab dem Alter von elf Monaten verwendet es erste *sprach(ähn)liche Ausdrücke* als Handlungsmittel zum Erreichen konkreter Ziele.

4. Im Verlauf des ersten halben Lebensjahres erwirbt das Kind – z.B. über interaktive Sprach- und Bewegungsspiele – ein grundlegendes Prinzip des sprachlichen Turn-Apparates (‚erst spricht der eine – dann der andere‘).
Im Verlauf des zweiten halben Lebensjahres wendet es die Regeln auch in *nicht-spielerischen* Kontexten an.[72] Im Alter von ca. elf Monaten kann es „Gespräche“ initiieren und führen, die außer bedeutungstragenden Lautelementen alle Charakteristika eines Diskurses bergen.

---

[71]BRUNER weist dem Imitationsmechanismus der Erwachsenen lediglich die Funktion zu, „die ‚Aufmerksamkeitsverhandlungen‘ im Gange zu halten“. (1987, 56) Ich habe dagegen versucht, aufzuzeigen, daß die Reichweite dieses Lehr-Lern-Mechanismus wesentlich ausgedehnter ist.

[72]S. auch BRUNER (1987, 64f.) zum turn-taking im zweiten Lebensjahr: „Die früher erworbenen Fertigkeiten, wie z.B. das Abwechseln, funktionieren beim Buchlesen von Anfang an praktisch perfekt. So erfolgen beispielsweise nur ungefähr ein Prozent der Äußerungen der beiden Teilnehmer [Mutter und Kind; E.G.] gleichzeitig statt abwechselnd.“ (65)

5. Die Kinder wurden im Verlauf des ersten Lebensjahres als Interaktanten in Hörerposition mit mindestens folgenden sprachlichen Handlungsmustern konfrontiert: ›Begrüßen‹, ›Anbieten‹, ›Beruhigen‹, ›Frage‹, ›Ruf-Antwort‹-Sequenz, ›Aufforderung‹, ›Loben‹ und ›Begründen‹. In Sprecherposition wurden ihnen mindestens unterstellt: »Begrüßung«, »Aufforderung«, »(Ruf-)Antwort«, »Assertion«, »Erzählen« und »Schimpfen«.
Über den gesamten Zeitraum – deutlich erkennbar allerdings erst etwa ab dem achten Lebensmonat – erwerben sie additiv (Situation für Situation) ein *Musterwissen unterschiedlicher Grade* für mindestens folgende Handlungsmuster:

- ›Aufforderungen‹ (genereller Typus, Lehr-Lern-Variante, Bitte)
- ›Anbieten‹
- ›Assertion‹
- ›Loben‹
- ›Begrüßen‹ und ›Verabschieden‹
- ›Protest‹ (Ablehnungshandlungen)

6. Auf jeder Entwicklungsstufe begegnen uns das *Ausprobieren im Äußerungsakt* (eine nicht ziel- und zweckgebundene Beschäftigung mit (vor)sprachlichen Ausdrucksmitteln) und das *Ausprobieren im (sprachlichen) Handeln* (Ausprobieren differenter Handlungsmittel zum Erreichen konkreter Ziele). Eine Strategie der Erwachsenen, das Musterwissen beim Kind zu überprüfen sowie sprachliche Handlungsmittel zu vermitteln und zu üben, besteht im Initiieren von *spielerischen Handlungsmustern*. Das Kind macht dabei in Hörerposition keinen eindeutig nachweisbaren Unterschied zwischen ‚realen‘ und ‚spielerischen‘ Varianten. Andererseits erzeugen auch die Kinder bereits gegen Ende des ersten Lebensjahres Handlungssituationen, bei denen von außen nicht klar entschieden werden kann, ob sie dabei zielgerichtet handeln oder ob ihr Handeln eher spielerischen Charakter hat, also als ein *spielerisches Ausprobieren von Handlungsmustern* (Lehr-Lern-Strategie) zu werten ist (s. B13 und B15).

Ziel der Beschreibung der vorsprachlichen Phase des Spracherwerbs war es, einige auffallende Aspekte, die im Verlauf des ersten Lebensjahres im Rahmen von Interaktions- bzw. Diskursanalysen erkennbar gemacht werden konnten, herauszuarbeiten. Im großen und ganzen decken sich die Ergebnisse – wenn auch nicht terminologisch – mit denen von BRUNER (1979, 1987) aus den Untersuchungen zum frühkindlichen Kommunikationserwerb bzw. ergänzen sie oder können durch sie ergänzt werden.[73]

Die Analysen haben ergeben, daß sich für das erste Lebensjahr im Prinzip zwei übergeordnete Handlungskategorien in der Interaktion zwischen dem Kind und seinen Interaktanten erkennen lassen:

1. *Aufforderungshandlungen*, die durch das Kind initiiert werden;
2. *Lehr-Lern-Situationen*, die durch die Interaktanten initiiert werden.

---

[73] Auch REIMANNs (1993) Darstellungen beschreiben insgesamt einen entsprechenden Entwicklungsverlauf.

Die erste basiert auf den zunächst naturgegebenen *materiellen Bedürfnissen* des Kindes (Nahrungsaufnahme etc.), die mit der Zeit um *umgebungsbedingte Bedürfnisse* (z.B. einen Gegenstand, Hilfe o.ä. haben oder nicht haben wollen) erweitert werden und die von den Interaktanten (z.B. Mutter) befriedigt werden müssen. Theoretisch gesprochen liegen bei dem Kind aufgrund seiner extremen Abhängigkeit fortwährend Handlungslücken vor, die von seinen Interaktanten in Form von Handlungsausführungen geschlossen werden müssen. Demzufolge realisiert das Kind von Geburt an zunächst durch das Schreien und später durch differenziertere Mittel (Mimik, Gestik, Lautproduktionen) nicht- bzw. vorsprachliche Aufforderungshandlungen, die von seinen Interaktanten zu interpretieren und auszuführen sind. BRUNER, der mit seinen Mitarbeitern auch das System der Schreie untersucht hat, unterscheidet dabei zwischen einem „Modus des Verlangens" und einem „Modus der Aufforderung":

> Von Anbeginn an ist das Kind mit kommunikativen Routinen vertraut, die das beinhalten, was wir den ›*Modus des Verlangens*‹ (›demand mode‹) nennen wollen, wobei vieles aus angeborenen Verhaltensmustern des Ausdrückens von Unbehagen entsteht. Wenn ein Baby drei oder vier Monate alt ist, meinen die meisten Mütter in der Lage zu sein, davon Formen der Befriedigung unterscheiden zu können, die durch Vokalisierungen geäußert werden. Die verlangenden Schreie beziehen sich meistens auf Schmerzen oder physisches Unbehagen, Hunger, das Verlangen nach sozialer Interaktion und Überdruck bei Müdigkeit. [...] Charakteristischerweise sind fordernde Schreie [...] ohne Unterbrechungen, in denen auf die Antwort gewartet wird. Sie umfassen ein großes Spektrum von hörbaren Tonfrequenzen und werden, wenn sie unbeachtet bleiben, von unkontrollierten Wutschreien gefolgt. In der Praxis werden sie gewöhnlich beantwortet, was den Effekt hat, daß schließlich eine Antwort erwartet wird. Wenn eine solche Erwartung fest etabliert ist, treten drei Veränderungen auf, die den Beginn dessen kennzeichnen, was ich den ›*Modus der Aufforderung*‹ (›request mode‹) nenne. Eine wichtige Veränderung ist die Einschränkung von Intensität und Nachdruck der ersten Schreie. [...] Eine zweite Veränderung ist die Beschränkung auf eine kürzere Zeitspanne, die eine Pause in Antizipation der Antwort enthält. [...] Es entwickelt sich auch eine wachsende ›Stilisierung‹ des anfänglichen Schreiens [...]. Untersuchungen über das Schreien und Quengeln [...] zeigen die wichtige Rolle einer beständigen Bezugsperson, die den Übergang vom Verlangen zum Auffordern bewirkt. (BRUNER 1979, 43f.)

Carolyn ROY (Vortrag 1978; zitiert nach RESKI 1982, 20ff.) differenziert in bezug auf die *Handlungsmittel*, die dem Kind zur Realisierung seiner Aufforderungen zur Verfügung stehen, bis zum Alter von zwei Jahren sechs aufeinander aufbauende Phasen, von denen aus dem vorliegenden Material mindestens vier bereits im ersten Lebensjahr belegbar sind:

1. *verlangendes* Auffordern („demand requesting"): Schreie (s. B2);
2. Auffordern duch *gestische Hinweise* („request by gestural ostension") (s. B11);
3. Auffordern durch *betonte Referenz* („request by stressed reference"): phonologisch konstante Form (s. B14, B18);

4. *gelenktes* Auffordern („guided request"): schrittweiser Vollzug einer komplexen Aufforderungshandlung (s. B15, auch B1: Adrian);
5. *benennendes* Auffordern („requestive and label"): die Aufforderung thematisiert das gewünschte Objekt (evtl. B15);
6. *grammatikalisiertes* Auffordern („grammaticalizend request") (keine Beispiele).

Bevor jedoch ein verlangender Schrei oder eine spätere gestische, lautliche oder frühe sprachliche Äußerung des Kindes bedürfnisadäquat beantwortet werden kann, muß er/sie zunächst vom Hörer (z.B. Mutter) *interpretiert* werden. Dies geschieht im gesamten Verlauf der vorsprachlichen Phase mittels

- der genauen Beobachtung des Kindes;
- der Einbeziehung des situativen Kontexts;
- der Einbeziehung sämtlicher Merkmale des vom Kind produzierten Lautes (Intonation, Expressivität, Lautstruktur etc.);
- der Einbeziehung der äußerungsbegleitenden Aktivitäten des Kindes (z.B. Sich-Biegen aufgrund von Bauchschmerzen, Greifen nach oder Zeigen auf ein Objekt) (s. auch DORE 1975; BRUNER 1979).

Entsprechend der jeweiligen Interpretation werden dem Kind – verschiedene Handlungsalternativen ausprobierend – Angebote zur Bedürfnisbefriedigung gemacht, die auch verbal begleitet werden. Das Kind hat prinzipiell zwei Möglichkeiten, auf ein Angebot zu reagieren: Es nimmt das Angebot an, was sich darin zeigt, daß es aufhört zu schreien bzw. zu insistieren und sich einer neuen Tätigkeit (z.B. Trinken, Beschäftigung mit einem erhaltenen Objekt) zuwendet, oder es lehnt ab, indem es im Schreien fortfährt bzw. (verschiedene Handlungsmittel ausprobierend) weiter insistiert, bis es zu einer adäquaten Handlungsausführung kommt oder das Kind von seinem aktuellen Ziel Abstand nimmt.

Die ›*Aufforderung*‹ kann m.E. als das erste, zentrale und offenkundigste Handlungsmuster bezeichnet werden, über das das Kind in dieser frühen Phase des Erstspracherwerbs verfügt. Wohl aus diesem Grunde ist das kindliche Auffordern auch schon vielfach unter unterschiedlichen Aspekten und für verschiedenen Altersstufen untersucht worden (neben den bisher genannten Arbeiten z.B. CARTER 1974, HALLIDAY 1975, BATES 1976, ERVIN-TRIPP 1977, BRUNER/ROY/RATNER 1982, RESKI 1982 u.a.). Wir haben gesehen, daß das Kind bereits im Alter von sechs bis acht Monaten über ein (situationsunabhängiges) *Musterwissen* mit Bezug auf Aufforderungshandlungen verfügt, das es ihm ermöglicht, in differenten Handlungssituationen *initiativ* zu handeln. Es hat sich weiterhin gezeigt, daß es zur Realisierung dieses Musters bereits relativ früh auch sprachliche Mittel verwendet (s. B14, B15). Dabei verläuft der Prozeß des Erwerbs des Musterwissens in drei aufeinander aufbauenden Stufen:

Stufe 1: Zunächst bilden sich – von GARVEY (1974) und BRUNER (1979) als „formats" bezeichnete[74] – *Interaktionsroutinen* auf der Handlungsebene (MARTENS 1979, 106) heraus, die bereits oben im Zitat von BRUNER im Zusammenhang mit dem Übergang vom Modus des Verlangens zum Modus der Aufforderung erwähnt wurden. BRUNER definiert die ‚formats' als

> durch Gewohnheit entstandene Austauschprozesse, die eine Grundlage schaffen, um die kommunikativen Absichten von Mutter und Kind in ihren konkreten Bezügen zu interpretieren. [...] [Es ist wichtig; E.G.] anzumerken, daß sie nicht nur etwas anschaulich machen, sondern auch sozialisierend wirken und den kommunikativen Absichten des Kindes Strukturen unterlegen, die zugleich dem Erwachsenen ein Gerüst für dessen Interpretation geben. (BRUNER 1979, 24)

Stufe 2: In einem zweiten Schritt findet das statt, was MARTENS als „Herausdifferenzierung kommunikativer Handlungsmuster in direktem Bezug auf spezifische Handlungssituationen" (1979, 106f.) bezeichnet und was ich im Rahmen der Analysen das *situationsgebundene Musterwissen* genannt habe, das in ganz konkreten, an spezifische Erfahrungen gebundenen Handlungssituationen zum Tragen kommt (s. B11: Loben nach dem Trinken mit Strohhalm; B17: Verabschieden). Charakteristisch für diese Stufe ist, daß das Kind das Musterwissen über diese Handlungen noch nicht von sich aus auf andere Handlungssituationen überträgt.

Stufe 3: Auf der dritten Stufe verfügt das Kind über „einzelne, nicht routinisierte kommunikative Handlungsmuster, die in verschiedenen Handlungssituationen zum Tragen kommen" (MARTENS 1979, 107), damit also auch über ein entsprechendes *Musterwissen*.

Die Analyse hat ergeben, daß beim Kind ein Musterwissen für ›Aufforderungen‹ vorliegt, und zwar sowohl in der Position des Handlungsausführenden – systematisch: Hörer H – (s. B9, B11, B12: Handlungsausführung auf Aufforderung zum Nachsprechen; B16: Handlungsausführung auf Bitte, etwas abzugeben und auf Aufforderung, zu essen) als auch in der Postition des Handlungsinitiierenden – systematisch: Sprecher S – (s. B10, B13: Aufforderung des Kindes zur Umfokussierung der Aufmerksamkeit der Interaktanten auf die eigene Person; B11, B14: Aufforderung des Kindes, ihm zu essen/trinken zu geben; B15: Aufforderung des Kindes an eine Interaktantin, Gitarre zu spielen).
Diese Formen der Aufforderungshandlungen sind als ›Aufforderungen i.e.S.‹ zu bezeichnen, die REHBEIN (1977, 316) der Kategorie der *handlungs-*

[74]Wenn ich BRUNERS Arbeiten (1979 und 1987) im Vergleich richtig interpretiere, baut er den Begriff *format* erst 1987 (114ff.) – wahrscheinlich unter dem Einfluß der zahlreich entstehenden Arbeiten der funktionalen Pragmatik – zu einer Kategorie aus, die dem ‚Handlungsmuster' entspricht. 1979 hatte der Begriff zunächst den Charakter der ‚Interaktionsroutinen'.

initiierenden Aufforderungen zuordnet: Sprechhandlungen, durch die der Sprecher den Hörer dazu bringt, eine bestimmte Handlung auszuführen oder zu unterlassen.

Es wurde jedoch in (B16) deutlich, daß Adrian auch über ein Musterwissen in bezug auf die Kategorie der *unterstützenden Aufforderungen* (REHBEIN ebd.) verfügt, und zwar über das Muster ›Anbieten‹. Sind handlungsinitiierende Aufforderungen prinzipiell ich-bezogen (Handlungslücke bei S), so erfordern unterstützende Aufforderungshandlungen die Fähigkeit, sich in die Position des Hörers hineinzuversetzen (Handlungslücke bei H), was eine komplexere, *vom Ego losgelöste* mentale Tätigkeit auf seiten des Kindes erforderlich macht. Es hat sich in (B16) gezeigt, daß die Realisierung des Musters unmittelbar auf die Situation folgte, in der das Handlungsdefizit des Hörers zum Ausdruck gebracht worden war. Insofern kann man hier für das Muster des Anbietens von einem Zwischenschritt zwischen Stufe 2 und 3 beim Erwerb des Musterwissens in dem Sinne sprechen, daß das Musterwissen nur in einer *unmittelbaren Folgehandlung* aktiviert wird, jedoch zunächst noch nicht vollkommen situationsungebunden initiativ realisiert wird. Dies gilt ebenso für die Muster ›Begrüßen‹ und ›Verabschieden‹ (s. B10; B1: Adrian).

Der Erwerb des Musters ›Anbieten‹ basiert auf dem, was BRUNER den „Modus des Austausches“ nennt, der sich auf den Modus der Aufforderung aufbauend, diesen jedoch nicht ablösend, sondern ergänzend, im Interaktionszusammenhang etabliert:

> Als nächstes tritt dann ein davon zu unterscheidender ›*Modus des Austausches*‹ (›exchange mode‹) auf, und zwar von dem Augenblick an, in dem gestisch und oft auch lautlich der Wunsch nach einem Gegenstand geäußert wird. Mit acht bis zehn Monaten schreit das Kind nicht nur nach dem Gegenstand und erhält ihn dann, sondern es gibt ihn zurück, ruft nochmals, erhält ihn wiederum und gibt ihn wieder zurück. Wie anhand der Deixis erwähnt wurde, tauscht es dabei die Rollen, indem es zuerst Rezipient und dann Agent ist. (BRUNER 1979, 44)

Ich habe im bisherigen versucht aufzuzeigen, daß das Kind bereits im Verlauf des ersten Lebensjahres ein elementares Repertoir an Handlungsmustern mit einem jeweiligen Musterwissen unterschiedlichen Grades (auf verschiedenen Stufen) erwirbt, wobei das Muster der ›Aufforderung‹ als das wichtigste zu bezeichnen ist, da es unmittelbar an die Bedürfnisse des Kindes anknüpft. Bezeichnend für die Verwendung aller erwähnten Muster ist, daß sie nur mit *Bezug auf den gegebenen Handlungsraum* realisiert werden und auch durch *nonverbale* bzw. *präverbale Mittel* realisiert werden können. So wäre es z.B. auf dieser Stufe der Entwicklung des Kindes undenkbar, daß es z.B. andere Formen vom Typ der unterstützenden Aufforderungen wie ›Ratgeben‹ oder ›Empfehlen‹ (s. REHBEIN 1977, 316) realisierte, da diese Muster unmittelbar an sprachliche Realisierungsformen und komplexe Planungsprozesse gekoppelt

sind. Es werden also zunächst nur einige wenige Muster über den Verlauf des beschriebenen Stufenplans erworben.
Das – allerdings unbewußte bzw. unreflektierte – Wissen über derartige Spracherwerbsstrukturen nutzen die Interaktanten des Kindes bei der diffizilen Aufgabe, ihm mit Hilfe von *Lehr-Lern-Diskursen* Sprache als eine Form des sozialen Handelns zu vermitteln. Die Analysen haben ergeben, daß die Interaktanten, auf dem etablierten Modus der Aufforderung aufbauend, ab dem Alter von ca. drei Monaten die *›Lehr-Lern-Aufforderung 1‹* – sprachliches Eingreifen in eine kontinuierliche Tätigkeit des Kindes – anwenden, um immer wieder neue Interaktionsroutinen zu erzeugen und auf diese Weise Tätigkeit-Sprache-Verbindungen für das Kind herstellen (s. B6, B7). Das häufige Wiederholen dieser Interaktionsroutinen bewirkt zum einen das Verinnerlichen des Musters ›Aufforderung‹ selbst, so daß relativ schnell zusätzlich die *›Lehr-Lern-Aufforderung 2‹* zum Tragen kommt (s. B8, B9). Zum anderen bewirkt es die Etablierung und Festigung differenter situationsspezifischer Handlungsabläufe, die, wie gezeigt werden konnte, wiederum zur Beherrschung differenter gesellschaftlicher Handlungsmuster führen. Dabei benutzen die Interaktanten verschiedene effektive Lehrstrategien, die vom Kind als Lernstrategien verinnerlicht werden: z.B. genaues Beobachten bzw. Hinhören, Imitieren, Interpretieren, Ausprobieren und Substituieren sowie das sprachliche Sich-Einstellen auf die Fähigkeiten des Interaktanten (zum Sprachverhalten der Erwachsenen gegenüber Kindern s. die unten[75] aufgeführten Arbeiten).

Versuchen wir, uns anhand eines möglichen – im Material allerdings nicht belegbaren – Beispiels den stufenweisen Aufbau zu vergegenwärtigen, der zum *Muster des ›Verabschiedens‹* hinführt, wie es in (B17) vorliegt. Wir müssen uns dabei vor Augen halten, daß dieses Muster nichts mit den frühen realen Bedürfnissen eines Kindes zu tun hat und somit der ihm zugrundeliegende Zweck – der im gesellschaftlichen Regelsystem der Höflichkeit verankert ist – vom Kind wohl kaum erschlossen werden kann. Es besteht deshalb lediglich die Möglichkeit, ihm das Muster im Rahmen von Lehr-Lern-Diskursen zu vermitteln – oder auch, es zu unterlassen. Denkbar wäre folgender Erwerbsverlauf:

---

[75]BRUNER, der die Existenz eines LAD im Sinne CHOMSKYs nicht ausschließt, spricht entsprechend für die Strategien auf seiten der erwachsenen Interaktanten von einem Spracherwerbs-Hilfssystem LASS, dem *language acquisition support system* (1987, 15/102). Zur Erwachsenensprache gegenüber Kindern allgemein s. u.a. FRENCH/MACLURE (1981), WELLS/ROBINSON (1982). Zum „motherese“ – „Mutterisch“; sprachliches Verhalten von Müttern ihren Kindern gegenüber – s. u.a. SNOW (1972), PHILLIPS (1973), die Aufsätze in SNOW/FERGUSON (1977), darunter GARNICA (1977, 1978), NEWPORT/GLEITMAN/GLEITMAN (1977); für einen Überblick SNOW (1977, 1995), OKSAAR (1977/ 1987²) und SZAGUN (1983³). Zum Vergleich von „motherese“ und „fatherese“ s. DÖPKE (1990) sowie die dort erwähnten Arbeiten.

Stufe 1: Das Kind öffnet und schließt in irgendeiner Situation zufälligerweise seine Hand. Analog zu Kikis Interpretation in (B2: „Sags du mir schon ‚Gutn Morgn'?") oder Amos Interpretation in (B6: „Erzählst du mir was?") wäre eine Reaktion auf die Tätigkeit des Kindes möglich in Form von z.B.: ‚Winkst du mir? / Sagst du mir „Tschüss"?'. Darin bestünde dann wahrscheinlich bereits die Initiierung der *›Lehr-Lern-Aufforderung 1‹*, die sich dann realisieren ließe in Form von: ‚Ja, wink mal!' / ‚Mach mal winke-winke!' / ‚Sag mal „Tschüss"!' (plus Vormachen) etc.
Nach mehrfacher Repetition der ›Lehr-Lern-Aufforderung 1‹ wird das Kind eine Verbindung herstellen können zwischen den sprachlichen Ausdrücken ‚winken' oder ‚Tschüss sagen' und der entsprechenden Handbewegung, so daß es die Tätigkeit innerhalb des Musters der *›Lehr-Lern-Aufforderung 2‹* als Handlungsausführung realisieren kann. Dies kann durchaus ohne konkreten Situationsbezug (Verabschiedungssituation), also als *Interaktionsroutine*, eingeübt werden.

Stufe 2: Das Kind befindet sich nun gemeinsam mit einem vertrauten Interaktanten (z.B. auf dessen Arm) in einer Situation des Verabschiedens. Es hat gelernt, genau zu beobachten, indem es genau beobachtet wurde, und verfolgt den Handlungsablauf: Ein Interaktant zieht seine Jacke an und verabschiedet sich. Im Normalfall wird er auch das Kind als Interaktanten betrachten und sich auch von von ihm verabschieden. Die vertraute Person wird das Kind dazu auffordern zu winken und ggf. sein Handlungsmittelrepertoir an dieser Stelle dahingehend erweitern, daß das Kind einen Handkuß (die eigene Hand küssen und in Richtung Interaktant öffnen) gibt. Damit wird die ›Lehr-Lern-Aufforderung 2‹ in einen situationsspezifischen Handlungsraum integriert. Wiederholt sich eine solche Interaktionsroutine häufig genug, wird das Kind ein *situationsspezifisches Musterwissen* ausbilden, das in seinem mentalen Bereich durch eine spezifische Ablaufstruktur repräsentiert ist.

Stufe 3: Das Kind reagiert auf sprachliche und/oder außersprachliche *Indikatoren*, die auf die Realisierung des Musters des ›Verabschiedens‹ hinweisen, mit der entsprechenden *eingeübten Musterposition* , wie es in (B17) der Fall ist. Wichtig ist in dieser Phase, daß es auf die eingeübte Ablaufstruktur besteht (s. B11).

Stufe 4: Das Kind erkennt nach und nach den dem Muster inhärenten *Zweck* und kann selbst das Muster des Verabschiedens in adäquaten Situationen auf der Basis seines *Musterwissens* initiieren. Der Prozeß dahin, daß das ›Verabschieden‹ zu einer wirklich habitualisierten Handlung oder *Routine* (s. REHBEIN 1977, 46, 215f.) wird, dauert Jahre.

Es ist anzunehmen, daß das Kind – auch über die sog. vorsprachliche Phase hinaus – sprachliche Äußerungen wie nichtsprachliche Handlungsmittel in ihrer Funktion, ein Ziel zu erreichen, zunächst als *gleichwertige Tätigkeiten* behandelt. „Dabei ist es [...] wichtig, sich zu vergegenwärtigen, daß artikuliertes phonetisches Sprechen nur eines der Mittel ist, durch das im sozialen Verkehr Bedeutung übertragen wird." (BRUNER 1979, 17)
Diese Annahme schlägt sich auch im eigenen Sprachgebrauch der Kinder über Sprechen nieder. So spricht Adrian bis zum Alter von 2;5 in bezug auf die sprachlichen Aktivitäten seiner kleinen Schwester oder anderer Personen regelmäßig von ‚machen' (z.B. „Oh, Luna ma ‚ja'!" in #18T, Fl.1f. oder „Oh, Lona mach ‚Bravo'!" in derselben Aufnahme, Fl.6; „Ma/ma:/die mach ‚gleich,

gleich'!" in #21T, Fl.4; „Me ma mehr ma ‚Papa'! Me/mehr mach mal! Ich./Da ma Luna mach ‚Papa'." in #25T, Fl.43f.), erst ab dem Alter von 2;7 findet sich bei ihm das erste Mal die Bezeichnung ‚sagen' für Sprechen („Mama ‚nein' gesagt." in Aufn.129-III; nicht im Auswahlkorpus enthalten).

Durch die bisherigen Ausführungen sollte u.a. verdeutlicht werden, daß zwei differente, wenn auch an vielen Stellen miteinander verwobene, „Stränge" im Erstspracherwerb in der vorsprachlichen Phase auszumachen sind: Der erste Strang hat die Bedürfnisse des Kindes zur Grundlage, das Handlungsmuster erforderlich macht, um konkrete aktuelle Ziele zu erreichen. Hierbei wird zunächst das Handlungsmuster selbst erworben, für dessen Realisierung am Ende des ersten Lebensjahres auch sprachliche Mittel eingesetzt werden. Der zweite „Strang" verläuft im Prinzip umgekehrt. Über sprachliche Lehr-Lern-Diskurse, die von den Interaktanten des Kindes unter Einbeziehung der Handlungssituation initiiert werden, erwirbt das Kind zunächst quasi zeichensprachliche wie auch sprachliche Ausdrucksmittel, die schrittweise in sprachliche Handlungsmuster integriert (z.B. deiktische Prozeduren) bzw. als solche ausgebaut werden (z.B. ›Verabschieden‹). Im ersten Fall verläuft also der Weg tendenziell *vom Zweck zum sprachlichen Mittel*, im zweiten tendenziell *vom sprachlichen Mittel (Äußerungsakt) zum Zweck.*

Abschließend möchte ich noch kurz zur Verwendung der deutschen gegenüber der *spanischen Sprache* in dieser frühen Phase des Spracherwerbs Stellung nehmen. Es hat sich gezeigt, daß die bisher analysierten Videoaufzeichnungen verhältnismäßig wenig spanischsprachige Elemente aufweisen. Das ist u.a. dadurch bedingt, daß die Videoaufnahmen von den deutschen Großeltern aufgezeichnet wurden und der Vater bei solchen Aufnahmen normalerweise nicht zugegen war. Es kann jedoch festgestellt werden, daß Adrian in *Hörerposition* keinen Unterschied macht zwischen deutsch- und spanischsprachigen Äußerungen (s. B1, B8, B9, B10, B14). In *Sprecherposition* verwendet er in einem Fall spontan einen Symbolfeldausdruck, der dem Spanischen entstammt, nämlich „Tara" (‚guitarra') für ‚Gitarre' (B15). Ich habe bei der Analyse selbst bereits darauf hingewiesen, daß Adrian das Objekt und dessen Bezeichnung wahrscheinlich einem bestimmten *Praxisbereich* zuordnet, in dem er das Spanische als die dominante Sprache erfährt, nämlich dem Bereich der Musik, der mit seinem Vater als Musiker eng verkoppelt ist. Interessanterweise läßt sich der entsprechende spontane Gebrauch dieses Ausdrucks auch für Luna im Alter von 1;4 belegen (s. #27T, Fl.108f.: „Taia! Aia!"), obwohl beide Kinder, wie schon aus (B17) hervorgeht, ebenfalls mit dem deutschen Ausdruck für dasselbe Objekt konfrontiert werden. Möglicherweise spiegelt diese spontane Verwendung des Spanischen eine frühe Form der (unbewußten) sprachlichen Reflexion auf seiten der Kinder wider.

3.2 Vom zweiten zum vierten Lebensjahr

Im vorausgehenden Kapitel (3.1) wurde versucht, wichtige Aspekte der vorsprachlichen Entwicklung beim Erstspracherwerb herauszuarbeiten, wobei besonderes Augenmerk auf den Erwerb erster Handlungsmuster und deren Realisierungsformen gelegt wurde. Im Zusammenhang mit dem zunehmenden Einsatz auch (vor-)sprachlicher Mittel durch die Kinder bei der Realisierung der Muster bzw. der jeweiligen Musterpositionen sind bereits für die Phase des ersten Lebensjahres verschiedene Formen des Ausprobierens erwähnt worden. Wie sich in einer früheren Studie (GARLIN 1993/1994) gezeigt hat, nimmt das sprachliche Ausprobieren – ich möchte es mit dem Oberbegriff *Sprachprobieren* bezeichnen – im weiteren Verlauf des Spracherwerbs einen hohen Stellenwert ein und soll aus diesem Grunde an dieser Stelle vorab theoretisch erläutert werden.

3.2.1 Sprachprobieren

Der Terminus *Ausprobieren* wurde von Angelika REDDER und Karin MARTENS (1983) – im Zusammenhang mit Diskursanalysen zur spezifischen Ausdrucksgruppe der Modalverben hinsichtlich der propositionalen und illokutiven Dimension des sprachlichen Handelns – für den kindlichen Spracherwerb eingeführt und von REDDER (1987) allgemeiner theoretisch aufgegriffen:

> Für die Aneignung von Sprache ist wesentlich, daß es Phasen des „Ausprobierens" gibt (cf. Redder & Martens 1983). Dies sind Phasen, in denen die innere Struktur der Konzepte, die in pragmatisch komplexen Ausdrücken sprachlich gefaßt sind, in ihren Ausformungen, Grenzen und Interrelationen handelnd erfahren wird. Zu solchen Konzepten gehören Modalitäten und aktantenspezifische Handlungsräume, insbesondere das Konzept vom Aktanten. (REDDER 1987, 37)

REDDER erwähnt für die „Aneignung praktischer Handlungen und der ihnen inhärenten Modalitäten" das *Spiel* als eine besonders relevante Diskursart:

> Welche Handlung wofür zweckmäßig ist, unter welcher Voraussetzung dieser oder jener Teilschritt erforderlich oder allererst möglich ist und so weiter sind Dimensionen, die dabei eine Rolle spielen. Ein Kind muß diese Verhältnisse kennen, um komplexere Handlungspläne entwerfen und also praktisch mit größerer Reichweite handeln zu können. Betrachtet man die Sprachentwicklung darauf hin, so zeichnet sich ein Handlungs- und Diskurszusammenhang dafür besonders aus: das Spiel.
> Leontjew (1973) liefert einige wichtige sprachpsychologische Beiträge unter dem Aspekt der Erprobung von Handlungsfähigkeiten und -reichweiten. Charakteristisch für das Spiel ist ein Agieren im Vorstellungsraum – Auwärter & Kirsch (1982) sprechen von der „Generierung fiktionaler Realität – oder im

> Planungsraum [...]. Handeln im Vorstellungsraum hat gemäß Leontjew „keine phantastischen Elemente", sondern beruht auf einer „eingebildeten Situation" [...]. In komplexeren Beispielen finden sich spielerische Überschreitungen des konkreten kindlichen Handlungsraums, etwa in Raumfahrer-Spielen. (REDDER 1987, 46f.)

Auch EHLICH weist auf die Bedeutung des Ausprobierens und des Spiels für den Erwerb von Handlungsmustern hin:

> Für die Muster gibt es ein Musterwissen. Dieses Wissen erarbeitet sich das Kind im Prozeß des Spracherwerbs. Der Aneignungsprozeß ist kompliziert, und seinem Resultat, der tatsächlichen Beherrschung des Musters in der konkreten Interaktion, gehen viele Aneignungsschritte voraus, in denen einzelne Elemente des Musters probeweise und spielerisch realisiert werden. (EHLICH 1996a, 190)

Eine solch allgemeinere Fassung der Kategorie des Spiels scheint mir zumindest für die frühe Phase des Spracherwerbs für eine Systematisierung des Sprachprobierens sinnvoll zu sein. Denn es stellt sich eine ganz elementare Frage: Ab welchem Alter können wir mit Sicherheit sagen, daß ein Kind ‚spielt'? Ab welchem Alter bringt ein Kind explizit zum Ausdruck, daß es nicht ‚real' handelt, daß es sich seines Handelns im Vorstellungsraum *bewußt* ist? Erste nonverbale Anzeichen dafür finden sich im Material des LA-Projekts z.B. für Adrian erst ab dem Alter von 1;11: Er zieht sich die Schuhe der Mutter an, tut so, als ob er Eis kaufen geht, und bringt den Interaktanten ein fiktives Eis (Aufn.85). Für Luna finden sich solche Belege etwas früher. Es ist kaum davon auszugehen, daß das Kind mit Kategorien wie ‚Spiel' und ‚Realität' geboren wird, sondern daß es sich die *Diskursart Spiel* während des Spracherwerbs aneignen muß. Die Tätigkeit des Kindes im frühen Alter wird also zunächst nur *von außen*, d.h. von den sprachkompetenteren Interaktanten des Kindes, im allgemeinen als Spielen kategorisiert. BRUNER bringt diesen gesamten Umstand treffend zum Ausdruck, indem er sagt, daß „Spiele die Kultur der Kindheit darstellen" (1987, 103). Trotzdem haben wir gesehen, daß sich über Diskursanalysen ‚spielerische Handlungen' in der Erwachsenen-Kind-Interaktion recht früh von ‚realen Handlungen' differenzieren lassen.
Auf der Grundlage zweier Querschnittsanalysen aus dem vorliegenden Material (#25T und #26T) konnte in GARLIN (1993/ 1994) – insbesondere unter Berücksichtigung der Kategorien Äußerungsakt, propositionaler und illokutiver Akt – gezeigt werden, daß bereits im Alter von 1;2 „drei Varianten des sprachlichen Ausprobierens als Mechanismen zum Erwerb sprachlicher Handlungskompetenz im Aneignungsprozeß von Erstsprache(n) synchron nebeneinander existieren" (1994, 94):

(1) Ausprobieren als Vorstufe des sprachlichen Handelns (imitativ-phonologische Dimension) [...]

(2) spielerisches Ausprobieren von Sprechhandlungen und (komplexen) Handlungsmustern [...]

(3) Ausprobieren im sprachlichen Handeln [...]

Alle drei Varianten finden sich im Diskurs. Das sprachliche Ausprobieren ist somit Teil des interaktiven Sprachgeschehens. Die Varianten unterscheiden sich in der illokutiven Qualität der jeweiligen [Äußerungen bzw.; E.G.] Sprechhandlungen und Sprechhandlungsfolgen. (GARLIN 1994, 91)

Wie die bisherigen Analysen gezeigt haben, sind diese drei Varianten auch schon für das erste Lebensjahr belegbar. Variante (1) – in Abschnitt 3.1 und der vorliegenden Arbeit insgesamt bezeichnet als *Ausprobieren im Äußerungsakt*'(s. B9, B11, B12, B14) – und Variante (3) (s. B11, B14) werden eindeutig vom Kind realisiert, Variante (2) wird in jedem Falle von den Interaktanten (s. B17), wahrscheinlich aber auch schon vom Kind (s. B13, B15) initiiert.
Wie lassen sich nun die drei Varianten des Sprachprobierens genauer differenzieren? Ich werde bei der Darstellung die Ergebnisse von GARLIN (1994) zitieren sowie die in Abschnitt 3.1 erarbeiteten neuen Erkenntnisse mit einbeziehen.

(1) Ausprobieren im Äußerungsakt

Das Charakteristische dieser Variante des Ausprobierens ist, daß den sprachlichen Äußerungen von sich aus die Qualität der Illokution – häufig auch die der Proposition – fehlt. Sie werden zu keinem erkennbaren kommunikativ relevanten Zweck realisiert [...].
[...] [Diese Variante des Ausprobierens; E.G.] ist prinzipiell, trotz des Fehlens der illokutiven Kraft [...], in den interaktiven sprachlichen Ablauf integriert, und zwar deswegen, weil ihr der Mechanismus der Imitation zugrunde liegt. So gibt es mindestens immer zwei Phasen, nämlich die Initiation durch ein Gegenüber des Lernenden und die des Ausprobierens auf seiten des Lernenden, die zumeist bzgl. der raum-zeitlichen Sprechsituation unmittelbar aufeinander folgen.
Die Initiierung kann direkt, also bewußt [...], wie indirekt, also unbewußt, erfolgen. Welche Faktoren im einzelnen von Bedeutung sind, damit das Kind [...] zum Ausprobieren motiviert wird, wäre m.E. ein interessanter Aspekt für weitere Analysen. (1994, 91f.)

Die bisherigen Analysen in dieser Arbeit haben gezeigt, daß diese letzte Frage durchaus beantwortet werden kann. Wir haben gesehen, daß es Faktoren gibt, die den Mechanismus der Imitation beim Kind aktivieren. Dazu gehören das beständige Imitieren der vom Kind produzierten Laute durch die Erwachsenen einerseits sowie andererseits die häufige Initiierung der ›Lehr-Lern-Aufforderung 2‹, wobei deren Realisierung auf seiten der Erwachsenen im Zusammenhang mit sprachlichen Tätigkeiten sehr schnell im Äußerungsakt auf ein

Minimum reduziert wird und das nur noch betonte Vorsprechen einer sprachlichen Lautfolge die Handlungsausführung (Nachsprechen der Lautfolge) beim Kind bewirkt. Es wurde bereits angesprochen, daß anzunehmen ist, daß das Kind auf diese Weise das Muster verinnerlicht und *automatisiert*. Mit der Zeit reicht dem Kinde die Rezeption einer betonten Lautfolge/Äußerung aus, um es zu einem Nachsprechen zu motivieren.

> Das auf die Initiierung folgende Ausprobieren [im Äußerungsakt; E.G.] kann sich auf einmalige *Repetition* [...] der Initiationsäußerung beschränken [...], es kann sich jedoch ebenso als eine ausgedehnte Tätigkeit darstellen [...]. Ich nehme an, prinzipiell nimmt das Ausmaß dieser Phase mit zunehmender Äußerungskompetenz ab. Angestrebt wird dabei immer das Ziel sein, eine der Initiationsäußerung identische Lautfolge zu reproduzieren [im Sinne einer zieladäquaten Handlungsausführung; E.G.]. Des weiteren nimmt die Komplexität des auszuprobierenden Äußerungsakts bei wachsender Kompetenz tendenziell bis zu einem gewissen Grad zu (etwa Imitation fester Redewendungen o.ä.).
> Ein zweiter Bestandteil des Ausprobierens [...] ist die Phase des *Übens*, die allgemein dem weiteren Ausprobieren des Äußerungsakts, seiner Sicherung und Vertiefung gilt. Diese Phase kann sich über einen langen Zeitraum ausdehnen, währenddessen das Kind sich für sich immer wieder aufs neue – häufig rhythmisch und melodisch – mit einer Lautfolge beschäftigt, auch wenn es sich bereits bei anderen Gelegenheiten im sprachlichen Handeln einsetzt.
> Sehr häufig provoziert diese Form des Ausprobierens [...] eine *Reaktion* seiner sprachkompetenteren Gegenüber in dem Sinne, daß diese die sprachlichen Tätigkeiten des Kindes wahrnehmen, interpretieren und ihnen in gewisser Weise illokutive Qualität unterstellen, um sie so in die sprachliche Kommunikation miteinzubeziehen [...]. Die [...] Reaktion dient [...] der Motivation im Sinne einer Aufforderung an das Kind, seine sprachlichen Aktivitäten fortzuführen, und beinhaltet normalerweise korrektive und/oder bestätigende Elemente bzgl. seiner Äußerung. (GARLIN 1994, 92; kursive Hervorhebungen E.G.)

Auch diese „Reaktion“ kann mit Hilfe der vorliegenden Ergebnisse für das erste Lebensjahr spezifiziert werden. Legen wir die verinnerlichte und automatisierte ›Lehr-Lern-Aufforderung 2‹ zugrunde, so schließt sich an die Handlungsausführung systematisch deren (mentale) Bewertung durch den Lehrenden an, die im interaktionalen Bereich als *Korrektur* bzw. *Bestätigung* zum Ausdruck gebracht wird (s. Ablauflaufdiagramm, Kap. 3.1.2).

> Besteht die Möglichkeit, so wird das Ausprobieren der Äußerungstätigkeit unmittelbar in das sprachliche Handeln integriert, d.h. der Äußerung wird von außen der Status einer Sprechhandlung verliehen. Auf diese Art und Weise erfährt das Kind im interaktiven Lehr-Lern-Prozeß den Handlungscharakter von Sprache. [...]
> Sobald der Äußerungsakt mit dem propositionalen und dem illokutiven Akt auch nur im Ansatz zu einer Einheit verschmelzen und sobald sich ihm im diskursiven Rahmen die Möglichkeit dazu bietet, versucht das Kind – [...] getrieben von dem Bedürfnis nach Kommunikation [...], aber auch um ggf. neue,

effizientere sprachliche Mittel zum Erreichen persönlicher Ziele einzusetzen –, seine sprachlichen Probeläufe in das sprachliche Handeln zu integrieren.
Im sprachlichen Handeln selbst also finden sich die anderen beiden Grundformen des Ausprobierens, die „spielerische" (2) und die „reale" (3) Variante. Sie unterscheiden sich durch die Wahrhafigkeit der Bedürfnisse, die den Aktanten dazu treiben, eine sprachliche Handlung zu vollziehen, also durch die Wahrhaftigkeit der illokutiven Kraft der jeweiligen Sprechhandlungen. (1994, 92f.)

(2) Spielerisches Ausprobieren von Sprechhandlungen und (komplexen) Handlungsmustern

Würde ich die [...] Variante (1) als sprachliche „Laufversuche" bezeichnen, bei denen die Konzentration auf der Tätigkeit selbst liegt und die noch nicht als Mittel zum Erreichen von Zielen eingesetzt werden [...], so würde ich die zweite Variante mit „Erkundungsgängen" vergleichen: Man steckt sich persönliche (Pseudo-)Ziele, erkundet Bedingungen [...], aber man wird nicht getrieben von notwendigen Bedürfnissen. In diesem Sinne liegt den sprachlichen Handlungen, die dieser Variante des Ausprobierens zuzurechnen sind, kein [...] realer, sondern ein *„gespielter" Zweck* zugrunde.
Derartige „Sprechhandlungsspiele" haben einen Doppelcharakter: Sie dienen der Erkundung, der Verarbeitung, dem Üben der Anwendung etc. im Umgang mit der sprachlichen Wirklichkeit und sind gleichzeitig ein unerläßlicher Teil ihrer selbst. Nur auf der Basis einer detaillierten Gesamthandlungsanalyse sind die Varianten (2) und (3) voneinander zu differenzieren. Wie sich [...] gezeigt hat, ist die Realisierung der Variante (2) nicht an Handlungssituationen gebunden, die von vorneherein als Spiele deklariert werden, sondern sie kommt, bisweilen sehr versteckt, im Alltagsdiskurs vor [...] [s. (B13), ggf. (B15) und (B17) in der vorliegenden Studie; E.G.].
[Im; E.G.] „Sprechhandlungsspiel" [...] wird das bloße Imitieren von Äußerungen zu einer kommunikativen „Handlung". Die (sprachliche) Interaktion an sich ist der Beweggrund des Handelns [...] [s. insbes. (B13) in der vorliegenden Studie; E.G.].
Voraussetzungen für „Sprechhandlungsspiele" sind, daß erstens das Kind den Handlungscharakter bestimmter sprachlicher Äußerungen erkannt hat, zweitens kein Druck durch außersprachliche Handlungsbedürfnisse (Streß) auf der diskursiven Situation lastet, d.h. daß diese insgesamt entspannt ist, und drittens die beteiligten Aktanten ihre Rolle als „Spielpartner" annehmen [s. auch hier wieder (B13) und ggf. (B15); E.G.]. Sind diese Voraussetzungen gegeben, so hat das Kind die Möglichkeit, sprachliches Handeln in seinen verschiedenen Dimensionen (prozedural, aktional oder interaktional) und/oder in seiner Komplexität (Handlungsmuster) im kommunikativen Prozeß auszuprobieren, um so „in Ruhe" die Kräfte sprachlicher Mittel und interaktive Bedingungen kennenzulernen. (GARLIN 1994, 93f.; kursive Hervorhebungen E.G.)

(3) Ausprobieren im sprachlichen Handeln

> Die dritte Variante [...] hat den Charakter von „Arbeit" – als Gegenstück zum „Spiel". Während beim „Sprechhandlungsspiel" vor allem das kommunikative/ interaktive Handeln an sich als Beweggrund auszumachen ist, so treiben den Aktanten bei dieser Form [...] *reale Bedürfnisse* und Ziele [...]. Hier hat das Ausprobieren an sich bereits den Status des sprachlichen Handelns in dem Sinne, daß der Aktant sprachliche Mittel und Wege ausprobiert, um sein Ziel zu erreichen. Das Kind, wie jeder erwachsene Mensch auch, tut dies im Rahmen der Möglichkeiten, den ihm seine sprachliche Kompetenz zur Verfügung stellt. Es benutzt [...] sprachliche Mittel, über deren Handlungsqualität es sich weitgehend sicher ist [...]. Das bedeutet [jedoch; E.G.] nicht, daß das Kind in diesen Situationen abgeneigt wäre, neue sprachliche Mittel einzusetzen. Im Gegenteil: Die Dringlichkeit der Bedürfnisse stellt eine Herausforderung dar, eben hier ein Stück weit über seine bisherigen Grenzen hinauszugehen und sprachliche Mittel auszuprobieren, die es bis dahin noch nicht genutzt hatte [...]. (GARLIN 1994, 94; kursive Hervorhebungen E.G.)

In meiner ersten Studie wurde hypothetisch ein *Stufenplan* vorgelegt, der darstellt, wie die drei Varianten des Sprachprobierens mit Bezug auf den Erwerb einzelner Handlungsmittel und -formen aufeinander aufbauen:

Schaubild: Hypothetischer Stufenplan Ausprobieren (1), (2) und (3) (nach GARLIN 1994)

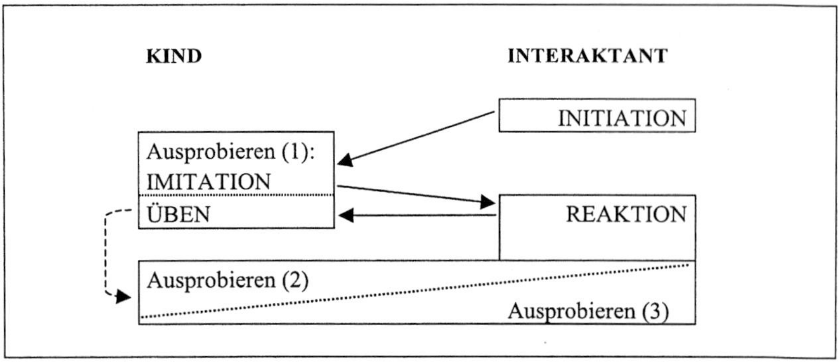

Dieser Stufenplan besagt, daß einzelne sprachliche Ausdrücke zunächst prinzipiell über die Imitation angeeignet werden müssen und daß sie zunächst im Äußerungsakt ausprobiert werden, bevor sie von außen oder vom Kind selbst in das (spielerische) sprachliche Handeln integriert werden.

Durch die nun folgenden Diskursanalysen soll dieser Stufenplan verifiziert oder ggf. modifiziert werden. Darüber hinaus soll ermittelt werden, wie die im Laufe des ersten Lebensjahres erworbenen Handlungsmuster und das entsprechende Musterwissen im Verlauf vom zweiten zum vierten Lebensjahr weiter ausgebaut und welche Handlungsmuster zusätzlich neu erworben werden. Da das Material sehr umfangreich ist, muß dabei zwangsläufig eine selegierende Strategie des weiteren Vorgehens gewählt werden. Ich werde zunächst zwei sprachliche Ausdrücke, ‚bravo' und ‚agua', im Entwicklungsverlauf ein Stück weit verfolgen, wie es das Stufenmodell des Sprachprobierens nahelegt.

‚bravo'

Der Ausdruck ‚bravo' begleitet im Deutschen wie im Spanischen normalerweise die Tätigkeit des *Applaudierens*. Das Applaudieren ist eine Form des *Lobens*, das die positive Bewertung einer vorausgegangenen Tätigkeit eines oder mehrerer Aktanten ausdrückt. „Zweck dieser Handlung ist es, jemandem explizit seine Zustimmung zu übermitteln, und zwar mittels Händeklatschen" (REHBEIN 1977, 45). Im Normalfall ist das Applaudieren und ‚bravo'-Rufen an eine bestimmte Form des gesellschaftlichen Handelns gekoppelt, nämlich an eine Präsentation (Musik, Theater, Rede etc.), und dient zum einen dem Ausdruck der Begeisterung auf der Hörerseite, zum anderen der Motivation des handelnden Aktanten (systematisch: des Sprechers).
Die Durchsicht des Videomaterials für das erste Lebensjahr hat ergeben, daß ein Musterwissen für den Teilbereich der Musik bereits im Alter von sieben Monaten im Ansatz vorhanden ist (Aufn.77: Luna applaudiert während des Singens). Weiterhin hat sich gezeigt, daß das Applaudieren in Verbindung mit dem Ausdruck ‚bravo' als eine Form des ›Lobens‹ in dieser Familie auch auf andere Praxisbereiche übertragen wird (s. B11: TRINKEN MIT STROHHALM). Letzteres hat zum einen sicherlich seinen Grund darin, daß der Praxisbereich des Musizierens zum Alltag der Familie gehört und sich eine Erweiterung des Nutzungsbereichs des Ausdrucks somit anbietet. Zum anderen hat sich aber auch der Ausdruck ‚bravo' zur Realisierung des ›Lobens‹ wahrscheinlich nicht zufällig etabliert – es könnten ja auch adäquate Ausdrücke wie ‚super', ‚fein' oder ‚toll' verwendet werden –, sondern ist wohl deshalb als standardisierte Form gewählt worden, weil er, von Artikulationsdifferenzen abgesehen, die deutsche wie die spanische Sprache gleichermaßen repräsentiert.

Betrachten wir nun an einem ersten Beispiel, wie der Ausdruck ‚bravo' Luna im Alter von 1;1 durch die Mutter und den größeren Bruder vermittelt wird.

(B19): **BRAVO**	**#18 T** - Luna (1;1) / Adrian (2;4)

München: Wohnung 1: vorderer Wohnraum // Luna, Adrian, Mutter. Adrian hat es geschafft, sich seine Hausschuhe alleine anzuziehen.

Adrian:	(s1)	I' gaschafft. . <zu M>
	(s2)	Ich geschafft.
	(s3)	( ). <p>
	(s4)	So.
Mutter:	(s5)	Bravo:! <zu Adrian>
	(s6)	Sag mal „Bravo, Django:"! <cresc.; zu Luna>
	(s7)	„Bravo!"
	(s8a)	Dile
		Sag ihm
Luna:	(s9)	Äh! <gequält>
Mutter:	(s8b)	„Bravo!"!
Adrian:	(s10)	Äh' äh.
Mutter:	(s11)	No?
		Nicht?
Luna:	(s12)	Bäh'!
Mutter:	(s13)	( ) <pp>
Luna:	(s14)	E'ba!
Mutter:	(s15)	Bravo. <zu Luna>
Adrian:	(s16)	„Bavo:!" <zu Luna>
Luna:	(s17)	Bah!
Mutter:	(s18)	Bravo:! <lachend> ((lacht))
Adrian:	(s19)	Oh.
	(s20)	Oh, Lona mach „Bravo!". <zu Mutter>

In (s1/s2) ›teilt‹ Adrian seiner Mutter ›mit‹, daß er es geschafft hat, sich seine Hausschuhe alleine anzuziehen. Seine ›Mitteilung‹ ist für die Mutter jedoch nur unter Einbeziehung des situativen Kontextes interpretierbar, da Adrian die Information darüber, was er „geschafft" hat, nicht sprachlich vermittelt. Seine Äußerung enthält somit nur einen Teil der gesamten Proposition. Die Verwendung des Ausdrucks ‚geschafft' indiziert, daß es sich nicht um eine gewöhnliche, sondern um eine besondere Leistung seinerseits handelt, die einer Anerkennung bedarf. Nachdem Adrian durch ein expeditives ‚so' anzeigt, daß er seine Tätigkeit beendet hat (s4), bringt die Mutter ihre Anerkennung umgehend zum Ausdruck, indem sie ihn ›lobt‹ (s5).

Die Mutter nutzt die Handlungssituation, um Luna das Muster des ›Lobens‹ sowie das entsprechende Ausdrucksmittel zu vermitteln, indem sie sie auffordert, Adrian zu »loben«. Dies tut sie mittels der ›Lehr-Lern-Aufforderung 2‹ (s6-s8). In diesem Beispiel ist gut zu erkennen, daß Luna zunächst eine negative Entscheidung bzgl. der Handlungsausführung trifft (s9), die von Adrian registriert wird (s10). Nachdem die Mutter nachfragt (s11), schwenkt Luna um und versucht sich zweimalig an einer Handlungsausführung (s12, s14). Während die Mutter ihre Handlungsausführung positiv bewertet (s15), hält Adrian sie für nicht gelungen, was er dadurch anzeigt, daß er einen zweiten Musterdurchlauf initiiert (s16). Luna probiert daraufhin erneut, eine zieladäquate Lautfolge zu produzieren (s17), was die Mutter nochmals mittels der bestätigenden Repetition der Lautfolge als gelungen bewertet. Adrian schließt sich nun ihrer Einschätzung an, indem er das Gelingen Lunas

Handlungsausführung gegenüber der Mutter freudig-überrascht (,oh') ›kommentiert‹ (s19/s20).
In diesem Beispiel läßt sich zweifach das Sprachprobieren im Äußerungsakt erkennen. Auf der einen Seite bei Luna, indem sie probiert, die zieladäquate Lautfolge ,bravo' zu produzieren, was von den anderen Interaktanten über die Bewertung gesteuert wird. Es handelt sich hierbei um die *Phase der Imitation* im Stufenplan des Ausprobierens, ausgelöst durch eine direkte Initiierung und beschlossen durch die Reaktionen der Interaktanten. Indem die ›Lehr-Lern-Aufforderung 2‹ durch die Mutter in die spezifische Handlungssituation des ›Lobens‹ eingebunden wird, wird Lunas Handlungsausführung in sprachlicher Form *von außen* in das sprachliche Handeln integriert. Darüber hinaus ist es sehr wahrscheinlich, daß Luna die propositionale wie illokutive Qualität des Ausdrucks ,bravo' einzuschätzen weiß, also über ein *Ausdruckswissen* verfügt.
Auf der anderen Seite finden wir in (s1, s2) auch ein Sprachprobieren im Äußerungsakt bei Adrian, indem er seine Äußerung von „i' gaschafft" zu „ich geschafft" verbessert. Es liegt hierbei allerdings ein entscheidender Unterschied zu Lunas Sprachprobieren vor, da keine von außen bewertenden Instanzen zwischen diesen beiden Äußerungen liegen. Das bedeutet, er korrigiert sich selbst, er *repariert* seinen Äußerungsakt. Um dies zu tun, muß er reflektiv auf eigenes sprachliches Vorwissen zurückgreifen können. Er hat also schon ein Wissen darüber, wie der zieladäquate Äußerungsakt auszusehen hat, während Luna sich im Prozeß befindet, sich dieses Wissen anzueignen. Dies legt die Vermutung nahe, daß Mechanismen des sprachlichen ,Reparatur-Apparats', „mit dessen Hilfe Störungen in der Abwicklung der Kommunikation bearbeitet werden" (EHLICH 1996a, 187), über das Sprachprobieren erworben werden.
Es sind jedoch noch einige andere Aspekte für das sprachliche Handeln Adrians im Alter von 2;4 zu erwähnen, die sich insbesondere auf die Fähigkeit des Einschätzens und Bewertens und damit auf sein Musterwissen beziehen. Zum einen ist er in der Lage, das von der Mutter initiierte Muster der ›Lehr-Lern-Aufforderung 2‹ als solches zu erkennen, was sich daran zeigt, daß er Lunas Negativ-Entscheidung in bezug auf die Handlungsausführung (s9) interpretieren kann (s10). Zum zweiten kann er selbst – zumindest die Mutter imitierend – das Muster initiieren (s16). Und zum dritten leistet er eine eigenständige, gegenüber der der Mutter differente Einschätzung und Bewertung von Lunas Handlungsausführung, indem er den zweiten Durchlauf initiiert (s16) und seine abschließende positive Bewertung in einer ganz eigenen Form zum Ausdruck bringt (s19, s20). Dies weist darauf hin, daß er bereits über ein relativ weit ausgebautes Musterwissen über das Handlungsmuster des ›Lobens‹ verfügt.

Das transkribierte Material enthält glücklicherweise auch Belege dafür, wie Luna in der *Phase des Übens* mit dem Ausdruck ,bravo' umgeht und wie sie ihn *spontan im sprachlichen Handeln* verwendet. Das folgende Beispiel stammt aus einer Aufnahme, bei der Luna einen Monat älter als im eben beschriebenen Beispiel war, also 1;2. Die Darstellung muß aufgrund der starken Ausdehnung des Handlungsablaufs an dieser Stelle etwas anders gestaltet werden.

(B20): **BRAVO!**	**#22 T** - Luna (1;2) / Adrian (2;5)

München: Wohnung 1: Wohnbereich: Fußboden // Adrian, Luna und Mutter hatten ein einfaches Puzzle gelegt, bei dem Holzfiguren verwendet werden. Nach Beendigung dieser gemeinsamen Tätigkeit legen Adrian und Mutter ein weiteres Puzzle, während Luna sich ein wenig abseits für sich mit den Holzfiguren und anderen Gegenständen beschäftigt. Dabei wird sie auch lautlich aktiv (s. Transkript):

Luna:		Oba. - Ba. - Boa. Bo.
		Oh! - A:h! <f> - Ah. - Oh! <f> - Oh! <f> Oba! <f>
		Odlgo! <f; schnell> - Dgodlgo! <f; schnell> Dlgo!
		Adlgodlgo. <dim.>
		Oba! <f> Ba:, ba ba ba ba ba. <f>
		Aba ba ba. <f> Aua baba. <f> Aba ua ua ua. <f>
		Oba. <p> - Aua aua. - Goa. <f> Goa.
[Fl.53f.]	(s0)	Bap! Bou. Baub. Bau, bau. <pp; flüsternd> (spielt mit einer Triangel)

Während Adrian und Mutter gemeinsam das Puzzle legen, verwendet Mutter dreimal den Ausdruck ‚bravo' (Fl.62 und Fl.70), um Adrian zu loben. Gegen Ende der gemeinsamen Tätigkeit (Fl.69) gesellt sich Luna wieder zu den beiden.
Nachdem das Puzzle fertig ist, möchte Adrian noch ein weiteres Puzzle legen. Er geht an eine Schublade, um eines auszusuchen, und findet dabei eine Dose mit „Steckblumen" (ca. 100 kleine, flache, verschiedenfarbige Plastikplättchen in Form von Blumen, die man ineinanderstecken kann).

Adrian:	(s1)	Des spielen. . . (holt die Dose mit den Steckblumen hervor)
	(s2)	Mami, das spielen. (zeigt Mutter die Dose)
Mutter:	(s3)	Das spieln?
	(s4)	Da müß mer das andre aber erst aufräum.
Adrian:	(s5)	Nein, .
Luna:	(s6)	Hm'. <pp>
Adrian:	(s5a)	auf
	(s7)	(schüttet die Steckblumen aus der Dose auf den Fußboden)
Mutter:	(s8)	Wow! <engl.> (blickt auf die herausfallenden Steckblumen)
Luna:	(s9)	Bavo! (blickt auf die herausfallenden Steckblumen)
Mutter:	(s10)	Die Blü:melein.
Adrian:	(s11)	Die Blümelein.
Mutter:	(s12)	Hm. <bestätigend>

Auch wenn für die Phase des Übens des Ausdrucks ‚bravo' lediglich (s0) ausgewertet werden kann, weil hierfür eine Verbindung zwischen dem Äußerungsakt und der Beschäftigung mit einem Musikinstrument (Praxisbereich Musik) belegbar ist, so finde ich auch das, was dem vorausgeht, durchaus darstellenswert, weil hierdurch das Charakteristische des Übens als Phase des Sprachprobierens im Äußerungsakt deutlich wird, nämlich das *Variieren der Lautkombinationen.* Betrachten wir (s0) und (s9) im Vergleich, so ist eindeutig, daß Luna fähig ist, die Lautfolge /BRAVO/ annähernd zieladäquat zu produzieren. Man darf dabei allerdings nicht übersehen, daß die Mutter den Ausdruck in der Zwischenzeit dreimal verwendet. Trotzdem sehen wir in (s0), daß Luna den Ausdruck im Äußerungsakt auf einer Basisstruktur variiert. Genauso gestalten sich die vorausgehenden Äußerungen. Hervorzuheben ist, daß diese Äußerungen keine diskursive, interaktive Einbettung haben. Es hat den Anschein, daß Luna mit den Lautfolgen „spielt" (s. dazu auch insbes. das Beispiel GABEL in GARLIN 1994, 84f.; hier #25T-II, Fl.2-18). In (s9) verwendet Luna, im vorliegenden Material zum ersten Male belegbar, den Ausdruck ‚bravo' *spontan* im Handlungszusammenhang als Ausdruck der Begeisterung über eine Tätigkeit Adrians, die in keiner Weise im Zusammenhang mit dem Praxisbereich der Musik steht: Adrian hat auf der Suche nach einem weiteren Puzzle, das er mit der Mutter gemeinsam legen wollte, eine Dose mit kleinen bunten Steckblumen entdeckt und ändert daraufhin seinen bisherigen Handlungsplan dahingehend, daß er der Mutter ›mitteilt‹, daß er mit den Steckblumen spielen will (s1, s2). Da er sie in (s2) direkt anspricht, ist anzunehmen, daß er eine gemeinsame Handlungsebene mit ihr aufrechterhalten will, und er fordert sie implizit dazu auf, mit ihm gemeinsam eine neue Tätigkeit anzufangen. Indem die Mutter nachfragt (s3), initiiert sie damit das ›Stellen einer Bedingung‹ (s4). Auch hierin ist implizit eine Aufforderung enthalten, nämlich die, die zuvor benutzten Gegenstände vorher aufzuräumen. Adrian ist nicht bereit, auf die Bedingung der Mutter einzugehen (s5), und fährt unbeirrt in der Ausführung seines neuen Handlungsplans fort (s5a, s7). Die Mutter akzeptiert seine Handlungsverweigerung, was sich daran zeigt, daß sie Adrians zielstrebiges Handeln toleriert, indem sie die Beendigung einer Teilhandlung positiv kommentiert (s8). Auch Luna scheint begeistert von Adrians Aktion und bringt dies explizit sprachlich zum Ausdruck (s9). Interessant ist, daß sie in der Wahl des Ausdrucks nicht die Mutter imitiert, sondern daß sie ihr „bavo" initiativ einbringt, d.h. daß sie sprachlich handelt. Es ist jedoch nochmals darauf hinzuweisen, daß die Mutter diese Form des ›Lobens‹ kurz zuvor in einem anderen Handlungszusammenhang verwendet hatte.

Die Sequenz (s10-s12) wurde deshalb mit in das Beispiel aufgenommen, weil sich hier das Sprachprobieren im Äußerungsakt auf einer fortgeschritteneren Stufe spiegelt. Hier wird, ähnlich wie in (B12), die ›Lehr-Lern-Aufforderung 2‹ realisiert. Die Mutter fordert Adrian auf, die Lautfolge /DIE BLÜMELEIN/ nachzusprechen. Diese Aufforderung „versteckt" sie quasi in einem Kommentar; der Indikator, daß es sich dabei um die ›Lehr-Lern-Aufforderung 2‹ handelt, liegt lediglich in der Dehnung des Ü-Lautes. Adrian erkennt jedoch geübt die Handlungsabsicht der Mutter und kommt der Aufforderung umgehend nach (s11), was die Mutter abschließend positiv bewertet und bestätigt (s12). Adrian ist in diesem Beispiel 2;5 alt. Es läßt sich also hier die Annahme belegen, daß die Komplexität des zu imitierenden Äußerungsakts beim Sprachprobieren mit wachsender sprachlicher Äußerungskompetenz zunimmt (s. Ausprobieren (1)). Auch hier wird wieder eine Verbindung zwischen dem Handlungsobjekt und Sprache hergestellt; es wird dabei eine nennende Prozedur vollzogen.

Kehren wir ein letztes Mal zurück zum Ausdruck ‚bravo' in seiner spontanen Verwendung durch Luna im Alter von 1;4.

(B21): **BRAVO/GUITARRA**	**#27 T** - Luna (1;4) / Adrian (2;7)

München: Wohnung I: vorderer Wohnraum // Die Mutter sitzt auf einem Hocker neben dem Bett, die Gitarre in der Hand. Der Vater ist mit Essensvorbereitungen beschäftigt. Steffi, eine Freundin der Mutter, sitzt auf einem Stuhl am Eßtisch. Die Kinder bewegen sich im Raum

Mutter:	(s1)	(fängt an, Gitarre zu spielen)
	(s2)	Lo <s>puede(s) afinar? <zu Vater> *Sie du kannst stimmen?*
Luna:	(s3)	<s>Taia!
Mutter:	(s4)	((lacht)) (streckt Vater die Gitarre entgegen)
Vater:	(s5)	(nimmt die Gitarre entgegen, fängt an, sie zu stimmen->)
Luna:	(s6)	Aia!
Steffi:	(s7)	Aia. <lachend>
Luna:	(s8)	Papa.
Steffi:	(s9)	Bravo, Papa! ((klatscht))
Adrian:	(s10)	Is keine Musik. <zu Steffi>
Steffi:	(s11)	<s>Das is keine Musik.
Mutter:	(s12)	<s>Das is keine Musik.
	(s13)	Also so was.
Steffi:	(s14)	Django hat was gegen mo- <s>derne Musik. <lachend>
Luna:	(s15)	<s>Papa!
	(s16)	Apa.
Mutter:	(s17)	Op- <s>pa.
Luna:	(s18)	<s>Oppa, oppa.
...		
Mutter:	(s19)	(fängt erneut an, Gitarre zu spielen->)
Luna:	(s20)	Tabama!
Steffi:		Oh, Django!
Mutter:		Django. H`m.
Luna:	(s21)	Bavo! <cresc.> <s>((klatscht))
Steffi:	(s22)	<s>((lacht))
Mutter:	(s23)	<s>((lacht)) ( )
	(s24)	Tremendo público. *Tolles Publikum.*
Steffi:	(s25)	((lacht))
Vater:		Se malogró? <zu Adrian>
Adrian:		( )

		(5 Sek.)
Luna:	(s26)	Taia!
...		
Mutter:	(s27)	que en mí ya no <s>pienses más. <singend; beendet das Lied>
Adrian:	(s28)	<s>Nei, i will Hänschen-klein!
Mutter:	(s29)	<s>(fängt an, die Hänschen-klein-Melodie zu spielen->)
Adrian:	(s30)	<s>Nein!
		<s>Nich!
Luna:	(s31)	<s>( ) <cresc.>
Vater:	(s32)	<s>Bravo! <s>((klatscht))
	(s33)	<s>((lacht))
Steffi:	(s34)	<s>Bravo!
		<s>((klatscht))
Vater:	(s35)	<s>( )
Mutter:	(s36)	<s>((summt Hänschen-klein->)
Luna:	(s37)	H´mh`m.
Vater:	(s38)	((pfeift Hänschen-klein->)
Luna:	(s39)	Bavo!

Der Diskursablauf gliedert sich in drei Abschnitte: (s1-s26), darin (s15-s18), und (s27-s39).

In (s1) fängt die Mutter an, Gitarre zu spielen. Da sie bemerkt, daß das Instrument verstimmt ist, ›bittet‹ sie einen handlungskompetenteren Interaktionspartner, den Vater, in Form einer Frage, es für sie zu stimmen (s2, s4). Der Vater kommt ihrer ›Bitte‹ nach (s5). In (s3) »kommentiert« Luna – wahrscheinlich Steffi gegenüber – mittels einer nennenden Prozedur das *Handlungsobjekt* („Taia!"). Da eine wahrscheinlich erwartete Reaktion der von ihr gewählten Interaktionspartnerin ausbleibt, repetiert sie in (s6) ihren »Kommentar«. In (s7) folgt die erwartete Reaktion auf Steffis Seite in Form einer Erwachsenen-Imitation der kindlichen Äußerung. Auffallend ist dabei, daß sie Lunas unvollständigen Äußerungsakt nicht korrigiert, sondern ihn zunächst (amüsiert) identisch übernimmt. In (s8) erweitert Luna ihren »Kommentar« über die Tätigkeit des Vaters um ein zweites Element, indem sie das *Handlungssubjekt* („Papa.") benennt, was Steffi als »Aufforderung« interpretiert, dem Vater bei seiner Tätigkeit zu applaudieren, der sie nachkommt (s9). Interessanterweise ›weist‹ Adrian Steffi umgehend darauf ›hin‹, daß es sich bei der Tätigkeit des Vaters, dem Gitarre-Stimmen, nicht um Musik handelt (s10) und daß damit ihr ›Applaudieren‹ an dieser Stelle unangemessen ist. Sowohl Steffi als auch die Mutter nehmen Adrians belehrenden ›Hinweis‹ zur Kenntnis (s11, s12), sie scheinen ihn sogar als »Zurechtweisung« zu interpretieren. Während die Mutter sich daraufhin damit begnügt, die »Zurechtweisung« ironisch zu ›kommentieren‹, hat Steffis Äußerung in (s14) im Ansatz – wenn auch ins Lächerliche gezogen – den Charakter einer ›Rechtfertigung‹ ihrer Handlung in (s9), indem sie unterstellt, die Stimm-Tätigkeit des Vaters sei „moderne Musik", die Adrian ablehnt.

In (s15) repetiert Luna den zweiten Teil ihres »Kommentars« und in (s16) variiert sie die Lautfolge im Äußerungsakt. Es ist nicht nachvollziehbar, zu welchem Zweck sie (s16) äußert, möglicherweise begibt sie sich damit in die Phase des Übens der Lautfolge /PAPA/. Die Mutter greift ihre Äußerung auf und begibt sich mit ihr gemeinsam in das Üben der Lautfolge, indem sie die Lautfolge spielerisch variiert (s17), was Luna in (s18) wiederum aufgreift. Es ist dabei festzustellen, daß sich über die Variation ein anderer, dem Kind jedoch bereits bekannter Ausdruck herausbildet (‚Papa' -> APA -> OPPA -> ‚hoppa-hoppa'). Wir werden später noch sehen, daß über derlei spielerisches *interaktives Sprachprobieren* im Äußerungsakt semantische Oppositionen gebildet werden.
Nachdem der Vater die Gitarre gestimmt und der Mutter zurückgegeben hat, fängt die Mutter in (s19) erneut an, zu spielen. Es ist anzunehmen, daß Luna sich in (s20) nochmals an einer »Kommentierung« versucht. Diesmal probiert sie, Objekt und Subjekt-Komponenten (‚guitarra' und ‚Mama') in einer Äußerung „unterzubringen", was zuvor auf zwei Äußerungen verteilt geschah (s. s6, s8). Dies führt zu einem Mißlingen im Äußerungsakt. Hier zeigt sich, wie hoch der Konzentrationsanspruch für das Kind in dieser Phase allein für die zielgerechte Produktion von konkreten Lautfolgen ist. Es läßt sich darüber hinaus eine weitere Spracherwerbsstrategie erkennen, nämlich die der *Zerlegung von Gesamtpropositionen* (hier: der Sprechhandlung des ›Kommentars‹) in einzelne Teile (hier: zwei nennende Prozeduren in Subjekt- und Objekt-Funktion), die zunächst getrennt voneinander in Einzelschritten ausgedrückt werden. Indem Luna sich initiativ, also ohne dabei auf den Mechanismus der Imitation zurückzugreifen, um die Verbindung von zwei Teiläußerungen bemüht, zeigt sich, daß die Verbindung bei ihr mental besteht, daß sie jedoch noch nicht in der Lage ist, sie verbal angemessen zum Ausdruck zu bringen.
In (s21) imitiert Luna m.E. Steffis ›Applaus‹ als „Vorschußlorbeeren" in (s9), der sich dort direkt an Lunas »Kommentar« anschloß. Es handelt sich an dieser Stelle zunächst wahrscheinlich um eine *Interaktionsroutine* – jemand nimmt ein Musikinstrument in die Hand, d.h. er/sie macht Musik; demzufolge ist zu applaudieren –, die jedoch langfristig zweifelsohne auch zur Ausbildung des gesamten Handlungsmusters führt. Dazu gehört auch, den Musiker zu seiner Präsentation mit einem Applaus zu empfangen, was die Mutter in (s24) entsprechend einbettet, indem sie ihrerseits „das Publikum" (Luna) lobt und sich somit für den Applaus ›bedankt‹.
In (s27-s39) geht es um einen anderen Teil im Handlungsmuster, nämlich um das ›Applaudieren‹ *nach* Beendigung eines Teils der musikalischen Präsentation (Musikstück). Diese Handlung – als systematische Musterposition – wird jedenfalls vom Vater in (s32) und von Steffi in (s34) realisiert. Adrian ›protestiert‹ demgegenüber gegen die Wahl des Musikstücks oder der Musikart, indem er negierend in die Tätigkeit der Mutter (s27) eingreift (s28: „nein") und sie ›auffordert‹, „Hänschen-klein" zu spielen, womit er sich

durchaus der Rechte des Publikums bedient[76]. Die Mutter kommt seiner Forderung nach (s29), wird aber in ihrer Handlungsausführung von Adrian fehlinterpretiert, was sich daran zeigt, daß er weiterhin seine Ablehnung zum Ausdruck bringt (s30). Die Eltern nehmen seine Fehlinterpretation wahr (s33) und versuchen, Adrian zu vermitteln, daß seine Forderung erfüllt wird, indem sie, das Gitarrenspiel unterstützend, die Melodie des Liedes mitsummen (s36) und -pfeifen (s38). Luna scheint, im Gegensatz zu Adrian[77], das Musikstück zu erkennen (s37) und bringt ihre Zustimmung zu dieser Wahl umgehend zum Ausdruck (s39). Lunas „Bavo!" in (s39) ist also m.E. trotz der geringen dazwischen liegenden Zeitspanne nicht als Imitation von Vaters und Steffis Handlung in (s32, s34) zu sehen, sondern als *Zustimmung* zur Wahl der Mutter. In seiner Funktion ist der hiesige Ausdruck durchaus vergleichbar mit demselben im vorangegangenen Beispiel (B19: s9), in einer eigenständigen Verwendung durch das Kind als Zustimmung zu einem Ereignis und Ausdruck der eigenen Begeisterung. Es handelt sich hier bei Luna also wohl eher um die – auch verbale – Handlung des ›Applaudierens‹ als um die Realisierung des Handlungsmusters ›Loben‹. Denn während beim ›Applaudieren‹ im Normalfall – sofern es sich nicht um einen reinen Höflichkeitsakt handelt – die Hörer-Begeisterung im Vordergrund steht, muß beim ›Lob‹ die qualitative Bewertung des anderen zum Ausdruck gebracht werden. Dies kann u.U. durch das verbale Applaudieren geschehen, muß dann aber auch situative Indikatoren beinhalten (s. B22: s14-s16; Lehr-Lern-Diskurs). Intonatorische und expressive Faktoren spielen dabei eine entscheidende Rolle.

Es konnte anhand dieses Beispiels gezeigt werden, welche Reichweite beim Spracherwerb die Verwendung eines einzigen Ausdrucks haben kann und daß er nicht einfach „global", sondern schon von Luna im Alter von 1;4 in verschiedenen Situationen *differenziert* verwendet wird. Dabei spielen offensichtlich aber auch imitative Komponenten noch eine wesentliche Rolle.
Der Ausdruck ‚bravo' wurde für die Analyse deswegen ausgewählt, weil er unmittelbar an Handlungen des Lobens gebunden ist. Auf diese Art und Weise war es möglich, auch das *›Loben‹* als Handlungsmuster in seinem Aneignungs-

---

[76]Adrian hatte schon seit Beginn des Liedes seinen Protest vehement zum Ausdruck gebracht (s. #27T, Fl.133f.). Die Mutter hatte sich davon jedoch insgesamt wenig beirren lassen und ihr Stück zuende gebracht. Als sie zu Anfang in ihrer Haltung schwankte, wurde sie vom Vater – der „Kompetenz" in diesem Praxisbereich – darin bestärkt, sich nicht unterbrechen zu lassen (Fl.134f.: „Mach weiter, mach weiter!"). Auf diese Weise werden soziale Normen vermittelt und als Musterwissen beim Kind mitverankert. Einem Musikpublikum steht es zwar unter bestimmten Voraussetzungen (insbes. Familiarität) zu, Musikwünsche zu äußern, es ist jedoch nicht berechtigt, die aktuelle Präsentation eines Musikstücks zu stören.

[77]Im Transkript ist zu erkennen, daß die Ursache für Adrians Fehlinterpretation im mentalen Bereich des Kindes anzusiedeln ist, daß er nämlich das gewünschte Musikstück aus der Melodie nicht erkennt und daß er die Melodie einem anderen bekannten Stück zuordnet (#27T, Fl.150: „Nich/ Nich Hämplmann! Nein, ich will Hänschen/"). Darüber hinaus sind im weiteren Diskursverlauf die Überzeugungsstrategien der Erwachsenen gut erkennbar.

prozeß weiter zu verfolgen (s. B11, B19, B20): Es ist gut zu erkennen, daß Luna den Ausdruck ‚bravo' als spontanen Ausdruck ihrer eigenen Begeisterung in unterschiedlichen Situationskontexten verwendet, während Adrian im Alter von 2;7 bereits über ein Handlungswissen in bezug auf den Praxisbereich der Musik verfügt, das ihn dazu befähigt, eine Tätigkeit zu bewerten und eine Handlungsangemessenheit beurteilen zu können (s. s9, s10). Das bedeutet, er verfügt bereits über ein Musterwissen zum Muster ›Loben‹ sowie über eine entsprechende Ausdrucksfähigkeit (s. B19). Luna dagegen verfügt über ein Musterwissen über das (verbale) ›Applaudieren‹ – als einer weniger komplexen Form des Lobens –, da sie es in unterschiedlichen Situationskontexten realisiert, also nicht nur in situationsbezogenen Interaktionsroutinen, wie es bei Adrian in (B11) der Fall war.

Ein abschließendes Wort zum Gesamtzusammenhang des soeben besprochenen Beispiels (vgl. #27T). Die Gesamtsituation stellt sich folgendermaßen dar: Der Vater kocht für die Familie, die Mutter versorgt die Kinder in ihren unterschiedlichen Bedürfnissen. Der Gast der Familie (Steffi) ist zugegen und geht der Mutter gelegentlich zur Hand. Innerhalb dieser familiären Konstellation initiiert der Vater „nebenbei" eine *Spielsituation.* Er schlägt der Mutter vor, etwas zu singen und dazu auf der Gitarre zu spielen:

Vater: [Fl.99ff.] Chula, por qué no te cantas un valcesito?
Chula, warum nicht dir du singst ein Walzerchen?
Toca algo!
Spiel was!
Yo no puedo.
Ich nicht kann.
Fir die Steffi.

Damit ist zwar noch keine Spielsituation markiert, aber die Äußerungen enthalten einige wichtige Hinweise auf den Handlungskontext. Indem der Vater sagt, daß er selber nicht spielen kann (weil er kocht), gibt er zu verstehen, daß es sich beim ‚Musik machen' zu solchen familiären Anlässen (Besuch haben etc.) eigentlich um seinen Aufgabenbereich handelt, den er jetzt an die Mutter delegiert. Und indem er sagt, die Mutter solle etwas für Steffi spielen, erzeugt er eine *Präsentationssituation*, bei der er der Mutter im Prinzip die Rolle der Präsentierenden und Steffi die Rolle des Publikums zuweist. Nachdem die Mutter seinem Vorschlag zustimmt, wird der fiktive Auftritt der Mutter weiter geplant. Hier wird deutlich, daß der Vater eine Spielsituation erzeugen will, u.a. auch dadurch, daß er jetzt von spanisch auf deutsch umschwenkt, damit auch Steffi, die kein spanisch versteht, den Anweisungen folgen kann:

Vater: [Fl.101ff.] Ihr geht s/ si/ si/ Ihr könnt euch umziehen.
Hier, da is die Garderobe.
Da sin die Klamotten.
Kommt ihr mit diese/ äh, wie hei da/ Radelhose.

Mit Aerobic.
Eing/ Eing/ Eine Bluse/ Eine Bluse so mit eing Gürtl.
Egal! Na. Wa/ Was du willst.

Die Mutter läßt sich zwar nicht zu einem „Garderobenwechsel" bewegen, steigt jedoch auf das vom Vater inszenierte Spiel ein, was den Vater dazu veranlaßt, die Mutter „auf die Bühne zu setzen":

Vater:	[Fl.126f.]	Enonce jala la silla ahí, de Hocke allá, y ahí atrás para (que vean) todos. *Also dann zieh den Stuhl da, den Hocker dort, und dort hinter, damit (sehen) alle.*

In den Rahmen dieser vom Vater initiierten Spielsituation findet sich (B21) eingebettet. Auf diese Art und Weise ist es möglich, den Kindern – wie auch den anderen in diesem Praxisbereich relativ inkompetenten Aktanten – die diskursive Großform der MUSIKALISCHEN PRÄSENTATION zu vermitteln[78]. Komplexe Handlungsmuster können so ohne schwerwiegende Konsequenzen von den Lehrenden (hier: Vater) vermittelt und von den Lernenden (hier: alle anderen Interaktanten) angeeignet werden, was in einer realen Situation wahrscheinlich nicht problemlos möglich wäre – man stelle sich Adrians ›Protest‹ in einer realen Präsentationssituation vor. Hiermit haben wir einen weiteren Beleg dafür, daß Spielsituationen, teilweise sehr subtile, auch – oder gerade – von den Erwachsenen initiiert werden (s. B17). Es ist anzunehmen, daß die *Diskursart Spiel* u.a. in dieser Form vom Kind angeeignet werden kann.

,agua'

Wenden wir uns nun der Untersuchung eines zweiten Ausdrucks zu, der von beiden Kindern früh erworben wurde: ,agua' (dt. ,Wasser'). Es handelt sich dabei um einen Symbolfeldausdruck der spanischen Sprache, der – im Gegensatz zu ,bravo' – im Deutschen nicht verwendet wird. Analog zum Verfahren bei der vorausgehenden Beispielreihe ,bravo' wurde das Korpus chronologisch nach Diskursen abgesucht, in denen der Ausdruck ,agua' vorkommt.

(B22): **AGUA**	**#18 T** - Luna (1;1) / Adrian (2;4)

München: Wohnung I: am Eßtisch // Luna und Mutter sitzen am Tisch. Luna ißt noch. Adrian bewegt sich im Raum.

Luna:	(s1)	Ä:h! <ff>
Mutter:	(s2)	Quieres más, Luna? *Möchtest/Willst du mehr, Luna?*
Luna:	(s3)	Ä:h. <f>

[78]Weitere Schritte zur Aneignung des komplexen Handlungsmusters der MUSIKALISCHEN PRÄSENTATION finden sich in Aufn.202 und Aufn.211 im Gesamtkorpus LA-Projekt.

Mutter:	(s4)	((lacht)) <p>
Adrian:		(<s>)
Mutter:	(s5)	<s>Quieres agua? *Möchtest/Willst du Wasser?*
Luna:	(s6)	Aba.
Mutter:	(s7)	Agua? *Wasser?*
	(s8)	Sí? *Ja?*
Luna:	(s9)	Eh. <p>
Mutter:	(s10)	Quieres agua? *Möchtest du Wasser?*
Adrian:		Ich es geschriebe.
Mutter:		Sí. <zu Adrian>
	(s11)	Quieres agua? <zu Luna> *Möchtest du Wasser?*
Adrian:	(s12)	Ja, ich auch. <zu Mutter>
Luna:		((hustet)) . .
Adrian:		Geschrieben. <p>
Luna:	(s13)	Äm:a, äm:, äm:, äm:. <f>
Mutter:	(s14)	Agua. *Wasser.*
Luna:	(s15)	Aua.
Mutter:	(s16)	Bravo! <gedehnt; lachend>
	(s17)	Agua.
Luna:	(s18)	Auau.
	(s19)	Aua! <f; dim..>
Mutter:	(s20)	Ag<s>ua.
Luna:	(s21)	<s>Aua.
Mutter:	(s22)	Agua.
Luna:		((hustet))
		(Telefon klingelt 2x)
Mutter:		(geht ans Telefon) Alló?
Luna:	(s23)	Dede! (streckt die Hände nach dem Wasser aus)
Mutter:		((telefoniert ->
Luna:	(s24)	Dede! <ff> (streckt die Hände nach dem Wasser aus)
	(s25)	Dede! <dim.; fast leidend)
	(s26)	Eh.
Adrian:	(s27)	(klettert auf den vollgestellten Tisch)
Mutter:	(s28)	Eh, Dja/ ! <zu Adrian> Moment! <dim.; gestreßt; ins Telefon>
	(s29)	Ah. <erleichtert>
	(s30)	Du, Django, geh m/ bitte wieder runter vom Tisch!
Adrian:	(s31)	(hält die Wasserflasche in der Hand und zeigt auf ein Glas) (De na) da rein tun.
Mutter:	(s32)	Ja, o.k., aber dann steig wieder ab!
	(s33)	So. ((telefoniert weiter ->
Adrian:	(s34)	(gießt Wasser in das Glas und ein wenig vorbei)
	(s35)	((schreit auf)) Hm Wasser. .
	(s36?)	<s>( )

Mutter:		<-beendet das Telefonat))
Luna:	(s37)	<s>Eh!
		. .
Adrian:	(s38)	(trinkt) <und> ((hustet))
Luna:		((brabbelt->
Adrian:		War des? <zu Mutter>
Mutter:		Qué? *Was?*
Adrian:		War des?
Mutter:		Ese fue una: . / *Das war eine: ./*
Luna:		<-))
Mutter:		una señora, que se llama *eine Frau, die heißt*
Luna:	(s39)	Aua!
	(s40)	Aua!
Mutter:		M.S. . <zu Adrian>
Luna:	(s41)	Au:a:!
Mutter:	(s42)	Hm?
Luna:	(s43)	Aua! <f>
	(s44)	Am:, am::.

In (s1) gibt Luna am Tisch beim Essen einen lautstarken und gedehnten Ä-Laut von sich, den die Mutter dahingehend interpretiert, daß Luna etwas von ihr möchte. Da Lunas Äußerung keine begleitenden nonverbalen Hinweise enthält, versucht die Mutter durch Nachfragen herauszufinden, welches der Gegenstand Lunas »Aufforderung« sein mag. Sie macht ihr zwei Angebote: Zunächst fragt sie Luna, ob sie noch mehr (Essen) möchte (s2). Als Luna daraufhin nicht zustimmend reagiert, sondern – allerdings etwas weniger lautstark – ihre »Aufforderung« repetiert (s3), macht die Mutter ihr ein Alternativangebot. Sie fragt sie auf spanisch, ob sie Wasser möchte (s5). Luna reagiert darauf tendenziell positiv, indem sie die betonte Teiläußerung der Nachfrage der Mutter zunächst repetiert (s6). Da die Mutter sich scheinbar nicht sicher ist, ob sie Lunas Äußerung als eine positive Antwort auf ihre Frage werten kann, versucht sie, sich durch wiederholtes Nachfragen ihrer Interpretation zu versichern (s7, s8, s10, s11). Auch Lunas »Antwort« in (s9) ist dabei, insbesondere aufgrund von Intonation und Lautstärke, als eine positive Reaktion zu werten. Trotzdem fährt die Mutter in ihrem Nachfragen fort. Auf (s11) hin greift Adrian in den Diskurs ein, indem er die Frage auch auf sich bezieht (s12). Dies ist dem ersten Teil seiner Äußerung zu entnehmen, denn ‚ja' ist eigentlich keine angemessene Antwort auf eine Frage, die nicht an die eigene Person, sondern an einen anderen Interaktanten gerichtet ist. Adrian scheint jedoch seinen „Fehltritt" sofort zu bemerken und repariert seine Äußerung im weiteren, indem er das entsprechende interaktionale Rollenverhältnis durch den Ausdruck ‚auch' wiederherstellt. Luna, die zum einen offensichtlich noch kein Wasser von der Mutter bekommen hat, zum anderen wahrscheinlich wahrnimmt, daß Adrian nun im Begriff ist, Wasser zu erhalten, greift nun ihrerseits in das Geschehen ein, indem sie erneut lautstark und expressiv zum Ausdruck bringt, daß auch ihr Anliegen weiterhin besteht (s13). Sie verwendet dazu eine differenziertere Äußerungsform als beim ersten Mal in (s1, s3): Sie produziert eine ÄM-Lautfolge, wobei sie das M dehnt. Im ersten Element („äm:a") ist möglicherweise eine Ansprache an die Mutter (‚Mama') mit verschmolzen, wodurch sie die Aufmerksamkeit der Mutter, die gerade mit Adrian interagiert, wieder auf die eigene Person fokussiert. Die mehrfache Repetition der Lautfolge weist auf die Dringlichkeit ihres Anliegens hin. Dieser Äußerung schließt sich ein kleiner Lehr-Lern-Diskurs zwischen der Mutter und Luna an (s14-s22): Die Mutter scheint Lunas Äußerungsform nicht zu akzeptieren und fordert sie mittels der ›Lehr-Lern-Aufforderung 2‹ auf, die Lautfolge /AGUA/ nachzusprechen (s14). Luna erkennt das Muster sofort und leistet in (s15) die entsprechende Handlungsausführung, die die Mutter als positiv bewertet, was sie durch ein ›Lob‹ (s16) und abschließende bestätigende Repetition der Lautfolge (s17) zum Ausdruck bringt. Dies bewirkt bei Luna eine Repetition der Handlungsausführung (s18). Die Variation im Äußerungsakt von „aua" (s15) zu „auau" (s18) gibt möglicherweise einen Hinweis darauf, daß sich Luna der Defizienz ihres eigenen Äußerungsakts bewußt ist. Sie scheint zu bemerken, daß die von der Mutter produzierte Lautfolge /AGUA/ mehr Elemente als die von ihr produzierte AUA enthält, und probiert beim zweiten Versuch, diesen Mangel zu beheben (s. auch entsprechenden Versuch der Reparatur in GARLIN 1994, 89, B5: „E' awo! Awau."). In (s19) setzt Luna das Gelernte sofort in die Praxis um, indem sie nun versucht, ihre »Aufforderung« mit Hilfe der nennenden Prozedur zu vollziehen. Die Mutter scheint ihre Absicht nicht zu verstehen und interpretiert die Äußerung als Repetition der Handlungsausführung im Rahmen der von ihr initiierten ›Lehr-Lern-Aufforderung 2‹ (s20-s22). Der Diskursverlauf wird durch ein Telefonat der Mutter unterbrochen. Da Luna mit ihren bisherigen drei Versuchen („Ä:h!", „äm:" und „Aua!") ihr Ziel, von der Mutter Wasser zu bekommen, nicht erreicht hat, fährt sie in ihrem Plan fort, indem sie weitere *Handlungsalternativen* ausprobiert: „Dede!" – analog zu Adrians „bibi" eine Variante von ‚bitte' – in (s23-25) und „Eh!" in (s37), die jedoch ebensowenig zum Erfolg führen. In (s39-s41) unternimmt sie erneut den Versuch, ihre »Aufforderung« mittels der nennenden Prozedur zu realisieren, wobei sie in (s41) die Dringlichkeit ihres Anliegens durch die Dehnung der Lautfolge unterstreicht. Sie schafft es dadurch, die Aufmerksamkeit der Mutter wieder (von Adrian weg) auf ihre Person zu fokussieren (s42). Auf die Nachfrage der Mutter repetiert sie ihre »Aufforderung« mittels der nennenden Prozedur (‚agua'), die sie an dieser Stelle um eine zweite Äußerung erweitert (s44). Die phonetisch scheinbar konstante Lautfolge „äm:", die von Luna als Ausdruck im Zusammenhang mit Aufforderungshandlungen verwendet wird, ist möglicherweise eine Vorform des Ausdrucks ‚haben'. Auf diese Weise kann das Kind seine Äußerung der Mutter gegenüber spezifizieren, insbesondere in bezug auf die illokutive Dimension, denn der Ausdruck ‚haben' beinhaltet auf

dieser Altersstufe in den meisten Fällen seiner Realisierung eine Aufforderung an einen Interaktanten, dem Kind etwas zu geben. Es ist an dieser Stelle nicht nachvollziehbar, ob Luna mit ihrem letzten Probelauf ihren Handlungsplan erfolgreich zuendeführen kann (dies ist jedoch für die hiesige Analyse auch nicht unbedingt wichtig).
Was an diesem Beispiel herausgearbeitet werden sollte, sind zweierlei Formen des Sprachprobierens. Zum einen ist der Erwerb der Lautfolge /AGUA/ beim Kind, vermittelt durch die Mutter, gut nachvollziehbar. Die Mutter bettet die ›Lehr-Lern-Aufforderung 2‹ (s14-s22) in eine konkrete Handlungssituation – das Kind möchte Wasser trinken – ein. Somit wird automatisch eine Situation-Sprache-Verbindung beim Kind hergestellt, die Lautfolge wird damit zu einem Ausdruck ‚agua' mit semantischer Qualität. Bei den verschiedenen Realisierungen dieser nennenden Prozedur im Diskurs läßt sich ein *Sprachprobieren im Äußerungsakt* erkennen, indem die Lautfolge an sich vom Kind variiert wird:

ABA	(s6)
AUA	(s15, s19, s21, s39, s40, s43)
AUAU	(s18)
AU:A	(s41)

Darüber hinaus liegt hier jedoch ein klares Beispiel für das *Sprachprobieren im sprachlichen Handeln* vor, da Luna nacheinander verschiedene (vor-) sprachliche Handlungsalternativen zum Zwecke der Aufforderung ausprobiert, um an das Ziel zu gelangen, Wasser von der Mutter zu bekommen:

Ä:H!		(s1, s3)
EH!		(s37)
ÄM:	(evtl. i.S.v. ‚haben)	(s13, s44)
AGUA		(s6, s19, s39, s40, s41, s43)
DEDE	(i.S.v. ‚bitte')	(s23, s24, s25)

Während „ä:h" und "eh" – zunächst auch noch „äm:" – unspezifiziert verwendet werden und in erster Linie der Aufmerksamkeitsfokussierung des Interaktanten dienen, enthalten die Ausdrücke ‚agua' und ‚bitte' spezifische Informationen für den Interaktanten. Durch den Symbolfeldausdruck ‚agua' wird das Objekt der Aufforderung benannt, während der Ausdruck ‚bitte'[79] unmittelbar an die verschiedenen Aufforderungshandlungen, insbes. ›Aufforderung‹ und ›Bitte‹, gekoppelt ist (ähnlich wie auch der Ausdruck ‚bravo' an die verschiedenen Handlungen des Lobens gebunden ist), also in sich bereits illokutive Qualität trägt. Die Verbindung dieser beiden Ausdrücke in einer Äußerung i.S.v. ‚Wasser bitte' wäre bereits als Sprechhandlung zu bezeichnen, die durchaus auch im Sprachgebrauch von Erwachsenen vorkommt (z.B. als

[79]Lunas „dede" ist in zwei Richtungen interpretierbar: ‚d-' spricht für eine Interpretation als Objekt- oder Lokaldeixis, die Silbenverdoppelung für eine Variante von ‚bitte'. Möglicherweise handelt es sich hierbei um eine Mischung beider – handlungspraktisch geeigneter – Prozeduren.

›Antwort‹ auf die ›Frage‹ eines Gastgebers ‚Was möchten Sie trinken?‘). Eine Zerlegung einer vom Kind mental geplanten Sprechhandlung in Teilschritte, wie sie oben in (B21: „Tabama“) belegt ist, ist an der sprachlichen Oberfläche im vorliegenden Beispiel jedoch nicht nachweisbar. Vielmehr werden hier einzelne Prozeduren realisiert, die jeweils – funktional durchaus adäquat – einzelne mentale Tätigkeiten beim Hörer bewirken. Es ist in diesem Sinne nicht sinnvoll, von reduzierten Satzkonstruktionen, also den sog. „Einwort-Sätzen“ – ein Terminus, der in der einschlägigen Literatur bis heute gängig ist –, zu sprechen, sondern von *Äußerungen auf prozeduraler Ebene*, die systematisch unterhalb der Akt- und Sprechhandlungsebene anzusiedeln sind (s. auch 2.3). Erst das allmähliche Zusammenfügen entsprechender Prozeduren in einer Äußerung ermöglicht es dem Kind, (vollständige) Sprechhandlungen zu realisieren.
In bezug auf das Muster ›Aufforderung‹ läßt sich an diesem Beispiel gut erkennen, wie sich das Musterwissen beim Kind in diesem frühen Stadium weiter ausbaut. In vorliegender Situation sehen wir, daß sich zunächst das sprachliche *Ausdrucksrepertoir* für das spezifische Handlungsmuster erweitert (vgl. demgegenüber B11, B14, B15). Eine Durchsicht des vorliegenden Korpus für diese Altersstufe (1;1-1;6) zeigt, daß sich einige Ausdrücke relativ fest zum Zwecke der ›Aufforderung‹ etablieren. Dazu gehören neben den bereits erwähnten Vorformen von ‚bitte‘ und (möglicherweise) ‚haben‘ die Ausdrücke ‚mehr‘, ‚auf‘, ‚auch‘, ‚da‘, ‚mein/e/r‘, ‚Mama‘ sowie neben ‚agua‘ die Symbolfeldausdrücke ‚Tee‘ und ‚Butter‘, die teilweise alternierend, teilweise aber auch schon kombiniert in Form von einfachen Sprechhandlungen realisiert werden (z.B. ‚mein Hammer, Mama!‘ in #20T, Fl.11; ‚da auch!‘ und ‚ich auch Butter!‘ in #25T, Fl.33 und 41; ‚auf, bitte!‘ in #26T, Fl.89f.).
Ein Handlungsmuster, das in seinen Anfängen neu erworben wird, ist die *›Frage-Antwort‹*-Sequenz – für das einjährige Kind zunächst nur in Hörer-Position, also der des Antwortenden. Im vorliegenden Beispiel geht es für Luna darum, auf verschiedene Nachfragen der Mutter ihre Zustimmung bzw. Ablehnung auszudrücken (s. s2, s3, s5/s6, s7-s9, s42-s44). Sie tut dies in dreierlei Form:

- durch eine *Repetition der eigenen Aufforderung* im Falle der Ablehnung, wie dies in (s4 und s43, s44) der Fall ist,
- durch eine *bestätigende Höreraktivität* (s. s9) oder
- durch die *Repetition* der von der Interaktantin in ihrer Frage *betonten Lautfolge* (Imitation) mit bestätigender (fallender oder tragender) Intonation (s. s6).

Im Gegensatz zu Adrians Äußerung in (s12), die als ›Antwort‹, also als Sprechhandlung, zu werten ist, sind Lunas Äußerungen auch hierbei handlungssystematisch als Prozeduren zu kategorisieren. Es zeigt sich, daß prozedurale Realisierungen hinsichtlich des Verstehens an den Interaktanten einen wesentlich höheren Konzentrationsanspruch stellen, was u.U. eine relativ

geringe Erfolgsquote für das Erreichen des Ziels bedeutet. Dies wiederum stellt für das Kind eine Motivation dar, in differenzierterer Weise sprachlich zu handeln.
Weiterhin ist festzustellen, daß die „zeigenden" Angebote (nonverbale Präsentationen der jeweiligen Gegenstände oder Tätigkeiten) der Interaktanten zur Bedürfnisbefriedigung des Kindes in der vorsprachlichen Phase jetzt mehr und mehr durch rein verbale Nachfragen abgelöst werden, durch die das Kind herausgefordert wird, seine Wünsche zu *verbalisieren.*
Abschließend noch eine Anmerkungen zum Umgang mit dem Spanischen in diesem Beispiel bei Adrian im Alter von 2;4: Wie am Diskurs deutlich wird, ist er durchaus in der Lage, die spanische Frage der Mutter (s11) zu *verstehen* (s12). Wir sehen jedoch, daß er in (s35) demgegenüber selbst den deutschen Ausdruck ‚Wasser' verwendet. Dies könnte den Schluß nahelegen, daß Adrian den spanischen Ausdruck zwar korrekt rezipiert, jedoch nur den deutschen Ausdruck produziert. Das folgende Beispiel, das derselben Aufnahme zu einem späteren Zeitpunkt entstammt, zeigt, daß dem nicht so ist. Es handelt sich dabei um das *gemeinsame Üben* (als Phase des Sprachprobierens im Äußerungsakt) von Adrian und Luna, das durch die Mutter initiiert wird.

(B23): **AUA/AGUA 1**	**#18 T** - Luna (1;1) / Adrian (2;4)

München: Wohnung 1: Eßtisch // Luna, Adrian und Mutter sitzen am Tisch. Mutter füttert Luna. Adrian hat sich wehgetan.

Adrian:	(s1)	Aua! Aua, aua, aua! <schneller werdend> Aua, aua'! A'! ((stöhnt))
Mutter:	(s2)	A:gua. <zu Adrian> *Wasser.*
Adrian:	(s3)	Agua' <s>((preßt))
Mutter:	(s4)	<s>A/ Agua. <leicht lachend>
Luna:	(s5)	Aba! <zu Mutter>
Adrian:	(s6)	((lacht))
Luna:	(s7)	Aua. <langsamer werdend>
Mutter:	(s8)	Agua. <zu Luna> . .
Adrian:	(s9)	Au <ff> . . bua <f>. Ab . bua. <f>
	(s10)	Agua, . agua, . agua. <cresc.; schneller werdend>
Luna:	(s11)	Aba. <f>
	(s12)	Aua, aua, aua. <dim.; langsamer werdend>
Adrian:	(s13)	Agua. <pp; flüsternd> Agua. <cresc.; flüsternd>
Mutter:		A::bre la <s>boca! <f-decresc.; zu Luna> *Öffne den Mund!*
Adrian:	(s13a)	<s>Agua. <flüsternd>
Luna:		Hm.
Adrian:	(s13b)	A:gua. <pp> A:gua. <flüsternd> ((flüstert))

Die von Adrian in (s1) verbalisierten Lautfolgen AUA haben nichts mit ‚Wasser' zu tun, sondern es sind Schmerzensäußerungen, mit denen er zum

Ausdruck bringt, daß er sich wehgetan hat. Die Mutter scheint das Ausmaß des Schmerzes als gering einzuschätzen und versucht, Adrian durch ihre Äußerung in (s2) von seinem Schmerz abzulenken, indem sie seine Aufmerksamkeit auf ein sprachliches Phänomen umfokussiert. Sie unterstellt ihm, seine Äußerung bewußt fehlinterpretierend, er habe nicht ‚aua' sondern ‚agua' sagen wollen. Für dieses *Sprachspiel* nutzt sie die lautliche Nähe der beiden Ausdrücke; durch die Gegenüberstellung der beiden Lautfolgen ergibt sich hier wiederum die Möglichkeit, spielerisch phonologische Oppositionen zu vermitteln, aus denen sich semantische Differenzen ableiten (s. B21: s16-s18). Mit (s2) leitet sie die ›Lehr-Lern-Aufforderung 2‹ ein, indiziert durch die Dehnung des Initiallautes, der Adrian in (s3) umgehend – wenn auch noch unter Schmerzen – nachkommt. Die Mutter bewertet seine Handlungsaus-führung durch bestätigende Repetition der Lautfolge als positiv. Auch Luna versucht sich im Anschluß spontan an einer entsprechenden Handlungs-ausführung (s5). Die starke Expressivität bei ihrer Verbalisierung könnte ein Hinweis darauf sein, daß sie mental eine Verbindung zu einer vorausgehenden Situation (in B22) herstellt, daß sie sich erinnert. Sie scheint jedoch auch hier wieder die Defizienz in ihrem Äußerungsakt selbst zu bemerken, weil sie sich in (s7) korrigiert. Es ist jedoch auch möglich, daß Adrians Lachen in (s6) – das anzeigt, daß die Mutter in ihrer Absicht, Adrians Aufmerksamkeit vom Schmerz auf ein sprachliches Phänomen umzufokussieren, erfolgreich war – für Luna den Hinweis auf eine Negativ-Bewertung ihrer Handlungsausführung leistet. Die Mutter bewertet Lunas Handlungsausführung im zweiten Durchlauf als positiv (s8). Dem Lehr-Lern-Diskurs schließt sich unmittelbar eine Übungsphase bzw. spielerische Beschäftigung mit der Lautfolge /AGUA/ auf seiten beider Kinder an, die durchaus als *interaktiv* zu kennzeichnen ist (s9-s13). Obwohl in (s3, s10, s13) deutlich wird, daß Adrian zweifellos in der Lage ist, die Lautfolge zieladäquat zu produzieren, zeigt sich, daß er die Lautfolge spielerisch in sich variiert. In (s9: „Au..bua") verschmelzen wahrscheinlich sowohl die Schmerzensäußerung ‚aua' (ausdrucksstarke Verbalisierung „au"-, dann eine Pause) als auch Lunas defiziente Realisierung „aba" sowie die korrekte Form ‚agua' (-"bua") zu einer einzigen Äußerung. Dem schließt sich in (s10) eine dreiteilige Repetitionskette an („Agua, . agua, . agua."), die durch zunehmende Lautstärke und wachsendes Sprechtempo gekennzeichnet ist. Interessanterweise greift Luna diese Repetitionskette in (s12) für sich auf und realisiert sie nach – in Relation zu Adrians Äußerung – gegensätzlichen Prinzipien: Sie wird im Verlauf der Äußerung sowohl leiser als auch langsamer. Lunas Leiserwerden greift Adrian wiederum in seinen folgenden Realisierungen in (s13) auf, indem er sich flüsternd, auch dabei immer leiser werdend, mit der Lautfolge /AGUA/ beschäftigt.

Dreierlei kann anhand dieses Beispiels belegt werden: Zum ersten sehen wir, daß die o.g. Annahme, Adrian würde den spanischen Ausdruck ‚agua' zwar verstehen, jedoch diese Lautfolge selbst nicht produzieren, nicht bestätigt werden kann. Damit ist jedoch nicht ausgesagt, daß Adrian den spanischen Ausdruck auch in der Position des Sprechers im sprachlichen Handeln verwendet. Zum zweiten wird deutlich, daß Adrian, obwohl der Ausdruck ‚agua' im Alter von 2;4 sowohl in bezug auf die Äußerungsseite als auch auf die Inhaltsseite bereits als erworben gelten kann, sich weiterhin spielerisch mit der Lautfolge beschäftigt. Und zum dritten ist erkennbar, daß das Sprachprobieren im Äußerungsakt durchaus auch interaktiv geschehen kann. Das bedeutet zwar nicht, daß die beiden Kinder an dieser Stelle sprachlich miteinander handeln – sie verfolgen mit ihren Äußerungen keinerlei Handlungsziele –, es ist jedoch anzunehmen, daß auch die *Interaktion beim Ausprobieren im Äußerungsakt* einen Teilbeitrag zum Erwerb sprachlicher Handlungskompetenz leistet (s. dazu nochmals auch die Luna-Mutter-Interaktion in B21: s16-s18). Worin dieser Teilbeitrag besteht, läßt sich am folgenden Beispiel „erahnen".

(B24): **AUA/AGUA 2**	**#29 T** - Luna (1;8)

München: Wohnung I: Mutters Bett; nachmittags // Vater liegt auf dem Bett. Mutter sitzt daneben. Luna hat gespielt und sich dabei wehgetan.

Luna:	(s1)	Aua! <cresc.>
	(s2)	Mama, Aua!
		<s>Mami, Aua<gedehnt>!
Vater:	(s3)	<s>Sóbate, sóbate, sóbate, así, así. <zu Luna> *Reib dich, reib dich, reib dich, so, so.*
		Así, así. <dim.> (reibt ihre schmerzende Stelle->) *So, so.*
	(s4)	Así (sóbate). *So (reib dich).*
	(s5)	<s>A:sí, así, así, así. *So, so, so, so.*
Luna:	(s6)	<s>Aua!
		Aua!
Vater:	(s7)	Agua? *Wasser?*
Luna:	(s8)	Ja.
Vater:	(s9)	Hmnmnmnm Wasser?
	(s10)	Agua? *Wasser?*
	(s11)	Wasser?
Luna:	(s12)	Aua.
Vater:	(s13)	Dónde Aua? *Wo Aua?*
Luna:	(s14)	Da, Mami, da Aua!

In diesem Beispiel findet sich das lautliche Sprachspiel in sehr subtiler Form, initiiert durch den Vater in einer realen Handlungssituation. Luna hat sich wehgetan und bringt dies auch adäquat zum Ausdruck (s1, s2, s6). Obwohl der Vater Lunas Äußerung eindeutig richtig verstanden hat (s3-s5), schwenkt er in (s7) um, indem er durch die Nachfrage vorgibt, Luna möglicherweise nicht richtig verstanden zu haben. Damit initiiert er das „aua-agua-Sprachspiel" – wie die Mutter im vorangehenden Beispiel wahrscheinlich zum Zwecke der Ablenkung. Lunas Zustimmung in (s8) läßt meinen, daß sie die Differenz der beiden Ausdrücke nicht kennt. Andererseits haben die beiden Ausdrücke eine starke lautliche Nähe (bis hin zur homophonen Realisierung), so daß lediglich der situative Kontext Aufschluß über die aktuelle Bedeutung gibt. Gerade diese lautliche Nähe fordert, wie wir bereits gesehen haben, zum Etablieren semantischer Oppositionen heraus. Der Vater bedient sich bei der Kontrastierung der Übersetzung des spanischen Ausdrucks ins Deutsche (s9-s11). Lunas Antwort in (s12) ist zweideutig in dem Sinne, daß entweder die Differenz aufgrund mangelnder Kontrastierungsfähigkeit im Äußerungsakt nicht markierbar ist (,agua') oder aber korrekt markiert wird (,aua'). Um das Problem der Zweideutigkeit zu überwinden, schwenkt der Vater wieder um zum Ausgangsdiskurs zurück, indem er Luna ›fragt‹, wo es ihr wehtut (s13). Luna wendet sich zwar mit der nächsten Äußerung vom Vater ab, ›antwortet‹ jedoch auf seine Frage korrekt mittels der lokaldeiktischen Prozedur ,da' der Mutter gegenüber.

Es zeichnet sich ab, daß mit Hilfe solcher – eigenständiger oder in den Diskurs integrierter – lautlicher Sprachspiele die Bewußtheit des Kindes über sprachliche Lautmittel gefördert wird. Es wird auf diese Weise zum *Reflektieren* über sprachliche Ausdrücke und deren Qualitäten (in der Akt-Dimension) sowie zur *Präzisierung* der eigenen Äußerungen herausgefordert.

Wie sich eine solche Reflexion über Sprache im Verlauf der weiteren Entwicklung gestaltet, soll im Abschnitt 3.2.2 behandelt werden. Vorab jedoch zunächst eine Zusammenfassung der bis hier erarbeiteten Ergebnisse.

Zwischenbilanz

Mit den Beispielanalysen (B19 bis B24) sollte ermittelt werden,

1. ob der hypothetische Stufenplan zum Sprachprobieren ((1)->(2/3)) bestätigt werden kann,
2. wie die bisher (in unterschiedlichen Graden) erworbenen Handlungsmuster weiter ausgebaut werden und
3. welche Handlungsmuster neu erworben werden.

Die Analysen haben folgendes ergeben:

Zu 1.) Der Hypothetische Stufenplan Sprachprobieren konnte durch die bisherigen Analysen in seiner Gesamtheit bestätigt werden, muß jedoch um einen Wechselpfeil zwischen dem ÜBEN und der REAKTION ergänzt werden, um auch die Möglichkeit des *interaktiven Sprachprobierens* (s. B21, B23, B24) zu markieren.

Zum *Ausprobieren im Äußerungsakt* – Ablauf INITIATION-IMITATION-REAKTION: Sprachliche Ausdrücke als solche werden interaktiv vermittelt bzw. angeeignet. Dabei wurde das Muster der ›*Lehr-Lern-Aufforderung 2*‹ in verschiedenen Formen initiiert:

- direkt (in B19, s6: „Sag mal ‚Bravo, Django:!'");
- indirekt, aber bewußt[80] (in B20, s10: „Die Blü:melein.");
- direkt, aber in reduzierter Form (in B22, s14: „Agua.").

Das ÜBEN eines Ausdrucks geschieht sowohl *allein* (B20) als auch *interaktiv* (B21, B23).
Das Sprachprobieren im Äußerungsakt wird nach Möglichkeit von den Interaktanten des Kindes *in das sprachliche Handeln integriert* (in B19 ‚bravo' in das Muster des ›Lobens‹; in B22 ‚agua' in das Muster der ›Aufforderung‹; subtiler in B20 ‚die Blümelein' in Form einer Kommentierung).

Zum *Ausprobieren im sprachlichen Handeln*:
Das Sprachprobieren im Äußerungsakt findet sich auch im sprachlichen Handeln des Kindes selbst, und zwar dann, wenn es eine Lautfolge, die es zielgerichtet einsetzt, in sich variiert. Über die Korrekturen der Interaktanten bildet sich beim Kind ein Wissen über die konventionelle Lautstruktur des Ausdrucks aus, das eine der Grundlagen für den *Reparatur-Mechanismus* bildet.
Eine zweite Form des Ausprobierens im sprachlichen Handeln ist das Probieren *alternativer sprachlicher Mittel* zur Realisierung eines bestimmten Zwecks (desselben Musters). In der frühen Phase (zweites Lebensjahr) geschieht dies überwiegend auf der *prozeduralen Ebene*. Verschiedene Prozeduren werden in ihrer funktionalen Reichweite erkundet (s. B22). Einzelne Prozeduren werden allerdings bereits in dieser Phase vom Kind miteinander gekoppelt und in *erste Sprechhandlungen* integriert. Eine logische Voraussetzung für den alternierenden und kombinatorischen Einsatz sprachlicher Mittel ist eine (mentale) *Reflexion über sprachliche Mittel und deren Handlungsqualitäten.*

Zum *spielerischen Ausprobieren von Sprechhandlungen und (komplexen) Handlungsmustern*:
Wie bereits in GARLIN (1994) dargestellt wurde, kann die spielerische Qualität dieser Form des Sprachprobierens auf seiten der Kinder sehr subtil sein und nur in der Analyse des gesamten Handlungszusammenhangs erkannt werden. Es hat sich allerdings bereits an verschiedenen hier vorgelegten Beispielen gezeigt, daß auch – oder gerade – die erwachsenen Interaktanten des Kindes dazu neigen, *spielerische Situationen* zu kreieren (s. B16, B17, B21; auch B23 und B24 sind dazuzurechnen). Es ist anzunehmen, daß die *Diskursart Spiel* – und über das Spiel die Realität – dem Kind auf diese Weise vermittelt wird (s. B21). Von den Kindern klar markierte Spielsituationen finden sich erst ab der zweiten Hälfte des zweiten Lebensjahres (ein Beispiel wird in 3.2.3 analysiert).

[80]Beispiele für *unbewußte Initiationen* finden sich in GARLIN (1994); hervorzuheben ist das „Gabel"-Beispiel von Luna (hier einzusehen in #25T-II, Fl.2ff.). Unbewußte Initiierungen zeichnen sich dadurch aus, daß die *automatisierte* >Lehr-Lern-Aufforderung 2< zum Tragen kommt, indem das Kind weder direkt noch indirekt dazu aufgefordert wird, eine Lautfolge nachzusprechen, sondern von sich aus eine Lautfolge imitiert.

Zu 2.) Es konnte anhand der gesamten bisherigen Beispielanalysen gezeigt werden, wie die Muster ›*Aufforderung*‹ (auch die Lehr-Lern-Variante) und ›*Loben*‹ im Verlauf der ersten zweieinhalb Lebensjahre vermittelt und angeeignet werden (Interaktionsroutinen -> situationsgebundenes Musterwissen -> Musterwissen H/S) und daß sie für die Praxisbereiche ihres alltäglichen Lebens bei den Kindern bereits früh als erworben gelten können.
Zu 3.) Zudem ist erkennbar, daß ein weiteres Muster, die ›*Frage-Antwort*‹-Sequenz, Einzug in das Leben des einjährigen Kindes hält. An die Stelle der „zeigenden" Angebote der Interaktanten zur kindlichen Bedürfnisbefriedigung in der präverbalen Phase treten zunehmend rein verbale Nachfragen, die das Kind zu einer verbalen oder zumindest präzisen nonverbalen Antwort herausfordern. Es zeichnet sich ab, daß die ›Frage-Antwort‹-Sequenz mit ihrer Lehr-Lern-Variante zu den nächsten sprachlichen Handlungsmustern gehören, die vom Kind erworben werden. Es ist anzunehmen, daß der Erwerbsverlauf sich folgendermaßen gestaltet :

1. *Nachfrage-Antwort* (Bestätigung/Ablehnung) als in übergeordnete Handlungsmuster (z.B. Aufforderungen) und konkrete Handlungskontexte integrierte Interaktionen auf prozeduraler Ebene (s. B22, B24);
2. ›*Lehrfrage-Lernantwort*‹ als Lehr-Lern-Variante des ›Frage-Antwort<-Musters mit systematischer Wissenslücke beim Hörer (Lerner) zum Zwecke des Wissenstransfers vom Sprecher zum Hörer;[81]
3. ›*Frage-Antwort*‹-Muster mit systematischer Wissenslücke beim Sprecher (Fragenden). Die Frage dient dabei dem Zweck des Wissens- oder Informationstransfers vom Hörer zum Sprecher.

Weiterhin sind verschiedene assertive Muster wie ›*Kommentar*‹ und ›*Mitteilung*‹, ›*Hinweis*‹ im Ansatz erkennbar, die in engem Zusammenhang mit dem sich etablierenden Modus des Austausches (s. 3.1.3) auf der mentalen Ebene stehen.

3.2.2 Sprachreflexion

Es wurde schon mehrfach angesprochen, daß eine (mentale) Reflexion über Sprache notwendige Voraussetzung für das Sprachprobieren wie auch für den Einsatz sprachlicher Handlungsmittel überhaupt ist. Ab dem Alter von etwa zwei Jahren werden *Sprachbeobachtungen* auch *verbalisiert.* Erste metasprachliche Äußerungen von Adrian waren schon in 3.1.3 erwähnt worden. Es handelte sich dabei um das Kommentieren von Verbalisierungen seiner Schwester wie in (B19):

Adrian (2;4): Oh, Lona mach „Bravo"! <zu Mutter>

Dazu auch die anderen dort erwähnten Beispiele[82] im Interaktionsverlauf:

[81] S. GARLIN (1993, 49ff.), Beispiel „Fotos angucken"; hier #26T.

[82] Von hier an wird unterschieden zwischen „exemplarischen Analysen", an denen die Ergebnisse herausgearbeitet werden (dazu gehören alle bisherigen Beispiele), und „Belegbeispielen", mit denen Ergebnisse zusätzlich belegt werden. Belegbeispiele werden nicht durch den Titelbalken gesondert markiert. Die Numerierung aller Beispiele erfolgt fortlaufend.

(B25) [#18T, Fl.1f. - Adrian (2;4) / Luna (1;1)]

Adrian:	Da! <f> . Da! . Da! (reicht Luna etwas)
Luna:	Da! (reicht Mutter etwas)
Mutter:	Danke. <zu Luna>
Luna:	Da! Da! <emphatisch flüsternd>
Adrian:	Oh, Luna ma „ja"! <zu Mutter>

(B26) [#21T, Fl.3ff. - Adrian (2;4) möchte von Ba ein Stück Fleisch]

Adrian:	E da' Fleisch!
Ba:	Gleich, gleich, gleich <dim.>.
Adrian:	Ma/ma:/die mach „gleich, gleich"!
Mutter:	Ja, . macht se „gleich, gleich", genau.

(B27) [#25T, Fl.42ff. - Adrian (2;5) / Luna (1;2)]

Luna:	Baba.
Adrian:	Des Papa.
Vater:	( )
Luna:	Baba! Baba<cresc.>! Baba<cresc.>!
Vater:	Butter?
Luna:	Ba/
Adrian:	Da is Papa.
Vater:	Da ist Papa. . . ((lacht))
Adrian:	Me ma mehr ma „Papa"<cresc.>! Me/ mehr mach mal!
Adrian:	Ich . / Da ma Luna mach „Papa". <zu den Eltern>

Erste *interaktive* Auseinandersetzungen über die formale Korrektheit eines Ausdrucks finden sich ebenfalls früh, und zwar insbesondere im Kind-Kind-Diskurs. Betrachten wir dazu das folgende Beispiel von Adrian (2;4) und seiner Freundin Bianca (2;10):

(B28): **SAPPERMENT**	**#19 T** - Adrian (2;4) / Bianca (2;10)

München: Wohnung I: Bett der Mutter //Die Mutter ist in der Küche. Bianca, Adrian und Luna (1;2) befinden sich auf dem Bett der Mutter und beschäftigen sich mit unterschiedlichen Gegenständen und Themen. Adrian fängt an, das Lied vom „Hasen Augustin" („Dreimal Sapperment, dreimal Sapperment, das ist wohl der Hase Augustin, das Naturtalent. ...") zu singen.

Adrian:	(s1)	Dadadotolent, dadadatalent, das da is der August/Augustin, das Dadatolent.Dreie Sappament, dreia <s>Sappament <singend->
Bianca:	(s2)	<s>(Aber/)
		Nee, <s>ich „Passament".
Adrian:	(s1a)	<s>das da äh/ äp.
	(s3)	(I) mach (so) „dreie Sappament". .
...		
Adrian:	(s4)	Du auch „dreia Sappament"?
Bianca:	(s5)	Hmh`m.
	(s6)	Srapement, adefin <s>des loko. <singend>

Adrian:	(s7)	<s>Nein, „dre/dreima Sappament“!
Bianca:	(s8)	Sapperm-ment.
Adrian:	(s9)	A‘ „dre Se/Sappament“.
Bianca:	(s10)	Srappesnement.
Adrian:	(s11)	„Sra-pa-men“ nich! <ff>
	(s12)	„Sappament“! <ff>
Bianca:	(s13)	Do ma „Sraperment“. Du machs „Srappabelok“.
Adrian:	(s14)	Hn‘h´`n! .
	(s15)	„Deima Sappament“. E du ma „basakolum“.
Bianca:	(s16)	Nei, du ma „Srapesment“<nasal wie franz. oder bras.>
Adrian:	(s17)	Dreia Sappament, dreimal Sapperment ((hechelt)) <singend>
Bianca:	(s18)	Hnh`n!
Adrian:	(s19)	Hmh`m!

In diesem Diskursbeispiel von Bianca und Adrian ist das Thema die Sprache selbst. ‚Sapperment‘ – laut Duden (1996,595) analog zu ‚sapperlot‘ „(*veraltet, aber noch landsch.*) ein Ausruf des Unwillens od. des Erstaunens“ – ist kein den Kindern geläufiger Ausdruck. Ich nehme an, sie kennen ihn lediglich als Bestandteil des Liedes. In beeindruckender Weise »diskutieren« die Kinder über die korrekte Lautstruktur eines – für sie verhältnismäßig unbedeutenden – Ausdrucks. Klar sind die Züge des Sprachprobierens im Äußerungsakt erkennbar. Was sich zuvor (vgl. B21, B23) als nicht zielgerichtete Interaktion auf lautlicher Ebene gestaltete, bekommt an dieser Stelle *Handlungscharakter*. Es werden „Meinungen“ vertreten, die auf einem bestimmten phonologischen Vorwissen und auf einer Bewußtheit über Sprache aufbauen; Bewertungskriterien kommen implizit zum Tragen. Würde es sich nicht um offensichtlich defizitäre Äußerungsakte handeln, die in die Sprechhandlungen der Kinder eingehen, könnte es sich durchaus um einen Diskurs erwachsener Interaktanten handeln. Wir werden solcher Art Auseinandersetzungen noch an anderen Stellen begegnen. Wichtig ist, daß es in diesem Beispiel um eine *formale*, nicht um eine inhaltliche Dimension von Sprache geht.
Darüber hinaus ist zu erwähnen, daß die *Interjektion HM* in zustimmender (s5, s19) und ablehnender (s14, s18) Funktion von beiden Kindern angemessen verwendet wird und somit weitgehend als erworben gelten kann. Sie wurde von den Kindern bereits in der vorsprachlichen Phase im Zusammenhang mit Aufforderungshandlungen eingesetzt (s. B11). Es scheint, daß lediglich ‚h^m‘ als Ausdruck des Genusses über die ›Lehr-Lern-Aufforderung 2‹ vermittelbar ist. Es ist anzunehmen, daß die anderen Bedeutungsvarianten in erster Linie über *intonatorische Sprachspiele* und im Zusammenhang mit konkreten Situationen vermittelt und angeeignet werden.

Anhand des nächsten Beispiels ist gut zu erkennen, wie die Korrektur – als systematische Musterposition der Interaktanten der ›Lehr-Lern-Aufforderung 2‹ – internalisiert wird. Es handelt es sich um einen Diskurs im Rahmen eines frühen Rollenspiels der beiden Geschwister Adrian (3;1) und Luna (1;10).

(B29): **ÄPFEL**	**#32 T** - Luna (1;10) / Adrian (3;1)

München: Wohnung I: Wohnraum; morgens // Die Mutter liegt noch im Bett und döst/schläft. Adrian hatte angekündigt, eine Höhle im Kinderzimmer zu bauen, wendet sich jedoch von seinem ursprünglichen Vorhaben ab.

Adrian:	(s1)	Luna, eine Banane, Lula.
	(s2)	Ganz viele Bananen holn?
Luna:	(s3)	Ja.
Adrian:	(s4)	Aber leise, leise. <pp; flüsternd>
Luna:	(s5)	U/ Und viele/ Und viele/ Un/ Und <s>vie/
Adrian:	(s6)	<s>Für die Mama? .
Luna:	(s7)	und für die Ma und für die Kin(d)alich.
beide:	(s8)	. . (gehen zum Obstkorb auf dem Eßtisch)
Adrian:	(s9)	Nur eine is da.
	(s10)	Kuck hier, nur eine.
Luna:	(s11)	Ja.
Adrian:	(s12)	Un die Apfiln sin auch noch da.
	(s13)	.
Luna:	(s14)	<s>Ja. <pp>
Adrian:	(s15)	<s>„Äpfeln" hab ich gesagt.
Luna:	(s16)	<s>Äpfel. <sehr deutlich>
Adrian:	(s17)	<s>Nein, ich hab/ hab/ hab „Apfel" gesagt. A/ A/ A/ „Apfel". <sehr deutlich>
Luna:	(s18)	Apfel.
Adrian:	(s19)	Äpfel.
Luna:	(s20)	Äpfel.
Adrian:		Komm!
Luna:		Oh, (Eis) ho:le!

An dieser Stelle geht nicht explizit aus dem Kontext hervor, daß es sich um die Diskursart des Spiels handelt. Im weiteren Diskursverlauf (s. Transkript, ab Fl.18) wird der Charakter des Rollenspiels deutlicher. Doch auch hier finden sich einige Indikatoren dafür, daß die Kinder spielen, d.h. im Vorstellungsraum handeln. In (s1) >schlägt‹ Adrian Luna >vor‹, eine Banane zu holen, was durchaus einer alltäglichen, real-sprachlichen Handlung entspricht. Doch bereits in (s2) wird über den Ausdruck ‚viele' in seiner gesteigerten Form ‚ganz viele' in diesem Handlungskontext deutlich, daß die Gesamthandlung spielerischen Charakters ist, denn: Zwei Kindern reichen (erstmal) zwei Bananen – das wissen in diesem Stadium auch die Kinder. Auch (s4), Adrians ›Anweisung‹, ganz viele Bananen ‚aber leise' zu holen, weist eher auf ein „Aushecken" als auf eine reale Bedürfnisbefriedigung (Hunger) hin. Beim Obstkorb angelangt (s8), sehen die Kinder sich mit einer nicht dem Handlungsplan adäquaten Situation konfrontiert, die es zu bewältigen gilt: Daß es „nur eine" Banane gibt, wird von Adrian ›festgestellt‹ (s9, s10) und von Luna bestätigt (s11). Eine zweite ›Feststellung‹ folgt in (s12): „Un die Apfiln sind auch noch da." Vermutlich bahnt sich hier ein alternativer Handlungsplan an. Da Adrian jedoch offensichtlich wahrnimmt, daß ein Teil seines Äußerungsakts defekt ist, fokussiert er seine ganze Aufmerksamkeit auf dieses Phänomen. Die wichtigsten Indikatoren für die folgende Interpretation sind die kurze Pause (s13) im Anschluß an die Äußerung (s12) und die folgende Äußerung Adrians (s15). Letztere hat den Charakter einer »Rechtfertigung«, anscheinend Luna gegenüber. Es ist anzunehmen, daß Adrian während der Pause in (s13) seine vorangegangene Äußerung (s12) mental auf ihre Korrektheit im Äußerungsakt überprüft, die fehlerhafte Teiläußerung identifiziert und versucht, den Fehler zu korrigieren. Anstatt jedoch nur das Ergebnis dieses Prozesses in der Reparatur zu verbalisieren, realisiert er in (s15) eine »Rechtfertigung« gegenüber seiner Schwester – oder möglicherweise einem „inneren Aktanten" gegenüber. Luna verbalisiert in Folge der Äußerung Adrians auch tatsächlich ihr phonologisches Wissen mit Bezug auf den Ausdruck ‚Äpfel' (s16). Obwohl es sich m.E. ihrerseits um einen imitativen Akt (von s15) handelt, realisiert sie die Lautfolge als erste in ihrer korrekten Form. Daß es sich mit (s17) nicht um eine ›Rechtfertigung‹ auf Lunas »Korrektur« handeln kann, liegt darin begründet, daß „Äpfel" und „Nein" simultan und nicht aufeinanderfolgend realisiert werden. Während sich Lunas Äußerungen zweifelsohne auf Adrians beziehen, scheint es, daß Adrian hier eher einen inneren Diskurs führt, der „gereinigt" wie folgt verläuft:

Un die APFILN sin auch noch da.	(s12)
.	(s13)
ÄPFELN hab ich gesagt.	(s15)
Nein, ich hab APFEL gesagt. APFEL.	(s17)
ÄPFEL.	(s19)

Dieser Ablauf spiegelt den inneren *Reparatur-Mechanismus* mit Bezug auf den Äußerungsakt in verbalisierter Form. Er zeigt den Prozeß der Bewußtmachung über einen „inneren" oder „internalisierten Interaktionspartner", der, systematisch gesehen, den vorangegangenen äußeren, korrigierenden Interaktanten ersetzt. Nach der Verinnerlichung und Automatisierung der Musterposition Aufforderung im Muster der ›Lehr-Lern-Aufforderung 2‹ wird nun auch die sich systematisch anschließende Musterposition der *Korrektur/ Bestätigung* – mit dem ihr vorausgehenden mentalen Bewertungsmechanismus – verinnerlicht. Im vorliegenden Fall wird eine (mentale) Reflexion über Sprache an der sprachlichen Oberfläche sichtbar und somit nachvollziehbar. Das Ausprobieren im Äußerungsakt ist klar erkennbar; angestrebt wird die zielgerechte Verbalisierung des Ausdrucks (s. Ausprobieren (1), Kap. 3.2.1), die allerdings mental bereits präsentiert sein muß (s. auch B19). Es zeigt sich, daß das Sprachprobieren hier der Willkürlichkeit entbehrt, von der es in früheren Phasen geleitet scheint (insbes. im 2. Lebensjahr, aber auch in B25), denn bei den einzelnen Korrekturschritten von Adrian ist eindeutig eine regelgeleitete Systematik erkennbar:

APFILN	(Singular-Lexem + ein im Deutschen mögliches Pluralmorphem ‚-n')
ÄPFELN	(Plural-Lexem + weiterhin Pluralmorphem ‚-n')
APFEL	(Singular-Lexem)
ÄPFEL	(Plural-Lexem)

Daraus ist abzuleiten, daß das Kind im Verlauf des dritten Lebensjahres eine Bewußtheit darüber ausbildet, daß es innerhalb der Einheit eines sprachlichen Ausdrucks eine Struktur gibt, die weiter zerlegbar ist, und daß es anfängt, das bereits erworbene paradigmatische oder „Regel"-Wissen kreativ anzuwenden. Betrachten wir demgegenüber Lunas sprachliche Aktivitäten im Diskursverlauf, so ist deutlich der Prozeß der Verinnerlichung und Automatisierung mit Bezug auf die Musterposition der *Aufforderung* im Muster der ›Lehr-Lern-Aufforderung 2‹ zu erkennen. Im Gegensatz zu Adrian, der sich – vielleicht mit Ausnahme von s18 – nicht auf die Äußerungen seiner Schwester bezieht, sondern vielmehr einem inneren Diskurs folgt, reagiert Luna auf jeden einzelnen seiner verbalisierten Schritte, indem sie das betonte Element in seiner jeweiligen Äußerung imitiert.

(0.)	A:	Un die APFILN sin auch noch da.
	L:	Ja.
1.	A:	ÄPFELN hab ich gesagt.
	L:	ÄPFEL.
2.	A:	Nein, ich hab APFEL gesagt. APFEL.
	L:	APFEL.
3.	A:	ÄPFEL.
	L:	ÄPFEL.

Es wird zunehmend klarer, daß und wie das frühe Muster der ›Lehr-Lern-Aufforderung 2‹ Schritt für Schritt internalisiert und automatisiert wird. An der sprachlichen Oberfläche erscheint es dann als *Imitation* (hier bei Luna) und *Reparatur* (hier bei Adrian). Dieses Verhältnis zwischen Imitationen und Reparaturen an der sprachlichen Oberfläche und einem gesellschaftlichen sprachlichen Handlungsmuster (›Lehr-Lern-Aufforderung 2‹) konnte erst über die Analyse der Aufnahmen des ersten Lebensjahres aufgedeckt werden. Dies zeigt, von welcher Relevanz die Untersuchung der vorsprachlichen Phase für die Spracherwerbsforschung ist. Zugleich können die Befunde als Beleg für die Konzepte von „Orientierungsgrundlage" und „äußere Sprache für sich" der sowjetischen Lerntheorie gewertet werden (GALPERIN 1972).[83]

---

[83]GALPERIN (1957/ dt.1972) untersucht – im Zusammenhang mit dem Schulunterricht – die *Bildung einer geistigen Handlung*. Unter der „Orientierungsgrundlage der Handlung" versteht er „das System der Merkmale [...] und der darin vorgegebenen Merkzeichen, nach denen sich die gegebene Handlung richtig vollziehen läßt [...]. Eine solche Orientierungsgrundlage kann mehr oder weniger vollständig sein, sie kann planmäßig oder spontan, mehr oder weniger bewußt ausgebildet werden. [...] Jede menschliche Handlung wird [...] auf der Grundlage

Wie wichtig bei der Ausbildung des Ausdruckswissens – mit den phonologischen, semantischen und pragmatischen Komponenten – der sprachliche „Input" ist, läßt sich gut an dem folgenden Beispiel demonstrieren, bei dem so einiges „schiefgeht".

(B30): **PFIFFERLING**	**#37 T** - Luna (2;1) /Adrian (3;4)

Bremen: Haus der Großeltern: Kellerzimmer // Adrian sitzt am Schreibtisch, Luna steht am Kindertisch. Beide formen mit Knete. Die Mutter sitzt auf dem Sofa und schaut zu.

Adrian:	(s1)	Ein Pilz<f>! (streckt Mutter sein Werk entgegen)
Mutter:	(s2)	Oh ja/ Oh Mensch, super, Django! (betrachtet das Werk)
Adrian:	(s3)	Für dich.
Mutter:	(s4)	Für mich? (nimmt Adrians Werk intgegen)
	(s5)	Ein Pfifferling.
Adrian:	(s6)	Aber nich kaputt machn!
Mutter:	(s7)	Sieht genauso aus wie n Pfifferling.
Adrian:	(s8)	<s>Des/
Mutter:	(s9)	<s>Zeig mal der Amo!
	(s10)	Geh ma hoch, zeig ma der Amo! .
	(s11)	Sieht genau aus wie n Pfifferling.
	(s12)	Nur n bißchen groß.
Adrian:	(s13)	Nur ein bißchen <s>groß.
Luna:	(s14)	<s>Ein großer Nu <cresc.>/ Ein groß <dim.>/ Eine große Nudl<cresc.>. (geht zur Mutter, übergibt ihr ihr Werk)
Mutter:	(s15)	Noch ne <f; dim.> große Nudl.
	(s16)	Nja, Wahnsinn. <dim.> . .
	(s17)	Oh, gu/ Zeig den ma der Amo, Django!
Luna:		Das <s>da. <p; für sich>
Adrian:	(s18)	<s>Nein.
Mutter:	(s19)	Nee? <p>
...		
Luna:	(s20)	Noch eine Nudl! (bringt der Mutter ein weiteres ihrer Werke)
	(s21)	Da ein Pi:lz? (betrachtet den „Pfifferling", der sich bei der Mutter befindet)
Mutter:	(s22)	Das s ein Pilz, schau!
	(s23)	Hat der Django ein Pfifferling gemacht, ein Riesenpfifferling.
Adrian:	(s24)	(knetet einen zweiten Pfifferling)
Luna:	(s25)	(Noch ein)/ <s>Noch ein Pfifferling. (beobachtet Adrians Aktivität)
Adrian:	(s26)	<s>Noch ein Pfifferling. (zeigt Mutter ein neues Werk)
Mutter:	(s27)	Noch ein Pfifferling, ein roter.
Adrian:	(s28)	Ja.
Luna:	(s29)	Noch ein Pfifferling. <dim.> (knetet)

---

einer bestimmten Orientierung vollzogen, die die Qualität der Handlung bestimmt." (1972, 36) Bei der „äußeren Sprache für sich" handelt es sich um die Übergangsform von der „äußeren" zur „inneren Sprache". „Dabei ändert sich wesentlich die Funktion der Sprache. Sie wird vom Kommunikationsmittel zum Mittel des Denkens, zu einem Verfahren, das vorliegende Material nach und nach gedanklich zu verändern. Der Inhalt der Gedanken erhält in der äußeren Sprache seine objektive Form, während er in der Sprache für sich Bestandteil des Denkprozesses ist." (40)

	(s30)	Du magst auch ein Pfeff/ machst auch ein Pfifferling, super.
Adrian:	(s31)	Bitteschön. (gibt Mutter das Werk in die Hand)
Mutter:	(s32)	Dankeschön.
Adrian:	(s33)	Aber nich kaputtmachn!
Mutter:	(s34)	Nein. . .
Adrian:	(s35)	Kanns alles <s>mit (nach Hause nehm).
Luna:	(s36)	<s>Das is eine Pfefferling! (zeigt Mutter ihr neuestes Werk)
Mutter:	(s37)	Das is auch ein Pfifferling?
Luna:	(s38)	Ja.
Mutter:	(s39)	Zeig!
	(s40)	Sieht mir aber eher aus wie ne Nudel.
. . .		
Luna:	(s41)	Ein ( ) klitze-klitze-kleine Nüdl.
Mutter:	(s41)	Ein Nüdlchen.
Luna:	(s42)	Ja, habe ich ein klitz-klitz-kleines.
Mutter:	(s43)	Klitze-klitze-kleines Nüdlchen.
Adrian:	(s44)	Zeig <s>ma! <f>
Luna:	(s45)	<s>Eine. <p>
Mutter:	(s46)	Django, da liegt noch ne Knete auf m Bodn.
	(s47)	Kanns du die bitte ma aufhebm?!
Adrian:	(s47)	Wo? <p> (blickt sich suchend um)
Mutter:	(s48)	Da, hintn. <p>
Adrian:	(s49)	Ach ja. (hebt die Knete auf)
Mutter:	(s50)	Sehr schön. <p>
Adrian:	(s51)	Kann ich/ Mach ich gleich dadraus ein/ auch ein <s>Pfefferling.
Luna:	(s52?)	<s>( ).
	(s53)	Mama, eine Kugl! <p>
Mutter:	(s54)	Noch ne Kugl. <p>
	(s55)	Du, Luna, kuck ma, da liegt so n Geldstück auf m Bodn.
	(s56)	Kanns du das ma aufhebm?
Luna:	(s57)	He?
Mutter:	(s58)	N Fünfmark-Stück.
	(s59)	Das solltet ihr eigntlich in eine Spardose schmeißn. . .
Adrian:	(s60)	Noch ein Pfefferling. (stellt sein neues Werk neben andere auf dem Schreibtisch)
Mutter:	(s61)	Noch ein Pfifferling! Ja, super.
Luna:	(s62)	(hebt das Geldstück auf, zeigt es Mutter)
	(s63)	Wo is <s>das?
Mutter:	(s64)	<s>Danke. <zu Luna>
	(s65)	Leg einfach auf n Tisch!
Luna:	(s66)	. . (legt das Geldstück auf den Tisch)
Mutter:	(s67)	Danke. <p>
Luna:	(s68)	Kleber das? (nimmt eine Tesafilmrolle vom Tisch)
Mutter:	(s69)	Da is Kleber, aber du wolls doch jetz mit Knete machn.
Luna:	(s70)	Nein. <p>
Adrian:	(s71)	Auch ein Riesenpfefferling. <dim.> (stellt ein weiteres Werk zu den anderen auf den Schreibtisch)
Mutter:	(s72)	Nja, so viele Riesenpfifferlinge. (geht zu Adrian an den Schreibtisch, stellt ihre Pfifferlinge zu den seinen)

Luna:	(s73)	(Ich) ein Kleber aus <s>( )
Adrian:	(s74)	<s>Aber nich kaputt machn!
Mutter:	(s75)	Och Mensch, kuck dir das ma an! (betrachtet Adrians gesammelte Werke)
	(s76)	Da wird die Amo ganz neidisch, daß wir so viele Pfifferlinge habm.
Luna:	(s77)	Ich/ <s>Kleber mag ich<dim.>.
Mutter:	(s78)	<s>Was denn?
Luna:	(s79)	<s>Mama!
Mutter:	(s80)	<s>Was wills du damit machen? . .
Luna:	(s81)	Schreibm.
Mutter:	(s82)	Schreiben?
	(s83)	Man kann nich mip m Tesafilm schreibm. .
	(s84)	Was wills du damit machn?
Luna:	(s85)	Kleper.
Mutter:	(s86)	Wills du/ Wills du damit was klebm?
Luna:	(s87)	Ja.
Mutter:	(s88)	Was denn?
Luna:	(s89)	Ein Papier/ Ein/ Na, ein Pfefferling.
Mutter:	(s90)	Ein Pfifferling wills du damit klebm?
Luna:	(s91)	Ja.
Mutter:	(s92)	. . (sucht den Anfang auf der Tesafilmrolle) Warte mal, da müssen wir erstmal den Anfang suchn. . . .
Adrian:	(s93)	Hm', noch<f> ein Pfefferling<dim.>! (hält ein weiteres Werk in die Höhe)
Mutter:	(s94)	„Pfifferling".
Adrian:	(s95)	Pfifferling.
Luna:	(s96)	Das da! (zeigt auf die Tesafilmrolle in der Hand der Mutter)
Adrian:	(s97?)	(<s>) <p>
Mutter:	(s98)	<s>Wills du abschneidn?
	(s99)	Soll ich dir ne <s>Schere gebm?
Adrian:	(s100)	<s>So: viel. <p>
Luna:	(s101)	<s>Ja.
Adrian:	(s102)	<s>So viele Fefferling. (betrachtet seine gesammelten Werke)
Mutter:	(s103)	Halt ma fest! (gibt Luna die Tesarolle in die Hand, geht eine Schere holen->)
Adrian:	(s104?)	(<s>). <p>
Luna:	(s105)	<s>Ja.
Adrian:	(s106)	So vie-<s>le!
Mutter:	(s107)	<s>„Pfif-ferlinge".
Adrian:	(s108)	Pfiffralin<s>ge.
Mutter:	(s109)	<s>„Pfifferlinge".
Adrian:	(s110)	Frifra/
Mutter:	(s111)	Nich „Frifralinge"<dim.>.
	(s112)	„Pfif-fer". „Pfifferling"<franz.Akzent>.
Luna:	(s113)	(<s>).
Adrian:	(s114)	<s>Pfefferlinge.
Mutter:	(s115)	Ich halt dir fest, ja, Luna? (legt die Schere auf's Sofa)
	(s116)	. . (nimmt Luna das Tesafilm ab)
	(s117)	Ich halt dir fest. (versucht den Tesafilm zu spannen)
Luna:	(s118)	<s>(nähert sich mit der Schere)

Mutter:	(s119)	<s>Moment! Moment<cresc.>!
	(s120)	So. <p> (hat den Tesafilm in die richtige Position gebracht)
	(s121)	Jetz. <p>
Luna:	(s122)	(schneidet ein Stück Tesafilm ab)
Mutter:	(s123)	Hoho, super! <f>
	(s124)	Bitteschön. (gibt Luna den Tesafilmstreifen) . . .
Luna:	(s125)	Pfifferling.
	(s126)	Ich mach jetz ein Pfifferling. <fast singend> ((lacht))
Mutter:	(s127)	((lacht))
Adrian:	(s128)	Ein k/ Ein Be:bi! (betrachtet sein neuestes Werk)
Mutter:	(s129)	Ein Baby-Pfifferling.
Adrian:	(s130)	Ein Bebi-Pf/
Mutter:	(s131)	Ein Babyriesenpfifferling.
Adrian:	(s132)	Kann dazu. (stellt sein letztes Werk zur Kollektion)
. . .		
		Das Thema „Pfifferlinge" wurde zunächst beendet. Man hat sich anderen Aktivitäten zugewandt. Die Mutter und Luna haben den Raum verlassen, Adrian befindet sich noch dort. Die „Pfifferlinge" stehen ebenfalls noch auf dem Schreibtisch. Amo kommt in den Keller:
. . .		
Adrian:	(s133)	Kuck ma! <ff> Amo! <ff>
Amo:	(s134)	Ja, mein Schätzchen, zeig ma! (nähert sich dem Schreibtisch)
	(s135)	Wow<engl.>, was is das denn? (betrachtet die Kollektion)
Adrian:	(s136)	Pilze.
Amo:	(s137)	Zeig ma! <f> ((pfeift))
	(s138)	Oh, das sin denn das für hübsche Sachn?
	(s139)	. . (betrachtet die Knetwerke)
	(s140)	Und was is das?
	(s141)	Ein Seelöwe?
Adrian:	(s142)	Nein, das (is) auch ein Pil/ (<s>)
Amo:	(s143)	<s>Alles Pilze?! <f>
Adrian:	(s144)	Un das und das und das <s>un das un das un das. (zeigt auf jeden einzelnen „Pilz")
Amo:	(s145)	<s>Ou:::h,<engl.; dim.>wow! <engl.; dim.> Un das sieht aus wie

Zugegeben, der für dieses Beispiel ausgewählte Diskursausschnitt ist lang – aber ergiebig. Eine Kürzung an einigen Stellen wäre durchaus möglich. Da jedoch fast alle dargestellten Handlungseinheiten mit dem Ausdruck ‚Pfifferling' verwoben sind, dessen Aneignung u.a. an dieser Stelle untersucht werden soll, wäre es ausgesprochen unsinnig, nicht die Informationsfülle und Komplexität zu nutzen, die das Material offeriert. Ich möchte zunächst den Symbolfeldausdruck ‚Pfifferling(e)' im hiesigen Erwerbsverlauf untersuchen und an zweiter Stelle einige ausgewählte Handlungseinheiten analysieren.

Die Gesamtsituation, in der der Diskurs stattfindet, kann als eine spielerische charakterisiert werden. Diese ist zu differenzieren von der Diskursart Spiel, die m.E. beim Kind die Bewußtheit über sein Handeln im Vorstellungsraum voraussetzt. Im vorliegenden Beispiel spielen die Kinder nicht, sondern sie

formen mit Knete. Das bedeutet, sie üben eine handwerkliche Tätigkeit aus, die von außen durchaus als Spiel – i.S.v. BRUNERS dictum: „Spiele stellen die Kultur der Kindheit dar" (1987, 103) – bezeichnet werden kann, die Kinder selbst würden ihre Tätigkeit an dieser Stelle jedoch nicht als Spiel definieren (anders als wahrscheinlich in B26 oder B29). Sie handeln hier nicht im Vorstellungsraum, sondern in der Realität. Als eine *spielerische Handlungssituation* verstehe ich eine Situation, die insbesondere streßfrei ist, auf der kein Druck durch außersprachliche Handlungsbedürfnisse lastet (s. Ausprobieren (2), Kap. 3.2.1), die Raum für spielerische Aktivitäten, für Lehr-Lern-Interaktionen und zum Ausprobieren gibt.
In eine solche Situation findet sich die Vermittlung und Aneignung des Ausdrucks ‚Pfifferling' bzw. der Lautfolge /PFIFFERLING/ eingebettet. Ziehen wir zunächst aus dem Diskursverlauf die Äußerungen heraus, die unmittelbar mit dem Erwerb des Ausdrucks zu tun haben:

A:	Ein Pilz! (streckt Mutter sein Werk entgegen)	(s1)
M:	Ein PFIFFERLING.	(s5)
	Sieht genauso aus wie n PFIFFERLING.	(s7)
	Sieht genau aus wie n PFIFFERLING.	(s11)
	Nur n bißchen groß.	(s12)

L:	Da ein Pi:lz? (betrachtet den „Pfifferling")	(s21)
M:	Das s ein Pilz, schau!	(s22)
	Hat der Django ein PFIFFERLING gemacht, ein RiesenPFIFFERLING.	(s23)

In diesen ersten beiden Diskurseinheiten wird von der Mutter die phonologische und semantische Qualität des für die Kinder neuen Ausdrucks vermittelt. Sie nutzt dabei den Vorteil des Handlungskontextes. Adrian präsentiert ihr in (s1) ein Knetwerk und ›stellt‹ dabei ›fest‹, es sei ein „Pilz". Der Vollzug dieser nennenden Prozedur bewirkt bei der Mutter im mentalen Bereich, daß sie 1. auf der Basis seiner äußeren Erscheinungsqualität die Sache spezifiziert, 2. auf semantischer Ebene subkategorisiert, 3. als Exemplar der Gattung ‚Pilz' (Subonym: ‚Pfifferling') erkennt und 4. dies ebenfalls mittels einer nennenden Prozedur verbal zum Ausdruck bringt (s5). In (s7, s11) macht sie durch ‚sieht genauso aus wie' deutlich, daß es sich bei der Benennung nicht um den benannten Gegenstand selbst, sondern um einen Formvergleich handelt. Durch weitere Spezifizierungen des konkreten Handlungsobjekts (s12: ‚nur ein bißchen groß.' und s23: ‚Riesenpfifferling') wird das Verhältnis zum realen Objekt Pfifferling mit Bezug auf seine Größe kenntlich gemacht. Lunas Nachfrage in (s21) zeigt, daß sie sich mit der semantischen Qualität des neuen Symbolfeldausdrucks auseinandersetzt.
Im weiteren Diskursverlauf wird klar, daß die Aneignung der korrekten Lautstruktur – über die automatisierte ›Lehr-Lern-Aufforderung 2‹ – keinem der beiden Kinder zunächst irgendwelche Schwierigkeiten bereitet. Sie integrieren den neuen Ausdruck sofort in ihr eigenes sprachliches Handeln:

L: Noch ein PFIFFERLING. (beobachtet Adrians Aktivität) (s25)
A: Noch ein PFIFFERLING. (zeigt M ein neues Werk) (s26)
M: Noch ein PFIFFERLING, ein roter. (s27)

L: Noch ein PFIFFERLING. (knetet) (s29)
M: Du magst auch ein PFEFF/ machst auch ein PFIFFERLING, super. (s30)

In (s29) kündigt Luna an, nun auch einen „Pfifferling“ herstellen zu wollen. Die positive Reaktion der Mutter auf Lunas Plan (s30) enthält einen „Fehltritt“ mit weitreichenden Konsequenzen. Sie verbalisiert die Lautfolge /PFEFF/ (statt /PFIFF/), bricht allerdings ihre Äußerung sofort ab und repariert sie. Es ist anzunehmen, daß sich in dem Versprecher der Mutter ihre eigenen mentalen phonologisch-semantischen Relationen (zu ‚Pfeffer‘) spiegeln, die sie hier versehentlich verbalisiert. Wie sich im weiteren Diskursverlauf zeigt, überträgt sie diese „Fehlverbindung“ umgehend auf ihre Kinder. Der kleine Versprecher bewirkt bei beiden Kindern eine mentale Umstrukturierung und führt, wie wir sehen werden, insbesondere bei Adrian zu großen Unsicherheiten in bezug auf diesen neu erworbenen Ausdruck:

L: Das is eine PFEFFERLING! (zeigt M ihr neuestes Werk) (s36)
M: Das is auch ein PFIFFERLING? (s37)
Sieht mir aber eher aus wie ne Nudel. (s40)

A: [hat Knete vom Fußboden aufgehoben]
Mach ich gleich dadraus auch ein PFEFFERLING. (s51)
Noch ein PFEFFERLING. (s60)
(stellt sein neues Werk neben andere auf den Schreibtisch)
M: Noch ein PFIFFERLING! Ja, super. (s61)

A: Auch ein RiesenPFEFFERLING. (s71)
(stellt ein weiteres Werk zu den anderen auf den Schreibtisch)
M: Nja, so viele RiesenPFIFFERLINGE. (s72)
Da wird die Amo ganz neidisch, daß wir so viele PFIFFERLINGE habm.(S76)

L: Kleber mag ich. (s77)
M: Wills du damit was klebm? (s86)
Was denn? (s88)
L: Ein Papier/ Ein/ Na, ein PFEFFERLING. (s89)
M: Ein PFIFFERLING wills du damit klebm? (s90)

Beide Kinder verwenden im weiteren Verlauf ausschließlich die Lautfolge /PFEFFERLING/ (Luna: s36, s89; Adrian: s51, s60, s71, s93). Diese Fehlverbindung kann trotz der subtilen korrektiven Bemühungen der Mutter (s37, s61, s72, s76, s90) nicht behoben werden. Deshalb entscheidet sie sich, die Korrektur über die „offene“ ›Lehr-Lern-Aufforderung 2‹ zu vollziehen, was im ersten Musterdurchlauf zunächst zur Korrektur bei Adrian führt (s94, s95):

A:	Hm', noch ein PFEFFERLING! (hält ein weiteres Werk in die Höhe)	(s93)
M:	„PFIFFERLING".	(s94)
A:	PFIFFERLING.	(s95)

Im weiteren Verlauf wird allerdings deutlich, daß die offene Korrektur nurmehr größere Verwirrungen bei Adrian auslöst:

A:	So viele FEFFERLING. (betrachtet sein gesammeltes Werk)	(s102)
	So viele!	(s106)
M:	„PFIF-FERLINGE".	(s107)
A:	PFIFFRALINGE.	(s108)
M:	„PFIFFERLINGE".	(s109)
A:	FRIFA/	(s110)
M:	Nich „FRIFRALINGE".	(s111)
	„PFIF-FER". „PFIFFERLING"<franz.Akzent>.	(s112)
A:	PFEFFERLINGE	(s114)

Luna hat offensichtlich den Lehr-Lern-Diskurs zwischen der Mutter und Adrian mitvollzogen und im Gegensatz zu Adrian die fehlerhafte Lautfolge umgehend für sich korrigiert (s125, s126). Die Mutter versucht in (s129, s131) über den Einsatz von „Wortspielen" (Kompositabildungen) vom Äußerungsakt abzulenken, um auf diese Weise weiterhin indirekt die korrekte Lautfolge zu etablieren:

L:	[hat von M den Tesastreifen erhalten]	
	PFIFFERLING.	(s125)
	Ich mach jetz ein PFIFFERLING. <fast singend>	(s125)
A:	Ein Be:bi!	(s128)
M:	Ein Baby-PFIFFERLING.	(s129)
A:	Ein Bebi-PF/	(s130)
M:	Ein BabyriesenPFIFFERLING.	(s131)

Welch große Verunsicherung der kleine Versprecher der Mutter bei Adrian bewirkt hat, zeigt sich aber vor allem daran, daß Adrian es in der Nachgeschichte vermeidet, den neuen Ausdruck überhaupt zu verwenden. Als Amo eine ganze Zeit später Adrians „Pfifferling"-Kollektion begutachtet, verwendet er ausschließlich den „sicheren" Ausdruck ‚Pilze' – und das, obwohl die Mutter ihm mehrfach zu verstehen gegeben hatte, daß eine besondere Verbindung zwischen Amo und Pfifferlingen besteht (s9, s10, s17, s76):

Amo:	Wow, was ist das denn? (betrachtet die Kollektion)	(s135)
A:	Pilze.	(s136)
Amo:	Und was is das?	(s140)
	Ein Seelöwe?	(s141)
A:	Nein, das (is) auch ein Pil/	(s142)
Amo:	Alles Pilze?!	(s143)

Dies bestätigt die Annahme, daß Kinder im real-sprachlichen Handeln möglichst solche Mittel verwenden, über deren Handlungsqualität sie sich weitgehend sicher sind (s. Ausprobieren (3), Kap. 3.2.1).
Verschiedene Aspekte des Ausdruckserwerbs können an diesem Beispiel kenntlich gemacht werden. Insbesondere die inzwischen ausgebildete *Sensibilität* der Kinder bei der Rezeption eines neuen Ausdrucks und der entsprechenden Lautfolge (s5, aber vor allem s30) ist hervorzuheben. Obwohl anzunehmen ist, daß sie keine konkrete Vorstellung von einem Pfifferling und seinen spezifischen Qualitäten (Größe, Farbe, Geruch, Geschmack, Konsistenz etc.) haben, integrieren sie den Ausdruck in der spielerischen Situation umgehend in ihr eigenes sprachliches Handeln.
Es drängt sich nun die Frage auf, warum Adrian auf den Versprecher der Mutter in (s30) und die nachfolgende direkte Korrektur (s94-s114) mit größerer Unsicherheit reagiert als Luna. Es ist anzunehmen, daß das Alter und das damit verbundene größere *sprachliche Vorwissen* Adrians mit Bezug auf die Eingliederung des neuen Ausdrucks in sein bereits bestehendes *mentales Lexikon* hierbei eine entscheidende Rolle spielt. Wie wir gesehen haben, verwendet Adrian (hier analog zur Mutter) im Gegensatz zu Luna selbst Substantiv-Komposita (s71, s130). In anderen Aufnahmen tut er dies im Alter von 3;1 auch spontan:

(B31) [#32 T, Fl.5ff. - Adrian (3;1) hat eine Höhle gebaut, die eingestürzt ist]

Adrian:	Ich eine andre HÖHLE kaufen. . . .
	Luna, hab eine Idee!
	D in KINDERZIMMER, da kann ich/ Da au/ In KINDERZIMMER HÖHLE?
	Komm, Luna, . in die KINDERZIMMERHÖHLE.

(B32) [#35 T, Fl.126ff.; Luna (1;11) sitzt im Kinderwagen vor der Haustür, Adrian (3;1) ist bei ihr]

Luna:	Was!
Adrian:	WASSER? <umsorgend>
. . .	
Adrian:	A LEITUNGSWASSER?
Luna:	( )
Adrian:	SPRUDELWASSER?
Luna:	Nein! <gedehnt>
Adrian:	LEITUNGSWASSER?

Es scheint also bei Adrian im Alter von drei Jahren ein Bewußtsein über einige Regeln der Wortbildung im Deutschen vorhanden zu sein (s. auch B26). Es ist anzunehmen, daß dieses Regelwissen bei der Strukturierung des mentalen Lexikons angewendet wird. Da beim Erwerb des Ausdrucks ‚Pfifferling‘ – in Verbindung mit dem Versprecher /PFEFF/ –, der als Pilz zunächst prinzipiell zur Kategorie ‚Essen‘ gehört, die semantische Verbindung zu ‚Pfeffer‘ wesent-

lich näher liegt als zum ‚Pfiff', ist es möglich, daß die „passende" Relation viel eher mental einzuordnen ist und daß die Fehlverbindung im nachhinein schwieriger aufzulösen ist. Lunas mentales Lexikon ist aufgrund ihres minderen sprachlichen Vorwissens wahrscheinlich noch nicht in derlei feinen Kategorien strukturiert. Somit ist die Fehlverbindung für sie leichter zu revidieren. Dies spräche für einen unterschiedlichen Grad sprachlicher Reflexion bei beiden Kindern. Konnte bei den bisherigen Analysen in erster Linie die Reflexion auf phonologischer Ebene festgestellt werden (B25, B26), also eine Bewußtheit darüber, *daß* sprachliche Ausdrücke konkrete konstante Formen haben, so tritt an dieser Stelle – vorausgesetzt, ich liege mit der vorliegenden Interpretation richtig – die funktional-semantische Komponente hinzu, nämlich eine Bewußtheit darüber, *warum* sprachliche Ausdrücke konkrete konstante phonologische Formen haben. Es ist allerdings auch möglich, daß bei der mentalen Verarbeitung der Korrektur durch die Mutter bei Adrian und Luna *individuelle Faktoren* zum Tragen kommen. Dies muß im weiteren beobachtet werden.
Daß semantische Kategorisierungen durch die sprachkompetenteren Interaktanten des Kindes vermittelt und vom Kind benötigt werden, zeigt sich besonders gut an dem kleinen Diskurs zwischen Luna und der Mutter in (s21-s23). Auch wenn in (s1, s2 und s5) implizit die Information über die semantische Relation ‚Pilz' (Hyperonym) – ‚Pfifferling' (Subonym) enthalten ist, benötigt Luna die Information auch explizit, was sie der Mutter durch ihre Nachfrage (s21) zu erkennen gibt. Erst im Anschluß an die Bestätigung durch die Mutter (s22, s23) integrieren beide Kinder den neuen Ausdruck in ihr eigenes sprachliches Handeln.

Wenden wir uns nun einigen weiteren Aspekten zu, die anhand dieses Beispiels deutlich werden. Für das Ausprobieren im Äußerungsakt liegt hier ein eindeutiges Beispiel für die *unbewußte Initiierung* einer Imitation vor:

M:	Sieht genauso aus wie n Pfifferling.	(s11)
	NUR N BIßCHEN GROß.	(s12)
A:	NUR EIN BIßCHEN GROß.	(s13)

Die Mutter ›kommentiert‹ das Knetwerk Adrians (s11). In (s12) macht sie eine Einschränkung zu ihrer Aussage. Der Äußerungsakt der gesamten Äußerung der Mutter in (s12) wird direkt im Anschluß vom Kind imitiert (s13). M.E. fehlt dieser Äußerung Adrians die illokutive Qualität. Man könnte die Äußerung – ohne Hintergrundwissen – als eine Zustimmung zur Aussage der Mutter werten. Dies entbehrt jedoch, wie bereits deutlich wurde, des Fundaments eines Vorwissens über Pfifferlinge auf seiten Adrians. Somit fehlt der Äußerung ebenfalls der für eine Zustimmung adäquate propositionale Gehalt – was jedoch nicht im Widerspruch dazu steht, daß er die Bedeutung von ‚nur ein bißchen groß' an sich kennt und so die Information der Mutter durchaus mental in seinem Ausdruckswissen verankern kann. Seine Äußerung ist also

nicht zielgerichtet. Somit handelt es sich hier um eine Imitation des Äußerungsakts auf fortgeschrittener Stufe (s. auch B20: /DIE BLÜMELEIN/). Es zeichnet sich ab, daß neben ‚Pfifferling‘ weitere, den Kindern bereits bekannte Ausdrücke in diesem spielerischen Handlungszusammenhang ausprobierend angeeignet werden. Diese sind ‚noch‘ (s15, s20, s25, s26, s27, s29, s54, s60, s61, s93), ‚auch‘ (s30, s37, s51, s71) und ‚so viele‘ (s72, s76, s102, s106), die wahrscheinlich in ihrem Verhältnis zueinander „erkundet“ werden. Anzumerken ist, daß alle drei Ausdrücke im vorliegenden Diskurs jeweils erstmals von der Mutter verwendet werden (s15, s30, s72). Eine detaillierte Analyse kann an dieser Stelle leider nicht durchgeführt werden.
Darüber hinaus ist auffallend, wie sich beide Kinder – in Kooperation mit der Mutter – mit *Größenrelationen* auseinandersetzen. Betrachten wir an dieser Stelle einmal Lunas Äußerungen im Interaktionszusammenhang:

M.:	Sieht genau aus, wie ein Pfifferling.	(s11)
	Nur n bißchen GROß.	(s12)
A:	Nur ein bißchen GROß.	(s13)
L:	Ein GROßER Nu/ Ein GROß/ Eine GROßE Nudel.	(s14)
M:	Noch ne GROßE Nudl.	(s15)

L:	Ein ( ) KLITZE-KLITZE-KLEINE NÜDL.	(s41)
M:	Ein NÜDLCHEN.	(s42)
L:	Ja, habe ich ein KLITZ-KLITZ-KLEINES.	(s43)
M:	KLITZE-KLITZE-KLEINES NÜDLCHEN.	(s44)

Es ist festzustellen, daß Luna zum einen die Ausdrücke ‚groß‘ und ‚klein‘ in attributiver Funktion zum Symbolfeldausdruck ‚Nudel‘ kontrastiert. Andererseits probiert sie, den Diminutiv zu bilden (s41: „nüdl“), was von der Mutter unterstützt wird. Es ist anzunehmen, daß es sich bei der *Diminutivbildung* – gefördert duch die häufige Verwendung von Diminutiva in der CDS[84] – um eine der frühesten kreativen Ableitungsformen bei der kindlichen Wortbildung handelt (s. B28).
Was ist nun anhand des vorliegenden Beispiels zum Ausbau des Handlungsmusterrepertoires der beiden Kinder zu sagen? Es läßt sich gut sehen, wie das ›*Frage-Antwort*‹-Muster weiter ausgebaut wird. Zum einen ist erkennbar, daß Luna nicht nurmehr auf Nachfragen antwortet, sondern sie im Alter von zwei Jahren auch selbst kontextbezogen formuliert:

A:	Ein Pilz<f>! (streckt Mutter sein Werk entgegen)	(s1)
M:	Oh ja/ Oh Mensch, super, Django! (betrachtet das Werk)	(s2)
L:	DA EIN PI:LZ? (betrachtet den „Pfifferling“, der sich bei der Mutter befindet)	(s21)
M:	Das is ein Pilz, schau!	(s22)

[84] ‚Child Directed Speech‘ (s. SNOW 1995) i.S.v. Sprache, die Kindern gegenüber verwendet wird.

Auch die Sprechhandlung der ›Frage‹ (ohne diskursiven Rückbezug) wird von ihr realisiert:

L:	(hebt das Geldstück auf, zeigt es der Mutter)	(s62)
	WO IS DAS?	(s63)
M:	Leg einfach auf n Tisch!	(s65)
L:	. . (legt das Geldstück auf den Tisch)	(s66)

L:	KLEBER DAS? (nimmt eine Tesafilmrolle vom Tisch)	(s68)
M:	Da is Kleber, aber du wolls doch jetz mit Knete machen.	(s69)

Im zweiten Fall (s68, s69) handelt es sich weniger um eine Frage nach Information als vielmehr um eine ›Bitte um Erlaubnis‹, den Handlungsgegenstand benutzen zu dürfen; zumindest wird dies von der Mutter unterstellt.
In der Position der Antwortenden (Hörer), werden jetzt wesentlich höhere *Verbalisierungsanforderungen* als zuvor an sie gestellt. Die Mutter versucht, eine ›Begründung‹ zu elizitieren:

L:	Kleber mag ich.	(s77)
M:	Was wills du damit machen? . .	(s80)
L:	Schreibm.	(s81)
M:	Schreiben?	(s82)
	Man kann nich mip m Tesafilm schreibm. .	(s83)
	Was wills du damit machn?	(s84)
L:	Kleper.	(s85)
M:	Wills du damit was klebm?	(s86)
L:	Ja.	(s87)
M:	Was denn?	(s88)
L:	Ein Papier/ Ein/ Na, ein Pfefferling.	(s89)
M:	Ein Pfifferling wills du damit klebm?	(s90)
L:	Ja.	(s91)

M:	Wills du abschneidn?	(s98)
	Soll ich dir ne Schere gebm?	(s99)
L:	Ja.	(s101)

Hierbei wird deutlich, wie einerseits die Mutter, insbesondere durch intonatorische Mittel und verdeckte Substitutionen, das Kind Schritt für Schritt zur adäquaten Antwort hinführt und wie andererseits Luna verschiedene Antworten ausprobiert, um letztendlich an ihr Handlungsziel zu gelangen, etwas mit dem Klebeband zu machen.
Hinsichtlich der assertiven Muster wie auch der ›Aufforderung‹ ist festzustellen, daß sie vor allem im Äußerungsakt weiter ausgebaut werden, d.h. kindlich selbstsuffiziente Prozeduren werden – z.T. im Ansatz und z.T. vollkommen – zu *Sprechhandlungen* kombiniert. Dazu einige Beispiele:

L:	Eine große Nudl.	(s14)	›Mitteilung‹
L:	Noch ein Pfifferling.	(s25)	›Kommentar‹

L:	Noch ein Pfifferling.	(s29)	›Ankündigung‹
L:	Das is ein Pfefferling!	(s36)	›Mitteilung‹
L:	Ein ( ) klitze-klitze-kleine Nüdl.	(s41)	›Mitteilung‹
L:	Ich mach jetz ein Pfifferling.	(s126)	›Ankündigung‹
L:	Kleber mag ich.	(s77)	›Aufforderung‹

Ein entscheidender Schritt dahin besteht in der Aneignung und Verwendung verschiedener *Verben* (z.B. ‚machen', ‚möchten/ mögen', ‚sein', ‚schreiben' bei Luna).
Der Erwerb eines weiteren Handlungsmusters ist bei Adrian zu erkennen: das *›Schenken‹*. Betrachten wir zunächst die Einheiten an, in denen er das Muster realisiert:

A:	Ein Pilz! (streckt der Mutter sein Werk entgegen)	(s1)
M:	Oh ja/ Oh Mensch, super, Django! (betrachtet das Werk)	(s2)
A:	FÜR DICH.	(s3)
M:	Für mich? (nimmt das Werk entgegen)	(s4)
	Ein Pfifferling.	(s5)
A:	Aber nich kaputt machn!	(s6)

A:	Noch ein Pfifferling. (zeigt Mutter ein neues Werk)	(s26)
M:	Noch ein Pfifferling, ein roter.	(s27)
A:	Ja.	(s28)
	BITTESCHÖN. (gibt Mutter das Werk in die Hand)	(s31)
M:	Dankeschön.	(s32)
A:	Aber nich kaputtmachn!	(s33)
M:	Nein. . .	(s34)
A:	KANNS ALLES MIT (NACH HAUSE NEHM).	(s35)

Das Handlungsmuster des ›Schenkens‹ baut auf dem Muster des ›Anbietens‹ und somit auf dem Modus des Austausches auf. Das ›Schenken‹ löst jedoch das ›Anbieten‹ nicht ab, sondern ergänzt es als eine Form des Gebens. Worin unterscheiden sich die beiden Muster voneinander? Wie beim ›Anbieten‹ muß der Sprecher auch beim ›Schenken‹ vom Ego losgelöst handeln, d.h. er muß sich in die Position des Hörers versetzen, um einschätzen zu können, womit er ihm „eine Freude machen" kann – denn darum geht es wohl zunächst beim Schenken. Es muß jedoch keine aktuelle Handlungslücke beim Hörer vorliegen, die vom Sprecher geschlossen wird, wie es beim ›Anbieten‹ der Fall ist. Somit liegt der Ausgangspunkt hier beim Sprecher und seinem eigenen Wunsch, die außersprachliche Wirklichkeit dahingehend zu verändern, daß ein (materielles) Objekt aus seinem Besitz in den Besitz des anderen übergeht. Dabei strebt er an, ein potentielles Bedürfnis beim anderen zu befriedigen. Die dabei zu vollziehende Sprechhandlung ist im Normalfall *assertiv*. Dies bedeutet – und das ist das Entscheidende – für den Hörer einen wesentlich höheren Grad an *Verbindlichkeit*, als dies beim ›Anbieten‹ der Fall ist. Während er ein ›Angebot‹ (mit Bezug auf seine Handlungslücke) annehmen oder ablehnen kann, fällt diese Entscheidung beim ›Schenken‹ weg. Auf die Sprechhandlung

des Schenkens folgt systematisch unmittelbar die Musterposition des Dankens bzw. des dankenden Annehmens.
Im vorliegenden Diskurs zwischen Mutter und Sohn (s1-s6) wird dieses Muster realisiert. Es ist anzunehmen, daß der Plan zur Realisierung des Musters bei Adrian in (s1) noch nicht vorliegt. Erst die ausdrückliche Begeisterung der Mutter in (s2), läßt ihn den Plan fassen, der Mutter das Knetwerk zu schenken. In (s3) bringt er durch ‚für dich' explizit zum Ausdruck, daß er ihr sein Werk ›schenkt‹, daß es in ihren Besitz übergeht. Die erstaunt-erfreute Nachfrage der Mutter „Für mich?" (s4) leitet die Musterposition des Dankens ein, die jedoch an dieser Stelle nicht vollständig realisiert wird.
Die zweite Abarbeitung des Musters (s26-s35) baut für beide Interaktanten auf dem Vorwissen über die Realisierung der ersten Abarbeitung (s1-s6) auf. Da Adrian an jener Stelle bereits deutlich gemacht hat, daß die Übergabe des Knetwerks eine Handlung des Schenkens ist, ist für die Realisierung seiner Musterposition das prozedurale ‚bitteschön' durchaus ausreichend (s31). Umgehend realisiert die Mutter die adäquate Musterposition des Dankens (s32). Bei (s35) handelt es sich um einen ›Voschlag‹ von Adrian für eine weitere Handhabung des Geschenks.
In beiden Fällen schließt Adrian nach Abarbeitung des Musters zusätzlich eine ›Aufforderung‹ an die Mutter an, eine mögliche zukünftige Handlung zu unterlassen (s6, s33): „Aber nich kaputt machen!" Er bezieht sich dabei auf zwei Aspekte seiner persönlichen Erfahrung: zum einen auf sein Musterwissen über ›Schenken‹ als kindlichem Hörer bzw. Empfänger eines Geschenks, zum anderen auf das Wissen, daß Knetwerke aufgrund ihrer materiellen Beschaffenheit sich zumeist schnell wieder als formlose Masse in einem Behälter befinden. Somit ist diese ›Aufforderung‹ hier durchaus angebracht. Er bringt auf diese Weise den Wert zum Ausdruck, den seine Arbeit für ihn hat.

Über die Analysen von (B28) und (B29) konnte die verbale Reflexion über Sprache seitens der Kinder in erster Linie im phonologisch-morphologischen Bereich festgestellt werden. Im letzten Beispiel (B30) konnte darüber hinaus auch eine Reflexion im phonologisch-semantischen Bereich erkannt werden. Im folgenden Beispiel von Adrian im Alter von 2;3 findet sich eine verbale Reflexion über den *Erwerbsprozeß* selbst.

(B33): **PALITO-PALAZO**	**#17 T** - Adrian (2;3)

München: Wohnung I: vorderer Wohnraum // Mutter und Ba (Freundin der Mutter) sitzen auf dem Fußboden und versuchen, die Kinder anzuziehen. Ba zieht Adrian an. Dieser kommentiert sein Geschlechtsteil.

Adrian:	(s1)	(hält seinen Penis und blickt abwechselnd zu Mutter und Ba) Da große palito! <lachend>
Ba:	(s2)	((la<s>cht))

Mutter:	(s3)	<s>((lacht))
Adrian:	(s4)	Palazo.
Mutter:	(s5)	Pa<s>lazo, genau. <f; lachend>
Ba:	(s6)	<s>(lazo) ((lacht))
Mutter:	(s7)	((lacht->))
Adrian:	(s8)	(Ich es) lernt auch.
Mutter:	(s9)	Was? Das hast du <s>gelernt? <lachend>
Adrian:	(s10)	<s>Lernt auch.
Mutter:	(s11)	Has du das gele:rnt?
Adrian:	(s12)	Ja.
Mutter:	(s13)	Palazo? <lachend>
	(s14)	Ja ja. <p> ((lacht))
Adrian:	(s15)	Ich auch alernt, ich auch „palazo“.
Ba:	(s16)	Du kannst auch schon „palazo“ sagen?
Adrian:	(s17)	Ja.
Mutter:	(s18)	Na <s>bravo. <p; ironisch>
Ba:	(s19)	<s>Großer Django.
	(s20)	Django ist ein großer Junge.
Adrian:	(s21)	Ja.

Zunächst einige Erläuterungen zum spanischen Ausdruck ‚palito‘ (dt. ‚Stöckchen/Stäbchen‘). Es handelt sich um das Diminutivum zu ‚palo‘ (‚Stock/ Stab‘), gebildet durch das spanischen Verkleinerungsinfix ‚-it-‘. Im Gegensatz zum Deutschen gibt es im Spanischen auch die Möglichkeit, das Augmentativum durch Infigierung zu bilden. Hierbei wird normalerweise[85] das Infix ‚-az-‘ verwendet: ‚palazo‘ (dt. ‚großer Stock/ großer Stab‘). Zum Symbolfeldausdruck ‚pal(it/az)o‘ ist zu sagen, daß es sich hierbei nicht um eine im Spanischen gängige Bezeichnung des kindlichen männlichen Geschlechtsteils handelt[86], sondern um eine frühe Vergleichsbildung durch Adrian selbst, die von den Interaktanten des Kindes (Eltern, Freunde, Erzieherinnen in der Krabbelstube) „dankbar“ und amüsiert übernommen und weiterhin verwendet wurde.

Zwei Arten der Sprachreflexion sollen anhand dieses Beispiels kenntlich gemacht werden: Zum ersten bestätigt sich hier die oben formulierte Annahme, daß Kinder früh in der Lage sind, kreativ – also nicht nur imitativ – Diminutiva und Augmentativa zu bilden, und zwar in beiden Sprachen in der jeweils adäquaten Form. Es wird allerdings deutlich, daß im vorliegenden Fall der Diminutiv ‚palito‘ selbst und nicht ‚palo‘ die verwendete Stadardvariante darstellt (s1: „große palito“). Trotzdem wird der Augmentativ auf der Grund-

[85] Im Spanischen gibt es verschiedene regionale Varianten von In- bzw. Suffixen zur Diminutiv- und Augmentativbildung.

[86] Im Spanischen werden ähnliche Ausdrücke wie im Deutschen verwendet, z.B. ‚pajarito‘ (dt. ‚Vögelchen‘).

lage von ‚palo' gebildet (sonst hieße es ‚palitazo'[87]) und die semantische Verbindung zu ‚groß' wird von (s1) zu (s2) eindeutig hergestellt. Somit kann auch hier wieder von einer Reflexion im morphologisch-semantischen Bereich gesprochen werden.[88]

Eine ganz andere Art von Sprachreflexion findet sich im anschließenden Diskursabschnitt (s8-s17), wo Adrian seinen Interaktantinnen ›mitteilt<, er habe schon gelernt ‚palazo' zu sagen (s8, s10, s15). Auch hier ist – ähnlich wie in B27 – zu sehen, wie die Mutter dabei über Nachfragen (s9, s11, s13, s16) das Kind von der Äußerungsform auf prozeduraler Ebene zur Realisierung einer „vollständigen" Sprechhandlung (s15) führt. Adrians Äußerungen zeigen, daß er sich darüber bewußt ist, daß er sich als Lernender in einem sprachlichen Lernprozeß befindet, was eine wichtige Voraussetzung für den „offenen" Lehr-Lern-Diskurs ist. Es zeichnet sich ab, daß die von EHLICH (1981, 338; s. Fußnote Nr. 64) formulierten Voraussetzungen für den Vollzug des Lehr-Lern-Diskurses auf seiten des Kindes bereits im Alter von etwa zwei Jahren gegeben sind: Es ist sich bewußt über sein eigenes *Wissensdefizit* und hat die Absicht, dieses Defizit aufzuheben; es erkennt dabei die erwachsenen Interaktanten als die Lehrenden an – was auch daran zu erkennen ist, daß interaktive Auseinandersetzungen über die Korrektheit einer spezifischen Lautfolge wie in (B25) nur unter Kindern und nicht mit (sprachkompetenten) Erwachsenen ausgetragen werden. Es ist anzunehmen, daß durch diese *Anerkennung der Erwachsenen-Kompetenz* wiederum wichtige Voraussetzungen für den weiteren Lehr-Lern-Prozeß allgemein und damit für den Ausbau von Wissen beim Kind geschaffen werden.

Ähnlich wie in (B19: ‚geschafft') bringt Adrian hier zum Ausdruck, daß es sich für ihn beim Lernen um eine besondere Leistung seinerseits handelt, die einer Anerkennung bedarf. Das ›Lob‹ wird an dieser Stelle durch Ba realisiert (s19, s20). Mit der von ihr gewählten Äußerung in (s20) stellt sie interessanterweise eine subtile propositionale Verbindung zu Adrians Ausgangsäußerung in (s1) her: „Da großer palito!" – „Django ist ein großer Junge.".

Wie steht es nun insgesamt um die kindliche Sprachreflexion? Fassen wir die bisherigen Ergebnisse in einem Zwischenschritt zusammen.

---

[87]Als Wortspiel wäre diese Variante durchaus denkbar, analog zu „Babyriesenpfifferling" (B27).

[88]Ein weiteres Beispiel zur spanischen Diminutivbildung im Rahmen des Sprachprobierens im Äußerungsakt findet sich für Luna bereits im Alter von 1;8 in #29T, Fl.71: „Papa, Papita."; ein Beispiel für das Deutsche für Adrian im Alter von 2;4 findet sich in #19T, Fl.73f.: „Kakaoche".

Zwischenbilanz

Über die exemplarischen Analysen konnten verschiedene Formen von kindlicher Reflexion über Sprache erkannt werden:

- Verbalisierung von Sprachbeobachtungen in Form von Kommentierungen oder Mitteilungen (B25, B26, B27)
- Kind-Kind-interaktive Sprachreflexion im phonologisch-lexikalischen Bereich (B28)
- „Egozentrisches" Reflektieren im morpho-lexikalischen Bereich (Diskurs mit internalisiertem Interaktionspartner) (B29)
- Reflexion im phonologisch-semantischen (B30, B31, B32) und im morphologisch-semantischen Bereich (B30, B33)
- Verbalisiertes Reflektieren über den sprachlichen Lernprozeß (B33)
- (Implizite) Reflexion auf prozeduraler und Sprechhandlungsebene beim Ausprobieren im sprachlichen Handeln

Es hat sich gezeigt, daß das Sprachprobieren und die Reflexion über Sprache beim Kind in einem *sich gegenseitig bedingenden Wechselverhältnis* zueinander stehen; selbst das Ausprobieren in der phonologisch-imitativen Dimension (*Ausprobieren im Äußerungsakt*) setzt voraus, daß das Kind den jeweiligen Äußerungsakt in einer konkreten Situation bei einer anderen Person zumindest wahrgenommen hat (Teil der Reflexion), damit er von ihm reproduziert werden kann.

Darüber hinaus hat sich bereits bei der Analyse des ersten Lebensjahres herausgestellt, daß sich die erwachsenen Interaktanten zum Zwecke der Vermittlung von sprachlichen Lautfolgen und Ausdrücken sprachlicher Handlungsmuster bedienen (›Lehr-Lern-Aufforderung 2‹), die Schritt für Schritt vom Kind *internalisiert* und somit *automatisiert* werden. Die Musterpositionen ›Aufforderung‹ und ›Korrektur/Bestätigung‹ stellen sich dann an der sprachlichen Oberfläche als *Imitation* und *Reparatur* dar.

Das Ausprobieren (2) (spielerisches Ausprobieren von Sprechhandlungen) findet sich im Diskurs weitgehend in solchen Situationen, die als *spielerische Handlungssituationen* bezeichnet wurden, da unter den dafür genannten charakteristischen Bedingungen propositionale und illokutive Qualität einzelner Äußerungen ohne schwerwiegende Konsequenzen erprobt und erfahren werden können.

Das Ausprobieren komplexer Handlungsmuster ist bisher bei den exemplarischen Analysen noch nicht angesprochen worden. Dies soll im nun folgenden Abschnitt geschehen.

3.2.3 Rollen-Spiel

Es konnte gezeigt werden, daß spielerische Situationen Kindern den Handlungsraum geben, sprachliche Prozeduren und einfache Sprechhandlungen auszuprobieren, sie in ihrer Äußerungs-, propositionalen und illokutiven Qualität zu erkunden. Sprachliches Handeln ist in den allermeisten Fällen jedoch Bestandteil eines übergeordneten sozialen Handelns, zumeist Teil (sehr) *komplexer Handlungsmuster* (s. REHBEIN 1977). Wie nun ist es Kindern möglich, sich solche komplexen Handlungsmuster anzueignen? Es ist bereits an mehreren Stellen deutlich geworden, daß die erwachsenen Interaktanten von sich aus Spielsituationen erzeugen (s. B17, B21). In der zweiten Hälfte des zweiten Lebensjahres kommt es zu ersten Situationen, in denen die Kinder bewußt „so tun, als ob sie etwas tun", d.h. mit Hilfe einiger weniger Requisiten ihr Handeln in den Vorstellungsraum verlagern: Sie ziehen sich die Schuhe einer erwachsenen Person an und tun so, als ob sie einkaufen gehen[89]; sie setzen sich auf einen Stuhl und tun so, als ob sie Auto oder Zug fahren (#32, Fl.22ff.) usw. Nur solche Situationen sollen hier als *Spielsituationen* bezeichnet werden. Die in Spielsituationen stattfindenden Diskurse heißen *Spieldiskurse.*

Ein Spieldiskurs dieser Art zwischen Luna (2;3) und Adrian (3;6) soll am nächsten Beispiel untersucht werden.

(B34): **DISCO**	**#38 P** - Luna (2;3) / Adrian (3;6)

Bremen: Haus der Großeltern: Schlafzimmer // Luna sitzt auf dem Bettrand (Matratzen auf dem Boden) und beschäftigt sich mit einem ausrangierten, kastenförmigen, länglichen Schminkkoffer und darin befindlichen (Spiel-)Utensilien. Adrian steht daneben und zieht sich ein T-Shirt von Amo an. Amo filmt.

Luna:	(s1)	(schließt den Schminkkoffer)
Adrian:	(s2)	(hat das T-Shirt ganz angezogen und dreht sich zur Kamera)
Amo:		((lacht))
Luna:	(s3)	(steht auf, bewegt sich in Richtung Adrian)
	(s4)	Dsango! Ich/ Ich muß jetz sur Disco gehn.
beide:		(bewegen sich aus dem Sichtfeld heraus)
...		[Schnitt]
		Adrian hat das T-Shirt wieder ausgezogen und Luna gegeben. Er hat sich stattdessen ein Paar Kniestrümpfe (von Amo) angezogen. Beide Kinder sitzen nun nebeneinander auf dem Bettrand, zwischen ihnen befindet sich der Schminkkoffer auf dem Fußboden. Adrian ist dabei, sich die Strümpfe wieder auszuziehen. Luna hantiert mit dem T-Shirt.
Luna:	(s5)	(zieht den Koffer zu sich heran)
		Ah, (mein) Koffer muß ich noch mitnehm. <zu sich>
	(s6)	(hantiert weiter mit dem T-Shirt->)
		(Na)/ Du:/ Kann du noch mich schminkn, Django?
Adrian:	(s7)	Ja, (zieht sich weiterhin die Strümpfe aus)
Luna:	(s8)	(In Disco <s>begleitn.)
Adrian:	(s7a)	<s>ich schmink dich.
Luna:	(s9)	Zu ich/ Zu i/ Zu Dis . co: (wendet sich Adrian zu)
Adrian:	(s10)	Begleitn?
Luna:	(s9a)	Begleitn.
Adrian:	(s11)	Ja, natörlich.

89Belegbar im Material des LA-Projektes (Aufn.85) für Adrian im Alter 1;11.

	(s12)	(hat den zweiten Strumpf ausgezogen, wirft beide Strümpfe Luna in den Schoß) Bitte.
Luna:	(s13)	Danke.
	(s14)	(nimmt die Strümpfe, hantiert mit ihnen) (Hm, das) brauch ich.
Adrian:	(s15)	(steht auf, öffnet den Schminkkoffer) Kanns reintun.
Luna:	(s16)	Ja, kann ich reintun. (steckt das T-Shirt in den Koffer->)
Adrian:	(s17)	Mußt du.
Luna:	(s18)	Alles! <s>Alles!
Adrian:	(s19)	<s>(Das auch). <p> (greift nach den Strümpfen, tut sie in den Koffer)
beide:	(s20)	(schließen gemeinsam den Koffer)
Adrian:	(s21)	Und zu.
Luna:	(s22)	(steht auf, nimmt den Koffer, geht zwei Schritte, setzt sich wieder auf den Bettrand)
Opa:	(s23)	(kommt ins Zimmer, geht in Richtung Amo)
Adrian:	(s24)	(schließt sich Opa an)
Luna:	(s25)	(tut so, als würde sie sich das Gesicht schminken)
	(s26)	(legt die fiktive Puderdose auf den Boden) So.
...		[Schnitt] Luna hat den Schminkkoffer wieder geöffnet und die Kniestrümpfe herausgeholt.
Luna:	(s27)	(bemüht sich, einen der Strümpfe anzuziehen)
Adrian:	(s28)	(kommt dazu und schlägt beide Seiten des Kofferdeckels nacheinander mit dem Fuß zu)
Luna:	(s29)	Nein, nich sumachn! <f>
Adrian:	(s30)	<s>Auf. <p> (öffnet den Koffer wieder)
Luna:	(s31)	<s>Nich sumachen. (greift zum Koffer)
Adrian:	(s32)	<s>Aufmachn. <p>
Luna:	(s33)	<s>Nich zu. (holt den zweiten Strumpf aus dem Koffer)
Adrian:	(s34)	(wendet sich von Luna ab) Ich hab dich nich su Disco begleitet. <leicht provokativ>
Luna:	(s35)	Aba muß/ Muß du aber.
Adrian:	(s36)	(kommt zurück zu Luna, schließt den Koffer wieder)
	(s37)	Bis du noch zu Hause?
Luna:	(s38)	Nein. Jà:.
	(s39)	( ) Hause
Adrian:	(s40)	Un/ Aba ich begleite dich, o.k.?
Luna:	(s41)	Ja. ( )
Adrian:	(s42)	(bewegt sich unentschlossen im Raum) Ich geh aber jetz in die Abeit jetzt.
Luna:	(s43)	Ja, dann geh in Abeit<steigende Intonation>.
Adrian:	(s44)	Aba/ Aba naher/ nacher bring ich zur/ bl/ begleite ich dich sur Disco.
	(s45)	(geht entschlossen auf die andere Seite des Raumes) ((tönt/singt vor sich hin)) (kehrt zu Luna zurück)
	(s46)	Ich hab dich/ Schau, ich hab dir Schoko/ Ich hab ei.ne Schokolade mitgebracht. (überreicht Luna eine fiktive Schokolade)
Luna:	(s47)	(nimmt die fiktive Schokolade entgegen) Dann kann ich da in <s>(den reintun). (öffnet den Koffer, legt die „Schokolade“ hinein, schließt ihn)

Adrian:	(s48)	<s>Noch/ Noch eine. (öffnet den Koffer, legt eine weitere „Schokolade" in den Koffer, schließt ihn)
	(s49)	Ich begleite dich (jetz) su Disco.
	(s50)	(klettert auf die Komode, setzt sich)
	(s51)	(blickt zur Kamera) Hier bin ich, Amo! <f>
Luna:	(s52)	(Vorher) muß ich das ansiehn/ die ansiehn. (hat den zweiten Strumpf zuende angezogen)
	(s53)	<s>(öffnet den Koffer, schließt ihn, öffnet ihn erneut, schließt die Verschlüsse)
Adrian:	(s54)	<s>((singt/tönt vor sich hin))
Luna:	(s55)	<s>(stellt sich hin und fängt an, sich das T-Shirt anzuziehen)
Adrian:	(s56)	<s>(beobachtet Luna)
	(s57)	(steigt von der Komode herunter) Ich zieh mir auch jetz was an.
...		[Schnitt]
Luna:	(s58)	(hat das T-Shirt zuende angezogen)
Adrian:	(s59)	(nähert sich Luna)
Luna:	(s60)	(Ha) du mich sur Disco be/gebleitn?
Adrian:	(s61)	(nimmt Luna in den Arm) Komm! Ja.
beide:	(s62)	(gehen gemeinsam eine kleine Runde im Raum)
Luna:	(s63)	Ja.
Adrian:	(s64)	Komm!
beide:	(s65)	(gehen gemeinsam zur Zimmertür)
Luna:	(s66)	(dreht sich abrupt um) Oh, <s>noch mein Koffer! <f>
Adrian:	(s67)	<s>Ah! ((lacht))
beide:	(s68)	((lachen)) (laufen zurück zum Koffer)
Amo:		((lacht))
Luna:	(s69)	(greift den Koffer an den Henkeln, hebt ihn an, läßt ihn wieder fallen)
Adrian:	(s70)	(beobachtet Luna) Der is schwer - gel?
Luna:	(s71)	(hebt den Koffer unter Mühen hoch) Nei, (du) der nich schwer.
	(s72)	(schultert den Koffer, bewegt sich unter dem Gewicht des Koffers einige Schritte rückwärts) Oh, oh!
alle:	(s73)	((lachen))
Luna:	(s74)	(hält den Koffer nun normal an seinen Henkeln und bewegt sich erneut in Richtung Zimmertür)
beide:	(s75)	(verlassen den Raum)
...		[Schnitt]
Adrian:	(s76)	(kehrt in den Raum zurück, einen Hut auf dem Kopf, nähert sich Amo)
	(s77)	Ich muß jetz zur Disco. <zu Amo>
	(s78)	(dreht sich wieder um, geht zur Tür dreht sich erneut herum, sagt aber nichts)

Der Diskurs zwischen Luna und Adrian findet in einem *fiktiven Handlungsraum* statt. Er begleitet die Vorbereitungen zu einer Handlung, nämlich gemeinsam ohne Begleitung eines Erwachsenen in die Disco zu gehen, die in der Realität nicht stattfinden wird und kann. Damit überschreiten die beiden Aktanten bewußt den kindlichen Handlungsraum. Das Spiel wird von Luna in (s4) verbal initiiert. Leider setzt die Aufnahme erst mit dieser Szene ein, so daß nicht nachvollziehbar ist, ob das Thema eine weitere Vorgeschichte hat und ob möglicherweise Absprachen zum Spiel zwischen den beiden Kindern vorausgehen. Mit Sicherheit haben jedoch die auf dem (realen) Handlungsfeld zur Verfügung stehenden „Requisiten" (T-Shirt, Kniestrümpfe, Schminkkoffer und Hut von Amo) einen entscheidenden Einfluß auf die Initiierung des Spiels sowie den weiteren Spielverlauf. Sie liefern sozusagen den „Anstoß" oder die Idee, und an ihnen „hangelt" sich der Handlungsverlauf entlang. Am gesamten Handlungsverlauf ist deutlich zu erkennen, daß beide Kinder eine sehr klare Vorstellung (Vorwissen) davon haben, wie sich die häuslichen Vorbereitungen für einen Disco-Besuch gestalten. Das bedeutet, daß sie Entsprechendes in vorausgehenden Handlungskontexten – z.B. bei erwachsenen Personen oder anderen Kindern, durch Fernsehen/Cassette/Buch etc. – wahrgenommen haben müssen. Dies wird hier reflektiert im Spiel umgesetzt. Luna dominiert dabei den Spielverlauf; Adrian schließt sich ihr an und bringt zusätzlich eigene Komponenten („Arbeiten", „Schokolade mitbringen") mit ein. Luna hat offensichtlich einen konkreten *Handlungsplan*, den sie Schritt für Schritt abarbeitet. Dazu gehören folgende Teilhandlungen:

1. sich umziehen (T-Shirt und Strümpfe);
2. sich schminken;
3. eine Begleitung organisieren (Adrian);
4. den Koffer (Handtasche) mitnehmen;
5. das Haus verlassen.

Hinweise auf diesen bereits gefaßten Handlungsplan geben zum einen ihre nonverbalen Aktivitäten, zum anderen aber auch ihre sprachlichen Äußerungen. Der Handlungsverlauf soll zunächst in groben Zügen dargestellt werden:
Nachdem Luna den Schminkkoffer geschlossen hat (s1), nähert sie sich ihrem Bruder (s3) und teilt ihm mit, sie müsse jetzt zur Disco gehen (s4). Damit gibt sie einer zuvor wahrscheinlich undefinierten spielerischen Handlungssituation – das geht aus der Aufnahme nicht klar hervor – einen konkreten Rahmen, der im weiteren Diskursverlauf „gefüllt" wird. Da Luna keine entsprechende Folgehandlung anschließt, handelt es sich bei ihrer Äußerung (s1) weniger um eine ›Ankündigung‹ oder ›Mitteilung‹ als vielmehr um den Versuch, ein gemeinsames Spiel zu etablieren, also im Prinzip um eine ›Aufforderung‹ an Adrian, ihren Handlungsplan mit ihr gemeinsam auszuführen. Unglücklicherweise gibt es an dieser Stelle eine Schnittstelle in der Aufnahme, es ist jedoch aus dem weiteren Verlauf (s12-s14) zu schließen, daß Luna Adrian T-Shirt und Strümpfe „abverlangt", um in der Realisierung ihres Handlungsplans fortzufahren. An zwei weiteren Punkten wird erkennbar, daß Luna sich bemüht, Adrian in das von ihr initiierte Spiel zu integrieren: Zum einen ›bittet‹ sie ihn, sie zu schminken (s6), zum anderen, sie in die Disco zu begleiten (s8). Adrian erklärt sich in beiden Fällen zu einer Handlungsausführung bereit (s7 und s9). Damit ist Lunas Handlungsplan in seiner Ausführung zunächst gesichert. Nachdem Luna in (s12) auch die letzten von ihr benötigten Utensilien erhalten hat, werden sie von den Kindern gemeinsam im Koffer verstaut (s14-s21). Darauf ergreift Luna den Koffer, geht zwei

Schritte, setzt sich wieder und „schminkt“ sich das Gesicht (s22, s25). Sie beendet diese Tätigkeit, indem sie die fiktive Puderdose auf den Boden legt, und markiert das Ende der Teilhandlung mit einem prozeduralen ‚so‘ (s26). Währenddessen betritt Opa den Raum und geht zu Amo. Adrian schließt sich ihm an, was bedeutet, daß er von der fiktiven auf die reale Handlungsebene umschwenkt. Luna fährt demgegenüber unbeirrt in ihren Vorbereitungen fort: Sie fängt nun an, sich anzukleiden (s27). Adrian bemüht sich in (s28) um eine Reintegration in das Spiel, indem er zunächst – leicht provokativ – die Kofferdeckel mit dem Fuß zuschlägt und damit in Lunas Handlungsausführung eingreift. Luna ›fordert‹ ihn daraufhin ›auf‹, dies zu unterlassen (s29, s31, s33) und Adrian kommt dem umgehend nach (s30, s32). Da er zuvor die fiktive Handlungsebene verlassen hatte, kennt er den „Stand des Spiels“ nicht, scheint aber anzunehmen, daß Luna inzwischen „in der Disco war“. In (s34) konstatiert er, sich von Luna abwendend, wiederum mit leicht provokativem Tonfall, er habe sie nicht in die Disco begleitet. Lunas „muß du aber“ (s35) gibt Adrian zu verstehen, daß Luna nach wie vor mit den Vorbereitungen beschäftigt ist und daß er weiterhin als Spielpartner mehr als willkommen ist. Adrian verschafft sich in (s37) eine Kenntnis vom konkreten Stand der Dinge auf der fiktionalen Ebene und sichert sich seinen Platz für die weitere gemeinsame Plandurchführung (s40/s41). Luna braucht verhältnismäßig lange für die detaillierte Ausführung ihres Handlungsplans. Für Adrian entstehen „Wartezeiten“ (Langeweile), die es auszufüllen gilt. So geht er zunächst „in die Arbeit“ (s42-s45), bringt von dort „Schokolade“ für Luna mit (s46), die beide gemeinsam im Koffer verstauen (s47, s48), und wartet weiterhin geduldig, bis Luna ihre Vorbereitungen beendet hat (s49-s58). Erst nachdem sie alle Teilhandlungen ihres Handlungsplans (Schminken, Strümpfe anziehen, T-Shirt anziehen) vollständig durchgeführt hat, fragt sie Adrian erneut, ob er sie zur Disco begleitet (s60). Dieser stimmt sofort zu, umarmt sie und beide schicken sich an, „das Haus zu verlassen“ (s61-s65). An der Tür fällt Luna ein, daß sie ihren Koffer vergessen hat (s66). Sie geht zurück, holt ihn und beide Kinder verlassen gemeinsam „das Haus“ (s68-s75). Nach kurzer Zeit kehrt Adrian – jetzt mit Hut – nochmals allein zurück, um Amo ›mitzuteilen‹, daß er „jetzt in die Disco muß“ (s76-s78).

In bezug auf die Abarbeitung des Gesamthandlungsmusters IN DIE DISCO GEHEN im Spiel ist man geneigt zu sagen: „wie im wirklichen Leben“. In beeindruckender Weise zeigt sich hier, wie detailliert die Kenntnisse insbesondere des zweijährigen Kindes über einen Teil eines komplexes Handlungsmuster sind, das es in der Realität nur selten hat beobachten können und das es selbst noch nie in der Wirklichkeit abgearbeitet hat. Das Spiel stellt so bei Überschreitungen des kindlichen Handlungsraums die einzige Möglichkeit dar, komplexe gesellschaftliche Handlungsmuster auszuprobieren, zu reflektieren und sie sich darüber anzueignen. Gleichsam bietet es die Möglichkeit, dies auch im sprachlichen Bereich zu tun. Aufgrund des Umfangs dieses vorliegenden

Beispiels können nur einige wenige Aspekte eingehender in Betracht gezogen werden.
Auffällig am Gesamtdiskurs ist, daß sich das sprachlichen Handeln beider Kinder nun nicht mehr auf prozeduraler, sondern weitgehend auf *Sprechhandlungsebene* vollzieht. Dies ist vor allem dem Ausbau des Lexikons im Bereich der Verben zuzuschreiben. Darüber hinaus fällt der „höfliche Umgang" der Kinder untereinander auf, der wahrscheinlich im Zusammenhang mit dem gespielten Handlungsmuster und den entsprechenden Aktantenrollen (männlich – weiblich) zu sehen ist.
Welche Formen des Sprachprobierens lassen sich innerhalb des Spieldiskurses erkennen? Deutlich erkennbar ist die ausprobierende Verwendung der *Modalverben* ‚müssen' und ‚können'. Schon Lunas erste wie auch Adrians letzte Äußerung muten etwas merkwürdig an:

L: Dsango! Ich MUß jetz sur Disco gehn. (s4)

A: Ich MUß jetz zur Disco. <zu Amo> (s77)

Eine Verwendung des Ausdrucks ‚müssen' in Kombination mit einer Tätigkeit des Vegnügens, in die Disco zu gehen, vermittelt eine Verbindlichkeit, die unangemessen scheint – es sei denn, man hat in der Disco zu arbeiten. (In diesem Falle wäre dann allerdings ‚zur' gegenüber ‚in die' der angemessenere Ausdruck.) Möglicherweise ist dieser *Ausdruck der Verpflichtung* tatsächlich von beiden Kindern intendiert. Zum einen wurde bereits angesprochen, daß Luna mit (s4) vermutlich versucht, ein gemeinsames Spiel mit Adrian verbindlich zu etablieren. Zum anderen wissen beide Kinder, daß, wenn z.B. ihre Eltern das Haus verlassen, diese normalerweise etwas tun ‚müssen', was sie dann auch tun werden (s. das Beispiel 4: „Papa geht Gitarre spielen ..." in GARLIN 1994, 87ff.; hier: #25T-II, Fl.48ff.). Auf der Grundlage dieser Erfahrung ist es durchaus nicht abwegig, zur Disco gehen zu müssen. Und auf dieser Handlungsbasis der Verbindlichkeit scheinen auch die anderen Verwendungen von ‚müssen' nicht mehr unpassend:

L: Ah, (mein) Koffer MUß ich noch mitnehm. <zu sich> (s5)

L: (nimmt die Strümpfe) (Hm, das) BRAUCH ich. (s14)
A: (öffnet den Schminkkoffer) KANNS reintun. (s15)
L: Ja, KANN ich reintun. (s16)
A: MUßT du. (s17)

A: Ich hab dich nich su Disco begleitet. <leicht provokativ> (s34)
L: MUß du aber. (s35)

A: Ich begleite dich (jetz) su Disco. (s49)
L: (Vorher) MUß ich die ansiehn. (s52)

Es wird deutlich, daß die Verwendung des Modalverbs ‚müssen' unmittelbar an Lunas Handlungsplan und damit an die *Handlungsorganisation des Spiels* geknüpft ist. Durch das Schaffen von Verbindlichkeit ist in höchstmöglichem Maße gewährleistet, daß das (zu spielende) Muster auch wirklich Lunas Vorstellung gemäß abgearbeitet wird. Sie ist dabei auf die Kooperation von Adrian (als Begleitung) angewiesen. Aus diesem Grunde ist es notwendig, daß sie ihren Handlungsplan Adrian übermittelt. Eine solche *Planübertragung* geschieht an dieser Stelle in erster Linie über den Ausdruck ‚müssen'; eine konkrete Rollen-Definition kommt dabei nur implizit zum Tragen. In späteren Spieldiskursen wird ‚müssen' zum Zwecke der Planübertragung von ‚sollen' im Konjunktiv abgelöst. Dann hieße es entsprechend: ‚Django, ich sollte jetzt zur Disco gehen. Und du solltest mich begleiten.'[90] Dabei würde es sich um eine konkrete ›Handlungsanweisung‹ handeln. Insofern kann man davon ausgehen, daß ‚müssen' hier in seiner funktionalen Reichweite, also in seiner illokutiven Qualität, ausprobiert wird.

Kommen wir zum „höflichen Ton" im Diskurs der beiden Kinder. Beispiele dafür sind:

L:	KANN du noch mich schminkn, Django?	(s6)
A:	Ja, ich schmink dich.	(s7)

L:	(In Disco begleitn.)	(s8)
	Zu Dis.co: (wendet sich A zu)	(s9)
A:	Begleitn?	(s10)
L:	Begleitn.	(s9a)
A:	Ja, NATÖRLICH.	(s11)
...		
L:	(Ha) du mich sur Disco be/gebleitn?	(s60)
A:	(nimmt L in den Arm) Komm! Ja.	(s61)

L:	[hat A vermutlich aufgefordert, ihr die Strümpfe zu geben]	
A:	(hat den zweiten Strumpf ausgezogen, wirft beide Strümpfe L in den Schoß) BITTE.	(s12)
L:	DANKE.	(s13)

Im ersten Fall (s6, s7) bezieht sich ‚können' nicht auf eine Frage nach der Handlungsmöglichkeit bzw. -fähigkeit Adrians, sondern es fungiert als illokutiver Indikator für eine ›Bitte‹, die hier in dieser Form durch Luna realisiert wird und als solche auch von Adrian interpretiert wird, indem er sich umgehend zu einer Handlungsausführung bereiterklärt. Aus der Tatsache, daß diese Handlungsausführung nicht erfolgt, die Bitte aber auch nicht repetiert wird, ist zu schließen, daß es nicht Lunas Absicht ist, Adrian wirklich dazu zu bewegen, sie zu „schminken". Es geht auch hierbei vielmehr um die Verbalisierung und damit die Übermittlung ihres Handlungsplans. Sie versucht auf diese – sehr subtile – Weise, Adrian in das von ihr initierte Spiel zu integrieren.

---

[90]Belegar z.B. in Aufn.206 und Aufn.255 im Gesamtkorpus LA-Projekt.

Das Spiel bietet auch die Möglichkeit, vom Kind für gewöhnlich, d.h. im Alltagsdiskurs, (noch) nicht verwendete Ausdrücke in das sprachliche Handeln zu integrieren. Dies geschieht hier mit dem Ausdruck ‚begleiten' (s8-s11, s60, 61). Es fällt auf, daß der Ausdruck im Äußerungsakt bei Luna noch nicht als voll erworben gelten kann. Hinsichtlich dessen bietet sich hier, im Spiel, die Gelegenheit, sich die phonologische Konstanz des Ausdrucks anzueignen. Wir haben schon an den meisten der bisher analysierten Beispiele gesehen, daß auch die Reproduktion einer zieladäquaten Lautfolge dem Kind einen hohen Konzentrationsanspruch abverlangt. Es ist zwar eine gewisse Routine diesbezüglich erkennbar, aber es ist immer noch ein Ausprobieren im Äußerungsakt vonnöten. Adrian ist Luna dabei als sprachkompetenterer Interaktant eine „mütterliche" Stütze. Er bedient sich dabei des *Substitutionsmechanismus*, einer Lehr-Lern-Strategie, die schon für das erste Lebensjahr beschrieben wurde. Diese baut im verbalen Bereich auf dem Imitationsmechanismus auf und wird hier von Adrian in (s9, s10) angewandt. Im mentalen Bereich fungiert der Substitutionsmechanismus als Interpretationsstrategie. Vorausgesetzt die Transkription ist korrekt, fehlen Lunas Äußerung in (s8) für die propositionale Qualität das Modalverb sowie die deiktischen Prozeduren, die Adrian mental substituieren muß. Ich nehme an, er greift dabei auf das Muster der vorausgegangenen Sprechhandlung zurück und interpretiert Lunas unvollständige Sprechhandlung auf dieser Grundlage: ‚KANN DU NOCH MICH zu Disco begleiten?', also als ›Bitte‹, worauf er seine Handlungsbereitschaft in auffallend höflicher Form bekundet (s11). Bei Luna kann – wie in (B21) – die Zerlegung einer Sprechhandlung in Teilschritte beobachten werden (s9, s9a), die sie in (s60) versucht, in ihrer Vollständigkeit zu realisieren. Darunter leidet – hier wie dort – der Äußerungsakt, insbesondere in bezug auf den neu zu erwerbenden Ausdruck ‚begleiten' (s. auch Beispiel 5: „Agua!" in GARLIN 1994, 89ff.). Adrian reagiert auch auf die erneute ›Bitte‹ zum aktuellen Zeitpunkt der Handlungsausführung (s60) mit auffallender Höflichkeit, indem er Luna umgehend in den Arm nimmt und zur Handlungsausführung schreitet (s61). Damit wird deutlich, daß er sich im Spiel das *Konzept des Aktanten* (s. REDDER 1987, 39) aneignet, speziell: einer der Rollen, die ihm in der Gesellschaft zukommen. Dies zeigt sich auch an anderen Stellen, indem er „in die Arbeit geht" und Luna „Schokolade mitbringt" (s42-s48). Entsprechendes gilt für Luna, indem sie Adrian um die „Begleitung" bittet, sich „schminkt" etc. Das Spiel bietet hier eine hervorragende – und letztendlich die einzige – Möglichkeit, über derlei Konzepte zu reflektieren, sie in Ruhe auszuprobieren und sie auf diese Weise zu erkunden und anzueignen.
Weiterhin kann beobachtet werden, daß von Luna ein einfaches Sprechhandlungsmuster im Spiel „ganz nebenbei" realisiert wird, das bei ihr in der realen Handlungspraxis weit davon entfernt ist, als erworben gelten zu können: das *›Danken‹* (s13). Das Danken ist in den selteneren Fällen seiner Realisierung i.e.S. eine Exothese der Dankbarkeit (s. REHBEIN 1977, 274), sondern erfüllt als Musterposition innerhalb komplexerer Sprechhandlungsmuster

unterschiedliche wichtige Funktionen (z.B. bei der ›Bitte‹, beim ›Schenken‹, beim ›Einkaufen‹ etc.). Im vorliegenden Beispiel ist Lunas „danke" als ein positives „feedback" auf eine Handlungsausführung Adrians zu werten. Adrians Handlungsausführung (s12) besteht dabei in der Übergabe eines materiellen Handlungsobjekts. Derartige Handlungssituationen kommen im kindlichen Alltag verhältnismäßig häufig vor und werden von den erwachsenen Interaktanten des Kindes oft mit Lehr-Lern-Diskursen gekoppelt. Das ›Danken‹ gehört wie das ›Grüßen‹ zum gesellschaftlichen „Höflichkeits-Apparat" (s. z.B. WATTS u.a. 1991) und ist als Handlungsmuster nur über den Lehr-Lern-Diskurs vermittelbar. Das in komplexere Muster (z.B. ›Besuchen‹, ›Einkaufen‹) integrierte ›Danken‹ wird häufig erst im Erwachsenenalter erworben. Ein Beispiel wird in Kapitel 3.3 für das Spanische behandelt.

Mit diesen „Stichprobenanalysen" aus dem vorliegenden Beispiel soll in erster Linie aufgezeigt werden, wie breit die Palette des Sprachprobierens innerhalb des Spieldiskurses ist: Während das Ausprobieren von Äußerungsakt und einfachen Sprechhandlungen auch im Alltagsdiskurs, insbesondere in spielerischen Handlungssituationen, möglich ist, kann das Ausprobieren komplexer Handlungsmuster *nur* im Spiel realisiert werden. Es handelt sich dabei zumeist um *Musterverkettungen* und/oder *Musterintegrationen*, die *komplexe Planungsprozesse* erforderlich machen. Wir haben im vorliegenden Beispiel gesehen, daß auch die *Planübermittlung* an den Interaktanten dabei eine große Rolle spielt.[91]

3.2.4 Ergebnisse und Auswertung bis zum vierten Lebensjahr

Versuchen wir, die Ergebnisse, die über die exemplarischen Analysen für den Erstspracherwerbsprozeß bis zum vierten Lebensjahr herausgearbeitet werden konnten, mit Bezug auf die in der Einführung formulierten Fragestellungen zusammenzufassen:

- Wann und aus welcher Motivation heraus fangen Luna und Adrian an, sprachlich zu handeln? Wie kann demgegenüber das vorsprachliche Handeln charakterisiert werden?

Um dieser Frage nachzugehen, war zunächst zu klären, was das *frühe* sprachliche Handeln ausmacht: Frühes sprachliches Handeln besteht im Vollzug von Äußerungen, die *phonologisch konstante Formen* aufweisen und die für die familiären Interaktanten *im Äußerungskontext hinsichtlich ihrer Proposition und Illokution interpretierbar* sind. Erste Äußerungen dieser Art

[91]Ein hervorragendes Beispiel für Spieldiskurse findet sich auch in Aufn.255 mit dem Titel *A und L sind „Nachrichtensprecher"* im Gesamtkorpus LA-Projekt.

wurden auf prozeduraler Ebene von beiden Kindern um das Alter von einem Jahr realisiert. Als Beispiele seien Adrians BIBI und Lunas DEDE genannt als Vorformen des Ausdrucks ‚bitte' zum Zwecke der ›Aufforderung‹. In diesem Sinne kann man sagen – und das stimmt mit allen Untersuchungen zum „produktiven" Erstspracherwerb überein –, das Kind *in Sprecherposition* fängt um den ersten Geburtstag herum an, sprachlich zu handeln, d.h. mittels Sprache die außersprachliche Wirklichkeit zu verändern. Alle Vorläufer, die zu diesem sprachlichen Handeln hinführen, werden mithin als *vorsprachliches Handeln* bezeichnet.

Es hat sich jedoch gezeigt, daß Handlungsmuster realisiert werden, lange bevor erste sprachliche Äußerungen realisiert werden, daß das Kind mit seiner Umwelt interagiert. Die Motivation des Kindes, sich auszudrücken, basiert zunächst auf biologischen Bedürfnissen (z.B. Hunger, Sich-Unwohl-Fühlen, Nähe-Brauchen etc.), die sehr schnell um gesellschaftliche Bedürfnisse (z.B. ein Objekt haben wollen) ergänzt werden. Zwischen Kind und Bezugsperson/en entwickelt sich auf der Grundlage des *Modus des Verlangens* (Schreie) der *Modus der Aufforderung*, auf dessen Basis wiederum verschiedene sprachliche Aufforderungen ausgebildet werden. Das erste Handlungsmuster, das im Spracherwerbsprozeß bereits im Verlauf des ersten Lebensjahres angeeignet wird, ist das der *›Aufforderung i.e.S.‹*. Die meisten der frühen sprachlichen Äußerungen des Kindes dienen dem Zwecke der Aufforderung. Ebenfalls auf dem Modus der Aufforderung aufbauend und parallel zum frühen Ausbau des Musterwissens zur ›Aufforderung i.e.S.‹ nutzen die erwachsenen Interaktanten das Muster der *›Lehr-Lern-Aufforderung 1/2‹*, das insbesondere der Vermittlung bzw. Aneignung von vorsprachlichen (Lächeln, Quietschen, Zeigen etc.) und sprachlichen (erste bedeutungstragende Lautfolgen) Ausdrucksmitteln dient.

Über die ›Lehr-Lern-Aufforderung 1/2‹ sind jedoch auch einfache Handlungsmuster vermittelbar. Durch die Koppelung von Interaktionsroutinen mit der ›Lehr-Lern-Aufforderung 1/2‹ bildet das Kind ein *situationsgebundenes Musterwissen* für einige Handlungsmuster im Verlauf des ersten Lebensjahres aus. Dazu gehören neben dem ›Begrüßen‹ und ›Verabschieden‹ das ›Applaudieren‹ bzw. ›Loben‹ und das ›Anbieten‹. Als Indikator für den Erwerb des elementaren Musterwissens zu einem Handlungsmuster gilt die Initiierung des Handlungsmusters durch das Kind selbst in differenten Handlungssituationen. Wichtig für das Gelingen der Kommunikation ist in der frühen Phase die Hier-und-Jetzt-Situation; das Thema muß sozusagen „greifbar" oder zumindest „zeigbar" sein.

Über erweiterte Interaktionsroutinen (z.B. Geben-Nehmen-Spiele) etabliert sich der *Modus des Austausches* zwischen Kind und Bezugsperson/en. Dies spiegelt sich auch im mentalen und sprachlichen Bereich. Es wurde angesprochen, daß auch einige assertive Sprechhandlungsmuster bereits früh realisiert werden. ›Assertionen‹ sind nach EHLICH/REHBEIN (1979) einfache illokutive Akte, die keine propositionalen Restriktionen aufweisen. Die

›Assertion‹ dient damit der Versprachlichung von Wirklichkeit schlechthin. Assertive Muster insgesamt dienen der Weitergabe von Informationen bzw. Wissen. Sie sind in jedem Falle hörerbezogen, also nur auf der Grundlage eines Austausches vollziehbar.
Auch Vorformen von Assertionsverkettungen sind im ersten Lebensjahr erkennbar. Es handelt sich um das im Volksmund so bezeichnete „Erzählen" des kleinen Kindes, das die formalen Charakteristika des alltagssprachlichen Erzählens (Verkettung von Einzeläußerungen, Intonationsstruktur, Elizitierung von Hörertätigkeiten durch Pausen im Sprechfluß etc.) aufweist, jedoch keine bedeutungstragenden Lauteinheiten enthält (s. B13). Da das ›Erzählen‹ als sprachliches Handlungsmuster aus einer Verkettung von Assertionen besteht, Assertionen jedoch in dem bestimmten Sinne an die sprachliche Form gebunden sind, handelt es sich bei solchen „Gesprächen" vielmehr um eine Imitation der sprachlichen Interaktion an sich, um das *Ausprobieren eines sozialen Verhaltens*. Dabei werden die Mechanismen des kommunikativen Apparates (z.B. turn-taking, aber auch Mimik und Gestik) eingeübt. Wenn das Kind anfängt, sprachlich zu handeln, beherrscht es bereits einige wichtige Regeln der sprachlichen Kommunikation.
Mit dieser Zusammenfassung der Ergebnisse für das erste Lebensjahr, wurde auch schon die zweite der eingangs gestellten Fragen zum Teil beantwortet:

- Welche Handlungsmuster werden früh erworben, welche später? Welche werden unter den unterschiedlichen gesellschaftlichen Bedingungen (Deutschland vs. Peru) auf deutsch bzw. auf spanisch realisiert? Welche Handlungsmuster werden in Peru aus dem Deutschen übernommen, welche neu erworben?

Während wir den zweiten Teil der Frage noch zurückstellen müssen, bis die Analysen der Peru-Aufnahmen durchgeführt werden (Kap. 3.3), können die Ergebnisse für das zweite bis vierte Lebensjahr hier systematisch erfaßt werden: Im Verlauf des zweiten Lebensjahres wird das Musterwissen zur ›Aufforderung i.e.S.‹ sowie über die assertiven Muster weiter ausgebaut in dem Sinne, daß es mit sprachlichen Ausdrucksmitteln „gefüllt" wird. Vorsprachliche »Aufforderungen«, die an gestische Hinweise und intonatorisch-expressive Ausdrucksformen gebunden sind, werden von ersten sprachlichen Ausdrucksformen abgelöst, wobei auffällt, daß nennende Prozeduren dabei zunächst einen relativ geringen Stellenwert einnehmen. Verhältnismäßig hoch ist demgegenüber die Verwendung von Symbolfeldausdrücken bei der Realisierung assertiver Muster, von denen an erster Stelle das ›Kommentieren‹ aufzuführen ist, an zweiter Stelle das ›Mitteilen‹.
Ein weiteres Muster von zentraler Bedeutung für das sprachliche Handeln, das im Laufe des zweiten Lebensjahres neu erworben wird, ist die ›Frage-Antwort‹-Sequenz. Es hat sich dabei deutlich gezeigt, daß es eine innere Systematik beim Mustererwerb gibt: Das Kind zeigt eine Aktivität zunächst nur in Hörerposition, d.h. in der Position des Antwortenden, und danach erst in Sprecherposition, d.h. in der Position des Fragenden. Sobald Kinder anfan-

gen, sprachliche Handlungsmittel zu verwenden, ersetzen die sprachkompetenteren Interaktanten die „zeigenden" Angebote zunehmend durch verbale Nachfragen, auf die das Kind bestätigend oder ablehnend reagieren muß. Recht schnell wird dann von den Erwachsenen auch die Lehr-Lern-Variante zu diesem Muster eingesetzt, die ›Lehrfrage-Lernantwort‹-Sequenz. Erste Initiierungen des ›(Nach-)Frage-Antwort‹-Musters durch das Kind finden sich für Luna ab dem Alter von 1;9 (s. #30T, Fl.106). Aus der initiativen Realisierung ist zu schließen, daß sie den dem Muster inhärenten Zweck erkannt hat oder zumindest im Begriff ist, ihn zu erkennen.
Der Erwerb von zwei weiteren Mustern[92], die u.a. auf der ›Frage-Antwort‹-Sequenz aufbauen, zeichnen sich für das zweite Lebensjahr ab: das ›Raten‹ (belegbar in Aufn.151 im Gesamtkorpus LA-Projekt) und das ›Erzählen‹. Auch wenn gesagt wurde, daß das ›Erzählen‹ aus einer Verkettung von Assertionen besteht, so wird es doch durch Höreraktivitäten, und dabei insbesondere durch Nachfragen, interaktiv „erarbeitet". Dies ist vor allem in der frühen Phase des Erwerbs von größter Bedeutung[93]. Die erste am Material belegbare ›Erzählung‹, und zwar über einen Traum, findet sich für Luna im Alter von 2;2 (in Aufn.175 im Gesamtkorpus LA-Projekt).
Zusammenfassend ist also zum Erwerb früher Handlungsmuster zu sagen, daß im Verlauf der ersten zwei Lebensjahre drei elementare Sprechhandlungsmuster, nämlich *›Aufforderung‹*, *›Assertion‹* und *›Frage‹*, angeeignet werden und im Ansatz zu etwas komplexeren Mustern „ausgebaut" werden (z.B. ›Frage-Antwort‹, ›Erzählen‹). Dies verläuft analog zur Aneignung sprachlicher Handlungsmittel. Während Aufforderungshandlungen auch durch vorsprachliche Handlungsmittel realisiert werden können, sind ›Assertionen‹ und ›Fragen‹ an sprachliche Handlungsmittel gebunden. Im Verlauf der ersten zwei Lebensjahre agiert das Kind in erster Linie auf prozeduraler Ebene, wobei jedoch bereits früh erste prozedurale Kombinationen (z.B. verbaler Ausdruck + Intonation oder Ausdruck + Ausdruck oder Ausdruck + Zeigen + Intonation) realisiert werden. Die Vermittlung von verbalen Ausdrucksmitteln erfolgt im *Lehr-Lern-Diskurs*, insbesondere über die ›Lehr-Lern-Aufforderung 1/2‹ und über die ›Lehrfrage-Lernantwort‹.
Im Rahmen von Lehr-Lern-Diskursen ist es weiterhin möglich, dem Kind einfache sprachliche Handlungsmuster zu vermitteln, die vor allem im *Höflichkeits-Apparat* der sprachlichen Kommunikation verankert sind und sich im sprachlichen Handeln sprachkompetenter Aktanten zum Teil als *Routinen*[94]

---

[92]Diese Muster wurden nicht über die exemplarischen Analysen rekonstruiert, liegen jedoch im Material vor und sollen aus diesem Grunde erwähnt werden.

[93]S. auch MENG in MENG/KRAFT/NITSCHE (1991) zum Erzählerwerb bei drei- bis sechsjährigen Kindern.

[94]REHBEIN versteht unter ‚Routinen' die „automatische Kopplung eines bestimmten Situationstyps mit einer Aktkette. ROUTINEN haben zwar das Aussehen, aber nicht die Qualität einer (vollwertigen) Handlung, da bei ihnen einerseits nicht das Stadium von Motivation, Zielsetzung und der Präphasen durchlaufen und andererseits keine wirklichkeitsspezifisch zerlegbaren Akte

darstellen (z.B. ›Grüßen‹, ›Bitten‹/›Danken‹). Kinder tun sich allgemein verhältnismäßig schwer mit der Aneignung solcher Routinen, was vor allem darauf zurückzuführen ist, daß diese Handlungen nicht im System der kindlichen Bedürfnisse verankert sind.
Zu erwähnen bleibt, daß in der zweiten Hälfte des zweiten Lebensjahres die sprachlichen Äußerungen des Kindes nicht mehr unmittelbar an den gegenwärtigen Handlungsraum gebunden sein müssen, sondern sich auch auf den gemeinsamen *Vorstellungsraum* der Interaktanten beziehen können, die einen Praxisbereich des Alltags miteinander teilen.[95] Die Ablösung vom konkreten Handlungsraum bedeutet für das Kind die Möglichkeit, ganz neue Diskursarten auszubauen. Dazu gehören das *Spiel* und das *Telefonieren*[96].

Was passiert nun mit dem Ausbau des Handlungsmuster-Repertoires im dritten und vierten Lebensjahr? Die Erweiterung des Handlungsmusterrepertoires ist weiterhin unmittelbar an die Erweiterung des *Handlungsmittelrepertoires* gekoppelt. Erst wenn verschiedene Prozeduren in unterschiedlicher Weise miteinander kombiniert verwendet werden können, besteht die Möglichkeit, differenzierte Illokutionen zum Ausdruck zu bringen. Wesentlich für die Realisierung von vollständigen Sprechhandlungen etwa ab Beginn des dritten Lebensjahres ist die Verwendung von *Verben*. Der Ausbau des Repertoires sprachlicher Handlungsmittel geschieht in erster Linie weiterhin über die ›Lehr-Lern-Aufforderung 2‹, die vom Kind jedoch verinnerlicht und automatisiert wird. An der sprachlichen Oberfläche stellt sie sich dann als *Imitation* (automatisierte Handlungsausführung) und *Reparatur* (Verinnerlichung der Korrektur) dar. Auch hat sich gezeigt, daß die Funktion der ›Lehr-Lern-Aufforderung 2‹ bereits vom etwa zweijährigen Kind erkannt wird (s. B19) und das Muster auch eigenständig gegenüber einem jüngeren Kind initiiert wird (s. B27 und #26T, Fl.96). Dazu ist es, insbesondere für die Realisierung der Musterposition Korrektur, notwendig, daß vom Kind eigenständige Einschätzungen und Bewertungen geleistet werden. Es wurde an verschiedenen Stellen deutlich, daß diese mentalen Operationen mit Bezug auf die alltäglichen Praxisbereiche des Kindes schon im zweiten und dritten Lebensjahr vollzogen werden. Dies ist für den Erwerb komplexerer Sprechhandlungsmuster von zentraler Bedeutung. Über die Analysen konnte (bei Adrian) diesbezüglich der Ausbau des Musterwissens zum ›Applaudieren‹ und ›Loben‹ festgestellt werden, und zwar in Kombination mit einem (belehrenden) ›Hinweis‹ (s.

---

vororganisiert werden. Wollte man den Stellenwert der [...] Routinen bestimmen, dann sollte man sagen, daß sie *Nebenhandlungen* sind, die ihre Funktion vor allem in der Koordination einzelner Akte in einem Gesamthandlungsmuster haben." (1977, 215f.)

[95]S. dazu die frühen Äußerungen von Luna (1;10 und 1;11) mit Bezug auf den Bereich Schwimmbad in #31T, Fl.22ff. und Fl.42ff. und #34T, Fl.15ff.

[96]Zur Diskursart Telefonieren: Aufn.78, Aufn.142 und Aufn.143 im Gesamtkorpus LA-Projekt

B21). Erste Bewertungen werden auch in Auseinandersetzungen getätigt, explizit beim ›Recht haben wollen‹ (s. B25). Eine andere Form der Auseinandersetzung, das ›Überreden‹ – infolge der Ablehnung einer Handlungsausführung auf Aufforderung –, ist belegbar in Aufn.161 im Gesamtkorpus LA-Projekt. Ich betrachte diese beiden Handlungsmuster als Basisformen der komplexeren Muster ›Diskutieren‹ und ›Überzeugen‹, und zwar insofern, da in ihnen noch keinerlei Argumentation und Begründung wirksam wird.
Für den Bereich der Aufforderungen kann festgestellt werden, daß Handlungssituationen eigenständig eingeschätzt werden. Dies gilt in gleicher Weise für handlungsinitiierende und unterstützende Formen. Anstelle der ›Aufforderung i.e.S.‹ tritt zunehmend häufig die Realisierung der ›Bitte‹ (s. z.B. B34). Das Muster des ›Anbietens‹ wird nun auch ohne konkreten Situationsbezug (wie er in B16 gegeben war) realisiert (s. #28T, Fl.102). Allerdings ist damit nicht ausgesagt, daß der Erwerb eines Handlungsmusters als abgeschlossen gelten kann, sondern vielmehr, daß das Kind ein elementares Musterwissen ausgebildet hat. Auf dem ›Anbieten‹ aufbauend wird, dies ergänzend, das Muster ›Schenken‹ angeeignet (s. B30).
Zum Zwecke der Übermittlung von komplexen Handlungsplänen – insbesondere im Spiel – werden erste ›Handlungsanweisungen‹ realisiert (s. B29, B34).
Für diese „Auflistung" sprachlicher Handlungsmuster, die bis zum vierten Lebensjahr erworben werden, kann selbstverständlich kein Anspruch auf Vollständigkeit erhoben werden. Dazu müßte das Material in seiner ganzen Fülle sowie vergleichbares Material ausgewertet werden, was an dieser Stelle nicht geschehen kann. Doch auch anhand der ausgewählten Beispiele war es möglich, eine Systematik beim Erwerb von Handlungsmustern herauszuarbeiten, die darin besteht, daß

- zunächst *einfache* Sprechhandlungsmuster erworben werden, die dann zu *komplexeren* ausgebaut werden;
- innerhalb der Handlungsmuster im jeweiligen Erwerbsverlauf vom Kind zuerst die Musterpositionen des *Hörers* und dann die des *Sprechers* realisiert werden.

Es hat sich darüber hinaus gezeigt, daß bei der Aneignung sprachlicher Handlungsmittel und -muster das Sprachprobieren eine überaus wichtige Rolle spielt. Die eingangs formulierten Fragen sollen die Auswertung leiten:

- Welche Formen des Sprachprobierens sind erkennbar? Wann und wie werden sie realisiert? Welche Bedeutung hat dies für den Spracherwerbsprozeß?

Die Ergebnisse von GARLIN (1993/ 1994) zum sprachlichen Ausprobieren zitierend wurde ein hypothetischer Stufenplan vorgestellt (Kap. 3.2.1), den es mittels Langzeitanalyse zu verifizieren bzw. zu modifizieren galt. Der Stufenplan umfaßt drei Formen und zwei Stufen des Sprachprobierens. Die drei Formen wurden bezeichnet als

(1) Ausprobieren im Äußerungsakt,
(2) spielerisches Ausprobieren von Sprechhandlungen und (komplexen) Handlungsmustern und
(3) Ausprobieren im sprachlichen Handeln.

Anhand der Beobachtung des Erwerbsverlaufs zweier Ausdrücke, ‚bravo' (B19-B21) und ‚agua' (B22-B24), konnte belegt werden, daß zunächst die Äußerungsseite eines Ausdrucks weitgehend erworben sein muß, damit dieser Ausdruck im spielerischen und realen sprachlichen Handeln eingesetzt werden kann. Es ergibt sich also die entsprechende Zweistufigkeit: (1) -› (2)/(3).
Im Zuge der hiesigen Analysen hat sich gezeigt, daß das Sprachprobieren im Äußerungsakt offensichtlich Teil eines gesellschaftlich ausgearbeiteten Handlungsmusters ist, das der Vermittlung von sprachlichen Handlungsmitteln dient. Dieses Handlungsmuster wurde hier als ›Lehr-Lern-Aufforderung 2‹ bezeichnet. Innerhalb dieses Musters entspricht der Akt der Imitation einer *(verbalen) Handlungsausführung*. In annähernd allen Beispielen wurde die ›Lehr-Lern-Aufforderung 2‹ von den sprachkompetenten Interaktanten in andere sprachliche Handlungsmuster und konkrete Handlungssituationen eingebunden, was bedeutet, der Lehr-Lern-Diskurs wird in das alltagssprachliche Handeln integriert. Auf diese Weise ist es dem Kind möglich, den Handlungscharakter des jeweiligen Ausdrucks zu erschließen. Wie wir gesehen haben, beschränkt sich der imitative Akt dabei nicht nur auf einfache Lautfolgen einzelner Ausdrücke, sondern er wird mit der Zeit ausgedehnt, so daß z.T. Äußerungsakte ganzer Sprechhandlungen imitiert werden. Wichtig für den Erwerb von Äußerungsakten ist – insbesondere in der Phase, in der die Artikulation eine Tätigkeit an sich ausmacht, also vor allem im zweiten Lebensjahr – das *Üben*. Diese spielerische Beschäftigung mit der Lautfolge kann alleine oder auch interaktiv geschehen. Eine hervorragende Möglichkeit, komplexe Lautfolgen zu vermitteln und sich anzueignen, sind Kinderreime und das Singen von Liedern[97]. Das Üben dient der „Sicherung" des Äußerungsakts. Doch damit ist das Kind noch weit davon entfernt, sprachlich zu handeln. Es muß nun auch diesen sprachlichen Akt in seiner propositionalen und illokutiven Qualität ausprobieren. Dies *kann* nur im Diskurs geschehen, da nur ein „feedback" dem Kind Aufschluß über die Aussagekraft und Wirkungsqualität einer Prozedur bzw. Sprechhandlung geben kann. In diesem Zusammenhang wurde zwischen realen, spielerischen und Spiel-Diskursen differenziert. Es hat sich gezeigt, daß spielerische Handlungssituationen dem Kind den „Raum" geben, Prozeduren und Sprechhandlungen hinsichtlich ihrer Handlungsqualität auszuprobieren, daß jedoch das Ausprobieren komplexer Handlungsmuster, die zumeist den kindlichen Handlungsraum überschreiten, *nur* in Spielsituationen erfolgen kann.
Die verschiedenen Formen des Sprachprobierens dienen also dem „Erkunden" sprachlichen Handelns selbst, und zwar in all seinen Dimensionen. Ohne das

[97]Siehe dazu insbesondere #19T, #30T, #31T, #36T und #44T.

Sprachprobieren ist der Spracherwerb nicht vorstellbar. Es bietet dem Kind die Möglichkeit, über Sprache zu reflektieren. Dies führt uns zu den nächsten eingangs formulierten Fragen:

- Wann und in welcher Form setzt bei den Kindern die Reflexion über Sprache bzw. die Sprachen ein und in welchen Handlungszusammenhängen? Welche Bedeutung hat dies für den weiteren Spracherwerbsprozeß?

Das Verbalisieren von Sprachreflexionen setzte bei Adrian, am Material belegbar, im Alter von 2;4 ein. Dabei handelte es sich zunächst um *Sprachbeobachtungen*, genauer: Beobachtungen sprachlicher Tätigkeiten anderer Interaktanten. Darin spiegelt sich ein wichtiger Schritt bei der Reflexion über Sprache, nämlich der der *Wahrnehmung*. Daraus ist jedoch nicht zu schließen, daß die Sprachreflexion erst mit dem dritten Lebensjahr einsetzt, sondern daß sie erst in diesem Stadium des Spracherwerbs verbalisiert werden kann. Reflexion über Sprache setzt spätestens mit dem Sprachprobieren ein, da ein Sprachprobieren ohne Reflexion nicht möglich ist. Das bedeutet, das Sprachprobieren und die Verbalisierung von Reflexionen über verschiedene Phänomene von Sprache geben Aufschluß über die mentalen Aktivitäten des Kindes beim Erstspracherwerb. In Verbalisierungen von Sprachbeobachtungen sind noch keinerlei Bewertungen enthalten, sondern es wird vom Kind lediglich kommentiert bzw. mitgeteilt, daß eine andere Person einen bestimmten Ausdruck verwendet hat.
Etwa zur gleichen Zeit ist bei Adrian ein Reflektieren über den *Spracherwerbsprozeß* selbst zu beobachten. Es ist anzunehmen, daß dieses in einem unmittelbaren Zusammenhang mit dem Spracherwerbsprozeß seiner jüngeren Schwester zu sehen ist, der einen Praxisbereich seines Alltags bildet. Es hat sich gezeigt, daß bei ihm auch das Musterwissen über die ›Lehr-Lern-Aufforderung 2‹ in dem Alter bereits auf elementarer Stufe als erworben gelten kann. Für Luna konnte diese Form der Sprachreflexion im bisher ausgewerteten Material nicht belegt werden.
Eine andere frühe Form der Sprachreflexion ist im *phonologisch-lexikalischen* Bereich zu beobachten. Sie manifestiert sich implizit in interaktiven lautlichen Sprachspielen, explizit in Kind-Kind-interaktiven Auseinandersetzungen über die phonologische Korrektheit sprachlicher Ausdrücke. Dies spricht für ein Bewußtsein darüber, daß sprachliche Einheiten eine phonologische Konstanz haben, was nicht gleichzusetzen ist mit dem Wissen über die konkrete phonologische Konstanz eines bestimmten Ausdrucks (s. B25). Den Maßstab für die Einschätzung bilden die sprachkompetenten Interaktanten des Kindes. Dies zeigt sich insbesondere daran, daß Auseinandersetzungen über die phonologische Korrektheit zwischen Kindern und sprachkompetenten Erwachsenen nicht aufkommen.
In der kreativen Bildung von Diminutivum und Augmentativum im Alter von etwa zwei Jahren spiegelt sich die frühe Reflexion über Sprache im *morpho-*

semantischen Bereich. Eine Bewußtheit über die „Regelgeleitetheit" von Sprache tritt dabei deutlich zutage.
Für das Alter von etwa drei Jahren kann eine Reflexion über Sprache im *morpho-lexikalischen* (B29) und *phonologisch-semantischen* Bereich (B30) festgestellt werden. Sie gibt Hinweise auf Struktur und Ausbau des mentalen Lexikons.
Eine verbale Reflexion über die beiden Sprachen Deutsch und Spanisch, mit denen die Kinder ständig konfrontiert waren, konnte im Bisherigen nicht beobachtet werden.

- In welchem Verhältnis stehen die drei Handlungsmodi sprachliches Handeln, Sprachprobieren und Sprachreflexion zueinander? Welche Rückschlüsse lassen sich daraus ziehen?

Es läßt sich deutlich erkennen, daß die Sprachreflexion fester Bestandteil des sprachlichen Ausprobierens und dieses wiederum fester Bestandteil des sprachlichen Handelns während des Erstspracherwerbsprozesses ist. Das sprachliche Handeln zwischen Kind und Bezugsperson ist stark geprägt durch Lehr-Lern-Diskurse, zwischen heranwachsenden Kindern durch Spieldiskurse. In beiden Diskursarten hat das Sprachprobieren einen systematischen Stellenwert.
Im bisher dokumentierten Erstspracherwerbsprozeß lassen sich grob drei Phasen ausmachen, in denen jeweils eine bestimmte Form des Sprachprobierens dominiert. Dies ist
- im zweiten Lebensjahr das Ausprobieren im Äußerungsakt,
- im dritten Lebensjahr das Ausprobieren einfacher Sprechhandlungen und
- etwa ab dem vierten Lebensjahr das Ausprobieren komplexer Handlungsmuster.

Der Eindruck der Dominanz einer der Formen in diesen Phasen entsteht durch das exzessive Üben (Repetieren, Variieren) der jeweiligen Form. Bleibt zu überprüfen, ob das Sprachprobieren damit seine Funktion erfüllt hat oder ob es – als automatisierter Lernmechanismus – auch im weiteren Verlauf des Spracherwerbs zum Tragen kommt. Eine gute Gelegenheit, dies zu untersuchen, bieten die Sprachaufnahmen der beiden Kinder, die in Peru aufgezeichnet wurden, als sie vier und fünf Jahre alt waren. Dies soll im Kapitel 3.3 geschehen. Vorab ist es jedoch sinnvoll, das sprachliche Handeln der beiden Kinder im Spanischen auch für die ersten vier Lebensjahre noch etwas eingehender zu betrachten.

3.2.5 Sprachlich handeln im Spanischen

Bei den bisherigen Analysen wurde nicht explizit zwischen dem Erwerb des Deutschen und des Spanischen differenziert. Das ist dadurch bedingt, daß sich eine Notwendigkeit, dies zu tun, bei der Bearbeitung des Materials nicht ergeben hat, was wiederum dafür spricht, daß es keine *qualitativen* Unterschiede beim Erwerb der beiden Sprachen gibt. Ein Blick in das Auswahlkorpus im Anhang zeigt, daß beide Kinder von Geburt an mit beiden Sprachen konfrontiert waren, wobei spanisch in erster Linie in der Kernfamilie gesprochen wurde. Das weitere Umfeld der Kinder (Großfamilie in Deutschland, Kinderkrippe, Freundeskreis etc.) war einsprachig deutsch bzw. zweisprachig.

Die hier vorliegenden Analysen bestätigen die Untersuchungsergebnisse meiner ersten Studie (GARLIN 1993) mit Bezug auf das sprachliche Handeln der Kinder im Spanischen in *Hörerposition*: In Hörerposition behandeln beide Kinder beide Sprachen als „gleichwertig". Es ist keinerlei Abwehrhaltung gegenüber einer der Sprachen zu beobachten. Handlungsausführungen wurden in gleicher Weise vollzogen bzw. abgelehnt, unabhängig davon, ob die Aufforderung auf deutsch oder spanisch realisiert wurde. Zunächst einige Beispiele für ›Aufforderungen i.e.S.‹, die nicht analysiert wurden, sich aber im Material finden:

(B35) [#25 T, Fl.34f. - Luna (1;2) hat etwas im Mund]

Mutter:	Qué estás comiendo, Luna? *Was ißt du, Luna?* A ver! *Laß sehen!*
Luna:	A. (öffnet den Mund)

(B36) [#28 T, Fl.93f. - Vater möchte von Luna ein Küßchen und bekommt es von Adrian (2;9)]

Vater:	Tú me das un besito, Luna? *Du mir gibst ein Küßchen, Luna?*
Adrian:	Hm.
Vater:	Luna me da un besit/ *Luna mir gibt ein Küß/*
Adrian:	(küßt Vater)

(B37) [#29 T, Fl.46f.; Vater möchte, daß Luna (1;8) eine schmutzige Windel in den Müll bringt]

Vater:	Luna, bótalo al la basura, Luna, corre, bota! *Luna, schmeiß in den Müll, Luna, lauf, schmeiß weg!* Llévalo, llévalo a la basura allá! *Bring sie hin, bring sie in den Müll dort!*
Luna:	Hnhn. <verneinend>

Entsprechende Belege finden sich in den hier durchgeführten Analysen auch für die ›Lehr-Lern-Aufforderung 2‹ (B8: Una sonrisita!; B9: A ver, „Papa"!; B19: Dile „Bravo"!; B22 und B23: „Agua".). Ein weiteres Beispiel wurde in GARLIN (1994, 85f.) vorgelegt:

(B38) [#25 T-II, Fl.9ff. - Adrian (2;5) möchte eine Gabel]

Adrian:	Bitte eine Gabl!
Vater:	Gabel?
Adrian:	Ja.
Vater:	Große o klein?
Adrian:	Kleine.
Vater:	Chiquito. <stakkato> (reicht Adrian eine kleine Gabel) *Klein.*
Adrian:	<s>Chico
Vater:	<s>Chiquito. <stakkato> Cómo? *Wie?* <s>Jaha. <dim.>
Adrian:	<s>Chicochicoco.

Auch auf spanisch realisierte ›Fragen‹ werden von den Kindern als Hörern problemlos verstanden, allerdings zumeist auf deutsch beantwortet (B1: Tú no quieres?; B14: Qué pasa?; B22: Quieres agua?; B24: Agua?, Dónde Aua?). Es liegt demzufolge ein Sprachenmischen im Diskurs vor. Dazu ein weiteres Beispiel aus dem Material:

(B39) [#18T, Fl.9ff. - Mutter fragt Adrian (2;4), ob er etwas essen möchte]

Mutter:	Chulitito! <f>
Adrian:	Ja'. Ja:<ff>!
Mutter:	Tienes hambre? *Hast du Hunger?*
Adrian:	Ja::. <dim.>
Mutter:	Qué quieres comer? *Was willst du essen?*
Adrian:	Nudel, Nudel.
Mutter:	No, hay<cresc.> arróz. *Nein, es gibt Reis.*
Adrian:	Aró:z. <mit Zäpfchen-R> *Reis.*
Mutter:	Quieres comer arróz? *Willst du essen Reis?*
Adrian:	Ja:. <p; hauchend>
Mutter:	Ja:? <Adrian imitierend>
Adrian:	Ja:. <cresc.>
Mutter:	En serio? *Wirklich?*
Adrian:	Ja:.

Betrachten wir nun demgegenüber das Sprachprobieren und sprachliche Handeln der Kinder im Spanischen in *Sprecherposition*, so können einige graduelle und extreme quantitative Differenzen zur Verwendung des Deutschen festgestellt werden.

Das quantitative Verhältnis der beiden Sprachen zueinander ist statistisch ausgewertet worden: Weniger als 5% aller der von den Kindern verbalisierten Äußerungen werden auf spanisch verbalisiert.[98] Das spiegelt den Stellenwert, den die spanische Sprache für die beiden Kindern in Deutschland hat. Während der „Input“ der spanischen Sprache nicht unbedingt als gering einzuschätzen ist, da der elterliche Diskurs und z.T. auch der Eltern-Kind-Diskurs auf spanisch stattfindet, ist ihr *funktionaler* Wert für die Kinder schlichtweg unerheblich. Es gab für sie bis zu ihrem ersten Peru-Aufenthalt keinerlei Motivation, auf spanisch sprachlich zu handeln, weil ihre Interaktionspartner durchweg spanisch-deutsch-bilingual waren. Weiterhin wurde von den bilingualen Interaktanten ein „unehrliches“ Sprachverhalten vermieden in dem Sinne, daß niemals jemand vorgab, deutsch nicht zu verstehen. Somit kam diese häufig bei der Methode ‚eine Person – eine Sprache‘ angewandte Sprachvermittlungsstrategie (s. z.B. SAUNDERS 1982, MEIRELLES-SCHUPFNER 1996) nicht zur Anwendung.[99]

Die graduellen Unterschiede bestehen in erster Linie in der Komplexität des sprachlichen Handelns und Ausprobierens. Wir können bis zum Alter von vier Jahren festhalten, daß das sprachliche Handeln der Kinder im Spanischen auf die *prozedurale* Ebene beschränkt bleibt. Zwar werden einige Ausdrücke z.T. funktionsadäquat als (kindlich) „selbstsuffiziente“ Prozeduren im sprachlichen Handeln eingesetzt (B22: ‚agua‘ als ›Aufforderung i.e.S.‹; B15 und B21: ‚guitarra‘ als ›Assertion‹; B39: ‚arróz‘ als Bestätigung), aber sie werden nicht zu Sprechhandlungen kombiniert. Zwei weitere Beispiele aus dem Material:

(B40) [#18T, Fl.17 - Mutter versucht, Adrian (2;4) zu überzeugen, sich auf einen anderen Stuhl zu setzen]

Mutter:	Ahora (siéntate ahí)! *Jetzt (setz dich hin da)!*
Adrian:	No! *Nein!*

[98]Die Auswertung umfaßte die Transkripte #17-37 und #39 des hier vorliegenden Materials. Die einfache Zählung aller Äußerungen (inkl. Interjektionen, Ausprobieren im Äußerungsakt) ergab eine Anzahl von 1464 bei Luna und 1649 bei Adrian. Von Luna wurden davon 41 spanische (z.B. ‚agua‘), 1 gemischtsprachige (‚Ich agua.‘) und 22 deutsch-spanisch-homophone Äußerungen (z.B. ‚bravo‘) produziert. Dies ergibt eine Anzahl von 64 Äußerungen und einen Anteil von 4,3%. Von Adrian wurden davon 25 spanische, 10 gemischtsprachige und deutsch-spanisch-homophone Äußerungen produziert. Dies ergibt eine Anzahl von 39 Äußerungen und einen Anteil von 2,4%.

[88]Dies ist nicht als Kritik an der Methode ‚eine Person – eine Sprache‘ zu werten, die ich durchaus als sinnvoll und effektiv einschätze.

(B41) [Aufn.129-III; liegt nicht im Auswahlkorpus vor - Luna (1;4) hat gefrorene Rindermarkknochen in Mutters Bett verteilt, Vater liegt in dem Bett; Mutter kommt dazu, Vater „verteidigt" sich ihr gegenüber]

Vater:	((lacht)) No me he dado cuenta. <zu Mutter>
	Nicht ich habe es bemerkt.
	<s>Mira!
	Schau!
Luna:	<s>Eh.
Vater:	Y/ eh/ me estaba golpeando aquí.
	Und/ eh/ mich hat sie geschlagen hier.
	Decía será con un zapato o algo así. ((lacht))
	Ich sagte (mir), es wird sein mit einem Schuh oder so was.
...	
Luna:	(ist weiterhin mit den Knochen beschäftigt)
Mutter:	Luna, was hast du denn da?
Luna:	Zato.
	Schuh.

Das Ausprobieren im Äußerungsakt verläuft nach den gleichen Prinzipien wie im Deutschen:

(B42) [#18T, Fl.6f. - Luna (1;1) läuft auf unsicheren Beinen zu Mutter und Adrian]

Mutter:	Cuidado, Luna!
	Vorsicht, Luna!
Adrian:	Cuio!
	<s>Cui/
Mutter:	<s>Cuidado!
Adrian:	Crauau!

(B43) [Aufn.129-IV; liegt nicht im Auswahlkorpus vor - Mutter und Vater unterhalten sich über die fehlenden Zutaten für das Essensgericht am folgenden Tag]

Mutter:	Cebolla[100] y ajo faltan?
	Zwiebeln und Knoblauch fehlen?
Vater:	No. Cebolla hay ahí.
	Nein. Zwiebel gibt es da.
Luna:	Sawobe.
Vater:	Cebolla hay.
	Zwiebel ist da.
Luna:	Sawobe.
Vater:	Cebolla. <zu Luna>
	Zwiebel.

[100]auszusprechen SSEBOJA; zur spanischen Aussprache s. Anhang

(B44) [#29T, Fl.71 - Luna (1;8) spricht Vater an und schwenkt dann über zum Üben bzw. lautlichen Sprachspiel]

Luna: Da, Papa <cresc.>, Papita. Lulululo. Da ma patidedo. Manodedi/[101]

Komplexere Äußerungsakte werden auch im Spanischen singend ausprobiert (s. dazu #30T, Fl.47ff).

Auf Sprechhandlungsebene kommt es immer zur Koppelung deutsch- und spanischsprachiger Prozeduren innerhalb einer Sprechhandlung, d.h. die beiden Sprachen werden innerhalb einer Äußerung gemischt. Solche deutsch-spanisch-kombinierten Sprechhandlungen werden von den Kindern ausschließlich in spielerischen Handlungssituationen realisiert und sind größtenteils dem Sprachprobieren zuzurechnen. Dazu die zwei folgenden Beispiele aus dem Auswahlkorpus:

(B45) [#18T, Fl.11f. - Adrian (2;4) / Luna (1;1) - schließt an (B39) an]

Mutter:	Luna!	
Adrian:	Lula! <ff>	
Mutter:	Luna, tienes hambre? *Luna, hast du Hunger?*	
Adrian:	A de du *A de du*	<s>hambre<cresc.>? *Hunger?*
Luna:		<s>((lacht->))
Mutter:	((lacht))	
Adrian:	Du hambre<cresc.>?	
Mutter:	((lacht))	
Luna:	((lacht)) Anke. <p>	

(B46) [#18 T, Fl.41 - Mutter füttert Luna (1;1), Adrian (2;4) ist dabei]

Mutter:	A:::bre la boca! <cresc.-dim.> *Öffne den Mund!*
Adrian:	I a auch abr boca.

Eine der wenigen Ausnahmen findet sich im #25T, Fl.44 für Adrian: „Abre la boca!“. Diese ›Aufforderung‹ wurde allerdings kurz vorher von der Mutter gegenüber Luna verbalisiert (s. B35), enthält also eine imitative Komponente. Komplexere sprachliche Handlungsmuster werden weder im Alltags- noch im Spieldiskurs von den Kindern auf spanisch realisiert.
Soweit zum Stand der spanischen Sprache bis zum Alter von etwa vier Jahren. Im Transkript #39T ist gut zu sehen, daß beide Kinder mit zunehmender sprachlicher Handlungskompetenz zwar viele und auch komplexe spanischsprachige Äußerungen verstehen, aber weniger selbst verbalisieren. Betrachten

[101]Die Äußerung enthält (inkorrekte) Diminutivbildung ‚papa‘->‚papita‘ *(Kartoffel ->Kartöffelchen)* vs. ‚papa‘->‚papito‘ *(Papa->Papilein)* sowie die Ausdrücke ‚pata‘ *(Fuß, Bein)*, ‚dedo‘ *(Finger, Zehe)* und ‚mano‘ *(Hand)*

wir im folgenden Kapitel 3.3, wie die Handlungskompetenz im Spanischen unter den veränderten gesellschaftlichen Bedingungen in Peru weiter angeeignet wird.

3.3 Im fünften und sechsten Lebensjahr: Spanisch in Peru

Im Alter von 4;4 und 5;7 reisten Luna und Adrian zum ersten Mal in Begleitung beider Elternteile nach Peru, um dort einen zweimonatigen Aufenthalt bei der Familie des Vaters zu verleben. Sie wohnten die gesamte Zeit über bei der Familie der Großmutter in einem relativ zentral gelegenen Stadtviertel von Lima. Im selben Haus lebten zum Zeitpunkt des Aufenthaltes neben der Großmutter („Mamita") eine Schwester des Vaters mit ihren beiden Kindern und eine Schwägerin des Vaters mit ihren beiden Kindern sowie drei weitere Enkelkinder der Großmutter. Ein paar Häuser weiter wohnte die Schwester der Großmutter, ebenfalls mit einer vielköpfigen Familie. Luna und Adrian konnten sich relativ frei zwischen beiden Häusern bewegen. Einen Teil ihres Aufenthaltes verbrachten sie auch mit der „neuen" Familie des Großvaters, insbesondere mit dessen fünf Kindern. Der beständige Kontakt zu vielen anderen Kindern hat sich sicherlich positiv auf ihr sprachliches Handeln im Spanischen ausgewirkt. Alle ihre Interaktanten – mit Ausnahme der Eltern – waren monolinguale Sprecher des Spanischen.
Es ist m.E. sinnvoll, bei der Durchführung der Analysen dem *chronologischen* Verlauf des Aufenthaltes zu folgen, um auch den Entwicklungsverlauf beim weiteren Spracherwerb transparent zu machen.[102] Die vier für die Analyse ausgewählten Audioaufnahmen[103], denen die folgenden Beispiele entstammen, wurden im Haus der Großmutter (#40T, #41T), in einem Ferienhaus des Großvaters (#42T) und im Haus eines Großonkels (#44T) erstellt. Die letzte transkribierte Aufnahme (#45T) wurde kurz nach der Rückkehr nach Deutschland aufgezeichnet.

Das erste nun folgende Beispiel entstammt einer Aufnahme, die drei Tage nach der Ankunft in Peru erstellt wurde. Es handelt sich dabei um die Realisierung eines einfachen Handlungsmusters durch Luna, und zwar um das ›Danken nach dem Essen‹.

(B47): **GRACIAS**	**#40 T** - Luna (4;4)

Peru: Lima: Haus der Großmutter: Wohnraum (Sala) // Luna, Mutter, Vater und Mamita (Großmutter väterlicherseits) sitzen am Eßtisch und frühstücken.

Luna:	(s1)	Kann nich mehr.
Vater:	(s2)	Ya se llenó ya. *Schon sie ist satt schon.*
Mamita:		((räuspert sich))
		(4 Sek.)

[102] Dem gegenüber stünde ein systematisches Vorgehen entsprechend der bisher erarbeiteten Kategorien, das jedoch den weiteren Erwerbsprozeß „verzerren" würde.

[103] Von der Zeit in Peru liegen – leider – keine Videoaufzeichnungen vor.

Vater:		Ha? . .
		Ya, tiraremos una moneda al aire, pe.
Mamita:		No, pue.
		( )
Vater:		Ah, pero el barrio/
Luna:	(s3)	(schiebt ihren Teller von sich weg)
	(s4)	Gracias. *Danke.*
Mamita:	(s5?)	(Mamacita) *(Mamilein)*
Vater:	(s6)	De nada, hijita. *Bitte, Töchterchen.*
	(s7)	Uy, dijo „gracias". <zu Mamita> *Ui, sie hat gesagt „danke".*
	(s8)	Escuchó (lo que dijo)? <zu Mamita> *Haben Sie gehört (, was sie gesagt hat)?*
Mamita:		(Terminar la) ( )
Vater:	(s9)	No ha escuchado? <zu Mamita> *Nicht haben Sie gehört?*
	(s10)	Ha dicho „gracias". *Sie hat gesagt „danke".*
	(s11)	Bravo, hijita! <zu Luna> *Bravo, Töchterchen!*
	(s12)	Ven, un besito. *Komm, ein Küßchen.*
Mamita:	(s13)	De nada. <zu Luna> *Bitteschön.*
Vater:	(s14)	Hm:::: (küßt Luna)
	(s15)	Luna dijo „gracias". <zu Mutter> *Luna hat gesagt „danke".*
Mutter:	(s16)	Wow! <engl.>

Der Diskursverlauf im Rahmen der Gesamthandlung GEMEINSAMES ESSEN läßt sich in zwei Einheiten gliedern: 1. Lunas ›Danken nach dem Essen‹ (s1-s6) und 2. das ›Loben‹ des Vaters von Lunas sprachlicher Handlung (s7-s16).
In (s1) bringt Luna mittels einer auf deutsch realisierten ›Assertion‹ zum Ausdruck, daß sie satt ist, daß sie die Tätigkeit des Essens beendet hat. Diese Assertion beinhaltet die Erwartung einer Erlaubnis von einem Elternteil, vom Tisch aufstehen zu dürfen, was sich vor allem daran zeigt, daß sie diese Anschlußhandlung unterläßt. Der Vater nimmt Lunas ›Assertion‹ zur Kenntnis, reagiert jedoch nicht direkt darauf, sondern übersetzt sie für Mamita ins Spanische (s2). Dies wird deutlich durch den Vollzug der operativen Prozedur (Phorik, 3.Pers. Sg., enthalten im Ausdruck ‚se llenó', wörtlich übersetzt: *sie füllte sich*). Insofern handelt es sich um eine ›Mitteilung‹ seinerseits, die jedoch vorerst zu keiner sequentiellen Handlung führt. In (s3) macht Luna einen zweiten, diesmal nonverbalen Anlauf, vom Tisch aufzustehen, den sie in (s4) um eine entsprechende sprachliche Handlung ergänzt. Sie realisiert damit das einfache Muster des ›Dankens‹, das bei ihren Interaktanten eine angemessene Reaktion bewirkt (s5?, s6). Damit ist das Muster ›Danken nach dem

Essen‹ abgearbeitet. Die Realisierung dieses Musters durch Luna bewirkt eine Anschlußhandlung, die durch den Vater initiiert wird, nämlich das ›Loben‹ Lunas sprachlicher Handlung. Dies geschieht zunächst indirekt mittels eines ›Kommentars‹ Mamita gegenüber (s7-s10), dann direkt Luna gegenüber (s11). Das Lob wird vom Vater um eine Honorierung (Kuß) ergänzt (s12, s14). Mamita hat den Kommentar des Vaters im wohl von diesem intendierten Sinne als ›Hinweis‹ aufgefaßt, auf Lunas Dank angemessen zu reagieren (s13). Abschließend kommentiert der Vater Lunas Handlung auch der Mutter gegenüber (s15), auch hier wieder mit dem Ziel, die Mutter zu einer Anerkennung zu bewegen, was ihm auch gelingt (s16).
Was hat es nun mit diesem Muster ›Danken nach dem Essen‹ auf sich – und warum das überschwengliche Lob? Das Muster ist zunächst in dem von REHBEIN (1977) verstandenen Sinne als eine *Routine* einzustufen, die systematisch dann realisiert wird, wenn ein Aktant die Tätigkeit des gemeinsamen Essens beendet hat und beabsichtigt, sich einer neuen Tätigkeit zuzuwenden, sprich, vom Tisch aufzustehen. Insofern könnte es als eine expeditive Prozedur gewertet werden (etwa entsprechend dem deutschen ‚so'). Zum Muster ›Danken nach dem Essen‹ gehört jedoch systematisch eine sprachliche Folgehandlung auf Hörerseite, die explizit zum Ausdruck gebracht werden muß (z.B. ‚de nada' i.S.v. *bitte/keine Ursache).* Abhängig vom hierarchischen Verhältnis (Respekt) der Interaktanten zueinander, kann die Initiierung einer neuen Handlung auf seiten des Sprechers erst nach der Realisierung der Musterposition des Hörers erfolgen. Insofern dient das ›Danken nach dem Essen‹ einer *Bitte um Erlaubnis*, vom Tisch aufstehen zu dürfen, und die Hörerreaktion dem *Erteilen der Erlaubnis.* Es ist mir nicht möglich, zu bestimmen, ob es sich um eine „intrafamiliäre" oder gesamtgesellschaftliche Routine handelt. Mit Sicherheit kann jedoch gesagt werden, daß es für diese sprachliche Routine im Deutschen keine gleichwertige Entsprechung gibt, zumindest nicht im Rahmen einer familiären Konstellation, wie sie hier vorliegt[104]. Daß Luna das Muster hier angemessen realisiert, bedeutet also, daß *kein* Mustertransfer vom Deutschen ins Spanische stattfindet – in dem Fall hätte sie beispielsweise ihre Ausgangsäußerung (s1) übersetzen müssen –, sondern daß sie sich das spanische Handlungsmuster bereits zuvor, also in Deutschland, angeeignet haben muß. Das folgende Beispiel aus einer Aufnahme in Deutschland bestätigt diese Annahme:

[104]Alltagssprachlich formuliert heißt das, in Deutschland ist es nicht üblich, ein Kind dazu zu erziehen, sich nach jedem Essen zu bedanken. In Peru dagegen – oder zumindest in der Familie des Vaters – ist dies Usus. Im Rahmen des komplexen Musters ›EINLADUNG ZUM ESSEN‹ gehört das Danken allerdings auch in Deutschland systematisch zum Muster dazu.

(B48) [#39T, Fl.111 - Adrian (3;7) ist mit dem Essen fertig und steht auf, Luna (2;5) schließt sich ihm an]

Adrian:	Danke, Papa. (steht auf)
Vater:	<s>De nada, Yanguito. *Bitte, Djangolein.*
Luna:	<s>Danke, Papa!
Vater:	De nada, Lunita. *Bitte, Lunalein.* O.k.

Es zeigt sich, daß Adrian das Muster initiativ und angemessen realisiert, allerdings auf deutsch. In diesem Falle kann man also davon sprechen, daß ein *Mustertransfer vom Spanischen ins Deutsche* stattfindet. Luna realisiert das Muster demgegenüber imitativ, was vermuten läßt, daß sie es noch nicht verinnerlicht und automatisiert hat. Auch das überschwengliche Lob des Vaters in (B47) weist darauf hin, daß der Aneignungsprozeß – auch wenn es so scheint – bei Luna noch nicht als abgeschlossen gelten kann. Dies kann durch das folgende Beispiel belegt werden, das einer späteren Aufnahme in Peru entstammt:

(B49) [#42T, Fl.16ff. - Großfamilie im Haus des Großvaters beim gemeinsamen Essen, Luna (4;4) ist mit dem Essen fertig]

Luna:	(steht vom Tisch auf)
Vater:	Luna!
Luna:	Ja?
Vater:	Was ist?
Luna:	Ich bin fertig.
Vater:	Y qué se dice pues, Mamita? . Hm? *Und was sagt man denn, Mamilein? . Hm?*
Luna:	Gracias. *Danke.*
Großvater:	Muy bien. Gracias. *Sehr gut. Danke.*

Es ist offensichtlich, daß Luna das Muster noch nicht vollständig verinnerlicht hat, also noch nicht automatisch in jeder angemessenen Handlungssituation realisiert. Weiterhin wird deutlich, daß das ›Danken nach dem Essen‹ zu den Mustern gehört, die in erster Linie über den Lehr-Lern-Diskurs vermittelt werden. Vor diesem Hintergrund ist das Lob des Vaters in (B47) besser zu verstehen. Das ›Loben‹ des Vaters hat hier – neben dem Ausdruck der echten Ver- und Bewunderung – zwei wichtige Funktionen, die im Prinzip beide der Kategorie des übergeordneten Lehr-Lern-Diskurses zuzurechnen sind. Auf der einen Seite wird Lunas Sprachlernerfolg (automatisierte Handlungsausführung) erkannt und honoriert; auf der anderen Seite versucht der Vater auf diese Art und Weise, seine Mutter (Mamita) für die sprachliche Situation der Kinder, die sie selbst noch nicht gut einschätzen kann (Fremdheit), zu sensibilieren, indem

er sie implizit auffordert, Lunas sprachliche Leistung ebenfalls anzuerkennen, und ihr gleichzeitig vormacht, wie das geschehen kann (indirektes Loben: s7-s10 und s15/s16; direktes Loben: s11, s12, s14).
Für Luna ist anzumerken, daß sie offensichtlich ein Feingefühl für solche Situationen ausgebildet hat, in denen das ›Danken nach dem Essen‹ unbedingt erforderlich ist. In (B47) ist Luna sich in bezug auf den Handlungsraum insgesamt unsicher, da sie erst sehr kurze Zeit in Peru ist und die Situation noch nicht einschätzen kann. Darüber hinaus ist Mamita eine Person, der besonderer Respekt gebührt, was durch den Vater beständig vermittelt wird[105]. Und zum dritten sind sehr wenige Personen auf dem Handlungsfeld zugegen. Davon ist sie das einzige Kind. Das bedeutet, jede sprachliche Aktivität oder Unterlassung ihrerseits wird bemerkt. Demgegenüber ist die Situation in (B49) insgesamt wesentlich entspannter (s. Transkript #42T).
Lunas „gracias“ ist – dies sei abschließend angemerkt – die einzige spanischsprachige Äußerung beider Kinder während der insgesamt 10-minütigen Aufn.220.

Am selben Tag wurde eine zweite Aufnahme erstellt, bei der die Mutter kaum, der Vater gar nicht anwesend waren. Ihr entstammen die folgenden zwei Analysebeispiele. An erster Stelle soll eine ›Aufforderung‹ bzw. ›Bitte‹ seitens Adrian analysiert werden.

(B50): **GALLETA DULCE** **#41 T** - Adrian (5;7)

Peru: Lima: Haus der Großmutter: Wohnraum (Sala) // Carmen (Tante väterlicherseits) und Adrian befinden sich am Eßtisch. Im anderen Teil des Raumes spielen Geraldine (7 Jahre; Cousine), Denise (2 Jahre; Cousine; Tochter von Carmen) und Luna (4;4) „Restaurant“.

Adrian:	(s1)	Galleta dulce. <zu Carmen> *Kekse süße.*
Carmen:	(s2)	(Quieres) pan? <zu Adrian> *(Möchtest du) Brot?*
	(s3)	No? *Nein?*
	(s4)	Galleta? *Kekse/Cracker?*
	(s5)	Galleta dulce? *Kekse süße?*
	(s6)	Ya. *Ja.*
	(s7)	Ahorita te doy. *Gleich dir ich gebe.*
Adrian:	(s8)	Sí. . . *Ja.*
Carmen:	(s9)	Ya. . . . *Gleich.*

[105]Ein Indikator dafür ist seine kontinuierliche Verwendung von ‚Usted‘ *(Sie)* im Bereich der Personaldeixis.

(s10) Ahorita te traigo galleta dulce.
Gleich dir ich bringe Kekse süße.

(s11) Sí? .
Ja?

(s12) Ahorita te traigo galleta dulce.
Gleich dir ich bringe Kekse süße.

(s13) Ya?
Ja?

...

Carmen: (s14) (geht hinaus, um aus dem Laden von Mamita eine kleine Packung Kekse zu holen)

...

Carmen: (s15) (kehrt zurück, die Kekse in der Hand)

(s16) Toma, Adrian. (reicht Adrian die Kekse)
Nimm/Bitte, Adrian.

...

Carmen: (s17) (Te doy)?
(Dir ich gebe)?

beide: (s18) (fangen an, gemeinsam die Verpackung zu öffnen)

Adrian: (s19) (Así). (zeigt Carmen etwas)
(So).

Carmen: (s20) Sí.
Ja.

(s21) Ya.
Ja/Gleich.

...

Adrian: (s23) Hm! (streckt Denise einen Keks entgegen)

Carmen: (s24) Qué ( ), qué bueno!
Wie ( ), wie lieb!

(s25) Qué (se) dice? <zu Denise>
Was (man) sagt?

Dieser Diskurs zwischen Adrian und seiner Tante Carmen gliedert sich in drei Handlungseinheiten: ›Bitte‹ um Kekse (s1-s16), ›Problemlösen‹ beim Öffnen der Packung (s17-s21) und ›Anbieten‹ eines Kekses Denise gegenüber (s23-s25).

In (s1) ›bittet‹ Adrian Carmen mittels einer nennenden Prozedur, ihm Kekse zu geben. Carmen erfaßt offensichtlich die illokutive Qualität seiner Äußerung, hat jedoch Verstehensschwierigkeiten hinsichtlich der Proposition und nähert sich durch mehrere Nachfragen der benötigten Information (s2-s5). In (s6) bringt sie zum Ausdruck, daß sie seine ›Bitte‹ verstanden hat und zu einer Handlungsausführung bereit ist. Da sie vorerst noch in eine andere Tätigkeit eingebunden ist, weist sie Adrian auf eine kurze Verzögerung bzgl. der Handlungsausführung hin (s7), die er seinerseits akzeptiert (s8). Damit kann im Normalfall die Kommunikation als gesichert gelten. Was nun folgt, zeigt jedoch, daß Carmen daran zweifelt, denn sie wiederholt ihren Hinweis auf Verzögerung dreimal (s9, s10, s12) und versichert sich darüber hinaus der Akzeptanz oder des Verstandenwerdens (s11, s13). Darauf folgt die eigentliche Handlungsausführung (s14-s16). Die Musterposition des Dankens wird von

Adrian nicht (hörbar) realisiert[106]. Nach der Übergabe der Kekse von Carmen an Adrian (s16) gibt es augenscheinlich ein Problem beim Öffnen der Verpackung, das beide gemeinsam lösen (s17-s21). Nachdem die Verpackung geöffnet worden ist, ›bietet‹ Adrian Denise einen Keks ›an‹ (s23), woraufhin er von Carmen ›gelobt‹ wird (s24). Ihre Tochter Denise weist Carmen demgegenüber mittels ›Lehrfrage‹ auf die „Pflicht" des Dankens hin (s25).
Diese drei Handlungseinheiten zeigen deutlich, daß das Musterwissen zu den Handlungsmustern *›Bitte‹*, *›Problemlösen‹* und *›Anbieten‹* für Adrian als erworben gelten kann, daß ihm jedoch im wahrsten Sinne des Wortes im Spanischen „die Worte fehlen". Die Realisierung aller drei Muster geschieht in der Dimension des Äußerungsakts in sehr rudimentärer Form, nämlich ausschließlich auf *prozeduraler* Ebene. Seine Äußerungen erinnern an das sprachliche Handeln eines Zweijährigen. Daran angepaßt sind Carmens Reaktionen: wiederholtes Nachfragen zur Sicherung des Verstehens und des Verstandenwerdens.
Ganz klar tritt auch hervor, daß „erzieherische Maßnahmen" offensichtlich nur bei den eigenen (oder sehr nahestehenden; s. B51, s45) Kindern angemessen sind, da Carmen ihre eigene Tochter zum Dank mahnt, dies jedoch bei Adrian unterläßt.

Während die mangelnde Fähigkeit Adrians, sich auszudrücken, im eben besprochenen Beispiel nicht mit Konsequenzen verbunden ist, zeichnet sich für das nächste Beispiel, das derselben Aufnahme entstammt, ein anderes Bild ab. Es handelt sich dabei um einen Spieldiskurs; die drei beteiligten Mädchen spielen „Restaurant".

(B51): **RESTAURANT**	**#41 T** - Luna (4;4) / Adrian (5;7)

Peru: Lima: Haus der Großmutter: Wohnraum (Sala) // Geraldine (7;0) spielt mit Luna, Denise (2;1) und einem Puppengeschirr „Bedienen in einem Restaurant". Im Raum befinden sich weiterhin Carmen (Tante) und Adrian.

Luna:	(s1)	((singt vor sich hin))
Geraldine:	(s2)	Café, té!
		Kaffee, Tee!
Luna:	(s3)	((plappert vor sich hin))
...		
Luna:	(s4)	((singt vor sich hin ->
...		
Geraldine:	(s5)	( ) comida, ve. .
		( ) Essen, sehen Sie.
	(s6)	((ruft)) <f>
...		

[106]Da der Geräuschpegel aufgrund der am Haus vorbeiführenden Straße sehr hoch ist, ist es auch möglich, daß Äußerungen „untergehen".

Geraldine:	(s7)	Té!
		Tee!
	(s8)	Café? <zu Denise>
	(s9)	Ya? .
		Ja?
	(s10)	Cocoa? .
		Kakao?
Denise:	(s11)	Coa.
Geraldine:	(s12)	Sí. Cocoa.
		Ja. Kakao.
Luna:	(s4a)	<- singt vor sich hin))
	(s13)	Cappucino! .
Carmen:	(s14)	Un capucino quiere ( ). <zu Geraldine>
		Einen Cappucino möchte ( ).
Luna:	(s15)	Cappucino! .
	(s16)	Cappocino!
Geraldine:	(s17)	Ya, (pe).
		Ja, (gleich).
Luna:	(s18)	Cappucino!
Geraldine:	(s19)	Mamita, (da/ dale) <zu Denise> . .
		Mamilein, (gib/ gib ihr)
	(s20)	El señor, (qué)? <zu Adrian> . . .
		Der Herr, (was)?
Adrian:	(s21)	((haucht))
-	(s22)	(eine Spieltasse fällt herunter)
Luna:	(s23)	(La) señorita, die Tasse is runtergefalln.
		(Das) Fräulein,
alle:	(s24)	((reden durcheinander und lachen))
Luna:	(s25)	(La) señorita, die Tasse is <s>runterge/
Geraldine:	(s26)	<s>Ya, su comida ya está.
		Schon, Ihr Essen schon ist fertig.
	(s27?)	( )
Luna:	(s28)	Señorita, die Tasse is runtergefalln.
Geraldine:	(s29)	Tome su comida. <zu Luna> . . .
		Nehmen Sie ihr Essen.
	(s30)	Ya terminó? <zu Luna>
		Sind Sie fertig?
Luna:	(s31)	((schmatzt singend))
Geraldine:	(s32)	(Dámelo!)
		(Gib es mir!)
	(s33)	(Dame).
		(Gib).
Luna:	(s34)	((schmatzt singend))
Geraldine:	(s35)	Ya, ( ), Luna! ( )
		Schon, ( ), Luna! ( )
Luna:	(s36)	((schmatzt singend))
	(s37)	((tönt))
Geraldine:	(s38)	Otro?
		Noch eins?
Luna:	(s39)	Sí.
		Ja.

...

Geraldine:	(s40)	Ya toma, Luna! . . *Schon nimm, Luna!*
	(s41)	( ) Está bien. *( ) Es ist gut.*
Luna:	(s42)	((stöhnt))
Geraldine:	(s43)	(Ven)! *(Komm)!*
Luna:	(s44)	He! <weinerlich;verschreckt> .
Carmen:	(s45)	Geral, no grites. *Geral, schrei nicht .*
Luna:	(s46)	((plappert vor sich hin))
Geraldine:	(s47)	Ya. *Gleich.*
	(s48)	Ya, Luna, ahorita te sirvo. . *Gleich, Luna, gleich dir serviere ich.*
	(s49)	Ya, Lunita! *Gleich, Lunalein!*
	(s50)	Ya está. *Schon fertig.*
Luna:	(s51)	Hm.
Geraldine:	(s52)	Lunita, <u>no:</u>! *Lunalein, nein!*
Luna:	(s53)	Äh. Äh. <stöhnend> .
Geraldine:	(s54)	Toma, Luna! *Nimm, Luna!*
Luna:	(s55)	Ach!
Geraldine:	(s56)	Toma, Luna. . . . *Nimm, Luna.*
	(s57)	Ay, dale al señor, al señor, que está sentadito, dale - ya? <zu Denise> . . *Ach, gib dem Herrn, dem Herrn, der sitzt, gib ihm - ja?*
	(s58)	( )
	(s59)	Señorita, toma tu comida. <zu Luna> *Fräulein, nimm dein Essen.*
	(s60)	(Ponlo) ahí. *(Stell es hin) dort.*
Luna:	(s61)	No. *Nein.*
Geraldine:	(s62)	No <s>(quieres)? *Nicht (du willst)?*
Luna:	(s63)	<s>Da! <f>
Geraldine:	(s64)	( )
	(s65)	No quieres? *Nicht du willst?*

Der in diesem Beispiel vorliegende Spieldiskurs ist vergleichbar mit (B34: DISCO), da auch hier die drei Interaktantinnen – zumindest anfangs – eindeutig im Vorstellungsraum handeln. Leider muß die Analyse hierbei ausschließlich anhand der sprachlichen Äußerungen erfolgen, da weder visuelles noch protokolliertes Begleitmaterial vorliegt (die Mutter/Protokollantin war bei der Aufnahme nicht zugegen). In diesem Spieldiskurs dominiert das älteste Kind, Geraldine, den Handlungsverlauf. Sie selbst ist die „Bedienung", Luna ist ein „Gast" und Denise ist abwechselnd „Gast" (s8-s12) und „Hilfskraft der

Bedienung" (s19, s67). Die zur Verfügung stehenden Requisiten bestehen aus einem Puppengeschirr aus Plastik.
Versuchen wir zunächst, den Handlungsverlauf zu rekonstruieren. Geraldine initiiert das Spiel, indem sie zunächst lautstark ihre Waren (Kaffee, Tee, Essen) ›anpreist‹ (s2, s5-s7) – ein in Peru teilweise übliches, in Deutschland dagegen unübliches Verfahren der Werbung in einem Lokal. Dann geht sie dazu über, die erste ›Bestellung‹ eines Gastes (Denise) ›aufzunehmen‹ (s8-s12). Luna verhält sich bis zu diesem Zeitpunkt scheinbar unbeteiligt: Sie singt und plappert vor sich hin (s1-s4a). Aus ihrem Einstieg ins Spiel (ab s15) ist jedoch zu schließen, daß sie das bisher Geschehene bewußt wahrgenommen hat, daß sie jedoch – möglicherweise aufgrund des ihr nicht bekannten Verfahrens der Werbung – nicht einschätzen konnte, worum es bei diesem Spiel geht. Der Diskurs zwischen Geraldine und Denise (s8-s12) ermöglicht ihr nun das Wiedererkennen des komplexen Handlungsmusters ›ESSEN IM RESTAURANT‹. Ihre weitere Beteiligung am Spiel läßt erkennen, daß ihr Musterwissen diesbezüglich recht weit ausgebaut ist. Zunächst gibt sie spontan mittels einer nennenden Prozedur eine eigene ›Bestellung‹ auf (s13). Dabei orientiert sie sich nicht an den von Geraldine offerierten Waren (Kaffee, Tee, Kakao), was den Erfolg ihrer Sprechhandlung sicherstellen würde, sondern sie verwendet initiativ einen neuen Ausdruck, nämlich ‚Cappucino'. Sie greift dabei offensichtlich auf ein „Regel"-Wissen im lexikalischen Bereich zurück: Die lautliche Nähe der deutschen und spanischen Ausdrücke für Kaffee, Tee und Kakao, läßt sie vermuten, daß diese phonologische Ähnlichkeit auch für andere Ausdrücke dieses lexikalischen Feldes besteht. Die Spielsituation bietet ihr die Möglichkeit, ihrer Vermutung Ausdruck zu verleihen und den neuen Ausdruck im sprachlichen Handeln auszuprobieren. Durch Carmens unterstützende Äußerung (s14) bestätigt sich ihre Vermutung und sie verwendet den Ausdruck weiterhin zum Zwecke der Aufforderung der „Bedienung" gegenüber (s15, s16, s18). Es ist anzunehmen, daß ihr in (s19) der „Cappucino" serviert wird. Damit konnte das Muster ›Bestellung aufgeben‹ erfolgreich abgearbeitet werden. Danach wendet sich Geraldine an den nächsten „Klienten" (s20), der jedoch ablehnend reagiert (s21). Es zeichnet sich ab, daß sie dabei – ähnlich wie Luna in (B34) – bestrebt ist, alle auf dem Handlungsfeld anwesenden kindlichen Interaktanten verbindlich in das von ihr initiierte Spiel zu integrieren. Sie beginnt, das „Essen für ihre Gäste vorzubereiten". Währenddessen fällt eine der Plastiktassen auf den Fußboden (s22). Luna weist Geraldine darauf hin (s23, s25, s28) und erwartet augenscheinlich – denn sie hebt die Tasse ja nicht selbst auf –, daß die „Bedienung" ihrer Pflicht nachkommt, die Tasse wieder aufzuheben. Dies zeigt, daß sie ein konkretes Konzept von der Aktanten-Rolle hat, die Geraldine hier einnimmt. Ihr Hinweis ist in diesem Sinne als ›Aufforderung‹ zu werten. Diese wird jedoch von Geraldine nicht verstanden, weil Luna sie, abgesehen von der korrekten Ansprache, auf deutsch realisiert. Es ist nicht klar, ob sie sich dessen bewußt ist. Es ist jedoch auch nicht auszuschließen, daß sie sich

während des Äußerungsprozesses ihrer fehlenden Sprachkenntnisse bewußt wird, denn ihre nächsten Äußerungen beschränken sich auf „singendes Schmatzen“ (s31, s34, s36). Geraldine interpretiert Lunas auf deutsch verbalisierte ›Aufforderung‹ in dem Sinne, daß Luna „auf ihr Essen wartet“ (s26, s29). Es kommt also nicht zu der von Luna intendierten Handlungsausführung, das Muster wird nicht ihrem Plan gemäß abgearbeitet. Möglicherweise ist dieser Mißerfolg der Grund dafür, daß Luna auf die nächste ›Aufforderung‹ Geraldines (s30, s32, s33, s35) entsprechend mit einer Handlungsverweigerung reagiert (31, s34, s36). Erst als Geraldine ein neues Muster, nämlich das des ›Anbietens‹ initiiert (s38), das Luna aus anderen Handlungszusammenhängen (z.B. Essen mit dem Vater in Deutschland) kennt, verbalisiert sie ihre Zustimmung wieder auf spanisch (s39). Der weitere Handlungsverlauf (s40-s65) ist nicht genau rekonstruierbar, es zeichnet sich jedoch ab, daß Geraldines und Lunas Absichten hinsichtlich des Spielverlaufes nicht übereinstimmen und Luna langsam aus dem Spiel „aussteigt“ (s42, s46, s53, s55). Geraldine, die versucht, Luna zu einer Handlungsausführung zu bewegen – wahrscheinlich „das von ihr zubereitete Essen“ anzunehmen (s40, s54, s56) –, spürt die sich aufgrund der Diskrepanz aufbauende Spannung und daß sie im Begriff ist, eine wichtige Mitspielerin zu verlieren. Damit ist die Ausführung ihres komplexen Handlungsplanes in Frage gestellt. Sie fängt an, Druck auszuüben, ihre Aufforderungen werden drängender (s40, s43, s52, s54, s56). Die ›Zurechtweisung‹ Geraldines durch Carmen (s45) bewirkt nur eine vorübergehende Entspannung der Situation (s47-s50). Auffallend ist, daß bei wachsendem Streß ein Übergang vom Spieldiskurs zum realen Diskurs stattfindet, indiziert durch ein Umschwenken im Bereich der Personaldeixis: Luna wird von Geraldine nicht mehr wie zu Anfang als unbekannte Klientin (3.Pers.; Höflichkeitsform; s26, s29, s30), sondern als „Luna“ angesprochen (ab s32). Nachdem Geraldine merkt, daß ihr Weg nicht zum Erfolg führt, ändert sie ihre Spielstrategie: Sie versucht erneut, sowohl Denise als auch Adrian ins Spiel zu integrieren (s57). Sie lenkt auf diese Art und Weise von der „verfahrenen“ Situation ab und bemüht sich, das Spiel zu reetablieren. In einem zweiten Schritt versucht sie, auch Luna wieder für ihr Spiel zu gewinnen (s59). Durch die für den Spieldiskurs formal korrekte Anrede (‚señorita‘) strebt sie an, das gemeinsame Handeln nochmals in den Vorstellungsraum zu verlagern. Luna lehnt ab. Als wollte sie „der Sache ein Ende setzen“, bringt sie diese Ablehnung bzw. Handlungsverweigerung sprachlich explizit und, da auf spanisch, auch für Geraldine verständlich zum Ausdruck (s61). Erst diese verbale Handlung ermöglicht Geraldine aufgrund ihrer Eindeutigkeit die korrekte Interpretation von Lunas Verhalten; jetzt kann sie nachfragen (s62). Luna bestätigt daraufhin ihre Ablehnung wahrscheinlich mittels einer nonverbalen Handlung (Wegschieben des Handlungsobjekts o.ä.). Sie begleitet diese Tätigkeit durch die lautstarke Verbalisierung des deutschen deiktischen Ausdrucks ‚da‘ (s63), was ihrer ablehnenden Haltung noch mehr Nachdruck verleiht. Auch wenn dies

von Geraldine wiederum nicht eindeutig interpretierbar ist (s65), ist anzunehmen, daß Luna damit signalisiert, daß das Spiel für sie beendet ist.
Was läßt sich nun anhand dieses Beispiels erkennen? Ein ganz wichtiger Punkt besteht darin, daß Luna und Geraldine ihre Kommunikation innerhalb einer Diskursart „abwickeln“ können, die beiden Kindern vertraut ist. Diese ist das *Spiel*. Damit haben sie zunächst eine elementare gemeinsame Handlungsgrundlage. Es hat sich weiterhin gezeigt, daß beide Kinder über ein Wissen zum komplexen Handlungsmuster ›ESSEN IM RESTAURANT‹ verfügen, was es ihnen prinzipiell ermöglicht, dieses Muster im Rahmen einer Spielsituation gemeinsam zu realisieren. Dabei hat sich jedoch herausgestellt, daß es ein Trugschluß wäre, von einem beiden Kindern gemeinsamen Vorwissen auszugehen. Während es an dieser Stelle nicht möglich ist, Lunas Handlungsplan nachzuvollziehen, so läßt sich der Geraldines bis zu einem gewissen Grad aus dem Diskursverlauf ableiten. Für sie umfaßt die korrekte Abarbeitung des komplexen Handlungsmusters folgende erste Schritte oder Teilhandlungen[107]:
1. Angebote anpreisen (Werbung);
2. Bestellung der Getränke der einzelnen Klienten aufnehmen;
3. Getränke servieren;
4. Essen zubereiten;
5. Essen servieren.

Wie sich auch schon in (B34) für Luna gezeigt hat, ist es für das Kind offenbar sehr wichtig, gerade im Spiel, also beim Ausprobieren komplexer Handlungsmuster, jede einzelne Teilhandlung *dem Handlungsplan gemäß* abzuarbeiten[108], denn nur so kann das jeweilige Muster eingeübt, verinnerlicht und automatisiert werden. Dazu ist es, zumindest beim Rollenspiel, auf die *Kooperation* anderer Interaktanten angewiesen, und es entwickelt teilweise sehr subtile Strategien, diese Kooperation sicherzustellen. Es ist, wie gesagt, nicht zu erschließen, worin genau die Differenzen zwischen Geraldines und Lunas konkreten Vorstellungen in bezug auf die Abarbeitung des vorliegenden Musters bestehen, es hat sich lediglich gezeigt, daß Diskrepanzen bestehen. Für eine reflektierende gemeinsame Aufarbeitung der Unterschiede, die möglicherweise zu neuen Absprachen und damit zu einem Gelingen der gemeinsamen Abarbeitung eines Musters führen, sind sprachliche Handlungsmittel unerläßlich. Diese sind es jedoch, die Luna zum aktuellen Zeitpunkt im Spanischen (bzw. Geraldine im Deutschen) nicht zur Verfügung stehen. Der Mangel sprachlicher Ausdruckskompetenz führt – das ist nicht neu – unweigerlich zu *Mißverständnissen* und, wie sich für beide Kinder gezeigt hat, zu tendenziell *aggressivem Sozialverhalten*.

---

[107]Am Transkript lassen sich weitere Teilhandlungen nachvollziehen.

[108]Daß dieses auch für die Abarbeitung weniger komplexer Handlungsmuster in spielerischen Handlungssituationen gilt, wird in GARLIN (1994, 86ff.) an zwei Beispielen (>Anbieten-Danken< und >Mitteilung<) von Luna (1;2) und Adrian (2;5) belegt.

Wie für Adrian (B50) können wir auch für Luna festhalten, daß sich ihr sprachliches Handeln im Spanischen am dritten Tag des Aufenthaltes in Peru weiterhin auf die prozedurale Ebene beschränkt, wie es bei beiden Kindern auch in Deutschland der Fall war. Dort ist dieses jedoch nie mit handlungspraktischen Konsequenzen verbunden gewesen. Vor Ort bekommt Luna nun zu spüren, daß ihr Handlungsspielraum dadurch extrem eingeschränkt ist, und zwar insbesondere deshalb, weil sie bereits eine Vielzahl von Handlungsmustern angeeignet hat, die sie nun unter den neuen gesellschaftlichen Bedingungen aufgrund fehlender sprachlicher Ausdrucksmittel nicht realisieren kann. Es hat sich allerdings auch schon gezeigt, daß sich der weitere Spracherwerbsprozeß des Spanischen nicht ausschließlich auf die Aneignung sprachlicher Handlungsmittel beschränken wird, sondern daß es Handlungsmuster gibt, die keine Entsprechung im Deutschen haben (z.B. ›Danken nach dem Essen‹) bzw. eine andere Systematik als im Deutschen aufweisen (z.B. ›ESSEN IM RESTAURANT‹).

Die Aufnahme, der die beiden nächsten Analysebeispiele entstammen, wurde am elften Tag des Peru-Aufenthaltes im Ferienhaus am Meer bei der Familie des Großvaters aufgezeichnet.

(B52): **ESPINA**	**#42 T** - Adrian (5;7)

Peru: Chancay: Ferienhaus des Großvaters: Innenhof (Patio), unter freiem Himmel // Frühstück an einem großen Eßtisch. Hauptmahlzeit ist Fisch. Adrian betrachtet eine Gräte, an der winzig kleine Kügelchen „haften" wie Blätter an einem Ast.

Adrian:	(s1)	(betrachtet eine Gräte)
	(s2)	Augn!
Vater:	(s3)	Hnhn. <verneinend>
	(s4)	Sin keine Augen.
	(s5)	Krätn.
Adrian:	(s6)	Ja, aba da sin solche Augn dran.
Vater:	(s7)	Hnhn. <verneinend>
Adrian:	(s8)	Do:ch.
Vater:	(s9)	Hnhn. <verneinend>
Adrian:	(s10)	Schau! (zeigt auf eines der Kügelchen an der Gräte)
	(s11)	.
	(s12)	Was sind das?
Vater:	(s13)	„Espina" se llama. *„Gräte" heißt das.*
	(s14)	A ver! *Sag mal!*
	(s15)	„Es-pina".
Adrian:	(s16)	Es-pina.
Vater:	(s17)	Hmh´m.

Das Beispiel erinnert in seinen Grundzügen an (B38: ‚chiquito'), im Besonderen hinsichtlich der integrierten ›Lehr-Lern-Aufforderung 2‹ (s14-s17). Sie findet sich eingebunden in das komplexere ›Frage-Antwort‹-Muster, das seinerseits komplexer ist als das in (B38), wo die ›Lehr-Lern-Aufforderung 2‹ vom Vater in das Muster der ›Aufforderung/Bitte‹ integriert wurde – ähnlich auch ‚agua' in (B22). Damit wird deutlich, daß die ›Lehr-Lern-Aufforderung 2‹ nicht nur im frühkindlichen Stadium realisiert wird, sondern weiterhin als Sprachlehr- und Lernmuster fungiert. Das ›Frage-Antwort‹-Muster wird in (s12) durch Adrian initiiert. Er fragt einen sprachkompetenteren Interaktanten (Vater) nach dem Namen (Symbolfeldausdruck) für etwas, das er sieht, aber nicht benennen kann. Dies ist jedoch lediglich ein letzter Schritt innerhalb einer größeren Diskurseinheit, bei der einiges „schiefgeht", so daß Adrian letztendlich nicht die korrekte Antwort auf seine ›Frage‹ bekommt. Er erhält schließlich vom Vater eine Fehlinformation.
In (s1) betrachtet Adrian eine Fischgräte, an der sich winzige Kügelchen (Knorpel o.ä.) befinden, die für ihn aussehen wie Augen. In (s2) stellt er dem Vater gegenüber fest, daß sich an der Gräte Augen befinden. Dieser stimmt dem propositionalen Gehalt in Adrians Aussage nicht zu (s3), widerspricht ihm (s4) und liefert ihm in (s5) die für seine Begriffe korrekte Bezeichnung des Handlungsobjekts (‚Gräten'). Es wird dabei offensichtlich, daß der Vater seine Aufmerksamkeit auf ein anderes Objekt fokussiert als Adrian, nämlich auf das Gesamtobjekt. Adrian vollzieht in (s6) die Fokussierung des Vaters nach und stimmt dem propositionalen Gehalt seiner Äußerung zu (‚ja'), versucht dann aber umgehend, die Aufmerksamkeit des Vaters auf das von ihm gemeinte Teilobjekt umzufokussieren. Der Vater vollzieht den von Adrian angestrebten Fokusschwenk trotz Adrians Bekräftigung (s8) und dem Versuch der Beweisführung (s10) nicht (s8, s9). Ob der Beharrlichkeit des Vaters verunsichert, ›fragt‹ Adrian ihn in (s12) konkret nach der Bezeichnung der von ihm fokussierten Teilobjekte, also den Kügelchen. Der Vater hingegen, der die Kügelchen weiterhin nicht wahrnimmt, interpretiert seine Frage als eine Frage nach dem spanischen Ausdruck für ‚Gräte' und ›antwortet‹ ihm entsprechend (s13). Aufgrund dieser Diskrepanz bei der Fokussierung bleibt – ähnlich wie in (B38) – unklar, ob Adrian den Ausdruck ‚espina' dem Gesamtobjekt Gräte oder dem Teilobjekt Kügelchen zuordnet. Auf jeden Fall bleibt seine Frage unbefriedigend beantwortet, da er m.E. weniger nach einer Bezeichnung (die er mit ‚Augen' und ‚Gräte' eigentlich schon hat), sondern eher nach weiterführenden Informationen sucht. Zum anderen erhält er, selbst wenn er nach einer Bezeichnung fragt, von seinem Vater eine inkorrekte Antwort, weil beide unterschiedliche Objekte fokussieren. Gesetzt den Fall, daß der spanische Ausdruck ‚espina' für Gräte noch nicht in Adrians mentalen Lexikon verankert ist, besteht die Möglichkeit, daß es nun zu einer fehlerhaften Zuordnung kommt.

Bei dem nächsten Beispiel bietet sich nun die seltene Gelegenheit, nachzuvollziehen, wie Sprachbeobachtungen *eigenständig*, also nicht gesteuert über einen Lehr-Lern-Diskurs, vom Kind verarbeitet werden.

(B53): **GOL/NADA**	**#42 T** - Adrian (5;7) / Luna (4;4)

Peru: Chancay: Ferienhaus des Großvaters: Innenhof (Patio), unter freiem Himmel // Frühstück mit Großvater und dessen fünf Kindern (12-17 Jahre), Eltern und Luna und Adrian an einem großen Eßtisch. In einigen Metern Entfernung spielen ein paar Kinder aus der Nachbarschaft Fußball. Adrian schaut ihnen interessiert zu. Luna schaut anfangs ebenfalls zu.

and. Kinder:	(s1)	Gol! *Tor!*
Adrian:	(s2)	Gol!
Luna:	(s3)	Gul!
	(s4?)	Uh!
...		[ca. 30 Sek.]
and. Kinder:	(s5)	Gol! *Tor!*
Adrian:	(s6)	Gol! ((lacht))
and. Kinder:	(s7)	Así no::! *So nicht!*
Adrian:	(s8)	((lacht))
...		[ca. 1 Min.]
Adrian:	(s9)	Erst hab ich von da „gol" gehört un dann von da.
	(s10)	Erst hab ich von da „gol" gehört un dann von d(ort).
...		
and. Kinder:	(s11)	Nada! Na(da). *Nichts! (Nichts).*
Adrian:	(s12)	„Nada" hab ich jetz gehört.
	(s13)	Hab jetz ganz laut „nada" gehört.
?	(s14?)	Ah?
Adrian:	(s15)	(da).
...		[ca. 2 Min.]
Adrian:	(s16)	Gul! *Tor!*
and. Kinder:	(s17)	Nada, nada! *Nichts, nichts!*
	(s18)	Ah
Adrian:	(s19)	Nada, nada! *Nichts, nichts!*
...		[ca. 30 Sek.]
and. Kinder:	(s20)	Go::l! *Tor!*
	(s21)	(Gu:l:)!
Adrian:	(s22)	Gol! *Tor!*

Der hier dokumentierte Handlungsablauf ist kein Diskurs zwischen den Fußball spielenden Kindern und Adrian, sondern Adrian beobachtet lediglich das

Geschehen zwischen den anderen Kindern und ›kommentiert‹ deren Äußerungen. Es handelt sich also (bis s15) um die Verbalisierung von Sprachbeobachtungen. Dabei ist unklar, ob Adrian sich an einen Interaktanten (z.B. Luna) wendet oder ob er „für sich" spricht. Letzteres scheint mir wahrscheinlicher, da – vielleicht bis auf in (s14) – niemand auf seine Äußerungen reagiert, und er sich auch nicht intensiver darum bemüht.

Adrian verfolgt das Fußballspiel, das zwischen den anderen Kindern stattfindet. Es gibt zwei „Tore", die jedoch nur auf Absprachen beruhen und somit für „Outsider" nicht sichtbar sind. Es ist anzumerken, daß Adrian über kein fundiertes Vorwissen zum Regelsystem des Fußballspiels verfügt. Als das erste Tor fällt, wird die Tatsache von den spielenden Kindern lautstark zum Ausdruck gebracht (s1). Sowohl Adrian (s2) als auch Luna (s3) imitieren im ersten Schritt diesen „Freudenschrei". Entsprechendes wiederholt sich bei Adrian, als kurze Zeit später die Gegenmanschaft das erste Tor schießt (s5/s6). Etwa eine Minute später verbalisiert er, was er zuvor wahrgenommen hat, nämlich daß er den Ausdruck ‚gol' zunächst von der einen Seite und dann von der anderen Seite gehört hat (s9/s10). Das bedeutet wiederum, daß er die beiden Einzelhandlungen mit der außersprachlichen Wirklichkeit in Beziehung setzt, was natürlich eine mentale Reflexion voraussetzt. Entsprechendes geschieht im weiteren Handlungsverlauf mit dem Ausdruck ‚nada' als Gegenstück zu ‚gol' (s11-s13), also in der Bedeutung von ‚kein Tor'. Er nimmt den Ausdruck in der Handlungssituation wahr und kommentiert dies.

Das offensichtlich genaue Beobachten des Spielverlaufs sowie auch der sprachlichen Seite und das mentale Reflektieren darüber führen langfristig zur Aneignung des *Handlungskonzeptes* FUSSBALLSPIEL. Ein erster Schritt dahin wird bereits in (s16-s22) erkennbar. Es zeigt sich, daß Adrian sein erstes „gol" initiativ einbringt, d.h. daß er bezüglich einer neuen Handlungssituation eine *eigene* Einschätzung leistet (s16). Die Wirklichkeit selbst, also keine Vermittlungsperson, liefert die Korrektur, nämlich daß es kein Tor war (17), was Adrian wiederum wahrnimmt (s18) und im Anschluß korrigiert (s19). Ein Lehr-Lern-Diskurs findet also nicht statt, sondern es handelt sich hierbei um den Situationstyp *Lernen ohne fremde Hilfe* (Rehbein 1977; s. Kap. 1.3). Demzufolge spielt auch das Reflektieren von Sprachbeobachtungen eine zentrale Rolle beim Aneignungsprozeß von Sprache.

Das Verbalisieren von Sprachbeobachtungen geschieht, wie wir gesehen haben, anfangs nur mit Bezug auf eine andere Person und deren Äußerung, ohne dabei auch außersprachliche Faktoren (Handlungssituation) mit einzubeziehen (B25-B27). Die Verbalisierung erfolgt dabei gegenüber einem externen Interaktionspartner. In (B29: ÄPFEL) geschah dies auch mit Bezug auf eine *eigene* Äußerung, und zwar gegenüber einem *internalisierten Interaktanten*. Auch im vorliegenden Beispiel interagiert Adrian – vielleicht zwangsläufig – mit einem internen Gegenüber und teilt ihm die Beziehungen mit, die er über seine Sprachbeobachtung erkannt hat. Erneut läßt sich hier das Konzept der *äußeren Sprache für sich* – als ein Übergangsstadium zwischen äußerer und innerer Sprache – bestätigen. Die Sprache wird zu einem *Mittel des Denkens.*

Auch eine andere Form der Sprachreflexion, die zuvor bereits herausgearbeitet werden konnte, kommt weiterhin zum Tragen: Es ist die Kind-Kind-interaktive Auseinandersetzung über die Korrektheit eines sprachlichen Phänomens. Anhand von (B28: SAPPERMENT) konnte gezeigt werden, daß solche Auseinandersetzungen mit Bezug auf die phonologische Korrektheit eines Ausdrucks von zweijährigen Kindern realisiert werden. Im folgenden Beispiel findet die Auseinandersetzung zwischen Luna und Adrian in einem anderen Bereich statt. Es entstammt einer Aufnahme, die in der fünften Woche des Peru-Aufenthaltes aufgezeichnet wurde.

(B54): **PERDON-DISCULPA**	**#44 T** - Luna (4;5) / Adrian (5;8)

Peru: Lima: Haus eines Großonkels: Arbeitszimmer // Luna, Adrian, Kate (14 Jahre) und Elena (16 Jahre), die Töchter des Großonkels, befinden sich an einem großen Tisch und schneiden Figuren aus. Mutter installiert das Aufnahmegerät, Henry (erw. Sohn des Großonkels) hilft ihr dabei.

Luna:	(s1)	((rülpst))
Adrian:	(s2)	<s>Luna! <f>
Kate:	(s3)	<s>((lacht))
Elena:	(s4)	<s>((lacht))
Henry:	(s5)	<s>((lacht))
Mutter:	(s6)	Luna, por favor - ja? <ermahnend> *Luna, bitte -ja?*
Luna:	(s7)	Po/ <s>Perdón. *Verzeihung.*
Kate:	(s8)	<s>((lacht))
Elena:	(s9)	<s>((lacht))
Adrian:	(s10)	((lacht)) .
Luna:	(s11)	((lacht <s>))
Adrian:	(s12)	<s>„Disculpa". <zu Luna> *„Entschuldige".*
Luna:	(s13)	((rülpst)) <p>
Mutter:		Vamos a dejarlo aquí. <zu Henry> (installiert das Gerät an einem Platz) *Werden wir es lassen hier.* Van a tener un <s>poquito de cuida/ <zu den Kindern> *Ihr werdet haben ein bißchen Vors/*
Luna:	(s14)	<s>Perdón. *Verzeihung.*
Mutter:	(s15)	Dja/ <s>Luna, por favor! <ermahnend> *Luna, bitte!*
Adrian:	(s16)	<s>„Disculpa" heißt das. <zu Luna> *„Entschuldige" heißt das.*
Luna:	(s17)	„Perdó::n".
Adrian:	(s18)	„Disculpa"! <f>
Luna:	(s19)	„Perdó::n".

Mutter:	(s20)	Ujuijui.
Adrian:	(s21)	„Disculpa“.
Luna:	(s22)	„Perdón“. <p>
Adrian:	(s23)	„Disculpa“. <p>
Luna:	(s24)	„Perdón“. <pp>
Adrian:	(s25)	„Disculpa“. <pp>

Es geht hierbei um die Routine des ›Sich-Entschuldigens‹, die von Luna nach dem Rülpsen (s1) und auf die ›Ermahnung‹ der Mutter hin (s6) vollzogen wird. Luna verwendet dabei den spanischen Ausdruck ‚perdón‘, der etwa dem deutschen Ausdruck ‚Verzeihung‘ entspricht. In (s12) ›weist‹ Adrian Luna belehrend darauf ›hin‹, daß der von ihr verwendete Ausdruck nicht angemessen ist und daß der korrekte Ausdruck ‚disculpa‘ *(‚entschuldige‘)* heißt. Der Handlungsablauf wiederholt sich in einer zweiten Runde in (s13-s16), wobei durch Adrian nicht nurmehr ein Hinweis, sondern explizit eine ›Belehrung‹ realisiert wird (s16). Dem schließt sich ein Diskurs zwischen Adrian und Luna an, bei dem es nun darum geht, welcher der beiden Ausdrücke der korrekte ist (s17-s25). Ähnlich wie in (B28) geht es um das ›Recht haben wollen‹, das dort wie hier jeglicher Argumentation entbehrt. Dies ist nicht verwunderlich, denn es gibt keine Argumente pro oder contra einen der Ausdrücke; wie im Deutschen kann man zur Realisierung dieser Routine beide Ausdrücke verwenden. Trotzdem scheinen beide Kinder sehr überzeugt von ihrem Standpunkt zu sein, daß nur „ihr“ Ausdruck angemessen ist. Eine solche Einschätzung kann nur auf der Grundlage eines *pragmatischen Vorwissens* geschehen. Es hat sich herausgestellt, daß Luna bis heute, im Alter von sieben Jahren, überzeugt davon ist, daß nur die Verwendung von ‚perdón‘ in entsprechenden Situationen angemessen ist, was sie jedoch nach wie vor nicht begründen kann. Die einzige Möglichkeit, die Ursache für ihre Standhaftigkeit herauszufinden, bestand darin, den Vater diesbezüglich zu befragen. Dabei stellte sich heraus, daß er selbst den Ausdruck ‚perdón‘ überwiegend gegenüber weiblichen, den Ausdruck ‚disculpa‘ überwiegend gegenüber männlichen Interaktanten verwendet. Somit kann man mit Sicherheit sagen, daß es sich im vorliegenden Beispiel nicht, wie es zunächst anmutet, um eine Art Wortspiel bzw. um ein Sprachprobieren handelt, sondern daß tatsächlich beide Kinder einen Standpunkt vertreten, der in ihrem jeweiligen Praxiswissen verankert ist. Wir haben es hier also mit einer Reflexion über Sprache im *pragmatischen* Bereich zu tun.

Anhand des folgenden Beispiels, das derselben Aufnahme entstammt, soll nun dargelegt werden, wie sich das sprachliche Handeln beider Kinder im Spanischen im Verlauf der ersten vier Wochen in Peru insgesamt verändert hat. Es hat sich bei den vorausgehenden Analysen (B47, B49, B50, B51) herausgestellt, daß beim sprachlichen Handeln der Kinder im Spanischen zu Anfang ihres Peru-Aufenthaltes die prozedurale Ebene nicht überschritten wurde. Alle komplexeren Einheiten wurden – teilweise auch gegenüber monolingualen

Sprechern des Spanischen – auf deutsch realisiert. Dies veränderte sich mit der Zeit. Die Diskurse zwischen den Kindern und monolingualen Sprechern des Spanischen wurden zunehmend komplexer und auf spanisch realisiert.

(B54): **AVION**	**#44 T** - Luna (4;5) / Adrian (5;8)

Peru: Lima: Haus eines Großonkels: Arbeitszimmer // Luna, Adrian, Kate (14 Jahre) und Elena (16 Jahre), die Töchter des Großonkels, befinden sich an einem großen Tisch und schneiden Figuren aus.

Luna:	(s1)	In-di-aner-<s>Joe! <f> (betrachtet ihre Figur)
Adrian:	(s2)	<s>Esto también! Esto también. Mira. . *Das auch! Das auch. Schau.*
	(s3)	Z/ A ver. *Z/ Zeig mal.*
Elena:	(s4)	(Sí). *(Ja).*
Adrian:		((singt <s>vor sich hin)) /
Luna:	(s5)	<s>Ey, mira! Mira! . *Ey, schau! Schau!*
	(s6)	Un avión. *Ein Flugzeug.*
Adrian:	(s7)	Un avión, un avión, un avión. <p; krächzend> *Ein Flugzeug, ein Flugzeug, ein Flugzeug.*
Luna:		Una tijera! <mit Zäpfchen-R> *Eine Schere!*
Adrian:	(s8)	No una/ esto es una raqueta. *Nicht eine/ dieses ist eine Rakete.*
	(s9)	No eso es un avión. *Nicht das ist ein Flugzeug.*
	(s10)	Eso es Superman <engl. ausgespr.> / Superman <spa. ausgespr.> *Das ist Superman / Superman.*
Luna:	(s11)	((lacht))
Elena:	(s12)	((lacht))

Der Handlungsablauf kann nicht in seinen Einzelheiten rekonstruiert werden, da die Mutter/Protokollantin bei der Aufnahme nicht zugegen war. Insgesamt geht es um das Kommentieren von Papierfiguren, die die Kinder (aus Vorlagen oder selbst gezeichnet) ausgeschnitten haben.

Es handelt sich um einen Diskurs zwischen Luna, Adrian und den beiden großen Mädchen Kate und Elena. Die Mädchen sind monolinguale Sprecherinnen des Spanischen. Luna und Adrian scheinen an dieser Stelle eine Bedürfnis zu empfinden, sich auch den Mädchen mitzuteilen. Es fällt auf, daß innerhalb dieser Diskurseinheit kein einziges deutsches Wort fällt. Lediglich in (s3) setzt Adrian an, den Ausdruck ‚zeig' zu verbalisieren, bricht jedoch sofort ab und repariert seine Äußerung. Die Kinder scheinen im Verlauf der ersten Wochen ihres Peru-Aufenthaltes eine Sensibilität für die Sprachkompetenz ihrer jeweiligen Interaktanten entwickelt zu haben. Das Vermischen der beiden Sprachen, wie es zunächst noch in (B51) belegbar war, kommt nur noch gegenüber ebenfalls bilingualen Interaktanten, jedoch nicht mehr gegenüber monolingualen Interaktanten vor. Dies spricht deutlich für eine Bewußtheit der Kinder über ihr Handeln in zwei Sprachen und eine mentale Trennung der beiden Sprachsysteme.[109] Einfache ›Aufforderungen‹ (s2: ‚mira', s3, s5) werden mittels selbstsuffizienter Prozeduren (Imperative) realisiert. Bei der Realisierung von ›Assertionenen‹ werden komplexere Propositionen im Spanischen auf Sprechhandlungsebene verbalisiert (s8-s10).

Weiterhin ist ein wichtiger Punkt hervorzuheben, nämlich der, daß auch Luna und Adrian in solchen Handlungssituationen *miteinander* spanisch sprechen (s1-s3). Dies kann auch an anderen Stellen in selbiger Aufnahme belegt werden, z.B.

(B55) [#44T, Fl.18f.]

Adrian:	Ay'! Pica! <flüsternd; für sich> (kratzt sich am Mund)
	Ah! Das juckt!
Luna:	Tu boca? <zu Adrian>
	Dein Mund?
	Sí?
	Ja?

Dies ist ein Phänomen, das bei Kindern, die nach der Methode ‚eine Person – eine Sprache' erzogen werden, weitgehend nicht vorkommt, weil sie sich generell an diesem Prinzip der Sprachenverwendung orientieren (vgl. z.B. SAUNDERS 1982, KIELHÖFER/JONEKEIT 1995 u.a.). Luna und Adrian scheinen hier also bei der Wahl der Sprache eher nach *Handlungssituationen* als nach Personen zu differenzieren.

Abschließend soll ein Beispiel präsentiert werden, das die eben formulierte Annahme bestätigt. Es entstammt einer Aufnahme, die kurz nach der Rückkehr nach Deutschland aufgezeichnet wurde, also nach einem etwa zweimonatigen intensiven Kontakt mit der spanischen Sprache. Es handelt sich um einen Alltagsdiskurs zwischen der Mutter und den beiden Kindern in einer relativ streßfreien, also tendenziell spielerischen Gesamtsituation. Um das sprachliche Handeln der Kinder in seiner Komplexität zu erfassen, wird ein relativ langer Diskursabschnitt vorgelegt, der sicher nicht – das soll vorab erwähnt sein – in seiner Datenfülle ausgewertet werden kann. Lediglich einige ausgewählte Aspekte können angesprochen werden.

(B56): **ZURÜCK IN ALEMANIA**	**#45 T** - Luna (4;6) / Adrian (5;8)

München: Wohnung II: Wohnzimmer; abends // Luna, Mutter und Adrian sitzen am Tisch und essen Suppe. Die Mutter installiert das Aufnahmegerät im Regal neben dem Tisch.

---

[109]S. dazu auch LINDHOLM/PADILLA (1978), ROMAINE (1989).

Mutter:	(s1)	Ahora lo vamos a intentar con este case/ con este aparato, que se me ha roto el otro. *Jetzt es wir werden versuchen mit diesem Casse/ mit diesem Apparat, weil mir ist kaputt gegangen der andere.*
Luna:	(s2)	El otro se cayó. *Der andere ist runtergefallen.*
Mutter:	(s3)	Vamos a ver, si este nos da una gravación también. *Wir werden sehen, ob dieser uns gibt eine Aufnahme auch.*
	(s4)	Qué pasó con el otro? <zu Luna> *Was ist passiert mit dem anderen?*
Luna:	(s5)	El otro? *Der andere?*
Mutter:	(s6)	Sí. *Ja.*
Luna:	(s7)	El otro lado? *Die andere Seite?*
Mutter:	(s8)	No. *Nein.*
	(s9)	Qué pasó con el otro aparato? *Was passierte mit dem anderen Apparat?*
Luna:	(s10)	Ehm, no sé. <p> *Ehm, nicht ich weiß.*
Mutter:	(s11)	Acabas de decirlo. *Du hast es gerade gesagt.*
	(s12)	.
	(s13)	Se cayó. *Er ist runtergefallen.*
	(s14)	. .
	(s15)	El otro se cayó. *Der andere ist runtergefallen.*
Adrian:	(s16)	Qué? *Was?*
Mutter:	(s17)	(Ese se) cayó. <pp> (zeigt auf den kaputten Apparat) *(Der da) fiel runter.*
	(s18)	( ). .
	(s19)	Entiendes? <pp; zu Adrian> *Verstehst du?*
	(s20)	(beendet ihre Installation) Ya. *Also.*
	(s21)	O.k., vamos a hacer una pequeña gravación aquí con este aparato, y el otro lo vamos a llevar aquí. *O.k., wir werden machen eine kleine Aufnahme hier mit diesem Apparat, und den anderen den wir werden nehmen hierher.*
Adrian:	(s22)	<s>Was machs du <s>jetz?
Mutter:	(s23)	<s>(Ay)! <s>Ay, mi aparato. <trauernd> *Ah, mein Apparat.* ( ). <pp; für sich>
	(s24)	Dónde estamos <u>ahora</u>? . . *Wo sind wir jetzt?*
	(s25)	<s>(Dónde) *(Wo)*
Luna:	(s26)	<s>A los casetos. *Zu den „casetos“.*

Mutter:	(s27)	Dónde estamos ahora? *Wo sind wir jetzt?*
Luna:	(s28)	Ähm,/
Mutter:	(s29)	Estamos en el Perú? . *Sind wir in Peru?*
Luna:	(s30)	He?
Mutter:	(s31)	Estamos ahora en el Perú? *Sind wir jetzt in Peru?* .
Luna:	(s32)	Sí. *Ja.*
Mutter:	(s33)	Ahí/ Aquí estamos en el Perú? *Da/ Hier sind wir in Peru?*
Luna:	(s34)	No. *Nein.*
Mutter:	(s35)	Dónde estamos? *Wo sind wir?*
Luna:	(s36)	Eo Alemania. *In Deutschland.*
Mutter:	(s37)	En Alemania estamos. *In Deutschland sind wir.*
	(s38)	. Eh. . . Qué fecha es hoy? *Welches Datum ist heute?* .
Luna:	(s39)	<s>Oye! <s>Ui ui! *Hör mal!*
Mutter:	(s40)	<s>Hoy es el/ <s>Hoy es el/ Hoy es el/ . Espérate . *Heute ist der/ Heute ist der/ Heute ist der/ . Warte mal*
	(s41)	Hoy es el once de marzo. *Heute ist der elfte März.*
Adrian:	(s42)	Der on:-ce? *Der elfte?*
Mutter:	(s43)	El once de marzo de mil novecientos noventa y cinco. <p; cresc.> *Der elfte März 1995.*
. . .		
		[Mutter telefoniert im Nebenzimmer, die Kinder essen alleine im Wohnzimmer. Luna hat ihre Suppe aufgegessen.]
Luna:	(s44)	Yo quiero más sopa. <eher für sich> *Ich möchte mehr Suppe.*
. . .		
Mutter:	(s45)	(Ya) anda, come la sopa del Django. *(Ja) geh, iß die Suppe vom Django.*
	(s46)	Ya no quieres más? . *Willst du nicht mehr?*
	(s47)	Qué quieres? *Was möchtest du?*
Luna:	(s48)	Papel. <pp> *Papier.*
Mutter:	(s49)	Papel? Para qué? *Papier? Für was?*
Luna:	(s50)	Para pintar. *Zum Malen.*
Mutter:	(s51)	Para pintar. (gibt Luna ein Blatt Papier) *Zum Malen.*
	(s52)	Anda, anda! *Geh, geh!*

. . .

Mutter:	(s53)	Se van a lavar los dientes ahora, por favor, ja? *Ihr werdet euch putzen die Zähne jetzt, bitte, ja?*
Adrian:	(s54)	( ) <nörgelnd>
Mutter:	(s55)	Por favor, vamos a la cama ahora - ja? <energischer> *Bitte, wir gehen ins Bett jetzt - ja?*
	(s56)	Por favor, vayan a lavarse los dientes, *Bitte, geht euch putzen die Zähne,*
	(s56a)	yo voy a seguir cam- <s>biando la/ *ich werde weitermachen mit dem Wechsel/*
Luna:	(s57)	<s>Qué es eso, „dientes“? *Was ist das, „dientes“?*
Mutter:	(s58)	Qué es un diente? . *Was ist ein Zahn?*
Luna:	(s59)	No <s>sé. *Nicht ich weiß.*
Adrian:	(s60)	<s>Zähne.
Mutter:	(s61)	„No sé“? <freundlich provokativ> *„Nicht ich weiß“?*
Luna:	(s62)	<s>No. *Nein.*
Mutter:	(s63)	<s>No sabes? (rangelt ein bißchen mit Luna->) *Nicht du weißt?*
Luna:	(s64)	No. *Nein.*
Mutter:	(s65)	Cómo puede ser, que no sabes? *Wie kann es sein, daß du nicht weißt?*
Luna:	(s66)	No so:. *Nicht ich weiß.*
Mutter:	(s67)	No sabes? <freundlich provokativ> *Nicht du weißt?*
	(s68)	Por qué no sabes? *Warum nicht du weißt?*
Luna:	(s69)	Porque yo no quie:ro. *Weil ich nicht will.*
Mutter:	(s70)	Porque tú no quieres? <freundlich provokativ> *Weil du nicht willst?*
Adrian:	(s71)	((lacht))
Mutter:	(s72)	Anda, lávate los dientes, Mamita, porque vas a la cama ahora. *Geh, putz dir die Zähne, Mamilein, weil du gehst ins Bett jetzt.*
	(s73)	Tu mamá tiene que hacer una llamada telefónica ( ). *Deine Mama muß erledigen einen Telefonanruf ( ).*
	(s74)	O.k.?
Luna:	(s75)	Yo quiero a la Amo de al teléfono. <bittend drängend> *Ich will zur Amo (de) am Telefon.*
Mutter:	(s76)	Quieres llamar tú a/ por teléfono? *Willst du anrufen du a/ mit dem Telefon?*
Luna:	(s77)	Ja.
Mutter:	(s78)	A quién quieres llamar? *Wen willst du anrufen?*
Luna:	(s79)	<s>A la Amo. *Die Amo.*
Adrian:	(s80)	<s>Amo.

Mutter:	(s81)	Ja, pero un ratito no más. *Ja, aber ein Weilchen, nicht mehr.*
	(s82)	No hablaste con ella? *Nicht hast du gesprochen mit ihr?*
Luna:	(s83)	No. *Nein.*
Mutter:	(s84)	No. Entonces ( )/ un ratito vamos a llamar a l/ a ella - ja? *Nein. Also ( )/ ein Weilchen werden wir anrufen d/ sie- ja?*
Luna:	(s85)	Ja.
...		[Fl.27-36]
alle:	(s86)	[haben gemeinsam die Nummer von Amo gewählt]
Luna:	(s87)	(horcht an der Muschel) No hay nadie. *Es gibt niemanden.*
	(s88)	No hay nadie en casa? *Nicht es gibt niemanden zu Hause?*
	(s89)	Salieron. Han salido. . *Sie sind ausgegangen. Sie sind ausgegangen.*
	(s90)	Enton/ Vayan, lavan de su/ Lávate los/ Quieres llamar a la Kiki? *Dann/ Geht, waschen von eu/ Putz dir die/ Willst du anrufen Kiki?*
Luna:	(s91)	Ja.
Mutter:	(s92)	Quieres probar? *Möchtest du probieren?*
Luna:	(s93)	Ja.
...		[Fl.39-42] [Luna hat Kiki am Telefon]
Luna:	(s94)	Hallo! Kiki. .
	(s95)	Hallo. .
	(s96)	Gut. . .
	(s97)	He? . .
	(s98)	Cómo estás? *Wie geht es dir?*
	(s99)	He, bien. <verschämt> . . . *He, gut.*
Adrian:	(s100)	Kann die auch spanisch? <zu Mutter>
Luna:	(s101)	Sí. . . *Ja.*
	(s101)	He? .
	(s102)	Qué? . . . *Was?*
	(s103)	Hm::. A la cama vamos. . *Hm::. Ins Bett gehen wir.*
	(s104)	A la cama. . *Ins Bett.*
	(s105)	Ja. . . Hm. . . .
	(s106)	Ja, aber danach geh ins/ ich ins Bett.
...		[Luna telefoniert mit Kiki mehrere Minuten lang auf deutsch weiter]
Mutter:	(s107)	Luna, ( ) a la cama. *Luna, ( ) ins Bett.*
Luna:	(s108)	Ya pe:ra, Mami. . . Ya (es)pera, Mami. <lieblich> *Nun warte, Mami. . . Nun warte, Mami.*
	(s109)	. . .

(s110) (Die) Mama (schimpft), „ya ahorita . tú e a la cama", ella „ahorita va tú en la cama, . Luna".
(Die) Mama (schimpft), „sofort jetzt . du (e) ins Bett", sie „jetzt geht du im Bett, . Luna".

Der Diskursverlauf läßt sich in sieben Abschnitte gliedern: 1. Installation des Aufnahmegerätes (s1-s23), 2. Ortsangabe zur Aufnahme (s24-37), 3. Datumsangabe zur Aufnahme (s38-43), 4. Luna möchte malen (s44-s52), 5. Zähne putzen (s53-s72), 6. Luna möchte telefonieren (s73-93), 7. Telefonat Luna-Kiki (s94-s110).
Der Diskurs findet in erster Linie zwischen Luna und der Mutter statt, wobei beide weitgehend die spanische Sprache verwenden. Adrian beteiligt sich nur gelegentlich aktiv am Diskurs, und zwar zumeist auf deutsch (s16, s22, s42, s54, s60, s80, s100). Aus seinen Äußerungen läßt sich allerdings zu schließen, daß er den Diskurs zwischen Luna und der Mutter mitvollzieht. Auffällig an diesem Diskurs ist, daß Luna relativ konsequent die spanische Sprache über einen langen Zeitraum verwendet. Sie tut dies zum einen gegenüber der Mutter, obwohl die Kommunikation zwischen der Mutter und den Kindern normalerweise überwiegend auf deutsch stattfindet. Sie spricht zum anderen am Telefon auch spanisch mit ihrer deutschen Tante Kiki, von der die Kinder zuvor nicht wußten, daß sie spanisch sprechen kann (s100). In beiden Fällen wird die Verwendung des Spanischen durch ihre Interaktantinnen initiiert, worauf Luna sich bereitwillig einläßt. Das bestätigt die oben formulierte Annahme, daß die Wahl der jeweiligen Sprache durch die Kinder nicht personen-, sondern *situationsabhängig* erfolgt.
Betrachtet man Lunas Äußerungen insgesamt etwas genauer, so kann festgehalten werden, daß sie nach wie vor relativ kurz und von einfacher Art sind. Trotzdem haben sie durchweg den Status von *Sprechhandlungen* und nicht mehr von Prozeduren. Viele ihrer Äußerungen werden durch Nachfragen von der Mutter elizitiert (s5, s7, s10; s26, s32, s34, s36; s48, s50). Es handelt sich dabei um Antworten innerhalb der Handlungsmuster ›Lehrfrage-Lernantwort‹ (s4-s15; s24-s37; s58-s67) und ›Frage-Antwort‹ (s47-s50; s68-s70). ›Assertionen‹ (s2, s44) und ›Fragen‹ (s57) werden aber auch von Luna initiiert. Die Äußerungsakte sind dabei weitgehend als korrekt zu bewerten; Ausnahmen im gesamten Diskurs sind (s26) und (s36).
Es werden jedoch auch einige komplexere Äußerungen von Luna verbalisiert, die nicht als korrekt einzustufen sind. Diese finden sich in den Abschnitten (s73-s80) und (s107-110) und sollen etwas eingehender betrachtet werden: In (s73) teilt die Mutter Luna mit, daß sie einen Telefonanruf zu tätigen hat. Es handelt sich dabei um eine ›Begründung‹ zur ›Aufforderung‹ der Mutter an die Kinder, sich für das Bett fertig zu machen (s72). Bei Luna weckt dies das Bedürfnis, ebenfalls zu telefonieren. Sie bringt dieses in Form einer Assertion zum Ausdruck (s75). Der bittend-drängende Tonfall bei der Verbalisierung der Äußerung sowie die Verwendung des Modalverbs ‚querer' *(‚möchten/ wollen')* indizieren, daß es sich hierbei um eine *Bitte um Erlaubnis* handelt.

Der Äußerungsakt ist defizitär, da zum einen das Vollverb (‚llamar' *‚anrufen'*) fehlt und zum zweiten eine Präposition falsch gewählt wurde. Stellen wir die von Luna verbalisierte Äußerung der korrekten Form gegenüber:

L:	*Yo quiero	a la Amo	de al	teléfono.	(s75)
	‚Yo quiero LLAMAR	a la Amo	POR	teléfono.'	

Die Mutter korrigiert beide Aspekte, „versteckt" die Korrektur jedoch in einer Nachfrage:

M: Quieres LLAMAR tú POR teléfono? (s76)

Auf die zweite Nachfrage (s78) erhält sie sowohl von Luna als auch von Adrian eine Antwort: Lunas Antwort (s79) ist dabei für das Spanische als formal korrekt zu werten, Adrians Antwort (s80) dagegen nicht. Adrians Antwort ist formal korrekt für das Deutsche. Dies spiegelt einen mentalen Prozeß bei der Sprachverarbeitung: Adrian *übersetzt* vom Spanischen ins Deutsche (s. auch s58/s60 sowie Fl.32f. im Transkript: ‚zero' - *‚null'*)[110]. Für Luna ist diese Form der direkten Übersetzung am Material nicht belegbar.
Betrachten wir nun den Abschnitt (s107-s110): Luna telefoniert schon seit einigen Minuten mit Kiki auf deutsch. In (s107) ›fordert‹ die Mutter sie auf spanisch ›auf‹, ins Bett zu gehen. Luna reagiert mit einer Gegenaufforderung: Sie bittet die Mutter (in lieblichem Tonfall), noch zu warten (s108). Sie weist damit die Mutter auf eine Verzögerung bzgl. der von ihr erwarteten Handlungsausführung hin. Es ist anzunehmen, daß Kiki sie nun am anderen Ende der Telefonleitung – wahrscheinlich ebenfalls nun wieder auf spanisch – fragt, „was los sei" (s109). Luna unternimmt in (s110) zwei Antwort-Versuche, wobei sie jedoch die Grenze zwischen den beiden Probeläufen nicht klar markiert:

1. (Die) Mama (schimpft),	„ya	ahorita	.	tú	e a la	cama",
2. ELLA	„	ahorita	VA	tú	EN la	cama, . LUNA".

Luna bemüht sich, Kiki das ›mitzuteilen‹, was die Mutter zu ihr gesagt hat, was eine komplexe Satzkonstruktion erforderlich macht. Es wird deutlich, daß sie die Defizite in ihrem ersten Äußerungsakt erkennt und versucht, sie im zweiten Durchlauf zu korrigieren. Stellen wir nun den beiden Äußerungen die interlineare Übersetzung ins Deutsche und die korrekte spanische Form (K) gegenüber, so erhalten wir einen Hinweis auf Lunas mentales Vorgehen:

---

[110]Weitere Belege dafür finden sich in den Trankripten #43T, Fl.17ff. (‚Gummiband' - *‚liga'*) und #44 T, Fl.11f. (‚lápiz' - *‚Bleier'*).

1. *(Die) Mama (schimpft),		„ya	ahorita	.	tú	e a la	cama“,
		„schon	*jetzt*	.	*du*	*e ins*	*Bett“,*
2. *ella		„	ahorita	va	tú	en la	cama, Luna“.
sie		*„*	*jetzt*	*geht*	*du*	*aufs*	*Bett, Luna“.*
K.‚Ella	dice	„(ya)	ahorita	(tú)	vas	a la	cama, Luna“.‘
‚Sie	*sagt,*	*„*	*jetzt*	*du*	*gehst*	*ins*	*Bett, Luna“.‘*

Sowohl die Stellung von ‚tú‘ *(‚du‘)* und ‚vas‘ *(‚gehst‘)* als auch die Verwendung der Präposition ‚en‘ (la cama) anstelle von ‚a‘ (la cama) geben einen Hinweis darauf, daß Luna sich bei dieser komplexen Äußerungskonstruktion im zweiten Durchlauf am Deutschen orientiert. Obwohl sie den Gesamtausdruck ‚a la cama‘ *(‚ins/zu Bett‘)* kennt und auch verwendet (s103/s104), ersetzt sie an dieser Stelle die Präposition ‚a‘ durch ‚en‘ (‚in/auf/an‘), die dem deutschen ‚ins‘ (Bett) lautlich näher ist. Es wurde bereits in (B51) deutlich, daß Luna die *lautliche Nähe* als einen Indikator für *semantische Übereinstimmung* zwischen dem Deutschen und dem Spanischen wertet und ihre Hypothesen im sprachlichen Handeln ausprobiert (s. auch s26). Es zeichnet sich ab, daß dieses als eine weitere Spracherwerbsstrategie zu werten ist.
Auffallend sind weiterhin die Schwierigkeiten bei der Verwendung von *Verben* im Spanischen, die ja auch im Deutschen verhältnismäßig spät angeeignet werden.

Insgesamt erinnern die spanisch verbalisierten Äußerungen der Kinder nach dem zweimonatigen Aufenthalt in Peru an ihr sprachliches Handeln im Deutschen im Alter zwischen zwei und drei Jahren.

3.4. Ergebnisse und Auswertung

Der zweimonatige Aufenthalt von Luna und Adrian in Peru hat unter den stark veränderten gesellschaftlichen Bedingungen zu wichtigen Veränderungen in bezug auf ihre Bilingualität geführt. Die spanische Sprache, die für sie unter den gegebenen Bedingungen in Deutschland im Prinzip keine Handlungsfunktion erfüllte, wurde in Peru zu einem *primären Mittel des praktischen Handelns.* Der Mangel an sprachlicher Ausdrucksfähigkeit führte plötzlich zu einer massiven *Einschränkung ihrer Handlungsmöglichkeiten.* Das Bedürfnis nach einem größeren Handlungsspielraum stellte zweifelsohne die treibende Kraft beim weiteren Erwerb ihrer Vatersprache in Peru dar.
Betrachtet man zunächst nur die „produktive“ Seite des weiteren Erwerbs der spanischen Sprache, also das, was die Kinder während des Peruaufenthaltes und kurz danach verbalisieren, so kann ein sehr starker Anstieg von

spanischsprachigen Äußerungen verzeichnet werden: Von Luna wurden 61%, von Adrian 40% aller Äußerungen auf spanisch verbalisiert.[111]
Qualitativ ist ein analoger Verlauf zum frühen Erwerb des Deutschen festzustellen. Die ersten Äußerungen wurden in der ersten Phase nur auf *prozeduraler* Ebene realisiert. Nach und nach wurden Prozeduren miteinander kombiniert und in *einfache Sprechhandlungen* integriert. Es besteht jedoch ein ganz entscheidender Unterschied zum frühen Erstspracherwerb: Die Kinder verfügten bei ihrer Ankunft in Peru bereits über ein *Musterwissen* zu einer Vielzahl von einfachen und komplexen Handlungsmustern, auch des Spanischen. Sie verfügten auch über eine Vielzahl von sprachlichen Ausdrucksmitteln, mit Hilfe derer die Muster realisiert werden, weil sie in *Hörerposition* in Deutschland konstant mit diesen Mitteln konfrontiert gewesen sind. So galt es, einer „Regel" zu folgen, die auch schon für den frühen Erstspracherwerb belegbar ist, nämlich die Muster und ihre Realisierungsmittel auch in *Sprecherposition* anzueignen. Dieser wurde – bis zu einem gewissen Grad – Folge geleistet. Die Realisierung komplexer Handlungsmuster im Spanischen kann am Material – auch für Spieldiskurse – nicht belegt werden.
Zusammenfassend läßt sich die in Abschnitt 3.2.4 zurückgestellte Frage danach, welche Handlungsmuster in Peru übernommen und welche neu erworben werden, nun beantworten. Es gibt wohl eine Anzahl von Handlungsmustern, insbesondere einfacher Art, die von der einen Sprache in die andere *transferiert* werden können und die dann lediglich mit den sprachlichen Ausdrucksmitteln „gefüllt" werden müssen. Dabei scheint auch die Spracherwerbsstrategie der *Übersetzung* eine wichtige Rolle zu spielen. Es gibt jedoch auch eine Anzahl von Handlungsmustern, die *neu* erworben werden müssen, um angemessen handeln zu können. Dabei kann es sich um einfache Handlungsmuster wie *Routinen* handeln (B47); in den meisten Fällen sind es jedoch *komplexe Handlungskonzepte*, die in ihren Teilhandlungen oder in ihrer Gesamtheit angeeignet werden müssen. Dies bedarf einer geraumen Zeit der Beobachtung. Mit (B53) konnte über die Untersuchung der „äußeren Sprache für sich" gezeigt werden, welche mentalen Vorgänge dabei zum Tragen kommen können, wie (in einem Beispiel!) neue Informationen organisiert und im Wissen verankert werden. Somit erfüllt die *Sprachbeobachtung* und deren Verbalisierung – mit anschließender Internalisierung – eine wichtige Funktion auf dem Weg zur selbständigen Sprachaneignung, da das Kind unabhängig vom Lehr-Lern-Diskurs Sprache und Wissen erwerben kann. Deshalb ist die Sprachbeobachtung, die als eine frühe Form der Sprach-

[111]Die statistische Auswertung umfaßte die Transkripte #40-45 des hier vorliegenden Materials. Die einfache Zählung aller Äußerungen ergab eine Anzahl von 180 bei Luna und 124 bei Adrian. Von Luna wurden davon 100 spanische, 6 gemischtsprachige und 4 deutsch-spanisch-homophone Äußerungen produziert. Dies ergibt eine Anzahl von 110 Äußerungen und einen Anteil von 61,1%. Von Adrian wurden davon 43 spanische, 7 gemischsprachige und 0 deutsch-spanisch-homophone Äußerungen produziert. Dies ergibt eine Anzahl von 50 Äußerungen und einen Anteil von 40,3%.

reflexion schon im Alter von zwei Jahren beobachtet werden konnte, als ein *Spracherwerbsmechanismus* zu charakterisieren. Darüber hinaus ergab die Analyse, daß auch die Kind-Kind-interaktiven Auseinandersetzungen über die Korrektheit sprachlicher Phänomene beim Spracherwerb weiterhin eine Rolle spielen (s. B54).
Wenden wir uns dem Sprachprobieren zu, das im letzten Abschnitt kaum Erwähnung fand. Das Ausprobieren im Äußerungsakt ist auf rein phonologischer Ebene nur noch selten zu beobachten. Die Imitation kommt in den meisten Fällen relativ problemlos zustande. Dadurch ist eine ausgedehnte Phase des Übens nicht mehr erforderlich. Es finden sich nur wenige Belege im Material (s. z.B. #43T, Fl.1 ‚cuarenta'). Die weiterhin wichtige Form des Ausprobierens *komplexer Lautfolgen* wird wie zuvor vor allem im Singen realisiert (s. z.B. #44T für Adrian: ‚Caballero de Zodiaco').[112] Sowohl das Ausprobieren im sprachlichen Handeln als auch das spielerische Ausprobieren von (komplexen) Handlungsmustern findet sich in den Untersuchungen mehrfach belegt (s. B51, B54, B56). Dies spricht für die große Wichtigkeit, die spielerische und Spiel-Situationen auch im weiteren Verlauf des Spracherwerbsprozesses haben.
Bleibt abschließend der familiäre Lehr-Lern-Diskurs zu erwähnen, der offensichtlich ebenfalls weiterhin, teils offen (s. B49, B52), teils „versteckt" (s. B47, B56), im Spracherwerbsprozeß seinen festen Platz hat.

[112]Im Gesamtkorpus LA-Projekt belegbar auch in Aufn.241.

Zusammenfassung und Ausblick

Mit der vorgelegten Langzeitstudie wurden differenzierte Ziele verfolgt. An erster Stelle sollte der Erstsprach(en)erwerb eines bilingual aufwachsenden Geschwisterpaares dargestellt werden. 256 Video- und Audioaufnahmen, aufgezeichnet in spontan gewählten Momenten des kindlichen familiären Alltags, dienten als Grundlage des umfangreichen, im Anhang vorliegenden Datenmaterials. Dieses folgt exakt dem chronologischen Verlauf der realen kindlichen Sprachentwicklung bis zum Alter von 5;8 und kann wie ein „Lesebuch Spracherwerb" rezipiert werden.

Die Aufzeichnung der Video- und Audiodaten wurde ohne konkrete Fragestellung durchgeführt. Demzufolge können die Daten sehr breit gefächert ausgewertet werden, und zwar im Prinzip für alle Aspekte des Erstsprach(en)-erwerbs.

Die Auswahl der Daten für das verschriftlichte Korpus im Anhang erfolgte z.T. auf der Grundlage der konkreten Fragestellungen. Da sich allerdings bei den frühen Untersuchungen (GARLIN 1993, 1994) abzeichnete, daß eine komplexe Analyse auch das Material der komplexen Vorgänge beim Spracherwerb einfordert, wurde später das Transkribieren von Kurzausschnitten vermieden und stattdessen das Material in größtmöglichem Umfang präsentiert. Somit wird auch das hier bereits vorliegende transkribierte Datenmaterial zu einer fruchtbaren Quelle für weiterführende Untersuchungen im Bereich des Erstsprach(en)erwerbs.

Mit der Analyse wurden Antworten auf eine Reihe von Fragen gesucht, die den Zusammenhang zwischen den drei Modalitäten *sprachlich Handeln*, *Sprachprobieren* und *Sprachreflexion* erhellen sollten. Die Untersuchung verlief – gemäß den Grundsätzen der Funktionalen Pragmatik – von dem konkret vorfindbaren Material zur Formulierung theoretischer Aussagen und sodann zu weiterem Material zurück. Es konnte anhand von 37 exemplarischen Analysen sowie 19 Belegbeispielen herausgearbeitet werden, wie sprachliche Handlungsmuster und -mittel von den Interaktanten vermittelt und vom Kind angeeignet werden. Es konnte bestätigt werden, daß der Erwerb von Sprache über den Erwerb sprachlicher Handlungsmuster verläuft. Dabei hat sich auch herausgestellt, daß sich die Handlungsmuster differenter Kultur- und Sprachkreise z.T. voneinander unterscheiden. Das Kind lernt also nicht nur sprechen, sondern es lernt, sprachlich zu handeln.

Grundlagen dieser interaktiven Tätigkeit werden bereits im Verlauf des ersten Lebensjahres erworben, also bevor das Kind im eigentlichen Sinne anfängt zu sprechen. Eine Voraussetzung dafür liegt in der Haltung der Interaktanten dem Kind gegenüber: Sie behandeln bereits das Baby in gewisser Weise als einen vollwertigen Interaktanten. Durch spielerische Handlungsformen werden die Grundregeln des sprachlichen Turn-Apparates gemeinsam „erarbeitet" sowie erste Handlungsmuster vermittelt. Der Lernmechanismus der Imitation erscheint durch die Analysen des ersten Lebensjahres in einem neuen Licht. Es hat sich herausgestellt, daß die *erwachsenen Interaktionspartner dem Kind* auch die *Techniken des genauen Beobachtens und des Imitierens vermitteln*, indem sie selbst die vom Baby produzierten Laute sowie die entsprechende Mimik und Gestik reproduzieren. Auf dieser Grundlage entwickelt sich im Verlauf der ersten sechs Lebensmonate zwischen dem Kind und seinen Bezugspersonen ein präverbaler Austausch mit relativ systematischem Turn-Wechsel. Aufgrund ihres systematischen Vorkommens bei vielen verschiedenen Sprechern kann diese Kombination von Techniken – Beobachten und Imitieren – m.E. als eine *frühe Lehr-Lern-Strategie* bezeichnet werden. Damit soll nicht in Frage gestellt werden, daß diese Fähigkeiten als solche angeboren sind, es gilt jedoch zu überprüfen, inwiefern sie darüber hinaus von außen gefördert werden können.

Es hat sich weiterhin gezeigt, daß es gesellschaftlich ausgearbeitete Handlungsmuster gibt, die der Vermittlung und Aneignung von sprachlichen Mitteln und Mustern dienen. Das von REHBEIN vorgestellte „Verlaufsschema kooperativer Interiorisierung von Handlungen" (1977, 134; s. Kap. 1.3) konnte in seinen Grundzügen bestätigt werden. Mit Hilfe der erkannten *›Lehr-Lern-Aufforderung 1‹* – die Tätigkeit des Kindes ist der Aufforderung des Interaktanten vorgeschaltet (s. Kap. 3.1.1) – kann die in Kap. 1.3 angesprochene Problematik des beim Kind fehlenden Vorwissens aufgelöst werden. Mittels der ›Lehr-Lern-Aufforderung 1‹ werden im mentalen Bereich des Kindes Verbindungen zwischen Tätigkeiten bzw. Situationen und Sprache hergestellt. Sobald eine solche Verbindung vom Kind verinnerlicht wurde, kommt es mit der *›Lehr-Lern-Aufforderung 2‹* (s. Kap. 3.1.2) zur Umkehrung der Musterpositionen: Das Kind tut nun etwas auf die Aufforderung hin. Eine überaus wichtige Funktion erfüllt dieses Handlungsmuster in bezug auf den Erwerb sprachlicher Mittel, denn ein Großteil des Vokabulars, insbesondere des sprachlichen Symbolfeldes, wird dem Kind auf diese Weise weitergegeben. An einigen Beispielen wurde deutlich, wie das Muster im Verlauf der weiteren Lebensjahre vom Kind verinnerlicht und automatisiert wird und dann an der sprachlichen Oberfläche lediglich als *Imitation* und *Reparatur* erscheint.

Wichtige Funktionen auf dem Weg zum sprachlichen Handeln erfüllen die verschiedenen Formen des Sprachprobierens und der Sprachreflexion. Die drei in GARLIN (1993, 1994) erarbeiteten Varianten des Sprachprobierens – *(1) Ausprobieren im Äußerungsakt, (2) spielerisches Ausprobieren von Sprechhandlungen und (komplexen) Handlungsmustern* und *(3) Ausprobieren im sprachlichen Handeln* – konnten durch neue Analysen bestätigt und z.T. ergänzt werden (s. Kap. 3.2.1). Eine Grundvoraussetzung zur Realisierung der verschiedenen Formen des Sprachprobierens ist die spielerische Gesamthandlungssituation.

Das sprachliches Ausprobieren und die Reflexion über Sprache stehen in einem sich gegenseitig bedingenden Wechselverhältnis. Es wurden auch im Bereich

der Sprachreflexion verschiedene Formen erkannt (s. Kap. 3.2.2). Dazu gehören das *Verbalisieren von Sprachbeobachtungen*, das „egozentrische" und Kind-Kind-interaktive *Reflektieren* in den Bereichen Phonologie, Lexik, Morphologie und Semantik, das Reflektieren über den spachlichen Lernprozeß selbst, die *implizite Reflexion* auf prozeduraler und Sprechhandlungsebene beim Ausprobieren im sprachlichen Handeln sowie die Reflexion über komplexe Handlungsmuster im Rollenspiel (s. Kap. 3.2.3). Die Sprachreflexion gibt uns vor allem Hinweise darauf, wie das Verhältnis von Sprechen und Denken geartet ist. Hierbei konnte an einigen Beispielen der Verlauf von der *äußeren Sprache* zur *äußeren Sprache für sich* zur *inneren Spache* bestätigt werden, der in der sowjetischen Psychologie immer wieder thematisiert worden ist (s. z.B. WYGOTSKI 1934, GALPERIN 1957, LEONTJEW 1973).
Hinsichtlich des Erwerbs von Handlungsmustern war es möglich, eine rudimentäre Liste von sprachlichen Handlungsmustern, die bis zum Vorschulalter erworben werden, zu notieren. An erster Stelle stehen die Muster ›Aufforderung‹, ›Assertion‹ und ›Frage-Antwort‹ sowie deren Lehr-Lern-Varianten, die analog zum Erwerb sprachlicher Handlungsmittel zu komplexeren Mustern ausgebaut werden. Die Analyse der Rollenspiels (s. Kap. 3.2.3) hat gezeigt, daß bereits im dritten Lebensjahr beim Kind sehr klare Vorstellungen über den Ablauf komplexer Handlungen vorhanden sein können. Es wurde immer wieder deutlich, daß innerhalb der Handlungsmuster im jeweiligen Erwerbsverlauf vom Kind zuerst die Musterpositionen des Hörers und danach die des Sprechers realisiert werden.

Genau hierin lag der entscheidende Unterschied in der *Entwicklung der beiden Sprachen Deutsch und Spanisch* beim untersuchten Geschwisterpaar. In Hörerposition behandelten beide Kinder von Beginn an die beiden Sprachen als gleichwertig, in Sprecherposition zeigten sich dagegen bis zum fünften Lebensjahr sowohl graduelle als auch extreme quantitative Differenzen: Weniger als 5% der von den Kindern verbalisierten Äußerungen enthielten spanischsprachige Elemente – ein Spiegel des eingeschränkten handlungspraktischen Stellenwertes, den das Spanische in Deutschland für sie hatte. Dieser veränderte sich schlagartig während des ersten Aufenthaltes der Kinder in Peru im Alter von vier und fünf Jahren, wo das Spanische plötzlich zu einem primären Mittel des kommunikativen Handelns wurde und der Mangel an sprachlicher Ausdrucksfähigkeit zu einer massiven Einschränkung ihres Handlungsspielraumes führte. Der Anteil an spanisch-sprachigen Elementen in den von den Kindern produzierten Äußerungen stieg im Zeitraum von zwei Monaten von weniger als 5% auf mehr als 50% an, wobei bzgl. der Ausdrucksfähigkeit das Niveau der einfachen Sprechhandlung nicht überschritten wurde.

Durch die empirischen Analysen dieser intensiven Phase des Erwerbs der Vatersprache wurde deutlich, daß sich die Lehr-Lern-Strategien sowohl der Erwachsenen als auch der Kinder verändert haben. Auch wenn alle Formen des Sprachprobierens noch „entdeckt“ werden konnten, so nahm das Ausprobieren im Äußerungsakt, insbesondere der Part des Übens, außer bei der Reproduktion von Liedern nur noch auffallend wenig Raum ein, das spielerische Ausprobieren einfacher Sprechhandlungen war weiterhin vertreten, das Ausprobieren komplexer Handlungsmuster konnte dagegen gar nicht beobachtet werden. Beim (spielerischen) Ausprobieren einfacher Sprechhandlungen kam eine *neue Lehr-Lern-Strategie* zum Einsatz, nämlich das *Übersetzen* vom Deutschen ins Spanische, wobei sich herausstellte, daß sowohl die lautliche Nähe eine Rolle spielt als auch grammatische Strukturen von der Muttersprache auf die Vatersprache übertragen werden.

Insgesamt konnte mit Hilfe der exemplarischen Analysen transparent gemacht werden, daß der Spracherwerb unmittelbar nach der Geburt beginnt und daß die Interaktanten – weitgehend unbewußt – sehr effektive Strategien und gesellschaftlich ausgearbeitete Handlungsmuster nutzen, um dem heranwachsenden Kind Sprache zu vermitteln. Diese Handlungsmuster werden vom Kind verinnerlicht und z.T. automatisiert. Damit sei jedoch nicht gesagt, daß es sich bei solchen Strategien um Universalien handelt. Margrith A. LINHUBER (1998) hat anschaulich dargestellt, daß das Kommunikationsverhalten kulturspezifische Komponenten enthält, die es für die verschiedene Sprachgemeinschaften zu analysieren gilt. Das Kind seinerseits nutzt Lernstrategien wie das Sprachprobieren, um sich sprachliche Handlungsmuster, -mittel und -konzepte anzueignen. Es wurde anhand des empirischen Materials deutlich, daß sich diese mit wachsender Sprachkompetenz verändern und bestimmte Formen des Sprachprobierens in spezifischen Lebensphasen dominieren.

Was bedeuten nun diese Erkenntnisse für den frühen Zweit- bzw. Fremdsprachenerwerb? Wie können sie für die Praxis fruchtbar gemacht werden? In den Jahren 1998/99 wurde von der Verfasserin eine Pilotstudie zur Frühförderung der Zweit- bzw. Fremdsprache Deutsch in einem Münchener Schulkindergarten[113] durchgeführt, deren Ergebnisse in die folgenden ersten Anregungen einfließen sollen:

- Die gesamte Lernsituation muß *spielerisch* gestaltet werden, da nur eine solche Handlungssituation dem Kind den Raum zum Sprachprobieren gibt.
- Es darf nicht vorausgesetzt werden, daß die *›Lehr-Lern-Aufforderung 2‹* ein in allen Sprachgemeinschaften gängiges Muster ist, um Sprache zu vermitteln. Das bedeutet, es muß bei der Arbeit mit einer Sprachlerngruppe

[113] Dabei handelte es sich um ein Kooperationsprojekt des Insituts für Sprache und Sprachen (ISUS), München, und der Stelle für interkulturelle Zusammenarbeit der Landeshauptstadt München. Der Bericht und die Ergebnisse liegen im Konzept *Förderung der deutschen Sprachkenntnisse bei Kindern von Eltern nicht-deutscher Muttersprache im Schulkindergarten* vor.

zunächst das Muster selbst eingeführt bzw. reaktiviert werden. Dieses Muster eignet sich hervorragend zum Ausbau des Wortschatzes.

- Es sollte beachtet werden, daß Handlungsmuster vom Kind immer zuerst in der *Position des Hörers*, d.h. rezeptiv, und danach in der Position des Sprechers, d.h. produktiv, angeeignet werden. Zeit für „Reifungsprozesse" ist unbedingt erforderlich.
- Die Realisierung *einfacher Muster* bzw. einzelner Musterpositionen (z.B. ›Assertion‹) ist immer der Anfang für eine Realisierung komlexerer Muster (z.B. ›Erzählen‹).
- Die Realisierung einer Äußerung auf *prozeduraler Ebene* stellt immer den ersten Schritt auf dem Weg zur Sprechhandlungsebene dar.
- Mittels Liedern, Reimen etc. können die Kinder im Vorschulalter zum Verbalisieren und *Ausprobieren komplexerer Äußerungsakte* motiviert werden.
- Der Lernstrategie des *Übersetzens* sollte ein angemessener Raum eingeräumt werden; sie ist eine gängige Form der Sprachreflexion im Vorschulalter.
- Die gesamte Sprachvermittlung sollte *handlungsorientiert* verlaufen. Das bedeutet zum einen, daß eine zu erwerbenden Sprechhandlungen in eine entsprechende Gesamthandlungssituation eingebettet sein sollte. Zum anderen bedeutet es jedoch auch, solche Handlungsmuster präsent zu haben und gemeinsam zu erarbeiten, die bei der Einschulung normalerweise beim Kind bereits als erworben gelten bzw. im ersten Schuljahr zu erwerben sind. Dazu gehören spezifische Muster wie ›Lehrerfrage-Schülerantwort‹, ›Rätsel raten‹, ›Erzählen‹, ›Ankündigung‹ etc.

Mit diesen acht hier gelisteten Punkten soll kein Anspruch auf Vollständigkeit erhoben werden. Sie sind als erste Empfehlungen für die Praxis zu verstehen. Sie zeigen, daß die Erkenntnisse aus der vorliegenden Studie durchaus in die Didaktik einer frühen Zweit- bzw. Fremdsprachenvermittlung einfließen können – und werden.

Literatur

ABEL, B. (1994) *Wissen-Wollen und Wissen-Bearbeiten im kleinkindlichen Diskurs.* München: Magisterarbeit am Institut für Deutsch als Fremdsprache

AFSHAR, K. (1998) *Zweisprachigkeit oder Zweitsprachigkeit?* Zur Entwicklung einer schwachen Sprache in der deutsch-persischen Familienkommunikation. Münster u.a.: Waxmann

AMENT, W. (1899) *Die Entwicklung von Sprechen und Denken beim Kinde.* Leipzig: Wunderlich

AMENT, W. (1902) *Begriff und Begriffe der Kindersprache.* Berlin: Reuther & Reichard

ARNBERG, L. (1987) *Raising Children Bilingually.* The Preschool Years. Clevedon: Multilingual Matters

AUSTIN, J.L. (1972) *Zur Theorie der Sprechakte.* Stuttgart: Reclam. Orig.: (1962) *How to Do Things with Words.* Oxford: University Press

AUSTIN, J.L. (1975) *Wort und Bedeutung.* München: List. Orig.: (1961) *Philosophical Papers.* London: Oxford University Press

AUWÄRTER, M./ KIRSCH, E. (1982) Die Generierung fiktionaler Realität im kindlichen Handpuppenspiel. In: SOEFFNER, H.-G. (Hg.) *Beiträge zur empirischen Sprachsoziologie.* Tübingen: Narr, 91-114

BAGIV (Hgg.) (1985) *Muttersprachlicher Unterricht in der Bundesrepublik Deutschland.* Sprach- und bildungspolitische Argumente für eine zweisprachige Erziehung von Kindern sprachlicher Minderheiten. Hamburg: Rissen

BATES, E./ MACWHINNEY, B. (1982) Functionalist approaches to grammar. In: WANNER, E./ GLEITMAN, L.R. (eds.) (1982), 173-218

BEILIN, H. (1976) Constructing cognitive operations linguistically. In: REESE, H. (ed.) *Advances in Child Development and Behavior.* Vol.11, New York: Academic Press, 68-106

BERGIUS, R. (1971) *Psychologie des Lernens.* Stuttgart u.a.: Kohlhammer

BOUEKE, D./ KLEIN, W. (Hgg.) (1983) *Untersuchungen zur Dialogfähigkeit von Kindern.* Tübingen: Narr

BRONCKART, J.P.(1976) *Genèse et organisation des formes verbales chez l'enfant.* Brüssel: Dessart & Mardaga

BRONCKART, J.P./ SINCLAIR, H. (1973) Time, tense and aspect. In: *Cognition 2*, 107-130

BRUNER, J.S. (1975) The ontogenesis of speech acts. In: *Journal of Child Language 2*, 1-19

BRUNER, J.S. (1978) The role of dialogue in language acquisition. In: SINCLAIR, A. et al. (eds.) *The Child's Conception of Language.* Berlin u.a.: Springer, 241-256

BRUNER, J.S. (1979) Von der Kommunikation zur Sprache. In: MARTENS, K. (Hg.) (1979), 9-60. Orig.: (1974) From communication to language: a psychological perspective. In: *Cognition 3*, 255-287

BRUNER, J.S. (1981) The pragmatics of acquisition. In: DEUTSCH, W. (ed.) (1981), 39-56

BRUNER, J.S. (1987) *Wie das Kind sprechen lernt.* Bern: Huber. Orig.: (1983) *Child's Talk: Learning to Use Language.* New York/London: Norton

BRUNER, J.S./ JOLLY, A./ DE SILVA, K. (eds.) (1976) *Play.* Its Role in Development and Evolution. New York: Basic

BRUNER, J.S./ ROY, C./ RATNER, N. (1982) The beginnings of request. In: NELSON, K.E. (ed.) *Children's Language.* (Vol.3) Hillsdale: Erlbaum, 91-138

BÜHLER, Ch. (1967[4]) *Kindheit und Jugend.* Genese des Bewusstseins. Göttingen: Verlag für Psychologie. Erstveröffentl.: (1928)

BÜHLER, K. (1918) *Die geistige Entwicklung des Kindes*. Jena: Fischer

BÜHLER, K. (1967[8]) *Abriß der geistigen Entwicklung des Kleinkindes*. Heidelberg: Quelle & Meyer

BÜHLER, K. (1982 ND) *Sprachtheorie*. Stuttgart: Fischer. Erstveröffentl.: (1934)

BURLING, R. (1959) Language development of a Garo and English speaking child. In: *Word 15*, 45-68

CHOMSKY, N. (1969) *Aspekte der Syntax-Theorie*. Frankfurt a.M.: Suhrkamp. Orig.: (1965) *Aspects of the Theory of Syntax*. Massechusetts: The Massachusetts Institute of Technology

CHOMSKY, N. (1974) Rezension von Skinners „Verbal Behavior". In: EICHLER, W./ HOFER, A. (Hgg.) *Spracherwerb und linguistische Theorien*. München: Piper, 25-49. Orig: (1959) A review of Skinner's Verbal Behavior. In: *Language* 35, 26-58

CHOMSKY, N. (1977) *Reflexionen über Sprache*. Frankfurt a.M.: Suhrkamp. Orig.: (1975) *Reflections on Language*. New York: Pantheon

CHOMSKY, N. (1986) *Knowledge of Language*. Its Nature, Origin, and Use. New York: Praeger

CHURCH, J. (1971) *Sprache und die Entdeckung der Wirklichkeit*. Über den Spracherwerb des Kleinkindes. Frankfurt a.M.: Fischer. Orig.: (1961) *Language and the Discovery of Reality*

CLAHSEN, H. (1982) *Spracherwerb in der Kindheit*. Eine Untersuchung zur Entwicklung der Syntax bei Kleinkindern. Tübingen: Narr

CLAHSEN, H. (1989) *Normale und gestörte Kindersprache*. Amsterdam: Benjamins

CORRELL, W. (1976[3]) *Lernen und Verhalten*. Grundlagen der Optimierung von Lernen und Lehren. Frankfurt a.M.: Fischer. Orig.: (1971)

DELACROIX, H. (1924) *Le langage et la pensée*. Paris

DERWING, B.L. (1973) *Transformational Grammar as a Theory of Language Acquisition*. A Study in the Empirical, Conceptual and Methological Foundations of Contemporary Linguistics. London: Cambridge U.P.

DEUTSCH, W. (ed.) (1981) *The Child's Construction of Language*. New York: Academic Press

DÖPKE, S. (1986) Discourse structures in bilingual families. In: *Journal of Multilingual and Multicultural Development* 7/6, 439-507

DÖPKE, S. (1990) Are Mothers Really the Main Mediators of Language? In: HALLIDAY, M.A.K./ GIBBONS, J./ NICHOLAS, H. (eds.) (1990), 101-113

DÖPKE, S. (1992) *One Parent, One Language*. An interactional approach. Amsterdam/ Philadelphia: Benjamins

DORE, J. (1975) Holophrases, speech acts and language universals. In: *Journal of Child Language* 2, I, 21-40

DUDEN (1996[21]) *Rechtschreibung der deutschen Sprache und der Fremdwörter*. (Bd.1) Mannheim u.a.: Dudenverlag

ECKARDT, G. (1989) Einleitung. In: PREYER, W.T. *Die Seele des Kindes*. 11-52

EDWARDS, J.A./ LAMPERT, M.D. (1993) *Talking Data*. Transcription and coding in discourse research. Hillsdale: Erlbaum

EHLICH, K. (1975) Thesen zur Sprechakttheorie. In: WUNDERLICH, D. (Hg.) (1975[2]), 122-126

EHLICH, K. (1981) Schulischer Diskurs als Dialog? In: SCHRÖDER, P./ STEGER, H. (Hgg.) *Dialogforschung*, Düsseldorf: Schwann, 334-369

EHLICH, K. (1982a) „Quantitativ" oder „qualitativ"? Bemerkungen zur Methodologiediskussion in der Diskursanalyse. In: KÖHLE, K./ RASPE, H.-D. (Hgg.) *Das Gespräch während der ärztlichen Visite*. München u.a.: Urban&Schwarzenberg, 298-312

EHLICH, K. (1982b) Sprechakttheorie und Konversationsanalyse. Tilburg, Katholieke Hogeschool: mimeo

EHLICH, K. (1992) Zum Satzbegriff. In: HOFFMANN, L. (Hg.) *Deutsche Syntax*. Berlin, New York: de Gruyter, 386-395

EHLICH, K. (1993) Computergestütztes Transkribieren - Das Verfahren HIAT-DOS. In: RICHTER, G. (Hg.) (1993), 47-60

EHLICH, K. (1996³a) Funktional-pragmatische Kommunikationsanalyse. Ziele und Verfahren. In: HOFFMANN, L. (Hg.) *Sprachwissenschaft*. Berlin, New York: de Gruyter, 183-201. Erstveröffentl.: (1986)

EHLICH, K. (Hg.) (1996b) *Kindliche Sprachentwicklung*. Konzepte und Empirie. Opladen: Westdt. Verlag

EHLICH, K. (1996c) Kindliche Sprachentwicklung, ihre Daten und ihre Konzeptualisierungen. In: EHLICH, K. (Hg.) (1996), 1-16

EHLICH, K./ HARTUNG, W./ STOCK, E./ RICHTER, G. (1993) Methodische Anforderungen an die Erforschung der gesprochenen Sprache/ des gesprochenen Textes/ der mündlichen Kommunikation in den neunziger Jahren - Rund-Tisch-Gespräch. In: RICHTER, G. (Hg.) (1993), 150-166

EHLICH, K./ REHBEIN, J. (1976) Halbinterpretative Arbeitstranskriptionen (HIAT) In: *Linguistische Berichte 45*. Wiesbaden: Vieweg, 21-41

EHLICH, K./ REHBEIN, J. (1977) Wissen, kommunikatives Handeln und die Schule. In: GOEPPERT, H.C. (Hg.) *Sprachverhalten im Unterricht*. München: Fink, 36-114

EHLICH, K./ REHBEIN, J. (1979a) Erweiterte halbinterpretative Arbeitstranskriptionen (HIAT2): Intonation. In: *Linguistische Berichte 59*. Wiesbaden: Vieweg, 51-75

EHLICH, K./ REHBEIN, J. (1979b) Sprachliche Handlungsmuster. In: SOEFFNER, H.-G. (Hgg.) *Interpretative Verfahren in den Sozial- und Textwissenschaften*. Stuttgart: Metzler, 243-274

EHLICH, K./ REHBEIN, J. (1981) Zur Notierung nonverbaler Kommunikation für diskursanalytische Zwecke. In: WINKLER, P. (Hg.) *Methoden der Analyse von Face-to-Face-Situationen*. Stuttgart: Metzler, 302-329

EHLICH, K./ REHBEIN, J. (1986) *Muster und Institution*. Tübingen: Narr

EHLICH, K./ SWITALLA, B. (1976) Transkriptionssysteme - Eine exemplarische Übersicht. In: WUNDERLICH, D./ MEISEL, M. *Studium Linguistik*. Kronberg: Scriptor, 78-105

EICHLER, W./ HOFER, A. (Hgg.) (1974) *Spracherwerb und linguistische Theorien*. Texte zur Sprache des Kindes. München: Piper

EISENMANN, B. (1997) Geschlechtsspezifische Strukturierungen von Handlungszusammenhängen in frühen Mutter-Kind-Interaktionen. In: *Linguistische Berichte 167*, 32-63

ELLUL, S. (1978) *A Case Study in Bilingualism*. Code-switching between parents and their pre-school children in Malta. St. Albans: The Campfield Press

ELSEN, Hilke (1991) *Erstspracherwerb*. Der Erwerb des deutschen Lautsystems. Wiesbaden: Deutscher Universitätsverlag

ELSEN, Hilke (1999) *Ansätze zu einer funktionalistisch-kognitiven Grammatik*. Konsequenzen aus Regularitäten des Erstsprachenerwerbs. Tübingen: Niemeyer

ELWERT, W.T. (1959) *Das zweisprachige Individuum*. Ein Selbstzeugnis. Mainz: Verlag d. Akademie; Wiesbaden: Steiner

EMRICH, L. (1938) Beobachtungen über Zweisprachigkeit in ihrem Anfangsstadium. In: *Deutschtum im Ausland 21*, 419-424

FANTINI, A. (1985) *Language Acquisition of a Bilingual Child.* A Sociolinguistic Perspective. San Diego: College Hill Press
FERGUSON, C.E./ MACKEN, M.A. (1983) The Role of Play in Phonological Development. In: NELSON, K.E. (ed.) *Children's Language*, 231-254
FISHMAN, J.A. (1966) *Language Loyalty in the United States.* The maintenance and perpetuation of non-English mother tongues by American ethnic and religious groups. Den Haag: Mouton
FISHMAN, J.A. (1967) Bilingualism with and without diglossia: diglossia with and without bilingualism. In: *Journal of Social Issues*, 29-38
FISHMAN, J.A. (1975) *Soziologie der Sprache.* München: Hueber
FLADER, D. (1991) *Verbale Interaktion.* Stuttgart: Metzler
FLETCHER, P./ GARMAN, M. (1986[2]) *Language Acquisition.* Studies of first language development. Cambridge: UP. Erstveröffentl.: (1979)
FLETCHER, P./ MACWHINNEY, B. (eds.) (1995) *The Handbook of Child Language.* Oxford: Blackwell
FRENCH, P./ MACLURE, M. (eds.) (1981) *Adult-Child Conversation.* London: Croom Helm
FRITSCHE, M. (1982) Mehrsprachigkeit in Gastarbeiterfamilien. „Deutsch" auf der Basis der türkischen Syntax. In: BAUSCH, K.-H. (Hg.) *Mehrsprachigkeit in der Stadtregion.* Düsseldorf: Schwann, 160-170
FRITSCHE, M. (1982) Zur Sprachentwicklung türkischer Kinder in der Bundesrepublik Deutschland. Sprachpolitische Implikationen und ideologische Elemente in der Bilingualismusforschung. In: *Osnabrücker Beiträge zur Sprachtheorie 22*, 27-37
FRITSCHE, M. (1985) Interkulturelle Kommunikation - ein deutsches Märchen? In: REHBEIN, J. (Hg.) *Interkulturelle Kommunikation.* Tübingen: Narr, 60-69
FURTH, H.G. (1973) *Piaget für Lehrer.* Düsseldorf: Schwann
GALPERIN, P.J. (1972) Die geistige Handlung als Grundlage für die Bildung von Gedanken und Vorstellungen. In: GALPERIN, P.J./ LEONTJEW, A.N. u.a.(1972[3]), 33-49
GALPERIN, P.J./ LEONTJEW, A.N. u.a. (1972[3]) *Probleme der Lerntheorie.* Berlin: Volk und Wissen. Russ. Orig.: (1957)
GARCIA, E.E. (1980) The function of language switching during bilingual mother-child interaction. In: *Journal of Multilingual and Multicultural Development 1/3*, 243-252
GARLIN, E. (1993) *Der Übergang vom „Ausprobieren" zum sprachlichen Handeln in zwei Sprachen - empirische Analyse kindlichen bilingualen Spracherwerbs zweier Geschwister.* München: Magisterarbeit am Institut für Deutsch als Fremdsprache
GARLIN, E. (1994) Erstsprach(en)erwerb: Vom "Ausprobieren" zum sprachlichen Handeln. In: REDDER, A. (Hg.) (1994), 82-105
GARNICA, O. (1977) Some prosodic and paralinguistic features of speech to young children. In: SNOW, C.E./ FERGUSON, C.A. (eds.) (1977), 63-68
GARNICA, O. (1978) Non-verbal concomitants of language input to children. In: WATERSON, N./ SNOW, C.E. (eds.) (1978), 139-147
GARVEY, C. (1974) Some properties of social play. In: *Merrill Palmer Quaterly 20/ 3*, 164-180
GARVEY, C. (1979) Aufforderungen und ihre Beantwortung im kindlichen Sprachgebrauch. In: MARTENS, K. (Hg.) (1979), 133-167. Orig.: (1975) Requests and Responses in Children's Speech. In: *Journal of Child Language* 2, 41-63
GARVEY, C./ HOGAN, R. (1973) Social speech and social interaction. Egocentrism revisited. In: *Child Development 44*, 562-568
GIPPER, H. (Hg.) (1985) *Kinder unterwegs zur Sprache.* Zum Prozeß der Spracherlernung in den ersten drei Lebensjahren. Düsseldorf: Schwann

GIPPER, H. (1987) Kinder unterwegs zur Sprache. In: WAGNER, K.R. (Hg.) *Wortschatz-Erwerb*, 11-30

GLEITMAN, L./ GLEITMAN, H./ SHIPLEY, E.F. (1972) The emergence of the child as grammarian. In: *Cognition 1*, 137-163

GOGOLIN, I./ NEUMANN, U. (1997) *Spracherwerb und Sprachentwicklung in einer zweisprachigen Lebenssituation bei monolingualer Grundorientierung der Gesellschaft.* Gutachten für den Arbeitskreis Neue Erziehung. Hamburg: Arbeitsstelle Interkulturelle Bildung

GUMPERZ, J.J. (1982) Conversational code switching. In: GUMPERZ, J.J. (ed.) *Discourse Strategies.* Cambridge u.a.: UP, 59-99

GÜNTHER, M. (1976) *B.F. Skinners Konzeption verbalen Verhaltens.* Eine kritische Auseinandersetzung. Hamburg: Buske

HALLIDAY, M.A.K. (1975) *Beiträge zur funktionalen Sprachbetrachtung.* Hannover: Schroedel. Orig.: (1973) *Explorations in the Functions of Language.* London: Arnold

HALLIDAY, M.A.K. (1975) *Learning How To Mean.* Exploration in the Development of Language. London: Arnold

HALLIDAY, M.A.K./ GIBBONS, J./ NICHOLAS, H. (1990) *Learning, Keeping and Using Language.* (2 Vols.) Amsterdam: Benjamins, Vol.1

HANSEGARD, N.E. (1968) *Tvasprakighet eller halvsprakighet.* Stockholm: Aldus/ Bonniers

HARDING, E./ RILEY, P. (1986) *The Bilingual Family.* A Handbook for Parents. London: Cambridge UP

HARTUNG, W. (1991) *Kommunikation und Wissen.* Annäherungen an ein interdisziplinäres Forschungsgebiet. Berlin: Akademie

HAUGEN, E. (1969[2]) *The Norwegian Language in America.* A study in bilingual behavior. Bloomington: Indiana University Press. Erstveröffentl.: (1953)

HAUSENDORF, H./ QUASTHOFF, U.M. (1996) *Sprachentwicklung und Interaktion.* Eine linguistische Studie zum Erwerb von Diskursfähigkeiten. Opladen: Westdt. Verlag

HOFF-GINSBERG, E. (1997) *Language Development.* Pacific Grove u.a.: Brooks/Cole

HOFFMANN, L.W. (1974) Effects of Maternal Employment on the Child: A review of the research. In: *Developmental Psychology 10*, 204-228

HOMEL, P./ PALIJ, M., AARONSON, D. (eds.) (1987) *Childhood Bilingualism:* Aspects of Linguistic, Cognitive, and Social Development. Hillsdale, N.J.: Erlbaum

HÖRMANN, Hans (1991[3]) *Einführung in die Psycholinguistik.* Darmstadt: Wiss. Buchgesellschaft. Erstveröffentl.: (1981)

HOUWER, A. de (1995) Bilingual Language Acquisition. In: FLETCHER, P./ MACWHINNEY, B. (eds.) (1995), 219-250

IDELBERGER, H.A. (1903) Hauptprobleme der kindlichen Sprachentwicklung. In: *Zeitschrift für pädagogische Psychologie, Pathologie und Hygiene 5*, 241-297 / 425-456

JAKOBSON, R. (1969) *Kindersprache, Aphasie und allgemeine Lautgesetze.* Frankfurt a.M.: Suhrkamp. Erstveröffentl.: (1941)

JAKOBSON, R. (1996 ND) Warum „Mama" und „Papa"? In: HOFFMANN, L. (Hg.) *Sprachwissenschaft.* Berlin/New York: de Gruyter, 361-369. Orig.: (1959 /1971) Why ‚Mama' and ‚Papa'? In: JAKOBSON, R. *Selected Writings I.* Den Haag: Mouton

KÄSERMANN, M.-L. (1980) *Spracherwerb und Interaktion.* Studien zur Sprachpsychologie. Bern: Huber

KATZ, D./ KATZ, R. (1928) *Gespräche mit Kindern.* Untersuchungen zur Sozialpsychologie und Pädagogik. Berlin

KIELHÖFER, B. (1995[3]) Frühkindlicher Bilingualismus. In: BAUSCH, K.-R. u.a. (Hgg.) *Handbuch Fremsprachunterricht.* Tübingen: Franke, 359-363. Erstveröffentl.: (1989)

KIELHÖFER, B./ JONEKEIT, S. (1995[9]) *Zweisprachige Kindererziehung*. Tübingen: Stauffenburg. Erstveröffentl.: (1983)
KLANN-DELIUS, G. (1996) Sprache, Sprechen und Subjektivität in der Ontogenese. In: *Zeitschrift für Literaturwissenschaft und Linguistik (LiLi)*, Heft 101, Jg.26, 114-140
KLEIN, W. (1985) Sechs Grundgrößen des Spracherwerbs. In: Eppeneder, R. (Hg.) *Lernersprache*. Thesen zum Erwerb einer Fremdsprache. München: Goethe Institut, 67-106
KRAFT, B. (1991) Linguistische Analyse von Gesprächen unter dem Tätigkeitsaspekt. In: *Zeitschrift für Germanistik*. Neue Folge 3, 623-635
LENNEBERG, E.H. (1977 TB) *Biologische Grundlagen der Sprache*. Frankfurt a.M.: Suhrkamp. Orig.: (1967) *Biological Foundations of Language*. New York u.a.: Wiley
LENNEBERG, E.H./ LENNEBERG, E. (Hgg.) (1975) *Foundations of Language Development*. A Multidisciplinary Approach. (2 Vols.) New York: Academic Press
LEONTJEW, A.N. (1977[2]) *Probleme der Entwicklung des Psychischen*. Frankfurt: Athenäum. 1. dt. Aufl.: (1973)
LEOPOLD, W.F. (1939-49) *Speech Development of a Bilingual Child*. 4 Vol., Evanston, Ill.: University of Illinois Press
LINDHOLM, K.J./ PADILLA, A.M. (1978) Language mixing in bilingual children. In: *Journal of Child Language 5*, 327-335
LINDNER, G. (1882) Beobachtungen und Bemerkungen über die Entwicklung der Sprache des Kindes. In: *Kosmos 6*, 321-342 / 430-441
LINDNER, K. (1983) *Sprachliches Handeln bei Vorschulkindern*. Tübingen: Niemeyer
LIN-HUBER, M.A. (1998) *Kulturspezifischer Spracherwerb*. Sprachliche Sozialisation und Kommunikationsverhalten im Kulturvergleich. Bern: Huber
LUCKMANN, T. (1986) Einleitung. In: WYGOTSKI, L.S. *Denken und Sprechen*. XI-XXI
LURIJA, A.R./ JUDOWITSCH, F.J. (1982 ND) *Die Funktion der Sprache in der geistigen Entwicklung des Kindes*. Frankfurt a.M. u.a.: Ullstein. Russ. Orig.: (1956)
MAAS, U./ WUNDERLICH, D. (1972) *Pragmatik und sprachliches Handeln*. Mit einer Kritik am Funkkolleg „Sprache". Frankfurt a.M.: Athenäum
MACWHINNEY, B./ SNOW, C.E. (1985) The child language data exchange system. In: *Journal of Child Language 12*, 271-296
MACWHINNEY, B./ SNOW, C.E. (1990) The Child Language Data Exchange System: an update. In: *Journal of Child Language 17*, 457-472
MAIER, W. (1988) *Deutsch lernen im Kindergarten*. Die Praxis der Integration ausländischer Kinder. München: Don Bosco
MAIER, W. (Hg.) (1989) *Neue Wege der Sprachförderung*. (4 Teile), Teil 1. Materialien und Modelle für Kindergarten und Grundschule. München: Don Bosco
MANUEL, H.T./ WRIGHT, C.E. (1929) The language difficulty of Mexican children. In: *Journal of Genetic Psychology* 36, 458-466
MARTENS, K. (1979) *Kindliche Kommunikation*. Theoretische Perspektiven, empirische Analysen, methodologische Grundlagen. Frankfurt/M.: Suhrkamp
MARTENS, K. (1979) Zur Herausbildung kommunikativer Handlungsmuster zwischen Kind und Bezugsperson: Unterstützung herstellen. In: MARTENS, K. (Hg.) (1979), 76-109
MCCARTHY, D. (1930) *The language development of the preschool child*. Minneapolis: University of Minnesota, Inst. Child Welfare Mon. Ser.4
MCCLURE, E. (1981) Formal and functional aspects of code switched discourse of bilingual children. In: DURAN, R.P. (ed.) *Latino Language and Communicative Behaviour*. Norwood, N.J.: Ablex
MCLAUGHLIN, B. (1978 / 1984) *Second Language Acquisition in Childhood*. 2 Vols., Hillsdale, N.J.: Erlbaum

MCNEILL, D. (1966) Developmental psycholinguistics. In: SMITH, F./ MILLER, G.A. (eds.) *The Genesis of Language*. Cambridge, Mass.: M.I.T. Press, 15-84

MCNEILL, D. (1974) *Der Spracherwerb*. Düsseldorf. Orig.: (1970) *The Acquisition of Language*. The Study of Developmental Psycholinguistics. New York: Harper&Row

MCTEAR, M.T. (1985) *Children's Conversation*. Oxford: Blackwell

MEIRELLES-SCHUPFNER, P. (1996) *(Früh-)Kindlicher Spracherwerb in zwei Sprachen* (Deutsch und bras. Portugiesisch): empirische Analysen. München: Magisterarbeit am Institut für Deutsch als Fremdsprache

MENG, K. (1994) Entwicklung der Dialogfähigkeit bei Kindern. In: FRITZ, G./ HUNDSNURSCHER, F. (Hgg.) *Handbuch der Dialoganalyse*. Tübingen: Niemeyer, 377-392

MENG, K./ KRAFT, B./ NITSCHE, U. (1991) *Kommunikation im Kindergarten*. Berlin: Akademie

MENG, K./ SCHRABBACK, S. (1994) Interjektionen im Erwachsenen-Kind-Diskurs. In: BRÜNNER, G./ GRAEFEN, G. (Hgg.) Opladen: Westdt. Verl., 199-217

MENG, K./ SCHUMANN, C. (1993) Kindergespräche und ihre Dokumentation. Ein Erfahrungsbericht. In: RICHTER, G. (Hg.) (1993), 61-70

MENYUK, P. (1963) Syntactic structures in the language of children. In: *Child Development 34*, 286-304

MENYUK, P. (1964) Alternation of rules in children's grammar. In: *Journal of Verbal Learning and Verbal Behavior 3*, 480-488

MENYUK, P. (1969) Sentences Children Use. Cambridge/Mass.

MENYUK, P. (1971) *The Acquisition and Development of Language*. Englewood Cliffs/N.J.: Prentice Hall

MEUMANN, E. (1902) *Die Entstehung der ersten Wortbedeutungen beim Kinde*. Leipzig: Engelmann

MEUMANN, E. (1903) *Die Sprache des Kindes*. Zürich (Abhandlungen der Gesellschaft für deutsche Sprache 8)

MILLER, M. (1976) *Zur Logik der frühkindlichen Sprachentwicklung*. Empirische Untersuchungen und Theoriediskussion. Stuttgart

MILLER, M. (1980) Sprachliche Sozialisation. In: HURRELMANN, K./ ULICH, D. (Hgg.) *Handbuch der Sozialisation*. Winheim: Beltz

MITCHELL, A.J. (1937) The effects of bilingualism in the measurement of intelligence. In: *Elementary School Journal 37/38*, 29-37

MOORE, T.E./ HARRIS, A.E. (1978) Language and thought in Piagetian theory. In: SIGEL, L.S./ BRAINERD, C.J. (eds.) *Alternatives to Piaget*. New York: Academic Press

MOWRER, O.H. (1960) *Learning theory and the symbolic processes*. New York

MÜLLER, I.M. (1996) *Integration ausländischer Kinder in Regelklassen: Vorzüge und Schwächen eines Schulversuchs aus der Sicht der Lehrenden*. Ergebnisse einer empirischen Studie aus den Jahren 1993 und 1994. München: Staatsinstitut für Schulpädagogik und Bildungsforschung

NELSON, K.E. u.a. (ed.) (1978-1990) *Children's Language*. (7 Vols.) New York: Gardner und Hillsdale: Erlbaum

NEWPORT, E.L./ GLEITMAN, H./ GLEITMAN, L.R. (1977) Mother, I'd rather do it myself: some effects and non-effects of maternal speech style. In: SNOW, C.E./ FERGUSON, C.A. (eds.) (1977), 109-150

OCHS, E./ SCHIEFFELIN, B.B. (eds.) (1979) *Developmental Pragmatics*. New York: Academic Press

OCHS-KEENAN, E. (1979) Introduction. What child language can contribute to pragmatics. In: OCHS, E./ SCHIEFFELIN, B. (eds.) *Developmental Pragmatics*. New York: Academic Press

OKSAAR, E. (1970) Zum Spracherwerb des Kindes in zweisprachiger Umgebung. In: *Folia Linguistica IV*, 330-358

OKSAAR, E. (1975) Spracherwerb und Kindersprache. In: *Zeitschrift für Pädagogik 21*, 719-743

OKSAAR, E. (1976) Code-switching as an interactional strategy for developing bilingual competence. In: *Word 27*, 377-385

OKSAAR, E. (1977) *Spracherwerb im Vorschulalter*. Einführung in die Pädolinguistik. Stuttgart: Kohlhammer. 2. überarb. Aufl.: (1987)

OKSAAR, E. (Hg.) (1984) *Spracherwerb - Sprachkontakt - Sprachkonflikt*. Berlin u.a.: de Gruyter

ÖKTEM, A./ REHBEIN, J. (1987) *Kindliche Zweisprachigkeit*. Eine kommentierte Bibliographie zum kindlichen Erwerb von zwei Sprachen und zu Aspekten des Erstspracherwerbs. Hamburg: Arbeiten zur Mehrsprachigkeit 29

OLDENBURG, J. (1987) *From Child Tongue to Mother Tongue*: A case study of language devlopment in the first two and a half years. Ph.D. thesis, University of Sidney

OLDENBURG, J. (1990) Learning the Language and Learning through Language in Early Childhood. In: HALLIDAY, M.A.K./ GIBBONS, J./ NICHOLAS, H. (eds.) (1990), 27-38

OLTUSCEWSKI, W. (1897) *Die geistige und sprachliche Entwicklung des Kindes*. Berlin (Sonderabdruck aus: Mediz. päd. Monatsschrift für die ges. Sprachheilkunde 6)

OSGOOD, C.E. (1957) A behavioristic analysis of perception and language as cognitive phenomena. In: BRUNER, J.S. (ed.) *Contemporary approaches to cognition*. Cambridge, Mass., 75-125

PAVLOV, I.P. (1953/56) *Sämtliche Werke*. (7 Bände) Berlin

PAVLOVITCH, M. (1920) *Le langage enfantin*. Acquisition du Serbe et du Francais par un enfant Serbe. Paris: Champion

PEAL, E./ LAMBERT, W.F. (1962) The relationship of bilingualism to intelligence. In: *Psychological Monograph 76*, 1-23

PEIZER, D.B./ OLMSTED, D.L. (1969) Modules of grammar acquisition. In: *Language 45*, 60-96

PHILLIPS, J.R. (1973) Syntax and vocabulary of mother's speech to young children: Age and sex comparisons. In: *Child Development 44*, 182-185

PIAGET, J. (1954) *The Construction of Reality in the Child*. New York

PIAGET, J. (1962) Comments on Vygotsky's critical remarks concerning „The language and thought of the child" and „Judgement and reasoning in the child". Cambridge/Mass.

PIAGET, J. (1969) *Das Erwachen der Intelligenz beim Kinde*. Stuttgart: Klett. Orig.: (1936) *La naissance de l'intelligence chez l'enfant*.

PIAGET, J. (1972) *Sprechen und Denken des Kindes*.Düsseldorf: Schwann. Orig.: (1923) *Le langage et la pensée chez l'enfant*. Neuchâtel: Delachaux et Niestlé

PIAGET, J./ INHELDER, B. (1972) *Die Psychologie des Kindes*. Olten: Walter. Orig.: (1969) *The Psychology of the Child*. New York: Basic Books

PIAGET, J./ INHELDER, B. (1974) *Gedächtnis und Intelligenz*. Olten: Walter. Orig.: (1968) *Memoire et intelligence*.

PINKER, S. (1996) *Der Sprachinstinkt*. München: Kindler. Orig.: (1994) *The Language Instinct*. New York: Morrow

PREYER, W.T. (1989 ND) *Die Seele des Kindes*. Berlin u.a.: Springer. Erstveröffentl.: (1882)

PRILLWITZ, S. (1975) Kritische Überlegungen zur psychologischen Realität, zum spracherwerbstheoretischen Ansatz der GTG und zu ihrer Adaption für die empirische Spracherwerbsforschung. In: PRILLWITZ, S. et al. (Hgg.) *Der kindliche Spracherwerb*. Braunschweig: Westermann

REDDER, A. (1984) *Modalverben im Unterrichtsdiskurs*. Pragmatik der Modalverben am Beispiel eines institutionellen Diskurses. (RGL 54) Tübingen: Niemeyer

REDDER, A. (1987) Modalverben im kindlichen Diskurs - Überlegungen zu ihrer Aneignung. In: WAGNER, K.R. (Hg.) *Wortschatz-Erwerb*, 30-58

REDDER, A. (1995) Erwerb von Handlungsmustern: Vom System der Schreie zur Aufforderung, vom hilflosen Zeigen zur höflichen Bitte. Vortrag Dortmund, Manuskript München

REDDER, A. (Hg.) (1983) *Kommunikation in Institutionen*. Osnabrücker Beiträge zur Sprachtheorie 24

REDDER, A. (Hg.) (1994) *Diskursanalysen in praktischer Absicht*. Osnabrücker Beiträge zur Sprachtheorie 49

REDDER, A./ MARTENS, K. (1983) Modalverben ausprobieren - wie Kinder mit Modalverben handeln. In: BOUEKE, D./ KLEIN, W. (Hgg.) (1983), 163-181

REHBEIN, J. (1977) *Komplexes Handeln*. Elemente zur Handlungstheorie der Sprache. Stuttgart: Metzler

REHBEIN, J. (1988) Ausgewählte Aspekte der Pragmatik. In: AMMON, U./ DITTMAR, N./ MATTHEIER, K. (Hgg.) *Sociolinguistics/ Soziolinguistik*. Bd.II, 1181-1195

REHBEIN, J./ GRIEßHABER, W. (1996) L2-Erwerb versus L1-Erwerb: Methodologische Aspekte ihrer Erforschung. In: EHLICH, K. (Hg.) (1996b), 67-119

REIMANN, B. (1993) *Im Dialog von Anfang an*. Die Entwicklung der Kommunikations- und Sprachfähigkeit in den ersten drei Lebensjahren. Neuwied u.a.: Luchterhand

REIMANN, B. (1996) *Die frühe Kindersprache*. Neuwied u.a.: Luchterhand

RESKI, A. (1982) *Aufforderungen*. Zur Interaktionsfähigkeit im Vorschulalter. Bern, Frankfurt a.M.: Lang (Arbeiten zur Sprachanalsyse 1)

RICHTER, G. (Hg.) (1993) *Methodische Grundfragen der Erforschung gesprochener Sprache*. Frankfurt a.M. u.a.: Lang (Arbeiten zur Sprachanalyse 16)

ROMAINE, S. (1989) *Bilingualism*. Oxford, New York: Blackwell

RONJAT, J. (1913) *Le dévelopment du langage observé chez un enfant bilingüe*. Paris: Champion

RUKE-DRAVINA, V. (1967) *Mehrsprachigkeit im Vorschulalter*. Lund: Gleerup

SAUNDERS, G. (1982) *Bilingual Children*. Guidance for the Family. Clevedon: Multilingual Matters

SAUNDERS, G. (1988) *Bilingual Children*. From Birth to Teens. Clevedon: Multilingual Matters

SAUNDERS, G. (1990) „Artificial“ Bilingualism: Must it Fail? In: HALLIDAY, M.A.K./ GIBBONS, J./ NICHOLAS, H. (eds.) (1990), 115-134

SCHMIDT-ROHR, G. (1933[2]) *Die Sprache als Bildnerin der Völker*. Eine Wissens- und Lebenskunde der Volkstümer. *Mutter Sprache*. Vom Amt der Sprache bei der Volkwerdung. Jena: Diederichs. Erstveröffentl.: (1932)

SCHU, J. (1993) Verfahren bei der Erhebung eines Korpus zur gesprochenen Kindersprache. In: RICHTER, G. (Hg.) (1993), 15-21

SCUPIN, E./ SCUPIN, G. (1907) *Bubis erste Kindheit*. Ein Tagebuch über die geistige Entwicklung eines Knaben während der ersten drei Lebensjahre. Leipzig: Grieben

SCUPIN, E./ SCUPIN, G. (1910) *Bubi im 4. bis 6.Lebensjahre*. Leipzig: Grieben

SEARLE, J.R. (1971) *Sprechakte*. Ein Sprachphilosophisches Essay. Stuttgart: Suhrkamp. Orig: (1969) *Speech Acts*. Cambridge: University Press

SELTING, M./ AUER, P./ BARDEN, B./ BERGMANN, J./ COUPER-KUHLEN, E./ GÜNTHNER, S./ MEIER, C./ QUASTHOFF, U./ SCHLOBINSKI, P./ UHRMANN, S. (1998) Gesprächsanalytisches Transkriptionssystem (GAT). In: *Linguistische Berichte 173*, 91-122

SENDLMEIER, U.M./ SENDLMEIER, W.F. (1999) Aspekte des frühen Lauterwerbs als Indikatoren einer späteren Legasthenie. In: *Zeitschrift für Angewandte Linguistik 30*, 5-16

SENDLMEIER, W.F./ SENDLMEIER, U. (1991) Vom Lallen zum Sprechen - Die Entwicklung der Lautproduktion von 8 bis 14 Monaten. In: *Sprache & Kognition 10*, 162-170

SINCLAIR, H. (1967) *Acquisition du langage et dévelopement de la pensée.* Soussystèmes linguistiques et operations concrètes. Paris

SINCLAIR-DE ZWART, H. (1973) Language acquisition and cognitive development. In: MOORE, T.E. (ed.) *Cognitive Development and the Development of Language.* London: Academic Press, 9-25

SKINNER, B.F. (1957) *Verbal Behavior.* New York: Appleton-Century-Crofts

SKUTNABB-KANGAS, T. (1976) Bilingualism, semilingualism and school-achievement. In: *Linguistische Berichte 45*, 55-64

SKUTNABB-KANGAS, T. (1978) Semilingualism and the education of migrant children as a means of reproducing the caste of assembly line workers. In: DITTMAR, N./ HABERLAND, H./ TELEMAN, U. (eds.) *Papers from the First Scandinavian German Symposiom on the Language of Immigrant Workers and their Children.* Roskilde Universitetscenter Lingvistgruppen: Rolig papir, 221-251

SKUTNABB-KANGAS, T. (1984) *Bilingualism or Not.* The Education of Minorities. Clevedon: Multilingual Matters. Orig.: (1981) *Tvasprakighet.* Schweden: LiberFörlag

SKUTNABB-KANGAS, T./ TOUKOMAA, P. (1979) Bilingualism and Middle Class Bias. A reply to Cora Brent-Palmer. In: *Working Papers on Bilingualism 19*, 181-196

SLAMA-CAZACU, T. (1976) The role of social context in language acquisition. In: MCCORMACK, W.C./ WURM, S.A. (eds.) *Language and man.* Anthropological Issues. Den Haag, 127-147

SLAMA-CAZACU, T. (1977) *Dialogue in Children.* Den Haag: Mouton. Orig.: (1961) *Dialogue la copiè.* Bukarest

SLOBIN, D.I. (1974) *Einführung in die Psycholinguistik.* Kronberg/Ts: Scriptor

SMITH, M.E. (1939) Some light on the problem of bilingualism as found from a study of the progress in mastery of English among pre-school children of Non-American ancestry in Hawaii. In: *Genetic Psychology Monographs 32/21*, 119-284

SNOW, C.E. (1972) Mother's speech to children learning language. In: *Child Development 43*, 549-565

SNOW, C.E. (1977) Mothers' speech research: from input to interaction. In: SNOW, C.E./ FERGUSON, C.A. (eds.) (1977), 31-49

SNOW, C.E. (1986) Conversations with children. In: FLETCHER, P./ GARMAN, M. (eds.) (1986[2]), 363-375

SNOW, C.E. (1995) Issues in the Study of Input: Finetuning, Universality, Individual and Developmental Differences, and Necessary Causes. In: FLETCHER, P./ MACWHINNEY, B. (eds.) (1995), 179-193

SNOW, C.E./ FERGUSON, C.A. (eds.) (1977) *Talking to Children.* Language input and acquisition. Cambridge u.a.: UP

SOLOKOV, J.L./ SNOW, C.E. (1994) *Handbook of Research in Language Development Using CHILDES.* Hillsdale, N.J.: Erlbaum

STERN, C./ STERN, W. (1987 ND) *Die Kindersprache.* Eine psychologische und sprachtheoretische Untersuchung. Darmstadt: Wiss. Buchgesellschaft. Erstveröffentl.: (1907). 4. überarb. Aufl.: (1928)

STÖLTING, W. (1980) *Die Zweisprachigkeit jugoslawischer Schüler in der Bundesrepublik Deutschland.* Wiesbaden: Harrassowitz

SZAGUN, G. (1993[5]) *Sprachentwicklung beim Kind.* Eine Einführung. München u.a.: Urban & Schwarzenberg und Weinheim: Psych. Verlags Union. Erstveröffentl.: (1980)

TABOURET-KELLER, A. (1962) L'acquisition du langage parlé chez un petit enfant en milieu bilingue. In: *Problèmes de Psycholinguistique 8*, 205-219

TAESCHNER, T. (1983) *The Sun is Feminine.* A Study on Language Acquisition in Bilingual Children. Berlin u.a.: Springer

THORNDIKE, E.L. (1922) *Psychologie der Erziehung.* Jena: Fischer. Orig.: (1914) *Educational psychology II. The psychology of learning.* New York

TRACY, R. (1991) *Sprachliche Strukturentwicklung.* Linguistische und kognitionspsychologische Aspekte einer Theorie des Erstspracherwerbs. Tübingen: Narr

ULICH, M. (1999) Sprachförderung in mehrsprachigen Kindergruppen - Fachkräfte zwischen Anspruch und Wirklichkeit. In: *KiTa aktuell BY*, 4/99

VILLIERS, J.G. de/ VILLIERS, P.A. de (1973) A cross-sectional study of the acquisition of grammatical morphemes in child speech. In: *Journal of Psycholinguistic Research 2*, 267-278

VILLIERS, J.G. de/ VILLIERS, P.A. de (1974) Competence and performance in child language: are children really competent to judge? In: *Journal of Child Language* 1, 11-22

WAGNER, K.R. (1987) *Wortschatz-Erwerb.* Frankfurt u.a.: Lang

WAGNER, K.R. (1992) Die großen deutschen Kindersprachkorpora und die internationale Datenbank CHILDES. In: WAGNER, K.R. (Hg.) *Kindersprachstatisktik.* Essen: Die Blaue Eule.

WAGNER, K.R. (Hg.) (1990-1996) *Dortmunder Korpus der spontanen Kindersprache.* (13 Bde.) Essen: Die blaue Eule

WAGNER, K.R./ STEINSTRÄTER, C. (1987) Wörterbuch der illokutiven Typen zum Korpus Teresa (9;7). In: WAGNER, K.R. (Hg.) (1987), 59-81

WALLAT, C. (1984) An overview of communicative competence. In: RIVERA, C. (ed.) *Communicative Competence*, 2-33

WANNER, E./ GLEITMAN, L.R. (eds.) (1982) *Language acquisition - the state of art.* Cambridge u.a.: Cambridge University Press

WATERSON, N./ SNOW, C. (1978) *The Development of Communication.* New York: Wiley

WATSON, J.B. (1924) *Psychology from The Standpoint of A Behaviorist.* Philadelphia

WATTS, R./ IDE, S./ EHLICH, K. (eds.) (1991) *Politeness in Language.* Berlin, New York: de Gruyter

WEINREICH, U. (1977) *Sprachen in Kontakt.* Ergebnisse und Probleme der Zweisprachigkeitsforschung. München: Beck. Orig.: (1953 / 1974[8]) *Languages in Contact.* Findings and Problems. New York: The Linguistics Club.

WEISGERBER, J. L. (1933) Zweisprachigkeit. In: *Schaffen und Schauen 9*

WEISGERBER, J.L. (1935) *Deutsches Volk und deutsche Sprache.* Frankfurt/Main: Diesterweg

WELLS, C.G./ ROBINSON, W.P. (1982) The Role of Adult Speech in Language Development. In: FRASER, C./ SCHERER, C.R. (eds.) *Advances in the Social Psychology of Language.* Cambridge: UP, 11-76

WIECZERKOWSKI, W. (1963) *Bilingualismus im frühen Schulalter.* Gruppenführungen mit Intelligenztests und mit dem Helsingforstest. Helsinki-Helsingfors: Centraltrycheriet

WIECZERKOWSKI, W. (1965) *Frühe Zweisprachigkeit.* München
WODE, H. (1993) *Psycholinguistik.* Eine Einführung in die Lehr- und Lernbarkeit von Sprachen; Theorien, Methoden, Ergebnisse. Ismaning: Hueber. Erstveröffentl.: (1988)
WOLLERT, M. (1994) Die Intonation im sprachlichen Handeln - empirische Untersuchung eines therapeutischen Diskurses. In: REDDER, A. (Hg.) (1994), 106-129
WUNDERLICH, D. (Hg.) (1975[2]) *Linguistische Pragmatik.* Frankfurt a.M.: Athenäum. Erstveröffentl.: (1972)
WUNDT, W. (1900) *V ölkerpsychologie. Die Sprache.* (Band 1) Leipzig
WYGOTSKI, L.S. (1986 ND) *Denken und Sprechen.* Frankfurt a.M.: Fischer. Russ. Orig.: (1934). Engl. Übers.: (1961) *Thought and Speech.* Dt. Übers.: (1964) Berlin: Akademie.

ANHANG

Auswahlkorpus LA-Projekt 9/89 - 5/95

1	2	3	4	5	6	7	A	L
				120889		ADRIANS GEBURT		
#1	**P**	2	V	100989	10	*A auf Amos Arm: Küche*	0;0;29	
#2	**P**	9	V	111189	4	*A und M spielen auf dem Sofa*	0;2	
#3	**P**	11	V	121189	3	*A alleine auf dem Sofa*	0;3	
#4	**P**	12	V	241289	11	*Heilig Abend 89 (A)*	0;4	
#5	**P**	13	V	291289	4	*A in der Badewanne*	0;4	
#6	**P**	15	V	010190	5	*Neujahr 90 (A)*	0;4	
#7	**P**	18	V	240290	18	*A zu Hause II*	0;6	
#8	**P**	19	V	240290	6	*A mit Freundin Lucy*	0;6	
#9	**P**	20	V	250290	22	*A zu Hause III*	0;6	
#10	**P**	24	V	190490	12	*Spielen + Abendessen (A)*	0;8	
#11	**P**	29	V	050890	0,5	*Mamita ist da - A läuft*	0;11	
#12	**P**	37	V	070990	4	*A ißt Nudeln auf dem Sofa*	1;0	
				041190		LUNAS GEBURT		
#13	**P**	44	V	051190	7	*L ist geboren*	1;2	0;0;1
#14	**P**	88	V	270891	5	*Spielen auf der Terrasse (L)*		0;9
#15	**P**	89	V	270891	10	*Tischgespräch (L-Omama)*	2;0	0;9
#16	**P**	91	V	280891	8	*Reiten (A) + Terasse*	2;0	0;9
#17	**T**	96	A	101291	20	*Rund um's Anziehen*	2;3	1;1
#18	**T**	97	A	121291	40	*Besuch von Bianca*	2;4	1;1
#19	**T**	108	A	060192	14	*Kindernachmittag*	2;4	1;2
#20	**T**	110	A	110192	25	*Stützräderanbau*	2;4	1;2
#21	**T**	111	A	110192	45	*Hühnersuppe-Essen*	2;4	1;2
#22	**T**	112	A	190192	45	*Entenpuzzle + Steckblumen*	2;5	1;2
#23	**T**	114	A	270192	27	*Rund um's Ins-Bett-Gehen*	2;5	1;2
#24	**T**	115	A	280192	18	*Nudeln mit Ketchup*	2;5	1;2
#25	**T**	116	A	290192	45	*Omelett-Essen*	2;5	1;2
#26	**T**	127	A	150392	45	*Puzzlen + Fotos*	2;7	1;4
#27	**T**	129	A	300392	90	*Abendessen mit Steffi*	2;7	1;4
#28	**T**	137	A	180592	10	*Kurzer Nachmittag mit V*	2;9	1;6
#29	**T**	145	A	040792	13	*A ist krank*	2;10	1;8
#30	**T**	147	A	030892	11	*Singstunde*	2;11	1;8
#31	**T**	156	A	060992	9	*Oh-Baby-Baby-Balla-Balla*	3;0	1;10
#32	**T**	157	A	250992	45	*Feiertag-Morgen*	3;1	1;10
#33	**T**	158	A	260992	2	*Live aus dem Schweinestall*	3;1	1;10
#34	**T**	159	A	071092	3	*Besuch von Kiki und Elton*		1;11
#35	**T**	160	A	071092	15	*Vor dem Zahnarztbesuch*	3;1	1;11
#36	**T**	164	A	201092	25	*Guten Morgen!*	3;2	1;11
#37	**T**	169	A	271292	14	*Kneten*	3;4	2;1
#38	**P**	180	V	030393	6	*A und L "gehen in die Disco"*	3;6	2;3
#39	**T**	185	A	050493	30	*Essen vor Bremen-Reise*	3;7	2;5
				100395		PERU-REISE		
#40	**T**	220	A	140395	10	*Erstes Frühstück in Peru*	5;7	4;4
#41	**T**	221	A	140395	23	*Freies Spielen*	5;7	4;4
#42	**T**	222	A	220395	30	*Ein Tag in Chancay*	5;7	4;4
#43	**T**	223	A	230395	5	*Roselyns Geburtstag*	5;7	4;4
#44	**T**	231	A	160495	18	*Figuren ausschneiden*	5;8	4;5
				030595		ENDE PERU-REISE		
#45	**T**	236	A	110595	35	*Zurück in Alemania*	5;8	4;5

Spalte **1**: laufende **Nummer** im **Auswahlkorpus**
Spalte **2**: Verschriftlichungsform: **(P)** Handlungsprotokoll, **(T)** Transkription
Spalte **3**: laufende **Nummer** der Aufnahme im **Gesamtkorpus**
Spalte **4**: **Art** der Aufnahme: **(V)** Video, **(A)** Audio
Spalte **5**: **Datum** der Aufnahme
Spalte **6**: **Dauer** der Gesamtaufnahme in Minuten
Spalte **7**: **Titel** der Aufnahme - (L) Luna, (A) Adrian, (M) Mutter, (V) Vater
Spalte **A**: **Alter Adrian** (Jahre;Monate;Tage)
Spalte **L**: **Alter Luna** (Jahre;Monate;Tage)

Zum Lesen der Protokolle und Transkripte

Das vorliegende Auswahlkorpus enthält:

- *17 Handlungsprotokolle (P)* von Videoaufzeichnungen
- *28 Transkripte (T)* von Audioaufzeichnungen

Beide Verschriftlichungsverfahren wurden bereits im Hauptteil des Buches (Kap. 2.4 und 2.5) in ihren Grundzügen dargestellt und an Beispielen erläutert. Deshalb möchte ich an dieser Stelle lediglich eine zusammenfassende und schematische Darstellung vorlegen. Beiden Verschriftlichungsverfahren ist gemeinsam, daß die literarische Umschrift verwendet wird, Simultaneität von (oder innerhalb von) Äußerungen markiert wird und weitere Charakteristika der gesprochenen Sprache (Pausen, Abbrüche etc.) notiert werden.

Zu allen verschriftlichten Aufnahmen gibt es einen *Info-Kopf* sowie *Kopf- und Fußzeilen*, die die wichtigsten Informationen zur Aufnahme enthalten:

LA-Projekt: „Titel der Aufnahme"; Luna (Alter) / Adrian (Alter) — spracherwerb-bi Aufn.-Datum - #0 P/T

#0 P/T - Titel der Aufnahme

Luna (Alter)	Aufn.: 00 (A/V00) - 000000 - 00 Min.
Adrian (Alter)	Ort der Aufnahme; Tageszeit
Andere Kinder (Alter)	Handlungsrahmen der Aufnahme
Mutter	A(ufnahme)-Geräte: xxxxxx
Vater	P(rotokollierungs-)/ T(ranskriptions)-Geräte: xxxxxx
Andere Erwachsene (weitere Infos)	

Protokoll / Transkription

VERSCHRIFTLICHUNGSFORM (Umfang) — Protokollierung: Name(n) / Copyright: Garlin

---

Der Info-Kopf enthält im linken Block die Liste der am Diskurs beteiligten Aktanten. Der rechte Block gibt die folgenden Informationen: In der ersten Zeile (fett, kursiv, unterstrichen) finden sich die Nummer der Aufnahme im Auswahlkorpus (#0), die Verschriftlichungsform (P/T) sowie der Titel der Aufnahme. Die zweite Zeile gibt Auskunft über die lfd. Nummer der Aufnahme im Gesamtkorpus (Aufn.: 00) und im Audio- bzw. Videokorpus (A/V00) sowie über Datum und Gesamtdauer der Aufnahme. In der dritten und vierten Zeile finden sich Informationen zu Ort, Zeit und Handlungs-

rahmen der Aufnahme. In den Zeilen fünf und sechs werden Angaben zu den verwendeten Aufnahme- und Trankriptionsgeräten gemacht.
Die wichtigsten dieser Angaben finden sich auch in der Kopfzeile wieder. Von links nach rechts gelesen: Projektbezeichnung / Titel der Aufnahme / beteiligte Kinder (Alter) / Untersuchungsgegenstand: spracherwerb-bi(lingual) / Aufnahmedatum / Nummer im Auswahlkorpus.
Die Fußzeile enthält links Informationen zu Verschriftlichungsform (HANDLUNGSPROTOKOLL, VOLL- oder BASISTRANSKRIPT) und Bearbeitungsumfang (z.B. komplett, Langausschnitt, Kurzausschnitte). Rechts finden sich die Namen der Transkribentinnen sowie das Copyright.

Die Videoaufzeichnungen liegen in Form von *Handlungsprotokollen* vor. Das Protokoll selbst hat folgende einfache Systematik:

Sprecher 1:	Äußerung
	Übersetzung
Sprecher 2:	Äußerung
	Übersetzung
Sprecher 1:	Äußerung
	Übersetzung
usw.	

Diese Darstellungsform von Dialogen ist aus schriftlichen Texten hinreichend bekannt. Die verwendeten Zeichen sind im einzelnen in der „Zeichenübersicht Handlungprotokolle / Transkripte / Segmentierungen" (s. letzte Seite) erfaßt.

Das Lesen der *Transkriptionen*, die nach dem Verfahren der „halbinterpretativen Arbeitstrankription" (HIAT) und mithilfe des Computerprogramms „syncWriter" (für Apple/Macintosh) erstellt wurden, erfordert gegenüber gängigen schriftlichen Texten ein Umdenken bei der Rezeption. HIAT-Transkripte sind - entsprechend einer Musikpartitur für mehrere Instrumente - nicht zeilen-, sondern *flächenweise* zu lesen. Die Flächen (Fl.) sind oben links am Rand der (Partitur-)Klammer fortlaufend nummeriert.
Innerhalb der einzelnen Flächen erhält jeder der am Diskurs beteiligten Sprecher (S1, S2 usw.) einen eigenen Sprecherblock, bestehend aus der Sprecherzeile, der Intonationszeile (oberhalb der Sprecherzeile), der Übersetzungszeile und der Zeile für nonverbale Kommunikation, der NVK-Zeile (unterhalb der Sprecherzeile). Zusätzlich zu den Sprecherblöcken enthalten die Transkripte noch eine Situationszeile unterhalb aller Sprecherblöcke sowie eine Anmerkungszeile für technische u.a. Kurzinformationen unterhalb der gesamten Fläche. Systematisch gesehen stellt sich eine Fläche folgendermaßen dar:

Fl.-Nr.	S1>	Intonation der Äußerung		
	S1:	**Äußerung (A)**		**Äußerung (C)**
	S1-Überse.	*Übersetzung der Äußerung*		
	S1-NVK	o-nonverbale Aktivitäten-o		
	S2>			
	S2:		**Äußerung (B)**	**Äußerung (D)**
	S2-Übers.			
	S2-NVK			
	Sit.	*Angaben zur Situation*		
	Anm.	Anmerkungen (z.B. Aufnahmeschnitte etc.)		

Die Sprecherblöcke werden durch Sprechersiglen markiert. Die zentralen Informationen finden sich in den Sprecherzeilen, die von (A) nach (B) nach (C)/(D) gelesen werden (die Äußerungen C und D werden gleichzeitig verbalisiert). Die anderen Zeilen dienen dazu, dem Leser die Äußerungen an sich und im Gesamthandlungszusammenhang verständlicher werden zu lassen
Die Sprecherblöcke sind systematisch wie folgt belegt (siehe auch „Info-Kopf"): Luna und Adrian stehen an erster und zweiter Stelle, gefolgt von möglichen anderen kindlichen Interaktanten. Dann folgen die Sprecherblöcke der Eltern - zuerst Mutter, dann Vater - und im Anschluß wiederum die der weiteren möglichen erwachsene Interaktanten .
Eine solche Systematik ist von großer Relevanz für das Lesen von Transkripten. Da das flächenweise Rezipieren einen höheren Konzentrationsanspruch an den Leser stellt als das gängige zeilenweise Lesen, sollte er dabei mit einigen Verläßlichkeiten bei der systematischen Anordnung der Sprecher rechnen können. In den vorliegendenTranskripten wird die Erleichterung bei der Rezeption weiterhin dadurch gefördert, daß die Sprecherzeilen der beiden untersuchten Kinder Luna und Adrian systematisch durch Fettdruck markiert sind.

Die Transkriptionszeichen werden in den Transkripten, den Handlungsprotokollen und den Segmentierungen weitestgehend in Übereinstimmung verwendet. Eine Legende findet sich am Schluß des Buches.

Anmerkungen zum Spanischen

Die spanische Sprache weist in einigen Bereichen (vor allem Phonetik und Lexikon) relativ starke regionale Differenzen auf (insbes. Spanien vs. Lateinamerika). Für die Transkription wurde die spanische Standard-orthographie inkl. Akzentschreibung und eine an das Deutsche angeglichene Zeichensetzung gewählt, um eine gute Lesbarkeit der Transkripte zu ermöglichen (s. Kap. 2.4).

Es gibt Unterschiede bei der *Graphem-Phonem-Umsetzung* zwischen dem Spanischen Lateinamerikas - das für die vorliegenden Transkriptionen von Interesse ist - und dem Deutschen, die hier kurz gelistet werden sollen. Dabei wird auf die Verwendung der phonetischen Umschrift (IPA) verzichtet; stattdessen werden die orthographischen Entsprechungen im Deutschen gesetzt. Es ist vorab noch anzumerken, daß im Spanischen alle Wörter (außer am Satz-anfang und als Eigennamen) klein geschrieben werden.

spanisches Graphem	Realisierung	Beispiel
<c>	**K** vor -a, -o und -u **S S** vor -e und -i	cama *Bett* ≈ KAMA gracias *danke* ≈ GRASSIAS
<ch>	**TSCH**	chico *klein* ≈ TSCHIKO
<g>	**G** vor -a, -o und -u **CH** vor -e und -i	amargo *bitter* ≈ AMARGO gente *Leute* ≈ CHENTE
<gu>	**G** vor -e und -i	guitarra *Gitarre* ≈ GITARRA
<h>	**(stumm)**	hablar *sprechen* ≈ ABLAR
<j>	**CH**	hijo *Sohn* ≈ ICHO
<ll>	**J**	llamar *rufen* ≈ JAMAR
<ñ>	**NJ** bzw. **NI**	señor *Herr* ≈ SENJOR
<qu>	**K**	querer *wollen/lieben* ≈ KERER
<r>	**Zungen-R (einfach gerollt)** in intervokalischer Position **Zungen-R (merhfach gerollt)** nach Konsonanten und in Initialposition	cariño *Zärtlichkeit* ≈ KARINJO enrollar *einrollen* ≈ ENRROJAR rojo *rot* ≈ RROCHO
<rr>	**Zungen-R (mehrfach gerollt)**	carro *Auto* ≈ KARRO
<s>	**SS (stimmlos)** **S (stimmhaft)** vor -m und -n	besito *Küßchen* ≈ BESSITO mismo *gleich* ≈ MISMO
<v>	**B** (häufig als Frikativ zwischen B und W)	vaso *Glas* ≈ BASSO
<w>	**(G)U** (nur in Fremdwörtern)	wáter *Klosett* ≈ (G)UATER
<x>	**X** oder **S**, gelegentlich **SCH** oder **CH**	xylofón *Xylophon* Ximena ≈ CHIMENA
<y>	**J** vor Vokalen **I** in freier oder Finalposition	ya *schon* ≈ JA y *und* ≈ I
<z>	**S S**	zapato *Schuh* ≈ SSAPATO

Auch die spanische *Akzentschreibung* bedarf einer kurzen Erläuterung, um die Transkriptionen angemessen lesen zu können. Es wird ausschließlich der Akzent <´> verwendet, der zwei verschiedene Funktionen erfüllt. Zum einen fungiert er als Wortakzent, der die betonte Silbe markiert, zum anderen dient er zur Differenzierung homophoner Lexeme.

Die spanische Wort-Betonung folgt relativ festen Regeln:

• Mehrsilbige Wörter, die auf Vokal, auf -n oder auf -s enden, werden auf der vorletzten Silbe betont (z.B. besito *Küßchen*, joven *jung*, gracias *danke*).

• Mehrsilbige Wörter, die auf einen Konsonanten (außer -n und -s) oder auf -y enden, werden auf der letzten Silbe betont (z.B. señor *Herr*, estoy *ich bin*).

In diesen Fällen erfolgt keine Akzentschreibung.

Weicht die mündliche Realisierung von diesen Regeln ab, so wird dies durch die Akzentschreibung (immer auf dem Silbenvokal) markiert (z.B. está *er/sie/es ist* vs. esta *diese/s/r*, también *auch*).
Auch einige einsilbige Wörter werden mit Akzent geschrieben, um sie von gleichlautenden Wörtern mit anderer Bedeutung zu unterscheiden (z.B. tú *du* vs. tu *dein*, sí *ja* vs. si *falls/wenn*). Darüber hinaus werden alle Frage- und Ausrufewörter durch den Akzent markiert (z.B. ¿cómo? *wie?*, ¿dónde? *wo?*, ¿por qué? *warum?* vs. porque *weil*; ¡qué bonito! *wie hübsch!*).

#1 P - *A auf Amos Arm: Küche*

Aufn.: 2 (V2) - 100989 - 10 Min.
Br.: Großeltern: Küche; Morgen
Interaktion mit Baby
A-Geräte: Sharp VL-C73EA
P-Geräte: Blaupunkt RTV 926 HIFI

A	**Adrian (0;0;29)**
Am	**Amo** (Großmutter mütterlicherseits)
Op	**Opa** (Großvater mütterlicherseits)
Ki	**Kiki** (Tante mütterlicherseits)
Om	**Omama** (Urgroßmutter mütterlicherseits)

Alle Teilnehmer sitzen um den Küchentisch herum. Am sitzt auf dem Küchensofa und hält A. Om sitzt neben ihnen auf dem Sofa. Ki sitzt ihnen gegenüber. Op filmt.

Ki: Mäuschen! <p>
A: **((gibt einen sanften Ton von sich))**
Ki: Hallo, Mäuschen! <p>
A: **((quäkt))** <kurz und energisch>
Am: Ja'. <energisch>
Ki: Anwortest du mir schon? Ja? Sags du mir schon „Gutn Morgn"?
Am: (hebt A in eine aufrechte Position) Ja?
A: (öffnet weit den Mund)
Am: Und?
A: (gähnt)
Am: ((lacht))
Om: ((lacht)) (greift As linke Hand)
Ki: ((schnalzt mit der Zunge))
A: (öffnet die Augen, bewegt seine Zunge bei geöffnetem Mund)
Ki: (Wie der) immer mit der Zunge! <p; entzückt>
alle: (beobachten As Gesicht und lächeln)
... [Schnitt]
A: ((quäkelt))
Am: Ja. <beruhigend> (legt sich A rücklings, aufrecht auf die Brust)
A: **((quäkt))**
Am: Hm ja, is ja gut. <beruhigend>
A: **((quäkelt))**
Am: Is ja gut, is ja gut. <beruhigend> (schaukelt A) So is ja gut. Ach, wie is das schön. <p>
Op: (verrutscht den Stuhl)
Am: A::h. <p; mit dem Stuhl mitgehend>
A: **((quäkt))**
Am: Nein? Nein? Nein? Ja:. <beruhigend> (hebt A und hält sein Gesicht ihr zugewandt an ihr Gesicht) (schaukelt vor und zurück und spricht beruhigend auf ihn ein) (küßt seinen Mund) ((lacht))
A: (bewegt seinen Mund suchend in Ams Gesicht)

Am: (schaut zu Ki) Gottchen, Gottchen, Gottchen. ((lacht)) Da is nichts, mein Engelchen. (bringt A in eine neue Position) Da is nichts, mein Schätzchen.

A: **((quäkt))**

Am: (wippt auf dem Sofa auf und ab) Da is nichts, aber das is doch schön. ((spricht leise weiter auf A ein)) ((kommentiert etwas zu Ki)) So:, siehst du, jetzt schläfst du schön. (fängt an, A in seine Decke einzuhüllen) Denkste - nich.

A: **((schreit quäkend))**

Ki: ((lacht))

Am: Ja, nu is ja gu::t, nu is ja gu:t, nu is ja gu:t. <beruhigend> Wir schaukeln ja gleich. (wickelt A in die Decke und bringt ihn in Liegeposition)

A: **((quäkt))**

Am: Ja, wir schaukeln ja gleich. (wippt auf dem Sofa) Ja, ja, ja, ja, wir schaukln ja gleich. Ja, nun is ja gu:t, nu is ja gu:t

A: **((quäkt))**

Am: Nein? (hört auf zu wippen) Füßchen? (fängt an, As Füße zu massieren) Komm, Füßchend massiern. Ko:mm, mein süßer Schatz.

A: **((quäkelt weiter))**

Am: Nein, auch nich? (hält A wieder aufrecht an ihr Gesicht und wippt wieder) Joa.

A: **((quäkelt weiter))** (bewegt seinen Mund suchend in Ams Gesicht)

Am: Da is aber nichts zum holn.

Om: (schaut genervt) Gib ihm das Lutscherchen und er hat/ du hast in zwei Minuten ein schlafendes Kind.

#2 P - *A und M spielen auf dem Sofa*

A	**Adrian (0;2)**
M	**Mutter**
Am	**Amo** (Großmutter mütterlicherseits)

Aufn.: 9 (V9) - 111189 - 4 Min.
Br.: Großeltern: Wohnzimmer: Sofa; Morgen
Interaktion mit Baby: Hoppe-Reiter
A-Geräte: Sharp VL-C73EA
P-Geräte: Blaupunkt RTV 926 HIFI

M liegt rücklings auf dem Sofa und hält A, ihr zugewandt, auf dem Bauch. Sie fängt an, mit A „Hoppe-Reiter" (Rock&Roll-Rhythmus) zu spielen. Am filmt.

Am:	Jetz lacht er überhaupt nich.
M:	Hopp-hopp-hopp-hopp Raheiter,
A:	(blickt M an)
M:	wenn er fällt, dann schraheit er.
A:	(lächelt M an)
M:	Fällt er in den Grahaben,
A:	(lächelt M weiter an, öffnet den Mund)
M:	fressen ihn die Rahaben.
A:	(lächelt M weiter an)
M:	Fällt er in den Sumpf, dann macht der Reiter
A:	(blickt wieder ernster)
M:	plums. (läßt A in Sitzposition zwischen ihre Beine sacken)
A:	(blickt weg in Richtung Musikanlage)
Am:	Nix.
M:	Hopp-hopp-hopp-hopp Raheiter,
A:	(blickt und lächelt M an) **Hea!** <lachend>
M:	Hea! wenn er fällt, dann schraheit er.
A:	(wendet seinen Blick von M ab in Richtung Musikanlage)
M:	Fällt er in den Grahaben,
A:	(blickt M kurz, aber ohne zu lächeln, an)
M:	fressen ihn die Rahaben.
A:	(blickt wieder von M weg in Richtung Musikanlage)
M:	Fällt er in den Sumpf, dann macht der Reiter
A:	(blickt M kurz und ernst an)
M:	plums. (läßt A tiefer sinken)

#3 P - *A alleine auf dem Sofa*

A **Adrian (0;3)**
Am **Amo** (Großmutter mütterlicherseits)

Aufn.: 11 (V11) - 121189 - 3 Min.
Br.: Großeltern: Wohnzimmer: Sofa
Interaktion mit Baby: Erzählen
A-Geräte: Sharp VL-C73EA
P-Geräte: Blaupunkt RTV 926 HIFI

A liegt bauchlings auf dem großen Sofa. Am spricht mit ihm und filmt gleichzeitig.

A: (liegt auf dem Bauch, stützt sich mit den Händen ab, versucht vorwärtszukommen) ((**tönt dabei angestrengt->**))
Am: Hallo!
A: ((**hört auf zu tönen**)) ((**fängt wieder an zu tönen->**))
Am: Schatzi! Schatzi! Ja, nun komm doch her! Ja, komm doch!
A: ((**hört auf zu tönen**))
Am: Na, komm doch, mein Schatzi!
A: **Ail** <quäkend>
Am: Allo!
A: ((**quäkt weiter**))
Am: Hallo!
A: (legt seinen Kopf ab) ((**tönt**)) <erschöpft>
Am: Jetz bist du müde.
A: ((**tönt**)) <erschöpft; fallende Intonation>
Am: Jòa.
... [Schnitt: Das Wechselspiel wiederholt sich. Am hat A auf den Rücken gedreht.]
A: (bewegt energisch Arme und Beine) ((**tönt dabei gelegentlich entspannter als vorher->**))
Am: Erzählst du mir was? Ja, erzähle mal!
A: ((**tönt**))
Am: Ja, natürlich!
A: ((**hüstelt**))
Am: Och!
A: ((**tönt**))
Am: Owowo. <A imitierend> ((lacht)) Oh, Gottchen, Gottchen! Ujujujujuj. ((lacht))
A: (reibt sich die Augen) ((**tönt dabei leise und erschöpft**))
Am: Joa. ((lacht)) Na, Schnuppi! Na, Schnuppi! Erzähle mal was!
A: ((**tönt leise**))
Am: Erzähle mal was!
A: (fängt wieder an, Arme und Beine zu bewegen) ((**tönt dabei->**))
Am: Ja, natürlich. Joa. Erzähle mal! Erzähle mal!
... [Schnitt: A wird wieder aktiver. Am fährt fort mit ihren Aufforderungen.]

#4 P - *Heilig Abend 89*

Aufn.: 12 (V12) - 241289 - 11 Min.
Br.: Großeltern: Wohnzimmer; Abend
Handlungsausführung auf Aufforderung (Lächeln)
A-Geräte: Sharp VL-C73EA
P-Geräte: Blaupunkt RTV 926 HIFI

A	**Adrian (0;4)**
M	**Mutter**
Am	**Amo** (Großmutter mütterlicherseits)
Op	**Opa** (Großvater mütterlicherseits)
Ki	**Kiki** (Tante mütterlicherseits)
Mi	**Mimi** (Großtante mütterlicherseits)

Mi sitzt auf dem großen Sofa und hält A, den anderen zugewandt, auf ihrem Schoß. Alle anderen bewegen sich um die beiden herum und beobachten A. Heitere Stimmung. Op filmt.

A: **Äh!** <unzufrieden> (verzieht dabei den Mund)
alle: ((imitieren A))
Mi: Was schimpfst du? Komm mal her. (dreht A sich zu) Warum schimpfst du so?
A: **((niest))**
Mi: Äh! (lächelt, hält A etwas von sich weg)
Ki: Abischu!
A: **((niest))**
Ki: Abischu!
Mi: Kuck mal, wenn er so lacht, das is so schön. (dreht A wieder den anderen entgegen)
Ki: (hilft Mi) Abischu!
Mi: Das is so schön (   )
M: (kommt ins Zimmer) Django! <f> Djanguito! <f>
A: (blickt M an)
M: Chulito! <f>
A: (blickt M an)
M: Oye!
Hör mal!
A: **((tönt gepreßt))** (strampelt, blickt nach unten)
M: Una sonrisita! Chulito! Chulito!
Ein Lächeln!
A: (blickt M an)
M: (Dame) una sonrisita!
(Gib mir) ein Lächeln!
A: (lächelt; blickt dabei wieder in Richtung Tisch)
M: O:h, gracia:s!
danke!
alle: ((lachen))
M: Gracias, señor!
Danke, (mein) Herr!
Am: ((kommentiert As Handlungsausführung))

A **Adrian (0;4)**
Am **Amo** (Großmutter mütterlicherseits)

#5 P - *A in der Badewanne*
Aufn.: 13 (V13) - 291289 - 4 Min.
Br.: Großeltern: Bad: Badewanne
Handlungsausführung auf Aufforderung (Planschen)
A-Geräte: Sharp VL-C73EA
P-Geräte: Blaupunkt RTV 926 HIFI

A liegt ruhig alleine rücklings in der großen Badewanne. Er hält während der gesamten Zeit beständig Blickkontakt mit Am. Am filmt.

Am: Plansche doch mal!
A: (blickt Am an)
Am: Na, plansche doch mal!
A: **Hm.** (schlägt die Beine zusammen)
Am: H´m? Na, plansche mal!
A: (bewegt die Beine ein wenig und schlägt mit den Armen ins Wasser)
Am: Ja‘, aber dolle! Ja, aber dolle!
A: (schluckt Wasser und gibt dabei einen Ton von sich)
Am: Was is denn? ((lacht))
A: (strampelt leicht mit den Beinen)
Am: Ná? Ná?
A: (strampelt mit einem Bein)
Am: Nichts? Nichts?
A: **H`m::.** (strampelt mit beiden Beinen)
Am: Nichts?
A: (bewegt sich reger->)
Am: Nichts? Na, plansche mal! Na, plansche mal orndlich! Macht das kein Spaß?
... [Schnitt]
Am: Ganz dolle, dolle, dolle!
A: (schlägt ruckartig mit allen Gliedmaßen)
Am: Jà:! <energisch> So ab/ ab/ ab/ aber ganz <u>dolle</u>!
A: (fängt an, energischer mit den Beinen zu strampeln->)
Am: Aber <u>dolle</u>! So wie du das immer machst. So ganz <u>dolle</u>!
A: (schluckt Wasser)
Am: O‘ o‘ o‘ o‘, schluckst du jetz Wasser? <u>Schluckst</u> du wieder Wasser?
A: (wird ruhiger in seinen Bewegungen)
Am: Ná::!
A: **He.**
Am: Haha! <hechelnd> Schatzi!
A: (blickt zur Tür)
Am: Hahah! <hechelnd> <u>Schatzi</u>! Schatzi, nu <u>plansche</u> doch mal! Nu, plansche doch mal! Sons bis du doch/
A: (fängt an, reger zu planschen)

Am: Ja, so dolle! Sons bis du immer so fein im Wasser!
A: **He.** (planscht)
Am: Hallo! Hallo! Gefällts dir? Gefällt es dir oder nich mehr?

#6 P - Neujahr 90

Aufn.: 15 (V15) - 010190 - 5 Min.
Br.: Großeltern: Wohnzimmer: Sessel
Turn-taking: Hoppe-Reiter
A-Geräte: Sharp VL-C73EA
P-Geräte: Blaupunkt RTV 926 HIFI

A **Adrian (0;4)**
M **Mutter**
Am **Amo** (Großmutter mütterlicherseits)

M liegt rücklings auf dem Sessel, hält A sitzend auf ihrem Bauch und spielt mit ihm „Hoppe-Reiter" (Rock&Roll-Rhythmus). Am filmt.

M: Hopp-hopp-hopp <s>Raheiter,
A: <s>**A::h!** <f; fallende Intonation>
(blickt von M weg über die Sessellehne)
Am: ((lacht))
M: wenn er fällt, dann schraheit er.
A: **A::h!** <f; quietschend> (blickt weiterhin über die Sessellehne)
M: Fällt er in den Grahaben,
A: (wendet sich M zu)
M: fressen ihn die Rahaben.
A: (blickt M an) **((quietscht))**
M: Fällt er in <s>den Sumpf, dann macht der Rei:ta::::: (schüttelt A heftiger)
A: <s>**((quietscht))**
M: plums. (drückt A nach hinten in Liegeposition)
Django! Django! <höher als die erste Ansprache> (zieht A wieder hoch)
A: **A`:h!** <ähnlich „jà:"> (beim Hochkommen)
M: A`:h! <A imitierend>
A: **((quietscht))**
M: ((stöhnt)) (bringt A wieder in eine bequeme Position)
Am: ((lacht))
A: (blickt zu Am)

#7 P - *A zu Hause II*

Aufn.: 18 (V18) - 240290 - 18 Min.
Mü.: Whg.1: Eingangs-/Wohnbereich
M-A-Interaktion: Imitieren einer Lautfolge
A-Geräte: Sharp VL-C73EA
P-Geräte: Blaupunkt RTV 926 HIFI

A **Adrian (0;6)**
M **Mutter**
Am **Amo** (Großmutter mütterlicherseits)

M sitzt mit gespreizten Beinen auf dem Fußboden, dem großen Spiegel zugewandt, und hält A in Stehposition, ebenfalls dem Spiegel zugewandt, zwischen ihren Beinen. Sie läßt A, der sich im Spiegel sieht, „hopsen". Am filmt das Spiegelbild.

M: A ver, „Papa"! Babababababababa.
Mal sehen,
A: **((gibt einen Ton von sich))** (fängt an, Ms Lippenbewegung zu imitieren)
M: Babababababababababa. Papa. ((lacht)) . Hmpapa.
A: **Uababa.**
M: Así! <lachend> Papa. Papa.
So!

A **Adrian (0;6)**
M **Mutter**
Am **Amo** (Großmutter mütterlicherseits)

#8 P - *A mit Freundin Lucy*

Aufn.: 19 (V19) - 240290 - 6 Min.
Mü.: Whg.1: Eßbereich: Fußboden
Turn-taking: Quatsch-Diskurs
A-Geräte: Sharp VL-C73EA
P-Geräte: Blaupunkt RTV 926 HIFI

A liegt bauchlings auf dem Fußboden neben dem Eßtisch. M sitzt am Eßtisch und initiiert einen „Quatsch"-Diskurs (mit Sprachstruktur). Am filmt aus der Küche heraus A von vorne.

M: ((tönt)) <mit Frageintonation>
Am: ((lacht))
A: (blickt zu M hoch)
Hahaha. <meckrig>
M: ((tönt)) <mit Frageintonation>
Am: ((lacht))
A: (blickt zu Am; lächelt) **Ha. Hm.** (blickt zu M) **Ha. Aha.**
M: ((tönt <mit Aussageintonation>
A: (robbt ein Stück näher an M heran) (blickt M an) **Ha'. A`:h. A`:h.** <leicht lachend>
Am: ((lacht))
M: ((tönt)) <mit Aussageintonation>
Am: ((lacht))
A: (robbt ein Stück näher an M heran) **E`:h. Ä`:h!** (blickt M an; lächelt freudig)
Am: ((lacht))
M: ((tönt)) <mit Aussageintonation>
A: (robbt näher an M heran) **((tönt dabei kurz))** (blickt M an; lächelt) **Ä`:h!**
M: ((tönt)) <leiser; mit Aussageintonation> ((tönt)) <leiser> ((tönt)) <leiser>
A: (blickt M verwundert/abwartend an)
M: ((tönt)) <wieder energischer>
A: (blickt M abwartend an)
Am: ((lacht))
A: **Ä`:h.** <freudig>

<u>#9 P - *A zu Hause III*</u>

A **Adrian (0;6)**
M **Mutter**
Am **Amo** (Großmutter mütterlicherseits)
Na **Nachbarin**

Aufn.: 20 (V20) - 250290 - 22 Min.
Mü.: Whg.1: Wohnbereich: Mutters Bett
Begrüßung; Imitation einer Lautfolge
A-Geräte: Sharp VL-C73EA
P-Geräte: Blaupunkt RTV 926 HIFI

A liegt auf Ms Bett, der Gartentür zugewandt, im Sonnenlicht. M steht nicht sichtbar an der Gartentür. Na kommt an die Gartentür und begrüßt A. Am filmt.

Na: Guten Morgen! <zu A>
A: (blickt zu Na) **A`:h!** <lächelnd; freudig>
Na: A`h. <A imitierend>
Am: ((lacht->))
A: **Ah!** <freudig> (drückt sich mit den Armen hoch)) **((tönt))** <freudig> (schlägt mit der Hand aufs Bett; blickt weiterhin zu M und Na)
Na/M: ((sprechen unverständlich untereinander))
Na: Huhu! <zu A> Das is sein Gruß oder so ((tönt)) <zu M> ((lacht))
Na/M: ((sprechen unverständlich untereinander))
A: **A`h!** <f> (blickt zu Na)
Na/M: ((sprechen unverständlich)) <lachend>
. . . [Schnitt]
M: (tritt ins Zimmer)
A: **<u>Ähuähu</u>!** <zu M> (bewegt sich ein Stückchen vorwärts)
M: (geht an A vorbei, um ein „Sonnenhäubchen" zu holen)
A: (Krabbelposition; blickt zu Na)
Na: He? . Und? Is das auch dein Geschmack, <s>das Wetter?
A: <s>**Ah!** <freudig; quietschend>
(schlägt mit der Hand aufs Bett)
Am: ((lacht))
. . . [Schnitt]
Na/M: ((unterhalten sich untereinander; lachen))
A: (blickt zu M und Na) **Ähöm'!** (schlägt mit der Hand aufs Bett)
Am: Schatzilein!
M: Ven, ven, ven, ven! <schnell>
Komm, komm, komm, komm!
A: **Ä::h!** <freudig; zu M>
M: Ven, ven!
Komm, komm!
Na: Ä::h. <A imitierend>
M: Ven, ven!
Komm, komm!
A: **Hm.** (blickt aufs Bett) **Ve.** <blickt zu M>
Na: Äh? <zu A>

M:	Ven, ven!	Ven pa acá!	Ven, ven!
	Komm, komm!	*Komm her!*	*Komm, komm!*
A:	(gähnt)		
Na:	((lacht)) <A beobachtend>		
A:	**<u>Vem</u>.**		

A	**Adrian (0;8)**
M	**Mutter**
Am	**Amo** (Großmutter mütterlicherseits)
Op	**Opa** (Großvater mütterlicherseits)
An	**Anja** (Großtante mütterlicherseits)

#10 P - *Spielen + Abendessen*

Aufn.: 24 (V24) - 190490 - 12 Min.
Br.: Großeltern: Wohnzimmer: Eßtisch; Abend
Abendessen; Trinken mit Strohhalm (Applaudieren)
A-Geräte: Sharp VL-C73EA
P-Geräte: Blaupunkt RTV 926 HIFI

Alle Teilnehmer sitzen am Eßtisch und essen Abendbrot. A sitzt im Hochstuhl am Kopf des Tisches. M sitzt an seiner Seite und macht ihm ein Brot. Vor A, außerhalb seiner Reichweite, steht sein Glas Saft mit Strohhalm.

M: Werder! <ruckartig; beide Silben betonend>
A: **Äh!** <ruckartig>
An: Hmhm! <ruckartig; beide Silben betonend>
A: (wendet sich M zu; verfolgt mit dem Blick ihre Zubereitungsaktivitäten)
Äh'! Ähä^häh! <ruckartig>
M: Eso! Werder! <ruckartig>
Das ist es!
A: **Hm, hm!** <ruhiger> (schlägt mit der Hand auf den Tisch)
Op: Django, Django.
A: (streckt die Hand nach dem Saftglas aus)
M: Hier, hier. Hier, ich geb dir zu trinkn. (nimmt das Glas, hält A den Strohhalm an den Mund)
A: **Ä`h!**
M: Ja, ja, kommt schon.
A: (trinkt ausgiebig mit dem Strohhalm)
An: H`m:! <p>
M: H^m:!
An: H^m:.
M: (stellt das Glas wieder auf den Tisch) Das is doch endlich hier mal wieder was nach deim Geschmack. (fängt wieder an, das Brot zu machen)
A: **H^m!** <dem Brot zugewandt> (schlägt mit den Armen)
M: Noch mehr? <erstaunt> Oah! (reicht A erneut das Glas zum Trinken)
A: (trinkt ausgiebig mit dem Strohhalm; blickt dabei in die Runde)
M: Kuckn auch alle? (stellt das Glas wieder auf den Tisch; schmiert weiter das Brot)
An: Ah. <erleichtert>
M: So. <p>
A: (wendet sich dem Brot zu) **He!**
M: Nee, jetz kommt gleich no mehr.
A: **Äh.** (rudert mit den Armen/ schlägt auf den Tisch->)
M: Jetz nehm wa ma n Pilz.
Am: N:a, Pilz is n bißchen hart.
M: Hart.
A: **Hm.** <ruckartig>

M: Du kriegst n Stückchen Bro:t. (schneidet die Scheibe durch)
A: ((**tönt**)) <drängender; dem Brot zugewandt>
M: So. So, beiß ma ab. (hält A das Brot an den Mund)
A: (beißt ab)
M: Hm:.
A: (streckt die Hand nach dem Saftglas aus) **H^m!**
M: Was möchtes du denn? Das? (zeigt mit dem Finger auf den Strohhalm) Immer noch?
A: (streckt die Hand nach dem Saftglas aus)
M: (hält A das Glas zum Trinken vor)
A: **Hmhm.** <trinkend>
M: Gut, ne? Warte mal. (nimmt das Glas weg)
An: Hm^:!
A: (blickt zu An; führt die Hände zusammen)
M: Bravo! <f>
A: (‚klatscht')
M: Bravo! Eso!<f> ((lacht))
Das ist es!
An: (klatscht)
Am: ((lacht))
M: (reicht A erneut das Glas zum Trinken)
A: (trinkt) (führt die Hände zusammen; blickt in die Runde)
An: (klatscht->) Fein, fein!
M: Bravo! Bravo! <f>
alle: ((lachen))
An: (klatscht) Fein.

A Adrian (0;11)
V Vater

#11 P - Mamita ist da - A läuft

Aufn.: 29 (V29) - 050890 - 0,5 Min.
Mü.: Whg.1: Eßbereich, Eßtisch; Nachmittag
A-V-Interaktion: Trinken
A-Geräte: Sharp VL-C73EA
P-Geräte: Blaupunkt RTV 926 HIFI

V und Mamita (Großmutter väterlicherseits) sitzen am Eßtisch. M sitzt ihnen, A vor sich, schräg gegenüber. Amo (Großmutter mütterlicherseits) filmt.

V: ((schnalzt mit der Zunge)) <zu A>
A: (krabbelt zu V, stellt sich hin) ((**tönt**))
V: Qué pasa?
Was ist los?
A: **Bibi!**
V: Bibi?
A: **Bibibi!** (greift nach einem Messer auf dem Tisch)
V: Bibibi. Ah'àh. (nimmt das Messer und legt es auf den Tisch)
Ya le has malogrado uno a tu mamá ya. (gibt A etwas zu trinken)
Schon ihr du hast kaputt gemacht eins deiner Mama schon.
A: (trinkt)

#12 P - A ißt Nudeln auf dem Sofa

A	**Adrian (1;0)**
Am	**Amo** (Großmutter mütterlicherseits)
Op	**Opa** (Großvater mütterlicherseits)
Om	**Omama** (Urgroßmutter mütterlicherseits)

Aufn.: 37 (V37) - 070990 - 4 Min.
Br.: Großeltern: Wohnzimmer; Abend
Abgeben; Verabschieden
A-Geräte: Sharp VL-C73EA
P-Geräte: Blaupunkt RTV 926 HIFI

A sitzt auf dem großen Sofa und ißt mit den Fingern Nudeln aus einem Schälchen. Die anderen Interaktanten stehen um ihn herum. Op filmt.

Om: (nähert sich A) Und i:ch? Bitte-bitte (schlägt die Hände zusammen), auch eins für Omama.
A: (hält Om eine Nudel in der ausgestreckten Hand entgegen)
Om: (schiebt ihre Hand unter die As)
A: (läßt die Nudel in Oms Hand fallen)
Om: Danke. H^m:, wunderbar. Hm, wunderbar, hm:! ((lacht)) (richtet sich wieder auf)
A: (hebt eine weitere Nudel auf und streckt sie Om entgegen) **Da!** <pp>
Om: Iß schön.
A: (ißt die Nudel)
... [Schnitt]
Op: Sin die Nudln denn jetz alle-alle?
A: (blickt zu Op, dreht die geöffnete Hand)
Op: Alle-alle? Nix mehr da?
A: (blickt zu Om)
Om: Alle-alle? Alle-alle?
A: (blickt auf seine Hände, dann zu Op) (steckt eine Nudel in den Mund)
Om: Alle-alle? Alle-alle? (Ja, mit) links. Links.
A: (greift ins Schälchen und holt eine neue Nudel heraus) **Da.**
Am: Ja? Da sind ja noch welche.
A: (ißt weiter)
... [Schnitt]
A: (schaut zu Op) ((**tönt**)) <mit L- und A-Lauten> (dreht dabei die geöffnete Hand->)
Am: ((lacht))
Om: Alle-alle. ((lacht)) Alle-alle. Alle-alle. Nich wahr?
Am: Ganz fein machen, ja?
A: (nimmt eine neue Nudel aus der Schale)
Op: Tschüß, Django!
A: (blickt zu Op)
Op: Tschüß!
Am: Bye-bye!
Op: Bye-bye!
Om: Das is ja mit der r/ rechtn Hand, aber <u>links</u> alle-alle.
A: (ißt weiter)
Om: Alle-alle.

A: (blickt zu Om)
Om: Hm?
Am: ( )
Op: Tschühüß! Django!
A: (blickt zu Op)
Op: Tschü:ß!
A: (blickt zu Am) (öffnet und schließt die rechte Hand, führt beide Hände an den Mund, bewegt die rechte Hand an sein Ohr, öffnet und schließt die rechte Hand erneut)
Om: Tschü:ß.
A: (setzt an, sich vom Sofa herunterzubewegen)
Am: Er will jetz/ <aufgescheucht>
Om: ((lacht))
Op: Nee, nee, nee, nee, nee.
A: (nimmt wieder Sitzposition ein, zeigt mit dem ausgestreckten Finger in den Raum hinein) **De!**
Am: Siehs du/ Ja, du mußt ihm nich „Tschüß" sagn. <zu Op>
Om: ((lacht))
Am: ((lacht)) Du mußt ihm doch nich „Tschüß" sagn, gel Djanguito.
A: (ißt weiter)
Am: Fein aufessen.
Om: Dann rückt er ab.
Am: Na.
A: (ißt weiter)
. . . [Schnitt]
A: (steigt vom Sofa herunter, bewegt sich auf die Kindergitarre, die auf dem Tisch liegt, zu) **De! Tara!** (ergreift die Gitarre)
Am: (Das is die) guitarra, ja. <liebevoll>
Gitarre
A: (nimmt die Gitarre in die Hand)
((tönt)) <mit L-Laut>
Om: Jawoll, . mit Gitarre.
A: (geht mit der Gitarre zu Am) **Bitte.** <zu Am>
Am: Musik, ja?
A: (geht weiter zu Am, zupft einmalig die Saiten, reicht Am die Gitarre)
Am: Fein, ja. (macht A die Serviette vom Hals ab)
A: (wendet sich einer anderen Sache zu)

#13 P - *L ist geboren*

Aufn.: 44 (V44) - 051190 - 7 Min.
Mü.: Whg.1: Wohnbereich; Morgen
Begrüßen
A-Geräte: Sharp VL-C73EA
P-Geräte: Blaupunkt RTV 926 HIFI

L	**Luna (0;0;1)**
A	**Adrian (1;2)**
M	**Mutter**

L liegt rücklings auf Ms Bett und wacht gerade auf. M sitzt vor ihr und begrüßt sie. A sitzt daneben und begrüßt sie ebenfalls. Am filmt.

L: (öffnet die Augen)
A: ((lacht))
M: (nähert sich Ls Gesicht) Gutn Morgen, mein kleines Bebi. <sanft>
A: **Behbi!**
M: (wendet sich A zu) Bebi. <zu A> (wendet sich wieder L zu) Guten Morgen. <sanft>
... [Schnitt]
A: (bringt einen Schnuller, reicht ihn M) **Äh, äh!**
M: (nimmt den Schnuller entgegen) Joa, chupón.
Schnuller.
A: **Äh.**
M: (streckt A den Schnuller entgegen) Tú no quieres? <zu A>
Du nicht willst?
A: **Äh.** <ablehnend>
M: (leckt den Schnuller an, hält ihn L vor den Mund)
Tú quieres? <zu L> (nimmt den Schnuller wieder fort)
Du willst?

L	**Luna (0;9)**
Op	**Opa** (Großvater mütterlicherseits)

#14 P - *Spielen auf der Terrasse*

Aufn.: 88 (V88) - 270891 - 5 Min.
Br.: Großeltern: Terrasse
Imitation Wort
A-Geräte: Sharp VL-C73EA
P-Geräte: Blaupunkt RTV 926 HIFI

L sitzt auf einer großen Decke auf der Terrasse. Vor ihr steht ein großer Korb mit Spielsachen. Vor ihr auf der Decke liegt ein Sandförmchen in Form einer Ente. Op führt die Kamera und spricht gleichzeitig mit L.

L: (blickt Op an)
Op: Luna:! Ajajajajajai.
L: (versucht nach der Entenform zu greifen, die vor ihr liegt) (nimmt die Form in die Hand und hält sie hoch) **Eh!** (blickt zu Op)
Op: Ente.
L: **Te.**
Op: Ente.
L: **Ta. Ente.** (blickt auf die Form)
Op: Ente.

L	**Luna (0;9)**
Op	**Opa** (Großvater mütterlicherseits)
Om	**Omama** (Urgroßmutter mütterlicherseits)

#15 P - *Tischgespräch*

Aufn.: 89 (V89) - 270891 - 10 Min.
Br.: Großeltern: Terrasse; Nachmittag
Diskursstrukturen
A-Geräte: Sharp VL-C73EA
P-Geräte: Blaupunkt RTV 926 HIFI

Om und Op sitzen am Terrassentisch. L befindet sich auf einem Stuhl zwischen ihnen. L stellt sich auf, Om zugewandt, und hält sich an der Stuhllehne fest. Op schlägt von hinten mit Luftballons gegen Ls Rücken. Om wendet sich ihr zu, um sie zu halten.

L:	**((lacht Om hörbar an))**
Om:	(streichelt L am Kinn, lächelt sie an) Paß auf! Falle nicht! <liebevoll>
L:	(wirft den Kopf nickend vor und zurück)
Om:	Ja, j/ Paß auf, falle nicht, falle nicht!
L:	(setzt sich wieder)
Op:	(schlägt von hinten wieder die Luftballons gegen L) Bumm-bumm!
L:	(stellt sich wieder auf)
Om:	Falle nicht, falle nicht! Ná?
L:	<s>(dreht sich zu Op)
Op:	<s>(läßt die Luftballons auf den Tisch gleiten)
L:	**Da hm** <zu Om>
Om:	Já.
L:	**Ei!**
Om:	Wás? <betont verwundert>
L:	**Ei.**
Om:	Wás? <betont verwundert>
L:	**A:h!** <krächzend>
Om:	Wás? <betont verwundert>
L:	**Ah.** <fast flüsternd>
Om:	Das gibt s doch gar nich! Das gibt s doch gar nich! He? (nähert sich L, greift dabei auf die Stuhllehne) Das gibt s doch/ (kippt den Stuhl leicht)
Op:	(greift erschrocken nach der anderen Stuhllehne)
Om:	Ich hab sie ja. Ich halt fest. <zu Op> Ja?! <nickend; zu L>
L:	((lacht meckrig)) **A::h!** <f>
Om:	Opa hat Angst um dich. <s>Opa hat Angst um/
L:	<s> (blickt nach oben zur Terrassendecke) ((**tönt dabei**))
Om:	Wás? <betont erstaunt> He?
L:	**Aich'.**
Om:	He?
L:	<s>**Eh.** <p>
Om:	<s>Und was noch? Und was denn noch?
L:	(bewegt den Kopf nickend->)

Om: Já. (nickt dabei) Já. (nickt dabei) (nicht verständlich) <pp> Já. ( ) <pp> Und was n noch?
L: (streckt die Hand nach Oms Haar aus)
Om: (beugt den Kopf) ((lacht))

<u>#16 P - *Reiten + Terrasse*</u>

Aufn.: 91 (V91) - 280891 - 8 Min.
Br.: Großeltern: Terrasse; Nachmittag
Gemeinsam laufen; Protest; Zählen
A-Geräte: Sharp VL-C73EA
P-Geräte: Blaupunkt RTV 926 HIFI

L	**Luna (0;9)**
A	**Adrian (2;0)**
Am	**Amo** (Großmutter mütterlicherseits)
Op	**Opa** (Großvater mütterlicherseits)

Op hält L an der rechten und A an der linken Hand. Sie wollen gemeinsam laufen. Am filmt.

Op:	Eins/ O nimm du mal Luna an der andern Hand. <zu A>
A:	(geht an Ls rechte Seite und will ihre Hand nehmen)
Op:	So. Ja. Schön/ <s<Ja, ja. So.
L:	(entzieht A ihre Hand) <s>**Ö:h! Öh!**
	<s>**Ö::::::h!** <f> (schlägt mit der Hand nach A)
Op:	<s>Ja, Lula, gib ihm die Hand!
Am:	<s>((lacht))
Op:	(kniet sich zu L herunter)
L:	(blickt Op an) **Ah!**
Op:	<s>Na, gib ihm die Hand, wir wolln doch zusamm laufn.
L:	<s>**Ah, ah, ah.** <dim.> (läßt sich von A an der Hand nehmen)
Op:	So, komm her. Eins, zwei. Eins/ Un dann zu Omama laufn. . Äh, zu Oma.
alle:	(laufen los in Richtung Am->)
Op:	Komm. Eins,
A:	**swei,**
Op:	Eins, <s>zwei.
A:	<s>**zwei,** <s>**vier.**
Op:	<s<Eins, <s>zwei.
A:	<s>**swei, vier.**

L>	Luna Intonation i.w.S.
L	**Luna (1;1)**
L-NVK	Luna NVK i.w.S.
A>	Adrian Intonation i.w.S.
A	**Adrian (2;3)**
A-Übers.	*Adrian Übersetzung*
A-NVK	Adrian NVK i.w.S.
M>	Mutter Intonation i.w.S.
M	**Mutter**
M-Übers.	*Mutter Übersetzung*
M-NVK	Mutter NVK i.w.S.
Ba>	Barbara Intonation i.w.S.
Ba	**Barbara** (Freundin d. Mutter)
Ba-NVK	Barbara NVK i.w.S.
Sit.	*Situation*
Anm.	Anmerkungen

#17 T - *Rund um's Anziehen*

Aufn.: 96 (A1) - 101291 - 16 Min.
Mü.: Whg.1: Wohn-/Eingangsber.; Nachmittag
Anziehen zum Hinausgehen
A-Geräte: Sony WM-D3, Mikro ECM 909
T-Geräte: Sony TCM-77V (1 Min.≈13 TC-Einh.)

1

L-NVK		o-fährt auf einem
A>		p
A		( )
Ba	Ziehn wer Schuhe an?	Bleibst du hier?
Ba-NVK	o-zu A->	
Sit.	*M und Ba sitzen auf dem Fußboden, A bewegt sich*	
Anm.	Anfang der Aufnahme / TC 000-037	

2

L-NVK	Kinderauto sitzend vom Kinderzimmer ins Wohnzimmer-o	
A>	ff; verneinend p	
A	**E::h! ( ) mein Zucker auch mit.**	
A-NVK	o-zu Ba-o	
M		O:h, Luna kommt mim Auto!
M-NVK		o-blickt zu L->
Ba		Noch n Zucker? Du hast doch
Sit.	*zwischen ihnen.*	
Anm.		"Zucker"=kleines Tütchen mit Brausepulver

3

A		**Hm, der is alle.**
M		((lacht)) Luna kommt mim Auto gefahrn.
Ba	da noch n Zucker liegn auf m Schreibtisch.	

4

L>		ff	
L		**Apa. A. Ap a ap**	
M	Luna, has n neues Cabriolet?! ((lacht))		
Ba	Echt?		Komm ma her!
Ba-NVK	o-zu A-o		

5

M	Sag mal, Chuli, . is der Anzug eigntlich
M-NVK	o-zu A-o
Ba	( )! . . Biddeschön.
Ba-NVK	o-gibt A ein Brausetütchen-o

6

L>	cresc. dim.
L	**A:be:, abu. Abu: bl:ä: b:läblä: ((geht über ins**
A>	pp
A	**Ja.** ( )
A-NVK	o-zu M-o
M	warm genug jetz?
Ba	Hm: ( )

7

L>	f dim.->
L	**Tönen)) ((tönt)) Äh. Äh. Äh! Äh', ah.**
M>	f p
M	Luna! (
Ba>	ironisch
Ba	Stürzen wir uns in das Verknü:gen.

8

A>	f
A	**Au de auf!**
A-NVK	o-hantiert mit einem Brausepulvertütchen-o
M	)
Sit.	*M hat*
Anm.	Schnitt: TC 046-053

9

Sit.	*einen frisch gewaschenen kleinen Flokati-Teppich aus der Waschmaschine geholt.*

10

L>	fast singend dim.;fast singend
L	**Op pa, op. Op pa Hei . . .**
M	Regnets?
M-NVK	o-zu Ba-o
Ba	Nee. Schön der Teppich - he? Solln wer n
Ba-NVK	o-zu M->

11

M>	pp pp
M	( ). ( ).
Ba	bißchen zi:ehn? Toll. Oh, ich find,
Ba-NVK	o-blickt bewundernd auf den sauberen

12

A	**( ) zi:ehn?**
A-NVK	o-zu M->
Ba>	dim.
Ba	das riecht (so auch) immer so gut. Komm wir, die
Ba-NVK	Flokati-o

13

A	**Mam, bißchen zi:ehn?** **Ah,**
A-NVK	o-zu Ba->
M-NVK	o-legt den Teppich zusammen-o
Ba>	lachend
Ba	Europäerinnen, wieder mit unsrem W/ Reinlichkeitsfanatiker.

14

A	**Mama asam'alegt! Mama sam'alegt, so.**
M	Ja.
M-NVK	o-zu A-o
Anm.	Schnitt: TC 058-081

15

L>	leicht weinerlich
L	**Emama!**
A	**Cholita, ko:mm!**
A-NVK	o-zu L-o
M	Chulita, ven, camina! Ven! . . Komm!
M-Übers.	*Chulita, komm, lauf! Komm!*
Ba	((lacht auf))
Sit.	*M fordert L auf, zu ihr zu laufen; L fängt gerade an zu laufen und ist noch unsicher auf*
Anm.	"Chulita"=Süße, Schätzchen o.ä. (Kosewort)

16

A	**Komm, Cholita!**
M	Komm!
Ba	N Taschntuch vielleicht?
Ba-NVK	o-zu M; blickt auf Ls Rotznase-o
Sit.	*den Beinchen.* *Ba zieht A weiter an.*
Anm.	Schnitt: TC 083-096

17

A>	lachend
A	**Da große palito! Palazo.**
A-Übers.	*Stöckchen Großer Stock.*
A-NVK	o-hält seinen Penis und blickt abwechselnd
M	((lacht))
Ba	((lacht))
Sit.	*Dieser kommentiert sein Geschlechtsteil.*
Anm.	"palito"=intrafamiliäre

18

A	**(Ich es) lernt auch. Lernt**
A-NVK	auf diesen, zu M und Ba-o
M>	f; lachend lachend
M	Palazo, genau. ((lacht)) Was? Das hast du gelernt?
Ba	(Palazo) ((lacht))
Anm.	Bezeichnung für Penis; "-ito/a"=span. Verkleinerungsmorphem, "-azo/a"=spa.

19

L		**((quäkt))**			
A	**auch.**		**Ja.**		**Ich auch**
M>				lachend p	
M		Has du das gele:rnt?		Palazo? Ja ja. ((lacht))	
Ba			Ouh!		
Ba-NVK			o-zu L-o		
Anm.	Vergrößerungsmorphem				

20

A	**alernt, ich auch palazo.**		**Ja.**
M>			p; ironisch
M			Na
Ba		Du kannst auch schon "palazo" sagen?	

21

A		**Ja.**
M	bravo.	
Ba	Großer Django. Django ist ein großer Junge.	
Anm.		Schnitt: TC 101-208 / Ende

L>	Luna Intonation i.w.S.
L	**Luna (1;1)**
L-NVK	Luna NVK i.w.S.
A>	Adrian Intonation i.w.S.
A	**Adrian (2;4)**
A-Übers.	*Adrian Übersetzung*
A-NVK	Adrian NVK i.w.S.
Bi>	Bianca Intonation i.w.S.
Bi	**Bianca (2;9)**
Bi-NVK	Bianca NVK i.w.S.
M>	Mutter Intonation i.w.S.
M	**Mutter**
M-Übers.	*Mutter Übersetzung*
M-NVK	Mutter NVK i.w.S.
Sit.	*Situation*
Anm.	Anmerkungen

#18 T - Besuch von Bianca

Aufn.: 97 (A2) - 121291 - 40 Min.
Mü.: Whg.1: Wohnbereich; Nachmittag
Div. Alltagssituationen
A-Geräte: Sony WM-D3, Mikro ECM 909
T-Geräte: Sony TCM-77V (1 Min.≈13 TC-Einh.)

1

L>				emphatisch	
L			**Da!**	**Da! Da!**	
L-NVK			o-reicht M etwas-o		
A>		f			
A		**Da! . Da! . Da!**			**Oh,**
A-NVK		o-reicht L etwas-o			o-zu
M			Danke.		
M-NVK			o-zu L-o		
Anm.	Anfang der Aufnahme / TC 209-218				

2

L>	flüsternd			
A	**Luna ma "ja"!**			
A-NVK	M-o			
M>		L imitierend		
M		Da, da.		
Sit.				*A hat es geschafft, sich die*
Anm.			Schnitt: TC 221-258	

3

A>			p
A		**I' gaschafft. . Ich geschafft. (**	
A-NVK		o-zu M->	
Sit.	*Hausschuhe alleine anzuziehen.*		

4

L>					gequält		
L					**Äh!**		
A	**). So.**						**´Äh'**
M>			cresc.->				
M		Bravo:! Sag mal "Bravo, Django:!"! Bravo! .		Dile		"Bravo!"!	
M-Übers.				*Sag ihm*		*"Bravo!"!*	
M-NVK		o-zu A-oo-zu L->					

5

L		**Bäh'!**	**E'ba!**		**Bah!**
A	**\`äh.**			**"Bavo:!"**	
M>		pp			lachend
M	No?	(	)	"Bravo".	"Bravo:!" ((lacht))
M-Übers.	*Nein?*				
M-NVK	o-zu A-o			o-zu L-o	

6

A	**Oh. Oh, Lona mach**
A-NVK	o-zu M-o

7

L-NVK	o-läuft auf unsicheren Beinen auf M zu->		
A	**"Bravo!".**		**Cuio! Cui/**
M	Ven!	Cuida(d)o, Luna!	Cuidado!
M-Übers.	*Komm!*	*Vorsicht, Luna!*	*Vorsicht!*
M-NVK	o-zu L-o		

8

A	**Crau**

9

L		**((stöhnt))**	**Äh'!**	**((stöhnt))**	
L-NVK		<-fällt hin->	<-versucht, wieder aufzustehen-o		
A	**au!**		**Oh, Luna runnafallen!**		
M>					pp
M	((stöhnt))				(Chulita) se cayó.
M-Übers.					*(Chulita) ist*

10

L					**Ngeigna!**	
L-NVK					o-zu A-o	
A>						f
A		**Eh', des meina!**		**Dse meina!**		**Meina!** .
A-NVK		o-zu M->				o-zu L-o
M>			p			
M			(Cual)?	Qué? Así?		
M-Übers.	*hingefallen.*		*(Welche/s/r)?*	*Was? So?*		
M-NVK			o-zu A->			

11

L			**((lacht))**			
A>					ff	
A	**.**		**((lacht**	**))**	**Ja'. Ja:!**	
M>	f			f		
M	Chulito! . Chulito!			Chulitito!		Tienes hambre?
M-Übers.						*Hast du Hunger?*
M- NVK	o-zu A->					

12

A>	dim.
A	**Ja::.**

13

A	**Nudel, Nudel.** **Aró:z.**
M>	p cresc.
M	Qué quieres comer? No, hay arróz. Quieres comer
M-Übers.	*Was möchtest du essen? Nein, es gibt Reis. Möchtest du essen*

14

A>	p;hauchend ff
A	**Ja:. Ja:. (Jo:). Lula! A**
M>	A imitierend
M	arróz? Ja:? En serio? O:h. Luna! Luna, tienes hambre?
M-Übers.	*Reis? Wirklich? Luna, hast du Hunger?*

15

L>	p
L	**((lacht)) ((lacht)) Anke.**
A>	cresc. cresc.
A	**de du hambre? Du hambre?**
A-Übers.	*Hunger? Hunger?*
M>	f
M	((lacht)) ((lacht)) Luna:!
Anm.	Schnitt:

16

L>	Tonhöhe verändernd
L	**Hm:.**
A	**((singt vor sich hin)) (Ich schla**
A-NVK	o-sitzt auf Ms Stammplatz an der Küchentür-o
M>	p
M	No quieres sentarte acá? . . He? No? . <u>Ven</u>!
M-Übers.	*Nicht du willst dich hinsetzen hier? Nein? Komm!*
M-NVK	o-zu A, einen anderen Stuhl fassend-o
Sit.	*Man beginnt die Sitzplätze am Tisch zu verteilen.*
Anm.	TC 276-296

17

L	**((lacht))**
A	**mal). Da des ma/ . m:/ mein Keks. Da so ( ). . .**
M-NVK	o-packt

18

L>	cresc.
L	**((hustet)) Me!**
A	**<u>Nein</u>! N:ich! Nein, ich will da dran**
M>	p;angestrengt p
M	Hm. Y por qué no? Cla:ro.
M-Übers.	*Und warum nicht? Sicher.*
M-NVK	A, um ihn auf den anderen Stuhl zu setzen-o

19

A	**machen!**
M	No, aquí ( ), yo me quiero sentar aquí. Quiero estar cómoda. .
M-Übers.	*Nein, hier ( ), ich mich will hinsetzen hier. Ich will es haben bequem.*

20

L>	f;gequält f gequält f;gequältf
L	**Äh! Äh! Äh! Ä:h! Äh!**
L-NVK	o-streckt M die Arme entgegen-o
A>	p
A	**No! Eh no! Doch!**
A-Übers.	*Nein! nein!*
M>	p p
M	O.k.? Ahora (siéntate ahí)! Qué? Qué no? No:,
M-Übers.	*Jetzt (setz dich hin dort)! Was? Was nicht? Nein,*
M-NVK	o-zu A-

21

A>	bestimmt
A	**So. . .**
A-NVK	o-beendet seine
M	Chulito! Ven, Luna! Déjame sentarme aquí, Chulito!
M-Übers.	*Chulito! Komm, Luna! Laß mich mich setzen hier, Chulito!*
M-NVK	o o-setzt L in den Hochstuhl-o

22

A	**Das.**
A-NVK	Tätigkeit u. geht zum anderen Stuhl-o
M	So, gracia:s. Siéntate!
M-Übers.	*Danke. Setz dich!*
Anm.	Schnitt: TC 311-357

23

A-NVK	o-führt einen Löffel voll Essen zu
M>	p
M	((schmatzt)) Todo se cae!
M-Übers.	*Alles fällt runter!*
M-NVK	o-blickt auf den
Sit.	*A füttert M mit seinem Essen; es wird gekleckert.->*

24

A-NVK	Ms Mund-o o-führt einen zweiten
M>	krächzend f
M	Todo se cae! Se cae todo! Am:! ((lacht)) Hm:, tú come, tú! O no?
M-Übers.	*Alles fällt runter! Es fällt runter alles! du iß, du! Oder*
M-NVK	Löffel-> o-empfängt das Essen-o

25

A>	dim.
A	**Luna. Oh ( )! . . .**
A-NVK	Löffel voll M entgegen-oo-führt einen weiteren Löffel voll M zu-o
M>	p > > > > > > p
M	Ujujujujujui. ((lacht auf))
M-Übers.	*nicht?*
M-NVK	o-nimmt As Essen

26	
L>	p ...
L	**A:u:! . . .** **((stöhnt))**
A>	p p
A	**<u>Nein</u>! . . .** **Mama auch.**
M>	genießend genießend
M	Hm:! Hm:!
M-NVK	entgegen-o

27	
L>	f
L	**Hm:nei!**
A	**( ) des? . . ( ).** **Luna, noch eins . .**
A-NVK	o-füllt einen Löffel, kleckert-o
M>	> > > >
M	Gracias. ((pfeift))
M-Übers.	*Danke.*
M-NVK	o-blickt zum Aufnahmegerät-o

28	
A	**((pustet))** **Schon wieder . sa queyó.**
M	O:u, se cayó.
M-Übers.	*O:u, es ist runtergefallen.*
Anm.	Schnitt: TC 387-400 /

29	
A	**Se**
M	Se cayó:.
M-Übers.	*Es ist runtergefallen.*
Sit.	*Etwas fällt vom Tisch.*
Anm.	Ende Seite A; Anfang Seite B / TC 000-020

30	
L>	ff f
L	**Ä:h!** **Ä:h.**
A	**cayó:. ( )**
M	Se cayó. Quieres más, Luna?
M-Übers.	*Es ist runtergefallen.* *Möchtest du mehr, Luna?*
Sit.	*L ißt weiter; M sitzt mit ihr am Tisch.->*
Anm.	Schnitt: TC 021-042

31	
L	**Aba.**
A>	p
A	**( )** **Eh.** **Ich es**
M>	p
M	((lacht)) Quieres agua? Agua? Sí? Quieres agua?
M-Übers.	*Möchtest du Wasser?* *Wasser?Ja?* *Möchtest du Wasser?*
M-NVK	o-zu L->

32

L	**((hustet)) . .**
A	**geschriebe. Ja, ich auch.**
A-NVK	o-zu M-o
M	Sí. Quieres agua?
M-Übers.	*Ja. Möchtest du Wasser?*
M-NVK	o-zu A-oo-zu L-o

33

L>	f
L	**Äm:a, <u>äm:, äm:,</u> <u>äm:</u>. Aua.**
A>	p
A	**Geschrieben.**
M>	gedehnt;lachend
M	"Agua". Bravo! "Agua".

34

L>	f; dim.
L	**Auau. Aua!**

35

L	**Aua. ((hustet)) ((hustet))**
A-NVK	o-klettert auf den Tisch, schmeißt dabei etwas runter-o
M	"Agua". "Agua". ((räuspert sich)) Uich! <u>Uich</u>! . Uich, momento!
M-Übers.	*Moment!*
M-NVK	o-beobachtet A->

36

A>	p
A	**(Is runt)**
M	Tú, Chulito, no rompas la mesa, por favor - ya? . Escúchame!
M-Übers.	*Du, Chulito, nicht mach kaputt den Tisch, bitte - ja? Hör mir zu!*

37

L	**Äm.**
A>	p
A	**Eh. Öh du da rein tun! Da schau a du da**
A-NVK	o-zu M->
M	No rompas la mesa!
M-Übers.	*Nicht mach kaputt den Tisch!*

38

L	**Dede!**
L-NVK	o-streckt die Hände nach der
A	**rein tun?**
M>	p
M	Si quieres. Alló? ((telefoniert ->
M-Übers.	*Wenn du willst.*
M-NVK	o-geht ans Telefon-o
Sit.	*Das Telefon klingelt 2 x.*

39	
L>	ff dim.;fast leidend
L	**Dede! Dede! Eh.**
L-NVK	Wasserflasche aus-o
A-NVK	o-klettert auf den vollgestellten Tisch-o
M>	cresc. dim.;gestreßt erleichtert
M	)) Eh, Dja/ !Moment! Ah. Du,
M-NVK	o-zu A-o o-ins Telefon-o

40	
A	**(De na) da rein tun.**
A-NVK	o-hält die Wasserflasche in der
M	Django, geh m/ bitte wieder runter vom Tisch!

41	
A-NVK	Hand u. zeigt auf ein Glas-o o-gießt Wasser
M	Ja, o.k., aber dann steig wieder ab! So. ((telefoniert

42	
L	**Eh!**
A	**((schreit auf)) Hm Wasser. . ( )**
A-NVK	in das Glas u. ein wenig vorbei-o
M	weiter ->)) . .

43	
L	**((brabbelt->**
A	**((hustet)) War des?**
A-NVK	o-trinkt-o o-zu M->

44	
L	**)) Aua! Aua! Au:a:!**
A	**War des?**
M	Qué? Ese fue una: . / una señora, que se llama M.S.
M-Übers.	*Was? Das war eine . / eine Frau, die heißt M.S.*
M-NVK	o-zu A->

45	
L>	f
L	**Aua! Am:, am::.**
A	**I a auch abr**
A-NVK	o-zu M-o
M>	cresc.-dim.
M	Hm? A::: bre la boca!
M-Übers.	*Öffne den Mund!*
M-NVK	o-füttert L->
Anm.	Schnitt: TC 062-086

46	
A	**boca. Da noch de meina da.**
A-NVK	o-zeigt auf einen Leckerbissen auf dem Teller-o
M>	>>>>>>> f cresc. dim.
M	A ver, a ver. . A:::! ((stöhnt)) A::bre la
M-Übers.	*Laß sehen, laß sehen. Öffne den*
M-NVK	o-öffnet den Mund, führt L den Löffel in den Mund-oo-zu A,

47

L	**Äm! Äm:! Äm. Bäl.**
A	**((lacht))**
M>	cresc. dim.
M	boca! . . (Está bien)? A::::::bre la boca! ((lacht)) Luna,
M-Übers.	*Mund! (Ist es gut)? Öffne den Mund! Luna,*
M-NVK	führt ihm den Löffel in den Mund-oo-zu A-o o-spielt Flugzeug mit dem Löffel bis

48

L	**A::**
M>	f-dim.; lachend
M	quieres más? A:bre la boca! ((lacht)
M-Übers.	*möchtest du mehr? Öffne den Mund!*
M-NVK	zu As Mund-o
Sit.	*A hat sich*
Anm.	Schnitt: TC 092-105

49

A>	> > > > > > > > >
A	**Aua! Aua, aua, aua! Aua, aua'! A' ((stöhnt)) Agua'**
M	"A:gua".
M-Übers.	*"Wasser".*
M-NVK	o-zu A-o
Sit.	*wehgetan.*

50

L>	< < <
L	**Aba! Aua.**
L-NVK	o-zu M-o
A>	ff-dim.-f f cresc. > > > >
A	**((preßt)) ((lacht)) Au..bua. Ab.bua. Agua, .**
M>	leicht lachend
M	"A/ Agua". "Agua". . .
M-NVK	o-zu L-o

51

L>	f dim. < < < < < < <
L	**Aba. Aua, aua, aua.**
A>	> > > > > > > > pp;flüsternd cresc.;flüsternd flüsternd
A	**agua, . agua. Agua. Agua. Agua.**
M>	f-dim.
M	A::bre la boca!
M-Übers.	*Öffne den Mund!*
M-NVK	o-zu L-o

52

L	**Hm.**

53

A>	pp flüsternd
A	**A:gua. A:gua. ((flüstert))**
Sit.	*Bi ist dazugekommen. M hat L*
Anm	Schnitt: TC 111-258

54	**L**	**Appa**
	L-NVK	o-bewegt
	Sit.	*wieder aus dem Hochstuhl herausgenommen und auf den Boden gesetzt.*

55	**L**	**((geht über ins Lachen, geht über ins)) Happa. A Ape**
	L-NVK	sich reitend auf dem Boden sitzend->
	A	(
	M	Ihr wollt wirklich

56	L>	cresc. f
	L	**Abe! Aba!**
	Bi>	verneinend
	Bi	Ähäh. Oh.
	M	nich rausgehn? O:h! Oah! Na gut, dann nicht.
	Anm.	Schnitt: TC

57	L>	f dim.;quäkend
	L	**De:! De! De!**
	L-NVK	o-steht am Schreibtisch und schlägt auf
	A>	p
	A	( )
	M	Luna, du kanns da jetz
	Sit.	*A hockt auf dem Schreibtisch.*
	Anm.	260-277

58	L>	f dim.
	L	**Äde! De!**
	L-NVK	diesen mit der Hand->
	A	**Des meina!**
	A-NVK	o-zu Bi-o
	Bi	Ja.
	Bi-NVK	o-zu A-o
	M	nich hoch. Nee, das geht nich, Schatz, du fälls
	M-NVK	o-zu L-o

59	L>	cresc.
	L	**Ädä:!**
	M	da runter. Chuli, ich möchte/ komm mal bitte vom Schreibtisch runter!
	M-NVK	o-zu A-o
	Am	Schnitt:

60

L>	f f
L	**Adä! Äde! Äde:! Ad:e! De!**
L-NVK	o-steht am Kindertisch und schlägt mit der Hand auf den Stuhl, auf dem
A>	pp
A	(
Bi	Eine Farben malen.
Bi-NVK	o-zu M-o
M>	zustimmend
M	Hmh´m. Hier, Luna,
MNVK	o-zu Bi-o o-weist auf einen
Sit.	*Bi möchte am Kindertisch malen.*
Anm.	TC 281-293

61

L>	zustimmend
L	**De! Ädä.**
L-NVK	Bi sitzt-o
A	)
A-NVK	o-nähert sich dem L-Stuhl-o
Bi	Luna sitz hier, Django.
M	kanns du dich hinsetzn.
M-NVK	anderen Kinderstuhl am Tisch-o
Anm.	Schnitt: TC 296-315

62

L>	p
L	**Me.**
A	**Schau! Mam/ Schau!**
A-NVK	o-zu M-o
M	Was denn? Ja, das laß ma bitte stehn da, das m/ das muß
M-NVK	o-zu A-o
Sit.	*A bringt ein Batterieladegerät herbei, das L ebenfalls haben möchte.*

63

A	**A na Man/ E se da meie Mandarie/ De**
M>	dim.
M	da stehnbleiben, Schatz. Des is d/ Ja,

64

L>	f
L	**Auch!**
M	das sind Batterien, aber damit darf man nich spieln.
Anm.	Schnitt: TC 319-400 / Ende

65

Anm.	der Aufnahme

L>	Luna Intonation i.w.S.
L	**Luna (1;2)**
L-NVK	Luna NVK i.w.S.
A>	Adrian Intonation i.w.S.
A	**Adrian (2;4)**
A-NVK	Adrian NVK i.w.S.
Bi>	Bianca Intonation i.w.S.
Bi	**Bianca (2;10)**
Bi-NVK	Bianca NVK i.w.S.
M>	Mutter Intonation i.w.S.
M	**Mutter**
M-NVK	Mutter NVK i.w.S.
Sit.	*Situation*
Anm.	Anmerkungen

#19 T - *Kindernachmittag*

Aufn.: 108 (A3) - 060192 - 14 Min.
Mü.: Whg.1: Wohnbereich; Nachmittag
Kinderkommunikation
A-Geräte: Sony WM-D3, Mikro ECM 909
T-Geräte: Sony TCM-77V (1 Min.≈13 TC-Einh.)

1

L>	gequält gequält
L	**Hm:. Äh! Äh! Äh!**
A	**Nein, das eine Giraffe. Des de Giraffe.**
Bi	Ja, und Knopf auch. Un Klopf
Sit.	*Kinder sitzen auf dem Fußboden und sind mit dem Ihnalt eines kleinen*
Anm.	Anfang der Aufnahme / TC 000

2

L	**Äh! Äh!**
A	**Mami ( ) Topf.**
Bi	auch. Du mach halló:! Un Mu<u>si:k</u>, halló?
Bi-NVK	o-beobachtet M am Aufnahmegerät-o
M>	f
M	O:h, ein Topf! . . Ja:. Halló!
Sit.	*Kruschtelkörbchens beschäftigt. M installiert das Aufnahmegerät am Schreibtisch.*

3

L	**Ou!**
A	**Nei, des is kaputt. In**
A-NVK	o-findet einen kaputten
M>	tief engl.
M	Hallô::. Ähm:, was ham wa denn heute n date? Hm?

4

A	**Müll schmeiße. Äh, de is kaputt. In Müll schmeißen.**
A-NVK	Gegenstand und sortiert ihn aus->
M>	p
M	Hm. Heut is der

5

Bi>	pp pp
Bi	Äh! Nei! Anga hab
Bi-NVK	o-Gerangel; hektisch-o
M	sechste erste . zweiunneunzig. . . Viertl nach fünf. . .

6

A	**Ja:.**
A-NVK	o-zu Bi-o
Bi>	ff;triumphierend
Bi	Flätä:! Kakao nich (da).
M	((stöhnt)) Was is jetz mim Kakao? Woll ma

7

L>	p bittend fast leidend
L	**He. Au:! Hm!**
A	**Au:(ch).**
Bi	Ich au(ch).
M	welchen trinken? Ja dann setz euch an Tisch.

8

L	( )
A	**Nein so.**
A-NVK	o-findet einen
M	Setzt euch hier unten an Tisch, oder? Wo wollt ihr am Tisch sitzen?

9

A	**Hund raus. So.**
A-NVK	Hund, der nicht ins Körbchen gehört u. sortiert ihn aus-o
Bi	De/ Anca will nich Tisch dreibe, Anca will Bett, tudecken.
M	Du wills ins

10

A>	quietschend;Bi imitierend
A	**Ich hat da(s)!**
Bi>	kreischend
Bi	Anga hat da:s! Anga will
M	Bett und dich zudecken? ..
Sit.	*Bi und A huschen in Ms Bett und rangeln bzw. diskutieren*

11

A>	cresc.-dim.
A	**Äh`äh. Néì! Ich schlaf da.**
Bi	da schlafn. Dô:ch! Du hier schlafen. . . Du schlaf
Sit.	*um Kopfkissen, Plätze und Zudecken.->*

12

A	**Nâ! Da kann (n)ich ((gepreßtes**
Bi	mal da! Hier auch ein Pla.
M>	p p
M	Hoppala!Tschuldigung!
M-NVK	o-kommt aus der Küche, stößt L an-o
Sit.	*<-allgemeines Gerangel und Gewühle im*

13

A>	cresc.- f
A	**Ausstoßen von unverständlichen Äußerungen)) Oh, mein/ eina**
Sit.	*Bett-> <-Bi drückt A mit den*

14

A>	vemeinend pp
A	**mein Rücke/** **Hmhm.** (
Bi	Hm', da du hinten . schlafen, mit der Rei(si). Mia bauch
Sit.	*Füßen von sich weg-->*

15

A>	dim.->
A	) **Des? . Des ich! Ich! Ich.** **Oh. Ja!**
Bi	nich beide Kisse. Djang(o). Anca au zudecke! Oh! (

16

L>	p
L	**((weinert))**
A>	cresc. Bi imitierend gepreßt
A	**Oh, ja!** **Schla:fen Kaká(o). M/M/Mami! Mami! Woll Kakao**
Bi>	freudig;ff
Bi	) Schla:fen!

17

A>	aufgeregt
A	**on in(s)/** **ins/ in(s)/ in die Flasche!** **Ja.**
M	Bitte? In die Flasche wills du n Kakao?

18

L>	pp
L	**Dada!**
L-NVK	o-spielt vor sich hin->
A	
Bi>	f
Bi	Hm. (Ähdsis) Nich! Ohne/ Ohne
M	Ach sô. Da muß ich erst ma wieder umdenkn!

19

Bi	Tasse! Anga will kleine Tasse/ Nei, kleine Flasche.
M>	p; eher
M	Du möchtes eine Tasse. Ja,

20

M>	für sich gesprochen
M	wenn ich jetz mal ne kleine Flasche noch hab! Wo sin denn die andern beidn
M-NVK	o-zu allen->

21

L>	p weinerlich drängend
L	**(Me)!** **Am:!**
L-NVK	o-hängt sich an Ms Bein-o
Bi>	p
Bi	(Hm, ja) Ähm, Luna aufgetrunken.
Bi-NVK	o-sucht und findet die Flasche; bringt sie M-o
M	Flaschen von ebem?

22

L	**((weinert))**
A>	f
A	**Aufmachen! Aufmachen**
A-NVK	o-bringt M eine Flasche-o
M>	. . . .
M	Moment, Luna. Oh, oh, oh, oh, oh, oh, aufpassen!
M-NVK	o-zu L-o

23

L>	ff;sehr weinerlich drängend ff;dim.
L	**Ä(m)a! Ämamama!**
A	**da! (Du de) Kakao.**
M	Möchts du trinkn? Ja, nee, dadrin/ Ich mein die andere kleine
M-NVK	o-zu L-o o-zu A-->

24

L>	f; dim.
L	**Amamamama.**
M	Flasche. Wer hat/ Da is doch noch eine. Da . könn wir das reintun. . . Sò:. . .
M-NVK	
Sit.	*M fängt an, in*

25

L>	weinerlich
L	**Ämamama! ((weinert))**
A	**Des meine! Des is**
M>	cresc.- dim. ->
M	Moment! Jaja, kommt schon! Kommt schon! Zwei:.
M-NVK	o-zu L->
Sit.	*der Küche die Flaschen vorzubereiten.->*

26

A	**meine!**
M	Und dann ham wir noch irgndwo eine kleine Flasche, hab ich eben

27

A	**Mamä, große Flasche.**
M	gesehen. Nee, große reicht sowieso nicht. Für alle reicht

28

A	**Tu de gr/ große Flasch-sche!**
M>	ff
M	nur ne kleine. Django, wir/ wir ham/ Ah! Wir
Sit.	*M fällt ein Besteck auf den*

29

A	**((weinert)) Bitte große**
M	ham/ Django, wir ham nicht genug Milch . für ne große. O.k.?
Sit.	*Boden;sie hebt es wieder auf.*

30

L>	p
L	**Ah! Hm!**
A	**Kakao!**
M	Jetz/ Wir krieng erst mal ne kleine Kakao un dann sehn mer weiter.

31

L>	fordernd;weinerlich
L	**Hm:! Eh, ehe!**
A	**Mama, des**
M	O.k.? Kuck mal, jeder hat so n Glas voll gehabt.

32

A	**mei:ns? Das/ . Das is/ . . Mam, das is meins?**
A-NVK	o-zeigt auf eine Flasche-o
M	So, jetz mach ich da Kakao rein. Das

33

L>	f
L	**Men:: !**
L-NVK	o-streckt die Hand nach den Flaschen aus-o
Bi	Ich will mein.
Bi-NVK	o-zu M-o
M	is egal. Moment, aber noch nich. Ich w/ Ich dachte, ihr
M-NVK	o-zu Bi-o

34

L>	ff;gequält
L	**Nen! Nana:!**
L-NVK	o-zeigt auf eine Flasche-o o-streckt die
A>	cresc.
A	**Des meins! (Das) Das Lulas. Ja,**
A-NVK	o-zu Bi-o o-zu Bi--o o-
Bi	De is deine. Ente is dein.
Bi-NVK	o-zu A, auf eine Flasche mit Entenmotiv weisend-
M>	f
M	wolltet Kakao. Luna,

35

L-NVK	Hand nach einer Flasche aus-o
A>	dim.
A	**ja:, ja, ja.**
A-NVK	greift nach einer Flasche, um sie L zu geben-o
Bi	Anca will Ente habe. Anca
Bi-NVK	o o-zu M->
M>	f
M	kuck mal! Noch nich, es gibt doch gleich was! Eins.
M-NVK	o-zu A-o o-schraubt

36

A	**Du nich/ will nich Ente? Des m/ m/**
A-NVK	o-zu Bi->
Bi	will nich ( ). (Na).
M	Zwei. Bianca,/ ((stöhnt))
M-NVK	die Schnuller auf die Flaschen auf->

37

L>	f p;quäkend
L	**Mämä! Mämä!**
A	**meins! Das meine. Das meins. Das mein. Das deine.**
Bi	Des meine.
M	Sò, eins. Wer möchte das?
M-NVK	o-nimmt eine der fertigen Flaschen in die Hand->

38

L>	f f dim.-p
L	**Neine:! Neine:! Neine:.**
A>	f
A	**Meine!**
A-NVK	o-zu M--o
M	Wer möchte das? Hier, Luna. Das is doch
M-NVK	o-reicht L die erste Flasche-o

39

A	**Mami, meine!**
M	irgendwie egal! Das is doch Wurscht, wer hier was hat. Kuck

40

A	**Jà.**
M	mal, einer hat hier mit/ . me/ mit patitos, mit kleinen Entlein, und Luna hat was
Anm.	"patitos"=Entchen

41

Bi	Heiß
Bi-NVK	o-nimmt die Flasche
M	mit Kindern drauf und einer hat n Aquarium, Fische. Hier! Bitte! Eins,
M-NVK	o-reicht Bi eine Flasche-o

42

L	**Eiß?**
L-NVK	o-zu Bi-o
A>	gedehnt p
A	**Heiß? . Bitte!**
A-NVK	o-zu Bi-o o-zu M-o o-steichelt Bi-o
Bi	. Ei Jango gemacht mich. Luna ich
Bi-NVK	entgegen-o
M	War:rm.

43

A	**Mami, bitte! Heiß!**
A-NVK	o-zeigt auf Flasche-o
Bi>	trompetend
Bi	mach Ei Hmhm!
M>	f
M	So. Heiß, ja, n bißchen warm. So, jetz alle ins Bett!
M-NVK	o-reicht A die letzte Flasche-o
Sit.	*Die Kinder*

44

L	( ) **Äh. Äh.**
A	**Ich/**
Bi	Ja. Ja:!
M>	trompetend trompetend
M	Hmhm! Hmhm!Alle machn ne kleine Pause! Ja. Sò.
Sit.	*huschen erneut ins Bett. M werkelt weiter in der Küche.->*

45

L	
A	**Ich doch schlafen. Kuschel, Bianca. Kuschel, Bianca. Kuschel,**

46

A	**Bianca. Kuschel, kuschel. Kuschi, kuschi, kuschi. Kuschi, kusch/**

47

A>	pp
A	**kuschi, kuschi/ ((singt vor**
Bi	Django, si ier, kein Platz ( ) hier. Du in Kissen lege.
M>	p
M	((stöhnt))

48

L>	pp;gepreßt
L	**Öh! Äh! Hm! Oah! Uh!**
A	**sich hin)) Ich ka anmach(en).**
Bi>	p;gepreßt
Bi	Hm! Nein, k Licht anmache! Ich mach
M	

49

L>	f p f
L	**Au:-u-u-lä. Au:.**
L-NVK	o-bläst in ein Kasu,klingelt mit Glöckchen-o
A>	p p
A	**Ich. . . . Sò.**
Bi	das. Anca will schlafen mit Licht. Sò. Gu:t
Anm.	"Kasu" ist ein kleines Blasinstrument

50

L>	p pp
L	**((brabbelt)) . . . Ah. Ah.**
A	**((summt))**
Bi>	trompetend f
Bi	schlafen! Luna, leg dich! Luna Flöte. Hm, Luna
M	Hmhm.

51

L>	ablehnend
L	**Äh! .**
A>	singend
A	**An der Hand ga da Ka/ Kakao**
Bi>	gedehnt
Bi	legen! . Kakao!Ja(p).

52

A>	singend->
A	**Dadadotolent, dadadatalent, das da is der August/ Augustin, das**
Bi	
Anm.	Kinderlied: "Dreimal Sapperment, dreimal Sappermend, das ist/war wohl der Augustin, das

53

A>	singend->
A	**Dadatolent. Dreie Sappament, dreia Sappament. das da äh/**
Bi	(Aber/) Nee, ich "Passament".
Anm.	Naturtalent"

54

A	**äp. (I) mach (so) "dreie Sappament". . Der Löffel.**
Bi	Oh, Schiffe! .
Bi-NVK	o-betrachtet ihre

55

L>	p;kommentierend
L	**Awa. ( )! Nain! . Eiß! . ((tönt))**
L-NVK	o-blickt auf das Wasserglas-o
A	**Schiff, ja. ((tönt)) Fische!**
A-NVK	o-rauft mit Bi-o
Bi	Schiff. ((tönt)) ((tönt))
Bi-NVK	Flasche-o o-rauft mit A-o
M-NVK	o-gießt Wasser in ein Glas-o
Anm.	awa (agua)=Wasser

56

A	**Schiffe. ((flüstert)) Du auch "dreia Sappament"?**
Bi	Schiffe. ((stöhnt))

57

A	**Nein, "dre/ dreima Sappament"!**
Bi>	singend
Bi	Hmhm. Srapement, adefin des loko. "Sapperm-

58

A>	ff
A	**A' "dre Se/ Sappament". "Sra-pa-men" nich!**
Bi	ment". "Srappesnement".

59

A>	ff
A	**"Sappament"! Hn'h^n! .**
Bi	Do ma "Sraperment". Du machs "Srappabelok".

60

A	**"Deima Sappament". E du ma "basakolum".**
Bi>	franz.
Bi	Nei, du ma "Srapesment"!

61

A>	singend->
A	**Dreia Sappament, dreimal Sapperment ((hechelt)) Hmhm!**
Bi	Hnh´n!

62

A>	ff; weinerlich, geschmerzt->
A	**Das is heiß! Das nich! Aua:! Mein Kakao tut weh! Du auch**
A-NVK	o-zu Bi-o
Bi>	motorähnlich
Bi	Bròó:ap!

63

A	**ma? Hm. Nein, nich/ nich/ nich**
Bi>	ff
Bi	A:ua:, Ga:de, da, Ianca Aua gema:! J-á.

64

A>	f ff
A	**"Kaká-gadn-kaka:!" . "Kakaon". So "(Ka)kaon".**
Bi>	ff ff
Bi	"Aua:, Kakao"! "Kak/ Aua,

65

A	**Hm! Hm! Da wohn die Annika. Da wohn die Annika.**
A-NVK	o-zeigt auf die Ecke vom Raumteilerregal-o
Bi>	ff
Bi	Kakao"! "Aka:oakaka:::o"!

66

A	**Ich so l de be/ Ich zeig was, já? Nei, ich seig**
Bi	Annika. Das ich ( ).

67

A	**was. (Na'), ich seig dir. Da wohnt die Annika. . .**
Bi	Nei, ich zeig was dir.

68

A	**Dir. Des/ Das Annikas? Des deine?**
A-NVK	o-nimmt die Flourtabletten vom Regal und zeigt sie Bi-
Bi	Nein, dir! Da (himmane). Hn'hn.

69

L	**Bu. Bu**
L-NVK	o-hantiert mit einem Buch-o
A	**Du? Du**
A-NVK	o
Bi	Hnhn', da ha schon welche Hause. Nein, ähm, Lunas. Des da.

70

A	**abiern! Já? . . Mami! . Aufmachen! Mami, aufmachen!**
A-NVK	o-geht zu M in die Küche-o
M	Was denn?

71

L>	angestrengt
L	**Au!**
A	**Aufmachen! Ja. Da ba/ da Bianca abiern. (**
A-NVK	o-reicht M die Tabletten-Palette-o o-reicht Bi
Bi	Hm.
M	Eine oder wie? Ups!
M-NVK	o-drückt eine Tablette heraus u. reicht sie A-o

72	L>	gepreßt hektisch
	L	**Omn. Eje! M:h! Ah. . Hm:!**
	A	**) Abier! Abier!**
	A-NVK	die Tablette->
	Bi	Hm. Ui! Da is es

73	L>	pp
	L	**Da.**
	A	**((hechelt)) Mein Kakaoche. Mein Kakaoche! Mein**
	A-NVK	o-sucht zwischen dem Bettzeug nach seiner Flasche->
	Bi	(drin). Hm!
	M>	p
	M	Da.
	M-NVK	o-reicht L eine Tablette-o

74	A	**Kakaoche! Mein Kakaochen! Mein Kakaokie/ Da is mein Kakao.**
	A-NVK	o-findet die Flasche-o

75	A	**Hier. Ei kusche/ Einmal kuschel. Einmal kuschel. (5**
	Bi	Eimal kuschel.

76	L>	p
	L	**((hustet)) . . Aua!**
	A>	p f
	A	**Sek.) Simsalabim:! Simsalabim! .**
	Bi	Bambam. Eine

77	A>	singend->
	A	**((lacht)) ((lacht)) Eine Karosina, sina sina weg!**
	Bi>	singend->
	Bi	Karosine agrosina Was

78	A>	ff;schreiend
	A	**Ah nei:n! (Äh die wein) Aua! Da/ Ich auch. .**
	Bi>	lachend
	Bi	die Si(na)/ Wo? Wo? ((schreit))

79	L	**Auch.**
	A	**. Wo? . . ( )Ja. ((lacht))**
	Bi>	pp;geheimnisvoll f; dim.
	Bi	Da! Ja! ((lacht)) Nie wea! Ich we:a:. Ich auch hiea.

80	A>	lachend->
	A	**((lacht)) (Nie mehr! Nie mehr!) Ich auch! . . Du is da/**
	Bi	(4 Sek.) ((lacht))

81

A>	pp
A	**Du da legen? Ja. ((schreit, lacht))**
Bi>	singend->
Bi	Hmh`m. Da. ((schreit, lacht)) Wir machen an. Wir machen .

82

A	**Nein. ((lacht, schreit)) Na, du sitze(n). Da.**
Bi>	ff dim.
Bi	. Hm. Du da liegen. Du ni na da liegen. Hö

83

A>	f
A	**((lacht)) W:upp! Ich mach auch. Hmhm.**
Bi>	gepreßt
Bi	((lacht)) Nöei wû-wu Hm. Nei: ( ) will

84

L	**((plappert))**
A	**((lacht))**
Bi	nich . mehr. ((lacht)) ((lacht))
Sit.	*Alle Kinder*
Anm.	Schnitt (ca. 3 Min.)

85

Sit.	*sind aufgestanden. A versucht erfolglos, die Strohhalme auf dem Küchentisch zu*

86

L	**((stöhnt))**
A	**Mami, bitte gr:/ bitte gr:/ ((ächzt)) Mami! Mami!**
A-NVK	o-klettert->
Sit.	*erreichen.*

87

L	**((weinert)) Ä:m:!**
A	**Ich/ Ich/ Ich eine Str:/ eine Str/ eine Stroal. Ich ein Strohal.**
M	Ja?

88

L>	f;dim.
L	**Äm::!**
A	**Bitte, ein Strohral!**
M>	p
M	Bitteschön. Noch jemand ein
M-NVK	o-reicht A einen Strohhalm-o

89

L>	freundlich
L	**Da.**
L-NVK	o-nimmt den Halm; steht unter dem Küchentisch-o
Bi>	f
Bi	Anga komm da:! Anga komm
Bi-NVK	o-fährt auf dem Kinderauto in Richtung Küche->
M	Strohhalm? Da. Geh ma lieber da raus! Da stößt du dir nur
M-NVK	o-reicht L einen Strohhalm-o

90

A	**Mami, Saft! . Saft! . Saft, Mami!**
Bi>	f
Bi	da! Ä:h! Karotte!
M	die Rübe, Luna. Nee,

91

M	Django, ich hab euch jetz grade Kakao gemacht. Du kannst jetz erstmal beim

92

Bi>	nörgelnd
Bi	M Kakao!
M	Kakao bleibm. Ich mach jetz erstma was zu Essen un dann sehn wer weiter,

93

L>	gedehnt weinerlich->
L	**Auf! . Auf! . Auf!**
L-NVK	o-streckt Mutter ihre
A>	schnell->
A	**Geht nich? Nee, nee, nee.**
A-NVK	o-zu Bi->
Bi>	nörgelnd
Bi	Hm:, hier rein tu:n! . . .
Bi-NVK	o-versucht, den Schnuller von der Flasche abzudrehen-o
M	ja?

94

L-NVK	Flasche entgegen-o

Anm. Ende der Transkription; restliche Aufnahme ca. 1-2 Min.

L>	Luna Intonation i.w.S.
L	**Luna (1;2)**
L-NVK	Luna NVK i.w.S.
A>	Adrian Intonation i.w.S.
A	**Adrian (2;4)**
A-NVK	Adrian NVK i.w.S.
M>	Mutter Intonation i.w.S.
M	**Mutter**
M-NVK	Mutter NVK i.w.S.
Jo>	Johannes Intonation i.w.S.
Jo	**Johannes** (Nachbar)
Jo-NVK	Johannes NVK i.w.S.
Sit.	*Situation*
Anm.	Anmerkungen

#20 T - *Stützräderanbau*

Aufn.: 110 (A5) - 110192 - 25 Min.
Mü: Whg.1: Wohn-/Eingangsber.; Nachmittag
Stützräderanbau an Andrians Fahrrad
A-Geräte: Sony WM-D3, Mikro ECM 909
T-Geräte: Sony TCM-77V (1 Min.≈13 TC-Einh.)

1

Sit.	*Alle befinden sich im Wohnraum. Jo baut an As Fahrrad Stützräder an. A und L*
Anm.	Anfang der Aufnahme / TC 272

2

L>			M imitierend
L		(	) **Ei.**
M>			engl.
M		Hallo?!	Hi:!((geht über ins
M-NVK		o-geht ans Telefon->	
Sit.	*stehen dabei. Das Telefon klingelt 2 x.*		

3

L>		f;gedehnt			
L		**Ei!**	**Mama.**		
L-NVK			o-zu Jo-o		
M>		gedehnt			
M	Lachen)) Nee, hab ich nich.	Ei. ((lacht))		Du, ich weiß natürlich ma	
Jo>					p
Jo					Mama.
Jo-NVK					o-zu L-

4

L>		p-dim.		
L		**Mama.**		
L-NVK		o-zu Jo-o		
A>			p	
A			**Äh', das .**	**/ Mami, des dein .**
M	wieder nichts, wie das so üblich is,		ähm,	ich weiß bloß, daß A./
Jo-NVK	o			

5

A>				p
A	**Hammer?**		**Nich?**	**Nee.**
A-NVK			o-zu M-o	o-zu Jo-o
M		Das is nich mein Hammer, nee.	Ich weiß bloß, daß A. heute	
M-NVK		o-zu A-o	o-telefoniert weiter->	
Jo			Nicht? Na gut.	
Jo-NVK			o-zu A-o	

6

L	**Äh!**
L-NVK	o-hantiert fortwährend mit einer Schraubenschachtel, die sie
M	Aufnahme hat . und irgndwie so Pause zwischenrein un daß mir das

7

L-NVK	geöffnet haben möchte->
A-NVK	o-hämmert am Fahrrad->
M	wahrscheinlich erschien, daß das erst morgen is, aber auf der andern Seite hab
Jo-NVK	o-hämmert am Fahrrad->

8

M	ich mir jetz überlegt, . eventuell das Teil einfach alleine zu holn . , ähm,
Jo	(

9

M	dann hab ich s halt schon mal da irgndwie so, un dann dann kann man
Jo	).

10

L>	cresc.
L	**Mam** **Mami! Mami!** **Mama!**
A	( )
M	weitermachn, weil das is ganz zerlegt und, ähm, un

11

L>	f; gepreßt
L	**Mein Ammer, Ma'!**
A	**Au! Laut.**
A-NVK	o-zu Jo-o
M	denn wär s halt irgendwie so ( ) hm, wie gesagt,

12

L>	p;drängend
L	**Mama!**
A	**Ja.**
M	könnt ma das schon ma angehn. Gel? A ansonstn weiß ich
Jo	Laut? Ah, das macht nix.

13

L>	p;drängend p;leicht weinerlich
L	**Mama!** **Mama!**
M	irgndwie noch nichts heute.Ich bin auch noch für alles andre offn.
Jo	Komm her!
Jo-NVK	o-zu L-o

14

L>	p p;drängend
L	**Mam!** **Mama!**
M	((lacht)) Wie sieht s n bei euch

15

L			**(Äh) dede!**	
L-NVK			o-streckt die Hände nach einem Hammer aus-o	
A>		p		
A		**Ja.**		
A-NVK		o-zu Jo-o		
M>				bestätigend
M	aus?			H`´m.
Jo	(Hat) die Luna Angst?			Luna braucht keine Angst habm - gel?
Jo-NVK	o-zu A-o			o-zu A und L-o

16

L>			drängend		drängend		
L			**Au:!**		**He, he!**		
L-NVK			o-streckt die Hände nach As Hammer aus-o				
A				**Hier.**			**Stop.**
A-NVK				o-reicht L den Hammer-o			
Jo	Nix passiert.					Stop! Stop!	
Jo-NVK		o-hämmert-o					

Anm. Schnitt: TC

17

A>			ff	f
A			**Ein Vo:gel!**	**Ein Vo:gl! Ein Vogl!**
A-NVK			o-zeigt nach draußen-o	
Jo		Jetz hör mer auf zu arbeiten, würd ich sagn.		
Jo-NVK		o-zu A-o		o-blickt nach draußen->
Sit.		*A blickt durch die Glastür hinaus in den Garten. M telefoniert weiterhin.*		

Anm. 283-305

18

A		**Amsl.**		
Jo	Ja, eine Amsel is das.		Amsl.	
Sit.				*A und Jo sind zu Jo nach*

Anm. Schnitt: TC 298-448

19

M		Ja ja, kuck ma, das is nämlich so n
M-NVK		o-zu Jo, zeigt ihm ein Teil des
Sit.	*nebenan gegangen, um eine Säge zu holen. Sie kehren zurück. A trägt zwei Sägen.*	

20

L				**Mama.**
A				**Schau!**
A-NVK				o-zu M-o
M	Hakn dafür, genau dafür		Der/ Den gab s bei den Stützräder	
M-NVK	Stützräderbausatzes->			
Jo		Wo kommt n der her?		
Jo-NVK		o-zu M->		

21

L	**Mama!**
A	**Mami, schau! Mami, schau! Ein Messer.**
A-NVK	o-streckt M eine der mitgebrachten Sägen entgegen-o
M	n dabei. Ja. Oje:----------! Oa:h.
M-NVK	o-zu A-o o-nimmt leicht
Jo	Ahá. Ja, und wie ma/ Was bringt/

22

A	**Noch ein Messer.**
A-NVK	o-reicht M die zweite Säge-o
M>	lachend
M	Danke. Noch ein Messer!
M-NVK	erschrockenen Blickes die erste Säge entgegen-oo-nimmt die zweite Säge
Jo	"Säge", "Säge".
Jo-NVK	o-zu A->

23

L>	p
L	( )
A>	bettelnd
A	**"Säge". Bitte a:uf!**
A-NVK	o-steht an der Gartentür->
M-NVK	entgegen-o
Jo	Nicht "Messer", "Säge".
Sit.	*A will zur Gartentür*
Anm.	Schnitt: TC 455-459

24

A>	bettelnd
A	**Bitte auf! Bitte auf! Ja.**
M>	pp
M	Was denn? Die Tür oder was? ( ).
M-NVK	o-zu Jo->
Jo>	pp
Jo	(
Jo-NVK	o-zu M-o
Sit.	*hinaus.*

25

A	**Mami, auf!**
M>	p
M	Ach so.
Jo	). Hoppala! Oder warte mal, vielleicht doch.Ich muß noch
Jo-NVK	o-zu M->
Sit.	*Jemand stolpert.*

26	L>			f;gedehnt
	L			**Auf.**
	L-NVK			o-zu M-o
	A	( ). . . .		
	A-NVK			o-geht hinaus-o
	M			Auf, ja.
	M-NVK		o-öffnet die Gartentür-o	
	Jo>	dim.		
	Jo	mal runter(gucken).(Warte mal)!		
	Anm.			Schnitt: TC

27 Anm. 464-575 / Ende der Aufnahme

L>	Luna Intonation i.w.S.
L	**Luna (1;2)**
L-Übers.	*Luna Übersetzung*
L-NVK	Luna NVK i.w.S.
A>	Adrian Intonation i.w.S.
A	**Adrian (2;4)**
A-Übers.	*Adrian Übersetzung*
A-NVK	Adrian NVK i.w.S.
Mo>	Moritz Intonation i.w.S.
Mo	**Moritz** (Sohn von Ba)
Mo-NVK	Moritz NVK i.w.S.
M>	Mutter Intonation i.w.S.
M	**Mutter**
M-Übers.	*Mutter Übersetzung*
M-NVK	Mutter NVK i.w.S.
Ba>	Barbara Intonation i.w.S.
Ba	**Barbara** (Freundin von M)
Ba-NVK	Barbara NVK i.w.S.
Sit.	*Situation*
Anm.	Anmerkungen

#21 T - Hühnersuppe-Essen

Aufn.: 111 (A6) - 110192 - 45 Min.
Mü.: Whg.1: Wohn-/Eßbereich; Frühabend
Essensvorbereitung, Essen, Spielen
A-Geräte: Sony WM-D3, Mikro ECM 909
T-Geräte: Sony TCM-77V (1 Min.≈13 TC-Einh.)

1

A		**Kno kla (**
M	Und . ansonsten natürlich irgndwie Knochn nich irgndwie, aber alles andre/	
M-NVK	o-zu Ba->	
Ba		Ja.
Ba-NVK		o-zu M-o
Sit.	*Ba sitzt am Eßtisch und frikassiert ein Hähnchen. M pendelt zwischen Küche und*	
Anm.	Anfang der Aufnahme / 000-007	

2

A					**) Fleisch!**	
Mo>			f			
Mo			Mama, aber ich mag n Knochn!			
Mo-NVK			o-zu Ba-o			
M		und, ähm,		brat ich dann extra an.		Ja,
M-NVK						o-zu
Ba>	p					
Ba	Ja, das stimmt.		(	)		
Sit.	*Eßtisch. Die drei Kinder spielen im Raum. Sie wollen Fleisch naschen.*					

3

A			**E da' Fleisch!**		
M>			dim.		
M	kriegt ihr alle noch n Stück Fleisch, genau.				
M-NVK	A-o				
Ba>					dim.->
Ba		Nee'.		Gleich, gleich, gleich.	
Ba-NVK		o-zu Mo-o		o-zu A-o	

4	**A**	**Ma/ Ma:/ Die mach "gleich, <u>gleich</u>"!**	
	A-NVK	o-zu M-o	
	M		Ja, . macht se "gleich, gleich",

5	**M**	genau.	
	Sit.		*Alle sitzen am Tisch und fangen an, Suppe zu essen.*
	Anm.	Schnitt: TC 011-160	

6	L>			abweisend	
	L			**Ä:h!**	
	L-NVK			o-nimmt eine Nudel in die Hand-o	
	A>				dim.->
	A	**<u>Heiß</u>!**			**<u>Immern</u>/ noch heiß. Immernoch/ ((hechelt))**
	A-NVK	o-probiert-o			
	M			Nudln.	
	M-NVK			o-zu L-o	
	Ba>		genußvoll		
	Ba		Hm:.		

7	**L**				**Heiß!**
	A	**Nee!Immernoch heiß!**		**Is ni' immer noch heiß?**	
	A-NVK			o-zu M-o	
	M		Wills du agua?		Agua?
	M-Übers.		*Wasser?*		*Wasser?*
	M-NVK		o-zu L->		

8	L>	bestätigend			
	L	**A:ua.**		**Äh!**	
	L-Übers.	*Wasser.*			
	L-NVK	o-zu M-o		o-streckt die Hände nach dem Wasserglas aus-o	
	Mo		Des is meins. .		
	Mo-NVK		o-zu Ba-o		
	M-NVK		o-gießt Wasser in ein Glas-o		
	Ba			Hm'.	
	Ba-NVK			o-zu Mo-o	
	Anm.				Schnitt:

9	L-NVK		o-
	Ba>		freundlich
	Ba		Hall<u>o:</u>!
	Ba-NVK		o-zu L->
	Sit.	*Alle sitzen weiterhin am Tisch. L kokettiert mit Ba. Ba reagiert.*	
	Anm.	TC 163-315	

10	**L**	**Bep.**		**Bep.**	
	L-NVK	zu Ba; hat das Bein angewinkelt, klopft mit der Hand auf ihr Knie-o			
	M				Des is/ Des is, ähm/ Aber das is das <u>Knie</u>, das <u>Bein</u>,
	Ba>		freundlich		
	Ba		Hall<u>o:</u>!	"Barbara"?	

11

L		**((hustet))**	
L-NVK		o-hebt ihr Hemd hoch-o	
A			**((singt vor sich hin))**
A-NVK			o-hebt sein Hemd hoch-o
Mo-NVK			o-hebt sein Hemd hoch-o
M	Luna. Wo is n der Bauch?		Da is der Bauch, genau.

12

A		**Schau, der Moritz auch.**		
A-NVK		o-zu M-o		
Mo>				pp
Mo				(
M	Da sind alle die Bäuche.			Moritz hat auch n
M-NVK				o-zu A->
Ba>			p	
Ba	((lacht))		(Toller) Bauch.	

13

L			**Bauch.**
Mo	).		
M	Bauch? Glaub ich nich.		
Ba>		verneinend	
Ba		Hnhn. Der ißt so wenig, . da kommt kein Bauch	
Ba-NVK		o-zu A->	

14

L		**Ba:uch.**		
A				**De/**
M			Hier, Luna. .	
M-NVK			o-zeigt auf ihren eigenen Bauch-o	
Ba	zustande.			Dem fällt das Essn immer nachts um
Ba-NVK				o-zu M-o

15

M>		p;vorsichtig	lachend
M		Ha:!	Du weißt, daß das nich feststeht, oder?
M-NVK		o-blickt zu Ba und zum Regal-oo-zu Ba-o	
Ba>		dim.	p
Ba	drei ein,	( ).	( ).
Ba-NVK		o-lehnt sich gegen das Raumteiler-Regal, das zu wackeln anfängt-o	

16

A	**Du, äh, Moritz!**		**Du ein Bauch?**
A-NVK			o-zu M-o
M		Ich glaub, ich muß mer da (	
Ba	((lacht))		
Anm.			Schnitt: TC

17

Sit.	*Mo ist aufgestanden und spielt im Zimmer. L sitzt noch im Hochstuhl und*
Anm.	322-362

18

L>		dim.	
L		**Da, da!**	
L-NVK		o-zeigt mit dem Finger auf Mo-o	
Ba			Nee, erst fertig essen un dann: . kanns du (
Sit.	*dreht sich zu Mo um.*		

19

L>		f-dim.;gedehnt f	
L		**Au a auw! . Au(f)!**	
L-NVK		o-streckt Ba die Schachtel entgegen-o	
Ba	).		Aufmachn? Komm her, ich
Ba-NVK			o-nimmt die Schachtel
Sit.		*L hält eine Schachtel in der Hand, die sie geöffnet haben*	
Anm.	Schnitt: TC 363-487		

20

Ba	mach dir s auf.	
Ba-NVK	entgegen-o	
Sit.	*möchte.*	*Eine Buntstiftschachtel war kaputtgegangen.*
Anm.	Schnitt: TC 488-554	

21

A		**Schon fatariet? Scho?**		
A-NVK		o-zu Ba->		
Mo			Ich ( )	
M				Schon was?
M-NVK				o-zu A-o
Ba				Hm:, noch
Sit.	*Ba versucht sich an einer Reparatur.*			

22

A		( )
M>		lachend->
M		Django denkt ja im Moment, in alles, . was ma repariern
M-NVK		o-zu Ba->
Ba	nich repariert, nein.	

23

M	muß, muß ne neue Batterie rein.	Nach dem/ Nach dem Elektro-Weihnachts/
Ba>		p;lachend
Ba		Ach so.

24

A	**Da (ein) (**)	
M	((lacht)) Weihnachts-Elektro-Boom.	
Ba		Wieso, was war dn des?
Anm.		Schnitt: TC 560-580 / Ende

25 Anm. der Aufnahme

L>	Luna Intonation i.w.S.
L	**Luna (1;2)**
L-NVK	Luna NVK i.w.S.
A>	Adrian Intonation i.w.S.
A	**Adrian (2;5)**
A-NVK	Adrian NVK i.w.S.
M>	Mutter Intonation i.w.S.
M	**Mutter**
M-NVK	Mutter NVK i.w.S.
Sit.	*Situation*
Anm.	Anmerkungen

#22 T - *Entenpuzzle + Steckblumen*

Aufn.: 112 (A7) - 190192 - 45 Min.
Mü.: Whg.1: Kinderzi., Wohnbereich; Frühabend
Gelenktes Spielen
A-Geräte: Sony WM-D3, Mikro ECM 909
T-Geräte: Sony TCM-77V (1 Min.≈13 TC-Einh.)

1

L>	cresc.;fordernd fordernd f
L	**Hm:! Hm:! Dee! Tee! Dee! Dee!**
L-NVK	o-hält die Arme hoch-o
A	**E mach schon Tee! E mach**
A-NVK	o-zu L; geht in die Küche, um Tee in eine
M	O:h. ((pfeift))
M-NVK	o-zu L-oo-blickt zum Aufnahmegerät-o
Sit.	*Der Fernseher läuft. Die Kinder sitzen auf dem Fußboden und schauen*
Anm.	Anfang der Aufnahme / 000-005

2

L	**Dee! Tee!**
A	**schon Tee!**
A-NVK	Nuckelflasche zu füllen-o
M>	f
M	Nee, nee, nee, Django, wir brauchn nich so viele neue
Sit.	*Sportprogramm. M werkelt vor sich hin.*

3

A	**( ) de Luna auch ein Tee.**
A-NVK	o-bringt L die Flasche-o
M	Tees. Hier. Biddeschön. . . Was war mit dem
M-NVK	o-holt eine bereits gefüllte Flasche und reicht sie A-o o-zu A->

4

L-NVK	o-
A	**Hm? Ja.**
M	Würstchen?Möchtes du das noch essn? Da. . .
M-NVK	o-reicht A das Würstchen-o

5

L	**((hustet)) ((räuspert sich)) . . . De!**
L-NVK	erklimmt die Leiter zum Hochbett im Kinderzimmer-> o-
A	**( ) Lula Leiter.** (25 Sek.)

6

L>	ächzend
L	**De!**
L-NVK	streckt die Hand nach der Flasche aus, die sie auf dem Boden stehengelassen hatte-o
A	**Hm'.**
A-NVK	o-blickt zu L, reicht ihr die Flasche-o

7 *Sit.* *M hat den Fernseher ausgeschaltet und die Kinder zum Spielen*
Anm. Schnitt: TC 019-029

8 *Sit.* *aufgefordert. Gemeinsam suchen sie in einer Schublade im Kinderzimmer nach einem*

9 A> pp;verneinend
A **H´nh`n.**
M So. Komm, wir suchn n Puzzle! . . Opala! . . .
M-NVK o-zu A-o
Sit. *geeigneten Puzzle.* *Etwas fällt herunter.*

10 A> verneinend verneinend
A **Hm? H´nh`n. H´nh`n.**
A-NVK o-blickt auf die Steckblumen, schüttelt den Kopf-o
M Oder solln wir damit spieln? Nee? Luna, möchs du damit
M-NVK o-zeigt A eine Dose mit Steckblumen-o

11 **L** **Hm . Hm.**
A **Hm.**
M spieln? Nee? . . Dieses hier, das Entenpuzzle? Nee? Das
M-NVK o-zu A; hält das Puzzle in der Hand-o o-sucht das

12 **A** **Ja. Ne'.**
M Holzpuzzle? Das hier? Welches denn? N andres ham wir doch gar nich.
M-NVK Puzzle heraus, zeigt es A-o

13 L> kurz p
L **Hm! ((weinert)) Hm.**
A **Doch. Doch.**
M ((pfeift)) N andres ham we nich. Nee. Nur das
M-NVK o-blickt zum Aufnahmegerät-o

14 L> kurz
L **((weinert)) Hm!**
A **Des . ich haben. Das ich haben. Nein, das hi**
A-NVK o-greift in die Schublade-> o-zieht an einem
M Holzpuzzle. Das hier?
M-NVK o-zeigt A ein Holzpuzzle-o

15 **A** **er.**
A-NVK Stück Hartpappe-o
M> p
M Das is ja gar nichts.Das is ja kein Puzzle. Dieses ham we noch, (warte mal), .
M-NVK o-zieht ein

16 **A** **Nein, das nich.**
M dieses hier. . Das auch nich. ja, n andres ham wir nich,
M-NVK Zirkuspuzzle heraus, zeigt es A-o

17

L	**Äh! Äh!** **Ä**
L-NVK	o-streckt die Hand nach dem Zirkuspuzzle aus-o
A	**Ich Entenpuzzle machn.**
M	Schatz. Wir ham nur das Entenpuzzle. Ja?

18

L	**h!**
A	**Ja.** **Auch.**
M	Luna auch? Hier, Luna, (nimm win)/ für dich nehm wer das hier. Ja? .
M-NVK	o-zu L-o o-legt L das Zirkuspuzzle vor-o
Anm.	Beim "Zirkuspuzzle" handelt es sich um eine Art Vorform von Puzzle:

19

M	Da suchn wir die Figurn. Komm, wir setzn uns hier
M-NVK	o-nimmt eine Schale mit Holzfiguren aus derm Regal-oo-zu A; setzt sich weiter ins
Anm.	Aus einem Stück Hartpappe mit Zirkusmotiv sind 6 Formen ausgestanzt, in die Holzfiguren

20

L-NVK	o-bewegt sich in
A	**<u>Ja</u>'.**
A-NVK	o-folgt M-o
M	rüber, Chulito! ((räuspert sich)) . Luna, komm ma her! Bring ma mit! . .
M-NVK	Wohnzimmer-o
Anm.	eingelegt werden. Die Holzfiguren befinden sich in einer Schale, in der sich auch noch weitere

21

L-NVK	Richtung M-> <-kehrt um, holt die Zirkuspuzzle-Vorlage, geht zu M
A	**So machen? So machen? Ja?**
A-NVK	o-versucht, die Teile des Entenpuzzles aus dem
M	Bring ma das Puzzle mit! . Des muß man raus
M-NVK	o-zu A-o
Anm.	Figuren gleicher Art befinden, die jedoch nicht zu diesem Puzzle gehören.Beim "Entenpuzzle"

22

L	**((stöhnt))**
L-NVK	und setzt sich neben sie-o
A>	pp f
A	**((stöhnt))** ( ). . . **Schau mal, <u>so:</u>!** **Schau**
A-NVK	Rahmen zu lösen-o o-dreht das Puzzle um und die Teile fallen, Bild nach unten, auf
M	machen.
Anm.	handelt es sich um ein 15-teiliges didacta-Puzzle (Hartpappe im Rahmen; flach) mit Entenmotiv.

23

A	**mal, <u>so:</u>!**
A-NVK	den Boden-o
M	Genau. Jetz dreh se um,/ . . . Schau ma, Luna, ((stöhnt)) ich zeig dir,
M-NVK	o-wühlt in der Schale nach den passenden

24

M	was hier rein kommt. Da kommt der Ele<u>fant</u> rein . un da kommt die <u>Seil</u>tänzerin
M-NVK	Zirkuspuzzle-Figuren-><-legt einen Elefanten in die entspr. Form, dann eine

25

L		**Äh!**		
L-NVK		o-reicht M ein Nilpferd-o		
A			**Wo:/ Wo das?**	
A-NVK			o-zeigt M ein Zebra-o	
M	rein,/	Nee, das Nilpferd paßt leider nich.		Das paßt auch
M-NVK	Seiltänzerin-oo-zu L; wühlt weiter in der Schale->			o-zu A; wühlt

26

L			**Hm!**
L-NVK			o-zeigt M einen Clownfigur-o
A		**Wo baßt das? Wo/**	
A-NVK		o-zeigt M eine weitere Figur->	
M	nich. Der <u>Löwe</u> paßt noch, .		Der Clown kommt da rein, Luna,
M-NVK	weiter; legt einen Löwen in die entspr. Form-o		o-zeigt L die entspr. Form-o

27

A	**Da wo d/ is das?**		
A-NVK			o-probiert eine weitere
M	da.	Das kommt auch n/ nirgndwo rein. Nee, das paßt auch	

28

A-NVK	Figur-o
M	nich. Da kommt noch der <u>Ball</u> hin, . un da kommt der <u>See</u>hund hin. So, das
M-NVK	o-legt einen Ball in die entspr. Form, dann einen Seehund-o

29

A		**Un wo as die? Wo sind die? So wo**
A-NVK		o-zeigt M noch eine weitere Holzfigur->
M	sind alle, die da reinpassen. Schau! .	

30

A>			p	
A	**sind/ ((stöhnt))**		**En . tnpuzzle.**	
A-NVK			o-setzt sich zu M-o	
M		Komm, und wir machn das Entenpuzzle!		Da müß
M-NVK		o-zu A; setzt sich vor das Puzzle-o		o-wendet

31

A		**Fang**
M	ma alle umdrehn, . alle Teile, un dann müssn wer kuckn. <u>So</u>, fang mer an.	
M-NVK	die Puzzleteile, Bild nach oben->	

32

L		**((stöhnt))**		**Oba.**
L-NVK		o-spielt vor sich hin->		
A	**mer <u>an</u>?**		**An.**	
A-NVK			o-nimmt das erste Teil und probiert->	
M			Fang mer/ Fang mer an. Nee, das is irgndwo ja ne grade	

33

L			**Ba. Boa.**		
A		**So?**			
M>			p	pp	
M	Seite.	Vielleicht.	Das kommt hier hin. (		), schau! Nee,
M-NVK		o-nimmt A das Teil ab und probiert selbst->			

Nr.	Sprecher	Transkript
34	L-NVK	o-schüttet die Holzfiguren aus der Schale auf den Boden und fängt an, mit ihnen zu
	M>	p gedehnt überlegend
	M	das kommt hier nich hin. Das kommt/ Wo kommt das hin? . Hm:, hierhin
35	L-NVK	spielen->
	A	Hm?
	M	vielleicht. Schau! Das sind ja die Füße von der Ente. Von dem Kükn. Hier untn.
36	A-NVK	o-nimmt ein neues Teil und probiert->
	M	So. . Und was noch? Was is denn das? Nee, das is auch ne grade Seite, schau!
37	L	**B o. Oh!**
	A	**Hm. Da?**
	M	Da obm kommt das hin. Ja, aber die gra/ Nee, kucke mal, so
38	L>	f
	L	**A:h! . . A h.**
	A	**Fang . mer an!**
	A-NVK	o-nimmt ein neues Teil und probiert->
	M	die grade Seite nach obm. Zeig ma her. Das is
39	A	**Große? Große Ecke?**
	M	eine Ecke. Kommt irgndwo in die Ecke. Das kommt entweder
40	L>	f f
	L	**Oh! Oh!**
	A	**Hm?**
	M	hier hin, / Probier ma. Nee, aber kucke ma! Chulito! Diese Ecke in die Ecke.
	M-NVK	o-zeigt auf die gerundete
41	L>	f
	L	**Ob**
	M-NVK	Ecke des Puzzleteils-o
42	L	**a!**
	A	( ). **Wo geht des hin? Da. .**
	A-NVK	o-nimmt ein neues Teil und probiert->
	M>	pp
	M	So. So. . Gut. Wo kommt das hin? Nee,
43	L>	f > > >
	L	**Odlgo!**
	A	**N Schna:bl.**
	M	das is auch/ das is n Schna:bl. Zeig mal! N Scha:bl. Ich glaub, das kommt
	M-NVK	o-will A das Teil abnehmen-
44	A	**E mach! Da?**
	M	hier hin. Da, hierhin kommt das. Ja. Siehst du das, dieses
	M-NVK	o o-zeigt A die vorgestanzten Linien

45

L>	f > > > > > dim.
L	**Dgodlgo! Dlgo! Arlgodlgo.**
A>	p
A	**Ja.**
M	Vorgedruckte? So. Natürlich nich so einfach. So:.
M-NVK	der Puzzleteile in der Unterlage-o

46

A	**Wo ge/ geht das hin?**
A-NVK	o-nimmt ein neues Teil und probiert->
M	O.k. Zeig ma her. Wie sieht das denn aus? Ich glaub, das

47

A	**Ja'. Da? Wo**
A-NVK	o-
M	kommt hierhin. Ein höher. Da. Reinmachn. . Zeig ma. Sehr schön.

48

L>	f f
L	**Oba! Ba:, ba**
A	**geht das hin?**
A-NVK	nimmt ein neues Teil und probiert->
M>	gedehnt gedehnt p
M	Ich glaube, das kommt vielleicht/ Wo kommt das hin? Hierhin?

49

L>	f f f
L	**ba ba ba. Aba ba ba. Aua ba ba. A**
A	**Da. Kommt da.**
M	Hier, probier ma hier. Nee, da paßt das nich.

50

L>	<s> p
L	**ba ua ua ua. Oba.**
A	**Hm. Wo i/ geht**
A-NVK	o-nimmt ein
M>	<s>
M	Da is ja noch ne Ecke. So: kommt das hin, genau. Und weiter?

51

L>	<s>
L	**Aua aua.**
A	**das hin? Wo geht das hin? Da?**
A-NVK	neues Teil und probiert->
M>	<s>
M	Das is auch ne Ecke. Da untn. Nee, so nich. So

52

L>	f
L	**Goa. Goa.**
A	**So? W/**
A-NVK	o-
M>	bestätigend
M	nich, andersrum. H`mh´m, genau. Das muß da rein. . . So. Genau.

53
A **Wo geht das hin?**
A-NVK nimmt ein neues Teil und probiert->
M Mal kuckn. Zeig ma her. . Probier ma da! . Andersrum. .

54
L **Bap! Bou. Baub. .**
M So. Nee, so rum. Nee, da paßt das nich. Vielleicht hier?

55
L> pp;flüsternd
L **Bau, bau.**
L-NVK o-spielt mit einer Triangel-o
M> p überlegend
M (Hier, hier). Hm:, kuck ma/ Warte ma. Hier is noch so n/ . so n

56
A **Wo geht das hin? . Wo geht das hin?**
A-NVK o-nimmt ein neues Teil und probiert->
M weißes. Was is das? Probier ma obm.

57
A **Hm, da.**
M> überlegend
M Hm:, da vielleicht? Nee, andersrum. Die grade Seite muß hier dran.

58
L> p
L **Oh'.**
A **So?**
M Die grade Seite muß nach obm. Nee, das ze/ das hier is die grade Seite, hier.

59
L> ungnädig
L **Hm!**
A> pp
A **(Ja). Wo geht das hin?**
A-NVK o-nimmt ein neues Teil und probiert->
M So. Da gehört das hin. Sehr schön. Ich glaub, das

60
A **Da? Untn? Da?**
M kommt irgndwo untn. Untn. Untn, hier irgndwo. Probier ma hier.

61
L **((stöhnt))**
M Andersrum. Die grade Seite immer an die grade Seite. . So. Hmh´m.

62
A **Wo geht das hin?**
A-NVK o-nimmt ein neues Teil und probiert->
M> bestätigend
M Sehr schön. Was is denn das? . Probier ma obm. Da,

63
A **Wo geht das hin?**
A-NVK o-nimmt ein neues Teil und probiert->
M genau. Sehr schön, sehr schön. Bravo! Weiß ich nich.Zeig

64	
A	Da?
M	ma. . Das s wieder untn. Wieder untn an die grade Seite. Nee, die grade/ So

65	
L	( )
A	**So? Wo geht . das hin? Da.**
A-NVK	o-nimmt ein neues Teil und probiert->
M	rum, genau. Genau. Wo geht das hin? Da paßt es

66	
A>	p
A	**Da.** ( )
M	irgndwie rein, aber ich glaub, um/ andersrum. Das is der Kopf, kuck ma, das is

67	
L-NVK	o-
M>	bestätigend
M	der Kopf von der Ente. . Hmh´m. Sehr schön. Mach ma rein. Sehr schön. (

68	
L-NVK	scheppert mit Metall->
A	**Wo geht das? Hm?**
A-NVK	o-nimmt ein neues Teil und probiert->
M	), da hintn sind noch zwei Teile. ((stöhnt)) Dreh ma um.
M-NVK	o-holt die Teile ran-o

69	
A>	p;gedehnt pp
A	**Hier. Da?**
M>	überlegend
M	. Hm:, ich glaub, eher untn, hierhin. Andersrum. Die Ecke in die

70	
L-NVK	o-nähert sich M-o
A	**Da?**
M	Ecke. Die Ecke in die Ecke. Da, so. . Gleich, Luna, wir sind gleich fertig.

71	
A	**Gleich fertig.**

72	
L>	quäkend
L	**Hm!**
A	**Jetz andres**
M>	gedehnt
M	Un das noch. So, genau, genauso. Bravo! Bravo! Fertig.
M-NVK	o-reicht A das letzte Teil-o

73	
L>	ff;quäkend
L	**Hm:!**
A	**Puzzle du machn. Des macht so Luna "A', a'!", so, mach so.**

74	
L>	ff
L	**((weinert)) Mämä!**

75
L> ff;quäkend
L **Hm:!**
A **So, jetz.** (13 Sek.) **Prima! . <u>So</u>, jetz. Jetz**
A-NVK o-erledigt etwas für L, das sie beruhigt-o o-sucht

76
L **Godlgo. . .**
A **andres Puzz(le). . . . Hm, . des. Des spielen. . .**
A-NVK in der Schublade im Kinderzimmer, holt die Dose mit den Steckblumen hervor-o
Anm. In der Dose befinden sich ca. 100

77
A **Mami, das spielen.**
A-NVK o- zeigt M die Dose-o
M Das spieln? Da müß mer das andre aber erst aufräum.
Anm. verschiedenfarbige "Steckblumen". Dies sind jeweils unifarbene Plastikplättchen von ca. 2 cm

78
L> pp
L **Hm'.**
A **Nein, . auf**
A-NVK o-schüttet die Steckblumen aus der Dose auf den Fußboden-o
Anm. Durchmesser, die so eingekerbt sind, als hätten sie Blütenblätter. Man kann die Plättchen an den

79
L **<u>Bavo</u>!**
L-NVK o-blickt auf die herausfallenden Steckblumen-o
A **Die Blümelein.**
M> engl. bestätigend
M Wow! Die Blü:melein. H`´m.
M-NVK o-blickt auf die herausfallenden Steckblumen-o
Anm. Einkerbungen zusammenstecken, so daß verschiedene Konstrukte entstehen können. Schnitt: TC

80
Sit. *Alle spielen mit den Steckblumen. A hat eine "Kette" gemacht und sie verlegt.*
Anm. 123-134

81
A **Meine Kette? . Meine Kette? Da is meine Kette. . .**
A-NVK o-blickt sich suchend um-> o-findet seine Kette-o
M ((lacht))

82
A **((lacht))**

83
A **Vielleicht.**
M> gähnend
M Is mehr eine Brosche. . Oder? . Könnte eine Brosche sein - ge?
M-NVK o-betrachtet A Kette-o

84
A **Vielleicht.**

85
A **Vielleicht.**
M Ja, vielleicht könnt das eine Brosche sein.
Sit. *M steckt*
Anm. Schnitt: TC 138-142

86	**L**	**((hustet))**
	A	**De stinken . ja. Stinkt. . .**
	A-NVK	o-schnuppert an den Steckblumen-o
	M	Die stinken ja.
	M-NVK	o-schnuppert an den Steckblumen-o
	Sit.	*eine "Blume" zusammen.*

87	A>	Tonhöhe verändernd
	A	**Hm::** **Ich auch eine**
	A-NVK	o-zu M-o
	M	Luna, schau, ich hab hier eine Blume für dich. Bitteschön. Blümelein
	M-NVK	o-reicht L ihr Konstrukt-o

88	**A**	**Blume machen.** **Hm'. H´`´m:.**
	M	Hatschi.Soll ich für dich auch eine Blume machen? Ja?
	M-NVK	o-zu A-o

89	**A**	**H´mh`´m:. .**

90	L-NVK	o-räumt Steckblumen in die Dose-o
	A	**Da nein!** **Du da**
	A-NVK	o-schüttet die Dose wieder aus-o
	M	Welche Farbe denn? O:h, Luna räumt auf! . Warum nich? .

91	A>	p
	A	**m bitte eine Kett/ . Nein. Bitte eine Blume.** **Nein,**
	M	Ich denk, eine Kette.

92	**L**	**Hm.**
	A>	p
	A	**eine Blume.** **Ja. . Welche**
	M	Eine Blume. . Warte mal, . da ham wir die/

93	**A**	**Farbe ( )?** **Du/ Du . / Du**
	M	Was nehm wir denn für ne Farbe? Grün?

94	A>	gedehnt fast
	A	**al/ a/ ein . / eine Blume?** **Dann e eine auch? Du**
	M	Ich mach eine Blume.

95	A>	singend
	A	**eine Blume!** **Große Blume machen? Ja?**
	M	Oh, schau, eine kleine Blume!

96

A>	p
A	**Hm. Große Blume machen. . . So. . So. . Oh, gas**
A-NVK	o-zu sich->
M>	bestätigend
M	Hmh´m. .
M-NVK	o-steckt eine größere Blume für A->

97

A	**geht nich. Vielleich das? Du welch/ da eh/ da welche Farbe mag du?**
A-NVK	o-zu M->

98

A	**De welche Farbe/ welche Farbe mag du?**
M	Was is n des für ne Farbe?
M-NVK	o-zu sich;betrachtet ein Plättchen-o

99

A	**Orange. Das is orange. Das is orange?**
A-NVK	o-sucht eine orangefarbene Steckblume heraus und zeigt sie M-o
M	Orange. Das is orange, ja. . Schau! Hier is
M-NVK	o-reicht A

100

A	**Danke. Ich hinlegn.**
A-NVK	o-legt das Geschenk ab-o
M>	p
M	eine Blume für dich. Bitteschön. Bitte.
M-NVK	ihr Konstrukt-o
Sit.	*L*

Anm. Schnitt: TC 163-180

101

L	**Bu! Oh! Jä. Bubu.**
L-NVK	o-zu M-o o-zu M-o o-zu sich-o
M	So. Das "<u>Puzzle</u>", . Luna. Ein Puzzle. Gibt s da/ Has du noch
M-NVK	o-zu sich-oo-zu L-> o-zu A->
Sit.	*hält das Entenpuzzle hoch. M steckt eine "Kette".*

102

L>	gepreßt
L	**Mb:u:!**
A>	pp
A	**Ne'. <u>Oh</u>'! <u>Doch</u>. Da! Ein weiß.**
A-NVK	o-sucht und findet eine weiße Steckblume, reicht sie M-o
M	mehr blaue? Nee, das is ein weißer. Noch

103

L>	f f
L	**A bubu! Wau<u>wa</u>! A wauwa!**
A	**Is ein blauer? Is ein blauer? Da! Des so gr**
A-NVK	o-sucht und findet einen blauen Stecker, reicht ihn M-o
M	ein <u>blauer</u>. Ah ja. Danke.

104

L>			erschöpft	
L	**He'!**	**Du:!**	**Eh'.**	
A	**oßer blauer?**			
M		S ne ganz lange Kette mit blauen.		Luna,
Sit.				*M steckt*

Anm. Schnitt: TC 185-199

105

L		**Hm'.**	
L-NVK		o-sucht und reicht M eine gelbe Steckblume-o	
A		**Ich gibs noch ein blauen. . .**	
M	gibst mir auch noch n blauen?		Das s
Sit.	*weiter an ihrer blauen "Kette".*		

106

L>					f-cresc. f-cresc.
L		**Hm.**	**Hm.**		**Nee na! Nee na!**
L-NVK					o-kämpft mit A um
A				**Des meins!**	
A-NVK				o-nimmt L eine Steckblume weg-o	
M	ein gelber, Luna. Der is gelb.		Das is blau, schau!		
M-NVK			o-zeigt L eine blaue Steckblume-o		

107

L>	f-cresc.	
L	**Nei na!**	
L-NVK	die Steckblume-o	
A		**Des auch ganz heiß. Mama, das auch**
Sit.		*Die Kinder spielen mit Töpfen, Kochutensilien*

Anm. Schnitt: TC 203-470

108

L		**Hejß. Hejß.**	
A	**ganz heiß. Eier auch drinnen.**		
A-NVK			o-bringt einen
M			Was machs
M-NVK			o-zu A-o
Sit.	*und Steckblumen auf dem Fußboden und "kochen".*		

Anm. Schnitt: TC 473-483

109

L				**Ej:er. Ä da**
A		**Ne, da s da A/ das is . Eier.**		**Das.**
A-NVK	Topf mit Wasser-o			o-weist auf
M	denn du, Chulito?		Was sind Eier?	

110

L	**. Ei::!**		
A			**Ja. Da essn.**
A-NVK	den Topf-o		
M		Das sind Eier?	

Anm. Schnitt: TC 487-580 / Ende der Aufnahme

L>	Luna Intonation i.w.S.
L	**Luna (1;2)**
L-NVK	Luna NVK i.w.S.
A>	Adrian Intonation i.w.S.
A	**Adrian (2;5)**
A-NVK	Adrian NVK i.w.S.
M>	Mutter Intonation i.w.S.
M	**Mutter**
M-Übers.	*Mutter Übersetzung*
M-NVK	Mutter NVK i.w.S.
Sit.	*Situation*
Anm.	Anmerkungen

#23 T - *Rund um's Ins-Bett-Gehen*

Aufn.: 114 (A8) - 270192 - 27 Min.
Mü.: Whg.1: Mutters Bett, Kinderzi.; Abend
Vorbereitungen zum Schlafengehen
A-Geräte: Sony WM-D3, Mikro ECM 909
T-Geräte: Sony TCM-77V (1 Min.≈13 TC-Einh.)

1

L>		f	
L		**Ba:p!**	
L-NVK		o-hält Cremedosen-Deckel in der Hand-o	
M>			dim.
M			Gleich, gleich, Luna! Gleich kanns du den
Sit.	*Eincremen nach dem Baden. L liegt rücklings auf Ms Bett.*		

Anm Anfang der Aufnahme / 000-004

2

L>		p	
L		**((weinert gelegentlich**	
M>			pp;flüsternd
M	Deckl wieder drauf machn.		O:h, masage!
M-Übers.			*Massage!*
M-NVK			o-massiert L->
Sit.		*L wird weiterhin von M eingecremt. A*	

Anm Schnitt: TC 005-027

3

M>	pp;flüsternd
M	Oy:,
Sit.	*steht links daneben.*

4

L		**))**						**Bop.**
A>		pp;flüsternd			pp;flüsternd			
A		**Ja:!**			**Ja:!**			
A-NVK		o-zu M->						
M>			pp;flüsternd			pp;flüsternd	pp;flüsternd	
M	masage.		O:h, masage, .	masage, masage.		Ja, masage.	Mas/ Masage.	
M-Übers.	*Massage.*							

5

L		**Bapa.**		**Papa.**		**Eich!**	
M>	p-cresc.						
M	Beinchen hoch!		Papa?		Beinchen hoch! Popo eincrem?		Da. .
M-NVK							o-gibt

6

L	**Mama!**
A	**A:h ( ).**
A-NVK	o-zu sich-o
M	So. Beinchen hoch! Ja!? Der Django baut jetz das
M-NVK	L einen Gegenstand-o
Sit.	*Die Decken vom Hochbett liegen auf dem*
Anm.	Schnitt: TC 027-060

7

L>	p
L	**(Mama)**
A	**Ja!**
A-NVK	o-zu M;faltet konzentriert ein Blatt
M	Bett obm auf, Luna. Django! Komms du jetz das Bett aufbaun?
Sit.	*Fußboden. A sitzt am Schreibtisch. L und M stehen unten neben der Hochbett-*

8

A>	bejahend p
A	**Hmh´m. . So. Jetz ( ) liegngelassn. Oh'! Wop!**
A-NVK	zusammen-> o-macht sich auf den Weg zum Hochbett-o
M	O.k.
Sit.	*Leiter und warten auf A.*

9

A	**((stöhnt)) Geht ma obm, du gehs nich obm.**
A-NVK	o-erklimmt die Leiter zum Hochbett->
M	Nee, du gehs nach obm.

10

L	**A(u)ch!**
L-NVK	o-zu M-o
A	**Ja'.**

11

M	Du wills auch nach obm? Luna, du hilfst mir, Django die Sachn angebm!

12

L	**Auch!**

13

L	**Auch! Auch!**
M>	dim.
M	Du hilfst mir, Django die Kissn hochgebm und alles. Ja? O.k.?

14

L>	p
L	**Auch! . . Auch!**
A	**Nee, das/ Nee da ein**
M	O.k.! Jetz dann! Kissn: Numero: . eins. Moment bitte, Luna!
M-NVK	o-holt unter dem Hochbett ein Kissen hervor->

15

A	**Kissn, ein/**

16	L>	gedehnt;leicht
	L	**Auch! Auch!**
	A	**Danke! (Hinlegn)?**
	A-NVK	o-nimmt das Kissen an und legt es hinten in die Ecke-o
	M>	f;gedehnt
	M	Hier! . Bitteschön. Ganz hintn in die Ecke! Ja:, genau.
	M-NVK	o-reicht A ein Kissen hoch-o
17	L>	verzweifelt;quietschend
	L	**Auch!**
	A	**Mama, noch eins!**
	M	Genau. Du wills hochgehn, Luna?
18	**L**	**H``m h``m,**
	A-NVK	o-nimmt das Kissen an und plaziert es
	M>	cresc.
	M	Moment, Luna! Noch ein Kissen! . . Hier vorne, auf dein Bett.
	M-NVK	o-reicht A ein zweites Kissen-o
19	L>	<s>
	L	**auch! Auch! Da auch! Auch! Au:ch!**
	A>	p
	A	**Hm? Hier!?**
	A-NVK	verkehrt-o o-legt das Kissen an verschiedene andere Plätze, bis er
	M>	f
	M	Hier. Nee, nee, da! Da! Chulito, dabeben, nebm
20	L>	gedehnt<s> bettelnd
	L	**Auc h! Auch!**
	A-NVK	die von M gewünschte Stelle findet-o
	M>	<s> dim. <s>
	M	das andre Kissn! Da ins/ Da, genau, genau. Du möchtest auch hoch?
21	**L**	**Auch.**
22	**L**	**Hm.**
	A	**Noch eins! Noch eins!**
	A-NVK	o-zu M->
	M	Eins, zwo, drei und - Moment! - los! Geh aber weiter nach hin
	M-NVK	o-hebt L auf das Hochbett->o-zu A-o -> o-zu L-o
23	**L**	**((tönt))A baba!**
	A	**(In) pink. Grau. Diese bunt?**
	M>	lachend
	M	ter! Pink is hier nich, Django. Das hier is bunt.
	Anm.	Schnitt: TC
24	*Sit.*	*L sucht im Kinderzimmer nach einem Buch. M schickt sie zu A, der vor dem*
	Anm.	074-100

25

Sit.	*Schreibtisch auf dem Boden sitzt, ein Buch vor sich, aus dem er L "vorlesen" soll.*

26

A>	f
M	Django hat scho ein Buch. . Geh hin, und er läßt/ liest dir vor aus dem Buch!

27

L>	pp p p
L	**Hm. Äh. . Wa-wu.**
L-NVK	o-setzt sich zu A-o
A	**Wau-wau wa. Wau-wau. Da Wau-Wau.**
A-NVK	o-zeigt auf das Bild
M>	pp
M	((lacht))

28

L>	imitiert Bellen pp;piepsig
L	**Awau! Wa-Wau. Wa:wu:. A wau wa.**
A>	imitiert Bellen
A	**. Wau wau wau wau. Is**
A-NVK	von einem Hund-o

29

L>	dim.
L	**E Wau-Wau. Wau-wau. Wau-Wau.**
A	**eingesperrt.**
M	Da, schau dir ma das Buch an!
M-NVK	o-zu L->

30

L>	f
L	**Wau-Wau. Eh.**
A	**Hm na. Des**
M	. O:h, schau ma da:! Was is denn da? Das s eine Katze.
M-NVK	o-zeigt auf eine Katze-o

31

A	**keine Wau-Wau.**
M>	p;verwundert
M	Und was sin denn das hier, Luna? Schau ma! Oh, was is

32

A>	p f
A	**Ein Pferd. Galopp. Galopp, Galopp. Oh,**
M	denn das? Galopp, Galopp. ((lacht))

33

L	**Op, op, op! Hep.**
L-NVK	o-bewegt sich "reitend"-o
A	**da auch ein ( )! Da is Galopp. Hoppa,**
M>	lachend
M	Hopp, hopp.

34

A	**hoppa, hoppa De schla:ft.**
M>	einatmend
M	He! Und was mach denn der Kleine da:? Der

35	**L**	**Wau-Wau.Wau-Wau. Wau-Wau! Wau-**
	A>	etwas traurig gespielt traurig
	A	**Joa. De nicht immer da seine**
	M>	A imitierend
	M	schlä:f da im Bett. Joa.

36	**L**	**Wau! Wau! Wa! Wau-Wau! Oh'**
	A	**Mutter findet. Nein.**
	M	Der findet seine Mutter nich mehr? Oh je:!

37	**L**	**je:. E:we:! E:we:! Wau wau wu wu wa.**
	A	**Alle-alle! ( ) jetz geht ich hoch.**
	A-NVK	o-schlägt das Buch zu, läuft zum Hochbett-o

38	**L**	**Wau-Wau!**

39	**L**	**Wau-Wau! Abe!**
	A	**Jetz geht ich hoch. He?**
	M>	f f
	M	Das war schon alles? War das

40	L>	p
	L	**Ahm.**
	A>	f
	A	**Ja:.**
	M>	p
	M	schon die ganze Geschichte? O:h! - Aua'! - Das war aber ne kurze
	M-NVK	o-tut sich weh-o

41	**A**	**Hm? Ja.**
	M	Geschichte. Das war aber eine kurze Geschichte.
	Anm.	Schnitt: TC 114-122

42	L>	p
	L	**Och. Eh.**
	A	( ).
	M	Luna, möchtes du ho:ch? Hoch? Paß auf!Eins, zwei, drei und/
	M-NVK	o-hebt L auf das
	Sit.	*A ist auf dem Hochbett. M steht unten, L daneben.*

43	**M**	Moment, Django! . . So.
	M-NVK	Hochbett->
	Sit.	*M hat für L Tee in eine Flasche gefüllt*
	Anm.	Schnitt: TC 123-325

Nr.	Tier					
44	**L**		**((weinert gelegentlich))**			**Eiß!**
	L-NVK					o-nimmt die
	M>			p	pp	pp
	M		Hm:, der is gu:t. . .	Hier, .	komm ma her.	Bitteschön.
	M-NVK				o-reicht L die Flasche-o	
	Sit.	*und probiert ihn.*				

Nr.	Tier				
45	L-NVK	Flasche entgegen-o			
	A		**Warm. .**		**Warm.**
	M	Heiß. Warm is er. .		So, Chuli,	
	M-NVK			o-zu A-o	
	Anm.				Schnitt: TC 329-350 / Ende der

46 Anm. Aufnahme

L>	Luna Intonation i.w.S.
L	**Luna (1;2)**
L-NVK	Luna NVK i.w.S.
A>	Adrian Intonation i.w.S.
A	**Adrian (2;5)**
A-NVK	Adrian NVK i.w.S.
M>	Mutter Intonation i.w.S.
M	**Mutter**
M-NVK	Mutter NVK i.w.S.
Sit.	*Situation*
Anm	Anmerkungen

<u>#24 T - *Nudeln mit Ketchup*</u>

Aufn.: 115 (A9) - 280192 - 18 Min.
Mü.: Whg.1: Eßbereich; Frühabend
Kinder essen ; Erzählen
A-Geräte: Sony WM-D3, Mikro ECM 909
T-Geräte: Sony TCM-77V (1 Min.≈13 TC-Einh.)

1

L	**((quäkt))**
A	**Gu/ Gut. .**
M	Und wie war das Schlittenfahrn? War nich schlimm, daß ich nich
Sit.	*Nach dem Schlittenfahren mit Vater. Die Kinder sitzen am Kindertisch und essen*
Anm.	Anfang der Aufnahme / TC 350-362

2

L	**Mama! Bapa. Papa. Bapa. Depa.**
A	**H´´m.**
M	dabei war? Macht nix, oder? Wer? Papa?
Sit.	*Nudeln mit Ketchup. M sitzt am Eßtisch.*

3

L>	stöhnend essend
L	**Bapa? Ah. (Bau) Hm:.**
A	**Papa? Ja? Papa is in . weg. Bapa is weg. Alle-alle.**
A-NVK	o-zu L->

4

L>	gedehnt
L	**Dal. Ndepa. ((tönt)) Dee! Dee!**
A	**((tönt))**
M	Da. Has du Durst, Luna? Möchs du dein Tee?

5

L	**Dee. Hm! ((hustet))**
A>	dim. pp pp
A	**Ich auch ( ). ( ). (**
M	Da. Aufmachn? ( ).
M-NVK	o-reicht L eine Teeflasche-o

6

L>	f f quäkend
L	**<u>Au</u>! <u>Au</u>! Eh!**
L-NVK	o-streckt M ihre Teeflasche entgegen-o
A	**). Ne'.**
M	Gleich. No mehr?
M-NVK	o-zu A-o
Sit.	*M fragt die Kinder, ob sie*
Anm.	Schnitt: TC 368-375

7

L>			quäkend		
L	**(Ne).**		**<u>Meh</u>!**		**Auf.**
L-NVK			o-streckt M ihre Teeflasche entgegen-o		
M	Luna?	Nee? .	Auf? .	Soll ich die Flasche aufmachn? . Auf?	
Sit.	*noch mehr Nudeln möchten.*				

8

L>	p p	
L	**Eath. Ath. Aiß. Am:a. Meh!**	
M		Is alle? Möchtes du noch mehr
Sit.	*L hat ihren Teller leer gegessen.*	

Anm. Schnitt: TC 378-412

9

L			**Meh!**	**Mehr.**	
M	Nudln, Luna? .	Möchs du noch mehr Nudln?	Mehr?	Ja?	
M-NVK					o-füllt Ls

10

M-NVK	Teller auf-o

Anm. Schnitt: TC 415-580 / Ende der Aufnahme

L>	Luna Intonation i.w.S.
L	**Luna (1;2)**
L-Übers.	*Luna Übersetzung*
L-NVK	Luna NVK i.w.S.
A>	Adrian Intonation i.w.S.
A	**Adrian (2;5)**
A-Übers.	*Adrian Übersetzung*
A-NVK	Adrian NVK i.w.S.
M>	Mutter Intonation i.w.S.
M	**Mutter**
M-Übers.	*Mutter Übersetzung*
M-NVK	Mutter NVK i.w.S.
V>	Vater Intonation i.w.S.
V	**Vater**
V-Übers.	*Vater Übersetzung*
V-NVK	Vater NVK i.w.S.
Sit.	*Situation*
Anm.	Anmerkungen

#25 T - Omelett-Essen (Teil I)

Aufn.: 116 (A10) - 290192 - 45 Min.
Mü.: Whg.1: Küche, Eßbereich; Nachmittag
Essensvorbereitungen; Essen; Abschied
A-Geräte: Sony WM-D3, Mikro ECM 909
T-Geräte: Sony TCM-77V (1 Min.≈13 TC-Einh.)
Transkript in 2 Teilen (I und II)

1

L>	f
L	**Auf! Aauf!**
L-NVK	o-knistert mit einer Tüte, in der sich Zuckerkugeln befinden; sucht die Öffnung-o
M	((lacht)) ((lacht)) L/ Lula! . Lula, gleich gibt s Omelett.
Sit.	*Alle befinden sich in der Küche: V kocht, M steht dabei, A und L beschäftigen sich*
Anm.	Anfang der Aufnahme / TC 000

2

M>	genußvoll lachend
M	Hm:, Omelett mit/ U:h, pobre la Luna! ((lacht)) Omelett mit Pi:lzn, o:h!
M-Übers.	*arme Luna!*
M-NVK	o-zu V->
V	Hm? ((lacht
Sit.	*mit dem Inhalt einer Süßigkeiten-Kiste.*

3

L>	p
L	**Auf.**
L-NVK	o-hält Süßigkeit in der Hand->
M	No le gusta el hue:vo. Den muß du doch erstmal (rauf) Soll ich
M-Übers.	*Nicht ihr schmeckt Ei.*
M-NVK	o-zu A->
V	auf)) ( ) . . .

4

L>	f
L	**Auf! ((hustet))**
L-NVK	o-streckt M die Tüte mit den Zuckerkugeln entgegen-o
M>	lachend
M	auf/ Luna! . .
V	Y a qué le tenías tú así, cuando eras niña? A qué/ A qué/
V-Übers.	*Und was hattest du so, als du warst Kind ? Was/ Was/*
V-NVK	o-zu M->

5

L	**((niest))**
M	Que no me gustaba? Que me besaban.
M-Übers.	*Das nicht ich mochte? Daß man mich küßte.*
V	Qué era lo, que no te gustaba así de niña? Sí.
V-Übers.	*Was war das, das nicht du mochtest so als Kind? Ja.*

6

A>	p
A	**Oh, Sucka! Sucker! Sucka!**
A-NVK	o-entdeckt ein Brausepulver-Tütchen-o
M	A, de la comi:da.
M-Übers.	*Ah, vom Essen.*
V	No no, aparte. De la comida (digo yo).
V-Übers.	*Nein, nein, außerdem.Vom Essen (meine ich)*

7

A>	cresc. dim.
A	**Mami, schau mal, Sucka!**
M>	p
M	Qué me gustaba? H˘m. Qué me gustaba de
M-Übers.	*Was mir schmeckte? Was mir schmeckte vom*
M-NVK	o-zu A-o

8

M>	p
M	comida? A ver. Bueno,/ No me gustaba?
M-Übers.	*Essen? Mal sehen. Also,/ Nicht mir schmeckte?*
V	Así que/ que no te gustaba. Sí. Estamos hablando de
V-Übers.	*So was/ was nicht dir schmeckte. Ja. Wir sprechen (gerade) von*
V-NVK	o-

9

M	Qué no me gustaba? Espera:.
M-Übers.	*Was nicht mir schmeckte?Warte.*
V	ella, de que no le gusta el/ . . el champiñón.
V-Übers.	*ihr, davon daß nicht ihr schmeckt der/ der Pilz.*
V-NVK	weist auf L-o

10

A	**Ich kann schon.**
A-NVK	o-versucht, für L die Tüte zu öffnen-o
M>	dim. dim.
M	. Aspárrago, después/ Espera, qué más? (Es que yo no
M-Übers.	*Spargel, dann/ Warte, was noch? (Es ist, daß ich nicht*
M-NVK	o-zu sich-o o-zu V->
V	Espárrago. .
V-Übers.	*Spargel.*

11

M	me acuerdo mucho de eso). ((lacht))
M-Übers.	*mich erinnere viel daran).*
V	A mí no me gustaba(n) por ejemplo los
V-Übers.	*Mir nicht mir schmeckte(n) zum Beispiel die*

12		
	M	Bohnen?
	V>	p; lachend
	V	Bohnen, esa onda, to/ todo lo que era(n) menestras. Y mi mamá :
	V-Übers.	*Bohnen, dieses Zeug, all alles das was waren Trockengemüse.Und meine Mama :*

13		
	M	((lacht auf))
	V>	flüsternd schreiend
	V	"Carajo, qué vas a v/ qué vas a comer, si no hay otra cosa?
	V-Übers.	*"Verdammt, was wirst/ was wirst du essen, wenn nicht es gibt etwas anderes?*

14		
	V>	flüsternd cresc.-> lachend
	V	Tienes que comer!" De/ Y cómo decía? "Me quedo de hambre entonces, pe."
	V-Übers.	*Du mußt essen!" Und wie sagte ich?"Ich bleibe hungrig eben, so."*

15		
	V	Y me lo quitaba - no? Después de un rato lo pensaba yo, (decía)/ Lo comía,
	V-Übers.	*Und mir es sie nahm weg - ne?Nach einer Weile es überdachte ich, (sagte)/ Ich aß es,*

16		
	A>	p <s>
	A	**Ma mir noch mal auf!**
	A-NVK	o-streckt M die Tüte entgegen-o
	V>	<s>
	V	pero así - no? - un par de ellos. Ahí, donde/ . donde intervenía mit
	V-Übers.	*aber so - ne? - ein paar davon. Das war, wo/ . wo einschritt mein Vater -*
	V-NVK	o-verzieht das Gesicht-o

17		
	L	**Alla.**
	M	((lacht auf))
	V>	p lachend p-dim. >
	V	papá - no? "Mira", decía, . "(alarr), cierra los ojos! ((lacht)) "Masca!
	V-Übers.	*ne? "Schau", sagte er, . "( ), schließ die Augen! "Kau!*

18		
	L	**Bap. Bop.**
	M	No, yo no sé. Yo no me acuerdo.
	M-Übers.	*Nein, ich nicht weiß.Ich nicht mich erinnere.*
	V>	>>>>>>> >>>>>>>>
	V	(Ahí no más)! Rápido, rápido!" .
	V-Übers.	*(Rein damit)! Schnell, schnell!*

19		
	A	**((hustet))**
	M	Bueno, lo que no me gustaba era también . por ejemplo: Sahne, /
	M-Übers.	*Also, das was nicht mir schmeckte war auch zum Beispiel Sahne,*
	V	H`mh´m. .

20		
	M	((seufzt)) Bueno, siempre hay cosas - no?
	M-Übers.	*Na ja, immer es gibt Dinge - oder?*

21

M	Eso <u>cam</u>bia también. Eso depende.
M-Übers.	*Das verändert sich auch. Das kommt darauf an.*
V	Sí pues. Cambia. No no, sí, pero así de lo que uno se/ se
V-Übers.	*Ja klar. Verändert sich. Nein nein, ja, aber so von dem an das man*

22

L>	f
L	**Auf!**
M>	dim.
M	se acuerda. Sí, aspárrago, / So. Bitteschön.
M-Übers.	*sich erinnert. Ja, Spargel,*
M-NVK	o-öffnet die Tüte, nimmt eine Zuckerkugel heraus, reicht sie A-o
V	acuerda - no?
V-Übers.	*sich/ sich erinnert - ne?*

23

L>	pp
L	**Oh.**
A>	pp
A	**Essn.** **Essn?**
A-NVK	o-zu sich-o o-zu M-o
M>	p
M	((lacht auf)) Kanns du essn, aber as <u>schmeck</u> sowieso nich

24

L>	p
L	**Ma(ma)! Auf!**
M>	p;lachend
M	mehr. ((lacht)) La Luna, cómo le mira! ((lacht)) Auf? .
M-Übers.	*Die Luna, wie sie ihn ansieht!*
M-NVK	o-betrachtet L-oo-zu V-o o-öffnet die
V	((schnieft))

25

L	**Baba.** (5 Sek.)
L-NVK	o-zu M-o
A	**Hm!** (6
M	Möchts du eine? . Eine Kugel? . Biddeschön. ((lacht))
M-NVK	Tüte, reicht L eine Zuckerkugel, schließt die Tüte wieder-o

26

A	Sek.) **Nei, de da Wauwa <u>Hand</u>, is nich <u>es</u>sn.** **Hm de/ des nich**
A-NVK	o-zu M->
M	Bidde?

27

L	**Hm:mä!**
A	**das essn.** **Hund.**
M	Des soll ma nich essen? Der <u>Hund</u> soll das essen? Is gut?
M-NVK	o-zu L->

28

L-NVK	o-öffnet
M	M/ Wo is denn die Kugel? Luna, mach ma n Mund auf! Zeig ma her! Is se noch

29

L		**M:ä!**	
L-NVK	den Mund-o		
M>			lachend
M	da? Ja is schon noch da. Iß die ma erst ma auf.	((lacht))	"Mehr", dice.
M-Übers.			*sagt sie.*
M-NVK			o-zu V-o

30

L>				gehaucht			
L				**Ha.**			
L-NVK				o-zu V-o			
A		**Hm mehr.**				**Ni mehr.**	
A-NVK						o-zu M-o	
M	((lacht))						Nich mehr. Schmeck nich - ge? .
V>					L imitierend		
V			Mehr?		Ja.		
V-NVK			o-zu L-o				

31

A		**Eh.**	
M	Schmeiß weg, spuck in Mülleimer!		Luna, spuck s aus in Mülleimer! Das

32

M	schmeckt auch nich, Django, was du da jetz in der Hand hast. . Heb s auf!

33

A				**Nee.**	**I**	**will des.**	
M		((stöhnt))	Is nix, oder?		Schmeiß weg in Müll!		Ich
M-NVK		o-hebt das Etwas auf-oo-zu A->					
V	Pscht.						

34

L>			f
L			**Auf!**
L-NVK			o-hält eine Süßigkeit in der Hand-o
A		**I will das. .**	
M	denk, das kann man nich essn?		

35

L				**A**	
L-NVK		o-kaut auf irgendetwas herum-o		o-öffnet den Mund-o	
M		Qué estás comiendo, Luna?	A ver!	A ver!	A!
M-Übers.		*Was bist du am essen, Luna?*	*Laß sehen!*	*Laß sehen!*	
M-NVK					o-öffnet den
Anm.	Schnitt: TC 039-050				

36

L	**((quietscht))**
M-NVK	Mund-o

37

L>	ungnädig ungnädig
L	**Hm. Ä:h. Ähäh.**
M	A ver! Abre la boca! A! ((lacht)) Abre la boca! ((lacht))
M-Übers.	*Laß sehen! Öffne den Mund! Öffne den Mund!*
M-NVK	o-öffnet den Mund-o
V	((lacht)) Abre la
V-Übers.	*Öffne den*

38

L>	ungnädig
L	**Ä:h.**
L-NVK	o-rümpft die Nase-o
M	((lacht))
V	boca! Abre la boca! A! No te gusta? Mira, me hace así (ya). Su
V-Übers.	*Mund! Öffne den Mund! Nicht (es) dir gefällt?Schau, zu mir sie macht so ( ). Ihre*
V-NVK	o-zu M; rümpft die Nase-o

39

V>	lachend lachend
V	narí:z! Pa qué lo jalas, hijita? No tienes más naríz. Me/ En serio, así
V-Übers.	*Nase! Warum sie du rümpfst, Töchterchen?Nicht du hast mehr Nase.Mir/ Im Ernst, so mir*
V-NVK	o-zu L-> o-zu M; rümpft die

40

M	((lacht)) Así como un perro - no? ((lacht))
M-Übers.	*So wie ein Hund - ne?*
V	me ha hecho. Qué pasa? Cuál es tu onda? Sí, ahí.
V-Übers.	*sie hat gemacht. Was ist los? Was geht bei dir ab? Ja, so ungefähr.*
V-NVK	Nase-o o-zu L-> o-zu M-o

41

L	**Eh. . .**
L-NVK	o-nimmt die Tüte entgegen-o o-
A	**Eh', du das habm? Hm'h´m? Schitt mal!** (5
A-NVK	o-reicht L die Tüte-o
Sit.	*Die Kinder beschäftigen sich erneut mit der Zuckerkugeln-Tüte.*
Anm.	Schnitt: TC 056-083

42

L	**((quietscht))**
L-NVK	schüttet die Kugeln auf den Boden-o
A	Sek.) **Des/ Das**
M>	f
M	<u>Django</u>! ((lacht
M-NVK	o-blickt auf die Kugeln-o
V	<u>Lula</u>! ((lacht))
V-NVK	o-blickt auf die Kugeln-o

43

L	**Eh!**
A	**<u>Luna</u> gemach!**
M>	lachend
M	)) Oh, des hat Luna gemacht? ((lacht))
V	((lacht))
Anm.	Schnitt: TC 086-

44

L-NVK	o-hält die Tüte mit den Zuckerkugeln-o
A	**Aber nich aufmachn!**
A-NVK	o-nimmt L die Tüte aus der Hand, öffnet sie und nimmt
Sit.	*Die Zuckerkugeln sind wieder eingesammelt.*
Anm.	089 Parallel DISKURS M-V (hier unbedeutend)->

45

L	**A**
L-NVK	o-öffnet den Mund-o
A	**So, jetz. Abre la boca!**
A-Übers.	*Öffne den Mund!*
A-NVK	eine Kugel heraus-o o-zu L-o o-schiebt L eine Kugel in den Mund-

46

L	**Eih.**
A	**Eiß? Ja?**
A-NVK	o o-zu V-o
M>	> > >
M	Obala!
M-NVK	o-läßt etwas fallen-o
V>	cresc. dim.
V	((pustet)) So, Omelett kommt! Señoras y señores,
V-Übers.	*(Meine) Damen und Herren,*
V-NVK	o-hält einen Teller mit Essen in der Hand-o

47

L	**Ähm.**
V	llega el Omelett! Cómo se llamaría? "Tortilla" le llaman esto.
V-Übers.	*es kommt das Omelett!Wie würde das heißen?"Tortilla" nennt man das.*
V-NVK	o-zu M->
Anm.	Schnitt: TC 095-102

48

A	**Sucka?**
A-NVK	o-wühlt in der Süßigkeitenkiste, entdeckt eine "Kette" von Brausepulver-Tütchen,
Anm.	Parallel: DISKURS M-V (hier unbedeutend)->

49

A>	cresc.->
A	**O:´h. O.h. Oh', ò´hhò. Schau mal, vie/ viele, schau mal!**
A-NVK	zieht die Kette langsam aus der Kiste-oo-zu den Eltern, zeigt ihnen die "Kette"->

50	**L**	**((tönt))**
	A>	cresc.
	A	**Schau ma!**
	M	Schau mal! Räum ma die andern Sachen wieder ein!
	M-NVK	o-zu A-o
	V>	cresc. dim.
	V	Schau mal? ((tönt
	V-NVK	o-klatscht die Hände vor

51	A>	cresc.
	A	**Schau**
	V-NVK	den Mund-o

52	**A**	**mal!**
	M>	leidend einatmend
	M	( ) estoy con hambre! Hm.
	M-Übers.	*( ) ich habe Hunger!*
	V	)) Ya est/ Ya está, Chula, ya. Un poquito tienes
	V-Übers.	*Gleich es ist fertig, Chula, gleich.Ein bißchen du mußt*
	V-NVK	o-zu M->

53	A>	p p
	A	**Schau mal! Schau mal! Zuckan.**
	A-NVK	o-zu V->
	M	((lacht)) Pero tan poco? (No hay) algo
	M-Übers.	*Aber so wenig? (Nicht es gibt) etwas*
	M-NVK	o-zu V->
	V>	pp;wispernd
	V	que esperar no más y/ ((lacht)) Schau mal!
	V-Übers.	*warten nur und/*
	V-NVK	o-zu A-o

54	A>	cresc.; Tonhöher verändernd->
	A	**Suckan. . Suckan. . Suckan. . Suckan. Suck/Suckan.**
	A-NVK	o-für sich-> o-zu V->
	M	más?
	M-Übers.	*mehr?*
	V>	p
	V	Suckan?

55	A>	gehaucht
	A	**Schitt' mal! . . Ja. Ja. Schitt**
	A-NVK	o-zu M->
	M>	p;fluchend
	M	Och, otra vez! Vamos a comer? Sí?
	M-Übers.	*Och, schon wieder! Wollen wir essen? Ja?*
	M-NVK	o-zu sich-o o-zu A->
	V	((lacht)) Ja. .

56

L	**((hustet))**
A	**mal! Nein, des is/ Nein, das/ das ( ).**
M	Schütteln. Aua! Oh!
M-NVK	o-tut sich weh-o

57

L	**. . . Em!** (5 Sek.)
A>	gedehnt;quäkend
A	**Mama! Is der/ Auf!**
M	De igual manera.
M-Übers.	*Ebenfalls.*
M-NVK	o-zu V-o
V>	p
V	Me alegra verte.
V-Übers.	*Mich es freut zu sehen dich.*
V-NVK	o-zu M-o
Sit.	*A und L möchten beide ein Brausepulvertütchen geöffnet*

58

A>	gedehnt;quäkend
A	**Auf!**
Sit.	*haben.*

59

L>	f;gedehnt
L	**Auf!**
L-NVK	o-streckt M ein Tütchen entgegen-o
A	**Ich will nich essn.**
M	Django, wir wolln doch essn! O:h, Omle:tt, Django!

60

M>	hauchend
M	Hm:! Oah! (Tal vez) con pan también? . Sabes que yo quería preparar en
M-Übers.	*(Vielleicht) mit Brot auch? Weißt du, was ich wollte zubereiten in*
M-NVK	o-zu V->

61

M	estos días para los niños? Este . . , papas fritas. Así como tú me lo
M-Übers.	*diesen Tagen für die Kinder? Äh Pommes Frites.So wie d u mir es zubereitet*
V	Hm?

62

L>	quäkend
L	**Äh!**
L-NVK	o-versucht ein Tütchen zu öffnen-o
A	**Mit der Schere? Ich hol dir/**
A-NVK	o-zu L->
M	preparaste al principio. ((lacht))
M-Übers.	*hast am Anfang.*
M-NVK	o-bewegt sich in
V>	lachend
V	Ahá. Al principio.
V-Übers.	*Am Anfang.*
Sit.	*Die Schere befindet sich auf dem Schreibtisch.*

63

A>		p	
A	**Nei, ich!**	**Ich!**	
A-NVK	o-zu M->		
M			Nee, nich mit der Sch/ Entschuldigung. Ja ja, is
M-NVK	Richtung Schreibtisch-o		o-zu A->
V	( ), Chula.		
V-NVK	o-zu M-o		

64

A			**Mit de Sche/**
M>	lachend		
M	schon gut. Entschuldigung.		Ähm . , ich wollte eigntlich nur ne Rotz/ ne/
V		((lacht))	

65

A		**Ich ma! Ich!**
M	n/ n/ ne servilleta für Luna habm. . Ja, geh nur die Schere holn.	
M-Übers.	*Serviette*	

Anm. "servilleta"=intrafamiliäre Bezeichnung für Stoffwindeln, die als Lätzchen,

66

L				**((schnaubt))**	
A				**Oh! ((stöhnt))**	
M>	p				
M	Ja ja. (Klar). .	Komm ma her!	Schauben, bitte!		Mehr!
M-NVK		o-zu L->	<-putzt L die Nase->		
V>			lachend		
V			El G.		
V-Übers.			*Der G.*		
V-NVK			o-zu M-o		

Anm. Taschentuch etc. benutzt werden

67

A	**Ich . eine Schere holen?**
A-NVK	o-zu M->

68

A>		p		
A	**Ja?**	**Ja.**	**((stöhnt))**	
A-NVK		o-zu sich; geht zum Schreibtisch und erklimmt ihn, um die		
M	Ja. Ja, hol du eine Schere.	Qué pasa con el G.?		Ay!
M-Übers.		*Was ist los mit dem G.?*		
M-NVK		o-zu V-o		
V			No pe, que .	
V-Übers.			*Nein, daß*	

69

A	**((stöhnt))**
A-NVK	Schere zu holen->
M>	pp;stöhnend
M	Cómo?
M-Übers.	*Wie?*
V	cuando uno llega así de (eso) <u>picado</u> - entiendes? ((lacht)) - y me/
V-Übers.	*wenn man ankommt so wie angestochen - verstehst du? - und mir/*
V-NVK	o-blickt zu

70

A>	p pp
A	**Hm. Eh. Ich eine Schere**
A-NVK	o-zu V->
M>	pp
M	Hm.
V>	f p
V	Jango! Vorsich! Moment, Moment! Moment!
V-NVK	A, eilt ihm zur Hilfe beim Erklimmen des Schreibtisches->

71

A	**holen.Ich möchte mit/ Mama auch.**
M-NVK	o-geht zum Schreibtisch, ist A
V	O.k. ((schnieft)) No, que uno anda
V-Übers.	*Nee, daß man so orientierungslos*
V-NVK	<-kehrt zurück in die Küche-o

72

M	((stöhnt))
M-NVK	beim Finden der Schere behilflich, kehrt mit Kind und Schere zurück zur Küche-o
V	desubicado - no? Y le digo : "Ya ves, huevón," digo,
V-Übers.	*ist - ne? Und zu ihm ich sage : "Siehst du, (du) Eierkopf," sage ich,*

73

V	"qué cosa crees? ((lacht)) Que la vida es estar tomando cerveza al lado del ma:r?"
V-Übers.	*"was glaubst du? Daß das Leben besteht darin zu trinken Bier am Meeresstrand?"*

74

A	**Mami, wo is die T/ Zucker? Wo is Sucker?**
M	Wo is der Zucker? Hier.
M-NVK	o-
V	((lacht)) Y/
V-Übers.	*Und/*

75

A	**Nein, des nich!**
M-NVK	reicht A ein Brausepulver-Tütchen-o
V	Y cuando salíamos con/
V-Übers.	*Und als wir wegfuhren mit/*

76

A	**Des**
A-NVK	o-zeigt auf ein orangenes Tütchen-o
M	Welche denn?

77

A>	quäkend
A	**eh pink.** **Ich pink!**
M>	lachend
M	Pink? Das is doch . orange. Pink. Django,
V	Vorsich! Cuidado con/
V-Übers.	*Vorsicht mit/*
V-NVK	o-zu L->

78

L>	pp
L	**((quietscht))**
M	pink ham wer kein. Sí. Pero no
M-Übers.	*Ja. Aber nicht*
M-NVK	o-zeigt auf
V>	p-> pp pp
V	Doch. Esto no es pink? Mira! Casi? No.
V-Übers.	*Das nicht ist pink? Schau! Fast? Nein.*
V-NVK	o-zu M; zeigt auf eine andere pinkfarben verpackte Süßigkeit-o

79

A	**Ja.**
A-NVK	o-zu M-oo- schneidet das
M	tenemos esto de pink. Tenemos lila.
M-Übers.	*wir haben dieses in pink. Wir haben lila.*
M-NVK	die Brausepulver-Tütchen-o o-hält A die
V	A eso. No Lily, lila.
V-Übers.	*Ah das. Nicht Lily, lila.*
V-NVK	o-trinkt-o

80

L	**((lacht))**
A-NVK	lilafarbene Brausepulver-Tütchen von der Kette ab-o
M	((lacht)) Ja'. Jawoll! Bravo! "Bravo!", dile!
M-Übers.	*"Bravo!", sag ihm!*
M-NVK	Brausepulver-Tütchen-Kette-> <-zu A-> o-zu L->
V	((lacht))
V-NVK	o-trinkt-o

81

L>	pp;hauchend
L	**Ich auch! Da! Ja.**
L-NVK	o-streckt Mutter ein Tütchen entgegen-o
A>	p
A	**Gleich.**
A-NVK	o-zu L-o
M	"Bravo!" Soll ich dir auch aufschneidn?
V	Bueno.
V-Übers.	*Nun gut.*

82

A			**Hm:.**	**A:h. . . .**	
A-NVK			o-ißt sein Brausepulver->		
M>	pp;hauchend	p pp			
M	Ja.	Da! Bitte.			
M-NVK	o-schneidet ein Tütchen auf, reicht es L-o				
V			A ver, siéntense!		Todo
V-Übers.			*Also los, setzt euch!*		*Alle*

83

L				**Mma. . . .**	
A			**((stöhnt))**		
M>					p;lachend
M					( )
V	el mundo a la mesa! ((pustet)) .				
V-Übers.	*an den Tisch!*				
V-NVK		o-hält einen Teller in der Hand-o			

84

L	**((lacht))**	**Bop.**	**Bop.**	
L-NVK	o-schüttet Brausepulver auf den Fußboden->			
V>		pp	p	
V		( )	Hm?	

85

L		**Ba.**		**Ge.**
A			**((stöhnt))**	
M>	lachend	dim.		
M	Luna, das is zum essn und nich zum ausschüttn. .	Chulo!		
M-NVK		o-zu V-o		
V>				p
V				Qué
V-Übers.				*Was*
V-NVK				o-zu

86

A>		f f		
A		**<u>Mama</u>! <u>Nein</u>, <u>nich</u>! Ich eine o/ . .**		**Nich**
M-NVK		o-fängt an, die Blechkiste einzuräumen->		
V	pasa, Chula?		He?	
V-Übers.	*ist los, Chula?*			
V-NVK	M-o		o-zu M->	

Anm. Schnitt: TC 145-153

87

A>			weinerlich		cresc.;gedehnt
A	**<u>ein</u>räumen!**		**Mami, nich ein-**		**-räum**
M		Bueno, finales de mes o/ o principio de marzo.			
M-Übers.		*Nun gut, Ende des Monats oder/ oder Anfang März.*			
M-NVK		o-zu V-o			
V>				kurz	
V				Hmhm.	

88

A>		weinerlich	
A	**en!**	**Ich da sitzn.**	
A-NVK		o-weist auf die Blechkiste-o	
M	Warum denn nich?		Aber das kanns du doch hier rein/ dadrauf
M-NVK	o-zu A->		

89

A>		weinerlich	
A		**Nein.**	
M>			p-dim.
M	auch sitzn.		Na gut. Wenn dem nun mal so <u>ist</u>.
Anm.			Schnitt: TC 153-163 / Ende

90 Anm. Trankription I

Tier	
L>	
L	**#25 T - *Omelett-Essen* (Teil II)**
L-Übers	Aufn.: 116 (A10) - 290192 - 45 Min.
L-NVK	Mü.: Whg.1: Küche, Eßtisch; Nachmittag
A>	Gemeinsames Essen; Verabschieden
A	A-Geräte: Sony WM-D3, Mikro ECM 909
A-Übers.	T-Geräte: Sony TCM-77V (1 Min.≈13 TC-Einh.)
A-NVK	Transkript in 2 Teilen (I und II)
M>	
M	
M-Übers.	
M-NVK	
V>	
V	
V-Übers.	
V-NVK	
Sit.	
Anm.	

1

Tier	
L>	quäkend
L	**Äga ähä.**
V>	f p p
V	Vorsich, heiß! Sehr heiß! Caliente. Esta mujer, qué tiene? (Ultimamente estás
V-Übers.	*Heiß. Diese Frau, was hat sie? (In letzter Zeit weist du*
V-NVK	o-in die Runde-> o-zu M->
Sit.	*V bringt zwei Teller mit Essen für die Kinder an den Tisch, an dem die Kinder bereits*
Anm.	Anfang Transkription II / TC 164

2

Tier	
L	**Dä.**
A	**Eine Gabel, bitte.**
M-NVK	o-
V	cortando con)/ ((lacht)) con todas mis proposiciones. O.k. . .
V-Übers.	*zurück)/ alle meine Vorschläge.*
Sit.	*Platz genommen haben. Kehrt zurück in die Küche, um zwei weitere Teller zu füllen.*

3

Tier	
L	**Ba:bel. Ba:bel.**
M>	lachend
M	Chulo, no puedes entender mi miedo? He? No puedes
M-Übers.	*Chulo, nicht du kannst verstehen meine Angst? Nicht du*
M-NVK	zu Vater->
V>	pp pp p
V	No. No. Sí, puedo entender.
V-Übers.	*Nein. Nein.Ja, kann ich verstehen.*

4

L-NVK	o-greift in das Essen-o
M>	ironisch
M	entender mi miedo? Qué bien! Heiß!
M-Übers.	*kannst verstehen meine Angst?Na prima!*
M-NVK	o-zu L-o
V	( ) Cuidado, se va a quemar! Moment, ja?
V-Übers.	*Vorsicht, sich sie wird verbrennen!*
V-NVK	o-blickt zu L-o o-zu L->

5

A>	befriedigt
A	**((atmet**
A-NVK	o-trinkt Wasser->
M	Luna, möchs du nich lieber hier sitzn?
M-NVK	o-greift an den Kinderhochstuhl-o o-
V	Da lassen, ja? Moment! O.k., o.k., o.k. O.k.
V-NVK	o-zu M-o
Sit.	*L sitzt auf Mutters Platz.*

6

L	**Äh, äh, äh.**
L-NVK	o-schüttelt den Kopf-o
A	**aus))**
M	Komm ma! Wills du nich hier sitzn? Wer soll denn hier sitzn?
M-NVK	streckt L die Arme entgegen-oo-greift an den Hochstuhl->
V>	pp
V	So.

7

A	**Mama, bitte**
M>	dim. dim.
M	Komm, setz dich her! Komm! Setz dich her! . Ja? . Ja? So.
M-NVK	o-streckt L die Arme entgegen, hebt sie dann vom Stuhl in den Kinderhochstuhl-o

8

L	**((hustet))**
A	**eine Gahabl!**
M	Te pongo la mesa más grande o así también?
M-Übers.	*Dir ich mache den Tisch größer oder (geht es) so auch?*
M-NVK	o-zu V-o
V	También así.
V-Übers.	*Auch so.*

9

L	**Hmhm. Babe.**
A	**Bitte eine Gabl! Ja. Kleine.**
A-NVK	o-dreht sich zur Küche, zu V-o
V	Moment! Gabel? Große o klein?

10

L				**Babel.**			
A			**"Chico"/**		**"Chicochicoco".**		
M>						lachend	
M		"Gabel".				"Gabel".	
M-NVK		o-zu L->					
V>	stakkato		stakkato		dim.		p
V	"Chiquito".		"Chiquito".	Cómo?	Jaha.		Ja.
V-Übers.	*"Klein".*		*"Klein".*	*Wie (bitte)?*			
V-NVK	o-reicht A eine Kuchengabel-o						

11

A					**Hm, heiß.**	
A-NVK					o-probiert das	
M	Calentamos este pan otra vez o cómo?		Hm?			(
M-Übers.	*Backen wir auf dieses Brot noch mal oder wie?*					
M-NVK	o-zu V-o					
V		Sí, como quieras.		Bueno.		
V-Übers.		*Ja, wie du willst.*		*Gut.*		
V-NVK				o-zu sich-o		

12

L				**Ba:bel.**	
A-NVK	Essen-o				
M>			p;seufzend		
M		)	Oh, Chu:lo!		
V>		pp		p	dim.
V		No como mucho hoy. .		La R. siempre	con su/
V-Übers.		*Nicht ich esse viel heute.*		*Die R. immer*	*mit ihrem/*
V-NVK		o-zu sich;füllt seinen eigenen Teller am Herd-oo-zu M->			

13

L	**Ebal.**		**Babel.**				
A					**Ah**	**oh**	
A-NVK					o-trinkt Wasser-o		
V>		p					
V		con su/		- Cómo se llama? -			con su temperamento de mamá.
V-Übers.		*mit ihrem/*		*- Wie sagt man? -*			*mit ihrem Temperament einer Mutter.*

14

V	Siempre está preparando un taqui:to . . . , ((lacht)) cafeci:to.			
V-Übers.	*Immer sie bereitet zu*	*einen (kleinen) Taco*	*einen (kleinen) Kaffee.*	
Sit.				*PAUSE:*

15

A			**Mami, du mi/ mir putsen.**	
M				Soll ich dir
V		Sò.		
Sit.	*Die Kinder fangen an zu essen.*			

16

A	**J`á.**
M	pusten?
M-NVK	o-schließt
V	Moment, ja?! Cierra la ventana un poco, Chula! ((lacht)) Un poco!
V-Übers.	*Schließ das Fenster ein bißchen, Chula! Ein*
V-NVK	o-zu A-o o-zu M-o o-nimmt As

17

L	**Ba:b'el, Ababel. Babel, Alel, Alal.**
M	Un ratito? "Gabel". ((lacht))
M-Übers.	*Ein Weilchen?*
M-NVK	das Küchenfenster-o o-zu V-o
V>	selbstironisch
V	Todo! ((pustet, pustet, pustet, pustet, pustet, pustet))
V-Übers.	*bißchen! Ganz!*
V-NVK	Teller in die Hand-> o-probiert As

18

L	**Äp. Hm.**
A	**Mama!**
A-NVK	o-hantiert mit einer Brottüte->
M	Con po
M-Übers.	*Mit*
M-NVK	o-zu V-o
V>	genußvoll
V	Hmh^m. Sopla!
V-Übers.	*Puste!*
V-NVK	Essen, reicht es ihm-o
Sit.	*PAUSE: Die Eltern fangen an zu essen.*

19

A	**Rausnehmen? Mami, rausnehmen? Ja?**
M>	zustimmend
M	llo también debería ser rico - no? H`´m, darfst
M-Übers.	*Hähnchen auch es müßte sein lecker - oder?*
V	Sí.
V-Übers.	*Ja.*

20

A	**Da, Papa!**
A-NVK	o-nimmt zwei Scheiben Brot aus der Tüte, streckt V eine davon
M>	genußvoll
M	du rausnehmen, da. H^m, h^m:, está bien, Chulo. . . Suavecito.
M-Übers.	*es ist gut, Chulo. Leicht.*
M-NVK	o-zu V->

21

A	**Da! Da is f dich. Mama, mit/ mit Wurscht.**
A-NVK	entgegen und legt die zweite vor sich hin-o
V	Muchas gracias. Danke. M/
V-Übers.	*Vielen Dank.*
V-NVK	o-nimmt das Brot an-o

22

L	**((hustet))**
L-NVK	o-holt aus ihrem Essen ein Stück Thunfisch heraus-o
A>	leicht nörgelnd
A	**Mama!**
V	((lacht)) Später, ja? Iß/ Come eso primero. Fisch:.
V-Übers.	*Iß das zuerst.*
V-NVK	o-zu A-> o-weist auf As Teller mit dem Omelett-oo-zu L-o

23

A	**Ja.**
M	Da möchs du jetz Wurscht drauf habm? Dann muß du vielleicht die
V	Lula, más?
V-Übers.	*Lula, mehr?*
V-NVK	o-füttert L->

24

L	**Het.**
L-NVK	o-wendet sich vom Essen ab-> o-zu V->
A>	pp
A	**(Messer) ((stöhnt))**
A-NVK	o-steigt vom Stuhl und begibt sich an den Kühlschrank, um die
M	Wurscht holn, oder? Hol ma her! . . Und n Messer.
V	Mehr? Qué pasa?
V-Übers.	*Was ist los?*
V-NVK	<-zu L->

25

L	**Heich. Heich:.**
A-NVK	Wurst zu suchen->
M	Oh, nada.
M-Übers.	*Oh, überhaupt nicht.*
M-NVK	o-zu V->
V	No te gusta el huevo? ( ), Chula?
V-Übers.	*Nicht dir schmeckt das Ei?*
V-NVK	o-zu M-o

26

L	**Heich:. Eiß! Heiß!**
A	**Ma, nich**
A-NVK	o-zu M-o
M	Aunque puede ser por . . / por ( )
M-Übers.	*Obwohl es kann sein wegen wegen ( )*
V	Heiß. ((pustet)) Spiegelei?
V-NVK	o-zu L; nimmt ihren Teller indie Hand-> o-zu M-o

27

L	**Heiß!**
A	**da. Mami, is da! Wosi Wurscht,**
M	No, el otro. Is keine Wurscht da? Doch!
M-Übers.	*Nein, das andere.*

28

A	**hm nee, schau mal! . . Mama! Is weg. Ah. Da. Hm.**
A-NVK	<-findet die Wurst, nimmt sie
M	Hm?
V>	bestätigend
V	Hmh´m.
V-NVK	o-zu A->

29

L>	f
L	**((hustet)) Awa!**
L-Übers	*Wasser!*
A>	p sehr weinerlich->
A	**Ein/ Ein Messer. Dasega, du**
A-NVK	heraus und fängt an, sich um ein Messer zu bemühen, an das er nicht heranreicht->
M	Ein Messer.
M-NVK	o-gießt Wasser in ein Glas-o
V	Ven! Komm!
V-Übers.	*Komm!*

30

A	**holst ( ) Mama ein Messer.**
M	Qué?
M-Übers.	*Was?*
M-NVK	o-zu V-o
V>	besänftigend besänftigend besänftigend
V	Qué pa:sa? E:h! Suave! Habla despacio! Qué
V-Übers.	*Was ist los? Sachte! Sprich langsam! Was willst*
V-NVK	o-A zugewandt->

31

A>	weinerlich
A	**De Mama ein Messer. Ein Messer.**
A-NVK	o-zu V-o
M	Cuchillo.
M-Übers.	*Messer.*
M-NVK	o-zu V-o
V>	pp
V	quieres? Was wills du? Qué quiere?
V-Übers.	*du? Was will er?*
V-NVK	o-zu M-o

32

L	**<u>E'</u> awo! Aw<u>au</u>.**
L-NVK	o-streckt die Hände nach der Wasserflasche aus-o
A	**Bitte.**
V>	p
V	((lacht)) "Bitte" - ja? O.k.? La próxima vez. Ven pa aquí!
V-Übers.	*Das nächste Mal. Komm her!*
V-NVK	o-steht auf, holt ein Messer, reicht es A, setzt sich wieder an den Tisch-o

33

L>	ff pp
L	**((hustet)) . . Daauch! . ((hechelt))** (7
L-NVK	o-streckt die Hände nach der
A>	erleichtert
A	**Ah.**
A-NVK	o-kommt an den Tisch, setzt sich auf seinen Stuhl-o
M	So?
M-NVK	o-belegt eine Scheibe Brot mit Wurst-oo-zu A, auf das Brot weisend-o
V>	p pp p(6 Sek.)
V	Siéntate! ( ) Aquí hay agua. .
V-Übers.	*Setz dich! Hier ist Wasser.*
V-NVK	o-reicht A ein Glas mit Wasser-o

34

L	Sek.) **Baba! Eh! . Bapa! Mbe. Mb.**
L-NVK	Wurst aus-o o-streckt V die Scheibe Wurst
M	Bitte. Oh,
M-NVK	o-reicht L eine Scheibe Wurst-o o-
V	Ja?
V-NVK	o-trommelt auf seinen Beinen-o o-zu L, aber den Blick auf seinen Teller

35

L	**Ejä.**
L-NVK	entgegen->
M	. Papa, möchtes du auch Wurscht?
M-NVK	blickt zu L-o
V	Nein danke. Ja. Danke. Hierlassen - ja?
V-NVK	gerichtet-> <-blickt zu L, nimmt die Wurst

36

L>	p
L	**Eia, eja. Ja. Eja,**
M>	dim. pp;stöhnend
M	Oh. Vamos a tomar alg/Oh Eh.
M-Übers.	*Wollen wir trinken etw/*
M-NVK	o-füllt ein Glas
V	Ja? Hay agua, mira, . . o té.
V-Übers.	*Es gibt Wasser, schau, . . oder Tee.*
V-NVK	entgegen, legt sie auf den Tisch-o

37

L	**eia. . . Dede! . .**
L-NVK	o-streckt die Hände nach dem Wasserglas aus-o
M	Bitte.
M-NVK	mit Wasser-> <-reicht L das Glas-o
Anm.	DISKURS M-V, ca. 40 Sek.

38	L>	f f;die Stimme hebend
	L	**Äh! Bobo. Bu. Auch! Auch!**
	L-NVK	o-dem Butterbrot zugewandt-> o-greift nach dem Endstück der
	M-NVK	o-bestreicht ein Brot mit Butter->
	V	Hm. (6 Sek.) (
	Anm.	(hier unbedeutend)

39	L-NVK	Wurst-o
	A	**((stöhnt))**
	M>	p p
	M	So viel?! N Stück. Bitte.
	M-NVK	o-nimmt L die Wurst aus der Hand, scheidet eine Scheibe ab und reicht sie ihr-o
	V	).

40	**A**	**I m auch mit Butter. Mama, ich auch mit Butter.**
	A-NVK	o-zu M->
	M>	bestätigend
	M	Hmh´m.
	V	((lacht))

41	**L**	**Ech au Bepal!**
	A>	pp
	A	**Bitte. . Mama, mit Butter auch.**
	M>	bestätigend
	M	Hmh´m. . . .
	V	"Bitte".
	V-NVK	o-zu A-o

42	L>	cresc. cresc.
	L	**Baba. Baba! Baba! Baba! Ba/**
	A	**Des Papa. Da is**
	A-NVK	o-zu L, zeigt auf V->
	M	((lacht))
	V	( ) Butter?
	V-NVK	o-zu L-o

43	A>	cresc.
	A	**Papa. Me ma mehr ma "Papa"! Me/ Mehr mach**
	A-NVK	o-zu L->
	V	Da ist Papa. . . ((lacht))

44	**L**	**Dede!**
	L-NVK	o-streckt die Hände
	A>	stolz
	A	**mal! Ich . / Da ma Luna mach "Papa".**
	A-NVK	o-zu den Eltern->
	V	((lacht)) . . ((lacht))

45

L-NVK	nach der restlichen Wurst aus-o
M	A
V	Bueno. Muchas gracias . . . por la invitación. Señora! Gracias otra vez.
V-Übers.	*Nun gut. Vielen Dank für die Einladung. (Meine) Dame! Danke nochmals.*
V-NVK	o-leert seinen Teller, gießt Wasser in ein Glas-o

46

A	**Wurscht da. Da Wurscht.**
A-NVK	o-zu L; zeigt auf die Wurst, die noch auf dem
M	Usted, Señor. Eso depende un poquito de ti.
M-Übers.	*Ihnen, (mein) Herr. Das hängt ab ein bißchen von*
V	Cuándo nos vemos?
V-Übers.	*Wann wir sehen uns?*

47

A	**Da Wurscht! Bitte**
A-NVK	Tisch liegt-o
M-Übers.	*dir.*
V	((räuspert sich)) Poquito. Poquito no más de mí?
V-Übers.	*Ein bißchen. Ein bißchen nur von mir?*

48

A	**Wurscht! Bapa, du geht wieder jetzt?**
A-NVK	o-streckt sich nach der Wurst-o
M	Ja. . . . Hey!
M-NVK	o-zu A-o
V	Ja.
V-NVK	o-steht auf, fängt an sich anzuziehen-

49

V	Ich habe wieder Probe, muß üben, Gitarre spielen, mit Gabriel un eine Frau.
V-NVK	>

50

A	**Du da Abel de Etarre**
V	Nja. O.k.

Anm. DISKURS M-V, ca. 1 Min. (hier unbedeutend)

51

A	**spielen? Da mit Egebel? Mit de**
V	Ja, i muß Gitarre spielen. . ( ) Mit Gabriel, ja.

52

A	**Frau auch? Da be Papa/ Papa hat go su mit de**
A-NVK	o-zu M-o
V	Mit eine Frau. (6 Sek.)

53

A	**das A/ A/ Atarre spiel mit Abrel un mit der Frau.**
V>	bestätigend
V	Hmh´m. Die Frau
V-NVK	o-zu A->

54					
A			**Ja.**	**Roxana heißt die.**	
A-NVK				o-zu M->	
V>					bestätigend
V	heißt Roxana.	Roxana se llama .	la señora. ((seufzt))		Hmh´m,
V-Übers.		*Roxana heißt*	*die Frau.*		

Anm. <x> wird *ss* gesprochen

55					
A		**Mama, . de heiß Roxana.**			**E de ma**
M>			lachend		
M			Hmh´m.		
V>				bestätigend	
V	Roxana se llama.			Hmh´m.	
V-Übers.	*Roxana heißt sie.*				

56		
A	**Papa gesag.**	
V>		bestätigend
V		Hmh´m.

Anm. Schnitt: TC 287-580 / Ende der Aufnahme

L>	Luna Intonation i.w.S.
L	**Luna (1;4)**
L-Übers.	*Luna Übersetzung*
L-NVK	Luna NVK i.w.S.
A>	Adrian Intonation i.w.S.
A	**Adrian (2;7)**
A-Übers.	*Adrian Übersetzung*
A-NVK	Adrian NVK i.w.S.
M>	Mutter Intonation i.w.S.
M	**Mutter**
M-Übers.	*Mutter Übersetzung*
M-NVK	Mutter NVK i.w.S.
Sit.	*Situation*
Anm.	Anmerkungen

#26 T - *Puzzlen + Fotos*

Aufn.: 127 (A14) - 150392 - 45 Min.
Mü.: Whg.1: Wohnbereich; Nachmittag
Gemeinsam Fotos anschauen
A-Geräte: Sony WM-D3, Mikro ECM 909
T-Geräte: Sony TCM-77V (1 Min.≈13 TC-Einh.)

1

L	**Der Papa.**
A	**(Bian/)**
M	O.k., jetz laß uns ma kuckn, wer hier is. Wer is denn hier drauf?
Sit.	*M, A und L sitzen auf dem Bett von M, M in der Mitte, ein kleines Fotoalbum (je ein*
Anm.	Anfang / TC 000-253

2

A	**Bianca.** **Da:!**
A-NVK	o-zeigt auf das rechte Foto-o
M	Papa? Wo is Papa? Bianca? Wo is Bianca? Ah, aber ich mein auf diesem
M-NVK	o-zeigt auf das linke Foto-o
Sit.	*Foto links und rechts) auf dem Schoß. L und A haben Nuckelflaschen mit Tee.*

3

L	**Moa:.**
L-NVK	o-hat die Flasche im Mund-o
A	**Mam-**
M	Foto hier. Auf diesm hier, wer is denn da drauf? Wer is da? Nimm ma die

4

L	**Opa.** **Da:!**
L-NVK	o-zeigt auf
A	**-ma:.** **Opa.**
A-NVK	o-zeigt auf
M	Flasche aus m Mund. Wo/ Wer is da drauf? Wo is der Opa? Nee,

5

L-NVK	das rechte Foto-o
A-NVK	das linke Foto-o
M	Luna, da nich. Da is der Opa, da, wo Django drauf zeigt. Hier, Luna. . Schau!

6

L	**Pap/**
A	**Mama.**
M	Hier is der Opa. . Und wer is das dahinter? Nee. Wer/ Wer trägt denn

7

A	**Ich.** **Die Amo.**
M	immer so n Haarband? . . Die Amo. Luna! Die Amo. . Und

8

L	Papa. Mama.
A	Bianca.
M	wer is hier drauf? Die Bianca is da drauf, schau! Wo?

9

L	Da:! Papa.
M	Da bin ich? Nee. Das is die Bianca.Und wer is dahinter? Nee, wer is

10

L>	cresc.
L	Da. ( ) Ada:!
A	Gerlinde.
M>	lachend
M	dahin/ Die Gerlinde. Ja, die Gerlinde is dahinter. Ah? Bitte?

11

L	Oda.
M	Da? Die Gerlinde is in der Krabblstube. . (Is) Gerlinde in der Krabblstube? .

12

L	Ui:! Papa. Papa. Mama.
M	Ja? Ja, ui:jaja:! Un das is die? Das s die Bianca. Bianca.

13

L	(Meite).
M	((lacht)) Bianca. . Und wen ham wer hier noch? Laß uns ma kuchn,

14

M	wen wer hier noch alles habm.Ui:, so viele Bilder! So viele Bilder.Wer is denn

15

L	Papa. Papa.
A>	gedehnt<s> gedehnt
A	Mam a . Mama.
M>	<s>
M	das hier? Kuck ma genau hin! Da, Luna, hier. . Wer is das? Wer

16

L	Papa.
A>	f-dim.
A	Mama! . Mama.
M	is das? Nee, das s nich Papa. Wer is das, Luna?

17

L	Ja:!
L-NVK	o-zeigt auf M-o
A>	f f dim.
A	Mama! Des Mama, Mama!
M>	lachend
M	Is das Mama? Ja:, hier is die Mama, aber

18

M	da is sie auch auf m Foto. . Und wer is dahinter? Schau ma!Wer is das da?

19

L	Wolta! Bapa.
A	Ich.
M>	dim.-> dim.->
M	Wer is das dahinter? Schau ma, Luna! Wer is das, Django? Du

20
L ( ).
A **Da.**
M bis das, genau. Du bis das. Ma kuckn, was ham wer denn noch hier?

21
L> p
L **Kiki.** ( ).
A **Kiki.**
M> überrascht;einatmend
M Ha:, wer sitz denn da:? Die Kiki. Luna! Kiki.

22
A **Un da . ein Tannebaum!**
M Die Kiki in Bremen. . Kiki. Ein Tannenbaum is

23
A **Kiki is da. Da is de/ de e**
M> zweifelnd
M da? Na ja, na ja, na ja. Da is die Kiki auf jedn Fall mal.

24
A **Tannebaum. Die Lampe.**
M> bestätigend
M Da is n Tannenbaum?Das is die Lampe. Hmh´m:. . .

25
A **Nugl/Nikelaus.**
M> überrascht;einatmend
M Ha:, und wer is denn da: drauf? Schau: mal! Der

26
L **Papa.**
M Nikolaus. Und wer is da noch? Ach du mit deim Papa.Papa is da nich

27
L **Uiuiuiu.**
A **Da Gummistufe. Gummistiefl.**
M drauf. Uiuiuiu? Wer is das? Die

28
L> f
L **Oda!**
A **Die Krabblstube. Nikkolaus.**
M Krabblstube. ( ) Wer hat Gummistiefel? Der

29
L **Babat. .**
A **Ja.**
M Nikolaus hat Gummistiefl an? Un wer is da noch? Luna, is der

30
A **H´`m. Hm.**
M Django da auch auf dem Bild? Da:. Da is Django.Der gibt dem

31
L **((tönt))**
M Nikolaus die Hand.Schau! . Un wer is das dahintn?Schau ma, Luna!Wer

32

L	Min.
M	is denn das dahintn?Is das die Jasmin? . Die Jasmi:n mit ihrer Mama. .

33

M	Un da is die Oma vom Sven. Un das s die Oma vom Johannes. . Und wer is

34

L	Papa.
A>	p gedehnt
A	Vo/ . Von/ Vo'/ äh/ Ansmi:n. Von/ .
M	das? Der Papa von wem?

35

A>	dim.-> < < < < < < < < <
A	Von/ Von/ Von der/ ähm/
M	Von wem is das der Papa? Von wem is das der

36

A>	f
A	Von des:.
A-NVK	o-zeigt auf eine Frau-o
M	Papa? Ja genau, die beidn gehörn zusamm.Das is die Oma von Sven

37

M	un das is der Papa von Sven. . He? . Genau, ma kuckn, was wir noch hab

38

M>	überrascht;einatmend f; singend/trompetend überrascht
M	hier. . Ha, dadadadadada : Wer is denn da:? Dja/ Kuck ma,

39

L>	p p
L	((tönt)) ((tönt))
L-NVK	o-hat die Nuckelflasche im Mund-o
A	Ich.
M	wer is denn das, Luna? Luna, wer is das? Nimm ma die Flasche aus

40

L	Papa.
A>	f dim.->
A	No mal wieder . ich! Ich.
M	m Mund! Wer is denn das? Wer is denn das? Luna, kuck ma

41

L>	gedehnt f->
L	Awa. Awa, awa, awa! Awa!
L-Übers.	*Wasser.*
L-NVK	o-streckt M ihre Nuckelflasche entgegen-o
A	Auf, ich
A-NVK	o-streckt M
M	genau hin, wer das is! Kuck ma hin!
M-NVK	o-nimmt Ls Flasche an, schraubt den

42

A	Duascht! Ich Durscht.
A-NVK	seine Nuckelflasche entgegen-o
M	Hast auch Durscht? Solln wer auch aufmachn? . .
M-NVK	Schnuller ab, reicht sie ihr zurück-oo-nimmt As Flasche an, schraubt den Schnuller ab,

43

L	**Eine! Auf!**
L-NVK	o-zu M-o
A-NVK	o-trinkt-o
M>	p;genußvoll
M	Trink ma hier so! Hm:!
M-NVK	reicht sie ihm-o o-zu A-o o-trinkt aus Ls Flasche-oo-beobachtet A->

44

A	**(En) wieder.**
A-NVK	o-reicht M seine Flasche zum Zuschrauben-o
M	Schmeck gut? So, wer is das also jetz hier? . Wer is das hier? . .
M-NVK	o-wieder den Fotos zugewandt->

45

A	**Ich. Luna.**
M	Wer is das? Wer is das? Du bis das. Und wer is danebm? Luna, wer

46

L	**Bapa. "Ol:, Luna!"**
L-NVK	o-hat ihre Flasche im
M>	> > > > > > > freudig f f;freudig
M	is das hier? ( ) Sag ma "Hola, Luna!"! "Hola,
M-Übers.	*"Hallo, Luna!"! "Hallo,*

47

L	**"Ona, Muna!" "Luna".**
L-NVK	Mund-o
M>	lachend gedehnt
M	Luna!"! "Luna", nich "Ramona"! "Luna". Fein! Und
M-Übers.	*Luna!"!*

48

L	**Wowa. Hm:. Hm. . .**
M	wer is das? Django. Django is das. O:h, und wer is

49

M>	gedehnt
M	denn hier drauf? Lu:na, kucke mal! . Kucke mal, wer da alles drauf is auf

50

L-NVK	o-ist in die Kissen abgesackt-o
A	**Ja. .**
M	dem Bild! Komm ma hoch! Da is ja die Alisa sogar! . Hm? Und wer is

51

L	**Bapa. Apupa.**
A	**Rena:te. Ähm, . ähm, .**
M	denn das? Die Rena:te?! . Un das? .

52

A	**Luna. Ähm,**
M	Nee. Doch da is auch Luna danebm. Und wer sitzt hinter Luna? Die Frau?

53

A>	gedehnt
A	**die Ines.**
M	Weißt nich, wer das is? . Die Ines. Und wer is hier vorne?

54		
	L>	p
	L	**Abupa.**
	A>	f p;gedehnt
	A	**Hannes! "Papa". . Des sag**
	M	Johannes. Und wer is das dahintn?

55		
	L	**Wauwauwa.**
	A>	gedehnt
	A	**die Luna. Ähm, ähm, das die von A/ von/ von Asmin.**

56		
	A>	p nachdenkend cresc.
	A	**Von Sven, von den ( ) Sven. Von Papa.**
	M	Von Sven. Nee, das is

57		
	M	die Mama von der Mama. . Die Oma von dem Sven. Die Mama von der Mama.

58		
	A	**(Ni:be) Asmin. Von**
	M	Hm? Un danebm is die Oma von? . . Von Johannes.

59		
	L	**Papa. Mi:m!**
	A	**Ohan/ Hannes. Asmin.**
	M	Und wer sitz da? Das s die Jasmin. Jasmin. Un

60		
	L	**Papa.**
	M>	f;gedehnt
	M	dahinter is die Mama von der Jasmin. Und wer is das hier? Die Luna.

61		
	A	**Lula. . . Noch mehr?**
	M	Ah, ma kuckn. . O:h, was ham wir denn

62		
	L>	dim.
	L	**Mamam! Mamam!**
	M	da:?Abrakadabra simsaladim/ bim. Wer is denn da:? Wer? We

63		
	L>	f
	L	**Mamam. Da:! .**
	A	**Luna.**
	M	r? Bombom? Luna, wer is n das? Die Lu:na.Und wer is

64		
	L	**Ab.**
	L-NVK	o-macht sich am Schnuller ihrer Flasche zu schaffen-o
	M>	überlegend p pp
	M	denn das dahintn? . Wer war denn das? War das die Frederike? Kann ich mich
	M-NVK	o-zu sich-o

65	L>	pp
	L	**((stöhnt))**
	A>	p
	A	( ).
	M>	p p
	M	gar nich erinnern. . Nee. War das die Frederike? Und wer war denn

66	**A**	**Ähm, Asmin.**
	M>	dim.-> p
	M	das hier? Wie hieß denn dieses Mädchen noch? . Hm?

67	M>	p;verneinend
	M	Hnh\`n. Die hieß irgndwie anders. Wie hieß die denn noch? Kann ich mich gar

68	**L**	**Auch! .**
	L-NVK	o-versucht weiterhin, den
	A	**(Der**
	M>	cresc.
	M	nich mehr erinnern. Ich glaub, die Mama hieß Eva.

69	**L**	**((stöhnt))**
	L-NVK	Schnuller von ihrer Flasche abzuschrauben->
	A	**Schwamm). Ah,**
	M>	p p pp
	M	Un das Kind? Wie hieß das Kind? Weiß ich nich mehr.

70	**L**	**((tönt)) Ab!**
	L-NVK	o-hält ihre
	A>	pp singend-> gedehnt
	A	**wie heiß das Kind? ( ) weiß nich mehr. Weiß nich mehr. Ich**
	M	Auf?
	M-NVK	o-zu L-o o-versucht, L

71	L-NVK	Flasche fest->
	A	**weiß nich mehr.**
	M	Alleine? Lula, bitte! . . .
	M-NVK	die Flasche abzunehmen;zu L-o o-nimmt L die Flasche weg, schraubt den
	Anm.	"bitte" i.S.v. bitte nicht

72	L>	pp
	L	**Oh! ((atmet auf))**
	L-NVK	o-trinkt->
	M>	pp erleichtert
	M	O:h! Oh, so
	M-NVK	Schnuller ab, reicht sie ihr zurück-oo-beobachtet L->

73	
L>	pp
L	**Oh!**
L-NVK	o-trinkt-o
M>	p
M	großn Durscht! Noch mal! Oh! So, jetz machn wer wieder zu. Zumachn!
M-NVK	o-nimmt Lunas Flasche, schraubt den Schnuller

74	
L>	p
L	**De.**
L-NVK	o-greift nach der Flasche-o
A	**E de noch mehr?**
A-NVK	o-zu M, den Fotos zugewandt-o
M>	p überrascht;einatmend f; < < < < < < < <
M	Moment, bitte! . . Ha, Wer is denn da:s?
M-NVK	wieder drauf-> o-wendet sich wieder den Fotos zu->

75	
L	**Wamamamam.**
A>	f;gedehnt f
A	**Ich! Ich. . I:ch!**
M	Luna, wer is denn das? Wie heiß der

76	
L	**Bapa. Nana.**
A	**Da**
M>	lachend
M	denn? Sag mir ma, wie der heißt! Django. Django, genau. Django.

77	
A	**bin ich.**
M>	überrascht;einatmend
M	Ja, da is er auch. He:, jetz ham wer noch ma so ein Bild

78	
L>	f
L	**Mi:m.**
A>	gedehnt
A	**Lula.**
M>	gedehnt
M	mit m Nikolaus!Wer is denn das da? Luna. Jasmin?Is da hintn auch.

79	
L	**"Una".**
M>	gedehnt
M	Da is Jasmin. Un das is die Luna. Sag ma "Luna"! Sag mal "Hola,
M-Übers.	*"Hallo,*

80	
L	**"Hola, Nuna". Osta.**
A	**Ines.**
M>	lachend
M	Luna!"! Ha:, bravo! Und wer is da? Ines. Sag ma
M-Übers.	*Luna!"!*

81

L	**"Hola, Nes!"** **Hola.**
M>	f
M	"Hola, Ines!"! Bravo! Hola, Ines! Da freut sich die Ines.
M-Übers.	*"Hallo, Ines!"!*

82

A	**Asmin.** **De**
M	Und wer is das? Und wer is hinter Jasmin? .

Anm. Schnitt: TC 382-388

83

L	**(Da).**
A	**Mama von Asmin.**
M	Und wie heiß die Mama von Jasmin? . . Wie heiß die

84

L>	gedehnt
L	**Mim. Mim.**
M	Mama von Jasmin? Die Jasmin is da auch, genau.

Anm. Schnitt: TC 391-409

85

L	**Opa.** **Mi:m.**
M>	p
M	Was is denn das, Luna?Das is ja überhaupt nichts. N bißchen mißlung.

86

L	**O:de:.** **Ibi:m.**
M>	überrascht einatmend
M	He:, und wer is denn da:? Wer is denn das? Das is

87

L	**"Mnano".**
M>	L imitierend
M	wieder der Django. . Sag ma "Django"! "Mnano". Und was ißt der

88

L>	<s>
L	**Bota.** **Mpumea.** **Bo:a. Mein! Mein!**
L-NVK	o-versucht, Mutter das Fotoalbum
A>	p
A	**Pollo.**
A-Übers.	*Hähnchen.*
M>	f f <s>
M	Django da? Pollo. Pollo. Pollo. Und wer is/ Oh, Luna,
M-Übers.	*Hähnchen.* *Hähnchen.* *Hähnchen.*

89

L	**Ähm! Auf!** **Auf!** **"Auf, bititte".**
L-NVK	abzunehmen-o o-streckt Mutter ihre Flasche entgegen-o
A>	gedehnt <s>
A	**Mam-ma.**
M>	<s>
M	und wer is da:? Has du Durscht? "Auf, bitte".
M-NVK	o-nimmt Ls Flasche und schraubt den

90

L>	p
L	**Auf, bitte! Auf.**
M	"Bitte", ja. Bravo! Bitteschön. O.k.
M-NVK	Schnuller ab-> <-reicht L die Flasche-o
Anm.	Schnitt: TC 415-428

91

L	**Meine! Meine!**
L-NVK	o-versucht, M das Fotoalbum
M	Und wer is da drauf, Luna? Kucke ma, wer is denn da? Ach
M-NVK	o-hält das

92

L	**Meine!**
L-NVK	abzunehmen-o
M	komm, "meine, meine, meine". Ich halt das fest hier. Ich bin in der Mitte, ich
M-NVK	Fotoalbum fest->

93

M	halt das fest. Du hälst die Flasche fest. Bitte. Wer is das hier, Luna?
M-NVK	o-drückt L ihre Teeflasche in die Hand-oo-zeigt auf ein Foto->

94

L>	pp
L	**((nörgelt))**
A	**Mama. Ma-ma-ma.**
M	Schau ma, Luna! Wer is das? Mama.Und wer is denn das?

95

L>	pp
L	**((tönt))**
A	**Luna. No ma wieder Luna.**
M	Da is die Luna, als sie ein ganz kleines Baby

96

L	**"Hola, Muna!"**
A	**Luna, mach "Hola, Luna!"!**
A-Übers.	*"Hallo, Luna!"!*
A-NVK	o-zu L-o
M	war. ((lacht)) Und wer is

97

L	**"Hola, Luna". (**
A>	f
A	**I:ch!**
M	danebm? Du:. Django is danebm. . Und wer is da:s?

98

L>	f
L	**)ba. Mnano.**
A	**No mal wieder ich.**
M>	L imitierend
M	Wer is das, Luna? Django. . Mnano,

99

L	**Bapa. Mi:m.**
M	genau. Und wer is das hier untn? Wer is das? Die Jasmin? Nein.

100
L	**Mim.**
M	Das is auch der Django. Das s Django. Luna, wer is
Anm.	Schnitt: TC 441-450

101
L	**Amo.** ( )
A	**Amo. .**
M>	überrascht einatmend
M	denn das? Die Amo. He, und wer is denn das?

102
L	**Amo.**
A	**O da diese? A/ Salamander.**
A-NVK	o-zeigt auf ein Foto-o
M>	p lachend
M	Nee. Wieder der Django. Das is? Ah

103
L>	f
L	**Mein! Nein, nein!**
L-NVK	o-versucht, M das Fotoalbum abzunehmen-o
A	**Manda.**
M>	p
M	"Salamander", Amanda. "Meine". Muß Luna ma ne Zeit
M-NVK	o-überläßt L das Fotoalbum-o

104
M>	dim.->
M	lang alleine . sich das Buch ankuckn. Wir warn bei der/ A:h,
Sit.	*M hat das Fotoalbum*
Anm.	Schnitt: TC 456-470

105
A	**Jango un noch Luna.**
M	jetz kuckn wer ma, wer hier alles is. Django und Luna.
Sit.	*wieder "zurückerobert".*

106
L	**Mim.**
A	**Mama. Bianca.**
M	Und wer noch? Und wer noch? Wer is das hier? . Bianca.

107
A	**Hm, in Brem.**
M>	f
M	Und wo seid ihr da? In Bremen? . Oder vielleicht eher im

108
A>	p
A	**Ja, in Gartn. Dauß n Gartn.**
M	Gartn? H`´m:, hier draußn im Gartn. Und wer is

109

L>	p;quietschend
L	**Hm!**
A>	f dim.->
A	**No mal wieder Bianca.**
M>	dim.-
M	denn da:? Das s mit der Bianca? Das s nich

110

A	**Barbara:.**
M>	> p-dim.-> dim.->
M	die Bianca. Wer is das? Die Barbara. Luna, sag ma "Barbara"!

111

L>	p
L	**"Bab'a". "Baba". "Baba". "Baba".**
A>	quietschend
A	**Hm:, Bianca.**
M	"Baba"? "Bar-ba-ra". Un das is? Die

112

L	**"Mama".**
M	Bianca. Sag ma "Bianca"! Oh, mehr sin da gar nich. . Das war s

113

M>	dim.;gedehnt
M	schon. Alle-alle. Oh, schade.

Anm. Schnitt: TC 485-580 / Ende

L>	Luna Intonation i.w.S.
L	**Luna (1;4)**
L-NVK	Luna NVK i.w.S.
A>	Adrian Intonation i.w.S.
A	**Adrian (2;7)**
A-NVK	Adrian NVK i.w.S.
M>	Mutter Intonation i.w.S.
M	**Mutter**
M-Übers.	*Mutter Übersetzung*
M-NVK	Mutter NVK i.w.S.
V>	Vater Intonation i.w.S.
V	**Vater**
V-Übers.	*Vater Übersetzung*
V-NVK	Vater NVK i.w.S.
St>	Steffi Intonation i.w.S.
St	**Steffi** (Freundin von M)
St-NVK	Steffi NVK i.w.S.
Anm.	Anmerkungen

#27 T - Abendessen mit Steffi

Aufn.: 129 (A15) - 300392 - 90 Min.
Mü.: Whg.1: Eß-/Wohnbereich; Abend
Musikalische Präsentation; Essensvorbereitungen
A-Geräte: Sony WM-D3, Mikro ECM 909
T-Geräte: Sony TCM-77V (1 Min.≈13 TC-Einh.)

1

L>	p
L	**Abi! Abi!**
L-NVK	o-spielt auf dem Fußboden vor sich hin->
A	**Ich seig dir.**
A-NVK	o-ist im Bad->
M	Was zeigs du mir? . . Hm? Was zeigs du mir im
M-NVK	o-sitzt am Eßtisch->
V-NVK	o-kocht in der Küche->
St-NVK	o-sitzt am Eßtisch->
Anm.	Anfang der Aufnahme / TC 000

2

A	**Eh.** **He?**
M	Klo? . Django! Was ist da? Wie du Pipi machst? . He? Zeigst du mir, wie

3

L>	für sich;energisch p;für sich
L	**Ditädädä. Dede! Dede! Äh!**
A	**Ne.** **Seig dir**
M	du Pipi machst? Was zeigst du mir?
V>	p;kurz
V	((lacht))

4

L>	gedehnt;p;für sich ->
L	**Äh. Hm. Ällo. Hallo.**
A>	p ->
A	**was. . . . Eh. Seig dir.**
M	((pfeift))
St	Django trägt heut ein Minikleid.

5

L	**Hm.** **Hm::!** **Hm!**
A	( )**Mama! Ich m/ Schau mal!**
M>	singend; lachend->
M	Er hat ein knall - rotes Minikleid
M-NVK	o-geht ins Bad->
St	Das war irgndwie anders,

6

L	**Hm.** **Ah, oh, ah.**
A	**Ich den Deggl**
M	Was has du da? Was is da? (Pipi)?
M-NVK	o-zu A ->
St>	enthusiastisch
St	D/Edgardis. Oh, riecht das gut!

7

A	**hoch(g)emacht.**
M>	f; begeistert->
M	Wow! Django! Django hat den Deckel hochgemacht. Bravo!
M-NVK	o-kommt zurück ins Zimmer-o o-
St	Hm!

8

M	((lacht)) "Mama, ich zeig dir. Komm!"((lacht)) Django ( ) den
M-NVK	klatscht-o
V>	p
V	Angeber.
St	((lacht)) ((lacht))

9

L>	pp
L	**((weinert))**
M	Deckl hochgemacht. ((lacht)) ( ).
V>	p pp
V	Qué lindo. Hmhm.
V-Übers.	*Wie nett.*

10

L	**((weinert))**
M	Tambié/Bueno, como quieras, no?
M-Übers.	*Au/ Also, wie du möchtest, oder?*
V	Champiñones había que echarlo, no? Hmhm. Es que
V-Übers.	*Champignons mußte man noch zugeben , oder? Es ist, daß*

11

M	Como tú/ Como tú lo deseas. (4 Sek.)
M-Übers.	*Wie du/ Wie du es wünschst.*
V>	theatralisch
V	(me he olvidado) (freirlos). Cómo? Pero có:mo? . . .
V-Übers.	*(ich vergessen habe) (sie zu braten). Wie? Aber wie?*

Nr.	Spur	
12	L>	für sich
	L	**Ähä.**
	M>	singend singend theatralisch-
	M	Cómo que "como"? "Pero como". Pero cómo? Pero cómo? Pero
	M-Übers.	*Wie "wie"? "Aber wie". Aber wie? Aber wie? Aber wie?*
	V	((singt)) ((singt))
	St	He? Eh?

Nr.	Spur	
13	L>	angestrengt angestrengt
	L	**Äh. A:h! . Au - to!**
	M>	>
	M	cómo? Pero cómo? . . . ((singt))
	M-Übers.	*Aber wie?*
	V>	ital.
	V	((singt)) ( ) . . .

Nr.	Spur	
14	L	**Beh . Auto. . . Auto. Auto:!**
	M>	pp
	M	Hm. . . ((imitiert Motorengeräusch))
	St	Auto. .
	St-NVK	o-zu L-o

Nr.	Spur	
15	L	**((tönt))**
	A	( ) **Ich hab nich Aa**
	M	(4 Sek.) Un? Has du gezogn auch, Django? Nee?
	V	((hustet))

Nr.	Spur	
16	A	**gemacht.**
	M	Und w/bei Pipi brauchs du nich ziehn? Ziehs du auch nie bei Pipi,

Nr.	Spur	
17	M	Papa? Z/Ziehs du nich, wenn du Pipi machst, n/nur wenn du Pipi machst?
	V	Hm?

Nr.	Spur	
18	A>	p
	A	**Ziehs du nich?**
	M>	lachend
	M	Du. Du. Ziehs du nich, wenn du nur Pipi
	V	Wer? Wer? Der Jango?
	St>	pp
	St	((lacht))

Nr.	Spur	
19	A	**He?**
	M	machst? Do:ch. Papa zieht. Ich auch. Un/Un du, Steffi?
	V	Já:. Du nicht? Jango
	St	Ich auch.

20

M>	p
M	Oh, Django, auf geht's! ((lacht))
V>	p
V	auch. Yo no entendí nada, Chula.
V-Übers.	*Ich nicht habe verstanden nichts, Chula.*
St>	p
St	((lacht)) Die Lu:na.

21

L>	f
L	**Auto!**
M>	lachend L imitierend
M	Hmja. "Auto", "Auto!"
V	Du ha diese .
St	Das steht ihr gut mit dem Weiß, find ich.

22

L	**Di! Hm**
M	Basilikum. Hm. Yo te lo traigo.
M-Übers.	*Ich dir es bringe.*
V	Kräuter.Wie heiß diese/ Ja.
St	Ah, das riecht so lecker hier. Hm.

23

L	**hm.De. Hm. Hm, hm, hm, hm Hm, hm**
M	((singt)) Bitteschön.
St>	L imitierend
St	"De"! Och, och, was is

24

L	**Hm, hm Hm, hm.**
M>	gedehnt
M	Luna! Luna, wo is dein Pulli? Geh mal dein Pulli
St	denn das? Hm.

25

M	bitte suchen.Das is so zu kalt. Komm! Ganz
V	Un was war in die Elternabend eigentlich?

26

L	**didli äwöä**
M>	"auf" gedehnt "auf" gedehnt
M	toll. Aufregendst. Aufregendst. Organisation.
V	He? Was? Was haben gesprochen?

27

M	Neuaufnahmen, Abgänge, Osterferien, ähm . . Wahlen. Der
V	Was? Aha. Wahlen?

28

M	Mitglieder, der neuen Mitglieder. Ja, im
V	Un wann macht ihr andere Party?

29

M	Sommer irgnwann. Im Juli.
V	Ja, die Lily hat mir gesagt ( )
St	Macht ihr Kinderparty oder was?

30

A	**I hab schon gezi:eht!**
M	Im Sommer . . . ( )
V	Chula, yo le he invitado a Lily . . de repente la próxima
V-Übers.	*Chula, ich sie habe eingeladen Lily vielleicht die kommende Woche*

31

A	**Ich hab schon gezieht! I**
M	Para que venga a comer qué?
M-Übers.	*Damit sie kommt zu essen was?*
V	semana para que venga a comer ( ) o ( ). Que
V-Übers.	*damit sie kommt zu essen ( ) oder ( ). Daß sie*
St	Du hast gezogn?

32

A	**habs gezieht. I/Ich habs ge .. zieht, . . Mama. Was machs**
M	Porqué no.
M-Übers.	*Warum nicht.*
V	venga a comer al/ o comer con nosotros.
V-Übers.	*kommt zu essen zum/ oder essen mit uns.*

33

A	**du?**
M	((lacht)) Hast du das gehört? Papa hat Lily eingeladn zum
V	Zigarette.
St>	schallend
St	((lacht))

34

A	**He? Oh.**
M	Essen. Papa hat Lily eingeladn zum Essen. Soll die Lily mal komm zum

35

L	**Auto:! Adwudwudwudwudwu-> Ah.**
M	Essen? Mit ihrn Kindern? Hm? ((singt))

36

A	**Oh.**
M>	> > > < < < <
M	A:h oppa, hoppa, Reiter.Django, geh ma Luna das Licht anmachn, bitte.

37

A	**((singt vor sich hin ->**
M	Hmhm ((lacht)) Oh, wieder ma/mal wieder n bißchen deplaziert.
St	((lacht)) ((lacht))

38

A	**)) Oh.**
M	Soll er mir mal ne Schachtl mitbring ( )
V	O:a.h
St	Hm.

39

A	**Ehm.**
M	((singt)) Qué c/
V	Chula, de (es)ta yo se come esto también - no? No? . O la hoja no
V-NVK	o-hantiert mit dem Basilikum->
Anm.	Gespräch M-V über Basilikum; hier unbedeutend, deshalb nicht übersetzt->

40

L	**Oppa oppa**
A	**Nee, des nich!** **Nich!**
M	Qué cosa? Hmhm/ Igual, Chul/Chulo. Lo otro
V	más? Hm. Pregunto. Tú eres la

41

M	también.
V	Basilikum-especialista. Yo no cai/casi/ yo no conozco mucho esa onda.

42

L	**Alle**
A	**Och nich!** **Noch nich!** **A Tir bleibm.**
M	Cómo qué especialista?
V	Tú/Tú cocinas con estas cosas, este/ haces

43

L	**((hustet))** **A:wi.** **Ach Awi Awi** **Äch, Ai**
M	Hm.
V	este . . / Cómo se llama? Mozarella Dorinderella

44

L	**Nein!**
M	((singt))
St	Ach, weißt, was es da in diesm Ladn gab? Das hätt ich dir fast mit

45

L	**((lacht->** **))**
M	Was denn?
St	gebracht, weil ich dachte so, da wäre so genau das Richtige für dich.

46

St	Das hab ich dann aber doch gelassn. So n Heftchen . . mit so/mit so Papiern

47

A	**Jetz noch nich.** **Noch nich!**
St	dadrin, die dann als Seife benutzn kannst, speziell für Reisende.

48

A>	gedehnt
A	( ) **Aua!** **((weint))**
M	Ey, was is jetz
St	Kanns du dann halt so mit diesn Papiern dann im Wasser ( )

49

L	**Aua!** **Aua! Aua!**
A	**Luna hat mir in den Auge Aua**
M	wieder passiert? Was is denn passiert, Schatz?

50

L	**Aua! Aua! Aua!**
A	**Hoppe Reiter gemacht. Luna hat mir in die Auge**
M	Was hat Luna gemacht?

51

L	**Aua! Aua!**
A	**Hoppe Hoppe Reiter gemacht.**
M	Oh! Oh, Mensch, schnell
St	Hat der Django sich geklemmt, he?

52

A>	cresc.
A	**Nein, nein!**
M	pustn. Sag ma Luna, schnell pustn, schnell pustn, Luna. Un besito. Luna!
M-Übers.	*Ein Küßchen.*
V	La
V-Übers.	*Die*

53

M	No. No ha pasado nada. Por casualidad fue. No?
M-Übers.	*Nein. Nicht ist passiert nichts. Aus Zufall war es. Nicht*
V	Luna te ha pegado, Yango?
V-Übers.	*Luna dich hat geschlagen, Django?*

54

L	**Aua.**
M	Casualidad. Sí, pero dale un
M-Übers.	*wahr? Zufall. Ja, aber gib ihm ein*
St	Der Django hat sich wohl geklemmt, he? ( )

55

A>	weinerlich
A	**Nein. Nein.**
M	besito, Luna! Luna! Dale un besito! Doch. Luna wollte das nich,
M-Übers.	*Küßchen, Luna! Gib ihm ein Küßchen!*

56

M	Django. Wirklich nich. Luna, sag "Entschuldigung"! Ne, Luna? Oder?
V	((pfeift))

57

A>	p
A	**He. Auch nich.**
M	Luna, sag mal "Ent-schul-di-gung"! Luna! ((pfeift)) Luna will

58

L	**((hustet))**
A	**Nein. Is Swiebl?**
M	nich "Entschuldigung" sagn? Luna! Luna!
V	Cuidado,
V-Übers.	*Vorsicht,*

59

A	**Swiebl? Heiß?**
V	Luna! Heiß! Quema! Quema! Quema! Andate pa allá! Sí, está quemando.
V-Übers.	*Luna! Heiß! Heiß! Heiß! Geh da rüber. Ja, es ist heiß.*

60

L	**Bot.**
A	**Swiebl?** **A/ Ein bißchen Zwiebl? Ich will nich**
V	No? Ja, sí, un poquito.
V-Übers.	*No? ja, ein bißchen.*

61

L	**<u>Bot</u>!** **Bot.** **Bot.** **Mäh.**
A	**Swiebl.** **Äh.**
M	Nieto de su abuela! ((lacht))
M-Übers.	*Enkel seiner Großmutter!*
V	No. No te preocupes.
V-Übers.	*Nein. Nicht dich sorge.*
St	Was? Bot? Was?

62

L>	gedehnt weinerlich
L	**Äh!** **Hm.**
A	**Äh. Oach.**
V	((lacht))
St	Oh. Luna, das war nich doll. Das war nich doll ( ). Ah.

63

L	**((quäkt))**
M	Moment! Moment! Moment! Kanns du/ Setz
St	( ) das war ( ).

64

L	**Äh!**
M	dich mal bei Steffi auf n Schoß. Ich hab was zu tun.
St	Komm ma her! Komm! Komm, Luna, setz

65

L	**((quäkt)) Mämä. Mämä.**
A	**Schau mal/ Jetz/ Schau mal!**
M	Luna, möchs du auch mit
St	dich auf mein Schoß. Hier! Luna!

66

L	**Ne.** **Äh.** **Ne.**
M	am Tisch sitzn? Ja? Luna! Möchtest du mit am Tisch sitzn? Ja? Auf m

67

L	**Ja.**
A	**Oh. Das geht**
M	Stuhl? Auf m Stuhl, Luna? Zieh ma n Stuhl raus, Django, bitte!

68

A	**schon du allein ist. Schau mal! Ja, das geht.**
M	Oh, siehste, Luna kann das

69

A	**Hoch.**
M	auch schon. (4 Sek.) Bravo! Und jetz umklappn. Hochklappn oder wills du

70

M	untn sitzn, Luna? Vielleich möchs du untn sitzn?
St	Nee, du mußt erst die Hakn

71

A	**He?**
M	Oder setz dich doch
St	hochmachn, Django. Nee, da, kuck mal, da den Hakn.

72

M	da untn rein, Luna, da kanns du besser raus wieder. (5 Sek.) Then you are an

73

L	**Äh.**
A	**Wau! Helf mir! So. Jetz.**
M	independent girl. ((stöhnt))
St>	p
St	( ) Wie war das jetz hier noch?

74

A	**Ale festmachen un**
M>	p
M	Moment, hm, wir müssn das erstma . . . festmachn.

75

L	**Ja.**
A	**dann geht des. Jetz mach/**
M	Ja. Un du? Wills du da
St	Da? Luna, wills da rein? Ja?

76

L	**Hm. Alle. Alle.**
A	**He? Ja. Ja. Es duftet!**
M	sitzn, Django? Wills du da sitzn?
St	Es duftet.

77

L	**Ein!**
A	**Na Wein.**
M	Hm, es duftet gut. Nach Wein. ((lacht)) Django pl/ Django plaudert wieder
St	Nach Wein?

78

L	**Mnuna. Muai Nuna.**
A	**((hustet))**
M	aus m Nähkästchen.
V	((hüstelt))
St	( )

79

L	**Nuna. Au! Auf!**
M	Hola, Luna! Auf.
M-Übers.	*Hallo, Luna!*
St	La Luna. La Luna. Nee. (4 Sek.) Achso, das

80

L	**Auf. Oh.**
M	Ja, glaubst du, Luna erzählt dir Quatsch?
St>	p
St	geht? Das s ja schön. Eigntlich nich.

81

L	**Auf.** **Of. Auf.**
A	**Da n Maßkleber. Bitte,**
M	Hm?
V	Toma! Ponle su/
V-Übers.	*Nimm! Binde ihr um ihr/*
St	Das würd ich nie denkn.

82

A	**ein Mißkleber.**
M	Pero Chulo! Si quieres, yo también te pue/l/
V	Pero Chula!
St	Ein Maßkleber?
Anm.	Gespräch M-V über das Essen am folgenden Tag; hier unbedeutend,

83

L	**((hustet))**
A	**Mema, de/ bitte, ein m/ ä Kleb/ Ein Kleber.**
M	lo puedo preparar. El Ceviche. Ein was?
V	Qué? Lo
Anm.	deshalb nicht übersetzt->

84

A>	cresc.
A	**Da ein Kleber! Da ein**
V	hacemos mitad-mitad. Tú haces la primera parte y yo vengo y lo/ yo

85

A>	cresc.
A	**Kleber! J/ Ja, da/ äh/ m d**
M	Kleber is da? Brauchs du ein?
V	zazono la segunda parte. O.k.?

86

L	**((piepst))**
A	**gab un da is die Stiften drin.**
M	Wo die Stifte sind?
V	Pero . . el pescado no

87

M	El pescado con el limón y nada más. Yo solamente echo
V	más tiene que cocinarse. El marisco/ ( )

88

L>	singend
L	**Da. Da da Di. Di.**
A	**((hustet))**
M	pescado/ Ja.
V	pescado, sal, un (a) de sal, así rosado, y lo bañas en limón y ahí

89

A	**Och.**
M	O.k. O.k. Si tú lo dices así.
V	lo dejas. Después lo resto lo hago yo. I werde mir eine

90	V	große Mühe machen, ein Ceviche, ein gutes, ein gutes, wa/weil das man/man/
	St>	genüßlich
	St	Hm::.

91	L	**((tönt))**
	M	Bitteschön. Soll ich dir abmachn?
	V	man muß Gluck haben. Das letztes Mal

92	A>	p
	A	**Ich mach ab.**
	M>	p
	M	Hattes du nich soviel Glück? Naja. . . .
	V	hat i no soviel Glück - oder? No . . . .

93	A	**Owa mach das? I kleb des rauf. Ohm da.**
	M	So? Da?
	V	Damals. Das war letztes Jahr.

94	A	**Ja. Da.**
	M	Hmhm. So. So. Nee, des s/des is sinnlos, was du da machs. D muß das

95	M	immer so machn, daß auch n bißchn von dem Kleber auf m Tisch is. Nee, so is e

96	L>	cresc. cresc.
	L	**Äh, ä::h! Äh, ä::h!**
	M	ja nur auf m Papier. So, eima quer. So nich. Eima quer. So. Ähä. Siehs
	St	Was?

97	L	**((quäkt weiter))**
	A	**So.**
	M>	cresc.
	M	du, so ( ) Oh! He. Moment. . .
	V	Comemos, Chula.
	V-Übers.	*Essen wir, Chula.*
	St	Django muß das erstma fertig machn.

98	L	**Äh! Ä::h! ((quäkt ->**
	A	**So.** (
	M	((imitiert Luna))
	V	Chula, por qué no te cantas un valcecito?
	V-Übers.	*Chula, warum nicht dir du singst eine Walzerchen?*

99

L>	cresc.; gedehnt->
L	)) **Ei. Eine! Meine! Eine, meine! Meine,**
A	)
M	((lacht))
V	Toca algo! Yo no puedo. Fir die Steffi. Könnt ihr s/ was
V-Übers.	*Spiel was! Ich nicht kann.*

100

L>	weinerlich->
L	**meine!-> Moine. Moine.**
M	Ein Valcecito.
V	susammen singen für mich? Etwas. Ihr geht s/ si/

101

M	Como no.
M-Übers.	*Wie nicht.*
V	si/ Ihr könnt sich äh umziehen Na, egal oder ja die/ die begleiten
St	Was? Ein Valcecito?

102

M	((lacht))
V	dich. Hier, da is die Garderobe. Da sin die Klamotten. Kommt ihr mit
St	((lacht))

103

M	((lacht)) Qué/
M-Übers.	*Was/*
V	diese/ äh, wie hei dä/ Radelhose. Mit Aerobic. Eing/ Eing/ Eine
St	((lacht))

104

M	Tú, que quieres escuchar? Valcecito o: otra cosa?
M-Übers.	*Du, was möchtest du hören? (Ein) Walzerchen oder etwas anderes?*
V>	gedehnt
V	Bluse/ Eine Bluse so mit eing Gürtl. Egal! Na. Wa/

105

A	**Du da? Mami, da? Luna nich wegnehm**
M	Con Radlerhose y todo eso?
M-Übers.	*Mit und all dem?*
V	Was du willst. Wa du/ ( ) Wa

106

L	**H`m. Bäh.**
V>	p
V	du wills. Qué ta comiendo, Luna? No, no. A la boca no. Bäh, bäh,
V-Übers.	*Was ißt du da, Luna? Nein, nein. In den Mund nicht.*

107

L	**Taia!**
M	Lo puede(s) afinar? ((lacht))
M-Übers.	*Sie du kannst stimmen?*
M-NVK	o-fängt an, Gitarre zu spielen-oo-reicht V die Gitarre-o
V	bäh.
V-NVK	o-fängt an, die
Anm.	"taia"=guitarra=Gitarre

108

L		Aia!	Papa.		
A					Is keine Musik.
V-NVK	Gitarre zu stimmen->				
St>			lachend		
St			Aia.	Bravo, Papa!	
St-NVK				o-klatscht-o	

109

L			Papa!	Apa.
M	Das is keine Musik. Also so was.			
St>		lachend		
St	Das is keine Musik.	Django hat was gegen moderne Musik.		

110

L	Oppa, oppa.		H`m.	
M	Oppa.	Oppa, oppa. (7 Sek.)		
St				Die Schnuggebagge. (12 Sek.)

111

L	Bubo	Da!			
M					Tú
V				Dame de fumar, dame de fumar.	
St>	p				
St	Bubo?	S runtergefalln. . Jà.			
Anm.				unbedeutende Äußerungen M-V, deshalb nicht	

112

L		Ih! Ih net. <u>Ih</u> de.		
A				Oh, des
M	también.			
St			Was wills du denn? Den Gürtel? . . .	
Anm.	übersetzt			

113

L	Heiß.	Oppa.		
A	reiß immer wei/			
M			Papa is heiß?	
St		Was s heiß? Was is heiß?		Ach, der Papa, der kocht

114

M-NVK			o-
V		H`´m. Aquí es heiß. Aquí quema, no? Chis:. ((atmet ein))	
V-Übers.		*Hier ist Hier ist heiß, nicht?*	
St	un da is das heiß. Genau.		
Anm.			"chis"=peruanische Variante

115

L>			cresc.	
L	Tabama!		Bavo!	
L-NVK				o-klatscht-o
M		Django. H`m.		((lacht)) ( )
M-NVK	fängt an, Gitarre zu spielen->			
St>		lachend		
St		Oh, Django!		((lacht))
Anm.	für das Geräusch des Verbrennens			

116

L	**<u>Taia</u>!** (4
A	( ) (5 Sek.)
M	Tremendo público.
M-Übers.	*Tolles Publikum.*
V	Se malogró?
V-Übers.	*Ist es kaputt gegangen?*
St	((lacht))

117

L	Sek.)
A	**Dich, ich/ das die a/ auch die**
A-NVK	o-versucht, Tesaband mit den Zähnen abzutrennen-o
M	Django, doch nich mit den Zähnen!

118

A	**Galinde gemach.**
M	Ja, die Gerlinde hat vielleicht irgndwie n andres Tesaband

119

L	**Ab. Ab. Ab. Ab. Ab. Ab.**
M	gehabt. Qué quieres escuchar?
M-Übers.	*Was möchtest du hören?*
St	Und andre Zähne. ((lacht))

120

L	**Abe.**
A	( )
M	O.k. ((singt->
V	Lo que quieras. No te preocupes.
V-Übers.	*Was du möchtest. Nicht sorge dich.*
St	Komm

121

A	**I will des nich. Nee.**
M	)) ((lacht))
St	her, ich mach das mal ab. Ja? Du wills nich mehr?

122

L	**((hustet))**
M	(Dónde está) mi bastón? ((lacht)) Steffi, solln wir was zusamm sing?
M-Übers.	*(Wo ist) mein Krückstock?*
St	Na ja, das kann ich mir vorstelln. (7 Sek.)

Anm. "bastón"=Krückstock (=Kapotaster)

123

M	Heute exklusiv für A.?
M-NVK	o-spielt Gitarre->
St>	p
St	Och Ich/ Ich und singn. Ne. Deern, ich glaub, da kanns du mich

124

A	**He. Mama, du Hänschen-klein sing.**
V	No te miro, no te miro.
V-Übers.	*Nicht dich ich schaue an, nicht dich ich schaue an*
St	nich mit verlockn.

125

L	**Äh.**
M	Pero por qué no? Si yo canto para ti.
M-Übers.	*Aber warum nicht? Wenn ich singe für dich.*
M-NVK	<-o

126

L	**Äh.**
V	Pon/ Entonce jala la silla ahí, de Hocke allá, y ahí (a)trás para ( ) todos.
V-Übers.	*Stell/ Also dann zieh den Stuhl da, den Hocker dort, und dort hinter, damit ( ) alle.*
St	( )

127

L	**Eh! Da**
A	**Kukuk. ((singt**
M	((lacht)) ((lacht)) Así?
M-Übers.	*So?*
V>	lachend
V	Claro, pe. Anda! O la silla. Epa.
V-Übers.	*Klar doch. Geh! Oder den Stuhl. So.*

128

A	**)) Luna, mach mal. M wir spiele/ wir spiel. Wir spiel ein Spiel. . .**
M	((lacht->))
M-NVK	ospielt Gitarre->

129

A	**Wir spiel ein Spiel. . . Festhaltn. Wir spieln ein Spiel. ( )**
V	((hustet))

130

L	**Ajabe. Aja!**
A	**( ) Ein Spiel. Nein! So. So. Ein Spiel. Ein**
V	((hustet))
St	Ein Spiegl? Oder ein Spiel?

131

L	**Ammaja. Aje.**
A	**Spiel ma . . wir. Ein Spiel.**
M>	singend->
M	He pasado por
St	N Spiel? . .
Anm.	Text des Walzers,

132

A	**Äh, nein! Nein! Nein! Hänschen-**
M	la casa en que vivimos. Que vivimos en un tiempo tan felíz.
Anm.	den die Mutter singt, hier unbedeutend, deshalb nicht übersetzt->

133

A>	cresc.->
A	**klein! Hänschen-klein!**
M	Si supieras quella pena no he sentido ((lacht)) al mi- ((lacht))-rar esos rincones ya
V	Sigue, sigue!
V-Übers.	*Mach weiter, mach*
V-NVK	o-zu M-o

134

L	**((ruft etwas)) Aca. Aca. Aca. Aca.**
A>	cresc.-dim. weinerlich->
A	**Hänschen-klein! A ich will**
M>	singend->
M	sin ti ((lacht))quella pena no he sentido
V>	lachend
V	Sigue, sigue! Scht! Momentito!
V-Übers.	*weiter! Mach weiter, mach weiter! Momentchen!*

135

L	**Aca. Aca.**
A	**Ma, ich will Hänschen-klein.**
M>	singend->
M	al mirar esos rincones ((lacht)) ya sin ti. Yo creí
V	Momentito! Luna! ((lacht)) ( )
V-Übers.	*Momentchen!*

136

M	que no era fácil olvidarte . . muchas veces, hasta me quise matar.
St	Aussteigen, Luna?

137

L	**Äd.**
A	**Nei, ich will Hänschen-**
M	Pero ahora ya comprendo que es tan fácil olvidar a una mujer

138

A>	cresc. cresc.->
A	**klein! Mami! Ich will Hänschen-klein. Nei, ich will**
M	después de amar. Pero ahora ya comprendo que es tan fácil
St	Danach.

139

A	**Hänschen-klein! ((weint)) I will Hänschen-**
M	olvidar a una mujer después de amar.

140

A	**klein!**
M>	singend->
M	Gleich spiel ich "Hänschen-klein". Ein Lied für Papa. En
M-NVK	o-zu A->
V	Ja. ((summt mit))

141

L	**Papa! Papa!**
M	cambio sé que tú sufres y lloras por verme a tu lado otra vez. Eso no puede

142

L	( )!
M	ser. Fuistes tan mala. Lo que no vale se bota y no se recoge en la vida jamás.

143

A	**Nei, ich will Hänschen-kla/**
M	Algo de eso eres tú, no vales nada. Eres como un tronco seco que
V	((flüstert))

144

L	**Ä::h**
A	**Ma, will Hänschen-klein!**
M	aunque lo rieguen no brota. Por eso, negra, te ruego que en mí ya no

145

L	**Hm** ( )
A>	weinerlich->
A	**Ma, i will Hänschen-klein! Ma, i will Hänschen-klein!**
M	pienses más. Eres como un tronco seco que

146

L>	cresc.
L	**Ah! Ah!**
A	**Ma, i will Hänschen-klein!**
M	aunque lo rieguen no brota. Por eso, negra, te ruego
St	Ein Lied für Papa und dann (

147

L	( )
A>	cresc.
A	**Nei, i will Hänschen-klein.Nein! Nich!**
M	que en mí ya no pienses más.
M-NVK	o-fängt an, die
V	Bravo!
St	). Ja?

148

L	**H´mh`m.**
M	((summt Hänschen-klein->
M-NVK	Hänschen-klein-Melodie zu spielen->
V	((lacht)) ( ) ((pfeift Hänschen-klein-Melodie
V-NVK	o-klatscht-o
St	Bravo!
St-NVK	o-klatscht-o

149

L	**Bavo! . . .**
A>	weinerlich->
A	**Nich/ Nich Hämplmann! Nein, ich will Hänschen/**
M	))
M-NVK	o-
V	mit->)) Ey, was i/

150

L	**Abi**
M-NVK	spielt weiter, die richtigen Akkorde suchend-----------o
V	((lacht)) Was is los? Hé?
St	Das is doch Häs/ Hänschen-klein. Das is Hänschen-klein.

151

A	**Nein, da is we/**
M>	singend->
M	Hänschen-klein ging allein in die weite Welt hinein. Stock
V	((pfeift Melodie mit))
V-NVK	o-klopft
St	Doch!

152

L	**Ali.**
M	und Hut steht ihm gut, ist voll Übermut. Aber Mama weint so sehr, hat sie nun
V	((pfeift die Melodie))
V-NVK	Rhythmus-> <-o

153

M	kein Hänschen mehr. Da besinnt sich das Kind, kehrt nach Haus geschwind.

154

L	**Di.**
A	**Héhè.**
M>	singend
M	Is das nich "Hänschen-klein"? Un jetz du! Hänschen-klein
V	Bravo! Canta,
V-Übers.	*Sing,*
V-NVK	o-klatscht-o
St	Bravo!
St-NVK	o-klatscht-o

155

L	**((hechelt-> Äh!**
M	ging allein in die weite Welt hinein. Stock und Hut steht ihm gut, ist voll
V	Yango!
V-Übers.	*Django!*
V-NVK	o-klatscht im Takt->

156

L	**Äh->)) Obe!**
A	**Hmhm.**
M	Übermut. Aber Mama weint so sehr, hat sie nun kein Hänschen mehr.
V	Da sing! ((summt Melodie mit)) Canta!
V-Übers.	*Sing!*

157

L	**((hechelt)) Äh, äh, äh.**
M	Da besinnt sich das Kind, kehrt nach Haus geschwind.
V	Bravo!
V-NVK	o-klatscht-o

158

L	**Abi:. Abi, ab, abi**
A>	weinerlich
A	**Ja. Äh, von den/ von den Nekolaus.**
M>	p
M	((stöhnt))
V	Noch ein Lied? Welche Lied? Pe/

159

L	**Mam** **Ach**
A	**Gutn Tag, ich bin da Nikolaus.**
M	Oah! ((summt die Melodie
M-NVK	o-sucht die Akkorde
V	Ay, pero como (e)stás hablando,
V-Übers.	*aber wie sprichst du,*

160

L	**((hechelt))**
M	des Nikolaus-Liedes->
M-NVK	auf der Gitarre->
V	Yanguito?! ((imitiert Adrians Ton)) Por qué hablas así, Papito? . . .
V-Übers.	*Djangolein?! Warum sprichst du so, Papilein?*
Anm.	"papito"=in Peru übliche

161

L	**Ab, abi, abi, abi A::h ((imitiert Motorgeräusch)) Jai, jai.**
V	((hustet))
Anm.	Anrede für kleine Jungen

162

L	**Amo. Amo. Amo. Ame. Ame, äh Ame. Amo.**
A	**((lacht))** **Ma,**
V	((pfeift))

163

A>	weinerlich dim.
A	**da will was essen. I will was es/**
V	S gleich fertig, gleich fertig. . . Wir können langsam die

164

M	)) Zudecken?
M-NVK	<-o
V	Tisch zudecke zum Beispiel. Ja, aber du/ du spiels weiter.

165

A	**Laß da, laß da, laß!**
M	Aufdecken. ((summt weiter vor sich hin ->
M-NVK	o-spielt auf der Gitarre weiter vor sich hin->
V	Hil/
St	Django, deckn we zusamm den Tisch? Du?

166

A	**Ja.**
V	Helf ihr die Steffi/ Ja, heiß! Heiß! Heiß!
St>	A
St	Deckn wir den Tisch zusammn? Ja?

167

A>	weinerlich
St>	imitierend
St	Ja? Ah! Vielleicht sollnt wir erstmal dieses andre Teil da noch mit anbring?
Anm.	bezieht sich auf die Erweiterungsplatte des

168

A>	weinerlich
A	**Ja.**
St>	A imitierend
St	Was häls du von der Idee, hm? Ja. Ja. Vorsicht! . So. Schiebs das andre
Anm.	Tisches zum Anhängen

169

L	**H`´m.**
A	**Da äh/ I/ I will**
St	mal dadrunter? . . . Merci beaucoup. . . Merci. . . .

170

L>	cresc.
L	**Da. Da::! Äh, äh. Da.**
A	**da.**
M>	p
M	<-)) Ah!
M-NVK	<-o
V	No te mole:stes
St	Django, decks du das mal?
Anm.	Diskurs M-V; hier

171

L	**Alle. Ab**
V	así "ach!". ((lacht)) (De ga con) cari:no, no ma:s, así/ Cómo era la onda? ( )
Anm.	unbedeutend, deshalb nicht übersetzt

172

L	**Hut!** ( )
M-NVK	o-fängt wieder an zu klimpern->
V	Claro. Te doy un besito. De repente/ Por ahí que funcione en
St	A::h! Die Luna hat ein Hu:t!

173

L	**Hut. Hut.**
A	**Ich auch ein Hut!**
V	algo de repente.
St	Was denn? Gabeln, Löffl,

174

L	**Ot. Hut. Hut. Ot. Hut.**
A>	cresc.
A	**Dudu! Dudu!**
V	Ich/ Also eigenlich können wir bei/ mit beide. Oder?
St	Messer?

175

L	**Papa! Dudu!**
A>	cresc. cresc.->
A	**Dudu! Dudu! Papa! Papa!**
V	Was meins du? Mit Gabel oder mi/ oda:

176

A	**Papa! Papa! Papa!**
V	Gabel oda/ oda/ Löffel? Sch! ( ) Löffel.
St	Löffel. Gab/ Nur

177

L	( ) **Gugugu.**
A	**Papa! Papa! Papa! Da.**
V	((pfeift Melodie mit))
St	Löffl? Nur Löffl.

178

L	**Äh.**
V	Besteckn. ((pfeift mit))
St	Besteck. Nee, da ham we schon. ( ) Bumm!

179

L	**Bitti.** ( ) **Aich Aich.**
St	So, jetz großn Löffl tust zu den großen Teller. Un die klein

180

St	Löffl komm in die klei/ Nee, jede/ jeweils einen. Zu eim Teller ein Löffel. Un die

181

L	**Äh! Äh. Äh!**
V	((lacht)) Wirklich was los
St	kleinen Teller bekomm kleine Löffel. O.k.?

182

L	**((weinert))**
A>	cresc.->
A	**Viele! Für meine Steffi un für/ für Mama.**
V	hier. Oda?
St	((lacht)) Un wenn ich dann nach Hause komm,

183

A>	cresc. cresc.
A	**Schau mal! Schau mal!**
V	((lacht)) Na. ((lacht))
St	dann kommts mir wieder ganz still vor. Ganz schick, Django.

184

L	**Äh!**
A	( )
V	Bravo!
V-NVK	o-klatscht-o
St	Ganz schick. Ne, Django, guck ma, ein Löffl/

185

L	**Äh! Äh!**
A	**Zweien. Zweie.**
St	weil sonst kann nur einer essen. Nä, man brauch nur

186

St	ein Löffl. . . Der dritte kommt dahin. Ja. Und die klein Löffel hier komm in die

187

L			**Äh! Äh! Äh!**	
A		**Du ma . . .**		**Kiki.**
St	klein Teller. . . .			Was denn, Luna? Willst

188

A>			singend->
A		**Kiki (**	**) Dudududududu/ eh/ Ne.**
St	wieder drauf?	( )	

189

A	**Dudududududududu/ Ne**		**Dudududu. Ne.**		**Dudududu.**
St		Doch.		Hmhm.	

190

L			**Adi.**			**Nei.**
A	**Nee.**	**Dudududu. Nee.**				
V					Al dente, no? ((lacht)) No?	
V-Übers.					*oder?* *Oder?*	
St	Hm.			Ani. ( )		

191

L		( )	( )		
A>				cresc.	
A				**I auch!**	
V>			p		lachend
V	Mags du al dente. Oda? Tú/ Du auch, oda? Al dente.				Brauchn
St				Für die Zähne.	

192

A		**Ich auch!**	
V	wir nich so lange warten.		Ja, Papito. Yo te doy de todas maneras.
V-Übers.			*Ja, Papilein. Ich dir gebe auf jeden Fall.*

193

L		**I auch!**		**Bitta:.**
V	Ja? Momentito, ja?		Yo te voy a dar. No te preocupes.	De
V-Übers.	*Momentchen,*		*Ich dir werde geben. Nicht dich sorge.*	*Auf jeden*
St			((lacht))	

194

L		**Bitta.**			**Bta.**
A>					singend->
A			**Butta.**		**Bitta, bitta,**
V>				belehrend	
V	toda(s) maneras.	De nada, señorita.		"Por favor".	
V-Übers.	*Fall.*	*Keine Ursache, Fräulein.*		*"Bitte".*	
V-NVK				o-zu A-o	

195

L		**Dudu.**	
A	**bitta ((singt vor sich hin)) De kokokok kokoka**		**Garigariga . .**

196

L>		cresc.		
L		**Awad! . . .**		**Da.**
A	.			
V			((summt Melodie mit))	
St	Luna mach scho/ Spülst du ab? . . .			

197

L			**Dolla.**	
A>	singend->			
A	**Komma**	**. kullikuli aramsamsam**		**hm gramsamsam . .**
St>	p			
St	Oh.			

198

L	**Bavo!**	**Bavo!**	
L-NVK	o-klatscht-o		
V-NVK		o-bringt das Essen an den Tisch->	
Anm.			Ende Transkription I;

199 Anm. direkter Anschluß an Transkription II (liegt hier nicht vor)

L>	Luna Intonation i.w.S.
L	**Luna (1;6)**
L-NVK	Luna NVK i.w.S.
A>	Adrian Intonation i.w.S.
A	**Adrian (2;9)**
A-NVK	Adrian NVK i.w.S.
M>	Mutter Intonation i.w.S.
M	**Mutter**
M-Übers.	*Mutter Übersetzung*
M-NVK	Mutter NVK i.w.S.
V>	Vater Intonation i.w.S.
V	**Vater**
V-Übers.	*Vater Übersetzung*
V-NVK	Vater NVK i.w.S.
Sit.	*Situation*
Anm.	Anmerkungen

#28 T - *Kurzer Nachmittag mit V*

Aufn.: 137 (A21) - 180592 - 10 Min.
Mü.: Whg.1: Wohnbereich; Nachmittag
Aufstehen nach gemeinsamem Mittagsschlaf
A-Geräte: Sony WM-D3, Mikro ECM 909
T-Geräte: Sony TCM-77V (1 Min.≈13 TC-Einh.)

1

L	**Hm. Hm.**	
L-NVK	o-kommt aus dem Kinderzimmer angelaufen-o	
A-NVK	o-liegt in Ms Bett->	
M	Schnell! Töpfchen steht da.	
M-NVK	o-steht vom Bett auf, um L zu helfen->	
V	Komm!	Aquí está. Luna! Hier, hier, hier, hier.
V-Übers.		*Hier ist es.*
V-NVK	o-liegt auf Ms Bett->	o-weist auf das Töpfchen-o
Sit.	*Töpfchen steht mitten im Raum.*	
Anm.	Anfang Aufnahme / TC 000	

2

L			**Hm.**	
M>				gedehnt
M	Schnell!	Windl aus. ((lacht))		El Chulo.
M-NVK		o-macht L die Windel ab-o		
V	Ven! Komm! Komm! Oh.	( )	((lacht)) (	
V-Übers.	*Komm!*			*( )*

3

L			**((hustet))**
M>		gedehnt	
M		El Chulo.	
V>			p
V	) paras ahí, calato ahí, los dos me están mirando.		Komm,
V-Übers.	*stehst da, nackt da, die zwei mich schauen an.*		
V-NVK			o-zu A->

4

A			**Versteckn?**	
A-NVK			o-zu V-o	
M	Bis du schon fertig mit Aa?		Hm::.	Oh! Was is denn das?
M-NVK				o-begutachtet die Windel-
V	komm!	Komm!		(

5

A	( )
M	Das is ja mehr von eim Häschen. So, geh auf s Töpfchen.
M-NVK	o
V	) Upa! Eh . . , Chula!

6

L	**Äh.**
A-NVK	o-hat sich unter der Bettdecke versteckt-o
M	Qué? Django hab ich nich gesehn, aber das Töpfchen
M-Übers.	*Was?*
V	Has du der Jango gesehn? Der war kurz hier, aber

7

L	**Hm.** **Äh.**
M	hab ich/ Komm, Luna! Komm mal. Hier. ((lacht))
V	wo is der jetz? Has du ihn gesehn? Luna!

8

V	Has du Jango gesehn? He? . . . La cara que pone. O.k., no te miro.
V-Übers.	*Das Gesicht, das sie macht. nicht dich schaue ich*

9

M	((atmet aus)) Ahf? Ich hab kein Django gesehn.
M-Übers.	*Da?*
M-NVK	o-zu L-o
V	Chula! Has du den Jango gesehn?
V-Übers.	*an.*
V-NVK	o-zu M->

10

A	**Einkaufn!**
M	Hier has du/ hm/ has du/
M-NVK	o-zu L-o
V	Nein? Ich glaube, de is jetz Einkaufen

11

A	**Hm.**
M	((gähnt)) Einkaufn? ((stöhnt))
V	gegangen. Hèhé. Está mi Chula, carajo. Qué
Anm.	Diskurs M-V über ein Kabel; hier

12

A	**Hab/ Hab**
A-NVK	o-taucht auf-o
M>	cresc.
M	Chulo. Hm. Hm, tú sacaste ( )/ A::h!
V>	cresc.
V	pasa? Qué pasa? Aquí está:! Hab nich/
V-Übers.	*Hier ist er!*
Anm.	unbedeutend, deshalb nicht übersetzt->

13

A	**Brot eingekauft und Käse und Milch.**
V	Wow! Hat Brot/ Brot, Käse un
V-NVK	o-zu A-o

14

A	**Schau mal, un du kanns das/ du kann das**
M	( ) ( )
V	Milch. Qué dices, Chula? He?
V-NVK	o-zu M-o

15

A	**Brot essn. Wir ham noch**
M	No, que sacaste el cable
V	((schmatzt)) Qué pasa? Hm, schmeck gut.
V-NVK	o-zu A-o

16

A	**Käse ( )e/ Du kanns des/ Du kanns den K/ Du kanns den**
M	( ) ( )
V	Cuál cable? Ah, de aquí:.

17

A	**Käse essn. Doch da is ein Käse. Ja.**
V	((schmatzt)) Hm, ja? A ver. Otra vez.
V-Übers.	*Zeig her. Noch mal.*
V-NVK	o-zu A->

18

L	**Ah.**
M	Aa!
V	H`´m, schmeck gut. Ya sé lo que faltaba. Chula! No, Chula, ya sé/
V-NVK	o-zu M-o
Anm.	Diskurs M-V über ein Essen; hier unbedeutend, deshalb nicht

19

L	( )
A	**Hoppa.**
A-NVK	o-reitet auf Vs
M	((hustet))
V	Dónde molesta tu/ Yo de/ ( ) Yo decía, algo le faltaba a eso/ a/ a la
Anm.	übersetzt->

20

A>	cresc.
A	**Hoppa. Hop. Aua!**
A-NVK	Rücken->
M	Comimos con
V	última vez que le/ que comimos. Era el Kä/ el Schafskäse.

21

A>	weinerlich
A	**Po. Au! Ah.**
M	Schafskäse? Sí.
V	Hmh´m. Pero . . pa eso lo hicimos con Lachs y con La(chs) no

22

A	**Ich weck dich auf.**
A-NVK	o-schüttelt V->
M	No. Bien.
V	queda na(da) mal - he? Mi Yanguito. Tú/ Tú eres
V-Übers.	*Mein Djangolein. Du/ Du bist*

23		
	A	**Ich weck dich auf.**
	V	mi/ Tú eres mi Yanguito? Tú eres mi Yanguito? Nein?
	V-Übers.	*mein/ Du bist mein Djangolein? Du bist mein Djangolein?*

24		
	L	**Ei.**
	A>	angespannt
	A	**Hm. ((lacht))**
	V	((weinert)) Tú eres mi Yanguito? Ja. Tú eres mi Luna? Tú eres mi
	V-Übers.	*Du bist mein Djangolein? Du bist meine Luna? Du bist*
	V-NVK	o-zu L-o

25		
	L	**Ei. ((lacht)) Nei.**
	A	**((stöhnt)) (Al) ich weck dich auf.**
	V	Luna? Nein? Tú eres mi Lunita?
	V-Übers.	*meine Luna? Du bist mein Lunalein?*

26		
	L	**((lacht))**
	A	**((stöhnt))**
	M>	lachend->
	M	((lacht)) Dein Papa is so gut zu dir, Django.
	V>	genießerisch
	V	Du darf hier kratzn. . . Hm::.
	V-NVK	o-zeigt auf seinen Rücken-o

27		
	A	**((stöhnt)) ((stöhnt)) Äh. ((lacht))**
	M	((gähnt)) O:h.
	V	Boing. Hoppe, h/ Au:! <u>Au</u>! Au!Au! Qué

28		
	A	**<u>Äh</u>! Äh.**
	M	Cuatro y algo. Cuatro y/ Cuatro
	V>	dim.;lachend
	V	hora es, Chula? Au! Qué hora es, Chula? Cuatro y algo.
	Anm.	Diskurs M-V über Zeitplanung; hier unbedeutend, deshalb nicht übersetzt->

29		
	M	y veinte. Ehrlich? ( )
	V	Hm:, Yango me da besito. Yango me da besito. Ja, mi Yanguito me
	V-Übers.	*Django mir gibt Küßchen. Django mir gibt Küßchen. Ja, mein Djangolein mir*

30		
	L-NVK	o-steht vom Töpfchen auf-o
	A	**<u>Ja</u>! Schau!**
	A-NVK	o-schaut ins
	M>	cresc.;gedehnt;engl.
	M	Tú! Vam(os) a tomar un cafecito. Uh, wow!
	M-Übers.	*Du! Trinken wir einen Kaffee.*
	M-NVK	o-betrachtet den Inhalt
	V	da besito, no? Ah ja, está bien. Y
	V-Übers.	*gibt Küßchen, nicht? ist gut. Und*

31

A		**Oh, ein/ und eine Kugl!**	
A-NVK	Töpfchen-o	o-kommentiert den Inhalt des Töpfchens->	
M		((lacht))	
M-NVK	des Töpfchens-o		
V>	lachend		
V	la Luna se alegra. Mira la Luna!		
V-Übers.	*die Luna freut sich. Schau die Luna an!*		

32

A>		p	
A	**Eine große Kugl! Eine große Kugl.**	**Ei K/**	
M	((lacht))	O:h, Mensch. Luna, das is wenn man	
V>	gedehnt;lachend;pikiert		
V	Yango.		

33

M	soviel Fleisch ißt, da kriegt man immer Verstopfung.		((lacht)) U:i, como
M-Übers.			*wie hat*
V		((lacht))	

34

L	**((stöhnt))**	**((stöhnt))**	**((stöhnt))**
A		**Des ei große Kugl un des**	
M	estaba sufriendo anoche la Luna.		
M-Übers.	*sie gelitten gestern Abend die Luna.*		

35

L	**((stöhnt))**	**((stöhnt))**	
A	**noch eine große Ku/ un da sin kleine Kugl.**		**H´`m.**
M			Ja.
V			Mi
V-Übers.			*Meine*

36

L	**Da Gugel!**		**Gugel.**
M>		lachend	
M		Ja.	
V	Luna me da un besito?	((lacht)) Luna me da un besito?	Kugel.
V-Übers.	*Luna mir gibt ein Küßchen?*	*Luna mir gibt ein Küßchen?*	

37

L			**((fängt an zu**
A		**((schreit))**	
A-NVK		o-tut Luna weh-o	
V>		cresc.	
V	Ven, un besito ( ), Luna? . . .	Ey! Langsam, Jango!	Cuida(d)o! Paß
V-Übers.	*Komm, ein Küßchen ( ), Luna?*		*Vorsicht!*

38

L	**weinen->**	
V	auf! Paß a:uf! Sein Arm. Yango! ( ), o.k. Komm! Komm! Komm!	
V-NVK		o-zu L->

39	**A**	**H`mh´m.**
	V	Komm! Da war ein Zufall. O(d)er, Jango? Ya, ya, hija. ((küßt
	V-Übers.	*Schon gut, schon gut,Tochter.*
	V-NVK	o-zu A-o o-zu L->

40	**L**	**<- beruhigt sich->**))
	A	**Oh, Papa!**
	V	Luna)) Ja. O.k. O.k. Ja:. Wieder gut. Alles klar. Ich esse jetz/ Ah,
	V-NVK	o-beißt in einen

41	**A**	**Des ein**
	V>	dim.
	V	da(s) eine Melone. ((schmatzt)) ((spuckt aus)) Schmeck nich. . Puk!
	V-NVK	Ball-o o-wirft den

42	**A**	**Ball. ((lacht)) Noch mal! Noch mal! (**
	M>	gedehnt
	M	Boing. ((pfeift)) Luna!
	V	Boing. ((lacht)) Ja.
	V-NVK	Ball, trifft jemanden-o

43	L>	weinerlich weinerlich
	L	**Meme. Nango.**
	A	**) ((spuckt aus)) Schmeck nich.**
	A-NVK	o-beißt in den Ball-o
	M>	gedehnt
	M	Aber Luna. Oh, hat
	V	Ja, so/ Es

44	M>	leicht ironisch
	M	Django dir we:h getan? Hat er dich wieder geschlagen?
	V	war Zufall, es war Zufall, es war Zufall. Ich hab/ Ich

45	**M**	Hm::. Was is denn
	V	war/ Ich hab gesehn, das war Zufall. Oder, Jango? Das war Zufall.

46	**L**	**Hm. Äh. Äh.**
	A	**Au!**
	M	passiert? Was is denn passiert?
	V	Der Jango kann dir sagn, was passiert

47	**A**	**Mama, de ab/ hm/ von de/ mit de/ de/ do/ das**
	M	Django ( )
	V	is.

48
A war ein Unfall. So.
M> gähnend->
M Und wie war der Unfall? S/ Luna is umgefalln oder
V Hmh´m. Hm.

49
A Nee. Hmh´m. Hm. Luna. Hè.
M du? Papa? Luna is umgefalln. Ach Luna. . .
V-NVK o-spielt mit dem

50
M> cresc.
M Chulo! ((lacht)) Hm, ja ja.
V Entschuldigung! Kann mal passiern. Siehs du, ich passe
V-NVK Ball, trifft eine Pflanze-o

51
A Du in Kinderzimmer
M ((lacht))
V auf, aber kann ma/ manchmal geht nich.

52
L ((stöhnt)) ((stöhnt))
A spielen.
A-NVK o-kratzt sich am Penis-o
M H`mh´m.
V H`mh´m. Was is m dei palito? Juck dein palito?
Anm. "palito"=intrafamiliäre Bezeichnung für Penis

53
A> cresc.
A O:ah! O:ah! O:ah! ((lacht)) Oah!
A-NVK o-spielt mit dem Ball-o
M ( )
V> cresc. ironisch
V Opa! Juck dein palito? Oah! Wa! Schau mal,

54
V> engl.
V die/ wie die Luna la:cht. Wow! Wie/ Schau ma, sie/ mal, sie/ sie/ sie lach aber

55
L Eh. Eh.
V> engl.
V viel, he? Schau mal, wie sie lacht. Wow! Ah, has du das gesehn?

56
L ((weinert vor sich hin))
A Nee/ Ne. Aber ich auch nich. Du in
V Nei, ich auch nicht.

57
A Kinderzimmer spielen. (So.) Du kanns da spielen. Da austeht
V Ja. Bau.

58

A>	cresc.
A	**da und anzieht un dann kanns du so <u>hoch</u>spring.**
V	Anz/ Soll ich anziehen? A ich möchte de/ (

59

A	**J:a. ((brüllt)) ((brüllt))**
V>	lachend
V	) rumlaufn. Oh ja::. Wow, un monstruo, un monstruo!
V-Übers.	*Wow, ein Monster, ein Monster!*

60

L	**Ämbach.**
M	Ahora me/ me dijo
M-Übers.	*Heute mir/ mir hat*
V	Wow, tremendo monstruo! Schau/ Schau ma/ Schau mal, Jango! Schau mal,
V-Übers.	*Wow, (ein) schreckliches Monster!*

61

M	la señora/
M-Übers.	*gesagt die Frau/*
V>	getragen
V	Jango! Schau/ Schau mal, Jango, schau mal. Schau mal! Y yo le(s)
V-Übers.	*Und ich ihnen*
V-NVK	o-hebt A (wie

62

V>	gesprochen-> lachend
V	di(je) hoy a mis dioses, a los dioses del pasa(d)o que le regalo a mi
V-Übers.	*sagte heute meinen Göttern, den Göttern der Vergangenheit, daß ich schenke meinen*
V-NVK	ein Baby)->

63

A>	weinerlich
A	**A:u:! Du has mir**
M	O:h.
V	Yango a la Luna. Niau ( ) Wa/ Wo? Wo? Wo hay Aua? Au?
V-Übers.	*Django der Luna. Wo gibt es*
V-NVK	o-legt ihn mit Schwung zu L-o

64

L	**Maum.**
L-NVK	o-zeigt mit
A	**festget/ Du has mir/ ((stöhnt))**
V	Ay, Entschuldigung! Ay, Entschuldigung. ((küßt Adrian)) Ya.
Anm.	auf dem

65

L	**Maum.**
L-NVK	dem Finger zum Schreibtisch-o
A	**Du in Kinderzimmer.**
M	Baum? ( )
V	Hm, jetz? Nei, jetz machs du mich eine M
Anm.	Schreibtisch steht eine Palme

66

L	**Maum.** **Äh.Hm.Ma** **Maum.** **Maum.**
A	**Hm/Äh.** **((stöhnt))**
M>	korrigierend-> cresc.
M	"Mir". "Mir". "Mir".
V	assage. Eine Massage, hier. Hm:.

67

L	**Da.** **((lacht))**
M	Baum is da. Ja:, die Palme. ((lacht)) Aua!
M-NVK	o-tut
V	Hm:. H^m:. Oda wills du a mich aufstehn? Ja? O.k.,
V-NVK	o-zu A-o

68

L	**Äh.** **Eh.**
M	A:ua, aua! Ah! Kuck, da ka/ da kann
M-NVK	sich weh-o o-zeigt auf Vs Rücken-
V	schau mal, ( ) so un Jango kommt hier drauf - ge.

69

L	**((quäkt))**
A	( )
A-NVK	o-steht auf Vs Rücken-o
M	Django sitzn un da kann Luna sitzn. Luna, Mama muß mal
M-NVK	o
V	A/ A:h, das tut (gut). Un jetz

70

M	schnell unter die Dusche. Unter die Dusch.
V	laufen, laufen, laufen. Hm. So:, genau. Un jetz, Jango,

71

A	**((lacht))**
M	Salta! Salta! Salta, salta!
M-Übers.	*Spring! Spring! Spriang, spring!*
M-NVK	o-zu A->
V	spring. Hm, dasch, dasch, so. ((lacht))

72

L	**H`m.**
M	Luna, Mama muß ma schnell unter die Dusche. Darf ich ma
V	Schaffs du nich?

73

L>	quakend
L	**Eh.M:a. Mämi.** **Eh.** **Eh.** **((stöhnt))**
A	**((lacht))**
M	schnell unter die Dusch?
V>	p p
V	Sch::. Sch::. Momento.
V-Übers.	*Moment.*

74	**L**	**((stöhnt)) De:. De. Ode:.**
	A>	p
	A	**((stöhnt)) Ah. Hm. Oh. ((quietscht))**
	A-NVK	o-fällt von Vs Rücken-o
	M	Ja?
	V	Boing! Y por qué
	V-Übers.	*Und warum*

75	**L**	**De:.**
	A	**Hm.**
	M	Sí, lo vamos a hacer.
	M-Übers.	*Ja, das wir werden tun.*
	V	no hacen el/ el Elternabend aquí en el Spielplatz?
	V-Übers.	*nicht machen den/ den hier auf dem*

76	**L**	**De:. De:.**
	A>	cresc.
	A	**<u>Ja</u>. In Spielplatz.**
	M	Sí. Bueno, nos encontra/ Ay,
	M-Übers.	*Ja.*
	V	En serio? Cla:ro. Rasca ahí, Chulita.
	V-Übers.	*Wirklich? Kla:r.*
	Anm.	Diskurs M-V; unbedeutend, deshalb nicht übersetzt->

77	**L**	**Eh. ((Hustenanfall->**
	A	**In kleinen Spielplatz.**
	M	Luna! Vam/ Nos encontramos allá, pero yo creo que (

78	**L**	**))**
	A>	cresc.->
	A	**Wir ham ge/ ge/ ab/ eh/ oh, oh Aua,**
	M>	cresc.
	M	). ( ) Na!
	M-NVK	o-zu den Kindern-o
	V	He? No entendí nada.

79	**A**	**au, aua, ah**
	M	Que nos vamos/ No. Que nos encontramos allá/
	Anm.	Schnitt: kurzer

80	**A**	**U::h!**
	M>	p
	M	De ahí nos vamos al Spielplatz. Tú tienes tiempo
	V>	p
	V	Y ahí? Bravo, Yango! Boing.
	Anm.	Diskurs M-V

81
M	todavía? Ja. Tienes que estar/ Sí, pero dónde queda eso?
V	Pero estar allá.
Anm.	Schnitt: Diskurs M-V

82
L	**Hmhm.** **Sch!**
A	**Mami!**
M	Dónde vas?
V	((lacht)) Hay que tirar una hora de viaje. Cerca de

83
L	**Sch!**
A	**Mami!** **Mama!** **Mama!**
V	Daisenhofen. Yo voy, dejo mi/ mi/ mi bicicleta en Donnersb

84
L	**((stöhnt))**
A>	cresc.
A	**Mami! Mami!** **Mami!**
V>	dim.
V	erger Brücke y tomo el S-Bahn. Y de regreso chapo mi bici y ciau.

85
A>	cresc. dim.
A	**Ma<u>mi</u>!** **Mami!** **Mami.**
V	Todo ( ) ((hustet)) Yo tengo que llamar primero. De repente lo/ lo corren

86
A	**Mami.** **Mami.**
M	Hmhm.
V	( ). De todas maneras yo tengo que pasar por el Musikladen.

87
A	**Mami.** **Mam, ich** **hab**
M>	dim.->
M	(Es)tá bie::n. (Es)tá bien.
V	Tengo que comprar cuerdas y ( ). No, te (es)toy contando,

88
A	**eine Brust.** **Ja. Un du hast eine kleine Brust.**
V	no/ Mama hat große Brust, ne? I hab

89
V	ein ganz kleine, schau mal, ein, zwei, drei, vier l/ Haare. N ganz kleine Brust.

90
A	( )
V	Jango! Wieviel/ Wie ai/ Schau mal, die Jango. Jangos Brust. <u>Wow</u>! . . Un de

91
L	( ) **((tönt))**
M	Auch schick. ((lacht)) Auch schick.
V>	lachend->
V	Luna? Wir haben alle Bauch nur.

92
L	**((lacht ins Quäken übergehend)) . . .**
A	**((lacht))**
V	((tönt)) ((spuckt aus))

93

L	**Eh. Eh. Eh.**
M	((singt
V>	singend->
V	((lacht)) Alle meine Lula schwimmen auf die Milch/ Tú me das un
V-Übers.	*Du mir gibst ein*

94

A	**Hm.**
A-NVK	o-küßt V-o
V	besito, Luna? Luna me da un besit/ Yango me dió besito:.
V-Übers.	*Küßchen, Luna? Luna mir gibt ein Küß/ Django mir hat gegeben Küßchen.*

95

A-NVK	o-küßt V-o o-küßt V-o
V>	p
V	. Opa! Luna me da besito? Ah! Luna no da besito, no? Schau
V-Übers.	*Luna mir gibt Küßchen? Luna nicht gibt Küßchen, nein?*

96

M	Zeig
V	mal, ha du/ das du das gesehn, Mama? Der Jango so viel besito, mira-ve.
V-Übers.	*Küßche, schau-guck.*

97

L	**I:ch. Ich.**
A	**Will in ner/ I**
A-NVK	o-küßt V mehrmals-o o-zeigt auf eine
M	mal. O:h, so viel! Bravo.
V	Ah! Hmh´m.

98

A	**will in der Kiste reinkuckn. . . . Will in der Kiste rein/**
A-NVK	Kiste oben auf dem Schrank->
M	Django, du immer

99

L	**((weinert)) He. He.**
L-NVK	o-zeigt auf eine Packung Kekse im Küchenregal->
A	**Will in der Kiste reinkuckn. Will in**
M	mit dein Extrawünschen.

100

A	**der Kiste reinkuckn. Will in der Kiste reink/**
M	Oppala! Da, ein für Django
M-NVK	o-reicht A und L

101

A	**Nee. Hm.**
M	und ein für Luna. Für Papa
M-NVK	jeweils einen Keks-o o-reicht A einen weiteren Keks-o
V	Bueno, cómo es la onda? Ustedes se juntan aquí? Qué pas/
V-Übers.	*Also, wie läuft das jetzt? Ihr trefft euch hier? Was ist l/?*

102

A	**Nee/ Papa, mag du kein Keks?**
M	ein. Auch nich. Na gut. Dann nich ( )
V	Jetz nich,

103

A	**Mami! Mami! Der Papa hat gesagt, "Nein, jetz nich."**
M	Ja.
V	danke. Ich

104

L	**Mbapa.**
V	habe/ Nei, ich habe ne/ gesagt, "Nein danke, jetz nicht", Jango. Ven,
V-Übers.	*Komm,*

105

L	**Guke.**
A	**Mami! Mama, die hat/ Papa hat "Nein, danke" gesagt,**
M	Hm.
V	Luna! Ven! Ven! Ven!
V-Übers.	*Luna! Komm! Komm! Komm!*

106

A	**"ich möchte nich".**
M	Has <u>du</u> aber ein wohlerzogenen Papa. Quieres
M-Übers.	*Möchtest du*
V>	p
V	Setz dich!

107

L	**Eh.**
M	café con/ con azúcar? Django, ich glaub, in
M-Übers.	*Kaffe mit/ mit Zucker?*
V	Siéntate! Jà. H`m! (Es)tá rico, Luna? Hm!
V-Übers.	*Setz dich! Schmeckt gut, Luna?*

108

A	**We schaun. I will mal schaun om in der**
M	der Kiste is gar nichts drin.

109

A	**Kiste, will schaun in der Kiste. "(In) die Kiste". . . .**
M>	korrigierend
M	"In die Kiste".

110

A	**(Pipi)! Brauch Licht!**
A-NVK	o-läuft ins Badezimmer-o
M	So. Ja, dann geh doch Pipi! (Mach doch nix.) . . . Hm?

111

A	**Mama, ich brauch Licht! Ich brauch Lecht!**
M	Licht? ( ) Ja.

112 Anm. Ende der Aufnahme

L>	Luna Intonation i.w.S.
L	**Luna (1;8)**
L-Übers.	
L-NVK	Luna NVK i.w.S.
A>	Adrian Intonation i.w.S.
A	**Adrian (2;10)**
A-NVK	Adrian NVK i.w.S.
M>	Mutter Intonation i.w.S.
M	**Mutter**
M-Übers.	*Mutter Übersetzung*
M-NVK	Mutter NVK i.w.S.
V>	Vater Intonation i.w.S.
V	**Vater**
V-Übers.	*Vater Übersetzung*
V-NVK	Vater NVK i.w.S.
Sit.	*Situation*
Anm.	Anmerkungen

#29 T - *A ist krank*

Aufn.: 145 (A29) - 040792 - 13 Min.
Mü.: Whg.1: Mutters Bett; Nachmittag
Alltag mit krankem Kind
A-Geräte: Sony WM-D3, Mikro ECM 909
T-Geräte: Sony TCM-77V (1 Min.≈13 TC-Einh.)

1

L>		gedehnt			
L	**M::**	**Mahamä.**		**Mamä:! ((hustet))**	**M:ä:.**
L-NVK	o-ißt in Mutters Bett->				
A	**((niest))**				
A-NVK	o-ißt in Mutters Bett->				
M>				L imitierend	
M			((pfeift))	Ja:.	
M-NVK	o-installiert das Aufnahmegerät->				
Anm.	Anfang der Aufnahme / TC 000				

2

L>				gedehnt
L	**((quäkt)) Hm.**	**Hm:::.**		**Mäma.**
M		Heute ist Samstag, der vierte Juli zweiundneunzig.		

3

L	**Äh.**	**Alle.**	
A		**((hustet))**	
M	Möchs du auch/ Wo is n deine Milch, Luna?		Un wo is die

4

L		**Alle.**	
M	Flasche? . .	Hol ma die Flasche, dann geb ich dir au noch was zu trinkn.	
Sit.			*Es klopft*

5

L	**Papa.**			
A	**Eh.**			
M			Ah.	(
M-NVK	o-öffnet die Tür-o			
V		Y tu Chulo se reía no má(s).	Qué lindo.	
V-NVK		o-zu M->		
Sit.	*am Fenster.*			
Anm.		V bezieht sich direkt auf ein telefonisches Vorgespräch; hier		

6

M>	cresc.
M	) Ha sido bien real. Claro.
V	Que es diver/ Que es bien diverti(d)o ver dos mujeres peleando. Es
Anm.	unbedeutend, deshalb nicht übersetzt

7

A	**Papa!**
M	Pero lo entiendes? Yo hacía/ ah/ en esa situación/ Oh, Luna!
M-NVK	o-blickt auf
V>	p
V	hermoso. Ah. ((lacht))

8

A	**A de Luna ( )**
M-NVK	die Krümel im Bett-o
V	Tú/ eh/ äh/ sitzen hier, essen hier, nich am Bett. Komm!
V-Übers.	*Du/*
V-NVK	o-zu L, weist auf den Tisch-o

9

L	**Oh!**
M>	gedehnt
M	Nein, deswegn nich.
M-NVK	o-zu V-o
V	Setz euch da, ( ) da/ Oh! Schau mal, Luna, der

10

A	**((lacht)) Hab gerutscht. ((lacht))**
V	Jango zu/ hört zu. ((lacht)) Jango, gehts dir

11

L	**Hm! Hm! Hm.**
A	**Ja. Oh.**
V	ein bißchen besser? Super.
Anm.	Schnitt: Diskurs M-V; hier

12

L>	singend
L	**Hm:: Hm::**
A>	gedehnt
A	**Mami, komm!**
M	Hm.
V	Te llama tu hijo. Ven, Luna! Ven!
V-Übers.	*Dich ruft dein Sohn. Komm, Luna! Komm!*
V-NVK	o-zu M-o
Anm.	unbedeutend

13

A>	gedehnt gedehnt
A	**Mami, komm! Mami, komm! Komm!**
M>	ausatmend
M	Ja. Was denn? Ich bin doch da. Chulo,
M-Übers.	*Chulo,*

14

M	quieres un café? Chulo! Estás/ Te/ Te estás molestando otra vez?
M-Übers.	*möchtes du einen Kaffee?*
V	H`mh´m. Qué
V-NVK	o-zu L-o
Anm.	Diskurs M-V; hier unbedeutend, deshalb nicht übersetzt->

15

A	**Mama, ko:mm!**
M>	ausatmend dim.
M	Ah. Por favor, Chulo! Yo he dicho solamente que me/ me
V	pasa? Sí. Qué pasa?

16

A>	gedehnt
A	**Mama, komm! Mami,**
M>	p
M	gustaría que las costumbres se/ se queden por más tiempo. Eso es todo.

17

A>	gedehnt gedehnt gedehnt
A	**komm! Mami, komm! Mami, komm!**
M>	p
M	( ) ( ) (

18

A>	cresc. cresc.->
A	**Mami, komm! Mami, ko::mm! Mami,**
M	) ( )
V	Hm. H`´m.

19

A>	cresc.;gedehnt
A	**komm! Bin müde.**
M>	ausatmend
M	( ) Hm. Qué pasa? Du bist müde? Leg dich hin. (
M-Übers.	*Was ist los?*
M-NVK	o-zu A-o o-
V	Ven, Luna! Hm.
V-Übers.	*Komm, Luna!*

20

A	**Oh.**
M	) Be:tt. Hm.
M-NVK	kuschelt A in Ms Bett-o
V>	singend->
V	Esa mi Lunita, Luna, Luna, Luna, Pipi. Hm.
V-Übers.	*Diese meine Lunalein,*
Anm.	Melodie: "Fuchs-du-hast-die-Gans-gestohlen"

21

A>	stöhnend
V>	singend->
V	Luna, Luna, Pipi, Luna, Luna, Luna, Luna, oh wie schön is Panama. Luna,

22

L	**((lacht))**
A	**((lacht))**
V	Luna, Luna, Pipi, oh wie schön is Panama. ((lacht)) Luna,

23

V	Luna, Luna, Pipi, oh wie schön/ Luna, Luna, oh wie schön/ No. Luna, Luna,
V-Übers.	*Nein.*

24

V	Luna, Lu/ Luna, Luna, oh wie sch/ No. Luna, Luna, Luna, Pi, Luna, Luna, Pi,
V-Übers.	*Nein.*

25

V>	singend->
V	Luna Pipipi, Luna, oh wie schön is Pana mi Yanguito oh, oh, oh. Mi Yanguito,
V-Übers.	*mein Djangolein* *Mein*

26

A	**((lacht))**
M	"Pan con moco:".
M-Übers.	*"Brot mit Rotz".*
V	arme Jango hat mucho moco:. ((lacht))
V-Übers.	*Djangolein,* *viel* *Rotz*
Anm.	"Pan con moco" war in

27

M>	singend singend
M	"Pan con moco:". "Pan con moco:".
M-Übers.	*"Brot mit Rotz".* *"Brot mit Rotz".*
V>	gähnend
V	"Pan con moco". Luna. ((gähnt)) Yo estaba
V-Übers.	*"Brot mit Rotz".*
Anm.	der Kindheit von V der Spitzname eines seiner Freunde Vater erzählt;

28

L>	gedehnt
L	**Hm!**
V>	lachend->
V	con un s/ Yo tuve un sueño bien raro. (Es)tabamos tocando en un concierto,
Anm.	hier unbedeutend, deshalb nicht übersetzt->

29

V	dice, con G. y un montón de gru/ Ah, la Conexión Latina nos estaba

30

M	((lacht))
V	acompanando en la percusión - no? - y nosotros dos no má(s). Nosotros dos y/ y

31

A	**H´m.**
V	la Conexión estaba en la percusión. Y semejante show. ( ) termina(d)o

32

L-NVK	o-tut A weh->
A>	gedehnt
A	**Uh.** **Uh!** **((weinert))** **Hm.** **Hm.**
V	y la gente decía <u>Zugabe</u> - no? Ey, ey, ey! ((pfeift)) Komm, komm!
V-NVK	o-zu L->

33

M	Django, wir nehm/ eh/ wir machen deine Windl auch
V	Net/ Net/ Net/ Nich haun!

34

L	**Biene!** **Dango,**
L-NVK	o-erblickt eine Biene im
M	ab, ja?
V	Y/ hm/ yo/ he salido yo y la gente, "otro, otro!" y/ y había/

35

L	**Biene!**
L-NVK	Zimmer-o
M	Oh. Ja.
V	había un montón de gente de mi barrio. "Chino, Chino!"/ Cómo

36

A>	weinerlich weinerlich
A	**Mami!** **Mami!**
M	( ) Qué
V	decían? con s:ueño y/ este/ estaba ahí que ( )
Anm.	Schnitt: V erzählt V erzählt weiterhin; hier unbedeutend, deshalb nicht übersetzt->

37

L	**((tönt->** **))**
A>	weinerlich weinerlich->
A	**Mami!** **Mami! (**
M	(jodido).
V	Uff. En un momento se levantó y nos molestamos casi, no ( )?

38

L-NVK	o-gibt A ihre eigene Flasche-o
A	**) eine Fanta haben.**
M>	dim.
M	Ja, Luna, du bist ( ).
V	U:i, Luna, tu/ (
V-Übers.	*U:i, Luna, du (*

39

M	Aber, Luna, ich hab dir eigntlich gestern gesagt, daß
V	) que bue:na (,) mi hijita.
V-Übers.	*) wie lieb (,) mein Töchterchen.*

40

M	wir das im Moment nich machn wolln, diesn Flaschentausch.
V	Qué buena mi
V-Übers.	*Wie lieb mein*

41

L	**Da!**
M	Ja!
V	hiji:ta ( ) Qué buena mi Luni:ta! Cómo le da su/ su té al
V-Übers.	*Töcherchen ( ) Wie lieb meine Lunilein! Wie sie ihm gibt ihren/ ihren Tee dem*

42

L	**Meo, meo!** ( )
A	**((niest))**
M	Mehr. Wer möchte denn was essen? Wollts
V	Yangui:to.
V-Übers.	*Djangolein.*

43

L	**Ja.**
M	du n Stückchen Brot essen? So n Stückchen Kuchen? Ja. Oder n Stückchen

44

L	**Noin.**
A>	weinerlich
A	**Kuchen!**
M	Banane? Noin. ((lacht))
V	Desde cuándo ( ) su palito así? (

45

L	**Ma:mi! Schaun,**
M	Ayer estaba ( )
V	) O ponle su gorro del Wienerwald. ((lacht)) Hm.

46

L	**Mama, schaun!**
M	Da?
V	Luna, bótalo a la basura, Luna, corre, bota! Llévalo,
V-Übers.	*Luna, schmeiß in den Müll, Luna, lauf, schmeiß weg! Bring sie hin,*
V-NVK	o-reicht L die schmutzige Windel, die neben dem Bett liegt-o

47

L	**Hnhn.**
V	llévalo a la basura allá! Ay, mi Luna, me(dia) flojita me ha salido mi
V-Übers.	*bring sie in den Müll dort! Ay, meine Luna, halb faul ist mir gelungen mein*

48

L>	p
L	**((lacht**
V>	cresc.->
V	hijita. Mi hijita me ha salido media flojita. Mi hijita me ha
V-Übers.	*Töchterchen. Mein Töchterchen ist mir gelungen halb faul. Mein Töchterchen ist mir*
V-NVK	o-kitzelt L->

49

L	**))**
A	**H´mh`m. . .**
M	Está quemando
M-Übers.	*Ist er heiß noch?*
M-NVK	o-legt ihre Hand auf
V>	lachend dim.->
V	salido media flojita me ha salido mi hijita. .
V-Übers.	*gelungen halb faul mir ist gelungen mein Töchterchen.*

50	
L	( )
A>	weinerlich
A	**Nee.**
M>	p
M	todavía? Django, wolln we noch ma Fieber messen? Ah.
M-NVK	As Stirn-o
V	Zäpchen.

51	
L	( )
A	**((hustet))**
M	. . . Tú has lei/ leido los Gegenanzeigen que/ que dan?
V	Hm, es
Anm.	Diskurs M-V über Nebenwirkungen von Fieberzäpfchen; hier nicht

52	
M	Schwere Leberfunktionsstörungen, uah!
V	cuando/ cuando/ Sí, claro, eso los que se
Anm.	von Bedeutung, deshalb nicht übersetzt->

53	
L>	singend->
L	**Papa, baupo, Appetit. Bapo, bavo. He!**
M	Todos los días cincuenta.
V	meten cincuenta siempre. Ts::!

54	
L	**Abitit! Appetit.**
M>	gedehnt;lachend
M	Guten Appetit.
M-NVK	o-zu L-o
V	Ehm. Y tú, ( ) Zäpfchen? (

55	
M>	lachend
M	El Chu:lo, el Chu/ Tu papá, como me estaba hablando anoche.
V	)?
Anm.	Diskurs M-V über ein Ereignis am Vorabend; hier unbedeutend, deshalb

56	
M	No te imaginas. Yo ( ) todo lo que yo tenía que
V	Cómo? Cómo?
Anm.	nicht übersetzt->

57	
L>	gedehnt
L	**Appetit, Aba, Appetet, he/**
M	aguantar cuando estaba mi barri:ga y el o/ y todavi:a/ ((lacht->
V	Oh no?

58	
L	**Appetit. Pabo, Papo, Pabo.** ( ) . . .
M	)) ( )

59	
L	**Abetit, Abetit. Pabo, Pabo, Papo. Pabo, Bapo, Bopa**
V	Por qué no me das un

60

L	**Bobo, Bapo.**
V>	cresc.
V	besito? No te/ Luna, bota el Windel allá, pe, en la basura!
V-Übers.	*Luna, schmeiß die Windel da weg, halt, in den Müll!*

61

L	**Hm. . . .**
M>	Weinen mimend->
M	Hm::: Hm::->
M-NVK	o-zu L->
V	Corre! Schnell! Pero pa(ra) pedir papa fri:ta, pa(ra) pedir a:gua
V-Übers.	*Lauf! Aber um zu fordern Pommes Frites, um zu fordern*

62

L	**Hm.**
M	Hm::, bitte, Luna, ( )
V	eso sí, puta, campiones son - no?
V-Übers.	*Wasser, das ja, zum Teufel, Meister sind sie - nicht?*

63

L	**He. ((lacht)) ((lacht))**
A	**((lacht))**
M>	dim. cresc.
M	Müll (bring). Hm::. Hm::. Hm bäh!
M-NVK	o-streckt die Zunge raus-o
V	Oah!

64

L	**Pabe, bau mal! Papa,**
A	**Papa! Schau mal! . . . De/ eh/**
V	((lacht)) . . . Yanguito?
V-Übers.	*Djangolein?*

65

L	**lau mal! Da, Bape, sau mal! ((lacht)) .**
A	**is naß. ((lacht)) ((stöhnt))**
V	Hmh´m
V-NVK	o-klappert mit den

66

L	**. ((lacht)) . . ((lacht)) Bap, (s)au mal! . . . Mami!**
V>	gähnend
V	(M:)
V-NVK	Fingern einen Rhythmus-------------------o

67

L>	p singend
L	**((summt)) Goglgo:glgo ((tönt vor sich hin->**
A	**Pa/ . . Papa! Papa, schau mal!**
A-NVK	o-schlägt den rechten Arm in die linke
V	He? ((gähnt))

68

A-NVK	Ellenbeuge und streckt den linken Unterarm hoch-o
V	H´mhm, wei do/ weiß du, was

69

L	)) ((tönt)) **Agua.**
L-Übers.	*Wasser.*
A	**Ja.**
M	Was? Así?
M-Übers.	*So?*
V	das ist i/ in/ in Peru? Das i eine Beleidigung. Das. Claro. .
V-Übers.	*Klar.*

70

M>	lachend-> gähnend
M	Y qué quiere decir? Qué?
M-Übers.	*Und was bedeutet es? Was?*
V>	gähnend
V	. . Una mentada de madre es, Chula. Mentada de
V-Übers.	*Eine Beleidigung der Mutter ist das, Chula. Beleidigungder*

71

L>	cresc.->
L	**Da, Papa, Papita.**
A	((stöhnt))
V>	M imitierend
V	madre. Así como decir "hijo de pu:ta", eso. Así?
V-Übers.	*Mutter. So wie man sagt "Hurensohn", so ist das. So?*

72

L	**Lulululululo. Da ma patidedo. Manodedi/ Mama, des gegen, gegn.**

73

L	**Das. Kinken. Hm.**
L-NVK	o-streckt M ihre Flasche entgegen-o
A	((stöhnt))
M	Bitte? ( )?
M-NVK	o-zu L-o
V	Mira, Yango. Mira lo que es el amor.
V-Übers.	*Schau, Django. Schau das an, was ist die Liebe.*

74

M	Hinstelln? Sí. Y (
M-NVK	o-zu L-o
V	Tu mamá/ Hace cinco minutos le pedí un beso y se ha ido
V-Übers.	*Deine Mama/ Vor fünf Minuten sie habe ich gebeten um einen Kuß und sie ist gegangen,*

75

L	**So. So. So.**
M	)
V	a cerrar la pue:rta, se ha ido a botar el pi:pi, se ha ido a
V-Übers.	*um die Tür zu schließen, sie ist gegangen, um das Pipi wegzuwerfen, sie ist gegangen, um*

76

L	**Onjonjonjo. Oglgo. Igoglgo.**
V	hacer el café y cuando uno ya/ cuando viene, eso ya no tiene sabor ya.
V-Übers.	*Kaffee zu machen, und wenn einer schon/ wenn sie kommt, das nicht mehr hat Geschmack*

77

L	**Igoigo. ((lacht)) Gaugugu.**
V	Y despue(s) le dicen que lo quieren a uno,
V-Übers.	*nicht mehr. Und hinterher einem sie sagen, daß sie einen lieben,*

78

M	((lacht))
V	que lo extrañan y que lo quieren sentir. Hm? Puro cuento,
V-Übers.	*daß sie einen vermissen und daß sie einen spüren wollen. Reines Märchen,*

79

L	**(Lebm:), os, lebm:. Oh, lebm:. Hm,**
V>	dim.->
V	Yanguito, es eso, así no má(s) no te lo creas. Pu:ro cuento es.
V-Übers.	*Djangolein, ist das, so einfach nicht das glaub. Reines Märchen ist das.*

80

L	**hm, uh. Lebm:. Oich, lebm: . . .**
M	((seufzt))
V	Ese cuento es má(s) viejo que la comparacita. (
V-Übers.	*Dieses Märchen ist älter als das Gleichnis .*

81

L	**Oppa Hei:: tam.**
M>	pp
M	( )
V>	pp dim.
V	) Voy a hacer ( ). (
V-Übers.	*Ich werde machen ( ).*

82

L>	dim.
L	**Happi: Ei:ta. Hoppi, Hei:ta. Hoppa, Ei:ter.**
M>	p;lachend
M	( ) Hm.
V	) Nein! ((lacht))

83

L	**Plums. O:pa, a:pa, Hei:ta. Ho:ppa, Hei:ta. Hap/**
M	((lacht))
V>	singend
V	Arme Jango, hende dede,
Anm.	Melodie: "Häschen in der Grube"-

84

M>	lachend
M	O:ppa, Rei:ter.
M-NVK	o-zu L-o
V>	singend->
V	daß du nich mehr gehen kannst? Arme Jango wollen ( ), daß du nich mehr
Anm.	>

85

L>	lachend lachend
L	**O:h. ((lacht)) Ho Weiter.**
A	**N, "hüpfn"! "Hüpfen".**
V	gehen kannst? Hm? Hüpfen? (

86	**L**	**Oppe, Eiter. Oppe Hoppe, Hei:iter. Fälle**
	A	**Hm?**
	V	) ( )

87	**L**	**hum. Hoppi, Hei:ter. Hoppa, Ei- -ter. Eto.**
	V	( ), Yanguito? Hm?

88	**L**	**Ho:loju. Oppa, Hei:- -ter. O:-**
	M>	singend->
	M	"Hüpfen". (nich mehr) hüpfen kannst. Häschen, hüpf! Häschen, hü
	V	Hm?

89	L>	cresc.
	L	**ppa Gü:sen. Ge eh eh Aua! Mama, Aua!**
	A	**((hustet))**
	M	pf! Hä:s((gähnt))chen, hüpf!

90	L>	gedehnt
	L	**Mami, Aua! Aua! Aua!**
	V>	dim.
	V	Sóbate, sóbate, sóbate, así, así. Así, así. Así (sóbate). A:sí, así, así, así.
	V-Übers.	*Reib dich, reib dich, reib dich, so, so. So, so. So (reib dich). So, so, so, so.*
	V-NVK	o-zu L; reibt ihre schmerzende Stelle->

91	**L**	**Ja. Aua. Da, Mami,**
	V	Agua? Hmnmnmnm Wasser? Agua? Wasser? Dónde Aua?
	V-Übers.	*Wasser? Wasser? Wo*

92	**L**	**da Aua!**
	Anm.	Ende der Aufnahme

L>	Luna Intonation i.w.S.
L	**Luna (1;8)**
L-NVK	Luna NVK i.w.S.
A>	Adrian Intonation i.w.S.
A	**Adrian (2;11)**
A-NVK	Adrian NVK i.w.S.
M>	Mutter Intonation i.w.S.
M	**Mutter**
M-Übers.	*Mutter Übersetzung*
M-NVK	Mutter NVK i.w.S.
Am>	Amo Intonation i.w.S.
Am	**Amo** (Großmutter mütterlicherseits)
Am NVK	Amo NVK i.w.S.
Sit.	*Situation*
Anm.	Anmerkungen

#30 T - *Singstunde*

Aufn.: 147 (A31) - 030892 - 11 Min.
Br.: Großeltern: Kinderzi.; Vormittag
Gemeinsames Spielen und Singen
A-Geräte: Sony WM-D3, Mikro ECM 909
T-Geräte: Sony TCM-77V (1 Min.≈13 TC-Einh.)

1	**L**	**Buppi!** **(Kleine) Puppi.** (
	L-NVK	o-sitzt zwischen Ams Beinen und hält eine Puppe in der Hand-o
	A	**((pfeift))**
	A-NVK	o-hantiert mit einem aufziehbaren Plastik-Badefisch->
	M-NVK	o-sitzt auf den Matratzen im Zimmer, Am zugewandt->
	Am>	p
	Am	(Eine Puppi.) Já, eine kleine Puppihi.
	Am-NVK	o-sitzt auf dem Fußboden im Flur, dem Zimmer zugewandt-> o-küßt L-oo-knuddelt
	Anm.	Anfang der Aufnahmen / TC 000

2	L>	lachend
	L	**) (Django) Puppi.** **Django.**
	A	**Mami, der geht nicht mehr.**
	M	Wer geht nich mehr? Der
	Am>	pp
	Am	Django?
	Am-NVK	L->

3	**L**	**Eine Buppi, Django.**
	A	**Jà.** **Geht nich mehr?** **Du da**
	M	Fisch? Katastrophe, Django.

4	**A**	**hatta i: ch/ Du hast du vergessen reparien.**
	Am	Hn, Schätzchen, <u>nein</u>, ich

5	**A**	**((pfeift))** **((pfeift))**
	Am	glaub des kann man nich/ so nich reparieren. Ich weiß nich, woran das liegt,

6	A-NVK	o-zielt mit dem Fisch auf Am-o
	M	Komm da jetz Wasser raus? . .
	Am>	ff;erschrocken pp
	Am	Django. Oach! Was war das ebm? ((lacht))

7

Am>	p ; cresc.->
Am	Dacht ich. Dacht ich, daß der Django mich jetzt spritzt, vollspritzt. Aber, aber,
Am-NVK	o-kitzelt L mit

8

L>	p;lachend fast singend
L	**Hmhm. (Lu:libo:m-> <-bi).**
M	Ich glaub, meine Badderie is schlapp.
M-NVK	o-blickt auf das Aufnahmegerät-o
Am	aber, aber, ((lacht)) Bitte?
Am-NVK	jedem "aber"-o

9

L>	singend-> f->
L	**Hm'. Bullibu, mullaba, balla bal**
M>	p
M	Ich glaub, die Batterie is schlapp. Diese hier.
M-NVK	o-nähert sich dem Aufnahmegerät-oo-klatscht-o
Am	Welche Batterie?

10

L	**la, bu**
M>	pp > > >
M	Ja:, ich glaub, die war nix (mehr). Aber
Am	Is de schla:pp? Opa hat da so n . Batterieladegerät.

11

L>	singend->
L	**Ba-ba-bab ba-gli-gla-gli gla:-gla**
A>	p;
M	das is nix/ Das is keine zum Aufladn.
Am>	p
Am	Is das eine Aufladbare?

12

L>	f
L	**ga: ga: gada. Ga- da!**
A>	singend->
A	**Hmam, hm:am, hm:a, hmam. Já?**
A-NVK	o-geht mit seinem Badefisch
M	Sag mal, Django, sing doch/
Am	((lacht)) Wir müssen der

13

A-NVK	in Spritzposition-o
M	Nee'! Da keine Sauerei damit machen, bitte! Ja, das sag ich ja
Am	Lulitschka die/ die Nägel schneidn.

14

M	schon die ganze Zeit. Django, sing doch ma mit der Luna
Am	Gel, Lulitschka? Du kratzt nämlich ganz schön.

15	
L>	singend->
L	Elefante (gesiehe)
A>	singend->
A	**müssen das für**
M	noch mal . zusamm das Elefantnlied! ..
Am>	singend
Am	Was/ . Was/

16	
L	**oh die große E-efannen i engh sich**
A>	lachend
A	**Bäume sei, wo: die große Melefante spaz-rengehn, o:hne sich zu**

17	
L	**die sen Bäume, links sin Bäume**
A	**sto ßen. Rechts sin Bäume, links sin Bäume und datschwischn**

18	
L	**großn ohn**
A	**Tschwischnräume, wo: die großen Elefanten spazierengehn, ohne**

19	
L	**stoßen.**
A>	lachend->
A	**sich zu sch ((lacht)) ssen. Nochmal, Luna?**
M	((lacht)) Bravo! ((lacht))
Am>	lachend
Am	Hmhm! ((lacht))

20	
L>	singend->
L	**Jà. sen für Baime sein, o**
A>	singend->
A	**Ein, swei, drei: Was müssen das för Baime sein, wo:die:**

21	
L>	f;gedehnt
L	**ro:ßen lefanten, (enge), ohne (sich zu) sto:ßen.**
A	**gro:ßen Elefanten spazierengehn, ohne sich zu sto:ßen!**
M	((lacht))

22	
L	**lin sin Bäume (wisch)**
A	**Rechts sin Bäume, links sin Bäume und datschwischn Tschwischnr**
M	

23	
L	**äume, o de große**
A	**äume, wo die großen Elefanten spazierengehn, ohne sich su**

24	
A	**stoßen. ((hustet))**
M	Bravo::! Bravo! . Und
Am	Bravo! . Bravo! . Bravo! . Bravo! Bravo! Super!
Am-NVK	o-klatscht in die Hände->

25		
	L>	singend
	L	**Äntchen mea, da**
	A	**((hustet)) ((hustet))**
	M	noch ein Lied? Luna auch noch ein Lied?

26		
	L	**sese:nnt . Hent aus hehuent.**
	M>	f
	M	Wa:s? "Hänschen-klein"? . S des "Hä

27		
	L>	schnell und energisch
	L	**Änschen lein. Aba Mutta weinet sah, . hat nu Hänschen (di de di**
	A	**((spielt**
	M	nschen-klein"?

28		
	L	**de deng deng) Aua!**
	A>	f ; dim.->
	A	**Ratsche)) Sing wir, Luna? Sing wir? . . Luna?**
	M	Aua, tu ihr nich
	M-NVK	o-zu A-o

29		
	A	**Luna! Sing wia "Hänschen-klei- in-da-Schule-gehn"?**
	M	weh!

30		
	A>	singend->
	A	**Hänschen klein in der in der Schule gehn, in der Dreck, in den**
	A-NVK	o-spielt gleichzeitig mit der Ratsche->

31		
	A	**Dreck, war die Nase weg! Ging zum Doktor Hamplmann, klebt die**

32		
	A	**Nase wieder an. Dankeschön, auf Wiedersehn, kann ich**

33		
	L	**Mehr "Hänschen klein Schule gehn".**
	A	**weitergehn. Noch ma?**
	M	Bravo::!
	M-NVK	o-klatscht-o

34		
	L	
	A>	singend-> stöhnend
	A	**No ma? Noch ma? Hänschen klein ging alla/ä weit/Hm**
	M	Nee? Ja klar!

35		
	L>	singend->
	L	**Hänschen mehr ( )**
	A>	pp singend->
	A	**Jà. klein gi**
	M>	A imitierend singend->
	M	"Hm". Das do der Sportverein, oder? Hänschen klein gi

36

L>	singend->
L	**ng allein (heide heide a e sinnt) hade**
A	**ng allein verein, da besinnt**
A-NVK	o-spielt mit der Ratsche-o
M	ng allein in Berliner Sportverein/ Nee.

37

L	**hadewinnt.**
M>	singend->
M	((lacht)) Dann sing mal das normale "Hänschen-klein"! Hänschen

38

L>	singend->
L	**lein gig lein ( )**
L-NVK	o-trommelt auf etwas laut herum->
A>	singend->
A	**klein ging allein in die weite Welt hinein, Stock un Hut steht ihm**
M	klein ging al lein in die/ O:h

39

L	**( ) Tock putt.**
A>	pp p
A	**gut/ Hmhm. Weg.**
M>	theatralisch
M	Luna, Luna:! Da geht dir der Stock kaputt!

40

L	
A	**((niest))**
M>	f
M	Salud! Mensch, Django, was is denn los mit dir, daß du immer alles in

41

L>	singend->
L	**Buppi:! Meine Bu:be, meine**
A	**Kuck ma!**
M	der Gegnd rumpfefferst, du? (9 Sek.) Sò.

42

L	**Bu(be) ((singt weiter vor sich hin**
A	**((hustet)) (Kuck ma!)**
M	Solln wir noch ein Lied singn?

43

A>	überlegend
A	**Ähm ( ) Nee, (weiß) noch nich.**
M	Welches denn?
M-NVK	o-spielt Ratsche-o o-spielt

44

A	**Nee, warte, warte, noch nich (die). Noch nich die.**
M>	gähnend
M	He? Was
M-NVK	Ratsche->
Sit.	*Am und L spielen, lachen und quietschen miteinander->*

45

L	
A	**(Ant son kam tot.)**
M	denn für ein Lied? Zum Beispiel die "Pollitos". Oder
M-Übers.	*"Hühnchen"*
Am	

46

A	**Jà.**
M	"Caballito". Luna, singn wir "Caballito"? . . Luna! . Singn wir "Caballito"?
M-Übers.	*"Pferdchen"*
Am	

47

L	( )
A>	singend->
A	**e has i:do, balli:to, dónde**
M>	singend->
M	Caballi:to, dónde te has i:do, caballi: to, dónde
M-Übers.	*Pferdchen, wohin bist du gegangen, Pferdchen, wo*
Am	Luna auch singen?

48

L	**Nee.**
A	**stás? lli:to, dónde te has i:do, lli:to, dónde estás?**
M	estás? Caballi:to, dónde te has i:do, caballi:to, dónde estás? Estás
M-Übers.	*bist du? Pferdchen, wohin bist du gegangen, Pferdchen, wo bist du? Du bist*
Am	Nein?

49

A>	gesprochen
A	**aquí, estás ( ) aquí, está ( )cá Djan/ Luna!**
M>	singend->
M	allí, estás allá, estás aquí, estás acá, estás con/? Lu:na y
M-Übers.	*dort, du bist da, du bist hier, du bist hier, du bist bei/? Luna und*

50

L>	f
L	**Puppi auch! Puppi**
A>	singend
A	**mi:go. Jetz mir! Jetz mir!**
M	estás conmi:go. Estás allí, estás allá, estás aquí, estás acá, estás con
M-Übers.	*du bist bei mir. Du bist dort, du bist da, du bist hier, du bist hier, du bist bei*

51

L>	f
L	**auch!**
M>	singend->
M	Dja:ngo y estás conmi:go. . Puppi auch? Muñequi:ta,
M-Übers.	*Django und du bist bei mir. Püppchen,*
Am>	p p
Am	Ja, Puppi auch. Puppi auch.

52

L>			singend	
L			**stás.**	
A				
M	dónde te has i:do,	muñequi:ta, dónde estás?		Muñequi:ta, dónde te has
M-Übers.	*wohin bist du gegangen,*	*Püppchen, wo bist du?*		*Püppchen, wohin bist du*

53

L>		p	p	pp	ff			
L		**Au!**	**Au!**	**(Geme.)**	**<u>Au!</u> Geme!**			
A								
M	i:do,	muñequi:ta,		dónde estás?		Estás ahí,	estás allá,	estás aquí,
M-Übers.	*gegangen,*	*Püppchen,*		*wo bist du?*		*Du bist dort,*	*du bist da,*	*du bist hier,*
M-NVK								o-klopft
Am						Och!		
Anm.				"Geme"=Creme				

54

L>		singend->				
L		**migo.**	**migo.**			
A						**Nee, j/ Nei,**
M>			lachend	singend->		
M	estás acá, estás con/?		Con?	A:mo y estás	conmi:go.	Estás allí, estás
M-Übers.	*du bist hier, du bist bei/?*		*Mit?*	*Amo und du bist bei mir.*		*Du bist dort, du bist*
M-NVK	begleitend auf der Ratsche-o		o-zu L-o			
Am						

55

A	**jetz die/ jetz die Puppi!**	
M	all/	(E)stás allí, estás allá, estás aquí, estás acá, estás con
M-Übers.	*h/*	*Du bist dort, du bist da, du bist hier, du bist hier, du bist bei*
Am		

56

A			**Hm?**	
M	Pu:ppi y estás conmi:go. ((lacht))	(3 Sek.) Und? Mein Applaus?		<u>Kein</u>
M-Übers.	*Puppi und du bist bei mir.*			
Am>		p;lachend		
Am		Hm.		Bravo'!
Am-NVK				o-

57

L>			pp
L		**Einkema!**	**Einkem.**
M>		pp	
M	Applaus für Mama? . . O::h. ((stöhnt))	Na gut. ((atmet aus))	Kein Problem!
Am			
Am-NVK	applaudiert->		

58

L>	singend->	
L	**Ändelein. Aba Muda weinet sea, hat do . ha häda ha da da**	
A		**((singt))**
M		

59		
	L	**(Nich aussehn!) Nicht (ausien)! Ni, ni:.**
	A	**muß**
	Am>	singend;in Hilfestellung-> singend;in
	Am	Da be sich das Nee? Nicht? kehrt
	Am-NVK	o-zu L->

60		
	L	**Ni:ch. I:s auch! Is(i) auch! Isi. Isi auch. Jà.**
	M	Du auch was? Bitte? Isi? Isi auch?
	Am>	Hilfestellung

Anm. "Isi" ist eine Freundin der Kinder

61		
	L	**Jà.**
	A	**"Cabollitos". Já. Jà.**
	M	Was denn Isi auch? "Caballito"? Mit Isi jetz. Luna,

62		
	A>	singend; dim.-> pp
	A	**Caballi:tos, dónde esáts? Está s aquí, está acá,**
	M	mußt du aber mitsingn.

63		
	L>	wohlwollend
	L	**((quäkt))**
	A	**está aquí, está cacá, está con Isi y ( ) migo.**
	Am	Hm. A:ber was kann die Lulitschka so süß?

64		
	L>	singend
	L	**la:f. Elefant auch!**
	M	
	Am>	singend->
	Am	Schla:f . Püppi, . Auch. Ja, dann laß den Elefantn auch

65		
	L>	pp
	L	**Bui/ Bubbi auch. Oh.**
	A>	p;singend->
	A	**Caballito, dónde**
	Am	schlafn. Hm? Buppi auch und Elefant auch. Opsala!

66		
	L>	p
	L	**Ofdala. Owi auch.**
	A	**estás? Esno ( ), esno aga, está aquí, está acá, está con**
	Am	((lacht))

67		
	L>	singend->
	L	**Bl:-labant. Appa Mutta weine sah ((singt weiter))**
	A	**Lhmhmhm ( )**

68		
	L	**. . .**
	A	**( ) Has du Aua an Nagl an mein Pfa(le) an den**

69

A	**Zah.** **An Nagl.** **Jà.**
M>	gähnend gähnend
M	An den was? Am Zeh? ((gähnt)) Hmh`m . .
Am>	p
Am	Was hat er am

70

A	**Nadl.** **Nadl.**
M>	p;
M	Eine Nadel oder ein Nagel oder so was. Nagel oder Nadel? Hab
Am	Zeh?

71

L	((**singt->**
A>	p
A	**Hmhm.**
M>	cresc.->
M	ich immer no nich verstandn. Ein Splitter.
Am	Wahrscheinlich einen Dorn.

72

L>	singend->
L	)) **Mutta hätte Däumelein. Slaf, Bubbi, s-laf.**

73

L>	sprechend->
L	**Mutta hätte Elefant. Slaf, Elefant, s-sla:f. Alles. Obs! Alles.**
M	((gähnt)) ((lacht))

74

L>	singend->
L	**Ele:fant, slaf, Elef/ Elefant, slaf.**
M>	lachend
M	Ja, genau. Schlaf, Elefant, schlaf!

75

L	**Bubbi auch!** **Au.**
M	Puppi auch. Da (mach) mal/ Sing mal die Puppi auch in Schlaf!

76

L>	singend->
L	**La:f, Up/ Puppi, sla:f** **he de Daimeleine, laf, Mutte hät .**
A	**((niest))**
M>	lachend
M	He.
Am>	f;singend
Am	Dea Papi

77

L	**. Des (Kindche) slaf, Puppi, slaf. Puppi, Elefant. Slaf, Elefant,**
A	**Schau**

78

L	**slaf.** **((singt->** **))**
A	**ma,Mama, w/ was ich baue!**
M	Oh Gott, was machst denn du

79
M da? . Ein Cassettenkunstwerk. . Oh, Django, da geht aus der ein Cassette das

80
M Band raus. . Gib mir die ma her. Oder roll se selber wieder auf. Da, siehs du

81
A **Da?**
M> f;warnend
M das nich? . Da, gleich aus der allererstn. Jà. Nich ziehn! . Gib mir die

82
A **A(b)er i will von den (   )**
M> f; streng->
M Cassette, bitte! Dann mach ich/ Du gib mir bitte die Cassette, damit ich

83
M das Band reinmachn kann, sonst is sie gleich kaputt! . . .
Am ((atmet aus mit f))

84
A> trotzig
A **Will die Gessette anhörn!**
M> p bis Ende d. 2.Äußerung immer leiser werdend->
M Danke. Wir könn aber hier keine Cassette anhörn,

85
A **Kann/**
M Django. Das hab ich dir schon ma gesagt, daß die Anlage kaputt is hier.

86
A **Kann ich runta gehn? Zu Kiki?**
M Wohin denn? Zu Kiki. Was has du denn da für ne

87
A **Von den Spatz. Schau, von den Spatz.**
M> theatralisch
M Cassette? Is des/ Aua:! Is des

88
A **Hè ? Schau ma! Schau mal, was da**
M> pp
M die Spatzencassette? Ja:, tasächlich. . .

89
A **drauf is. Spatz.**
M> p p
M Jà, was is denn da drauf? Zeig ma her! Is da n Spatz drauf? . .

90
L (   )
A **Hà. Ch komme gleich**
M> amerik. dt.
M Oh jà! Ein Spatz mit Banjo! Mit Banjo.
Sit. *Die Kinder machen sich auf den Weg zur*

91
L **Auch wieder.**
A **wieder, okay?**
M Komms gleich wieder, okay. Du komms auch
Sit. *Treppe, um in den Keller zu gehen.->*

92	L	**Ijà. Amo . Kiki.**
	A	**Bis später da.**
	M	gleich wieder. Na gut. Bis später dann.

93	L	( ) **Tsette! Hods.**
	A	**(Komm her, Luna!) Hier gehn wir.**
	M	Ciao! Brauchs du

94	L	**Jà.**
	A>	singend
	A	**Dalala!**
	M	auch ne Cassette. Bitteschön. . . . Django, komm ma bitte her!

95	A>	singend->
	A	**Dalala! Kann ni:ch**
	M	Ziehs de ma dein Hemd wieder an, das is so zu kalt.

96	A>	singend->
	A	**anzie:hn! Jaja:, jaja, jajajaja:, in die: Kelle, in Kille**
	M	Soll ich dir helfen?

97	A>	singend-> cresc.- f-dim.->
	A	**. . . Ascht/ Schtaba kocht. Ei Na, nee, nee,**
	M>	singend->
	M	Der Globus quietscht und eiert/

98	A	**nee/ ul na a/ a . der kocht ein Ei. A, <u>nee</u>, de ne/ nimmt**
	M	Wer kocht ein Ei?

99	A>	singend->
	A	**die <u>Kelle</u>! Nimm/ Küche ein**
	M>	singend->
	M	Ein Mops sprang in die Küche ((gähnt)) und stahl dem Koch ein/

100	A	**Ei.**
	M	Da kame/ Da nahm der Koch die Kelle und haut den Mops zu Brei. Da kamen

101	L	**((lacht))**
	A	**((lacht->**
	A-NVK	o-pupst-o
	M>	f;streng-> singend->
	M	viele Möpse und gr/ Hör auf an dem Band zu ziehn! ((lacht)) und gruben
	M-NVK	o-zu A-o

102	A	**)) Pud! ((lacht))**
	M>	streng;verwarnend->
	M	ihm ein Grab und schrieben auf den Grabstein/ Django! Gib mir

103

A>	trotzig
A	**Hm.** **Hm'. . . . (**
M	bitte die Cassette. Dann kanns du keine Cassettn mehr nehm. Ciao.

104

L>	pp
L	**(Nich nehm den)**
A	**) deckn!Gehn wir jetz da? . . . Nich nehm den.**

105

L	**((lacht))**
A	**Nich nehmen! Ops!** **Hé?** **Jà.**
M	Geht ihr jetz runter? Geht ihr jetz runter? Okay.

106

L>	f
L	**Auch runta!**

107

L	**Ontameißn? Sette?**
A>	o-zu A-> gedehnt
A	**Komm mal her! . .** **Nich runterschmeißen!**
M	Na los!

108

L	**Dóòch!**
M	Nein, Luna! Bitte nich, dann geht die Cassette kaputt. . Sò. Nun geh

109

L	**Runta.** **<u>Nich</u>**
M	runter! . . . Warde ma, Mama muß erst ausmachn. . .
M-NVK	o-begibt sich zum Aufnahmegerät->

110

L	**aunemachn.** **<u>Nich</u> aumachn.**
M	Das war/ Doch. Das war jetz der . dritte August

111

M	Zweiunneunzig.
Anm.	Ende der Aufnahme

L>	Luna Intonation i.w.S.
L	**Luna (1;10)**
L-Übers.	*Luna Übersetzung*
L-NVK	Luna NVK i.w.S.
A>	Adrian Intonation i.w.S.
A	**Adrian (3;0)**
A-NVK	Adrian NVK i.w.S.
M>	Mutter Intonation i.w.S.
M	**Mutter**
M-Übers.	*Mutter Übersetzung*
M-NVK	Mutter NVK i.w.S.
Sit.	*Situation*
Anm.	Anmerkungen

#31 T - *Oh Baby-Baby-Balla-Balla*

Aufn.: 156 (A34) - 060992 - 9 Min.
Mü.: Whg.1: Eingangs-/Wohnbereich; Nachmittag
Vorbereitungen zum Schwimmengehen
A-Geräte: Sony WM-D3, Mikro ECM 909
T-Geräte: Sony TCM-77V (1 Min.≈13 TC-Einh.)

1

L	( )
A	( ) **Muß i mal den Alessander fra:gn.**
M	((pfeift)) Du
M-NVK	o-blickt zum Aufnahmegerät-o
Sit.	*M hatte angekündigt, ins Hallenbad zu gehen. Sie sitzt auf dem Fußboden und*
Anm.	Anfang der Aufnahme

2

A	**Jà.** **H`mh´m.**
M>	p
M	muß den Alexander fragen? Ob es schon schwimm kann. Ja, des
Sit.	*versucht, die Kinder ausgehfertig zu machen.->*

3

A	**Was (so me) hier drin? . . .**
A-NVK	o-schaut in die Badetasche-o
M	stimmt. Was is denn heut für n Datum? Heut is

4

L	**((stöhnt))**
A	( ) **(Joá.)** ( )
M	der . sechste/ . . . sechste September.

5

A>	singend->
A	**Oh Baby-Baby-Balla, . in meiner Hosn sitzt n . Knaller. Knaller**

6

L>	singend
L	**Egadis chaudesiat.**
A	**explodiert, dann kommt**
M	Sò. Äh, Luna, Strümpfe

7

L>	p
L	**(Nei mit.) .** (
A>	erstaunt
A	**Oh Baby/ . Oh! Mami, die (** **)**
A-NVK	o-versucht seine Hose
M	brauchn wir für dich, ne?

8

L>	p;sprechsingend
L	**) Oh Baby-Baby-Balla-**
A	**immer falsch rum!**
A-NVK	anzuziehen->
M	Was wollt ihr denn eigntlich für Schuhe anziehn?

9

L	**Balla**
A	**(Memba) da Luna?**
M>	dim.-> p-dim.
M	Nee, die is nich falsch rum. Zeig ma her! Nee, nee,
M-NVK	o-ist A beim Anziehen behilflich->

10

A	**Un das hier. Was is de:s?**
A-NVK	o-befühlt etwas in seiner Hosentasche-o
M	die is nich falsch rum. Ja, nun, warte mal. Weiß ich nicht.
M-NVK	o-versucht, das Etwas aus As Hosentasche

11

A>	überlegend
A	**Vielleich ein:/ ein Ball!**
M>	p pp
M	Jà:, wahrscheinlich nich. Ein altes Taschentuch is
M-NVK	herauszuholen->

12

L	**Hou, ein Hul! Bodema-Hut.**
L-NVK	o-zieht eine Bademütze aus der
A	**Aò. . .**
M>	leicht verärgert
M	da in der Hose drin. Bereits gewaschn.

13

L	**Badehut. Já.**
L-NVK	Tasche-o
A>	singend; f-dim.-
A	**Baby-**
A-NVK	o-rückt den Hocker in der Küche -o
M>	pp
M	Was is des für ein Hut? N Badehut. Oh, Djan go!

14

L>	singend->
L	**Oh Baby-Baby-Balla-Balla Kalla.**
A>	>
A	**Baby-Balla in meiner Hosn sitzt n Knaller. Knaller**

15

L	**Kalla. Kalla. kommt de Egadis hausesiert. Já?**
A	**explodiert,**
M>	im
M	Django?! Du bis doch

16
L	**Já.**
L-NVK	o-geht in den
M>	Babytonfall
M	nich Django, du bis doch Luna! Luna, hol du mir ma deine Schuhe; kannstu

17
L	**M sandalias.**
L-Übers.	*Sandalen*
L-NVK	Flur, um Schuhe zu holen-o o-hält M ihre Sandalen
M	Djangos gleich mitbringn. . . Django! Djangolino! Nee, n/ no,
M-Übers.	*nein,*

18
L	**Naß naß. Oi'/ au ja. ( )**
L-NVK	entgegen-oo-sucht den zweiten Turnschuh im Flur und bringt ihn M-o
A	**Jà:!**
A-NVK	o-klettert auf die
M	las sandalias no. Turnschuhschuh. Djan/ Django!
M-Übers.	*die Sandalen nicht.*

19
L	**Tango obm, Mama? ((lacht))**
A-NVK	Spüle in der Küche-o
M>	gedehnt
M	Django, ähm/ Luna, ich kann noch ma kuckn,

20
L	**Nei.**
A-NVK	o-spielt in der
M	ob ich noch andre Schuhe für dich hab. Soll ich ma kuckn? Willste die
Sit.	*Geräusche*

21
L	**Oh, Wasserhahn!**
A-NVK	Küche am Wasserhahn->
M>	f;vorwarnend->
M	anziehn? Django, mach dich jetz bitte fertig, sonst gehn mer
Sit.	*fließenden Wassers->*

22
L	**Abeit. Und Abeit.**
M	nich mehr. Komm! Wir wolltn doch ins Schwimmbad gehn.

23
L	**Hango! Mump/ Mama Tiefe?**
M	Django! Nee, ins Kinderbecken, ins

24
L	**Au ja.**
M	Planschbeckn. . Luna, hol mal bitte beide Schuhe. (4 Sek.) Sò. . Hier

25
L>	singend p;singend
L	**Egadis hauwelziat. Egadis hauwelziat.**
A>	singend
A	**Da kommt der (Baba)**
M	is der andere. (6 Sek.)
M-NVK	o-fängt an, L die Schuhe anzuziehen->

26
L> p;singend singend
L **haudesie/** **Balla**
A> singend
A **rausmaschiert.** **Oh Baby-Baby-Balla/** **Was is des, Mama?**
A-NVK o-streckt M einen

27
A **N Schäler.**
A-NVK Kartoffelschäler entgegen-o
M Des is ein Schäler. Damit kann man Gurke und Kartoffeln und

28
A **schäln.** **So rum,**
M> p;schnell
M Karotten . . -weiß der Teufel, was nich alles- schälen.

29
L> singend
L **(Gadis haude**
A **Mama?**
M> pp
M Hmh´m, kann sein. Kann ich nich mehr erkenn. . .

30
L **siat.)** **(Hm.)** **( )** **Aua-Aua, Mama?**
L-NVK o-blickt auf Ms
A **Ud/**
M Oh, da s ja n Knotn!, . Luna Lunera. . . D is ein Knotn.
M-NVK o-zieht L die Schuhe an->

31
L **Pflaster drauf?** **Jà.**
L-NVK bepflasterte Hand-o
A **Und wo has**
M Wo denn? Ja, ich hab/ ich hab mir wehgetan.

32
A **du des Pflaster her?**
M> p
M Das hab ich da aus der Schale noch gefunden, da aus

33
A> überlegend
A **Is das kaputt?** **He?** **D/ äh/da'/ de:r/ . .**
M> p
M dem Körbchen. . Was? Was is kaputt?

34
A **de:r Pflaster.** **Nee?** **Warum nich?**
M> kumpelhaft->
M ((niest)) Nee. Ach, Django, nun frag doch

35
L **Oh ja. ((lacht))**
A **Is naß mein Pulli!** **((singt->**
M> f
M nich. Nu komm ma bitte her!

36

L	**Das naß nassa!**
A>	singend;ironisch ->
A	)) **Gomm der (Rapala) rausmarschiert. Oh Baby-**

37

L	**Bai**
A	**Baby-Balla, in deiner Hosn sitzt n Knaller. Knaller explodiert,/**
M>	pp
M	Warte mal ( )

38

L>	singend->
L	**Egadis ausiert. . .**
A	**Ah!/ kommt der (Bloblo) rausmarschiert. (**

39

A	**)(Popolo). . Ab ( ) naß geworden! ( ) Jà.**
M	Komms du? Ja, hier is n andre.
M-NVK	o-zu A-o

40

L>	hilfesuchend
L	**Mami, du!**
L-NVK	o-versucht, ihre
A	**. .**
M	Den kömmer gleich mit waschn noch. Komm her! ((stöhnt))

41

L	**Mama, du! Jà. . .**
L-NVK	Schuhe anzuziehen-o
A	**Schau! So, schau zu!**
M	Nee, Luna, das schaffs du schon!

42

L	**.**
A	**Wo gehn wir hin?**
M>	leicht genervt leicht genervt
M	Django, komm bitte! . . Vorsicht mit den Hän-den! Ich

43

A>	freudig
A	**Ja:i.**
M	denk, wir wolln ins Schwimmbad kuckn, ob des aufhat. Ja, dann komm!

44

L	**Mama/Mama, Tiefe?**
A	**Mam, wo solln wir langgehn?**
M	Dann müssn wir da obm/ Nee,

45

L	**Is warm?**
A	**Un**
M	nich ins Tiefe. Das is warm da, já. Das Planschbeckn is warm.

46

L	**E/ Elesand hwimme un unertauche.**
A	**das is ganz flach, bis hier. Mama, des geht bis**
A-NVK	o-zeigt mit der Hand den Wasserstand an seinem Körper

47

A>	f
A	**hier, Mama!** **Sò! Lu**
A-NVK	(Brust)-o o-zeigt den
M>	dim.
M	Ja, ich glaub, so hat die/ Dings des gesagt, ja. Luiza. .
M-NVK	o-zu A-o

48

L	**Untertauch.** **Mei!**
L-NVK	o-
A>	f
A	**na, so! Luna, da so is d/ da obm. Bis da is des, das Wasser.**
A-NVK	Wasserstand an seiner Brust->
M>	p
M	Warte mal!
M-NVK	o-zu A-o

49

L>	f;quäkend p
L	**((quäkt->)) M:eine!**
L-NVK	nimmt wahr, daß A jetzt den Schweinchenpulli anhat-o
A	**Des is bis da. Aber/**
M>	f dim.-> leicht genervt
M	E:y, was is los mit dir? Was is mit dir los? Was is deine? Der
M-NVK	o-zu L-o

50

L>	pp
L	**((hustet))**
M	Schweinchenpulli is nich deiner. Der gehört Django und dir.

51

L	**((hustet))** **Jà.**
A	**Das geht bis**
M	Luna, kanns du bitte ma die Windl in n Müll bring?

52

L	**Já? Neín. Neín.**
A	**hier! Ma'/ Lu'/ Ma'/ Luna! Das is bis hier! Do:ch!**
M-NVK	o-zu

53

A>	ff;spielerisch schreiend singend-
A	**Doch. Ah! Ah! I bin ein Bebi. Hi! Oh**
M	Holzu bitte deine Schuhe auch?
M-NVK	A-o

54

A>	>
A	**Baby-Baby-Balla, in deine Hosn sitzt n Knaller, Knaller**

55

A	**explodiert, dann kommt**

Anm. Ende der Aufnahme

L>	Luna Intonation i.w.S.
L	**Luna (1;10)**
A>	Adrian Intonation i.w.S.
A	**Adrian (3;1)**
M>	Mutter Intonation i.w.S.
M	**Mutter**
Sit.	*Situation*
Anm.	Anmerkungen

#32 T - *Feiertag-Morgen*

Aufn.: 157 (A35) - 250992 - 45 Min.
Mü.: Whg.1: Wohnbereich; Morgen
Freies Spielen der Kinder; Kind-Kind-Diskurs
A-Geräte: Sony WM-D3, Mikro ECM 909
T-Geräte: Sony TCM-77V (1 Min.≈13 TC-Einh.)

1

L	**Ja, Mama**
A>	aufgeregt
A	**Ich mach eine Hö:hle!**
Sit.	*Alle befinden sich in Ms Bett. M döst/schläft.-> A fängt an,*

Anm. Anfang der Aufnahme / TC 000-207

2

L	**auch! Ja'.**
A>	f
A	**Für Mama auch'. Für mich auch'. Für dich auch. Mama! Mama!**
Sit.	*eine Höhle aus Decken in MsBett zu bauen->*

3

L>	p
L	**Äh.**
A>	f p
A	**Ich bau für dich eine Höhle! ( ) Hm.**
M>	p;schläfrig p
M	H`m. Danke. (6 Sek.)

4

L	**Hm'.**
A	**So. . . . Mama! M/ (Ko ma)! Hm, Mama, die**
M>	p
M	Hm:: ( ). H`mh´m.
Sit.	*As Höhle stürzt ein.*

5

L>	ff
L	**Ä:h! Äh!**
A	**Höhle is kaputt. Ich eine andre Höhle kaufen. . . . Luna,**
M>	p
M	Oh.

6

L	**Äh?**
A	**hab eine Idee! D in Kinderzimmer, da kann ich/ Da au/ In**
M>	p
M	Hm?

7

L	**Hm?**
A	**Kinderzimmer Höhle? Komm, Luna, . in die**
M>	p
M	H`m:, is gut. . .

8	L	Ja. Mama, du auch?
	A	Kinderzimmerhöhle.
	M	Nee, Mama schläft noch ne Runde.

9	L	Aber Höhle? Mama, was?
	M	Ihr geht in die Höhle und ich schlaf noch ne kleine,

10	L>	stöhnend->
	L	((stöhnt)) Oh. Oeh.E:h.
	A	Luna, eine Banane, Lula. Ganz
	M>	> > > > > > > > > > > p
	M	kleine, kleine Runde. Hm.

11	L	Ja. U/ Und viele/ Und viele/ Un/
	A>	pp;flüsternd
	A	viele Bananen holn? Aber leise, leise.
	Sit.	*Die Kinder gehen zum Obstkorb, der auf dem Eßtisch steht.*

12	L	Und vie/ und für die Ma und für die Kin(d)alich. . .
	A	Für die Mama? .

13	L	Ja.
	A	Nur eine is da. Kuck hier, nur eine. Un die Apfiln sin auch noch

14	L>	pp sehr deutlich
	L	Ja. Äpfel.
	A	da. . "Äpfeln" hab ich gesagt.Nein, ich hab/ hab/ hab "Apfel"
	Anm.	die "Apfel"-

15	L	Apfel. Äpfel. Oh, (Eis) ho:le!
	A	gesagt. "A/A/A/ Apfel". "Äpfel". Komm!
	Anm.	Varianten werden sehr deutlich ausgesprochen

16	L	Ja. .
	A	Nein, da sin/ Da sin den (Eis). . . (Darf) i ma Licht anmachen?

17	L	. (Viel Lich) Mama bö:se! So jetz. So
	A>	p
	A	Ah, das Licht. . . . So, jetz.
	Sit.	*A schaltet das Licht an.*
	Anm.	"viel Lich" evtl. "vielleicht"

18	L>	p
	L	jetz. . Jetz.
	A	Hab ich die Telefon/ Nee./ die Parkplatzkarte, weil ich
	Sit.	*A nimmt eine Karte vom Tisch (Telefonkartengröße)*

19	A	zur Arbeit muß, und hier ( ) (ich) der Mama. Soll ich? Ja? . . .

Nr.	Spur	Text
20	A	**Die Bananen leg wieder auf den Tisch oder/ Komm da! Komm ma da!**
21	L	**Hm, wo is des?**
	A	**De/ Da is das Auto nich. Da in/ Da in der/ Da in der**
	Sit.	*L geht Richtung Kinderzimmer.*
22	L	**((niest 2x))**
	A	**Küche, kuck! Kuck hier! Kuck hier! Einsteign! Und (hin)**
	Sit.	*A geht zum runtergeklappten Kinderstuhl, L gesellt sich*
23	L>	im selben Tonfall wie A
	L	**Und (hin)ter (Zug). ((Zuggeräusche:**
	A	**der (Zug)/ ((hustet)) ((hustet)) ((Zuggeräusche:**
	Sit.	*zu ihm, setzt sich hinter ihn.*
24	L	**sch-sch-sch->)) Kommt Mama mit. ((Zuggeräusche->))**
	A>	f
	A	**sch-sch-sch->)) ((Zuggeräusche->)) Alle**
	Sit.	*Die Kinder*
25	L>	f;im selben Tonfall wie A
	L	**Alle aussteigen!**
	A>	ff->
	A	**aussteigen! Nach Milika gehn! . Oh! In die Arbeit/**
	Sit.	*stehen auf. Sie gehen um den Stuhl herum.*
26	L	**Au-o deign.**
	A>	dim.->
	A	**Zu a/ me Abeit gehn! Schnell wieder ins Auto steigen!**
	Sit.	*Die Kinder setzen sich wieder auf den Kinderhochstuhl.*
27	L	**(Ein Knopf da). ((lacht))**
	A	**So is ( ). Jezt setzn we uns hin.**
	Sit.	*L zeigt auf eine Schraube.*
28	L	**((Zuggeräusche)) Aussteign. Auch nich,**
	A>	ff f
	A	**((Zuggeräusche)) Hier die Arbeit! Nein, die Arbeit!**
	Sit.	*Die Kinder*
29	L	**auch nich. ( )**
	A>	p p
	A	**Uh, (un da) auch nich. (Weiß du was)? De/**
	Sit.	*bewegen den Küchenvorhang.*
30	A>	p
	A	**Die/ Da/ Das Auto is (die) schon kaputt. (5 Sek.) Oich, des Rad is**
	Sit.	*Die Kinder hantieren am Hochstuhl.*

31	L>	p alles p ->
	L	**Oh, ja! ( ) Kanns du aufmachn? Kanns du aufmachen?**
	A	**kaputt.**
	Sit.	*L streckt A einen Pfirsich o.ä. entgegen.*

32	L	**Hm? Kanns du aufmachn? . . . (Ti:li)**
	A>	pp p ->
	A	( ). **Nei, da**

33	L	( ) **Hier. . .**
	A	**steht er. Da unten. Aber kann man nich so**
	Sit.	*L hält einen Pfirsich o.ä. in der*

34	L>	p
	L	**Nein. Abweicken/ Ab!**
	A	**eß. (schneidn). Mama! Mama! Mama,**
	M	Hmhm?
	Sit.	*Hand.*

35	A	**die/ de/ de/ da is die Schale drin. Kann du mal die abmachen? Möcht**

36	L	**Da(s) hier?**
	A	**essn. A so, da is keine Schale dran.**
	M	Da is keine Schale dran. Hm?

37	L	**Nein? Hier? . . . Oh, des is dein/ deine Banane. Mama! Mama,**
	M	Ja.

38	L>	p
	L	**abmachn? Hm?**
	M	Sag mal, Luna,/ . Oh, ihr dürft/ ihr müßt euch irgndwie/ Wills

39	L	**Ja. Hier domm,**
	M	noch ne Hose anziehn? Die von der Bianca ganz kurz? (5 Sek.)

40	L	**hier! Hier, hier, Dsango! Du?**
	M	Nee, aber Django legt se vielleich auf n Tisch,
	Sit.	*L streckt M eine Banane entgegen.*

41	L	**(Lele).**
	A	**Kuck ma, was in der Hand**
	M>	pp
	M	oder? Django? . . So. . . (Mi Chulita).
	Sit.	*A zeigt M die Parkplatzkarte.*

42	A	**hab! Ich geh au zur Arbeit.**
	M	Jà. Das sind so/ Ds müß mer heute wegbring. . Das is

43		
A>		p
A		**Ich auch**
M>	p	
M	eine/ Das is die Karte für den Parkplatz. Die müß me heute wegbring.	

44		
L		**Ja.**
A>	ruhig->	
A	**zum Parkplatz gehn.** (7 Sek.) **Luna, komm! . Komm!**	
Anm.		Schnitt: TC

45		
L		**I will eima**
Sit.	*Alle sind in Ms Bett. M schläft tief. L kaut an einem Stück Käse.*	
Anm. 262-339		

46	
L	**Butta. . Mama, Butta (g)ehn? . Mama, Butta din? . Mama! .**

47	
L	**Mama! . . . Bit-te!**
Anm.	Schnitt: TC 343-580 / Ende der Aufnahme

L>	Intonation i.w.S. Luna
L	**Luna (1;10)**
A>	Intonation i.w.S. Adrian
A	**Adrian (3;1)**
M>	Intonation i.w.S. Mutter
M	**Mutter**
Sit.	*Situation*
Anm.	Anmerkungen

#33 T - *Live aus dem Schweinestall*

Aufn.158 (A36) - 260992 - 2 Min.
Mü.: Whg.1: Eßtisch; Nachmittag
Mutter spielt die "Moderation einer Radiosendung"
A-Geräte: Sony WM-D3, Mikro ECM 909
T-Geräte: Sony TCM-77V (1 Min.≈13 TC-Einh.)

1

L>	pp
L	**(Tall. Mi**
A>	p f p f
A	**((grunzt)) Mama! ((grunzt)) Nochma:l! ((grunzt vor sich**
M	Jà. ((schnieft))
Sit.	*A und L sitzen am Eßtisch und essen Nudeln mit Ketchup. M steht am Durchgang zur*
Anm.	Anfang der Aufnahme / TC 000

2

L>	mit geschlossenem Mund
L	**mi te) ((grunzt->))**
A>	mit geschlossenem Mund
A	**hin->))((grunzt->))**
M>	einatmend
M	Sò, Luna! Luna! Ihr könnt auch ma ((grunzt))
Sit.	*Küche->*

3

L>	ausatmend
L	**((grunzt))**
A>	ausatmend f
A	**((grunzt)) (Na:!) ((grunzt->**
M>	lachend
M	machn! ((grunzt)) Oder sò, genau. ((lacht)) <u>So</u>,

4

A	**))**
M	meine Dam und Herrn! Wie Sie schon hören, . heute wieder : "<u>Life</u> aus dem
Sit.	

5

M	Schweinestall"! Zu meiner Linken Herr Adrian Cerdo. Herr Adrian Cerdo, <u>was</u>
Sit.	
Anm.	"cerdo" (spa.)=Schwein

6

A	**Nudln. Mit Ketchup. ((grunzt->**
M	essn Sie heute? ((lacht->)) Und zu <u>dessen</u> Rechten, meine
Sit.	

7

L	**Nochmal!**
A	**)) ((grunzt))**
M	Dam und Herrn, sehen Sie Frau Luna Chanchita. ((lacht->)) Frau Luna
Anm.	"chanchita" (spa.)=Schweinchen

8

L	**Nudel.**
A	**((grunzt->**
M>	lachend
M	Chanchita, ich/ ((lacht)) darf ich Sie fragen: Was essn Sie heute? ((lacht))
Sit.	

9

M	Auch Nudeln, meine Dam und Herrn, das ist kaum zu glaubm. Alle beidn

10

L>	pp
L	**Nud!**
A	**))** **Gu:t!**
M	Schweineperson essn Nudeln. Und? Wie schmeckt Ihnen das? ((grunzt))

11

A>	p p
A	**Gu:t!** **Gu:t!** **((grunzt->**
M>	f-dim.->
M	((grunzt)) ((grunzt)) Ja, sehr gut. Sehr gut, sehr gut. Es schmeckt ihm
Sit.	

12

L>	f
L	**Mama, mit M/ B/ m Buta!** **Mit Buta!**
A	**grunzt->**
M	sehr gut. Hörn Sie, wie er grunzt?! Mit was?

13

L	**Jà. . .**
A	**))**
M	Mit Butter? Ja, also, meine Dam und Herrn, Sie glauben/ Sie glauben, was
Sit.	

14

M>	lachend->
M	Sie hören. Wirklich. Frau Luna Chanchita möchte auf ihre beölten Nudln auch noch
Sit.	

15

M	Butter habm. ((lacht)) Meine Dam und Herrn, ich weiß nicht, ob das machbar ist,
Sit.	

16

M>	cresc.->
M	ob das wirklich machbar is, ob das den realen Mastbedingungen überhaupt noch
Sit.	

17

L	**Nudel!** **Nudel!** **((lacht))**
M>	f f lachend
M	standhält! Frau Chanchita, was sagn Sie dazu? . . ((lacht ->))
Sit.	

18

M>	lachend
M	Frau Chanchita bleibt derselben Meinung: Nu-deln. Noch ein Kommentar von

Nr.					
19	**A**		**H`m.**	**Happy Bertday to you!**	
	M>		A imitierend		
	M	Herrn/ von Herrn Cerdo?	H`m.		((lacht))

Nr.		
20	M>	f-dim.-> f
	M	Happy Birthday to you! Happy Birthday to you, meine Dam und Herrn, damit wärn
	Sit.	

Nr.		
21	**M**	wir auch jetz beim nächsten Thema, ((lacht)) wir schalten zurück . ins Studio .

Nr.		
22	**M**	"Django"!
	Sit.	
	Anm.	TC 025 / Ende der Aufnahme

L>	Luna Intonation i.w.S.
L	**Luna (1;11)**
L-NVK	Luna NVK i.w.S.
M>	Mutter Intonation i.w.S.
M	**Mutter**
M-NVK	Mutter NVK i.w.S.
Ki	**Kiki** (Tante mütterlicherseits)
Ki-NVK	Kiki NVK i.w.S.
El>	Elton Intonation i.w.S.
El	**Elton** (Freund von Kiki)
El-NVK	Elton NVK i.w.S.
Sit.	*Situation*
Anm.	Anmerkungen

#34 T - *Besuch von Kiki und Elton*

Aufn.: 159 (A37) - 071092 - 3 Min.
Mü.: Whg.1: Wohnbereich; Morgen
Mutter-Luna-Diskurs
A-Geräte: Sony WM-D3, Mikro ECM 909
T-Geräte: Sony TCM-77V (1 Min.≈13 TC-Einh.)

1

L	**( )wer is da.** **Diese. Diese. (Es)**
L-NVK	o-zeigt auf M's Bett-o
M>	p p
M	Wo? .. Wo? Diese da? Wer is des? (Geh) mal
Sit.	*L und M befinden sich mitten im Raum. Ki und El schlafen in Ms Bett. Adrian schläft auf*
Anm.	Anfang der Aufnahme / TC 026

2

M	kucken, wer des is. (4 Sek.) Sag ma, wolln wa deine Windel aufmachn? ..
Sit.	*dem Hochbett im Kinderzimmer.*

3

L>	p
M>	p lachend
M	Hm? Solln wa abmachn? ((pfeift)) (Jaja.) ((lacht))Was?
M-NVK	o-zu Ki-o o-zu Ki-o
Ki	He?(Da, da) ( )
Ki-NVK	o-wendet sich M und L zu; spricht im
Anm.	((pfeift)) zur Kontrolle des Aufnahmegerätes

4

L>	p pp
L	**Hunter.** **Hunter.** **( ) . Elton.**
M>	p;lachend p p
M	(Wer is das?) Die Kigi, die träumt. Komm!
M-NVK	o-zu L->
Ki	((stöhnt))
Ki-NVK	Schlaf-o

5

L	**Lon Abeit.** **Elton.**
M>	pp p
M	Elton is auch da, já. .. Wer is in der Arbeit? Elton is doch

6

L>	p;zischend
L	**Tsit!**
M>	pp
M	nich in der Arbeit, Elton is im Bett. (4 Sek.) ((lacht)) Has du gut geschlafn?

7		
	L	**Jà. Ja. Hè:.**
	M>	L imitierend
	M	Ehrlich? Du has n bißchen viel <u>geweint</u> heute nacht. . Jà:. Ham

8		
	L	**Hé:.**
	M>	L imitierend p;überlegend
	M	dir die Zähne wehgetan? Já:. . Na gut. ((räuspert sich)) Äh, Lun

9		
	L	**Wès? Hnè.**
	M>	p
	M	a:, wolln wir dich ma anziehn? S n bißchen kalt so, oder nich? Nich n

10		
	L>	energisch
	L	**<u>Ja</u>, ein T-Shirt.**
	M	bißchen kalt? Ein T-Shirt has du an. Aber no mehr : eine Hose

11		
	M	. und eine Unterhose . und n paar Strümpfe wolln wir auch anziehn - já? Okay?

12		
	L	**Elton. Un Kiki auch. He?**
	M>	p-dim. p p
	M	Ja, Elton is da. Und Kiki is auch da. Luna! Já? Ziehn

13		
	L	**Nols.**
	M>	p
	M	ma dich ma an? Noin? . Aber, Luna, s so kalt so, da kriegs te wieder ne

14		
	L>	pp flüsternd p
	L	**Hm. Jä . Jà. . Mama!**
	M>	pp flüsternd flüsternd
	M	Rotznase. . Hm:. . . . Já'? Okay? . . . Okay? Ja? Okay.

15		
	L>	etwas leidend etwas leidend
	L	**Gebel. Ge bil . Dschango. Sango. Jà.**
	L-NVK	o-deutet auf ein Foto von Adrian an der Wand und betrachtet es
	M	Ja. Bitte? Da oben is der Django, já.

16		
	L	**Bo B<u>e</u>lle. Bälle. Hé:. Wimm<u>bad</u>. <u>Wimm</u>bad.**
	L-NVK	weiter->
	M	Bidde? Bälle? Wieso Bälle? . . S

17		
	L	**Já.**
	M	der da im <u>Schwimm</u>bad, der Django? Mit der Strumpfhose is der im

18		
	L	**Ijà. . Elton. Elton. . Elton. Elton!**
	M>	pp pp pp
	M	Schwimmbad? . Hm? Hm? Hmhm.
	El	((stöhnt))
	El-NVK	o-wacht auf und räkelt sich->

19

L	**((lacht))** **N/** **Nein.**
M	Wiils du Kuschi-Kuschi noch machn mit Elton? Nei:n.
El>	p;verschlafen
El	Hallo!

20

L>	freudig freudig
L	**Hm. . . Hm.** (6 Sek.)
M>	gähnend
M	Was mach denn der
Sit.	*o-M und L kuscheln und schmusen-o*

21

L	**Elton!**
L-NVK	o-schaut auf das Foto von
M>	pp
M	Django? Ach nein. Was mach denn der Django? . . . Und was mach der

22

L	**Hm?**
L-NVK	Adrian am Schrank-o
M	große Django? Da is der Django ja noch n Baby auf dem Foto. Auf dem Bild

23

M>	p
M	is der Django ja noch n Baby. Was macht denn unser richtiger Django, der große?

24

L>	p p-dim.
L	**Bild. Be(bi).** **Hmhm.**
M>	gähnend p-
M	Eh? Was mach der Django? Schläf der noch? Já:? . So,

25

M>	dim.->
M	setz dich mal aufs Bett, ich will dich ma ebm/ ich hol dir mal was zum Anziehn. .

26

M	Já? Setz dich ma da hin, aufs Bett! . Hm?
Anm.	TC 065 / Ende der Aufnahme

L>	Luna Intonation i.w.S.
L	**Luna (1;11)**
L-NVK	Luna NVK i.w.S.
A>	Adrian Intonation i.w.S.
A	**Adrian (3;1)**
A-NVK	Adrian NVK i.w.S.
M>	Mutter Intonation i.w.S.
M	**Mutter**
M-Übers.	*Mutter Übersetzung*
M-NVK	Mutter NVK i.w.S.
Sit.	*Situation*
Anm.	Anmerkungen

#35 T - *Vor dem Zahnarztbesuch*

Aufn.: 160 (A38) - 071092 - 15 Min.
Mü.: Whg.1: Eß-/Eingangs-/Wohnbereich; Morgen
Tagesanbruch; hektischer Aufbruch
A-Geräte: Sony WM-D3, Mikro ECM 909
T-Geräte: Sony TCM-77V (1 Min.≈13 TC-Einh.)

1

L>	p
L	**(Dudu)** ( )
A	(9 Sek.) ((niest)) **Keine (Hut). ((schnieft)). Is ein**
Sit.	*Alle drei befinden sich um den Eßtisch herum und sind ganz in Ruhe damit*
Anm.	Anfang der Aufnahme / TC 065

2

L>	leicht krächzend
L	**Hm. Ho(s)e. Hm: nee.**
A>	pp
A	**Pulli. Du hat doch keine Hose an, (kuck).**
Sit.	*beschäftigt, den Tag zu beginnen.*

3

L>	> > > >
L	**Hm. Hm . eine Hose! . . K/**
A	**Doch. Doch. Keine Hose, ein Pulli!**

4

L>	dim.->
L	**Hose! Hose! Hose! Hose! Hose! Hose! Hose! Ho/ .**
A>	p -> p ff
A	**Pulli! Pulli! Pulli! Pulli! Pulli! Nein!**

5

L	**Doch! So Bimme-Bamme schmeißn.**
A>	f
A	**Nicht (sch)meißn! Nich Bimme-**
Anm.	"Bimme-Bamme"=Schnur (Eigenkreation)

6

L	**A(we) ich . doch Bimme-Bamm schmeißen.**
A	**Bamme schmeißn!**

7

A>	angestrengt angestrengt;weinerlich quäkend
A	**((stöhnt))Mama, kuck mal, der Fuß geht ni(ch) in dieses Loch!**
M	Du,

8

L	**Bimme-Bamma**
M	ich glaub, du hast sie auch verkehrt rum an, jetz. (4 Sek.)

Nr.	Spur	
9	L>	singend->
	L	bim-bam, bim-bim-bim, hab i keine Lilamonia
	A	(Lin)/ Sindamonika.

Nr.	Spur	
10	L>	singend->
	L	Sinder (Sinwas) Bumm-bumm-bumm
	A	Sindamonika. Die
	M	Was für ne Monika?

Nr.	Spur	
11	L>	singend < < <
	L	(Sia)monika, sindassa-
	A	S/ äh/ Sindamonika. .
	M	"Ziehharmonika"! Von "ziehen".

Nr.	Spur	
12	L>	singend->
	L	sindassa bumm-bumm-bumm. Habe keine Sinda-anika/
	A	Nee, S/

Nr.	Spur	
13	L	Sind amonika, sindaassa-sindaassa bumm-bumm-bumm.
	A	Monika!
	M	((pfeift)) ((pfeift))
	M-NVK	o-beobachtet Kontrolleuchte am

Nr.	Spur	
14	L	Habe keine Sindamoni/
	A>	f dim.->
	A	Doch, wir ham schon. Wir habm schon eine
	M-NVK	Aufnahmegerät-o

Nr.	Spur	
15	A>	pp
	A	Zimpamonika. (Da)
	M	Wir ham keine Zieharmonika, Django. Wo ham wir denn

Nr.	Spur	
16	L	Há? Já? Já? Há? Já?
	A	((hustet)) ((hustet)) Bin
	A-NVK	o-hat
	M	eine Zieharmonika? . . Há?

Nr.	Spur	
17	A	schon fertig! Kuck mal, ich bin schon fertig, ku:ck ma! Komm,
	A-NVK	sich alleine angezogen und präsentiert sich M->

Nr.	Spur	
18	L>	<s>
	L	Ä:dh ( )
	A>	<s>
	A	ku:ck mal, Mama! Ku:ck! Ku:ck! Ku:ck!
	M	Gleich, já? Oh, du bis ja schon

Nr.	Spur	
19	A	Ober/ Aber ein Haare! Eine Haare!
	M	ganz angezogen! Jetz brauchn wir ja nur noch/ Eine

20
L	**Kämmen. Kämmen. Umpf! Kämmen.**
A>	angestrengt;hilfesuchend
A	**Jà'.** **Mama, äh!**
A-NVK	o-versucht, seine
M	Bürste. Zum

21
A>	hilfesuchend p
A	**Mami!** **Jà! . . . A du mir (**
A-NVK	Strümpfe anzuziehen->
M	kämmen, ja. Sin das denn überhaupt deine hier?

22
L	( )
A	**)(mir) die rotn gegebm un du mußt mir die**

23
A	**pinken gebm. Pink.**
M>	pp
M	Hmh^m. Stimmt, das is pink. ((stöhnt)) Ouh, aber was ihr
M-NVK	o-sieht die Uhr

24
M	da jetz gemacht habt,/ Wer war dn das da? Wer hat n die Uhr da runter gelegt,
M-NVK	einer ihrer Gäste (Marion) auf dem Fußboden liegen-o

25
L	**Ich!**
M	aufm Bodn? Luna, das is ganz gefährlich. Wenn da jemand drauftritt, dann

26
A	**Hab ich schon auf n**
A-NVK	o-legt die Uhr auf den Tisch-o
M	is die Uhr hin un dann is die Marion wirklich traurich.

27
L	**Nein!**
L-NVK	o-schmeißt die Uhr runter-o
A	**Tisch gelegt. .**
M>	gähnend
M	Super! . Da/ . . Kanns u das nich versteh, D/Luna?

28
M	Luna, wenn ich dir jetz was kaputtmach, bist du dann nich traurig? Zum

29
M	Beispiel, wenn ich dir dein Bobbycar kaputtmach . . , bis du dann nich traurig?

30
L>	pp
L	**Nee.**
L-NVK	o-bewegt sich verschämt->
M>	p;versöhnlich lieb p
M	Nee? Is dir das ganz egal? . . Luna, du mußt mich nich ärgern. Komm!

31
L	**((quäkt->))**
L-NVK	o-versucht wegzulaufen-o
M	Nase putzen! Halt, halt, halt, halt! Möchtet ihr was
M-NVK	o-hält L auf-o

32

L	**Nein!**
A	**Aber <u>ich</u> will äh was essn!**
M>	dim.->
M	essen? Schnaubm! Was möchts du essn,
M-NVK	o-drückt L das Taschentuch an die Nase-o

33

A	**Leg die Uhr jetz ganz weit hoch, die Luna**
A-NVK	o-hebt die Uhr auf und legt sie ins Regal->
M>	p p
M	Django? Schnauben! Schnauben, Luna!
M-NVK	o-zu L-o

34

A	**nicht dar/ da/ He?**
M	Ou, aber <u>das</u> wiederum hat den Nachteil, . wenn du die <u>ganz</u> weit nach

35

L-NVK	o-macht
A>	p p
A	**Ach <u>so</u>.Tu ich**
M	obm tust, daß die Marion die bestimmt . nich wiederfindet. <u>Oder</u> du

36

L	**Mama ( ) Joghurt!**
L-NVK	sich am Kühlschrank zu schaffen->
A	**das/ Dann**
A-NVK	o-legt
M	mußt ihr des nachher <u>sagen</u>, wenn sie aufwacht.

37

A	**leg ich hier lieber unten, okay!**
A-NVK	die Uhr wieder auf den Tisch-o
M	Jà. . . Sò, was war jetz mit der Luna?

38

L>	pp pp;gedehnt
L	**Joghut. (**
A	**<u>Doch</u>!**
M	Wollte die was essn oder wollte die nix essn? Luna, komm ma n Pulli

39

L>	pp pp
L	**) Joghut. ( ) ((zischt))**
A>	pp cresc.
A	**(Eine/ Eine) Worscht. (Hm eine) Worscht.**
M	anziehn, bitte!
M-NVK	o-öffnet und schließt den Kühlschrank-o

40

L>	f
L	**Mama, ei/ dine/ eine W'/ äh'/ eine/ eine Woascht!**
M	Du möchst ne

41

L	**Jà. Jà,**
M	Wurscht? Is da noch ne Wurscht? Wir könn auch schon den Tisch deckn.

42

L	ich'/ Ja, Tisch kieken.
M>	erschrocken->
M	Solln wir das machn? He ((atmet ein))! Mensch, Kinder, wißt

43

L	( ) . .
M	ihr, was mir grad einfällt?! Wir müssn ja zur Zahnärztin! . .

44

L>	p
L	Jà.
A>	p
A	Jà, schon
M>	p
M	Wann ham wir denn da den Termin? Das is ja schon so spät schon.

45

A	zu spät.
M>	p
M	Muß ma eben kuckn, wann wir da hinmüssn.Kuck mal, das is ja
M-NVK	o-holt ihren Kalender vor und schaut nach->

46

A	Was is des denn?
A-NVK	o-zieht eine Tube Tomatenmark aus dem Kühlschrank-o
M	schon/ ((stöhnt)) Um halb elf! Das is Tomatnmark. Um halb elf.

47

L>	f;drängend
L	Mama, aufmachn! Aufmache:!
A>	f p
A	Was? Was? H´m?
M>	p
M	Da müssn wer jetz schon losgehn. Da

48

A>	p
A	Das is/ Wie spät is des
M	müssn wer jetz schon losgehn, Luna auch, alle beide.

49

L	Mam/ Mami, Bianca
A	je:tz? H`´m.
M	Das is jetz schon viertel vor zehn!

50

L	schla:ft! H`´m. . .
M>	abwesend
M	Wer schläft? Bianca schläft? Das kann schon sein. Wollt

51

L	Ab. Schale
A>	p
A	Nein. . .
M	ihr jeder n Stückchen Wurscht essn und dann gehn wir?

52

L	**abmachn.**
A>	p
A	**Mama:!** **Mama, darf ich Wasser?**
M>	p;für sich pp
M	Wie mach ich denn das? Ja ja,

53

L>	f
L-NVK	o-
A	**Wa'/J'/ Aber ich! So in so ein Glas.** **H´m? Já?**
M>	pp;einatmend
M	klar. Ja.
M-NVK	o-? ? ?-o o-nickt-o

54

L>	quakend
L	**Mama! . Mama!**
L-NVK	streckt M die Wurst entgegen-o
A	**( ) die drauftun.**
M>	p
M	Komm, ich geb dir n

55

L	**((tönt, tönt))** **Schneidn!**
A	**Darf ich <u>auch</u>?**
A-NVK	o-klatscht-o
M>	p p
M	Stück! Komm! H`mh´m.

56

L	**Jà.**
A	**Darf . (ich)/ Ich <u>mach</u>/ Ich/ <u>I</u> mach ab! <u>I</u> mach ab.**
M	Bitte. .
M-NVK	o-gibt L ein Stück Wurst-o

57

L>	p
L	**Bäh. . .**
A>	p
A	**Schale.** (4 Sek.) **Sò.**
A-NVK	o-macht die Wurstpelle ab-o
M>	mit vollem Mund
M	Wie machn wir denn das am günstigsten?

58

L	**Hm.** **<u>Da</u> mei/ <u>m</u>**
A>	ff;schreiend f
A	**Lá!** **Jà. Mit Tee! . .** (
M>	kauend
M	Fahrn wir mit der Kutsche? H´m?
Anm.	die "Kutsche" ist ein Zwillingskinderwagen

59

L	**ein Tee.** **Hm', schau mal!**
L-NVK	o-zeigt eine Teeflasche her-o
A	) **(Mit) Tee.** **Nich mit Tee,**
M>	pp
M	(Ohne Tee natürlich).

60

A	**hat die Mama gesagt.**
M>	p;essend cresc.
M	Warte mal, ich zieh ma noch n annern . Pulli an.

61

A	**Warum? Warum?**
M>	p dim.
M	Weil der schmutzig is ( ) steck ma dazu jetz in die Wäsche.

62

A>	cresc.-f
A	**Ach so:. . . .** **L:os!**
M	Und denn fahrn wer. Dann muß die Luna aber au noch

63

L>	p
L	**Ähä.**
A	**((stöhnt)) ((hustet))**
M	ihrn Pulli anziehn, Luna! Magst ein rotn anziehn?
Sit.	*30 Sek.: Anziehen*

64

L>	f
L	**H`m. Un . ich auch?** **Meina**
A	**Lecker Wurscht.**
M	So. Okay, Django, komm an(ziehn)

65

L	**Wa/ Wurscht! Mama!** **Bitte!**
A	**Soll**
M	Bitte? Gleich, já? Y qué se dice, Luna? Aha.
M-Übers.	*Und was sagt man, Luna?*

66

L	**((tönt))**
A	**ich ne ( ) anziehn?**
M	Nee, kannste dich nich jetz ma bitte beeilen, ich hab/

67

L>	f
L	**Nein!**
M>	pp;flüsternd
M	Du, ich/ hab das jetz/ . . ((stöhnt)) Komm, Luna! ((stöhnt)) ((stöhnt))
M-NVK	o-versucht L anzuziehen->

68

L	**Nein.**
A	**Kuck,**
M	Luna, wir müssen losgehn! Ich hab des verpaßt, Luna, ich hab's

69

L>	p
L	**Nein!** ((tönt)) **Mama. .**
A	**Kuck, ich mach so!** ((lacht)) **K**
M	verschlafn.

70

A	**uck, Mama! Kuck ma! . .** ((hustet))
M>	p mit vollem Mund
M	H´m? Sehr schön, ganz toll. ( ) dann anziehn.

71

L	(
A	**Hm, (Wasser auch). Kuck, der macht so. Kuck! (Mama), (**
M	Luna, komm!

72

L	) **((hustet->**))
A>	p
A	) **Bin ich**
M	Erst essen. Erst runterschlucken. Und dann trinkn. . .
M-NVK	o-zu L->

73

A>	flüsternd
A	**schon angezogen.** ((flüstert)) ( ) **H`m. Bläh.**
A-NVK	o-trinkt-o
M	Sò. Muß

74

L>	p
L	**Äh. Hne.**
A>	p pp
A	**<u>Kein</u> lecker Wurst.** ((stöhnt)) **. . .**
M	du noch ma Pipi? Nein? So, Schuhe

75

L>	p singend->
L	**Da. (Blumedäh. Heyeyeyeydäh.)**
A	((stöhnt))
M	an! Oh, Django, des's ganz schick,
M-NVK	o-blickt auf As Pulli-o

76

L-NVK	o-trinkt-o
A	**Neihein! Neih. Zeig!**
M>	p;lachend
M	aber verkehrt rum! . . Doch! S verkehrt rum, Schatz.

77

A	((stöhnt))
M>	ungeduldig;schnell
M	Vorne sind die Knöpfe normalerweise und jetz sin die/ Mensch, du, macht ni

78

A	**Nei.**
M	immer so n Aufstand, sondern glaubt mir das jetz mal. Wir müssen uns n

79

A>	trotzig;traurig
A	**Wi/ Will alleine anziehn!**
M>	eindringlich
M	bißchen beeiln. Wir sin zu spät schon! Ja, das
M-NVK	o-dreht A den

80

A	**((stöhnt))**
M	Alleine-Anziehn is ne andre Sache, i/ nich/ ich will des nur umdrehn.
M-NVK	Pulli am Körper um->

81

A	**fertig, l:oss!**
M>	p
M	Sò, damit die Knöpfe vorne sind. Jetz. Auf die Plätze, fertich, Sehr

82

A>	pp
A	**Danke. ((kaut laut))**
M	schön. Hier is deine Wurscht. Dann die Knöpfe noch zu.

83

L	**((antwortet kauend)) Lecker. Lecker.**
A	**(Lecker). Lecker! Lecke ((lacht))**

84

L	**Ah! Noch ma Wurs!**
A	**Leckal (diese Be/) Mama sagt immer "lecke".**
M	Sò, zieh du deine Schuhe an!

85

L	( ). **Bitte.** (4 Sek.)
A	**(Joghur). . . Joghu.**
M>	genervt
M	Y qué se dice, Luna?!
M-Übers.	*Und was sagt man, Luna?!*

86

M>	p
M	So, eins für Luna und eins für Django, aber du kommst jetz die Schuhe anziehn.

87

M>	p
M	. Komm! Und Django, du ziehst ma deine bitte auch an! . . Komm! . . .

88

A	**((hustet->)) Mjá.** (6 Sek.) **(A**
A-NVK	o-zu L-
M	Hörst du? Zieh bitte deine Schuhe an, wir müssn gehn!
M-NVK	o-zieht A die Jacke an->

89

A>	f f
A	**die) du darfst ni'/ meine Wur nicht nehm, okay? Nein? . Nein?**
A-NVK	>

90

L>	pp
L	**H`m h`m. Nein.**
A>	f p
A	**Nei:n! Gut. Is as der richtige?**
A-NVK	o-zieht seine Schuhe an->
M>	pp prüfend pp
M	Jà. . Hm:, . jà. ( ) Luna,

91

L	**Ma/ Mam/ Mama, nehme? (Kann nehm)?**
L-NVK	o-zeigt auf As Wurststück->
M	Jacke an! Nein, das is Djangos Wurst. . .

92

L	**Dja, auch ham?**
L-NVK	o-zu A-o
A	**Nee. Jà. Hab schon selbst. I hab von den**
M>	pp
M	So.

93

L	( )
A	**abgebeißt, jetz hat sie die ( ) nehmen. . .**
M	Muß du Pipi

94

L	**Nè.** (7 Sek.)
A	**Aba ni mi meine Wurt nehmen!**
M	machn, Luna? Mano! Mano!
M-Übers.	*Hand! Hand!*
M-NVK	o-zieht L an-o

95

L>	pp
L	**Nich meine Worst nehmt! Hm? Ja? Ja? Ja, Sango?**
L-NVK	o-nimmt As Glas in die Hand->
A	**((stöhnt)) Hm?**
M	. .

96

L	**Já?**
A>	flüsternd
A	**Was? Wate! Des. . . Uh, jetz geh'/ . . . Dòch. Pf. ((stöhnt))**

97

L-NVK	o-trinkt-o
A>	f gedehnt
A	**Aber nich austrinkn! Nich austrinken!**
M	Django,
Sit.	*9 Sek.: Trinken*

98

A>	erleichtert
A	**Ah. Jon. Jon.**
A-NVK	o-trinkt--o
M	nimmst du dein Rucksack mit? Há? Já? Könnt ich dann hier des

99	L	Mir au(ch). Mir auch!
	A	O jo. Aja. ( )
	A-NVK	o-holt Stoffschuhe herbei-o
	M>	schnell
	M	reintun? . . . Was? Só, Luna/ äh Django! Nee,

100	A	Doch.
	M	nich die jetz. Komm! S hat geregnet. S is naß draußn. Komm her! Jacke

101	L>	vor sich hin
	L	(Dup.) Douch.
	A>	bittend
	A	Dòch.
	M>	p dim.->
	M	anziehn! Komm, die Jacke anziehn, komm (mal her)!

102	L>	tönend cresc.
	L	Dan doch dan ban goe: Mama i/ ( )/ mir auch!
	A>	gedehnt
	A	Zieh doch die tolln Tu:
	M>	p

103	L	((singt vor sich hin; ca. 6 Sek.))
	A	((hustet)) ((singt vor sich hin->
	A-NVK	o-geht nach draußen, vor die Haustür->
	M>	pp pp
	M	Du kriegst auch ( ). ( ).

104	L>	f
	L	A'iah A-A. Mama! Mama! Mama! Alle Aa! Alisa.
	M	H`mh´m? Ja, was is aa? Alisa hat

105	L	Jaa. (Mja.)
	M	Aa gemacht? Ds is deiner. Un was soll ma da reintun in dein Rucksack?
	M-NVK	o-reicht L einen Rucksack-o

106	L>	pp
	L	H`m. Jà. Ja, ein/ eine/ eine
	M	((räuspert sich)) Deine Klamotten, okay? Mjá?

107	L	Apfelsine.
	M	Nee, tun mer jetzt dieses hier rein und in Djangos Rucksack tu mer

108	L>	leidend leidend
	L	(Mir auch)! Ah!
	A	Mama!
	A-NVK	o-kommt von draußen wieder herein-o
	M	n/ zwei Banan. Und wenn mer fertig sind, da/ sind bei der Zahnärztin,

109

A	**Mama! Hab eine Idee. Die Luna in der**
M	dann könn wir die essn. Okay? Já?

110

L	**((hustet**
L-NVK	o-verschluckt sich-o
A	**Kutsche fahrn und ich lauf ganz schnell. Ich/ Gute Idee?**
M	Was? Willstu

111

L	))
A	**Nein. Nein. Jà.**
M	nich in der Kutsche fahrn? Gar nich? Willstu zu Fuß laufm? Den

112

A	**Jà. Jà.**
M	ganzn Weg? Dn nehm ich nur den Buggy mit. Aber du mußt wirklich

113

A	**Jà. Jà.**
M>	p
M	schnell gehn. So schnell wie ich. Hmhm. Mir auch recht. So, ich nehm für

114

L	**Ich auch, mir auch! Jà.**
M	später zwei Banan'n mit, já? Aber für später, Luna. Nich

115

L	**Jà. ((hustet->**
A>	f
A	**Will jetzt!**
M	jetzt, sondern erst nach der Zahn/ nach der Zahnärztin. Oder in der U-Bahn

116

L	**)) ((hustet))**
A	**Vielleich in der U-Bahn. W/ Warum fahr**
M>	p-dim.
M	vielleicht. Weiß ich noch nich.

117

L>	weinerlich
L	**((hustet->)) Mama!**
A	**ma mit der U-Bahn? Warum doch? Warum**
M>	pp pp
M	Warum nich? Warum nich?

118

L>	gedehnt;weinerlich gedehnt;weinerlich
L	**Mama! Nein, Banane.**
A	**dô:ch?!**
M	Was is denn, Luna? Ich geb dir n Stück Apfel, okay?

119

A	**Ja, gleich in der U-Bahn, ja?**
M>	pp
M	Kriegst du gleich, kriegst du gleich! Sò, jetz setz dich in Buggy.

120	L	**((knatscht->** **<-**
	A	( )
	A-NVK	o-geht nach draußen-o o-zu L; gibt ihr
	M	.. Komm, setz dich in Buggy! ((stöhnt)) Luna!
	M-NVK	o-setzt L draußen vor der Tür in den Buggy und packt dann drinnen die letzten

121	L>	weinerlich krächzend->
	L	**))** **Naa!** **Ja!**
	A	**ein Stück, okay?** **Die ganze?** **(Da)! (** **)**
	A-NVK	Banane->
	M-NVK	Sachen->

122	L>	weinerlich
	L	**Nein!** ..
	A	**(rüber) (** **) (die ganze).** (5 Sek.) **In die (Kutsche)?**

123	L>	pp
	L	**Ja. Nee, in Buggy.** **Jà.**
	A	**In Buggy?**
	M	Django, du mußt mir aber ganz fest

124	A	**(Jà).** **Jà.**
	M	versprechen, daß de wirklich läufst.
	Sit.	*30 Sek.: A und L unterhalten sich*

125	*Sit.*	*draußen (unverständlich) alleine weiter, M packt drinnen weiter die Sachen zum*

126	L>	f;weinerlich quäkig leidend
	L	**Mama!** **Komm mal!** **Was!** **Jà.**
	A>	umsorgend
	A	**Wasser?**
	M	Was denn? Ich komm schon.
	Sit.	*Aufbruch*

127	L	.. **H´m?**
	A	( ). (

128	L>	weinerlich gedehnt
	L	**Nein!** .. ( ) **Nein!**
	A	**). A Leitungswasser?** **Sprudelwasser?**

129	L>	gedehnt
	L	( ) **Nein.** .. **Nei:n.** . **Mam-ma!** .
	A	**Leitungswasser?**
	M	((stöhnt))

130

L	. **((lacht))**
A	**((lacht))** ( ) . . .
M	O.k., Django,
M-NVK	o-geht auch nach
Sit.	*27 Sek.: A prustet, L antwortet*

131

L>	f
L	**Was!** **Was!**
A	( ).
M	lauf los! . . Lauf los, Django. ( ). Ja,
M-NVK	draußen->
Sit.	*Aufbruch*

132

L	**Wa**
A	**Wasser (braucht) sie.** . .
M	mal/ Augenblick ( ).

Anm. TC 265 / Ende der Aufnahme

L>	Luna Intonation i.w.S.
L	**Luna (1;11)**
L-NVK	Luna NVK i.w.S.
A>	Adrian Intonation i.w.S.
A	**Adrian (3;2)**
A-Übers.	*Adrian Übersetzung*
A-NVK	Adrian NVK i.w.S.
M>	Mutter Intonation i.w.S.
M	**Mutter**
M-Übers.	*Mutter Übersetzung*
M-NVK	Mutter NVK i.w.S.
Sit.	*Situation*
Anm.	Anmerkungen

#36 T - *Guten Morgen!*

Aufn.: 164 (A39) - 201092 - 25 Min.
Mü.: Whg.1: Mutters Bett; Frühmorgen
Entspanntes Aufwachen
A-Geräte: Sony WM-D3, Mikro ECM 909
T-Geräte: Sony TCM-77V (1 Min.≈13 TC-Einh.)

1

L>	verschlafen
L	**Hnhn.**
M	Guden Morgen! . . . Windl ab, . Luna?
Sit.	*Test des Aufnahmegerätes. A und L liegen in Ms Bett und wachen gerade auf.*
Anm.	Anfang der Aufnahme / TC 270

2

L>	verschlafen
L	**Nei. ((hustet))**
A>	aufwachend müde
A	**( ).Ich**
M>	p
M	Keine Windl abmachen? Òh. . .

3

A	**möchte noch schlafn.**
M>	dim. p
M	Dann schlaf halt noch n bißchen weiter. Macht nix. . .

4

A>	p p
A	**((räuspert sich)) . . (Buch mag ich). . Buch. . Mama, Buch,**
A-NVK	o-erblickt das Buch-o
Sit.	*Das Buch liegt neben dem Bett.*

5

L>	p
L	**Giebs auch?!**
A	**bitte! Jà.**
M	Das Bu:ch? Bitteschön. . . . Kü/ Könnt ihr doch
M-NVK	o-zeigt auf das Buch-oo-reicht A das Buch-o
Anm.	L spricht fortwährend mit einer tendenziell

6

L	**Nee, ich a! M/ Ich auch.**
A	**Ein Buch? Ein Buch?**
M	zusamm anschaun! Was? Ein
Anm.	etwas "leidenden", aber nicht quakigen Stimme->

7	
L>	p
L	**Jà.**
M>	liebevoll;mitfühlend->
M	Extrabuch? Was für ein Buch möchtest du denn? Wart, ich hol dir gleich eins,

8	
L>	p
L	**(Django, deck mich).**
A	**Von/ Von/ Von der große Schlange? . .**
M	ja? Bitte?

9	
L>	stöhnend.
L	**Ijà.**
A	**. Von der große Schlange? Von ner große Schlange, Mama.**
M>	p

10	
L	**Hjà.**
A	**(Luna, kuck ma)! . . .**
M	Hmh`´m, von der großn Schlange. ((stöhnt)) (7
M-NVK	o-steht auf, um

11	
M	Sek.) S is ja überhaupt kein Vordringen bis zur "großn Schlange".
M-NVK	das Buch aus dem Kinderzimmer zu holen->
Anm.	bezieht sich auf die Unordnung im Kinderzimmer Schnitt:

12	
A	**Mama! Kuck ma, crocodilo! Mama,**
A-Übers.	*Krokodil*
A-NVK	o-schaut sein Buch an->
M	((schmatzt))
Sit.	*M hat L das "Kinder-Schweinchen"-Buch gebracht.*
Anm.	BATTERIEWECHSEL

13	
A	**kuck mal, crocodilo! O:h, se cayó!**
A-Übers.	*Krokodil es ist runtergefallen!*
M	Un cocodrilo? Sí. . . Un: cocodrilo. Se
M-Übers.	*Ein Krokodil? Ja. Ein Krokodil. Es ist*
Sit.	*Etwas ist heruntergefallen (evtl. im*

14	
A	**Mama! Was**
A-NVK	o-
M>	p;ausatmend "s" als SCH
M	cayó:! Boing! ((pfeift)) . . ((atmet aus) Sò. Qué pa:sa?
M-Übers.	*runtergefallen! Was ist los?*
Sit.	*Buch).*
Anm.	zur Kontrolle des Aufnahmegerätes

15 L (H) ier au(ch).
L-NVK o-zeigt auf ein Bild
A is de(s)? Luna/ Luna, das sind Dinosaurier.
A-NVK zeigt auf ein Bild im Buch-o
M Dinosaurio.
M-Übers. *Dinosaurier.*

16 L-NVK in As Buch-o
A> p -> p
A Dinosau/ Ein/ Ein (Plastik-)Dinosaurer. Sau(re)/ Saurier. Und ein
A-NVK o-betrachtet die Bilder in seinem Buch->
Anm. hat

17 A and kro/ kra/ kro/ kra/ graue Sau/ Sauerei hier. . . In de Nase
A-NVK o-schaut in Ls Buch, kommentiert ein Bild-
Anm. Schwierigkeiten, das R auszusprechen

18 L> pp-> pp
L Hm! Ah! Ahm. ((hustet)) M da nit Nase
A bo:hrn! Äh! Nase bohrn.
A-NVK >

19 L bohr. . Da nit . Nase bohr. (4 Sek.) Dsango! Nicht der Nase
A Ja.

20 L bohr. Abier. Ab hier. Ein (k)leines Luna. Ein
L-NVK o-zeigt auf das Bild in ihrem Buch-oo-kommentiert ein Bild in ihrem
A Hnhn. Jà. . .

21 L kleines. . . Un ein kleines. Luna ein kleines. (25 Sek.) Nase
L-NVK Buch->

22 L bohrn. Nase bohrn. (5 Sek.)
A> p
A Nee. (36 Sek.) ( ),
M-NVK o-hantiert mit Geschirr in der Küche->

23 L Eine Mann! . . . Eine Schokolade.
L-NVK o-schaut auf ein Bild in ihrem Buch->
A ja. (7 Sek.) I (kullal). . . .
Sit. *Papierrascheln.*

24 L> singend->
L Ich ein/ eint/ ein Mann, au nich ei (F)rau. Hm?
A> singend-
A Nee. Geht nich so. I will

25 A> > singend->
A keine Sokolade, ich will lieber einen Mann! ((lacht)) Nee. Ich will

26

A	keine Mamalade, ich möchte lieber ein Frau! ((lacht)) . . . Kanns

27

L>	gehaucht gehaucht
L	Nein. Ja.
A>	singend->
A	du des auch? Nochmal singen? Ich bitte keinen Schokola/

28

L	Ich Mamalade! . .
A	Schokolade, ich will lieber einen Mann. Hm?

29

L	Amalade! . .
A>	singend->
A	Ich will keine Mamalade/ Heb schon Mamalade

30

A>	singend->
A	gesun. Kuck, Luna, (so geht das). Ich will keine Mamal/

31

L>	f
L	(M)eine Mamalade!
A	Schokolade, ich will lieber/ Nee, ich . sing dir was. O.k., Luna,

32

A>	singend->
A	(ich sing). Ich will keine Schokolade, ich will lie/ Äh/ Eh/ Ach, die

33

L	((hustet)) (Des/ Des)
L-NVK	o-zeigt auf
A	Schokolade und zum Frühstück Mamalade. ((lacht)) . .

34

L	Mamalade? Schokolade?
L-NVK	ein Bild in ihrem Buch-o
A>	verneinend. verneinend stöhnend
A	He'he'. He'he'. ((stöhnt)) (
A-NVK	o-räkelt sich->

35

L	Mamalade. Mamalade mag ich.
A	). . ((stöhnt)) Aber wir ham

36

L	Hm? Mamalade mach ich.
A	doch Mamala:de. Wir ham doch Mamalade.

37

L	Mamelade! . . Ja. .
A	Aber/ Aber Mama/ Ja.
M	Marmelade? . . Mit Brot? Aber da müssen

38

L	Ja!
A	Warum?
M	we uns erst anziehn. Ja? Gut(e) Idee? Weil das so zu kalt ist. Im Bett

39

M	is so schön kuschelich warm, aber draußen is zu kalt. Da muß man sich erst n

40

L	**Kalt, kalt. Die hier auch kalt.**
L-NVK	o-zeigt zur Gartentür neben dem
A>	flüsternd->
A	**Kalt. Kalt.**
M	bißchen anziehn. H`´m. Wo?

41

L	**Hier. In Gatn. (Höe).**
L-NVK	Bett-o
M	Ja, draußen ist es erst recht kalt. . Hmh``m.
Sit.	*A und L*

42

L	**((prustet)) Äh! (5 Sek.) Gut weh? Hör auf!**
A>	flüsternd
A	**(Eisland Ohr). ( ). Hier!**
A-NVK	o-zeigt auf
Sit.	*begutachten ihre Körper->*

43

A	**Kuck, hier! ( ) hier. Oh he auch (gedeht). . Abe nich/ Aber**
A-NVK	eine Wunde (evtl. mit Pflaster)->

44

L	**Ich hab auch. Hier auch.**
A	**nich aufpaßt, o.k.? Ja, aber nich aufpassen.**

45

L	**Ne.**
A	**Ja, aber nich abmachn, o.k.? Ganz (flüb wib). Fa(ß) mal an!**

46

L	**Du stoßt/ stoscht mich weg.**
A>	p pp pp
A	**Hier. Ich fa(ß) mal an. ( ). (**
A-NVK	o-drückt mit seinen Füßen gegen L-o

Anm. evtl. "Ich fang mal an."

47

L>	<s>
L	**Du s/ Du/ Du/ Du do:ßen? Stoßen? Stoßen?**
A>	<s>
A	**). Faß bei mir an. He?**

48

L	**Stoschen? . . . Stoßen? Hm? Nein?**
A>	f
A	**Nich stoßen! . Nich stoßen!**

49

L>	stöhnend
L	**((stöhnt)) Da:!**
L-NVK	o-räkelt sich und zeigt auf ein Bild in ihrem Buch-o
A>	singend->
A	**Nein. S geht aber nich, wenn die (über Welt sich**

50	L	((stöhnt)) (5 Sek.) (
	A	**dreht). Sauerei, ja. . .**
	A-NVK	o-zu L-o

51	L	). . .
	A>	p;jedes Wort einzeln
	A	**Schlag ich dich. Pch! (Schlag) ich dich**
	Anm.	"pch" = Imitation Schießgeräusch

52	A>	cresc.
	A	**mal. Luna, kuck mal, ich fli:eg! . . Sag die Mama das mal. Wah!**

53	L	((stöhnt)) . ((stöhnt)) . .
	A	(Sag, ich geflogt). . . ((stöhnt)) .

54	A	**Mama! Kann du mir mal was zu Essen machen!? . .**
	M	H`´m:. Ja, wenn

55	M>	f
	M	ihr aufsteht und euch anzieht. . . Soll ich euch ma n bißchen was rausgebm zum

56	A	**He? He? . . .**
	M	Anziehn? Soll ich euch bißchen was rausgebn zum Anziehn? . .

57	A	**Äh?**
	M>	f
	M	Ob ich euch ma n bißchen/ paar Sachen rausgeben soll zum Anziehn. . .

58	L	**Nase bo:hrn. Nase bohrn. . . Hier Nase bohrn. . Nase**
	L-NVK	o-schaut ihr Buch weiter an->
	M>	ermahnend
	M	Django! .

59	L	**bohr.**
	Anm.	Schnitt:Aufnahme geht weiter bis TC 580 / Ende der Aufnahme

L>	Luna Intonation i.w.S
L	**Luna (2;1)**
L-NVK	Luna NVK i.w.S.
A>	Adrian Intonation i.w.S.
A	**Adrian (3;4)**
A-NVK	Adrian NVK i.w.S.
M>	Mutter Intonation i.w.S.
M	**Mutter**
M-NVK	Mutter NVK i.w.S.
Am>	Amo Intonation i.w.S.
Am	**Amo** (Großmutter mütterlicherseits)
Am-NVK	Amo NVK i.w.S.
Sit.	*Situation*
Anm.	Anmerkungen

#37 T - *Kneten*

Aufn.169 (A41) - 271292 - 14 Min.
Br.: Großeltern: Kellerzimmer; Nachmittag
Formen mit Knetmasse
A-Geräte: Sony WM-D3, Mikro ECM 909
T-Geräte: Sony TCM-77V (1 Min.≈13 TC-Einh.)

1

A>	f
A	**Ein Pilz!** **Für**
A-NVK	o-streckt M sein Werk entgegen-o
M	Oh ja/ Oh Mensch, super, Django!
M-NVK	o-betrachtet das Werk-o
Sit.	*A sitzt am Schreibtisch, L am Kindertisch. Beide*

Anm. Anfang der Aufnahme / TC 000-055

2

A	**dich.** **Aber nich kaputt machn!**
M	Für mich? Ein Pfifferling. Sieht genauso aus wie
M-NVK	o-nimmt As Werk entgegen-o
Sit.	*formen Figuren aus Knetmasse. M sitzt auf dem Sofa und schaut ihnen zu.*

3

A	**Des/**
M	n Pfifferling. Zeig mal der Amo! Geh ma hoch, zeig ma der Amo! . Sieht genau
Sit.	*Ein Geldstück*

4

L>	cresc.->
L	**Ein großer**
L-NVK	o-geht zu M,
A	**Nur ein bißchen groß.**
M	so aus wie n Pfifferling. Nur n bißchen groß.
Sit.	*fällt vom Schreibtisch auf den Fußboden.*

5

L>	dim.-> cresc.
L	**Nu/ Ein groß/ Eine große Nudl.**
L-NVK	übergibt ihr ihr Werk-o
M>	f-dim. dim.->
M	Noch ne große Nudl. Nja, Wahnsinn. . .

6

L>	p
L	**Das da.**
L-NVK	o-zu sich-o
A	**Nein.** **(Da schau mal)**
M>	p
M	Oh, gu/ Zeig den ma der Amo, Django! Nee? . . .

7

L	**Noch eine Nudl!**
L-NVK	o-bringt M ein weiteres Werk-o
A	**( )! . . .**
M>	pp
M	Ihr könnt doch (auch so) auch was/ was/ ( )

8

L	**Da ein Pi:lz?**
L-NVK	o-betrachtet den "Pfifferling", der sich bei M befindet-o
M	Das s ein Pilz, schau! Hat der Django ein Pfifferling gemacht, ein

9

L	**(Noch ein)/ Noch ein Pfifferling.**
L-NVK	o-beobachtet As Aktivität-o-
A	**Noch ein Pfifferling.**
A-NVK	o-zeigt M ein neues Werk-o
M	Riesenpfifferling. Noch ein Pfifferling,

10

L>	dim.->
L	**Noch ein Pfifferling.**
L-NVK	o-knetet am Kindertisch->
A	**Ja.**
M	ein roter. Du magst auch ein Pfeff/ machst auch ein

11

A	**Bitteschön.** **Aber nich kaputtmachn!**
A-NVK	o-gibt M das Werk in die Hand-o
M	Pfifferling, super. Dankeschön. Nein.

12

L	**Das is eine Pfefferling!** **Ja.**
L-NVK	o-zeigt M ihr neuestes Werk-o
A	**Kanns alles mit (nach Hause nehm).**
M	. . Das is auch ein Pfifferling?

13

L>	p pp p
L	**( ). ( ). Ja**
M	Zeig! Sieht mir aber eher aus wie ne Nudl. . . .

14

L	**ja. . . Ein ( ) klitze-klitze-kleine Nüdl.** **Ja, habe ich**
M	Ein Nüdlchen.

15

L>	p
L	**ein klitz-klitz-kleines.** **Eine.**
A>	f
A	**Zeig ma!**
A-NVK	o-zu L-o
M	Klitze-klitze-kleines Nüdlchen. Django,

16

A>	p
A	**Wo?**
A-NVK	o-blickt sich
M>	p
M	da liegt noch ne Knete auf m Bodn. Kanns du die bitte ma aufhebm?! Da,

17

A	**Ach ja.** **Kann ich/ Mach ich gleich dadraus ein/**
A-NVK	suchend um,hebt die Knete auf-o
M>	p
M	hintn. Sehr schön.

18

L>	p
L	( ). **Mama, eine Kugl!**
A	**auch ein Pfefferling.**
M>	p
M	Noch ne Kugl. Du, Luna, kuck

19

L	**He?**
M	ma, da liecht so n Geldstück auf m Bodn.Kanns du das ma aufhebm? N

20

A	**Noch**
A-NVK	o-stellt
M	Fünfmark-Stück. Das solltet ihr eigntlich in eine Spardose schmeißn. . .

21

L	**Wo is das?**
L-NVK	o-hebt das Geldstück auf, zeigt es M-o
A	**ein Pfefferling.**
A-NVK	eine neues Werk neben andere auf dem Schreibtisch-o
M	Noch ein Pfifferling! Ja, super. Danke. Leg einfach
M-NVK	o-zu L->

22

L	**Kleber das?**
L-NVK	o-legt das Geldstück auf den Tisch-o o-nimmt eine Tesafilmrolle
M>	p
M	auf n Tisch! . . Danke. Das is

Nr.	Spur	Text
23	L>	p
	L	**Nein.**
	L-NVK	vom Tisch-o
	A>	dim.->
	A	**Auch ein**
	A-NVK	o-stellt ein weiteres Werk
	M	Kleber, aber du wolls doch jetz mit Knete machn.

Nr.	Spur	Text
24	L	**(Ich) ein Kleber aus**
	A	**Riesnpfefferling.**
	A-NVK	zu den anderen auf den Schreibtisch-o
	M	Nja, so viele Riesenpfifferlinge.
	M-NVK	o-geht zu A an den Schreibtisch, stellt ihre "Pfifferlinge" zu den

Nr.	Spur	Text
25	L	( )
	A	**Aber nich kaputt machn!**
	M	Och Mensch, kuck dir das ma an! D wird die Amo
	M-NVK	seinen-o o-betrachtet As gesammelte Werke->

Nr.	Spur	Text
26	L>	dim.
	L	**Ich/ Kleber mach ich.**
	M	ganz neidisch, daß wir so viele Pfifferlinge habm. Was denn?

Nr.	Spur	Text
27	L	**Mama! Schreibm. Ja.**
	M	Was wills du damit machen? . . Schreiben? Man kann nich mip

Nr.	Spur	Text
28	L	**Kleper.**
	M	m Tesafilm schreibm. . Was wills du damit machn? Wills du/ Wills du

Nr.	Spur	Text
29	L	**Ja. Ein Papier/ Ein/ Na, ein Pfefferling.**
	M	damit was klebm? Was denn? Ein

Nr.	Spur	Text
30	L	**Ja. . .**
	M>	p
	M	Pfifferling wills du damit klebm? Warte mal, da müssen wir erstmal
	M-NVK	o-sucht den Anfang der Tesafilmrolle->

Nr.	Spur	Text
31	A>	f dim.->
	A	**Hm', noch ein Pfefferling!**
	A-NVK	o-hält ein weiteres Werk in die Höhe-o
	M	den Anfang suchn. . . . "Pfifferling".

32

L>	p
L	**Das da! ( ).**
L-NVK	o-zeigt auf die Tesafilmrolle in Ms Hand-o
A>	p
A	**"Pfifferling". So: viel.**
A-NVK	o-
M	Wills du abschneidn? Soll ich dir ne Schere

33

L	**Ja. Ja.**
A>	p
A	**So viele Fefferling. ( ). So viele!**
A-NVK	betrachtet seine gesammelten Werke-o
M>	p
M	gebm? Halt ma fest! "Pfif-ferlinge".
M-NVK	o-gibt L die Tesafilmrolle in die Hand, geht eine

34

A	**"Pfiffralinge". "Frifra"/**
M	"Pfiffer . linge". Nich "Frifralinge". "Pfif-fer".
M-NVK	Schere holen->

35

L	**( ).**
A	**"Pfefferlinge".**
M>	franz.Akzent
M	"Pfifferling". Ich halt dir fest, ja, Luna? . . Ich halt dir
M-NVK	o-legt die Schere auf's Sofa, nimmt L den

36

L-NVK	o-nähert sich mit der Schere-o o-schneidet ein Stück Tesa ab-o
M>	cresc. p p
M	fest. Moment! Moment! So. Jetzt.
M-NVK	Tesafilm ab, versucht den Tesafilm zu spannen-oo-hält den Tesafilm gespannt-o

37

L>	fast singend->
L	**Pfifferling. Ich mach jetz ein**
M>	f
M	Hoho, super! Bitteschön. . . .
M-NVK	o-gibt L den Tesastreifen-o

38

L	**Pfifferling. ((lacht))**
A	**Ein k/ Ein Be:bi! Ein**
A-NVK	o-betrachtet sein neuestes Werk-o
M	((lacht)) Ein Baby-Pfifferling.

39

A	**Bebi-Pf/ Kann dazu.**
A-NVK	o-stellt sein letztes Werk zur Kollektion-o
M	Ein Babyriesenpfifferling.

40

Sit.	*Das Thema "Pfifferlinge" wurde zunächst beendet. Man hat sich*

Anm. Schnitt: TC 098-164

41

Sit.	*anderen Aktivitäten zugewandt. M und L haben den Raum verlassen, A befindet sich*

42

Sit.	*noch dort. Die "Pfifferlinge" stehen ebenfalls noch auf dem Schreibtisch. Am kommt in*

43

A>	ff ff
A	**Kuck ma! Amo!**
Am>	engl.
Am	Ja, mein Schätzchen, zeig ma! Wow, was is <u>das</u>
Am-NVK	o-nähert sich dem Schreibtisch-oo-betrachtet die
Sit.	*den Keller.*

44

A	**Pilze.**
Am>	f
Am	denn? <u>Zeig</u> ma! ((pfeift)) Oh, das sin denn <u>das</u> für hübsche Sachn? . .
Am-NVK	Kollektion->

45

A	**Nein, das (is) auch ein Pil/ ( )**
Am>	f
Am	Und was is <u>das</u>? Ein Seelöwe? Alles

46

A>	<s>
A	**Un das un das un das un das un das un das.**
A-NVK	o-zeigt auf jeden einzelnen "Pilz"->
Am>	p <s> dim.
Am	Pilze? Ou:h, wow! Un das sieht

47

Am	aus wie
Anm.	Schnitt: TC 170-195 / Ende der Aufnahme

L **Luna (2;3)**
A **Adrian (4;6)**
Am **Amo** (Großmutter mütterlicherseits)
Op **Opa** (Großvater mütterlicherseits)

#38 P - *A und L „gehen in die Disco“*

Aufn.: 180 (V135) - 030393 - 6 Min.
Br.: Großeltern: Schlafzimmer; Nachmittag
Rollenspiel „In die Disco gehen“
A-Geräte: Sharp VL-C73EA
P-Geräte: Blaupunkt RTV 926 HIFI

L sitzt auf dem Bettrand (Matratzen auf dem Boden) und beschäftigt sich mit einem ausrangierten Schminkkoffer und darin befindlichen Spiel-Utensilien. A zieht sich ein T-Shirt (von Am) an. Am filmt.

L: (schließt den Schminkkoffer)
A: (hat das T-Shirt ganz angezogen und dreht sich zur Kamera)
Am: ((lacht))
L: (steht auf, bewegt sich in Richtung A)
Dsango! Ich/ Ich muß jetz zur Disco gehn.
A/L: (bewegen sich aus dem Sichtfeld heraus)
... [Schnitt]
A hat das T-Shirt wieder ausgezogen und L gegeben. Er hat sich stattdessen ein Paar Kniestrümpfe (von Am) angezogen. Beide Kinder sitzen nun nebeneinader auf dem Bettrand, zwischen ihnen befindet sich der Kosmetikkoffer auf dem Fußboden. A ist dabei, sich die Strümpfe wieder auszuziehen. L hantiert mit dem T-Shirt.
L: (zieht den Koffer zu sich heran) **Ah, (mein) Koffer muß ich noch mitnehm.** <zu sich> (hantiert weiter mit dem T-Shirt->) **(Na)/ Du:/ Kann du noch mich schminkn, Django.**
A: (zieht sich weiterhin die Strümpfe aus) **Ja,**
L: **(In Disco <s>begleitn.)**
A: **<s>ich schmink dich.**
L: **Zu ich/ Zu i/ Zu Dis . co:** (wendet sich A zu)
A: **Begleitn?**
L: **begleitn.**
A: **Ja, natörlich.** (hat den zweiten Strumpf ausgezogen, wirft beide Strümpfe L in den Schoß) **Bitte.**
L: **Danke.** (nimmt die Strümpfe, hantiert mit ihnen) **(Hm, das) brauch ich.**
A: (steht auf, öffnet den Schminkkoffer) **Kanns reintun.**
L: **Ja, kann ich reintun.** (steckt das T-Shirt in den Koffer)
A: **Mußt du.**
L: **Alles! <s>Alles!**
A: **<s>(Das auch).**<p>(greift nach den Strümpfen, tut sie in den Koffer)
A/L: (schließen gemeinsam den Koffer)
A: **Und zu.**
L: (steht auf, nimmt den Koffer, geht zwei Schritte, setzt sich wieder auf den Bettrand)
Op: (kommt ins Zimmer, geht in Richtung Am)

A: (schließt sich Op an)

L: (tut so, als würde sie sich das Gesicht schminken)
(legt die fiktive Puderdose auf den Boden) **So.**

. . . [Schnitt]
L hat den Schminkkoffer wieder geöffnet und die Kniestrümpfe herausgeholt. Nun bemüht sie sich, einen der Strümpfe anzuziehen. A kommt dazu und schlägt beide Seiten des Kofferdeckels nacheinander mit dem Fuß zu.

L: **Nein, nich sumachn!** <f>

A: <s>**Auf.** <p> (öffnet den Koffer wieder)

L: <s>**Nich sumachen.** (greift zum Koffer)

A: <s>**Aufmachn.** <p>

L: <s>**Nich zu.** (holt den zweiten Strumpf aus dem Koffer)

A: (wendet sich wieder ab) **Ich hab dich nich su Disco begleitet.** <provokativ>

L: **Aba muß/ Muß <u>du</u> aber.**

A: (kommt zurück zu Luna, schließt den Koffer wieder) **Bis du noch zu Hause?**

L: **Nein. Jà:. (   ) Hause**

A: **Un/ Aba ich begleite dich, o.k.?**

L: **Ja. (   )**

A: (bewegt sich unentschlossen im Raum) **Ich geh aber jetz in die Abeit jetzt.**

L: **Ja, dann geh in Abeit**<steigende Intonation>.

A: **Aba/ Aba naher/ nacher bring ich zur/ bl/ begleite ich dich sur Disco.**
(geht entschlossen auf die andere Seite des Raumes) ((tönt/singt vor sich hin)) (kehrt zu L zurück) **Ich hab dich/ Schau, ich hab dir Schoko/ Ich hab ei.ne Schokolade mitgebracht.** (überreicht L eine fiktive Schokolade)

L: (nimmt die fiktive Schokolade entgegen) **Dann kann ich da in**
<s>**(den reintun).** (öffnet den Koffer, legt die „Schokolade" hinein, schließt ihn)

A: <s>**Noch/ Noch eine.** (öffnet den Koffer, legt eine weitere „Schokolade" in den Koffer, schließt ihn)
Ich begleite dich (jetz) su Disco. (klettert auf die Komode, setzt sich)
(blickt zur Kamera) **Hier bin ich, Amo!** <f>

L: **(Vorher) muß ich das ansiehn/ die ansiehn.**(hat den zweiten Strumpf zuende angezogen)
<s>(öffnet den Koffer, schließt ihn, öffnet ihn erneut, schließt ihn komplett)

A: <s>((singt/tönt vor sich hin))

L: (stellt sich hin und fängt an, sich das T-Shirt anzuziehen)

A: (beobachtet L dabei)
(steigt von der Komode herunter) **Ich zieh mir auch jetz was an.**

. . . [Schnitt]
L hat das T-Shirt zuende angezogen. A nähert sich ihr.

L: **(Ha) du mich sur Disco be/gebleitn?**

A: (umarmt L mit einem Arm) **Komm! Ja.**

A/L: (drehen gemeinsam eine kleine Runde im Raum)

L: **Ja.**

A: **Komm!**

A/L: (gehen gemeinsam zur Zimmertür)

L: (dreht sich abrupt um) **Oh,** <s>**noch mein Koffer!** <f>
A: <s>**Ah!** ((**lacht**))
A/L: ((**lachen**)) (laufen zurück zum Koffer)
Am: ((lacht))
L: (greift den Koffer an den Henkeln, hebt ihn an, läßt ihn wieder fallen)
A: (beobachtet L) **Der is schwer - gel?**
L: (hebt den Koffer unter Mühen hoch) **Nei, (du) der nich schwer.** (schultert den Koffer, bewegt sich unter dem Gewicht des Koffers einige Schritte rückwärts) **Oh, oh!**
alle: ((**lachen**))
L: (hält den Koffer nun normal an seinen Henkeln und bewegt sich erneut in Richtung Zimmertür)
A/L: (verlassen den Raum)
... [Schnitt]
A: (kehrt in den Raum zurück, einen Hut auf dem Kopf, nähert sich Am) **Ich muß jetz zur Disco.** <zu Am> (dreht sich wieder um, geht zur Tür dreht sich erneut herum, sagt aber nichts)

#39 T - *Essen vor Bremen-Reise*

Aufn.: 185 (A48) - 050493 - 30 Min.
Mü.: Whg.1: Eßtisch; Mittag
Gemeinsames Essen
A-Geräte: Sony WM-D3, Mikro ECM 909
T-Geräte: Sony TCM-77V (1 Min.≈13 TC-Einh.)

L>	Luna Intonation i.w.S.
L	**Luna (2;5)**
L-NVK	Luna NVK i.w.S.
A>	Adrian Intonation i.w.S.
A	**Adrian (3;7)**
A-NVK	Adrian NVK i.w.S.
Go>	Gorgis Intonation i.w.S.
Go	**Gorgis** (ca.5-6; Tageskind der Nachbarin; Muttersprache: schwedisch)
Go-NVK	Gorgis NVK i.w.S.
M>	Mutter Intonation i.w.S.
M	**Mutter**
M-Übers.	*Mutter Übersetzung*
M-NVK	Mutter NVK i.w.S.
V>	Vater Intonation i.w.S.
V	**Vater**
V-Über s	*Vater Übersetzung*
V-NVK	Vater NVK i.w.S.
Am>	Amo Intonation i.w.S.
Am	**Amo** (Großmutter mütterlicherseits)
Am-NVK	Amo NVK i.w.S.
Sit.	*Situation*
Am	Anmerkungen

1

L			
L-NVK	o-sitzt im Hochstuhl am Eßtisch->		
A>		gedehnt	
A		**Nein, ich mag ne Gabl.**	
A-NVK	o-sitzt am Eßtisch->		
Go-NVK	o-steht neben V, schaut ihm zu->		
M-NVK	o-hantiert in der Küche->		
V	Jango, soplando! Soplando, hijito!		Soplando, soplando!
V-Übers.	*Django, pusten! Pusten, Söhnchen!*		*Pusten, pusten!*
V-NVK	o-serviert A sein Essen am Tisch-o		
Am-NVK	o-sitzt am Eßtisch->		
Sit.	*V hat gekocht.*		
Anm.	Anfang der Aufnahme / TC 000	V spricht während der gesamten Aufnahme tendenziell sehr	

2

A	**Mag ne <u>Gabl</u>.**		
V	. Qué quieres tú?	Qué quieres?	Cuchara?
V-Übers.	*Was möchtest du?*	*Was möchtest du?*	*Löffel?*
Am		Mit ner Gabel geht s nicht so gut.	
Anm.	schnell und hektisch	Am spricht während der gesamten Aufnahme	

3

A	**Aber ich mag/**		( )		
M				Sò.	
M-NVK				o-beendet ihre Tätigkeit-o	
V		Quieres	chuchara?	Jango? Quieres chuchara?	
V-Übers.		*Möchtest du (einen) Löffel?*		*Django? Möchtest du Löffel?*	
V-NVK				o-hält einen Löffel	
Am	Soll ich (zerbrechen)?				Er will
Anm.	tendenziell sehr ruhig und leise				

4

A				**Ich mag/**
V>			ruhiger	
V		Ah, du will eine Gabl.	Ach sò.	Siéntate!
V-Übers.				*Setz dich!*
V-NVK	demonstrativ vor sich hin-o			o-zu M-o
Am	nich. Er will ne Gabl. Gib ihm bitte noch ne Gabel. Eine Ga(bl).			

5

A	**möchte eine Gabel. Ich möchte eine Gabel.**			
Go				Hab auch bißchen
Go-NVK				o-zu V->
M		Dónde? Ahí?		
M-Übers.		*Wo? Da?*		
M-NVK		o-zu V-o		
Am>			belehrend	
Am			"Bitte".	
Anm.				Go ist das Pflegekind

6

Go	Hunger.	
V		Gut, du kriegst a/ äh/ Kleinen Moment, ja? Warte ein bißchen. . .
V-NVK		o-zu Go->
Anm.	einer Nachbarin, in dieser Situation ein "nicht geladener Gast".	

7

Go		A kein Fisch!	
V	Zuer die Verr/ . die Reisende. Für die/		Gut. Ich mache für dich ein/

8

Go			Vom (ein)/
V>	ironisch->	überlegend	
V	Was will du? Schweinefleisch oder hm: .		Lamm::. Was wills du? Kann

9

Go	Will keine Schweinefleisch.		Will kein Fisch dem.	
V	s du mir r:uhig sagn.	Was wills du zum Beispiel?		Djà.

10

Go		Müsesuppe will ich.
V	Wills du eine Ge/ Gemüsesuppe vielleicht. .	
V-NVK		o-serviert Am ihr Essen->
Am>		p
Am		Danke.
Am-NVK		o-zu V->
Anm.		"Danke" i.s.v. genug

11

V	Gemüse/ Ah/	No?	Komm! Komm! Komm!
V-Übers.		*Nein?*	
V-NVK		o-zu Am-o	
Am	Nee, nee, kein Reis.	Ich nehm mir lieber noch ne Kartoffel. ((lacht->	

12

A				**Darf ich/**	
Go		A kein Fisch, ja?			(Keine Fisch)!
Go-NVK		o-zu V->			
M	(Nja, cla:ro).				
M-Übers.	*(Nja, sicher).*				
V			Gut. Alles klar, ich habe schon verstanden.		
V-NVK			o-macht einen Teller fertig->		
Am		))			

13

A	**Dar ich schon**

14

A	**anfangen?**				**(Reicht der da**
Go>				p	
Go	Nei!		Nur das!	( ).	
Am>					genießerisch
Am		Jà. Darfst du schon. Guten Appetit, Django.			H^m:.
Am-NVK					o-probiert das

15

L		( )!		
A	**s)?**			
M				((atmet
V	Gu::ten Appetit!			
Am			Vorsichtig! Ähm, Schatz, paß ma auf, daß die/	
Am-NVK	Essen-o		o-zu Go->	

16

M>	erschrockenentschieden;energisch->	
M	ein))	Sò'/ Gorgis! Gorgis, warte mal bitte draußen, ja? Der Augusto gibt dir

17

Go		Ich bleib draußn essn.	
M	nachher was zu essn, o.k.?		Já. Bleib draußn und warte

18

L			**Pie/**		
A>				f	ff
A			**Pie/**	**Noch**	**nich!**
M	draußn. O.k.?				
V>		p			
V		No, le doy un plato y así me lo saco de encima.			
V-Übers.		*Nein, ihm ich gebe einen Teller uns so 'bin ich ihn los'.*			
V-NVK		o-zu M->			
Sit.				*Jemand fängt an zu*	

19

L>	f ff
L	**Noch <u>nich</u>!**
Sit.	*essen.*

20

L	**Piep, piep, Mäuschen, bleib**
A	**Piep/ Piep,piep,Mäuschen, bleib**
V>	erschrocken
V	Sò, guten Appet/ Ach so, gut. O:ch!
V-NVK	o-blickt zu A und L-o
Anm.	"Piep-piep-Mäuschen" ist ein

21

L	**in dein Häuschen. Piep, iep,recht guten Appetit!**
A>	ff
A	**in deinen Häuschen. Piep, piep, piep, recht guten Appetit!**
M	recht guten Appetit! Wow!
V>	schnell
V	Gutn
Am	recht guten Appetit!
Anm.	Tischspruch, bei dem sich alle an den Händen fassen.

22

A>	ff
A	**Ich hab ganz laut gemacht. Mag ne**
M>	engl.;gedehnt f;genißerisch
M	H^m::!
M-NVK	o-probiert das Essen-o
V	Appetit.
Am>	genießerisch
Am	((lacht->)) Ganz laut. H^m:!

23

A	**Gabl!**
M>	belehrend
M	"Bitte". . .
V>	p
V	Du kriegs. Du kriegs glei ohne Fisch. Ich habe schon
V-NVK	o-zu Go; macht einen Teller für Go fertig->

24

Go	Kein' . Fisch, ja?
V	verstanden. Ja, kein Fisch. Du kriegs Kardoffel mit

25

Go	T/ omatensoße.
M	Da'! Dj
V	Tomatensoße und/ . und Reis und Tomatens/ Und Reis?
Am	Und Reis auch?

26

Go	Reis? Hm, jetzt reichts so. Jà. N bißchen Reis. So. Ja.
M	ango! ( ).
V>	verwundert
V	Já? Gut. Gut. So?
Am	((lacht))

27

Go	Ich esse da. Ja. Gute
Go-NVK	o-zeigt zum Garten-o o-geht mit
V	Du, d/ <u>da</u> draußen gibt es Platz! ( ). Guden Appetit!

28

Go	Appetit.
Go-NVK	seinem Teller in den Garten-o
M>	genießerisch
M	Te sirvo, Chulo? H`m:!
M-Übers.	*Ich serviere dir, Chulo?*
M-NVK	o-zu V-o
V	Ja'. (4 Sek.)
Am>	genießerisch
Am	H`m::! Das was für dich,
Am-NVK	o-zu A->

29

L	**Bab ( )**
A	**Baba, du/ Papa, du kochst gut!**
V>	f
V-Übers.	*Danke,*
Am	he? Wie der Papa kocht, ne? Genau!

30

V>	dim.
V	Gracia(s), Yango! Mucha(s) gracia(s), Yanguito. . . . Mu:cha(s) gracias,
V-Übers.	*Django! Vielen Dank, Djangolein. Vielen Dank, Söhnchen.*

31

L	**Has du eine Blätter (Teller).**
L-NVK	o-zu Am; blickt auf deren Teller->
V	hijito.
Am	Das is/ Kannst du essn. Das is: .

32

L	**Doch kein Sellerie!**
M	P<u>e</u>tersilie is gut
V>	p
V	P<u>e</u>tersilie.
Am	Sellerie. Ne, ne, Quatsch! Ehe:h! P<u>e</u>tersilie.

33

L	**Mag ich nich. . .**
M	für die Muschi! ((lacht)) Das einzige, was hier zieht
M-NVK	o-zu Am-o
Am>	p pp;verwundert
Am	H`´m. Was?

34	L>	singend->
	L	**Mamamam! Namnamnam! ((gurgelt**
	M>	lachend->
	M	in diesem Haushalt. . . (Soll ich sagn), für s
	Am	Maßloß traurig.

35	**L**	**)) ((hustet)) ((hustet))**
	A>	leidend-sauer
	A	**Aua, jetz**
	M>	p
	M	Hirn? ((stöhnt))
	Am	((lacht)) Luna! Luna, Hand vor!

36	A>	quietschend
	A	**tut mei ( ) weh!**
	M	Por el momento no, gracias.
	M-Übers.	*Im Moment nicht, danke.*
	V	Quieres tomar algo?
	V-Übers.	*Möchtest du trinken etwas?*
	V-NVK	o-zu M-o
	Am	Was tut dir weh?

37	**L**	**((hustet))**
	A	**Am/ Am viel/ An dem Ball**
	M	Mama, wills du/ wills du was trinkn?
	Am	H´m?

38	**A**	**und/ Nee:. Nigendswo tun mir was weh.**
	M	Mama, möchtest du was trinkn?
	Am	Jà,

39	**L**	**Auch!**
	A	**Ich mag auch Wasser!**
	V	Wasser?
	Am>	dim. p
	Am	Wasser, bitte, möchte ich. H`mh´m.

40	**L**	**Ag auch Wasser! Mag auch Wasser!**
	M	Das is . Himbeersaft.
	V	(Das/) Na, für euch
	Am	O(der) was is das?
	Am-NVK	o-zeigt auf einen Saftkrug-o

41		
	A	**Darf ich Himeersaft trinken?**
	Go	((pfeift)) (Schau ma), ich
	Go-NVK	o-kommt zurück
	M	Himbeersaft.
	V>	f <s>
	V	habe ich was anderes gemach. ( ) Cla:ro!
	Am>	p
	Am	( )

42		
	L	**Darf ich Himbeersaft?**
	A	**Darf ich bitte/**
	Go>	<s>f
	Go	hab <u>fertig</u> gegessen.
	Go-NVK	an den Tisch-o
	V>	engl.
	V	Wow, bravo! Ihr darf, aber . weiter

43		
	V	essen, já, bitte, ni nur trinken, sons essen auch. Komm! Sigan comiendo,
	V-Übers.	*Eßt weiter,*

44		
	Go>	f p
	Go	( )! ( )! ( )
	V	sigan comiendo! Alles klar? Gut. Gut. Gut. Jetz du
	V-Übers.	*eßt weiter!*
	V-NVK	o-zu Go->

45		
	Go	Jà.
	Go-NVK	o-geht nach draußen-o
	M>	genießerisch
	M	Hm:::!
	V	warte draß/ äh/ wartest du draußen ein bißchen, alles klar? Un dann spielt

46		
	A>	ruhig
	A	**Wo is mein Ball? <u>Ach</u>, da**
	A-NVK	o-blickt sich im Raum um-o
	V>	schnell->
	V	ihr weiter. . . Qué quería? Ah, agua. . . .
	V-Übers.	*Was wollte ich? Wasser.*

47		
	A	**hinten. Ich dachte. Ich dachte, der**
	V>	p-> p
	V	((lacht)) Yanguito. Jango hat heute Ball/ <u>Ball</u> gesucht.

48		
	A	**war schon im Fluß. Ich wa/ Ich <u>dachte</u>.**
	M>	p
	M	H^m. ( ) empeza/ empezar?
	M-Übers.	*anfangen?*
	M-NVK	o-zu V-o

49

A	**Schau mal, die pieksen.**
A-NVK	o-zeigt auf Blumen (?)-o
V>	p
V	( ).
Am	Nee, lieber nich. Du hast mich nämlich schon

50

L	**((hustet))**
M>	genießerisch
M	((stöhnt)) Hm:! . . H^m:! . . .
Am	gepiekst. Deswegen. Schmeckt gut, ne,

51

A	**H´m. . .**
V>	p essend
V	((lacht)) Luna hat mir gerade gesacht: "Papá, sei nicht
Am	Django? . .

52

V	traurig. . Wenn du su uns kommen wills, komm einfach, ja?!" Hm, no,
V-Übers.	*nicht wahr,*

53

L	**Sei nich traurich! Du gehs/**
V>	p
V	Luna? ((lacht)) I bin/ Ich bleibe nicht traurich, nein.

54

L>	pp
L	**Äh/ Du auch . die Amo'/ Du gesach, "hin" un du auch ni o/ . un/**

55

L	**un/ u die Amo auch nich un der (Django) auch nich.**
A	**Gel, Papa/ Gel, Papa,**
V	Ja,
V-Übers.	

56

L	**Je:tza!**
A	**du (wills) gar nich mal spieln, gel? Du wills meine Ball**
V	ahora come, Luni! Come!
V-Übers.	*jetzt iß, Iß!*

57

L	**Jetz kamma was se:hn! Die (**
A	**spieln.**
M	Jetzt
V	Come!
V-Übers.	*Iß!*
Am	Hier is noch Salz?!
Am-NVK	o-blickt auf den Salzstreuer auf dem Tisch-o

58

L>				f
L	).	**Jetza kamma was sehn.**		(
A>				schreiend-
A				**Äh äh äh (-**
M>			lachend	
M	kamma endlich was sehn!		Jetza!	
V			((lacht))	
Am>			genießerisch	
Am			H`m:!	

59

L>					f
L	)!				**Jango hat alle**
A>	singend;variierend				
A	>4 Sek.)				
M			H`mh´m.		H`mh´m.
V	(		)?	Jetza?	Ja?
V-NVK	o-zu M->				

60

L	**ausgetrunken! Der Jango hat alle ausgetrunken! . .**		
Go-NVK			o-
V>		essend	
V		Macht nix. . . .	

61

L>			p
L			**(Eine Tick-Tack). . . .**
Go>		singend->	
Go	Biddä:! . Ein/ Hab bißchen Dù:rscht! Bitte! . . .		
Go-NVK	kommt an den Tisch-o		

62

L>	p	<s>		
L	**Hm, meine**		(	)
A>				f
Go>		<s>		
Go	Ich hab bißchen Dò:rscht! Gibts denn irgendwas dagegen?			
M			(	)?

63

A	**Der/ Der Gorgis hat "bitte" gesagt.**	
M		H`^m.

64

A	**Vorher, Papa.**	
V		Ja?

65

M	Na,

66

A	**Doch. Sag man/ Sag mal nochmal. Nochmal!**
Go>	frech
Go	( ) Bitte! . .
M	dann.
V	Hab i ni gehört.

67

A	. .
Go>	Tonhöhe variierend p
Go	Ich bin fünf! Ich bin fünf. Jà. Jà.
V>	ungläubig ungläubig
V	Wie alt bis du, há? Há? Fünf? So groß?
V-NVK	o-zu Go->
Am>	p
Am	Fünf erst?

68

L>	fast singend->
L	**Bitte, bitte, bit-te!**
M	((lacht))
V	Kann schon sein.
Am>	pp;flüsternd P
Am	Oh, der s aber auch groß! Wahnsinn!

69

L	( )
M	Mama, die Fünfjährigen heutzutage sind so groß.
V	Luna! Come! Come! Come, Mamita
V-Übers.	*Iß! Iß! Iß, Mamilein*
V-NVK	o-zu L->
Am	((lacht->))

70

V	- ja?
Am>	lachend
Am	Ich staune im

Anm. "Mamita"=in Peru übliche Anrede für Mädchen

71

L	**(Ich hab)**
Go	Äh, ich hab (halt) das ganz aufgegessen. Ja'.
M	Noch mehr? Möchtest no mehr?
M-NVK	o-zu Go-o
V	Come! No tiene/ No tienes
V-Übers.	*Iß! Nicht has! Nicht hast du*
V-NVK	o-zu L->
Am	mer (nur) wieder.

72

Go	Ich hab (Eis).
V	hambre? Mira, el Yango como come, mira! El Yango está
V-Übers.	*Hunger? Guck, der Django wie er ißt, guck! Der Django ist*
Am	Durch die Größe überschätzt man die dann auch leicht.

73
L **(Ich) mag/ A ich hab die auch Kraft.**
Go (Eis).
M> erschrocken
M He::!
V fuerte, Luna. El Yango está bien fuerte, Luna.
V-Übers. *stark, Der Django ist ganz stark, Luna.*

74
L **Ich hab auch Kraft. Auch Kraft.**
M Vor alln Ding am Bauch, gel, Luna?
V Come ahorita!
V-Übers. *Iß jetzt!*

75
L> f
L ( ) **Neiä!**
M Du has/ Vor alln Ding Bauch im/ Kraft im Bauch/
V Come un poquito! Come un poquito pescado, ja?
V-Übers. *Iß ein bißchen! Iß ein bißchen Fisch,*

76
Go Ich hab die Neue ausgetrunkn. Alles ganz neu.
M Já.
V Come pescado, un poquito, ja? Si no, no wte doy . tu/ tu
V-Übers. *Iß Fisch, ein bißchen, Wenn nicht, nicht dir ich gebe deine/ deine*

77
Go Jà.
M> p
M Und jetz möchtst du nochmal. Un dann is aber Ende. Gut. Schau! Das is der
M-NVK o-gießt Go den Rest
V sorpresa.
V-Übers. *Überraschung.*

78
Go ((stöhnt))
Go-NVK o-trinkt; 7 Sek.-o
M letzte Rest vom Schützenfest. Mehr gibts nich. Sò. Un
M-NVK Himbeersaft aus der Kanne in sein Glas-o

79
L **((lacht)) ((hustet)) ((stöhnt))**
Go Jà.
Go-NVK o-verläßt die Wohnung-o
M jetz gehste raus.
V> p
V Und/ Und wann kommen
V-NVK o-zu M->
Anm. bezieht sich auf Go und seinen

80
M Die beidn? Um neun.
V die Kinder normalerweise hier? H`mh´m.
Anm. kleinen Bruder, die Pflegekinder der "Oma" (Nachbarin)

81

A	**Fisch will ich.** **Der is**
M	Halb neun, neun. Kindergartn?
V	Gehn nich in den/ den/ den/ den Kinder garden? Nein?

82

A	**einmal da hingega/ Du, der is einmal da . gegang un dann**
A-NVK	o-zeigt auf die Gartentür-o
M>	p
M	Die ham keine Plätze.

83

A	**wieder herein un dann da ganz raus.**
A-NVK	o-zeigt zur Haustür-o
Am	H´m. H`mh´m. Na ja, das macht ihr
Anm.	beide Türen stehen offen.

84

L	**Ich <u>mag</u>**
M>	genießerisch
M	H^m h`m!
Am	alle, ne, und so machn die des natürlich auch. (4 Sek.)

85

L	**nich mehr!**
M	Aber du wartest jetz bis wir fertig sin.
Am	Na, so viel wie <u>du:</u> gegessn hast,

86

M	Bei Oma wieder?
Am>	franz.
Am	meine Süße, genascht hast. Schokolade en gros, bei Omi.
Anm.	"Omi" oder "Oma" ist die

87

L>	frech
L	**Hab fei Sokolate**
V>	p cresc.->
V	A du Schokolate gege/ <u>Áà:</u> so, das wußte ich nicht.
Am>	dim.
Am	H`´m. Zuletzt einen Riegel Mars oder sowas.
Anm.	Nachbarin, die mit ihrer Tochter und ihrer Enkelin im angrenzenden Bungalow wohnt.

88

L	**gegessn!**
M>	einatmend
M	Hm:. Luna! Luna!
V>	warnend
V	Hm:. Dann deine Sokolate iß du aber in Bemen, du! . . . Dein
V-NVK	o-zu L->

89

L>	p
L	**Ah jà.**
V	Kinderüberraschung ißt du aber in Bremen, nich mehr hier. . Já?
Am	Bei

90
L **Ahm/ Aber bei/ bei uns!**
V Hmh´m. ((lacht->
Am Amo gibts nich viel Schokolade - ne? Ja,

91
V)) ((lacht))
Am ich glaube auch. Ich glaube auch. . Bei der Omi - ne? ((lacht)) Darum ist Luna

92
M> pp
M H`mh^m. Alle sin gern bei
Am> pp
Am so gerne bei der Omi, ne? H`mh^m, ich glaube auch.

93
L> f
L **Bei der O:-ma!**
A **Bei d/ Bei d/ Bei dir oder**
M der Omi. Da gibts immer Schokolade, Gummibärchen und Fernseher.

94
A **bei der Omama?**
V Un dann/ Aber du iß gerne auch
Am H`m. Ne, bei der Oma nebenan. .
Anm. "Omama" ist die Urgroßmutter von A und L

95
M> lachend
M Vor alln Ding Gummibärchen. Aber ich geh
V . Schokolade. Ija, Gummibärchen.

96
M> p
M nie zur Oma! ((lacht))
V> p
V ((lacht)) . . .
Am> p
Am Nee, du hattest ja ne Oma, die das hatte. Schmeckt lecker!
Am-NVK o-zu V-o

97
M H`mh´m.
V Danke. Diese Gümmibärchen. Einmal war i in diese/ hm . / als wir

98
V diese/ hm/ Aufnahme gemach haben bei diese leche/ bei diese Milch-Werbung.
V-Übers. *Milch*

99
V Am nächsten Tag ich sollte Rechnung bringen un die Frau hat gesagt, "Komm

100
V gegen Mittag, weil ich habe keine Zeit", un ich bin fünf vor swölf dagewesen. .

101
L> pp
L **H`m:** **((hustet))**
L-NVK o-steckt ihre Stoffserviette in den Mund und würgt->
V Un die hat telefoniert, telefon/ Ich hatte son ein Hunger. Aber/

102	**L**	**((hustet)) ((würgt)) ((würgt und hustet-**
	V>	p;schnell
	V	Un da in . Wohnzimmer/ Qué pasa? . In Wohnzimmer war so
	V-Übers.	*Was ist los?*
	V-NVK	o-zu L-o
	Am	Luna! Luna!

103	**L**	**>)) ((würgt)) Hab da/ Hab**
	V	ein Glas volle Gummibärchen. Qué pasa? Toma/ Toma
	V-Übers.	*Was ist los? Nimm/ Nimm*
	V-NVK	o-zu L->

104	**L**	**runtergeschluckt.**
	V	un poc/ Jà. Toma un poco de agua! Toma! . . Un dann komm ich
	V-Übers.	*ein biß/ Trink ein bißchen Wasser! Trink!*

105	M>	ff
	M	Raus! (
	M-NVK	o-zu Go
	V	da un ich hatte so ein Hunger. Ich habe gesagt, /Yo/ viertel nach swölf, halb/
	V-Übers.	*Ich/*
	Sit.	*Go und sein Bruder kommen zur*

106	**L**	**Raus! Raus! Raus.**
	A	**Raus!**
	Go	Halb eins? Hier raus.
	M	) ( )
	M-NVK	und seinem Bruder-o
	V	halb eins/ halb eins/ Eins. ((lacht))
	Sit.	*Haustür herein. Go und sein Bruder*

107	M>	wütend
	M	((tönt))
	V	Eine Stunde hat die Frau telefoniert . . . un ich konnte nich mehr. Un ich
	Sit.	*verlassen die Wohnung durch die Gartentür.*

108	M>	p;"dreckig"
	M	((lacht))
	V	habe ein Gummibärchen probiert. Ich hat so Hunger! . . Un da ham wir

109	M>	essend
	M	Zehn Stück
	V	angefangen weiter. Ich habe, glaub ich, zehn Stuck davon gegessen.

110	**M**	is ja nichts. Gemacht.
	V	Unglaublich! Ich habe nie sowas gem/ ge/ Gemögt?

111

M	Gemö/ Gemocht!
V	Gemacht. Gemögt. / gemocht. . . Aber ich habe zehne Stück
Am	Gemocht.

112

M	Was, du magst keine Gummibärchen?
V	gegessen. Das war meine Primiere. Nein!

113

L	( )
M>	genießerisch
M	H^m! . . H^m!
Am	Ihr eßt auch nicht gerne Gummibär
Am-NVK	o-zu A und L->

114

L>	p
L	**Doch! Aber/**
A	**Do:ch. Un Bombom.**
V	Aber i wollt e/ ( ) Ich war so: satt, so hungrig.
Am	chen, ne? Já? Bonbons auch?

115

L	**Ich/ Ich ess auch Gommi!**
A	**H´m.**
M	Un so satt von den zehn Gummibärchen?
V	Na, na. Ich war so hungrig und ich

116

L	**Auch ( ) Danke, Papa!**
A	**Danke, Papa.**
A-NVK	o-steht auf-o
V	habe m/ mit Rechnung gesch/ De nada, Yanguito. De nada,
V-Übers.	*Keine Ursache, Djangolein. Keine*

117

L	**Kann nich raus!**
V	Lunita. O.k. . Ahora/ Sí. Vayan a lavarse los dientes!
V-Übers.	*Ursache, Lunalein. Jetzt/ Ja. Geht euch putzen die Zähne!*

118

L	**Ich kann nich raus!**
M>	essend
M	Die Zahnbürsten sin schon eingepackt.
V>	mit stimmhaftem S
V	Ds::-> A sò. A/ A/

119

L-NVK	o-küßt V-o
V	Einfach mit Wasser. . . Jà. Besito! . . Ä:h, ven, ven, ven!
V-Übers.	*Küßchen! komm, komm, komm!*
V-NVK	o-küßt L-o o-hebt L aus dem Hochstuhl-o

120	**V**	Ven!
	V-Übers.	*Komm!*
	Sit.	*A und L verlassen den Tisch und bewegen sich Richtung Kinderzimmer*
	Anm.	Ende
121	Anm.	Transkription I (Transkription II liegt hier nicht vor)

L	**Luna (4;4)**
L-Übers.	*Luna Übersetzung*
L-NVK	Luna NVK i.w.S.
M	**Mutter**
V	**Vater**
V-Über s	*.Vater Übersetzung*
V-NVK	Vater NVK i.w.S.
Ma	**Mamita** (Großmutter väterlicherseits)
Ma-Übers.	*Mamita Übersetzung*
Sit.	*Situation*
Anm.	Anmerkungen

#40 T - *Erstes Frühstück in Peru*

Aufn.: 220 (A62) - 130495 - 10 Min.
Lima: Großmutter: Wohnraum: Eßtisch; Morgen
Gemeinsames Frühstücken
A-Geräte: Sony WM-D3, Mikro ECM 909
T-Geräte: Sony TCM-77V (1 Min.≈13 TC-Einh.)

1

L	**Kann nich mehr.**	
V	Ya se llenó ya. .	Ha? . . Ja,
V-Übers.	*Schon sie ist satt schon.*	
Ma	((räuspert sich)) (4 Sek.)	
Sit.	*Alle sitzen am Tisch und frühstücken.*	
Anm.	Anfang der Aufnahme / TC 000-102	Diskurs V-Ma;

2

L		**Gracias.**
L-Über s		*Danke.*
L-NVK	o-schiebt ihren Teller von sich weg-o	
V	tiraremos una moneda al aire, pe.	Ah, pero el barrio/
Ma	No, pue. ( )	
Anm.	hier unbedeutend, deshalb nicht übersetzt->	

3

V	De nada, hijita. Uy, dijo "gracias". Escuchó (lo que
V-Übers.	*Bitte, Töchterchen. Uy, sie hat gesagt "danke". Haben Sie gehört, (was sie*
V-NVK	o-zu L-o o-zu Ma->
Ma	(Mamacita)
Anm.	in Peru ist es üblich, die

4

V	dijo)? No ha escuchado? Ha dicho "gracias". Bravo,
V-Übers.	*gesagt hat)? Nicht Sie haben gehört? Sie hat gesagt "danke". Bravo,*
V-NVK	o-zu L-
Ma	(Terminar la) Ay (
Anm.	Eltern mit "Usted" ("Sie") anzusprechen.

5

M	Wow!
V	hijita! Ven, un besito. Hm::: Luna dijo "gracias".
V-Übers.	*Töchterchen. Komm, ein Küßchen. Luna hat gesagt "danke".*
V-NVK	> o-küßt L-o
Ma	). De nada.
Ma-Übers.	*Bitteschön.*

6 Anm. Schnitt: TC 106-124 / Ende der Aufnahme

L>	Luna Intonation i.w.S.
L	**Luna (4;4)**
L-Übers.	*Luna Übersetzung*
A	**Adrian (5;7)**
A-Übers.	*Adrian Übersetzung*
A- NVK	Adrian NVK i.w.S.
Ge>	Geraldine Intonation i.w.S.
Ge	**Geraldine** (7; Cousine)
Ge-Übers.	*Geraldine Übersetzung*
Ge-NVK	Geraldine NVK i.w.S.
De	**Denise** (2; Cousine, Tochter von Carmen)
Ca	**Carmen** (Tante väterlicherseits)
Ca-Über s	*Carmen Übersetzung*
Sit.	*Situation*
Anm.	Anmerkungen

#41 T - *Freies Spielen*

Aufn.: 221 (A63) - 140395 - 26 Min.
Lima: Großmutter: Wohnraum; Vormittag
Bitte um Kekse; Rollenspiel "Restaurant"
A-Geräte: Sony WM-D3, Mikro ECM 909
T-Geräte: Sony TCM-77V (1 Min.≈13 TC-Einh.)
Trankription in zwei Teilen (I und II)

1

Sit.	*Ge spielt "Restaurant" mit L und De; Ca und A sind*

Anm. Anfang der Aufnahme / TC 125-198

2

L	**((singt vor sich hin)) ((plappert vor**
A	**Galleta dulce.**
A-Übers.	*Keks süßen.*
A-NVK	o-zu Ca-o
Ge	Café, té!
Ge-Übers.	*Kaffee, Tee!*
Ca	(Quieres) pan? No?
Ca-Übers.	*(Möchtest du) Brot? Nein?*
Sit.	*am großen Tisch*

3

L	**sich hin)) ((singt vor sich hin->**
A	**Sí. . .**
A-Übers.	*Ja.*
Ge	( )
Ge-Übers.	*( )*
Ca	Galleta? Galleta dulce? Ya. Ahorita te doy. Ya. . . .
Ca-Übers.	*Keks? Keks süßen? Ja. Gleich dir ich gebe. Ja.*

Anm. "ya" entspr. *ja, gleich, schon* u.a.

4

Ge	comida, ve. . ((ruft laut)) Té!
Ge-Übers.	*Essen, sehen Sie. Tee!*
Ca	Ahorita te traigo galleta dulce. Sí? . Ahorita te traigo
Ca-Übers.	*Gleich dir ich bringe Keks süßen. Ja? Gleich dir ich*

5

L				<-singt)) **Cappucino! .**
Ge	Café?	Cocoa?.	Sí. Cocoa.	
Ge-Übers.	*Kaffee?*	*Kakao?*	*Ja. Kakao.*	
De			Coa.	
Ca	galleta dulce. Ya? .			
Ca-Übers.	*bringe Keks süßen. Ja?*			

6

L		**Cappucino! . Cappocino!**	
Ge			Ya, (pe).
Ge-Übers.			*Ja, (gleich).*
Ca	Un cappucino quiere ( ).		
Ca-Übers.	*Einen Cappucino möchte*		
Sit.	*Ca geht hinaus, um die Kekse zu holen->*		

7

L	**Cappucino!**

8

L				**(La) señorita, die**
L-Übers.				*(Das) Fräulein,*
A			**((haucht)) .**	
Ge	Mamita (da/ dale) . .	El señor (que)? . . .		
Ge-Übers.	*Mamita (gib/gib ihr)*	*Der Herr (was)?*		
Ge-NVK	o-zu De-o	o-zu A-o		
Sit.			*Ls Tasse fällt herunter.*	

9

L	**Tasse is runtergefalln.**		
Ca			Toma, Adrian.
Ca-Übers.			*Nimm,*
Sit.		*Die Kinder reden durcheinander und lachen.Ca ist zurück und gibt*	

10

L	**(La) señorita, die Tasse is runterge**		**Señorita, die**
L-Übers.	*(Das) Fräulein,*		*Fräulein,*
Ge		Ya, su comida ya está.( )	
Ge-Übers.		*Schon, Ihr Essen schon ist fertig.*	
Ca	Adrian!		
Sit.	*A eine Kekspackung.*		

11

L	**Tasse is runtergefalln.**				
A				**(Así).**	
A-Übers.				*(So).*	
Ge			Tome su comida.		Ya terminó?
Ge-Übers.			*Nehmen Sie Ihr Essen.*		*Sind Sie fertig?*
Ge-NVK			o-zu L-o		o-zu L-o
Ca		(Te doy)?			Sí.
Ca-Übers.		*(Dir gebe ich)?*			*Ja.*
Sit.		*Ca und A packen gemeinsam die Kekse aus->*			

12

L	**((schmatzt singend))**
Ca	Ya.
Ca-Übers.	*Ja.*

13

L	**((schmatzt singend))**
Ge	(Dámelo! Dame.) Ya, ( ), Luna! ( )
Ge-Übers.	*(Gib es mir! Gib.) Schon,*

14

L	**((schmatzt singend))**

15

L	**((schmatzt singend)) ((tönt)) Sí.**
L-Übers.	*Ja.*
A	**Hm!**
A-NVK	o-bietet De einen Keks an-o
Ge	Ya, Luna, dámelo. Otro?
Ge-Übers.	*Los, Luna, gib es mir. Noch eins?*
Ca	Qué ( ), qué bueno! Qué (se) dice? Ya.
Ca-Übers.	*Wie ( ), wie lieb! Was sagt man? Ja.*
Sit.	*Ca*

16

De	( ). Café. ( ). (onee) .
Ca	. Ah? Eso no es café. Esto no es café.
Ca-Übers.	*Das nicht ist Kaffee. Das nicht ist Kaffee.*
Sit.	*spricht mit De->*

17

Ge	Ya toma, Luna! . . ( ) Está bien.
Ge-Übers.	*Schon nimm, Es ist gut.*
De	. ( )
Ca	( ) . ( )

18

L>	weinerlich;verschreckt
L	**((stöhnt)) He! . ((plappert vor sich hin))**
Ge	(Ven)! Ya.
Ge-Übers.	*(Komm)! Gleich.*
Ca	Geral, no grites.
Ca-Übers.	*schrei nicht.*

Anm. "Geral"=Geraldine

19

L	**Hm.**
Ge	Ya, Luna, ahorita te sirvo . . Ya, Lunita! Ya está. Lunita,
Ge-Übers.	*Ja, Luna, gleich dir serviere ich. Gleich, Lunalein! Schon fertig.* Lunalein,
Ca	Hm.

20

L>	stöhnend
L	**Äh.Äh. . Ach!**
Ge	<u>no:</u>! Toma, Luna! Toma, Luna. . . . Ay, dale al señor, al
Ge-Übers.	*nein! Nimm, Nimm, Ach, gib dem Herrn, dem*
Ge-NVK	o-zu De-o

21
Ge señor que está sentadito, dale - ya? . . ( ). Señorita, toma
Ge-Übers. *Herrn, der sitzt, gib ihm - ja? Fräulein, nimm*
Ge-NVK o-zu L->

22
L> f
L **No. Da.**
L-Übers. *Nein.*
Ge tu comida. (Ponlo) ahí. No (quieres)? ( ). No quieres? ( )
Ge-Übers. *dein Essen. (Stell es hin) dort. Nicht (du willst)? Nicht du willst?*

23
Ge Voy a lavar no más. . . Ya está cerrado la tienda. Cerró la tienda.
Ge-Übers. *Ich gehe abwaschen halt. Schon ist geschlossen der Laden. Hat zugemacht der Laden.*

24
L ( ) . . .
Ge Ya ( ). . . Ya se cerró la tienda. . Toma,
Ge-Übers. *Schon Schon man hat geschlossen den Laden. Nimm,*

25
L **Da.**
Ge> singend ->
Ge Denise! Ya cerró la tienda. Ay que (felíz)! Ya cerró
Ge-Übers. *Schon hat geschlossen der Laden. Ei, wie (glücklich)! Schon hat zugemacht*

26
Ge> sprechend
Ge la tienda. ( ) ( ). . Ya abrió la tienda. Ya se
Ge-Übers. *der Laden. Schon hat aufgemacht der Laden. Schon man*

27
L **Staub. Is Staub.**
Ge abre la tienda. Luna!
Ge-Übers. *öffnet den Laden.*
Sit. *L streicht mit der Hand über einen Tisch.*
Anm. TC (229) / Kinder spielen weiter

28 Anm. / ->Transkription II

1

Sit.	*L, A und De jagen sich gegenseitig um einen kleinen Tisch herum - Spielpause - L*
Anm.	Teil II

2

L>	f dim.->
L	**Ven! Ven! Ven!** **Ven!**
L-Übers.	*Komm! Komm! Komm! Komm!*
Sit.	*fordert Ge erneut heraus-> Jemand läuft und ((quäkt)).*
Anm.	TC 343 Das Phon (ng) in 'ven', 'fin' etc. ist

3

L>	f f ff \`
L	**Ven! Ven! Ven! . Ven! .. Ve:n! .. Ven!**
L-Übers.	*Komm! Komm! Komm! Komm! Komm! Komm!*
L-NVK	o-fängt wieder an zu laufen-
De-NVK	o-läuft mit->
Sit.	
Anm.	charakteristisch für das peruanische Spanisch

4

L	**Und . Halt! (Dale), Django! ((lacht))**
L-Übers.	*(Lauf), Django!*
L-NVK	oo-stellt sich De in den Weg-o
De	((quäkt)) ..
Sit.	*Eltern unterhalten sich laut im Nebenzimmer. Alle steigen wieder ins*

5

L>	f
L	**Au! Au, Django! ( ) ((lacht))**
Ge>	lachend; L imitierend
Ge	Au, Djan(go)! ( ) ((lacht)) (
De	Au! Au,
Sit.	*Spiel ein und lachen->*

6

Ge	)
De	Django!
Anm.	Schnitt: Kinder spielen und lachen weiter - TC 346-470 / Ende der Aufnahme

#42 T - Ein Tag in Chancay (Peru)

Aufn.: 222 (A64) - 220395 - 45 Min.
Chancay: Ferienhaus v. Abuelo: Innenhof: Eßtisch
Gemeinsames Essen, Tischgespräche
A-Geräte: Sony WM-D3, Mikro ECM 909
T-Geräte: Sony TCM-77V (1 Min.≈13 TC-Einh.)

L>	Luna Intonation i.w.S.
L	**Luna (4;4)**
L-Übers.	*Luna Übersetzung*
A	**Adrian (5;7)**
A-Übers.	*Adrian Übersetzung*
Lu	**Lupita** (12; Tante väterlichers.)
Lu-Übers.	*Lupita Übersetzung*
Jaq	**Jaqui** (15; Tante väterlichers.)
Jav	**Javier** (16; Onkel väterlichers.)
M	**Mutter**
M-Übers.	*Mutter Übersetzung*
V	**Vater**
V-Übers.	*Vater Übersetzung*
Ab	**Abuelo** (Großvater väterlichers.)
Ab-Übers.	*Abuelo Übersetzung*
Fr	**Frau** (Bekannte der Familie)
Fr-Übers.	*Frau Übersetzung*
Ki	**andere Kinder** (spielen Fußball im Hof)
Ki-Übers.	*andere Kinder Übersetzung*
Sit.	*Situation*
Anm.	Anmerkungen

Nr.			
1	L>		singend
	L		**U/**
	L-Übers.		*Ei/*
	Sit.	*Alle sitzen um den großen Tisch im Hof herum und reden leise durcheinander.*	
	Anm.	Anfang der Aufnahme / TC 000-029	

Nr.			
2	**L**	**Uno uno duuno**	
	L-Übers.	*Eins eins*	
	Sit.		*A betrachtet einen Teller mit Fischgräten.->*
	Anm.	Schnitt: TC 029-058	

Nr.			
3	**A**	**Augn!**	**Ja, aba da sin solche Augn dran.**
	V	Hnhn. Sin keine Augen. Krätn.	

Nr.				
4	**A**		**Do:ch. Schau. . Was sind das?**	
	V	Hnhn.	Hnhn.	"Espina" se llama. A ver!
	V-Übers.			*'Gräte' heißt das. Sag mal!*

Nr.					
5	**L**				(
	A		**"Es-pina".**		
	Lu			((lacht)) (	) habla un poco castellano - no?
	Lu-Übers.				*spricht ein bißchen spanisch - nicht wahr?*
	V	"Es-pina".		Hmh´m.	

6

L	)
Lu	Sabe leer(lo).
Lu-Übers.	*Er kann lesen (es).*
V	Hmh´m.
Sit.	*Die Familie sitzt weiterhin um den*
Anm.	Schnitt: TC 062-103

7

Sit.	*Tisch herum und frühstückt; im Hintergrund spielen einige Kinder Fußball, A und L*

8

L	**Gul!**
L-Übers.	*Tor!*
A	( ) **Gol!**
A-Übers.	*Tor!*
Lu	Toma. ( )
Ab	( ) Tienes dos tene
Ab-Übers.	
Ki	Gol!
Ki-Übers.	*Tor!*
Sit.	*schauen ihnen vom Tisch aus zu->*
Anm.	Tischgespräch der

9

L	**Uh!**
Lu	Quién quiere más salsa?
Ab	dor. . . . ( ) freir más.
Anm.	anderen Diskursteilnehmer hier unbedeutend, deshalb nicht übersetzt-> Schnitt: TC 105-112

10

L	**((lacht))**
A	**Gol!((lacht))**
A-Übers.	*Tor!*
Lu	( )
Ab	ähm Chita. Qué más hay? ( )
Ki	Gol! Así no::!
Ki-Übers.	*Tor! So nicht!*

11

A	**Erst hab ich von da "gol" gehört un dann von da.**
Lu	(
Anm.	Schnitt: TC 113-129

12

L	**((tönt)) Hm?**
A	**Erst hab ich von da "gol" gehört un dann von d(ort).**
Lu	) ( )
Jaq	( ) Lupe! (Djan-
V	Hm? Luna! Hm?

13

L	**Hm?**

14

L	**((lacht)) (Was is)?**
Jaq	-go:)
Jav	Pasa el azúcar, por favor.
V	Hm? Y a qué hora se
Ki	( )Nada! Na(da). . .
Ki-Übers.	*Nichts! Nichts.*

15

L	**((tönt))**
A	**"Nada" hab ich jetz gehört. Hab jetz ganz laut**
V	han ido?
Ab	Está bien la salsa. Temprano.A las seis.
Ab-Übers.	

16

L	**Ah?**
A	**"nada" gehört. (da). Gul!**
A-Übers.	*Tor!*
V	Así. Y el día que ha
Ki	Nada, nada!
Ki-Übers.	*Nichts, nichts!*
Anm.	Schnitt: TC 131-156

17

A	**"Nada, nada!"**
V	subido han habido ingleses.
Ki	Ah
Sit.	*L ist mit dem*
Anm.	Schnitt: TC 156-163

18

L	**((tönt)) Ja? Ich bin fertig.**
V	Lula! Was ist? Y qué
V-Übers.	*Und was*
Ki	Go::l!
Ki-Übers.	*Tor!*
Sit.	*Essen fertig und steht auf.*

19

L	**Gracias.**
L-Übers.	*Danke.*
V	se dice pues, Mamita? . Hm?
V-Übers.	*man sagt denn, Mamilein?*
Ab	Muy bien. Gracias. ((schmatzt)) Oh.
Ab-Übers.	*Sehr gut. Danke.*
Ki	(Gu:l:)!
Ki-Übers.	*(Tor)!*

20

A	**Gol!**
A-Übers.	*Tor!*
Ab	((schmatzt))
Anm.	Schnitt: TC (169) Ende Teil I

21

Sit.	*Nachmittags; Besuch von einem Cousin von V mit seiner Frau; alle sitzen am*
Anm.	Anfang Teil II: TC 170-245

22

Sit.	*Tisch und nehmen "lonche" (Nachmittagsmahlzeit); man spricht über*

23

M	Oye, y aquí no conocen "El Libro de la Selva"? . No
M-Übers.	*Hör mal, und hier nicht ihr kennt "Das Dschungelbuch"? Nicht*
V	Sí, (
V-Übers.	*Doch,*
Sit.	*Zeichentrickfilme->*

24

M	es conocido el libro? (Ah, o) la película?
M-Übers.	*ist bekannt das Buch? (Ah, oder) der Film?*
V	).
Ab	Äh, hay un (sitio)/ ähm
Ab-Übers.	*es gibt einen (Ort)/*
Fr	Le llamaban "La
Fr-Übers.	*Es sie haben genannt "Der*

25

M	Von Mogli, Balu:,
V	Un li/ "El Libro de la Selva". Dibu/ Dibujos
V-Übers.	*Ein Bu/ "Das Djungelbuch". Zei/ Zeichentrickfilm.*
Ab	( )
Fr	Selva"? Perros?
Fr-Übers.	*Dschungel"? Hunde?*

26

Lu	Con Micky Mouse.
Lu-Übers.	*Mit Micky Maus.*
M	No no, león no hay.
M-Übers.	*Nein nein, einen Löwen nicht es gibt.*
V	animados.
Ab	Leo/ Hay león?
Ab-Übers.	*Löw/ Gibt es einen Löwen?*

27

M	Muy antiguo ya el/ el . / la película/ el libro.
M-Übers.	*Sehr alt schon das/ das . /der Film/ das Buch.*
V	( ) El libro es antiguo, pero hay
V-Übers.	*( ) Das Buch ist alt, aber es gibt*

28

M	Pero de todas maneras la historia es
M-Übers.	*Aber auf jeden Fall die Geschichte ist*
V	una nueva versión, que han hecho. Y estos se saben la música de
V-Übers.	*eine neue Version, die sie gemacht haben. Und die beiden kennen die Musik des*
Sit.	*V weist auf A und L.*

29

A	**Panther! Panther!**
Lu	( ) no quiere.
Lu-Übers.	*nicht will.*
M	antigua. Era un niño, que vive solo en la jungla. Y hay/ hay
M-Übers.	*alt. Es war ein Kind, das lebt alleine im Dschungel. Und es gibt/ es gibt*
V	todo/ de todo el/
V-Übers.	*ganzen/ des ganzen/*

30

A	**Panther!**
M	lobos, que lo/que lo alimentan. Y/ Y para con
M-Übers.	*Wölfe, die ihn/ die ihn ernähren. Und/ Und er ist zusammen mit*
Ab	lo crian. Hm. ( )
Ab-Übers.	*ihn aufziehen.*
Fr	Ah ya.

31

L	**((lacht))**
A	**Baghira!**
Lu	No quiere.
Lu-Übers.	*Er/sie will nicht.*
M	un oso y hay una serpiente, que ( ).
M-Übers.	*einem Bären und es gibt eine Schlange, die*
V	todas las
V-Übers.	*alle die*
Ab	(La música).
Ab-Übers.	*(Die Musik).*

32

L	**Ja, Balu hat gesagt:**
V	canc/ toda la película Ya, ahorita.
V-Übers.	*Lied/ des ganzen Films. Ja, gleich.*
Ab	No quieres tecito? ( )
Ab-Übers.	*Nicht möchtest du Tee?*

33

L	**((lacht)) "Ich werde ein Panther heiratn." - ge?**
Jaq	Pero ( ).
V	En serio?
V-Übers.	*Im Ernst?*

34

L	**((lacht))**
Lu	Qué dice?
Lu-Übers.	*Was sagt sie?*

35

V	No sé, está hablando de/ del libro ese. Balu le dijo a la pantera/
V-Übers.	*Ich weiß nicht, sie spricht über/ über dieses Buch. Balu ihm sagte zu dem Panther/*
Ab	Qué?
Ab-Übers.	*Was?*

36	**V**	Balu le dijo, que/ que "Yo quisiera ser una pantera".Oh doo
	V-Übers.	*Balu zu ihm sagte, daß/ daß "Ich würde gern sein ein Panther".*
	Sit.	*V singt -> alle lachen*

37	**V**	bidoo (singend) ((lacht)) Cómo es la canción? Oh doobidoo
	V-Übers.	*Wie geht das Lied?*
	Ab	Falta/ Falta colador, pe, ( ).
	Ab-Übers.	*Es fehlt/ Es fehlt ein Sieb,*
	Sit.	*V singt.*

38	**L**	**((singt)) Culo!**
	Lu	No, ( ). No! No.
	Lu-Übers.	*Nein, Nein! Nein.*
	M	Chulo!
	V	Así no es? No? No,
	V-Übers.	*So geht das nicht?Nein? Nein,*
	Ab	(Sabes)?
	Ab-Übers.	*(Kannst du es)?*
	Anm.	"culo" spa.=Arsch;

39	**L**	**Culo! No Culo! Culo! . . Ich**
	Lu	No! ( )
	Lu-Übers.	*Nein!*
	V	así es. Cómo es? Ah. ( ) mi hermana ( ).
	V-Übers.	*so geht es. Wie geht es? meine Schwester*
	Anm.	wird von L an dieser Stelle eingesetzt als spielerische Variante von "Chulo", der Anrede von M

40	**L**	**hob Dost! Dost! . Bitte.**
	Lu	Qué es "beta"?
	Lu-Übers.	*Was ist "beta"?*
	V	Aquí hay. Y cómo se pide, hijita?
	V-Übers.	*Hier gibt es. Und wie man bittet, Töchterchen?*
	Ab	Qué dice? ((lacht))
	Ab-Übers.	*Was sagt sie?*
	Anm.	an V.

41	**A**	**Chulo, i hab Dorst! Bitte. ((lacht)) Chulo,**
	V	"Bitte", 'por favor'. Hmhm.
	V-Übers.	*'bitte'.*
	Sit.	*V zu Lu. Mehrere lachen; V fängt an, eine Geschichte*

42	**A**	**ich hab Dorst!**
	Sit.	*über A zu erzählen.*
	Anm.	Schnitt: TC 251-560 / Ende der Aufnahme

L>	Luna Intonation i.w.S.
L	**Luna (4;4)**
L-Übers.	*Luna Übersetzung*
L-NVK	Luna NVK i.w.S.
A	**Adrian (5;7)**
A-NVK	Adrian NVK i.w.S.
Ge	**Geraldine** (7; Cousine väterlichers.)
Ge-Übers.	*Geraldine Übersetzung*
M	**Mutter**
M-Übers.	*Mutter Übersetzung*
M-NVK	Mutter NVK i.w.S.
V	**Vater**
Sit.	*Situation*
Anm.	Anmerkungen

#43 T - Roselyns Geburtstag
Aufn.: 223 (A65) - 230395 - 5 Min.
Lima: Großmutter: Zimmer; Nachmittag
Kinder machen Geschenke
A-Geräte: Sony WM-D3, Mikro ECM 909
T-Geräte: Sony TCM-77V (1 Min.≈13 TC-Einh.)

1

L	**Cuarenta. Cuarenta. . Cuarenta.**
L-Übers.	*Vierzig. Vierzig. Vierzig.*
L-NVK	o-malt an einem Bild->
Sit.	*Die Cousine Roselyn hat Geburtstag; die Kinder machen Geschenke.*
Anm.	Anfang der Aufnahme / TC 000-004

2

L	**Cuarenta. Aber die nich nehm. Die alle Farbm sind schön.Mami:!**
L-Übers.	*Vierzig.*
L-NVK	o-zu Ge; auf Filzstifte weisend-o
M-NVK	o-installiert

3

L	**Schreibs du da erst mal die heute Gebortstag hat.**
M	Ja?
M-NVK	das Mikro-o

4

L	**Mama! Ja, Ros/ Da. Aba mit der . schönstn Farbe, die ich**
M	Roselyn?

5

L	**hier hab. Mit**
L-NVK	o-
A	**Ja. Mit ein "e", nich/**
M	"Roselyn" se escribe con "e", Chulo?
M-Übers.	*"Roselyn" schreibt sich mit "e", Chulo?*
M-NVK	o-zu V-o
Sit.	*V sitzt im anderen Zimmer.->*

6

L	**(weiß)! . Oh. ( ) Und**
L-NVK	schiebt M ein Bild zu-o o-reicht M ein anderes Bild-o
A	**Mami!**
M	Das is Jesica. "Ro-se-lyn". . "Roselyn".
M-NVK	o-betrachtet das Bild-o o-schreibt den Namen auf das Bild-o

7

L	**jetzt . schreibst du: . ähm: "Jesica". . .**
A	**Hey (**
M	Hm::

8

L	**"Jesica". U:n:d Ähm:ä . . .**
A	**)**
M	"Jes- -si-ca". Ya pe, Luna:, apúrate.
M-Über s	*Na los, beeil dich.*
M-NVK	o-schreibt den Namen auf das andere Bild-o

9

L	**"Carmen".**
A	**Mami, frag doch mal jemand anders, ob jemand ein Gummiband**

10

L	**"Carmen". (Ah) Hier is die**
L-NVK	o-reicht M die
A	**(hat).**
M	"Carmen". Da liegt schon wieder n Stift ohne Hülle. . Mensch,
M-NVK	o-zeigt auf einen Stift auf dem Boden-o

11

L	**Hülle.**
L-NVK	Hülle-o
A	**Aber mein hab ich**
M	ihr müß die Hülln fester drauf machn. .

12

L	**Also, (ein scholle),**
A	**eingepackt. . . . Mami, frags du, ob jemand ein Gummi hat?**
M	Ja Mensch,

13

A	**Aber ich weiß nich, wie das heißt.**
M	Django, frag du doch. Dann frag dein

14

L>	für sich
L	**"Rosalyn"**
A	**Papa!Was heißt**
A-NVK	o-geht zu V ins andere
M	Papa, wie das heißt. Ich weiß auch nich, wie das heißt.

15

L	**((singt vor sich hin)) "K", ein "K". "Carmen".**
L-NVK	o-schreibt auf einem Bild-o
A	**"(Hast du n) Gummi"? Papa!**
A-NVK	Zimmer->
M	((stöhnt)) Hier is noch
M-NVK	o-reicht L

16

L	**Aber . d/ ( ) Rosalyn. Wo?**
M	ein Stift. Da is noch ein Stift, D/ Luna.Da is noch ein Deckl
M-NVK	einen Stift-o o-zeigt auf den Fußboden-o

Nr.	Sprecher	Äußerung
17	**L**	**((singt vor sich hin))**
	A	**Papa! . Papa! Wie heißt auf spanisch .**
	M	da hintn.

Nr.	Sprecher	Äußerung
18	**A**	**so ein Gummi? Ja, so ein Gummi, (dafür daß) man das**
	V	( )

Nr.	Sprecher	Äußerung
19	**A**	**zumachn kann. Schau. Wenn man s so machn will, dann muß man**

Nr.	Sprecher	Äußerung
20	**A**	**hier untn ein Gummi (ranmachn).Wenn man/ Un wenn man .**
	V	"Li:ga".

Nr.	Sprecher	Äußerung
21	**A**	**so/ "Liga". Heißt das "Hast du ein Gummi"?"**
	V	"Li:ga". "Liga". "Tienes una

Nr.	Sprecher	Äußerung
22	**L**	**Ich/ No,**
	L-Übers.	*Nein,*
	L-NVK	o-zu Ge-o
	A	**( ) Aber ich kann das vergessn. .**
	A-NVK	o-kommt zurück ins Zimmer-o
	M	"Tienes"
	M-Übers.	*"Hast du"*
	V	liga?" "Liga".
	Sit.	*Ge will auf*

Nr.	Sprecher	Äußerung
23	**L**	**ich schreibm! Ich schreib. Also, ( ) ( )**
	A	**Du hast**
	M	"Tienes una . liga?"
	M-Übers.	*"Hast du ein Gummiband?"*
	Sit.	*Ls Bild schreiben.*

Nr.	Sprecher	Äußerung
24	**L**	( )
	A	**gesagt, nächstes Mal schreibs du mir s auf.**
	M	Dann schreibs dir auf.

Nr.	Sprecher	Äußerung
25	**L**	**Halt die Klappe, du Fix/!**
	L-NVK	o-zu Ge-o
	A	**Schreibs du s mir auf, . has du gesagt.**
	Sit.	*Ge ärgert L.*

Nr.	Sprecher	Äußerung
26	**L**	**. Ja, wenn die mich immer hier an Kopf schlägt!** (5 Sek.)
	A-NVK	o-
	Ge	((lacht))
	M	Lu:na:!

27	**A**	**Ein Blatt. . . . Des ghört mir. Schreib ma (du).**
	A-NVK	sucht ein Blatt-o o-findet ein Blatt-o o-zu M-o
	M	( )
	M-NVK	o-weist auf das

28	**L**	( )
	A	**Hierauf. . Hierauf**
	A-NVK	o-legt M das Blatt vor->
	Ge	( )
	M	Vorsichtich mit dem Dings da hintn, ne. .
	M-NVK	Aufnahmegerät-o

29	**A**	**schreibm. Aber is doch/ kann man drauf schreibm.**
	M	( )

30	**A**	**Schau, Mami.** (10 Sek.)
	M	"Tie - nes . . . u:na . li: - ga". (12 Sek.) Un dann
	M-NVK	o-schreibt die Frage mit Großbuchstaben auf As Papier-

31	**L**	**Ich kann**
	A	**((pfeift mehrere Male))** (6 Sek.)
	M	kanns du s lesn mit ( ).
	M-NVK	o

32	**L**	**des schon . (dann) abmachn. Aber sie weiß nich, wie des/ sie**

33	**L**	**soll nich wissn, wie das Geschenk aufgeht.**
	Ge	Ya, Luna, (yo lo doy)
	Ge-Übers.	*Ja, (ich ihr gebe)*

34	**L**	**Sie darf nich wissn, wie das Geschenk aufgeht. (Dann)**
	Ge	también. . Luna, ( )/
	Ge-Übers.	*auch.*

35	**L**	**weiß sie das un dann sagt die "Jui, ich hab s gewußt!"** ( )
	Ge	(

36	**L**	**Un dann kein Geschenk mehr.**
	Ge	) A Yochi A Yochi y a
	Ge-Übers.	*Für Yochi. Für Yochi und für*
	Sit.	*Ge betrachtet Ls Geschenke->*
	Anm.	"Yochi"=*Roselyn*

37	**L**	**No. No, Carmen nich. No. No, no, no.**
	L-Übers.	*Nein. Nein, Nein. Nein, nein, nein.*
	Ge	Jesica. A Carmen? Entonces? . . . Ahí dice
	Ge-Übers.	*Jesica. Für Carmen? Also? Da steht*

38			
	Ge	Yochi .	y Jesica.
	Ge-Übers.	*Yochi*	*und Jesica.*
	Anm.		Schnitt: Ausklänge bis TC 068 / Ende der Aufnahme

#44 T - *Figuren ausschneiden*

Aufn.: 231 (A73) - 160495 - 18 Min.
Lima: Großonkel: Arbeitszimmer; Morgen
Basteln, Zeitschriften anschauen, Zeichnen
A-Geräte: Sony WM-D3, Mikro ECM 909
T-Geräte: Sony TCM-77V (1 Min.≈13 TC-Einh.)

L>	Luna Intonation i.w.S.
L	**Luna (4;5)**
Ü	*Luna Übersetzung*
L-NVK	Luna NVK i.w.S.
A>	Adrian Intonation i.w.S.
A	**Adrian (5;8)**
A-Übers.	*Adrian Übersetzung*
A-NVK	Adrian NVK i.w.S.
Ka>	Kate Intonation i.w.S.
Ka	**Kate** (14; entf. Cousine väterlichers.)
Ka-Übers.	*Kate Übersetzung*
Ka-NVK	Kate NVK i.w.S.
El>	Elena Intonation i.w.S.
El	**Elena** (16;Schwester von Kate)
El-Übers.	*Elena Übersetzung*
El-NVK	Elena NVK i.w.S.
M>	Mutter Intonation i.w.S.
M	**Mutter**
M-Übers.	*Mutter Übersetzung*
M-NVK	Mutter NVK i.w.S.
He	**Henry** (großer Bruder von Kate und Elena)
He-Übers.	*Henry Übersetzung*
Sit.	*Situation*
Anm.	Anmerkungen

1

A>				singend;für sich	
A		**Aquí!**		**A:: Caballero de Zoliaco**	
A-Übers.		*Hier!*			
A-NVK		o-zu L-o			
M	(si) la vuelta,		dann "Record",		Ehm ((pfeift))
M-NVK	o-zu He->				
Sit.	*L, A, Ka und El befinden sich an einem großen Tisch und schneiden Vordrucke*				
Anm.	Anfang der Aufnahme / TC 000			"Caballero de Zodiaco"=Titel und Song einer TV-	

2

L	**((rülpst))**
Sit.	*verschiedener Figuren aus. M und He installieren das Aufnahmegerät.*
Anm.	Kindersendung

3

L				**Po/ Perdón.**		**((lacht**
L-Übers.				*Ver/ Verzeihung.*		
A>		f				
A		**Luna!**			**((lacht)) .**	
Ka		((lacht))		((lacht))		
El		((lacht))		((lacht))		
M>			ermahnend			
M	ehm		Luna, por favor - ja?			((pfeift))
M-Übers.			*Luna, bitte -ja?*			
He		((lacht))				

4

L>	p
L	)) **((rülpst)) Perdón.**
L-Übers.	*Verzeihung.*
A	**"Disculpa".**
A-Übers.	*"Entschuldige".*
M	Vamos a dejarlo aquí. Van a tener un poquito de cuida/ Dja/
M-Übers.	*Lassen wir es hier. Ihr werdet haben ein bißchen Vorsi/ Dja/*
M-NVK	o-zu He-o o-zu allen-o o-zu L-o

5

L	**"Perdó::n". "Perdó::n".**
A>	f
A	**"Disculpa" heißt <u>das</u>. "Disculpa"! "Disculpa".**
A-Übers.	*"Entschuldige"*
M>	ermahnend
M	Luna, por favor! Ujuijui.
M-Übers.	*Luna, bitte!*

6

L>	p
L	**"Perdón".**

7

L>	pp
L	**"Perdón".**
A>	p pp singend->
A	**"Disc<u>ulpa</u>". "Disc<u>ulpa</u>". . . . Universum**

8

A	**hmnanananana:: Caballero de ( )a:co, nananananananana:na**
M	Cuidado
M-Übers.	*Vorsicht*
M-NVK	o-zu

9

A	**((singt weiter vor sich hin->**
M	- ja? O.k.? Se van a quedar un ratito aquí - ja? ( ) - ja? O.k.?
M-Übers.	*- ja? Ihr werdet bleiben ein Weilchen hier - ja?*
M-NVK	allen->

10

A	**)) ((singt vor sich hin))**
El	
M	Así de/( ) Así que nadie salga, vamos a cerrar la puerta
M-Übers.	*So von/ So damit niemand rausgeht, werden wir schließen die Tür.*

11

A	**((singt vor sich hin)) . .**
M	((lacht)).Muy bien. Muy bien. (Ya está).
M-Übers.	*Sehr gut. Sehr gut. (Schon fertig).*
Sit.	*M und He verlassen den Raum; unterhalten sich draußen weiter.*

12

A>	singend->
A	**Universum ((si<u>ngt</u> vor sich hin)) Caballero de Zolia:co. .**

13

L>	f
L	**Un lápiz! . . Lápiz!** (4 Sek.)
L-Übers.	*Ein Bleistift! Bleistift!*
L-NVK	o-organisiert sich einen Stift-o
A	**((singt))/ Nein, des is kein lápiz, Luna, das is**
A-Übers.	*Bleistift*

14

L	**((lacht))**
A	**kein Bleier. ((singt vor sich hin))**
Ka>	pp pp
Ka	Lápiz ( ) ((lacht))
El>	pp pp
El	"Bleia". "Bleia". ((lacht))

15

L	( )
A>	singend
A	**Ca:ballero/**
El	((lacht)) (Yo creo
El-Übers.	*(Ich glaube, es*
M	Qué fecha es hoy?
M-Übers.	*Welches Datum ist heute?*
Sit.	*M nähert sich dem Raum.*

16

Ka	Dieciseis. ( )
Ka-Übers.	*Sechzehnte.*
El	que es el) dieciseis. Sí, sí, dieciseis. Dieciseis de
El-Übers.	*ist der) sechzehnte. Doch, doch, sechzehnte. (Der) sechzehnte*
M	No: Sí, puede ser.
M-Übers.	*Nein Doch, kann sein.*
Sit.	*Ka verläßt den Raum, um nach dem*

17

Ka	Sí, dieciseis estamos.
Ka-Übers.	*Ja, den Sechzehnten haben wir.*
El	(abril). Mira, para que te
El-Übers.	*(April). Schau, damit du dich*
El-NVK	o-bringt M ein paar
M	Dieciseis de abril. Aha. (5 Sek.)
M-Übers.	*Der sechzehnte April.*
Sit.	*Datum zu sehen. Ka ruft von draußen.*

18

A	**((singt vor sich hin))**
El	entretengas.
El-Übers.	*beschäftigen kannst.*
El-NVK	Zeitschriften-o
M	No/ No te pre/ No te preocupes, que
M-Übers.	*Nicht dich sorge,*
M-NVK	o-zu El->

19

El	Revistas.	((lacht))	Vestidos
El-Übers.	*Zeitschriften*		*(Hochzeits-*
M	no es/ no estoy aburrida.	(Sabes que)/ Oy, mira qué bonito:!	
M-Übers.	*nicht ich bin gelangweilt.*	*(Weißt du, daß)/ schau wie hübsch!*	
M-NVK		o-blättert in einer Zeitschrift-o	

20

A>		pp	
A		**((singt vor sich hin))/**	**Ay'!**
A-NVK			o-kratzt
El	de (boda). Bonito. ( ) bien caros son.		
El-Übers.	*)kleider. Hübsch. sehr teuer sind die.*		
M		Sí.	
M-Übers.		*Ja.*	

21

L	**Tu boca? . Sí?**		**Es**
L-Übers.	*Dein Mund? Ja?*		*Ist du!*
L-NVK	o-zu A->		o-schaut in die Zeitschrift, zeigt
A>	flüsternd;für sich		
A	**Pica!**	**( ) esto también! . .**	**((singt vor sich hin->**
A-Übers.	*Das juckt.*	*das auch!*	
A-NVK	sich am Mund-o		
Sit.			
Anm.		"esto también!" bezieht sich nicht auf auf den	

22

L>		lachend	
L	**tú!**	**((lacht)) Ja ja.**	
L-NVK	El ein Modell-o		
El		((lacht))	
M>		quietschend	
M	"Esto (lo) eres tú", dice.	Ah ((lacht))	No te preocupes, tú
M-Übers.	*"Das bist du", sagt sie.*		*Nicht dich sorge, du*
M-NVK	o-zu El-o		o-zu Elena/ Kate->
Anm.	vorausgehenden A-L-Diskurs.		El und Ka haben

23

L			**Da schau.**
L-NVK			o-zu El;zeigtauf ein
A	**Zeig mal (selber) die.**		
A-NVK	o-zu L-o		
M	puedes hablar.	(Siempre la gente) habla ( ).	No te
M-Übers.	*kannst sprechen.*	*(Immer die Leute) sprechen.*	*Nicht*
Sit.		*L und A amüsieren sich*	
Anm.	Schwierigkeiten mit der Aufnahmesituation.		

24

L	**((lacht->**
L-NVK	Bild-o
A	**((lacht->**
M	preocupes. Yo tengo como setenta y dos gravaciones. Todo es normal.
M-Übers.	*dich sorge. Ich habe ungefähr zweiundsiebzig Aufnahmen. Alles ist normal.*
M-NVK	o-verläßt wieder den
Sit.	*gemeinsam über die Fotos in der Zeitschrift->*

25

L>	mit Akzent (Zäpfchen-R)
L	**)) Eh . Una tijera!Ab/ Django,**
L-Übers.	*Eine Schere!*
A>	lachend korrigierend (Zungen-R)
A	**)) Bravo, bravo. "Tijera".**
A-Übers.	*"Schere".*
M	Nadie se va a reir.
M-Übers.	*Niemand wird lachen.*
M-NVK	Raum-o

26

L>	(Zungen-R)
L	**gibs du mir ma den/ deine Schere?!**
A	**Hnhn'. Nu/ Nur hier**

27

L	**Ja, ich will ja da nur abschneidn. Ich will ein**
A	**abzuschneidn - ja?**

28

L	**Zelt habm.**
A>	befehlsartig singend
A	**Ein Zelt. . . Universum . ((singt vor sich hin))**

29

A	**Luna, wenn du ein Zelt habm willst, darfs du fei nicht hier**

30

L	**Mach ich auch nich.**
A	**abschneidn. Nur/ Nur hier und hier. .**
Ka	Hmhm. Yango, apúrate!
Ka-Übers.	*Django, beeil dich!*
Ka-NVK	o-zu A;wartet auf die Schere-o

31

L	**Ui! . . Ui!**
A>	ff
A	**((singt vor sich hin))/ Achso, so.((singt)) ((singt))/ .**

32

L>	f
L	**In-di-aner-Joe!**
A	**. Esto también! Esto también. Mira. . Z/ A ver.**
A-Übers.	*Das auch! Das auch. Schau. Laß sehen.*
El	(Sí).
El-Übers.	*(Ja).*

33

L	Ey, mira! Mira! . Un avión.
L-Übers.	*Ey, schau! Schau! Ein Flugzeug.*
A>	p;krächzend
A	((singt vor sich hin))/ Un avión, un avión, un
A-Übers.	*Ein Flugzeug, ein Flugzeug, ein*

34

L>	mit Akzent (Zäpfchen-R)
L	Una tijera!
L-Übers.	*Eine Schere!*
A	avión. No una/ esto es una raqueta. No eso es un avión.
A-Übers.	*Flugzeug. Nicht eine/ das ist eine Rakete. Nicht das ist ein Flugzeug.*

35

L	((lacht))
A>	mit engl. Akzent mit spa. Akzent
A	Eso es Superman/ Superman. Au! . . ((singt vor sich
A-Übers.	*Das ist Superman/ Supermann.*
El	((lacht))

36

L>	f
L	No. Espera. . . (E)spérate!
L-Übers.	*Nein. Warte. Warte!*
L-NVK	o-zu El->
A	hin->
El	(Qué)? Préstame un ratito. (20
El-Übers.	*(Was)? Leih mir (das) ein Weilchen.*
El-NVK	o-zu L; wartet auf die Schere-o

37

A>	für sich für sich
A	)) Así? . . Wie ghört dn das?
A-Übers.	*So?*
El	Sek.) Habla no más.
El-Übers.	*Sprich ruhig.*
El-NVK	o-zu Ka-o
Sit.	*Stimmen im Hintergrund-> El und Ka reden und*

38

A	((singt vor sich hin)) . . . ((singt weiter))
Ka	((lacht))
El	((lacht))
Sit.	*kichern leise.*

39

A	Ya pe:.
A-Übers.	*Ja nun.*
A-NVK	o-zu El-o
El>	p
El	Django! Ya pe. ( ). Luna, (dame) una tijera?!
El-Übers.	*Ja nun. Luna, (gib mir) eine Schere?*
El-NVK	o-zu A; wartet auf die Schere->
Sit.	*Ka und El*

40

L-NVK	o-zeigt Ka ein Bild, das sie von Ka gemalt hat-o
A	**((singt))**
Ka	Oye, Elena, ven! Ven!
Ka-Übers.	*Hör mal, Elena, komm! Komm!*
Ka-NVK	o-zeigt El das Bild, das L (von Ka)
Sit.	*reden leise undunverständlich miteinander; kichern.*

41

Ka	Ven! . Me dice, "Acá estás tú", me dice. ((lacht)) ( ) la Luna. (
Ka-Übers.	*Komm! Sie sagt zu mir, "Hier bist du", sagt sie zu mir.*
Ka-NVK	gemalt hat->
El	((lacht))

42

L-NVK	o-zu
Ka	).
Sit.	*El und Ka reden und gackern weiter miteinander; L schließt sich an.*

43

L	**Ven, mira! Mira, es/**
L-Übers.	*Komm, schau! Schau, das ist/*
L-NVK	Ka oder El->
Ka	A ella, a ella dibújala. A ella, a ella dibújala.
Ka-Übers.	*Sie, sie mal sie. Sie, sie mal sie.*
Ka-NVK	o-zu L; verweist auf El->
El>	p
El	((lacht)) Luna!

44

L	**((lacht))** **Mira,**
L-Übers.	*Schau, so.*
Ka	
El>	p
El	Luna! Luna! ( ) dibuja. Falta que me dibuje a mí. .
El-Übers.	*zeichne. Fehlt nur, daß sie mich malt.*
El-NVK	o-zu Ka-o

45

L	**así. . . .**
L-NVK	o-zeichnet ein Bild von El->
A	**((singt vor sich hin->**
El	Y tú vas al colegio, Yango? . Yango!
El-Übers.	*Und du gehst in die Schule, Django?*
El-NVK	o-zu A->

46

L	**Mira, es tú.**
L-Übers.	*Schau, (das) ist du.*
L-NVK	o-zeigt El das Bild-o
A>	f ff
A	)) **A::::h?!** **Qué pasa::?**
A-Übers.	*Was ist los?*
A-NVK	o-zu El->
Ka	( ) Tss.

47	**L**	**Mira, él/ él. Es . / es . / es/ ähm/**
	L-Übers.	*Schau, er/ er. Ist ist ist/*
	L-NVK	o-zeigt Ka das Bild von El->
	A	**Ah? Zeig!**
	A-NVK	o-zu L->
	Ka	((lacht->))
	El	((lacht->))

48	**L**	**<u>ella</u>.**
	L-Übers.	*sie.*
	L-NVK	o-hält die
	Ka	((lacht)) "Es tú". ((lacht))
	Ka-Übers.	*"(Das) ist du".*
	El>	L unterstützend
	El	ella. ( ) ((lacht)) ( )! Quieres
	El-Übers.	*sie. Möchtest*

49	**L**	**Mira, así tú!**
	L-Übers.	*Schau, so du!*
	L-NVK	Schere an den Mund-o o-zeigt Ka oder El ein Bild-o
	El>	warnend
	El	un poco de:/ Te vas a cortar de los labios.
	El-Übers.	*du ein bißchen/ Du dir wirst schneiden in die Lippen.*
	El-NVK	o-zu L-o
	Sit.	*Ka und El reden*

50	Ka-NVK	o-
	El	( ) Yango, dibújale a la Luna.
	El-Übers.	*Django, zeichne die Luna.*
	Sit.	*schnell, leise und unverständlich miteinander.*

51	**Ka**	Vamos a dibujar al Yango. ( )! (4
	Ka-Übers.	*Werden wir malen den Django.*
	Ka-NVK	fängt an, ein Bild zu malen->
	El	((lacht)) No, Luna, Luna, dibuja al Yango.
	El-Übers.	*Nein, mal den Django.*

52	**L**	**Yo:? Yo:?**
	L-Übers.	*Ich? Ich?*
	L-NVK	o-zu Ka; beobachtet sie beim Malen->
	Ka	Sek.) Django, préstame tu tijera, si no vas a
	Ka-Übers.	*Django, leih mir deine Schere, wenn nicht du*
	El	Espérate, ( ).
	El-Übers.	*Warte,*

Anm. "Yo?" i.S.v. *Soll ich das sein?*

53

L	**Yo?** (4 Sek.) **Yo? Yango. Toma, es tú.**
L-Übers.	*Ich? Ich? Django. Nimm, (das) ist du.*
L-NVK	o-zu A-o
Ka	cortar. (Aquí está el) Yango.
Ka-Übers.	*wirst schneiden. (Hier ist der) Django.*
Ka-NVK	o-reicht L das Bild-o

54

Ka	((lacht->)) Cuch(ina). ((lacht)) (4
Ka-Übers.	*Ferkel.*
El	Tú, Yango. Tú, Yango! Ella se puede ( ).
El-Übers.	*Du, Django. Du, Django! Sie sich kann*
El-NVK	o-zu Ka-o

55

A>	f ; befehlend
A	**Jetz ko/ komms du zurück!**
A-NVK	o-zu El-o
Ka	Sek.) Qué le has dicho?
Ka-Übers.	*Was zu ihr du hast gesagt?*
Ka-NVK	o-zu A-o
El	Qué me dijo?
El-Übers.	*Was zu mir er hat gesagt?*
El-NVK	o-verläßt das Zimmer-o o-zu Ka-o
Sit.	*A*

56

Ka	Uy! Este . , Edgarde! Ed
Sit.	*bleibt am Kabel hängen; das Aufnahmegerät fällt runter.*

57

A>	f f
A	**Mami! Mami! Mami:, der Co/ Mami:, der**
Ka	garde! Huy! Espérate! Espérate! ( ). ( )!
Ka-Übers.	*Warte! Warte!*
Ka-NVK	o-zu A->

58

A	**Cassettnrecorder is runtergefalln!**
Ka	Se (ha enredado) en su pie de él.
Ka-Übers.	*Das hat sich um seinen Fuß gewickelt.*

59

A	**(Eine Sperre).**
Ka	((lacht)) . . .
M>	genervt
M	Oh, Django, ich hab extra gesagt, vorsichtig
M-NVK	o-kommt mit He ins Zimmer-o

60

M	bitte. ((pfeift)) Este es bien resistente. Sí, se cayó.
M-Übers.	*Das ist ziemlich stabil. Ja, es ist*
M-NVK	o-überprüft das Gerät-> o-zu He-o
He	Se cayó?
He-Übers.	*Ist es runtergefallen?*

61

A	**Mira! Tu**
A-Übers.	*Schau! Deine*
Ka	Hm?
M	((pfeift->
M-Übers.	*runtergefallen.*
M-NVK	o-beobachtet die
Anm.	Schnitt: TC 090 - Neuinstallation Aufnahmegerät - TC 096

62

A	**mamá!**		**((pfeift->**	))
A-Übers.	*Mama!*			
Ka	'Tu mamá'.			
M		))	Sí, e(s) resistente. A ver. ( ).	
M-Übers.			*Ja, (es ist) stabil. Mal sehen.*	
M-NVK	Kontrolleuchte des Gerätes-o			
He		Suena?		Sí. Sí
He-Übers.		*Klingt es?*		*Ja. Ja*

63

A>			ff
A			**Ya**
A-Übers.			*Ja*
Ka		Ya cortaste? .	Presta.
Ka-Übers.		*Schon du geschnitten?*	*Gib mal.*
Ka-NVK		o-zu A-o	
He	suena.		
He-Übers.	*es klingt.*		
Sit.	*M und He verlassen das Zimmer wieder.*		

64

A	**pe::!**
A-Übers.	*Mensch!*
Sit.	*Alle verlassen nach und nach den Raum und gehen in den Garten, um*
Anm.	TC 100

65

Sit.	*Meerschweinchen zu füttern.*
Anm.	Schnitt: TC 147 / Aufnahmepause; TC 148-235 / Ende der

66 Anm. Aufnahme

L>	Luna Intonation i.w.S.
L	**Luna (4;6)**
L-Übers.	*Luna Übersetzung*
L-NVK	Luna NVK i.w.S.
A>	Adrian Intonation i.w.S.
A	**Adrian (5;8)**
A-Übers.	*Adrian Übersetzung*
A-NVK	Adrian NVK i.w.S.
M>	Mutter Intonation i.w.S.
M	**Mutter**
M-Übers.	*Mutter Übersetzung*
M-NVK	Mutter NVK i.w.S.
Sit.	*Situation*
Anm.	Anmerkungen

#45 T - *Zurück in Alemania*

Aufn.: 236 (A78) - 110595 - 35 Min.
Mü.: Whg.2: Wohnzimmer; Abend
Essen, Telefonieren, Ins-Bett-Gehen
A-Geräte: Sony TCM-77V, Mikro ECM 909
T-Geräte: Sony TCM-77V (1 Min.≈13 TC-Einh.)

1

M	Ahora lo vamos a intentar con este case/ con este aparato, que se me ha roto
M-Übers.	*Jetzt es wir werden versuchen mit diesem Cassel mit diesem Apparat, weil mir ist kaputt*
Sit.	*L und A sitzen am Tisch und essen Suppe, M installiert das Aufnahmegerät.*
Anm.	Anfang der Aufnahme / TC 235-239

2

L	**El otro se cayó.**
L-Übers.	*Der andere ist runtergefallen .*
M	el otro. Vamos a ver, si este nos da una gravación
M-Übers.	*gegangen der andere. Werden wir sehen, ob dieser uns gibt eine Aufnahme*

3

L	**El otro? El otro lado?**
L-Übers.	*Der andere? Die andere Seite?*
M	también. Qué pasó con el otro? Sí. No. Qué pasó
M-Übers.	*auch. Was ist passiert mit dem anderen. Ja. Nein. Was passierte*
M-NVK	o-zu L-o

4

L>	p
L	**Ehm, no sé.**
L-Übers.	*Ehm, nicht ich weiß.*
M	con el otro aparato? Acabas de decirlo. . Se cayó. . . El
M-Übers.	*mit dem anderen Apparat? Du hast es gerade gesagt. Er ist runtergefallen. Der*

5

A	**Qué?**
A-Übers.	*Was?*
M>	pp pp
M	otro se cayó. (Ese se) cayó. ( ). . Entiendes? . Ya.
M-Übers.	*andere ist runtergefallen. (Der da) fiel runter. Verstehst du? Also.*

6

M	O.k., vamos a hacer una pequena gravación aquí con este aparato y el otro lo
M-Übers.	*wir werden machen eine kleine Aufnahme hier mit diesem Apparat und den anderen*

7
L		**Was machs du jetz?**	
M>		trauernd	pp;für sich
M	vamos a llevar aquí. (Ay)!	Ay, mi aparato. (	).
M-Übers.	*werden wir nehmen hierher.*	*mein Apparat.*	

8
L		**A los casetos.**		**Ähm,**
L-Übers.		*Zu den "casetos".*		
M	Dónde estamos ahora? . .	(Dónde)	Dónde estamos ahora?	Estamos
M-Übers.	*Wo sind wir jetzt?*	*(Wo)*	*Wo sind wir jetzt?*	*Sind wir*

9
L		**He?**	**Sí.**
L-Übers.			*Ja.*
M	en el Perú? .	Estamos ahora en el Perú? .	Ahí/ Aquí estamos en el Perú?
M-Übers.	*in Peru?*	*Sind wir jetzt in Peru?*	*Da/ Hier sind wir in Peru?*

10
L	**No.**
L-Übers.	*Nein.*

11
L		**Eo Alemania.**	
L-Übers.		*In Deutschland.*	
M	Dónde estamos?		En Alemania estamos. . Eh . . . Qué fecha
M-Übers.	*Wo sind wir?*		*In Deutschland sind wir. Welches Datum*
Anm.		korrekt wäre: "en Alemania"	

12
L		**Oye! Ui ui!**	
L-Übers.		*Hör mal!*	
M	es hoy? .	Hoy es el/ Hoy es el/ Hoy es el/ .	Espérate . / Hoy es el once de
M-Übers.	*ist heute?*	*Heute ist der/ Heute ist der/ Heute ist der/*	*Warte mal Heute ist der elfte März.*

13
A		**Der on:-ce?**	
A-Übers.		*Der elfte?*	
M>			p-cresc.
M	marzo.		El once de marzo de mil novecientos noventa y cinco.
M-Übers.			*Der elfte März 1995.*

14
Sit.	*M telefoniert im Nebenzimmer; L und A essen alleine im*
Anm.	Schnitt: TC 255-285

15
L>		eher für sich
L		**Yo quiero más sopa.**
L-Übers.		*Ich möchte mehr Suppe.*
Sit.	*Wohnzimmer; L hat ihre Suppe aufgegessen.*	
Anm.		Schnitt: TC

16
M		(Ya) anda, come la sopa del
M-Übers.		*(Ja) geh, iß die Suppe vom*
Sit.	*M telefoniert wieder im Zimmer, L kommt zu ihr.*	
Anm.	286-317	

17

L>	pp
L	**Papel.** **Para**
L-Übers.	*Papier.* *Zum*
M	Django. Ya no quieres más? . Qué quieres? Papel? Para qué?
M-Übers.	*Django. Willst du nicht mehr? Was möchtest du? Papier? Für was?*

18

L	**pintar.**
L-Übers.	*Malen.*
M>	p
M	Para pintar. Anda, anda! Se van a lavar los dientes
M-Übers.	*Zum Malen. Geh, geh! Ihr werdet euch putzen die Zähne*
M-NVK	o-gibt L ein Blatt Papier-o
Sit.	*M ist wieder bei den Kindern.*
Anm.	Schnitt: TC 319-402

19

A>	nörgelnd
A	( )
M>	energischer
M	ahora, por favor, ja? Por favor, vamos a la cama ahora - ja? Por favor,
M-Übers.	*jetzt, bitte Bitte, wir gehen ins Bett jetzt Bitte,*

20

L	**Qué es eso, "dientes"?**
L-Übers.	*Was ist das, "dientes"?*
M	vayan a lavarse lo dientes, yo voy a seguir cambiando la/ Qué es
M-Übers.	*geht euch putzen die Zähne, ich werde weitermachen mit dem Wechsel/ Was ist*

21

L	**No sé.** **No.** **No.**
L-Übers.	*Nicht ich weiß.* *Nein.* *Nein.*
A	**Zähne.**
M>	frundlich provokativ
M	un diente? . "No sé"? No sabes? Cómo puede ser, que
M-Übers.	*ein Zahn? "Nicht ich weiß"? Nicht du weißt? Wie kann es sein, daß du*
Sit.	*M und L rangeln ein bißchen.*

22

L	**No so:.** **Porque yo no quie:ro.**
L-Übers.	*Nicht ich weiß.* *Weil ich nicht will.*
M>	freundlich provokativ
M	no sabes? No sabes? Por qué no sabes?
M-Übers.	*nicht weißt? Nicht du weißt? Warum nicht du weißt?*
Anm.	korrekt wäre: "no sé"

23

A	**((lacht))**
M>	freundlich provokativ
M	Porque tú no quieres? Anda, lávate los dientes, Mamita, porque vas a la cama
M-Übers.	*Weil du nicht willst? Geh, putz dir die Zähne, Mamilein, weil du gehst ins Bett*
Anm.	"Mamita" ist eine in Peru übliche

24

L>	bittend
L	**Yo quiero**
L-Übers.	*Ich will zur*
M	ahora. Tu mamá tiene que hacer una llamada telefónica ( ). O.k.?
M-Übers.	*jetzt. Deine Mama muß erledigen einen Telefonanruf*
Anm.	Anrede für Mädchen korrekt wäre:

25

L>	drängend
L	**a la Amo de al teléfono. Ja.**
L-Übers.	*Amo (de) am Telefon.*
M	Quieres llamar tú a/ por teléfono? A
M-Übers.	*Willst du anrufen du mit dem Telefon? Wen*
Anm.	"Yo quiero llamar a la Amo por teléfono."

26

L	**A la Amo.**
L-Übers.	*Die Amo.*
A	**Amo.**
M	quién quieres llamar? Ja, pero un ratito no más. No hablaste
M-Übers.	*willst du anrufen? Ja, aber ein Weilchen, nicht mehr. Nicht hast du*

27

L	**No.**
L-Übers.	*Nein.*
M	con ella? No. Entonces ( )/ un ratito vamos a llamar a l/ a
M-Übers.	*gesprochen mit ihr? Nein. Also ein Weilchen werden wir anrufen sie*

28

L	**Ja.**
A	**((ächzt)) Qué?**
A-Übers.	*Was?*
M	ella -ja? A ver, levanta la tapa esa. Levanta la tapa (del)/ de la
M-Übers.	*Mal schauen, heb den Deckel hoch, den da. Heb den Deckel hoch vom*
M-NVK	o-zu A;zeigt auf einen Deckel, der auf dem Fußboden liegt->

29

L	**( ) (Aquí).**
L-Übers.	*(Hier).*
L-NVK	o-zu A;legt die Hand auf
A	**Mami! Mami!**
M	miel. Levanta y ponlo ahí a la cocina. Anda, anda! Aquí, aquí
M-Übers.	*Honig. Heb ihn hoch und leg ihn da hin in die Küche. Geh, geh! Hier, hier*
M-NVK	o-weist auf

30

L	**((singt/tönt)) ((singt/**
L-NVK	die Spüle-o
M	no más. Aquí pon. . A ver, a ver. Aquí, aquí, aquí.
M-Übers.	*einfach. Hier leg. Laß sehen, laß sehen. Hier, hier, hier.*
M-NVK	den Tisch->

31	**L**	**tönt)) Aquí? ( ).**
	L-Übers.	*Hier?*
	A	**Da nimm! Nimm!**
	A-NVK	o-zu L-o
	M	Aquí, aquí llama. Marca. . Levanta.
	M-Übers.	*Hier, hier ruf an. Wähl. Heb ab.*
	M-NVK	o-holt das Telefon an den Tisch-o

32	**A**	**Ch! Das is/ Das is/ Das is die Telefonnummer von**
	A-NVK	o-blickt auf den Zettel-o
	M	Tú puedes leer esto? Zero.
	M-Übers.	*Du kannst lesen das? Null.*
	M-NVK	o-zeigt L einen Zettel-o

33	**L**	**Zero? Qué es eso? Null. Cuatro.**
	L-Übers.	*Null. Was ist das?*
	L-NVK	o-wählt die Zahlen (Scheibe)->
	A	**Amo. Null. Null. Cuatro.**
	M	Zero. Null. Cuatro. Dos.
	M-Übers.	*Null. Vier. Zwei.*

34	**L**	**Dos. Des?**
	L-NVK	o-zeigt auf eine Ziffer-o
	A	**Dos.**

35	**L**	**Dos. Siete dónde está? Aquí?**
	L-Übers.	*Sieben wo ist? Hier?*
	A>	p
	A	**Uno. Dos. Siete.**
	M	( ). Uno. Dos. Siete. (Acá). Ja. . Tres.
	M-Übers.	*Eins. Zwei. Sieben. (Hier). Ja. Drei.*

36	L>	nachdenklich
	L	**Tres. . Hm? .**
	A	**Tres.**

37	L>	suchend
	L	**Siete. Siete. Dónde está? . Aquí?**
	L-Übers.	*Sieben. Sieben. Wo ist sie? Hier?*
	L-NVK	o-sucht auf der Wählscheibe-> <-zeigt auf die 7-o
	A	**Siete. No. Nueve.**
	A-Übers.	*Nein.*
	M	Siete. Ja. Nueve.
	M-Übers.	*Sieben. Neun.*

38

L>	suchend
L	**Nueve:::? Cuatro. No hay**
L-Übers.	*Es gibt*
M>	pp
M	( ). . . Cuatro. O.k.
M-Übers.	*Vier.*
Sit.	*L wartet*
Anm.	Schnitt: TC 414-421

39

L	**nadie.**
L-Übers.	*niemanden.*
M	No hay nadie en casa? Salieron. Han salido. .
M-Übers.	*Nicht es gibt niemanden zu Hause? Sie sind ausgegangen. Sie sind* ausgegangen.
Sit.	*am Telefon auf Amo.*

40

L	**Ja.**
M	Enton/ Vayan lavan de su/ Lávate los/ Quieres llamar a la Kiki? Quieres
M-Übers.	*Dann/ Geht waschen von eu/ Putz dir die/ Willst du anrufen Kiki? Möchtest du*

41

L>	p
L	**Ja. Ua. "Zero" qué es? (belu) Ich, ich.**
L-Übers.	*"Null" was ist das?*
A	**Null.**
A-NVK	o-greift an die Scheibe-o
M	probar? . (Zero) Zero. Ze:ro. .
M-Übers.	*probieren? Null. Null.*
M-NVK	o-wählt

42

A	**He.**
M	Cuatro. . Dos. . Uno. . Siete. . Seis. . Cinco. Seis. Cuatro. A ver, a
M-Übers.	*Vier. Zwei. Eins. Sieben. Sechs. Fünf. Sechs. Vier. Mal sehen.*
M-NVK	die Nummer->

43

M	ver. Si está el automático, . le dices "Hola Kiki, soy Luna". . .
M-Übers.	*Wenn dran ist der Anrufbeantworter, sagst du ihr "Hallo, Kiki, ich bin Luna"*
Sit.	*Kiki*

44

L	**Hallo! Kiki. . Hallo. . Gut. . . He? . . Cómo estás? . . . .**
L-Übers.	*Wie geht's dir?*
Sit.	*nimmt den Hörer ab, L telefoniert mit ihr->*

45

L>	verschämt
L	**He, bien. . . . Sí. . . He? . Qué? . . .**
L-Übers.	*He, gut. Ja. Was?*
A	**Kann die auch spanisch?**
A-NVK	o-zu M-o
Anm.	mit "die" ist Kiki gemeint

46

L	**Hm:: . A la cama vamos. . A la cama. . Ja. . . Hm. . . . Ja,**
L-Übers.	*Ins Bett gehen wir. Ins Bett.*

47

L	**aber danach geh ins/ ich ins Bett. Ja, ich**
L-NVK	o-
Sit.	*Luna telefoniert auf deutsch weiter*
Anm.	Schnitt: TC 438-525

48

L	**hatte/ Ich hab jetz die Telefonnummer von ner Amo. . . Ich. .**
L-NVK	telefoniert weiterhin mit Kiki->

49

L	**Ja. Nein, da auf ein Papier. . Ähm, . "Am:/ Amo" steht da und .**
L-NVK	o-liest vom Zettel ab->

50

L	**"zwei, siebm,/ zwei, siebm, drei, . siebm, ((stöhnt)) sechs" .**
Anm.	"sechs"=9

51

L	**ähm:, das andre weiß ich nich, das sieht so aus wie ein Stuhl.**
Anm.	"Stuhl"=4

52

M	Luna, ( ) a la cama.
M-Übers.	*ins Bett.*
Sit.	*L telefoniert weiterhin mit*
Anm.	Schnitt: TC 532-550 / Ende Seite B; weiter Seite A / TC 000-038

53

L>	lieblich
L	**Ya pe:ra, Mami. . . Ya (es)pera, Mami. . . . (Die) Mama**
L-Übers.	*Nun warte, Nun warte,*
L-NVK	o-zu Kiki->
Sit.	*Kiki->*
Anm.	"pera"=espera=warte

54

L	**(schimpft), "ya ahorita . tú e a la cama", ella "ahorita va tú en la**
L-Übers.	*"sofort jetzt du (e) ins Bett", sie, "jetzt sofort geh du im Bett,*

55

L	**cama, . Luna".**
L-Übers.	*Luna".*
Anm.	Schnitt: TC 042-100 Seite B / Ende der Aufnahme

Zeichenübersicht

Transkripte (T) - Handlungsprotokolle (H) - Segmentierungen (S)

Zeichen	Beschreibung	Funktion (wenn nicht gesondert angegeben in allen drei Verschriftlichungsformen identisch)
Satzzeichen . ! ? ,	Punkt, Ausrufezeichen, Fragezeichen, Komma	Äußerungszeichen; markieren Ende und innere Struktur einer Äußerung
( )	leere einfache Klammern	akustisch unverständliche (Teil-)Äußerung
(xxxxx)	(Teil-) Äußerung in einfachen Klammern	akustisch nicht sicher verstandene, aber vermutete Äußerung
(tun)	Beschreibung einer Tätigkeit in einfachen Klammern	H / S: außersprachliche Aktivitäten, die zum Handlungsverlauf gehören
((lacht))	Tätigkeit in doppelten Klammern	jede Art von lautlichen, jedoch nicht sprachlichen Aktivitäten
...	drei eng zusammenstehende Punkte	H / S (bei beiden im Sprecherblock): Auslassung
. . . . . .	(zusätzliche) Punkte	Pause im Sprechfluß; ein Punkt entspicht ca. 1 Sek.
(x Sek.)	„x Sek." in einfachen Klammern	Pause im Sprechfluß von ca. x Sek. Länge
/	Schrägstrich	Äußerungsabbruch
„xxxxxx"	Äußerung in Anführungszeichen	wörtliche Rede; Bezugspunkt einer metasprachlichen Äußerung
xxxxx	Unterstreichung	Emphase; starke Betonung
xxx.xxx	direkter Anschluß einer Äußerung nach Satzzeichen (ohne Leerzeichen)	Ligatur; Zusammenziehen zweier Äußerungen ohne Pause im Sprechfluß
:	Doppelpunkt	Dehnung des vorangehenden Lautes
:::	mehrfache Doppelpunkte	starke Dehnung des vorangehenden Lautes
´	Akzent auf einem Vokal innerhalb einer spanischsprachigen Äußerung	Silbenbetonungsakzent
´	insbes. bei Interjektionen	steigende Intonation
`	insbes. bei Interjektionen	fallende Intonation
´`	insbes. bei Interjektionen	steigend-fallende Intonation
`´	insbes. bei Interjektionen	fallend-steigende Intonation
‘	Apostroph	abrupt stoppende, aber vollständig verbalisierte (Teil-) Äußerung
<s>	„s" in spitzen Klammern	gleichzeitige Verbalisierung von (Teil-)Äußerungen
->	Rechtspfeil	Fortführung einer Tätigkeit bis dahin, wo sich der Abbruch aus dem Kontext ergibt
<-	Linkspfeil	Bezugnahme auf die Fortdauer bzw. das Ende einer Tätigkeit
p	piano	leise
pp	pianissimo	sehr leise
f	forte	laut
ff	fortissimo	sehr laut
cresc.	crescendo	lauter werdend
dim.	diminuendo	leiser werdend
<p, f, ...>	Volumenbezeichnungen in spitzen Klammern	P / S: Lautstärkeangaben zur (Teil-)Äußerung
<xxxxx>	z.B. lachend, weinend, singend etc. in spitzen Klammern	P / S: Art und Weise der Verbalisierung der (Teil-)Äußerung
> > >	rechtsgerichtete spitze Klammern	T (Intonationszeile): schneller werden beim Sprechen
< < <	linksgerichtete spitze Klammern	T (Intonationszeile): langsamer werden beim Sprechen
o- xxx -o	Kreis mit rechtsseitigem bzw. linksseitigem Bindestrich	T (NVK-Zeile): Beginn bzw. Ende einer nonverbalen Handlung
TC		T (Anmerkungszeile): Tape-Counter (Einheiten-Zähler)

MEHRSPRACHIGKEIT

HERAUSGEGEBEN VON WILHELM GRIESSHABER UND JOCHEN REHBEIN

BAND 1

Katharina Meng, Jochen Rehbein (Hrsg.)
KINDLICHE KOMMUNIKATION – EINSPRACHIG UND MEHRSPRACHIG
Mit einer erstmals auf Deutsch publizierten Arbeit von Lev S. Vygotskij „Zur Frage nach der Mehrsprachigkeit im kindlichen Alter"
2007, 480 S., br., 29,90 €
ISBN 978-3-8309-1188-3

In der Kindlichen Kommunikation vollzieht sich die kindliche Sprachentwicklung. Die Einführung des Buches verortet die sprachpsychologischen und sprachwissenschaftlichen Grundlagen der Forschung zur Kindlichen Kommunikation im 19. und 20. Jahrhundert bis hin zu Jean Piaget, Karl Bühler und zu der gesellschaftlichen Psychologie Lev Vygotskijs. Dabei wird Spracherwerb als die Aneignung sprachlicher Tätigkeiten und Handlungen konzipiert, die als Verarbeitung sprachlicher Kommunikation in einem altersspezifischen Entwicklungsprozess vor sich geht.
Die beiden grundsätzlichen Ansätze der Kindersprachforschung, die sich in neuerer Zeit auf Vygotskij beziehen, die Tätigkeitstheorie und die Funktionale Pragmatik, werden zusammengeführt und auf Mehrsprachigkeit hin erweitert. Für eine differenzierte Sprachentwicklung und die damit im unmittelbaren Zusammenhang stehende Entwicklung höherer mentaler Prozesse ist der Ausbau des Diskurses durch Vorlesen, Erzählen und das gemeinsame Reflektieren wichtig, nicht zuletzt als Grundlage für die schulische Texthabitualisierung.

BAND 2

Seyyare Duman
SCHWEIGEN
Zum kommunikativen Handeln türkischer Frauen in Familie und Gruppe
1999, 288 Seiten, br., 19,50 €
ISBN 978-3-89325-512-2

BAND 3

José Cárdenes Melián
***ABER, DENN, DOCH, EBEN* UND IHRE SPANISCHEN ENTSPRECHUNGEN**
Eine funktional-pragmatische Studie zur Übersetzung deutscher Partikeln
– leider vergriffen –

BAND 4

Karin Afshar
ZWEISPRACHIGKEIT ODER ZWEITSPRACHIGKEIT?
Zur Entwicklung einer schwachen Sprache in der deutsch-persischen Familienkommunikation
1998, 364 Seiten, br., 29,90 €
ISBN 978-3-89325-595-5

BAND 5

Wilhelm Grießhaber
DIE RELATIONIERENDE PROZEDUR
Zu Grammatik und Pragmatik lokaler Präpositionen und ihrer Verwendung durch türkische Deutschlehrer
1999, 304 Seiten, br., 29,90 €
ISBN 978-3-89325-711-9

BAND 6

Sebastian Eissenhauer
RELATIVSÄTZE IM VERGLEICH: DEUTSCH – ARABISCH
1999, 220 Seiten, br., 25,50 €
ISBN 978-3-89325-710-2

BAND 7

Oksana Kovtun
WIRTSCHAFTSANGLIZISMEN
Zur Integration nicht-indigener Ausdrücke in die deutsche Sprache
2000, 144 Seiten, br., 19,50 €
ISBN 978-3-89325-828-4

MEHRSPRACHIGKEIT

HERAUSGEGEBEN VON WILHELM GRIESSHABER UND JOCHEN REHBEIN

BAND 8

Christian Kodzo Ayivi
ZWEISPRACHIGE LEXIKOGRAPHIE
Zur Adaptation von Wissen in ewe-deutschen und deutsch-ewe Wörterbüchern
2000, 234 Seiten, br., 19,50 €
ISBN 978-3-89325-845-1

BAND 9

Karen Schramm
L2-LESER IN AKTION
Interpretative Analysen des fremdsprachlichen Leseprozesses als mentales, kooperatives und verständnissicherndes Handeln
2001, 560 Seiten, br., 39,90 €
ISBN 978-3-8309-1082-4

BAND 10

M. Latif Durlanik
NOTIZEN UND VERBALES PLANEN
Diskursanalytische Untersuchungen zum Konsekutivdolmetschen Türkisch/Deutsch
2001, 296 Seiten, br., 25,50 €
ISBN 978-3-8309-1089-3

BAND 11

Petr Bednarský
DEUTSCHE UND TSCHECHISCHE PRÄPOSITIONEN KONTRASTIV – AM BEISPIEL VON *AN*, *AUF* UND *NA*
1999, 220 Seiten, br., 25,50 €
ISBN 978-3-89325-1102-9

BAND 12

Larysa Tarasevich
DIMENSIONALE PRÄPOSITIONEN
Eine kontrastiv-semantische Untersuchung von *vor* und *перед*
2003, 174 Seiten, br., 25,50 €
ISBN 978-3-8309-1277-4

BAND 13

Bernd Meyer
DOLMETSCHEN IM MEDIZINISCHEN AUFKLÄRUNGSGESPRÄCH
Eine diskursanalytische Untersuchung zur Wissensvermittlung im mehrsprachigen Krankenhaus
2004, 250 Seiten, br., 25,50 €
ISBN 978-3-8309-1297-2

BAND 14

Shinichi Kameyama
VERSTÄNDNISSICHERNDES HANDELN
Zur reparativen Bearbeitung von Rezeptionsdefiziten in deutschen und japanischen Diskursen
2004, 244 Seiten, br., 29,90 €
ISBN 978-3-8309-1366-5

BAND 15

Anja Leist-Villis
ZWEISPRACHIGKEIT IM KONTEXT SOZIALER NETZWERKE
Unterstützende Rahmenbedingungen zweisprachiger Entwicklung und Erziehung am Beispiel griechisch-deutsch
2004, 270 Seiten, br., 22,50 €
ISBN 978-3-8309-1367-2

BAND 16

Waltraut Timmermann
TEMPUSVERWENDUNG IN CHINESISCH-DEUTSCHER LERNERSPRACHE
Eine Analyse auf sprachenvergleichender Basis
2005, 304 S., br., 29,90 €
ISBN 978-3-8309-1485-3

BAND 17

S. Cigdem Sagin Simsek
THIRD LANGUAGE ACQUISITION
Turkish-German Bilingual Students' Acquisition of English Word Order in a German Educational Setting
2006, 166 Seiten, br., 24,90 €
ISBN 978-3-8309-1604-4

MEHRSPRACHIGKEIT

HERAUSGEGEBEN VON WILHELM GRIESSHABER UND JOCHEN REHBEIN

BAND 18

Jutta Fienemann

ERZÄHLEN IN ZWEI SPRACHEN

Diskursanalytische Untersuchungen von Erzählungen auf Deutsch und Französisch

2006, 312 Seiten, br., 29,90 €

ISBN 978-3-8309-1576-8

Was unterscheidet das Erzählen in der Muttersprache von dem in der Fremd- bzw. Zweitsprache? Wie werden Bewertungen beim Erzählen versprachlicht und welche Rolle spielen sie für den Erzähltyp, der zur Darstellung des vergangenen Erlebnisses verwendet wird? Diese und andere Fragen werden in diesem Buch diskutiert. Empirische Grundlage bilden Alltagserzählungen von Franzosen und Deutschen auf Französisch und Deutsch, die als Transkription in Partiturschreibweise dokumentiert und funktional-pragmatisch analysiert werden.

BAND 20

Konrad Ehlich, Antonie Hornung (Hrsg.)

PRAXEN DER MEHRSPRACHIGKEIT

2006, 196 Seiten, br., 24,90 €,

ISBN 978-3-8309-1731-1

Der Band stellt Einzeluntersuchungen zu einem Phänomen vor, das gegenwärtig Gesellschaften immer stärker prägt: Mehrsprachigkeit. Diese ist für Nationalstaaten mit ihrem kanonischen Konzept der Einsprachigkeit eine Herausforderung, die durch die politischen Übergänge zu transnationalen Einheiten („Europa“) vergrößert wird. Neue Modelle werden – oft zaghaft und von der Politik kaum wahrgenommen – in den sprachlichen Interaktionen selbst entwickelt. Die verschiedenen Beiträge beschreiben solche Modelle und Erfahrungen, ihre Probleme und ihre Chancen.

BAND 21

Alexandra Eberhardt

DIE SPRACHLICHE UMSETZUNG NEUER TECHNOLOGIEN IM FRANZÖSISCHEN

Am Beispiel des Internet- und Computerwortschatzes

2007, 240 Seiten, br., 24,90 €,

ISBN 978-3-8309-1854-7

In der korpuslinguistisch angelegten Arbeit wird über einen Zeitraum von sechs Jahren empirisch untersucht, welche Benennungsverfahren in der französischen Allgemeinsprache im Internet- und Computerbereich erfolgen. Dabei wird der pragmatische Aspekt berücksichtigt und die computerbezogene von anderen Verwendungen allgemeinsprachlicher Termini in den untersuchten Quellen herausgearbeitet. Aus den in der Analyse gewonnenen Ergebnissen wird ein Schema entwickelt, das eine idealtypische lexematische Integration veranschaulicht.

Die Untersuchung zeigt, dass sich die Entwicklung und die damit einhergehende Benennung der Computertechnologie im Vergleich zu anderen historischen Technologieeinführungen in extrem kurzer Zeit vollzieht, weil sie selbst die technischen Voraussetzungen ihrer weltweiten Verbreitung schafft.

BAND 22

Katharina Böttger

DIE HÄUFIGSTEN FEHLER RUSSISCHER DEUTSCHLERNER

Ein Handbuch für Lehrende

2008, 230 Seiten, br., 29,90 €,

ISBN 978-3-8309-1979-7

Dieses Handbuch behandelt kontrastiv die wesentlichen Elemente der russischen und deutschen Phonologie, Morphologie und Syntax und hat zum Ziel, die für russischsprachige Deutschlerner typischen Fehler vorzustellen. In Rede stehen damit diejenigen Fehler, die auf der Übertragung von muttersprachlichen Handlungspraktiken in die Zielsprache beruhen. Anhand von Beispielen aus der Praxis werden diese besonders hartnäckigen Fehlertypen von anderen möglichen Fehlern abgegrenzt. Der Einblick in die unterschiedlichen phonetischen und grammatischen Strukturen beider Sprachen soll es Deutschlehrern, aber auch Lernern mit russischsprachiger Herkunftssprache erleichtern, die Transferfehler in den Griff zu bekommen. Hierzu werden insbesondere im Bereich der Aussprache und Schreibung Übungen angeboten. Der Anhang enthält eine Sammlung von Texten russischsprachiger Deutschlerner mit unterschiedlichem Kenntnisstand der deutschen Sprache.